Diogenes Taschenbuch 22551

de
te
be

Walter Nigg

Heimliche Weisheit

Mystisches Leben in der evangelischen Christenheit

Diogenes

Lizenzausgabe mit freundlicher
Genehmigung der Artemis Verlags-AG Zürich

Umschlagillustration: Caspar David Friedrich,
›Neubrandenburg‹, 1816/17
(Ausschnitt), Stiftung Pommern, Kiel

Veröffentlicht als Diogenes Taschenbuch, 1992

60/92/24/1
ISBN 3 257 22551 2

INHALT

GESTÄNDNIS

Vor etlichen Jahren besuchte ich das Kloster «La Valsainte», um ein konkretes Bild vom Leben der Kartäuser zu bekommen. Der Gastpater beantwortete mit einer rührenden Geduld meine vielen Fragen. Auch gab er bereitwillig Auskunft über Dinge, die ihm offensichtlich nicht angenehm waren, so zeigte er mir einen Bußgürtel, den die Mönche heute noch tragen. Zuletzt sagte der freundliche Pater: «Haben Sie nun alles gefragt, was Sie wissen wollten?» Auf meine Erwiderung, das Leben der Kartäuser stehe jetzt ganz lebendig vor meinem Geiste und ich hätte wirklich nichts mehr auf dem Herzen, rückte der Pater seinen Stuhl etwas näher an meine Seite und sprach zu mir: «Gut, aber nun erzählen Sie mir doch etwas von dem Gottesleben in Ihrer evangelischen Kirche». Die Frage kam aus der lautersten Gesinnung, und doch versetzte sie mich in eine nicht geringe Verlegenheit. Unwillkürlich schnappte ich nach Luft, hilflos irrten meine Blicke in der kahlen Mönchszelle umher, und ich fühlte, wie mir das Blut in die Wangen schoß. Der Pater hatte mich nicht nach den theologischen Strömungen im Protestantismus gefragt, sonst hätte ich ihm einige Stunden von dem Problem der Enteschatologisierung, von der dialektischen Theologie und ihrer Rückkehr zu den Reformatoren, von der Diskussion zwischen Theologie und Naturwissenschaft usw. erzählen können. Aber darnach hatte mich der Pater nicht gefragt, die gelehrten Auseinandersetzungen der Theologen beschäftigten ihn sichtlich nicht sonderlich. Vom Gottesleben im Protestantismus begehrte er zu hören, wie er auch mir ausschließlich von der religiösen Lebensführung im Kartäuserkloster berichtet hatte. Es ist mir entfallen, was ich in meiner Verlegenheit gestammelt habe; meine Antwort war kläglich und stand in keinem Verhältnis zu der Tiefe seiner Ausführungen.

Nach Beendigung des Besuches fuhr ich zu Tal, voller Eindrücke von der ernsten Frömmigkeit des klösterlichen Lebens in der Kartause und im Bewußtsein, daß mir eines der stärksten und unvergeßlichsten Erlebnisse widerfahren war. Noch lange sah ich vor mir die leuchtenden Augen des von einer inneren Fröhlichkeit erfüllten Paters, der mich in eine mir bis dahin unbekannte Welt hineinschauen ließ. Nie mehr ist das von einer wirklichen Gottesstille erfüllte Kloster aus meiner Erinnerung entschwunden, und noch oft habe ich in schlaflosen Stunden an das mitternächtliche Gotteslob der Kartäusermönche denken müssen. Aber ebenso brannte in meinem Gewissen das Versagen gegenüber der Aufforderung des Paters, ihm vom Gottesleben in der evangelischen Christenheit zu erzählen. Nicht schmerzte mich, daß ich eine beliebige Frage nicht zu beantworten vermocht hatte. Kein Mensch kann über alles Auskunft geben, und man muß nur wenig von Sokrates begriffen haben, um nicht beständig vom kleinen Umfang unseres Wissens durchdrungen zu sein, das in eine viel größere Unwissenheit eingetaucht ist. Wäre es eine Nebenfrage gewesen, dann hätte ich mir mein beschämendes Stottern ohne weiteres verziehen, aber ich war in einer zentralen Frage die Antwort schuldig geblieben. Ich war nicht fähig gewesen, über das Gottesleben in der evangelischen Christenheit ein anschauliches Bild zu zeichnen. Es war eine Schmach und eine Schande, daß ich nicht imstande war, dem Wunsche des Mönches zu entsprechen, und das Versagen bohrte unablässig in mir.

Gab es kein Gottesleben in der evangelischen Kirche, wie es die Kartäuser Tag und Nacht so eindrucksvoll in ihrem Kloster lebten? Das konnte doch gar nicht der Fall sein! Vielmehr wußte ich nichts oder doch nur ganz ungenügend davon. Immer wieder beschäftigte mich die Frage, was ich dem Pater hätte erzählen können und sollen. Nach längerer Überlegung faßte ich schließlich den Entschluß, mit aller Leidenschaft dem Gottesleben in der evangelischen Christenheit nachzuspüren. Sicherlich war etwas davon in den Menschen vorhanden, die ihr eigenes Leben in verzehrendem Helferwillen an ihren schwachen und gefährdeten Mitmenschen verströmten, und an solchen von der Liebe Christi durchdrungenen Gestalten ist die evangelische Christenheit nicht arm. Noch unmittelbarer leuchtete es mir aber aus den in einer mystischen Verbindung mit dem Allmächtigen stehenden Christen entgegen. Im mystischen Leben blüht die Gottestrunkenheit wie eine Rose auf, und wenn von ihr ein Zeugnis abgelegt werden sollte, war meine Aufgabe klar umrissen: die Mystik im evangelischen Raume darzustellen.

Bei den Vorarbeiten zu der Schilderung wurde mir freilich bald eine unumgängliche Voraussetzung klar. Das mystische Leben ist von den theologischen Streitigkeiten scharf zu trennen und kann mit ihren Kategorien gar nicht erfaßt werden. Auf den tieferliegenden Unterschied vom verborgenen Leben mit Gott und der Tätigkeit der Theologen ist bereits die in einem unmittelbaren Gottesverhältnis stehende Jeanne d'Arc aufmerksam geworden, als sie zu den sie prüfenden Männern sagte: «Gott hat mehr Bücher als ihr», und nach einer Weile des Nachdenkens noch hinzufügte: «Gott besitzt ein Buch, in das noch nie ein Priester blicken durfte[1].» Ein unheimliches, abgrundtiefes Wort, dem gegenüber man nur erschrocken zurückfahren kann, wirft es doch beinahe alle theologische Betrachtung mit einem Schlag über den Haufen. Das geheimnisschwere Gottesbuch, in das nach der Jungfrau von Orléans noch nie ein Priester hineinschauen durfte, handelt vor allem vom mystischen Leben. Damit war eine erste Einsicht gegeben: wer nur ein wenig in dem göttlichen Buch zu lesen wünscht, hat nicht nur den theologischen Rock vorher auszuziehen, er muß sogar das rein wissenschaftliche Interesse zurückstellen, denn die Gelehrten durften so wenig wie die von sich eingenommenen Kleriker hineinblicken. Sowohl angesichts der theologischen Besserwisserei als der bloß gelehrten

Neugierde schließen sich die Deckel des Buches, ehe man nur einen Buchstaben davon erhascht hat. Ohne Bild gesprochen, möchte ich keine Unklarheit darüber aufkommen lassen, daß die Darstellung des mystischen Lebens in der evangelischen Christenheit keine Forschung um der Forschung willen ist. Natürlich kann jeder Abschnitt historisch genau belegt werden, und nicht die kleinste Begebenheit ist erfunden. Die Lektüre eines mystischen Buches erschließt sich immer nur einer hungernden und dürstenden Seele. Es öffnet sich einzig dem Menschen, der darin eine Anleitung für sein eigenes Innenleben sucht und die mystische Gottesbeziehung in seinem Dasein zu realisieren bemüht ist. Das Gottesleben ist zudem von einer solch unergründlichen Reichhaltigkeit, daß es buchmäßig nie auszuschöpfen ist. Deswegen war es auch nicht möglich, eine Geschichte der evangelischen Mystik zu schreiben, die nur den leisesten Anspruch auf Vollständigkeit erhebt. Auch wenn noch Daniel von Czepko, Emanuel Swedenborg, Jung-Stilling, Friedrich Oberlin, William Blake usw. in die Darstellung hätten einbezogen werden können, ohne die Arbeit allzu umfangreich anschwellen zu lassen, so wäre immer noch nicht der hundertste Teil erfaßt worden. Es sind nur einige Szenen, die Unermeßliches andeuten, und dabei sind sie doch bloß Abbilder, die weit hinter dem Urbild zurückbleiben.

Die vom mystischen Gottesleben erfüllten Christen wurden zu ihren Lebzeiten meistens verfolgt. Ausweisung und Bekämpfung an sich erfahrend, haben sie damit erneut die apostolische Rede bestätigt, daß alle, die gottselig leben wollen, Verfolgung erleiden müssen. Es verrät ein wenig tiefes Denken, sich darüber allzusehr zu verwundern, denn das Leiden ist immer ein Zeichen der Auserwählung. Unbegreiflich dagegen ist es, daß, nachdem diese Gottesmänner längst in die Ewigkeit eingegangen sind, sie noch heute in den kirchengeschichtlichen Werken als Sonderlinge, Phantasten und Schwärmer geschmäht werden. Vorurteile über Vorurteile werden über sie verbreitet, und keiner der gelehrten Männer denkt nur einen Augenblick an die Äußerung Christi, daß «der Mensch einst Rechenschaft geben muß von jedem unnützen Wort, das er geredet hat», und erst recht von jeder bösartigen und verleumderischen Aussage. Doch hat sich die namentlich in der Zwischenkriegszeit bis zur Schalheit nachgesprochene Meinung von der Unvereinbarkeit von Mystik und Evangelium inzwischen in Dunst aufgelöst, so daß sie heute keiner ausführlichen Widerlegung mehr bedarf. Sie ist auch eine bloß dogmatische Konstruktion, deren Urheber weder eine genaue geschichtliche Kenntnis vom mystischen Leben besaßen, noch aus eigener Erfahrung über das Gottesleben sprechen konnten. An Stelle der verständnislosen Ablehnung der Mystik hat eine ehrfürchtige Sehnsucht nach der heimlichen Weisheit zu treten, wie sie aus den Worten zweier Männer hervorgeht, die sich näher mit der Mystik beschäftigt haben. Nikolai Berdjajew schreibt gegen die Furcht vor der Mystik als einem Herd der Häresien: «Die Mystik hebt die Dogmen nicht auf, sie geht aber in eine größere Tiefe als jene, für welche die dogmatischen Formeln ausgearbeitet werden. Die Mystik ist tiefer und urtümlicher als die Theologie[2].» Ebenso hat Martin Buber bezeugt: «Glaube und Mystik sind nicht zwei Welten, obgleich in ihnen immer wieder die Tendenz, zu zwei selbständigen Welten zu werden, die Oberhand gewinnt. Die Mystik ist das Gebiet am Grenzrand des Glaubens, das Gebiet, in dem die Seele Atem holt zwischen Wort und Wort[3].» Die Zeit ist überfällig, die uneinsichtige Befehdung der Mystik im evangelischen Raum abzubrechen und statt dessen zu erkennen, daß zu den tiefsten Schichten, zu denen wir Menschen überhaupt vorzudringen imstande sind, das Erleben des Mystischen gehört. Wem das Organ hiefür fehlt, der ist in religiöser Beziehung tot, und mag er jetzt noch so mit wichtigtuerischer Gebärde in eine kirchliche Trompete blasen. Die Mystiker haben das Gottesverhältnis gelebt und im geschichtlichen Prozeß das Evangelium am reinsten bewahrt, unverfälscht von ehrgeizigen Machtkämpfen und gehässigen Lehrstreitigkeiten.

Es ist nicht leicht, eine Wesensbestimmung der Mystik zu geben, namentlich, wenn man von der modischen und untauglichen Verwendung des Wortes absieht. Beinahe unmöglich ist es, hierüber eine korrekte und allseitig befriedigende Definition aufzustellen, weil das Wesen der Mystik nicht aus der Welt der Begriffe stammt. Margarete Susman hat die Schwierigkeit zu spüren bekommen, als sie die Mystik ein Erleben nannte «von den geheimnisvollen Ordnungen, die unser Leben gründen und durchwalten. Der Mensch, hineingestellt in die Beziehungen von Gott und Welt, Leben und Tod, die sein kurzes, beschränktes Erdendasein unendlich übergreifen, hat von je nach diesen Zusammenhängen als nach der Wahrheit seines eigenen Seins gefragt. Alle Mystik ist Heimweh der Seele nach dem, was sie in Wahrheit ist und was durch die Wirrnis ihres irdischen Daseins nur undeutlich hindurchscheint[4].» In dieser Aussage leuchtet ein Verständnis auf für die Mystik als der Vergegenwärtigung des verborgenen Lebens mit Gott. Sie ist ein Schauen und Erkennen des Ewigen unter Vermittlung eines übernatürlichen Lichtes, und in diesem Erleben ist das Religiöse noch flammend und nicht erstarrt. Das Mystische im wahren Sinn des Wortes kann nur der Mensch verstehen, der selber an ihm lebendigen Anteil hat und es nicht durch eine von außen kommende, angeblich objektive Betrachtung beurteilen oder gar psychologisch analysieren will. Das mystische Leben hat es mit der heimlichen Weisheit zu tun, eine Formulierung, die dem «Buch der Preisungen» entnommen ist: «Siehe, du hast Lust zur Wahrheit, die im Verborgenen liegt, du lässest mich wissen die heimliche Weisheit[5].» Die evangelischen Mystiker haben sich gerne auf das Psalmwort berufen, in diesem Ebenbild und Spiegelbild erkannten sie sich selbst. Die heimliche Weisheit ist der göttliche Lichtstrahl, der von oben kommt und das menschliche Herz durchbohrt. Von ihr nur annähernd adäquat zu reden, übersteigt bei weitem die Macht des Menschen. Jedem, der über sie schreibt, wird es dabei so ergehen wie dem großen Augustin, dem seine oft hinreißenden Worte über die heimliche Weisheit fast allezeit mißfallen haben und der sie gerne noch viel eindrucksvoller formuliert hätte. Er wußte in seinem bebenden Innern ganz klar, wie man ihre Herrlichkeit umschreiben sollte, es aber mit den Buchstaben wiederzugeben, vermochte auch der schreibgewaltige Mann zu seinem eigenen Leidwesen nicht. Dies ist die immerwährende Qual aller, die, vom seelischen Entzücken ergriffen, über Mystik nur eine Silbe schreiben.

Die Schilderung des mystischen Lebens in der evangelischen Christenheit hat nichts mit konfessionellen Absichten zu tun. Der Begriff «evangelische Christenheit» ist hier im Sinne einer religiösen Geographie gemeint und will die Aufmerksamkeit auf jenes unergründliche Gottesleben lenken, das in der Tiefe des Protestantismus lebt und zugleich mächtig über ihn hinausgreift. Die Mystiker der katholischen Christenheit wurden erfreulicherweise in zahlreichen Monographien dargestellt, während man dies von den evangelischen Gottesfreunden leider nicht sagen kann. Von jeder konfessionellen Rivalität aber ist das mystische Leben weit entfernt, zumal das wahre Gottesleben stets auf eine Überwindung der gespaltenen Christenheit tendiert. Man muß wenig von dem in der Christenheit geheimnisvoll fortlebenden Leib Christi verstanden haben, wenn man über dem konfessionalistischen Eifer «die Gemeinschaft der Heiligen» vergißt, die das Apostolikum bekennt. Wer sich am Gottesleben in allen Konfessionen beteiligt weiß, darf Bitte und Hoffnung aussprechen, die evangelischen Mystiker mögen bei aller Andersartigkeit ihrer Gedanken nicht gleich mit dem verächtlichen Wort «Aftermystik» disqualifiziert werden. Wie edel hat sich hierin Joseph Görres verhalten, der vor mehr als hundert Jahren eine Lanze für den «Privatmystizismus» gebrochen hat, der auch den evangelischen Mystikern zubilligte, daß das, was sie schauten, wahr ist, und der im Protestantismus eine komplementäre Ergänzung zum Katholizismus sah.

Da Mystik ein sich in den Heiligen spiegelndes Evangelium ist, erreicht die Sicht vom Gottesleben im Protestantismus ihren Höhepunkt in der erregenden Wahrnehmung, daß auch in der evangelischen Christenheit heilige Männer und Frauen lebten. Nur der eine Unterschied bleibt bestehen: Dem katholischen Heiligen wird, nachdem er den Kanonisationsprozeß bestanden hat, eine lebhafte Verehrung entgegengebracht, während die evangelische Christenheit von ihren Mystikern kaum Notiz nimmt und sie zu ihrem eigenen Schaden einer unbegreiflichen Vergessenheit anheimfallen läßt. Die große Mehrzahl der Protestanten weiß nicht einmal von ihrer Existenz, ihre Augen sind so gehalten wie die der beiden Jünger auf dem Weg nach Emmaus. Ja, viele werden erstaunt fragen: Gibt es denn auch wirkliche Heilige in der evangelischen Christenheit? Warum sollte es sie nicht geben? Ihrer Struktur nach sehen sie freilich ein wenig anders aus als die traditionellen Gestalten, denen die Maler einen Heiligenschein verliehen haben. Die evangelischen Heiligen tragen ein unscheinbares Kleid, aber in aller Verhüllung verfügen auch sie über eine entwaffnende Offenheit. Mit einem Herzen voll Heiterkeit haben sie ihre Weisheit nicht aus Büchern erworben, sie erhielten sie direkt von Gott. Trotz aller Anfeindung waren sie mit ihrem schweren Los zufrieden, sie besaßen die Klarheit der erleuchteten Vernunft und haben in der Gottnähe ihr Geheimnis erfüllt. Ihre religiöse Andersartigkeit gegenüber dem überlieferten Heiligenschema ist in der Verschiedenheit der evangelischen Christenheit gegenüber dem Katholizismus und der Ostkirche begründet. Man kann sich nie genug mit den Heiligen beschäftigen, denn diese heiligen Boten bringen den Menschen Nachricht von Gott, und zwar aus erster Hand. Es findet sich nichts Ersonnenes bei ihnen, vielmehr eine von Gott mitgeteilte Wahrheit gab sich ihnen kund, und daraus fließt die einzigartige Freude, die wesensnotwendig mit dem inneren Denken an sie verbunden ist. Wer von der Ausstrahlungskraft dieser heiligmäßigen Menschen einmal betroffen ist, wird zuletzt in den unbeschreiblichen Jubel ausbrechen: Gott, du ließest mich deine Heiligen schauen und darob erglühte mein Antlitz!

Die heimliche Weisheit wendet sich in erster Linie an jene Menschen, die aufrichtig nach dem Ewigkeitsgrund suchen und sich doch in den heutigen Gotteshäusern heimatlos fühlen, sei es, weil «der Antichrist am liebsten in unsern Kirchenbänken herumhockt»[6], sei es, weil sie sich von der gegenwärtig zu Lava geronnenen Wortverkündigung nicht mehr unmittelbar angesprochen fühlen. Es ist nicht die Meinung des Verfassers, daß die ganze evangelische Christenheit jetzt mit fliegenden Fahnen ins Lager der Mystik hinüberwechseln sollte. Das kann sie gar nicht, wenn sie es auch wollte. Mystik war nie für die breiten Massen berechnet, sie kam mit ihren hohen, inneren Ansprüchen immer nur für eine Minderheit in Frage. Es geht die kleine Herde an – die nichts mit dem schöngeistigen Elitebegriff zu tun hat –, jenes unverzagte Häuflein, das in aller Verborgenheit sich als das Salz auswirkt, von dem die Bergpredigt redet. Das Gottesleben der Mystiker ist kein egoistisches Seligkeitschristentum, wie oft mißverständlich geargwöhnt wird, das überzeitliche Gespräch der Heiligen mit dem Ewigen ist vielmehr stellvertretend und kommt der ganzen Christenheit zugute. Das mystische Leben ist ein durchdringendes Ferment, auf das verzichten so viel bedeutet wie das Beste ausscheiden. Ohne die Pflege der heimlichen Weisheit treibt die evangelische Christenheit einer katastrophalen Verkümmerung entgegen. Mögen Kirchenkonferenzen und Kirchentagungen, theologische Auseinandersetzungen und kirchliche Betriebsamkeit noch so notwendig sein, die Christenheit lebt doch nicht von ihnen, sondern einzig von jenen äußerlich unansehnlichen Christen, die, einer unterirdischen Strömung gleich, in aller Stille in einer beständigen mystischen Verbundenheit mit Gott verglühen. Von ihnen, und von niemand anderem wird die innere Rettung ausgehen – dieses Geständnis wünscht den nachfolgenden Skizzen den Charakter eines Bekenntnisses zu verleihen.

DIE WURZELN

MARTIN LUTHER

[1483–1546]

DAS HEIMLICHE JA DES REFORMATORS

Das mystische Leben in der evangelischen Christenheit ist einem Baume gleich der aus dem Boden herauswächst und sich in Zweigen, Blüten und Früchten entfaltet. Der Vergleich mit dem lebendigen Baum ist ein Bild, das dem Gegenstand keinerlei Zwang antut und auf einen organischen Vorgang hinweist. Die Wurzeln jeder Pflanze sind von grundlegender Bedeutung, man kann sie gewöhnlich gar nicht wahrnehmen und muß ihnen nachgraben, um sie überhaupt zu Gesicht zu bekommen. Der älteste Wurzelstrang der evangelischen Mystik reicht bis ins Reformationszeitalter hinab, tief verborgen in der Klosterzelle des Wittenberger Mönches liegt er.

Von Martin Luther hat sich das deutsche Volk die Vorstellung eines kühnen Recken gemacht, der mutig dem römischen Ablaßhandel entgegentretend voll Kampfeslust gesagt hat: «Wir müssen und wollen am Jüngsten Tag mit dem Papst und seinen Haufen disputieren[1].» Neben dem auftrumpfenden, zuweilen unglaublich groben Reformator gibt es noch jenen stillen Luther, der mit letztem Ernst um das Heil seiner angefochtenen Seele ringt und dem das anmutige Bild von der Gluckhenne, die ihre Küklein unter die Flügel nimmt, das liebste Gleichnis für des Christen Stellung zu Gott bedeutete. Der zarte, innige Luther, der sich betend mit ganzer Seele an Gottes Wort hängte, wurde vom trotzigen Kämpfer beinahe verdrängt. Vom überdeckten Luther muß man reden, ein Begriff, der seiner vielschichtigen Persönlichkeit entspricht, die nicht mit einer einzigen Formel zu umschreiben ist. Überdeckt, verdeckt und zugedeckt in seinem innersten Gottesverhältnis wurde Luther nicht nur von seinen ihn schmähenden Gegnern, sondern auch von den lobpreisenden Freunden und schließlich sogar manchmal von sich selbst! Die verborgenen Seelenschichten, in denen Luther in Furcht und Beben Christi Hilfe erlebte, sind sein Bestes; sie enthalten jenes innerliche Element, das diesen tiefreligiösen Menschen mit dem Ewigen verband. In der Übertönung des leisen Betens durch den äußeren Lärm liegt der tragische Einschlag im Leben Luthers, der jedoch «auch als im Wesenskern gespaltener Reformator einer der abgründlichsten Mystiker west-östlicher Christenheit geblieben ist»[2].

Wie der von Gott wirklich überfallene Luther zum mystischen Leben stand, ist die Frage, mit der eine Geschichte der evangelischen Mystik zu beginnen hat. Man kann sie nicht bündig beantworten, da sich beim Reformator widersprechende Äußerungen über diesen Fragenkomplex finden. Luthers Zwiespältigkeit hierin darf nicht übergangen werden, damit die Geschlossenheit der Darstellung keine Einbuße erleidet. Sie ist vielmehr offen zuzugeben, zumal sie auch den Reichtum seiner Persönlichkeit sichtbar macht. Um dem Problem ein wenig beizukommen, unterschied man Mystisches und Unmystisches bei Luther. Von der bedrängenden Gegenwärtigkeit Gottes hat kein Mystiker eindringlicher geredet als der Wittenberger Mönch, und mit der schroffen Verwerfung der Brautmystik hat er sich sogleich wieder von der mystischen Einstellung distanziert. Offensichtlich vermag die Trennung von Mystischem und Unmystischem bei Luther die Frage nicht zu bewältigen; sie bleibt in einem äußerlichen Schematismus hängen, wofür die älteren, ungenügenden Arbeiten über dieses Thema ein Beweis sind[3]. Der Wahrheit näher kam der Versuch, zwischen dem jungen und dem alten Luther zu unterscheiden, eine Differenzierung, die bereits Sebastian Franck eingeführt hat und die von Gottfried Arnold übernommen worden ist. Doch tut man dem Glaubensleben des Reformators Gewalt an, will man zwischen dem früheren und dem späten Luther einen scharfen Bruch feststellen. Dermaßen unharmonisch verlief Luthers innere Entwicklung nicht. Zwischen den Anfängen und dem Ende Luthers gibt es neben allen Veränderungen auch eine Kontinuität, innerhalb der freilich die Akzente vom Reformator verschieden gesetzt wurden. Aus diesem Grunde «gibt es kaum eine angeblich mystische Aussage des jungen Luther, die nicht bei dem angeblich unmystischen späteren Luther nachzuweisen wäre»[4]. Luthers Verhältnis zur Mystik darf man nicht nur aus seinen Ansichten über einen Mystiker interpretieren, es ist immer die Gesamthaltung ausschlaggebend, und nur der Blick auf Luthers Ganzheitseinstellung vermittelt den Aufschluß, der die Frage wirklich erhellt. Luther spricht einmal von der Anfechtung, in der der Christ vermeint, eitel Nein zu hören, und rät dann dem zitternden Herzen, sich «von solchem Fühlen zu kehren und das tiefe heimliche Ja unter und über dem Nein mit festem Glauben»[5] zu fassen. In dieser Äußerung steckt der Schlüssel zu Luthers widerspruchsvollem Verhalten gegenüber der Mystik. Es ist niemals mit einem einzigen Wort auszumachen, da sich seine Einstellung weder in bloßer Zustimmung noch in strikter Ablehnung erschöpft. Sie bestand in einem heimlichen Ja, das oft unter einem lauten Nein tief vergraben ist. Luthers wahre Einstellung liegt nicht offen da, sie findet sich nicht am Wegrand ausgebreitet, sie ist verborgen wie ein Veilchen. Man darf sich nicht von der Oberfläche täuschen lassen; ein feines Gehör für heimliche Töne ist erforderlich, um sie wahrzunehmen, und die Fähigkeit eines Rutengängers gehört dazu, der die unterirdischen Quellen spürt.

Luther hat in der Öffentlichkeit ein deutliches Nein zur Mystik gesprochen. Seine Subjektivität tat sich keinerlei Zwang an in der Verwerfung vieler mystischer Erscheinungen. Er scheute sich nicht, die Visionen der begnadeten Birgitta von Schweden als «reine Illusionen des Satans» zu schmähen. Die neuplatonisch gefärbte Mystik blieb ihm stets fremd, so daß er die mystische Theologie des Dionysios Areopagita und alles, was in ihrer Gefolgschaft stand, kräftig von sich stieß. Sie erschien ihm eindeutig mit Plato und nicht mit Paulus in Beziehung zu stehen. In den Tischreden polterte Luther drauflos: «Der Schultheologen Kunst mit ihrem Spekulieren in der Heiligen Schrift ist nichts denn lauter Eitelkeit und menschliche Gedanken nach der Vernunft. Dann hab ich viel von Bonaventura gelesen, aber er hat mich schön taub gemacht. Ich hätte gerne gewußt und verstanden, wie Gott mit meiner Seele vereinigt sei, aber ich konnte es nicht daraus lernen. Sie sagen viel von der Vereinigung des Verstandes und des Willens, aber es ist eitel Phantasie und Schwärmerei. Desgleichen ist die mystische Theologia Dionysii lauter Fabelwerk und Lügen[6].» Dermaßen grobschlächtig brach Luther die Fragen der mittelalterlichen Mystik übers Knie, und diese massive Ablehnung wurde leider von vielen Professoren und Pastoren des Protestantismus nur allzu bereitwillig übernommen.

Die Ursachen von Luthers Ablehnung der Mystik lagen in den schweren Kämpfen, in die er durch seinen Thesenanschlag verwickelt wurde. Der Reformator sah sich bald einer Anzahl von Gegnern gegenüber, denen er allenthalben entgegentreten mußte und dies auch mit einer teutonischen Kraft tat, die ihn zum wilden Eber im Weinberg des Herrn machte. Der vor Gottes Strenge bebende Mönch lernte in der kirchlichen Auseinandersetzung jene Waffen schwingen, mit denen er seine Feinde niederstreckte. Beinahe über Nacht begriff er, welche Register man zu ziehen hat, um den Widerpart lächerlich zu machen und die trüben Masseninstinkte zu wecken. Luther wurde in seinem Kampf gegen Rom einer der großen Polemiker der Geistesgeschichte. Ohne die derbe Kampfesweise glaubte er die gewaltige Schlacht nicht zu gewinnen. Freilich war der Sieg mit einem enormen Verlust erkauft. Das Rufen aus der Tiefe zu Gott ging im Höllenlärm beinahe unter, es war auch mit der spitzigen Polemik und den unflätigen Ausdrücken nicht vereinbar. In den wilden Kämpfen mit den altgläubigen Gegnern verlernte der Reformator in zunehmendem Maße, seinen Glauben mit jener Innerlichkeit auszudrücken, die den religiösen Menschen im Gewissen trifft. Statt auf die milde Stimme zu hören, die zu seinem Herzen sprach, hatte dieser Mann, wie Bernanos in seinem verständnisvollen Luther-Fragment sagte, «den Kopf verloren, ist losgeprescht wie ein Ackergaul, der in ein Wespennest tritt, links und rechts Hufschläge austeilend, er ist Hals über Kopf davongestürmt, und als er innehielt – gewiß nicht, weil er müde war, sondern weil er sehen wollte, wo er stand, weil er verschnaufen und seine Wunden beschnuppern mußte –, da lag die alte Kirche bereits weit hinter ihm, in unermeßlicher, riesiger Ferne, durch eine ganze Ewigkeit von ihm getrennt. O Wut, o Bestürzung, o herzzerreißendes Mißgeschick ...[7]»

Verstärkt wurde Luthers Nein zur Mystik noch durch eine zweite Front, die ihn nötigte, gegen die «Geisterer» anzukämpfen. «Der Satan ist mir in meine Hürde gefallen», schrie der Reformator auf und sah sich unerwartet einem Feind gegenüber, der ihm ursprünglich nahestand. Die Auseinandersetzung mit den «himmlischen Propheten», die sich auf innere Gesichte beriefen und vorgaben, mit Gott direkt zu reden, machte Luther schwer zu schaffen. Je stärker sie sich auf den Geist beriefen, um so mehr wurde Luther in mystischer Beziehung kopfscheu. Die Übertragung der christlichen Offenbarung aus der Vergangenheit in die Gegenwart rief in Luther ein förmliches Grauen hervor. Der spiritualistische Anspruch machte ihn um so wütender, je mehr er ihm eine gewisse Berechtigung nicht aberkennen konnte. Er berief sich von Monat zu Monat weniger auf seine eigenen mystischen Erfahrungen, nur um nicht auf einer verwandten Fährte ertappt zu werden. Er klagte die himmlischen Propheten der Phantasterei an, und in seinem ungestümen Temperament prägte er für sie den Ausdruck «Schwärmer», mit dem er alles niederschlug, was nur von entfernt in diese Richtung schaute. Luthers Spott ist an den Spiritualisten bis zum heutigen Tag haften geblieben, so daß die Christen sich gar nicht mehr unvoreingenommen mit ihnen beschäftigten. In Luthers Kampf gegen die «Geisterer» sind Recht und Unrecht seltsam verschlungen. Er überwand auch diesen Feind, aber er nahm dafür Schaden an seiner Seele, indem sich in ihm durch den Kampf mit den «Schwarmgeistern und Propheten» eine «Verstauchung» ereignete.

Sowohl durch den Kampf gegen Rom als durch das Gefecht mit den Spiritualisten rückte bei Luther das theologische Interesse in den Mittelpunkt. Theologie und Mystik decken sich aber nicht. Wohl gibt es mannigfache Verbindungsfäden, die gerade die mittelalterliche Scholastik davor bewahrten, im Rationalismus zu versanden. Man kann von einer Theologie der Mystik und von einer mystischen Theologie sprechen, doch darf auch der Unterschied nicht übersehen werden. Die Mystik beruht auf inneren Erfahrungen mit dem Göttlichen, während die Theologie eine gedankliche Bewältigung der christlichen Probleme versucht. Es ist deswegen so viel leichter, Theologe als Mystiker zu sein. Luther wurde durch die heftige Kampfessituation unaufhörlich von seinem ursprünglich religiösen Erleben zur Theologie abgedrängt. In ihm brannte immer stärker eine theologische Leidenschaft, die zuletzt wie ein Vulkan loderte. Nun hat auch die Theologie, wie alles in der Welt, ihre Berechtigung, aber sie steigert sich gerne zu einem gefährlichen Theologismus, der Selbstzweck wird und seine dienende Bestimmung vergißt. Es gibt auch einen theologischen Dämon, der Luther zur Rechthaberei, zur Disputiersucht und zur Streitlust verführte, die der christlichen Innerlichkeit abträglich sind. Immer weniger ertrug er den geringsten Widerspruch, er wurde gegen andere Auffassungen zusehends unduldsamer, anstatt sie in Liebe zu ertragen, solange er mit ihnen auf dem

Wege war. Durch die Entwicklung vom religiösen Ringen zur kampfgeübten Theologie wurde die Türe geöffnet, durch die die Schulweisheit in die evangelische Kirche einziehen konnte. An Stelle der mittelalterlichen Scholastik trat eine lutherische Scholastik, die nicht weniger unfruchtbare Folgen nach sich zog. Das schulmäßige, dogmatische Denken wirkt auf die Dauer ausdörrend auf das religiöse Leben, sofern es nicht durch mystische Gegenkräfte befruchtet wird. Luther hat in seinen Anfängen gesagt: «Nicht die Gelehrtesten, die viel lesen und viel Bücher haben, nicht sie sind die besten Christen. Denn alle ihre Bücher und alle ihre Erkenntnis ist Buchstabe und tot für die Seele. Nein, die sind die besten Christen, die das wirklich in die Tat umsetzen mit voller Freiwilligkeit, was jene in den Büchern lesen und andere lehren[8].» Später rühmte sich Luther, daß er im Gegensatz zu den früheren Reformbestrebungen die Lehre angreife und nicht das Leben bessern wolle. In dieser Selbstcharakterisierung Luthers liegt die ganze Tragik des Nein beschlossen, das er gegenüber dem mystischen Leben ausgesprochen hat. Das Evangelium ist nun einmal eine Lebensanweisung, und als reine Lehre aufgefaßt erfährt es eine verhängnisvolle Veränderung, denn es kostet eine viel geringere Mühe, eine Lehre zu reformieren, anstatt das eigene Leben ernsthaft zu ändern.

Luthers Nein zum mystischen Leben ist überaus bedauerlich. Es wurde dadurch in der evangelischen Christenheit eine der tiefsten Quellen verschüttet, die allein die Fluren hätte zum Grünen und Blühen bringen können. Man würde jedoch eine geringe historische Einsicht verraten, wollte man das lutherische Nein aus einer Launenhaftigkeit erklären. Es ist nicht durch eine persönliche Gereiztheit bedingt, sondern aus einer geschichtlichen Notwendigkeit hervorgegangen. Luthers veränderte Einstellung war durch die historische Situation gegeben. Ihm daraus einen Vorwurf machen kann nur, wer den zeitlichen Zusammenhang nicht begriffen hat. Dieses laute, oft überlaute Nein gehört zu den bekannten, allzu bekannten Äußerungen Luthers. Statt sie endlos zu wiederholen, ist es an der Zeit, sich den unbekannteren Einsichten und Ausblicken des Reformators zuzuwenden, die leider nicht vom Allgemeinbewußtsein aufgenommen wurden. Luthers Nein darf nicht zu seinem einzigen Wort erhoben werden, es ist lediglich eine Äußerung, die den Vordergrund beherrscht und dem natürlichen Bedürfnis der Menschen am stärksten entgegenkommt.

Viel wichtiger ist das tiefe, heimliche Ja, das unter diesem Nein verborgen ist. Es wurde von jeher bemerkt, aber viel zu wenig unterstrichen. Dabei geht von ihm jene christliche Melodie aus, die die Glaubenskraft und die Leidensfähigkeit des Luthertums erklärt. Luthers Ja ist von einer Innigkeit, Zartheit und Süße, die man bei diesem reckenhaften Kämpen gar nicht vermuten würde. Keineswegs war es ein Ja und ein Nein, das wiederum von einem Nein und einem Ja abgelöst wurde. Das wäre ein dialektisches Spiel gewesen, und einer solchen Verwirrung hat sich Luther nicht schuldig gemacht. Er sagte vielmehr mit Paulus: «Da war nicht Ja und Nein, sondern es war Ja in ihm.» Es gilt das heimliche Ja in seiner ganzen berückenden Innerlichkeit zu vernehmen, das bald stärker, bald schwächer zum Vorschein kommt und das in seiner Bejahung viel bedeutsamer ist als alle Negation zusammen. Denn nicht, was alle Welt schon weiß, ist wichtig, sondern jenes verborgene Geschehen, das sie nicht kennt und von dem sie doch unbedingt Notiz nehmen sollte. Zu ihm gehört das geflüsterte Ja des Reformators, das allein die innerste Sehnsucht des Christenmenschen zu stillen vermag und das noch heute an die Herzenstüre der Menschen pocht. Wer sich nicht mit dem offiziellen, etwas abgegriffenen Luther-Bild begnügen will, der muß diesem heimlichen Ja zur Mystik nachgehen, das den Wittenberger Mönch von seiner tiefsten Seite zeigt, die ausschließlich Gott zugewendet war.

Es wäre verwunderlich, fast unbegreiflich, wenn Luther nicht eine unverkennbare Neigung zum mystischen Leben besessen hätte. War er doch in einem seltenen Maße der Mann der metaphysischen Schrecken, die noch immer das Vorfeld der Mystik bilden. Dieses urtümliche Erschauern ist ein Beweis für seine unmittelbare Beziehung zum Göttlichen, aus der seine ungemein starke christliche Kraft floß.

Die religiöse Entwicklung Luthers setzte mit dem Gewitter-Erlebnis bei Stotternheim ein, wo der Schrecken Gottes erstmals über den jungen Mann hereinbrach. Ein jäher Blitz des Himmels bewog Luther, der Welt den Abschied zu geben und ins Kloster einzutreten. Gegenüber dem eigenen Vater erklärte er, daß er «durch einen Schrecken vom Himmel» zum Mönch berufen wurde. Der ihn unversehens überfallende Todesschreck bewirkte die erste Wende in seinem Leben.

Die schützenden Klostermauern haben Luther jedoch keineswegs von den Gewittern Gottes abgeschirmt. Gleich bei der ersten Messe, die er las, durchdrang ihn der Schrecken des Heiligen dermaßen, daß er die Worte kaum zu Ende zu sprechen vermochte, weil sie ihm zu gewaltig vorkamen. Er selbst hat später gestanden, wie er bei den Worten «wir opfern Dir, dem lebendigen, dem wahren, dem ewigen Gott» äußerst betroffen zusammenfuhr. «Ich dachte bei mir: Mit welcher Zunge soll ich solche Majestät anreden, da ich sehe, daß alle Menschen in Gegenwart schon eines irdischen Fürsten zittern. Wer bin ich, daß ich meine Augen zu der göttlichen Majestät aufheben dürfte? Die Engel umgeben ihn. Auf seinen Wink erbebt die Erde. Und soll ich elender, kleiner Zwerg sagen: Ich brauche dies, ich bitte um das? Denn ich bin Staub und Asche und voller Sünde, und ich rede zu dem lebendigen, ewigen und wahren Gott?[9]» Luther spürte ein Zittern am ganzen Körper, sein metaphysisches Entsetzen verrät eine seelische Disposition, die in gerader Linie zur Mystik führt.

Während seines Mönchlebens ist Luther öfters vor dem Heiligen betroffen stillgestanden. Beim bloßen Anblick eines Kruzifixes durchzuckte ihn der Blitz des Grauens. Einmal wurde im Chor der Klosterkirche aus den Evangelien die Erzählung des Besessenen vorgelesen, der auf die Erde fiel, sich wälzte und schäumte. Luther bezog die Worte auf sich, stürzte vor den Augen seiner Mitbrüder zu Boden und schrie: «Ich bin es nicht! Ich bin es nicht!» Wie anders wäre sein Verhalten zu erklären, als daß wiederum der Schrecken Gottes ihn heimgesucht hatte? Noch bei der Prozession zu Eisleben im Jahre 1515 wurde Luther beim Anblick des heiligen Sakramentes von einem plötzlichen Todesschrecken überwältigt, so daß er meinte, vergehen zu müssen. In all diesen Situationen bekam es der Bergmannssohn mit den ewigen Mächten zu tun, und diese reale Berührung ist die Voraussetzung allen mystischen Lebens.

Johannes Staupitz, der aus der Schule der Mystiker kam, wies Luther während dieser Zeit auf das geistliche Schrifttum der Mystiker hin. Schon als Augustinermönch wurde Luther in die Nähe Augustins geführt, der stets der Kirchenvater blieb, dem Luther am meisten zugetan war. Es ist viel Augustinisches in Luther; die Gnadenlehre des Afrikaners hat ihm starke Impulse gegeben, wenn er sie auch überspitzte. Diese augustinische Einwirkung erfuhr noch eine Verstärkung, als Luther Bernhard von Clairvaux kennenlernte und sich von diesem mächtigen Geist des Hochmittelalters stark angezogen fühlte. Er hat zeitlebens Bernhard neben Augustin geliebt. Obwohl beide Männer mit der Mystik in Beziehung standen, hat sich Luther nicht in ihre ausgesprochen mystischen Erlebnisse vertieft. Luther redet weder von Augustins Berührung mit dem Göttlichen in Ostia noch vom Kommen des Bräutigams in Bernhards Seele. Und doch hat der Reformator durch die Beschäftigung mit ihnen bewußt oder unbewußt mystischen Einfluß erfahren. Luther hat als Mönch die Milch der Mystik getrunken, sie hat ihn innerlich gekräftigt und gestärkt, auch dann noch, als ihn Paulus zur offenen Paradiesespforte führte.

Mitten in seiner religiösen Krisenzeit stieß Luther auf eine alte Handschrift, deren Entdeckung für ihn zu einer Offenbarung wurde. Die Luther-Biographen pflegen dieses Ereignis geringfügig zu behandeln, der Traktat sei ihm «ganz zufällig in die Hände gefallen»[10]. In dieser Hinsicht aber gibt es kein zufälliges Geschehen; auch über diesem Vorkommnis waltete die Vorsehung, und deswegen hatte es für Luthers seelisches Leben eine ungeahnte Bedeutung. Die Entdekkung des «Frankfurters» im Jahre 1516 war ein inneres Erlebnis, das, geschichtlich betrachtet, nicht die gleichen Wellen werfen konnte wie der ein Jahr später erfolgte Thesenanschlag, dessen sensationelle Wirkung es übertönte. Doch war das stille Aufschlagen der verstaubten Handschrift eine Tat, die auf der Waage der Ewigkeit vielleicht schwerer wog als die Hammerschläge an die Wittenberger Schloßkirche. Durch das vergilbte Dokument wurde Luther auf die Pfade der Mystik gelenkt, und dieses leise Geschehen war trotz aller Unscheinbarkeit eines der entscheidendsten Ereignisse für das geistige Leben der evangelischen Christenheit. Hier und nirgends anders liegen die tragenden Wurzeln der evangelischen Mystik verborgen. Sie verdienen eine liebende Aufmerksamkeit, weil sonst das fast lautlose Vorkommnis der Entdeckung nicht in seiner wahren Tiefe erfaßt wird.

Der unbekannte Verfasser der alten Handschrift stammt aus dem Kreis der spätmittelalterlichen Gottesfreunde. Er lebte als Priester und Kustos des Deutschherrenhauses in Frankfurt am Main, und von daher erhielt er den Namen «der Frankfurter». Geschrieben wurde das Büchlein in der Mitte des 14. Jahrhunderts; es ist eine Frucht vom Baume Meister Eckharts. Es beschreibt gar hohe Dinge vom vollkommenen Leben des göttlichen Menschen, weshalb es auch zuweilen «Das Büchlein vom vollkommenen Leben» genannt wird. Nach der Vorrede hat der ewige Gott selbst dieses Büchlein ausgesprochen durch «einen weisen, einsichtigen Menschen», damit man die wahrhaften Gottesfreunde von den falschen, freien Geistern erkennen könne [11]. Das Büchlein ist ein unfehlbarer Prüfstein, ob jemand ein mystisches Empfinden hat oder nicht, denn seiner religiösen Schönheit kann sich ein innerlicher Mensch schwerlich entziehen. Die Ansicht, dieses Schriftstück sei wenig originell und wiederhole nur in abgeschwächter Weise Eckharts Gedanken, ist irrig. In der Mystik ist nicht die Priorität entscheidend, dieweil in ihr alles von Gott kommt, und bedeutsam ist allein, ob das Empfangene auch wahr und innig empfunden ist.

Für Luther bedeutete die Entdeckung des Büchleins eine ganz unerwartete Bereicherung und Vertiefung des Innenlebens. Er konnte sich vor Überraschung kaum fassen und ward an dem Fund, als er «noch in des Papstes Lehre ersoffen war», zum Narren, ein Geständnis, das Bände spricht. Obschon ihm zunächst nur ein Teilstück des «Frankfurters» zu Gesicht kam, bereitete ihm das Büchlein eine beispiellose Freude. Er konnte das Glück des Finders nicht für sich behalten und übergab den Text noch im gleichen Jahr der Öffentlichkeit. Die erste Publikation Luthers war somit die einer mystischen Schrift, eine Tatsache, die viel zu wenig gewürdigt wird. Luther versah sie mit dem altmodisch langen Titel: «Ein geistlich edles Büchlein, von rechtem Unterschied und Verstand, was der alte und neue Mensch sei. Was Adam und was Gottes Kind sei und wie der Adam in uns sterben und Christus auferstehen soll.» Er schrieb zu dem köstlichen Erbauungsbuch auch eine kleine gewichtige Vorrede, die über das Frohlocken seines Herzens unmißverständlichen Aufschluß gibt: «Zuvoran ermahnet dies Büchlein alle, die es lesen und verstehen wollen, sonderlich die von heller Vernunft und sinnereiches Verstands sein, daß sie zum erstenmal nicht sich selbs mit schwindem Urteil übereilen. Denn es in etlichen Worten scheinet untüchtig, oder aus der Weise gewöhnlicher Prediger und Lehrer reden; ja es schwebt nicht oben, wie Schaum auf dem Wasser, sondern es ist aus dem Grunde des Jordans von einem wahrhaftigen Israeliten erlesen, welches Namen Gott weiß, und wer es wissen will. Denn diesmal ist das Büchlein ohn Titel und Namen funden, aber, nach möglichem Gedenken zu schätzen, ist die Materie fast nach der Art des erleuchten Doctors Tauleri[12].» Schade, überaus schade, daß die Menschen sich bis zum heutigen Tag diese Worte Luthers so wenig zu Herzen genommen haben und mit ihrem «geschwinden Urteil» sich tatsächlich übereilt haben, anstatt sich durch des Reformators Mahnung warnen zu lassen, alle mystischen Ausführungen auf den Knien zu lesen und sie nicht gleich wie weiland Saul den David mit dem Spieß an die Wand zu spießen. Sie wären dann gewiß gar vielfach im Hinblick auf die Mystik zu einer anderen Schlußfolgerung gekommen, hätten gelernt, bloßen Schaum vom Grundwasser zu unterscheiden, und eine innere Beglückung erlebt über die Begegnung mit einem Menschen, der wirklich um Gott weiß.

Luthers Begeisterung über den «Frankfurter» war kein kurzes Strohfeuer. Ein Jahr nach dem Thesenanschlag kam ihm das ganze Büchlein in die Hände, und er zögerte keinen Augenblick, nun eine zweite, vollständige Ausgabe erscheinen zu lassen. Deutlicher konnte er seine innere Beziehung zu dem Büchlein gar nicht unterstreichen. Diesmal gab er ihm den Titel «Eine deutsche Theologia», eine Bezeichnung, die ihm neben der Überschrift «Das Büchlein vom vollkommenen Leben» geblieben ist. Wiederum schrieb Luther eine Vorrede dazu, in der er vom Psalmwort «aus dem Munde der Unmündigen hast du dir dein Lob zubereitet» ausging und dann mit sichtlichem Hochgefühl ausführte: «Das sag ich darum, daß ich gewarnet haben will ein jeglichen, der dies Büchlein liest, daß er sein Schaden nicht verwirke, und sich ärgere in dem schlechten Deutsche oder ungekränzten Worten, wann dies edel Büchlein, als arm und ungeschmückt es ist in Worten und menschlicher Weisheit, also und vielmehr reicher und köstlicher ist es in Kunst und göttlicher Weisheit. Und daß ich noch meinen alten Narren rühm, ist mir nächst der Bibel und St. Augustin nicht fürkommen ein Buch, daraus ich mehr erlernet hab und will, was Gott, Christus, Mensch und alle Dinge sein, und befinde nun allererst, daß es wahr sei, daß etliche Hochgelehrten von uns Wittenbergischen Theologen schimpflich reden, als wollten wir neue Dinge fürnehmen, gleich als wären nicht vorhin und anderswo auch Leut gewesen. Ja freilich sind sie gewesen, aber Gottes Zorn, durch unsere Sünd verwirkt, hat uns nicht lassen würdig sein, dieselben zu sehen oder hören[13].» Ein erstaunliches Bekenntnis, das kaum übertroffen werden kann! Man begreift plötzlich, warum im Luthertum die Entdeckung des «Frankfurters» verharmlost wird. Der Reformator wagte hier Unerhörtes: Er stellte den «Frankfurter» an die Seite der Bibel! Ist es statthaft, diese grandiose Bewertung einfach zu ignorieren, bloß deshalb, weil sie sich nicht in die vorgefaßten Meinungen einfügt, die man sich vom Reformator gemacht hat? Ein unvoreingenommener Sinn kann doch den seligen Jubel gar nicht überhören, der aus Luthers Vorwort herausklingt. In ihm tritt Luthers heimliches Ja zur Mystik herrlich aus der verborgenen Tiefe an das Licht des Tages. Es ist kein zaghaftes Flüstern mehr, es nimmt den Ton einer hellen Glocke an, deren mächtige Klänge weit über das Land schallen. Gar innig und sinnig freut sich Luther, daß in diesem Büchlein Gott in deutscher Zunge zu seinem Geiste redet und einmal nicht in lateinischer, griechischer und hebräischer Sprache. Dies ist nicht im nationalistischen Sinne zu interpretieren, es ist aus einer echten Heimatverbundenheit heraus zu verstehen. Aus diesem Grunde bittet der Reformator Gott, daß dies Büchlein, das ein epochales Ereignis im Dasein des jungen Luther bedeutete, mehr an den Tag kommen möge.

Luther war in der Schätzung des «Frankfurters» von einem richtigen Instinkt geleitet. Die «Deutsche Theologia» war ein Bundesgenosse in seiner suchenden Lebensperiode und wird gewiß auch von jedem religiös ringenden Menschen begrüßt werden, der in ein inneres Verhältnis zum Christentum gelangen will. Durch Luthers Verherrlichung des trostreichen Büchleins hat die deutsche Mystik in der evangelischen Christenheit Heimatrecht bekommen, und keine Macht der Welt kann ihr dies mehr streitig machen. Einmal, und zwar ganz in den Anfängen, küßten sich Mystik und Reformation, und daran war sicher die Freude des Himmels beteiligt. Die geistliche Umarmung hat sich nicht schnell wieder gelöst, denn die Schrift «Von der Freiheit eines Christenmenschen» liest sich wie eine Fortsetzung des «Frankfurters», die gleichen innigen, innerlichen Töne finden sich hier und dort.

Zur gleichen Zeit, da sich Luther am «Büchlein vom vollkommenen Leben» berauschte, las er viel in einem Folianten, der die deutschen Predigten des Johannes Tauler enthielt, von dem Christina von Ebner sagte, daß er Gott der liebste Mensch sei, den er auf Erden hatte. Die Verwandtschaft der beiden Bücher ist Luther sogleich aufgefallen, und er hat die Ausführungen des geistesmächtigen Dominikanerpredigers mit zustimmenden Randglossen versehen. Der Straßburger Prediger, nach welchem die Menschen zu unermeßlich hohen Dingen geschaffen sind, hatte es dem nach Gott rufenden Luther angetan. Wann er auf Tauler gestoßen ist, kann nicht genau angegeben werden. Wahrscheinlich geschah es Ende des Jahres 1515 oder Anfang 1516, da der Reformator in seiner «Römerbriefvorlesung» den Straßburger Prediger rühmend erwähnt: «Über dieses Erleiden und Ertragen Gottes siehe bei Tauler nach, der vor den andern gerade diesen Stoff vortrefflich in deutscher Sprache ans Licht gehoben hat[14].» Auch in den «Resolutiones» zu seinen Fünfundneunzig Thesen unterläßt Luther es nicht, Tauler hervorzuheben: «Ich weiß zwar, daß dieser Lehrer den Scholastikern unbekannt und darum vielleicht verächtlich ist. Aber ich für mein

Teil habe in ihm, wiewohl er nur in deutscher Sprache geschrieben ist, mehr von gediegener und reiner Theologie gefunden als bei allen Scholastikern sämtlicher Universitäten erfunden ist und erfunden werden kann in ihren Sentenzenkommentaren[15].» Tauler erfüllte damals Luther so sehr, daß er in einem Brief an seinen Freund Spalantin die Theologie des Straßburger Predigers als rein, gründlich und der alten Theologie sehr ähnlich pries. Luther ließ sich sofort die im Jahre 1521 in Basel erschienene Tauler-Ausgabe auf die Wartburg kommen und las eifrig in den Predigten des Mystikers.

Über die Tragweite von Luthers Begegnung mit Tauler wurde bis jetzt keine Einigkeit erzielt. Den Einfluß überschätzend, behauptete man schon: «Durch die Folgerungen, die Tauler aus diesem Augustinismus gezogen hat, wurde Luther direkt auf die reformatorische Bahn gedrängt. Taulers Werktheologie bildet die Grundlage für Luthers so stark angefochtene Auffassung von den Werken. Taulers Kreuztheologie hat Luther den Ansporn zum Kampf gegen die mittelalterliche Bußtheorie und gegen die Ablässe gegeben. Die ‚Freiheit eines Christenmenschen' ist eine Lehre der deutschen Mystik, die auf ihrer Werktheologie fußt und in ihren Konsequenzen gegen die Gelübde und das Observantentum, die Hierarchie usw. bereits von der Mystik erkannt und verteidigt worden war, aber erst von Luther ausgebaut und dem deutschen Volk geschenkt wurde[16].» Das Urteil besteht nicht völlig zu Recht, aber auch die umgekehrte Behauptung ist kurzschlüssig, nach der Luther den Straßburger Prediger «in allen für ihn wesentlichen Fragen vollkommen mißverstanden hat»[17]. Sicherlich hat Tauler dem jungen Luther viel bedeutet, aber er hat nicht dessen ganze mystische Welt in sich aufgenommen. Der Reformator war eine viel zu reiche Natur, um eine historische Gestalt in ihrer Eigenart zu erfassen; er legte immer sich selbst in sie hinein, wie das oft bedeutsame Menschen machen. Das bescheidene Zurücktreten, das zum geschichtlichen Verstehen gehört, besaß er nicht. Aber Luther hat sich von Tauler angesprochen gefühlt, der so eindringlich von der Einkehr in das lautere, göttliche, einfältige Gut, welches das edle, inwendige Fünklein ist, zu reden verstand, und von ihm eine innere Förderung erfahren. Taulers Predigten bedeuteten ihm eine Hilfe in seinem Durchbruch, er lernte durch sie das Evangelium innerlicher verstehen, und für diesen Beistand war er ihm aufrichtig dankbar.

Freilich hat Luther nur einen schmalen Ausschnitt aus der deutschen Mystik kennengelernt. Vor allem begegnete ihm der Zentralgeist der deutschen Mystik nicht: Meister Eckhart. Daß er ihn nicht kannte, ist jedoch nicht die Schuld des Reformators. Seit der Verurteilung des Kölner Lesemeisters war Eckhart für den frommen Kirchenchristen ein religiös Aussätziger geworden und fiel deswegen in zunehmendem Maße der Vergessenheit anheim. Nur der unabhängige Kardinal Nikolaus von Cusa sammelte eifrig die handschriftlich verbreiteten Predigten des verpönten Mannes; dann wurde Meister Eckhart beinahe zu einer sagenhaften Gestalt, von der für lange Zeit kaum noch jemand Näheres wußte. Das Thema «Eckhart und Luther» ist mehr hypothetischer als geschichtlicher Art, das keinen großen Ertrag abwerfen kann[18]. Auch der zartfühlende Seuse, der spekulative Johannes Ruysbroek und merkwürdigerweise auch Thomas a Kempis' «Nachfolge Christi» traten nicht in Luthers Gesichtskreis. Ebenso scheint Luther nichts von der minnetrunkenen Frauenmystik erfahren zu haben. Es bleibt überaus zu bedauern, daß die Seele des Reformators nicht im vollen Umfang von der deutschen Mystik gegrüßt wurde.

Dessen ungeachtet erhebt sich die Frage: Was hat Luther am Frankfurter und an Tauler gefesselt? Das spekulative Interesse, das in der deutschen Mystik einen breiten Raum einnimmt, beschäftigte Luther nicht, es war eindeutig das Frömmigkeitserlebnis, das Sterben und Auferstehen der Seele in Christo, das ihn zur Mystik hinzog. Die praktischen Anwendungen der deutschen Mystik nahmen sein Herz gefangen und dienten ihm, Gott näherzukommen. Einzig das sehnsüchtige Verlangen nach Innerlichkeit bewegte ihn, und das seelische Verhältnis zu Christus trat ihm in der Mystik auf eine überaus konkrete und ergreifende Art entgegen. Er spürte die göttliche Realität aus dem «Büchlein vom vollkommenen Leben» und aus Taulers Predigten lebendig werden, und dieses Gefühl ergriff ihn unwiderstehlich. Luther war nicht unempfindlich gegen die gottinnige Stimme der Mystik. Wo ihre Töne echt an sein Ohr klangen, da antwortete in seiner Seele ein Echo. Er hat offenkundig die tiefen religiösen Kräfte gespürt, die in der Mystik sich regen und bewegen. Eine überwältigende, unwiderstehliche Gottessehnsucht drängt in ihr ans Licht, und durch sie kam der junge Luther zu der Ansicht, daß alles, was vom Herrn Jesus Christus gesagt wird, auf jeden geistigen Menschen zu übertragen sei. Es ist Luthers früher Phase zu verdanken, daß die deutsche Mystik auch in der evangelischen Christenheit immer wieder als ein sauerteigartiges Ferment wirkte, und wenn sie das einst nicht mehr wäre, so würde eine unübersehbare Verarmung eintreten.

Als ein Mann, der durch die metaphysischen Schrecken hindurchgegangen war, wurde Luther in seinen religiösen Aussagen zeitlebens nicht von bloß intellektuellen Überlegungen bestimmt. Zwar erzählt der Reformator nie von erlebten Visionen, aber Erleuchtungen hat der ehemalige Bergmannssohn gehabt – man denke nur an das bekannte Turmerlebnis. Sie lassen sich auch aus einem Christenleben, das in tiefere Schichten vordringt, nicht wegdenken. Reale Erlebnisse und nicht bloß gedankliche Vorstellungen bewegten Luther in seinem religiösen Ringen. Da nach ihm der Christ durch Leben und Sterben und nicht durch Erkennen und Spekulieren geboren wird, verschwand auch das mystische Element nicht gänzlich aus seinem Leben. Doch trat es im Vergleich zur Zeitspanne von 1516–1519 später sichtlich zurück, erlosch aber nie gänzlich. Die frohe Zustimmung zur Mystik wandelte sich im Laufe der Zeit immer mehr zu einem heimlichen Ja, das in den Hintergrund trat und vom öffentlichen Nein überdeckt wurde. Es ist jedoch notwendig, einmal dem heimlichen Ja in Luthers späterer Phase nachzuspüren und in aller skizzenhaften Kürze zu zeigen, wie es stets anwesend blieb, wenn auch manchmal in stark veränderter Gestalt. Ohne diesen freilich mehr angedeuteten als ausgeführten Nachweis wäre das Bild vom inneren Antlitz Luthers nicht richtig gezeichnet.

Der Wittenberger Mönch hatte einen ungeheuren Eindruck von Gott empfangen. Ihm erschien es oft in seinem Furchtgefühl, als sei der Ewige mit einer Keule hinter ihm her. Für ihn war Gott zeitlebens ein verzehrendes Feuer; die Worte und Befehle des Allmächtigen sind stets schrecklich. Der Reformator empfand unendliche Ängste gegenüber Gott, vor dessen Heiligkeit er nicht zu bestehen vermochte. Um seines Gottesschreckens willen ist Luther durch wahre Höllenqualen hindurchgeschritten, die zu schildern ihm die Feder versagte. Gott hat ihm alle Gebeine zerbrochen, und die Narben sind ihm zeitlebens geblieben. Immer wieder betonte Luther, wer die göttliche Majestät erforsche, werde von ihrer Herrlichkeit erdrückt. Nie ertrug er es, wenn man sich mit dem Ewigen allzu vertraulich gebärdete. Mit Gott direkt zu reden, kann niemand ertragen, da dessen bloßer Anblick schon den Menschen vernichtet. Für Luther war Gott nicht Behauptung, Ansicht, Lehre, sondern eine religiöse Erfahrung, denn der Ewige war mit elementarer Gewalt in sein Dasein eingebrochen. Gottes Gruß ist im Anfang greulich, weil es zum Wesen des Allmächtigen gehört, sich zu verbergen. Luther hat überaus eindringlich über den verborgenen Gott geredet, dessen Werk allezeit unverstanden bleibt und dessen ferne Nähe eine dem menschlichen Denken widersprechende Form annimmt. Doch überwand Luther Gott mit Gott, wie er im Gedenken an Jesu Gebetskampf in Gethsemane sagt. Mitten im Zorne Gottes, der Luther in die Glieder gefahren war, erblickte er plötzlich «durch die Fenster des dunkeln Glaubens» den allergütigsten Vater. Zuweilen sprach Luther von der zornigen Liebe, die in Gott sei, aber zuletzt bricht es wie ein Strom hervor, daß der Ewige «ein glühender Backofen voller Liebe ist», der da reichet von der Erde bis zum Himmel. Der Zorn ist Gottes fremdes Werk, während die Liebe ihn in seinem eigensten Wesen offenbart. Luther konnte überaus innig von der einigenden Gottnähe sprechen – die Lektüre des «Büchleins vom vollkommenen Leben» war nicht spurlos verblaßt. In diesen Momenten überwallte Luthers Herz vor «Süßwerden» gegenüber Gott, und er jubelte voll Fröhlichkeit, daß «wer in der Liebe bleibt, der in Gott bleibt und Gott in ihm, also, daß er und Gott ein Kuchen wird»[19]. Die herrliche Äußerung zwingt um so mehr zum Aufhorchen, als sie aus einer Predigt aus dem Jahre 1532 stammt, also aus einer Zeit, da man längst nicht mehr vom jungen Luther reden kann. Sie öffnet den Blick in das innerste Herz des Reformators, und von ihr aus sind auch seine übrigen Gottesaussagen zu interpretieren. Der mit Gott ein Kuchen gewordene Mensch stellt einen nochmaligen Höhepunkt seiner mystischen Aussage dar. Eine solche kühne und ungewöhnliche Formulierung konnte sich nur ein Christ erlauben, der mitten im Erschrecken vor Gottes namenloser Größe das Innerste des Allmächtigen gefunden hatte. Der Mensch, der mit Gott ein Kuchen geworden ist, befindet sich wahrhaftig im mystischen Bereich. Mystischeres kann man gar nicht erleben. Dieses brennende Verlangen und nichts anderes hat auch die größten Ekstatiker bewegt. In den Momenten der glaubensmäßigen Einswerdung mit dem verborgenen-geoffenbarten Gott muß man Luther belauschen, will man zur Seele des Reformators vorstoßen. Hier begegnet man dem wahren Luther, der nur äußerlich ein lärmiger Polemiker und innerlich ein reines Kind geblieben war, das mit dem größten Vertrauen gar innig die Knie des himmlischen Vaters umschlang. Das Bild von dem mit Gott zu einem Kuchen verwandelten Menschen beweist eindeutig, daß Luther der verborgenen Neigung zur Mystik treu blieb. Unstatthaft ist es, so lange an dieser Aussage herumzuinterpretieren, bis man sie ins Gegenteil verkehrt hat. Dabei ist er keineswegs einer zweideutigen Verschmelzungsmystik zum Opfer gefallen; er blieb mit der unmittelbaren Gotteserfahrung durchaus auf der Linie der paulinischen Mystik, die ebenfalls von der Gewißheit erfüllt war: «Wer aber dem Herrn anhanget, der ist ein Geist mit ihm[20].»

«Das, was wir lieben, das werden wir. Liebst du Gott, dann bist du Gott, liebst du die Erde, dann bist der Erde», sagt Luther in der «Römerbriefvorlesung»[21] und rückt durch die Tiefe dieser reformatorischen Gottverbundenheit auch das Erleben der Rechtfertigung in die richtige Sicht. Ihm haftet durchaus eine irrationale Komponente an, die Luther auch stark betont hat. Verstandesmäßig kann man nicht begreifen, wie der Mensch Sünder und Gerechter zugleich sein soll. Es grenzt ans Wunderbare, zu glauben, daß der Mensch gerechtfertigt sei, obwohl er noch mit einem unflätigen Kleid angetan ist. Wie sonderbar, nicht mehr zu sehen, was man doch täglich sehen muß: die eigene Ungerechtigkeit; und zu glauben, was man noch nicht besitzt: die Seligkeit; und doch besteht gerade in diesem überrationalen Vorgang die Vergebung der Sünden! «Was in den Formeln der lutherischen Rechtfertigungslehre sich ausdrückt, ist seinem Wesen nach überhaupt keine Theorie, kein Dogma, sondern etwas rein Erlebtes und immer von neuem schwer Erkämpftes: das Wagnis – das als solches immer empfunden wird –, im Streite mit Gott gleichsam die Waffen zu strecken und das scheinbar Unmöglichste zu tun, was sich in solcher Lage denken läßt: sich dem zürnenden Gotte gläubig und restlos anzuvertrauen[22].» Tatsächlich verführt die Rechtfertigung, als formelhafte Lehre nachgeplappert, den Menschen gerne zum bequemen Leichtsinn, dagegen als spannungsgeladenes Erleben erfahren, verbindet sie zahlreiche Fäden mit der Mystik. Der innere Zusammenhang zwischen dem Rechtfertigungsglauben und der Mystik ist nicht zu übersehen. Sie verhalten sich keineswegs so spröde gegeneinander, wie oft dargetan wird[23].

Man entkleidet überhaupt Luthers Errungenschaften ihres tiefsten Gehaltes, macht man aus seinen mühsam erreichten, blitzlichtartigen Erfahrungen eine reine Lehre. Freilich hat er zuweilen selbst hiezu Hand geboten, indem er auf die Lehre pochte und zu ihrer Darlegung die Begriffe der spätmittelalterlichen Theologie zu Hilfe nehmen mußte, die seinem Gotteserlebnis gar nicht adäquat waren. Luthers Aufgabe war jedoch die eines Wiederentdeckers, und seine Schriften gleichen einem Kessel siedenden Wassers auf einem Feuerherd. Seine innersten Ausführungen gehen über doktrinäre Lehrauffassungen hinaus, was in seinem Christus-Verhältnis deutlich spürbar wird. Die Gottesbeziehung des Reformators kann nicht von seiner innigen Christus-Erfahrung abgelöst werden, die durch alles hindurchgeht. Luther zwängte jedoch seinen Christus-Glauben weder in Paragraphen hinein, noch hat er ihn einmal endgültig formuliert. In seiner theologia crucis schaute Luther das Kreuz Christi und das Kreuz des Christen wie die Mystiker zusammen. Der Reformator sprach vom Leben, das der Christ unter dem Kreuz zu führen hat und das sich in der Leidensnachfolge bewegt. Wenn der Mensch Christus gleichförmig werden will, dann muß er auch Christus im Innern haben. Nach Luthers Auffassung weilt der Christ gleichsam schon jetzt im Himmel und hat den Herrn im Herzen. Was Demut, was Anfechtung, was Anbetung heißt, hätte Luther nicht in der innerlich bewegenden Art ausführen können ohne die mystischen Untertöne. Die Nichtbeachtung dieses verborgenen Untergrundes führt zu einer Verzeichnung Luthers. Besonnene Kirchenhistoriker haben den Zusammenhang von Luthers Kreuzestheologie und der Mystik mit erfreulicher Deutlichkeit ausgesprochen[24]. Unvoreingenommene Betrachtung stößt beständig auf die mystischen Anklänge: «O wie herzlich gerne wollen wir leer sein, auf daß du voll seiest in uns![25]» Noch in der «Freiheit eines Christenmenschen» sprach Luther davon, wie die Seele mit Christo als eine Braut mit ihrem Bräutigam vereinigt werde. Zeitlebens war er bestrebt, die zwei Stücke zu fassen, wie wir in Christo sind und Christus in uns ist.

Das überrationale Christus-Verhältnis Luthers erweist sich besonders stark in seinem mystischen Abendmahlsverständnis. Der Reformator hat den Wandlungsvorgang nie preisgegeben, sondern ihn nur anders gefaßt als die katholische Kirche. Tritt in der Messe bei der Wiederholung der Einsetzungsworte durch den Priester die Verwandlung von Brot und Wein in Leib und Blut Christi ein, so geschieht dies nach Luther nicht auf das Wort des Priesters, sondern Gott tut es während des Abendmahles zu einem Zeitpunkt, der nicht genau angegeben werden kann. Allein, es geschieht wirklich eine Verwandlung, und Luther hat an der Realpräsenz Christi im Abendmahl mit größter Zähigkeit festgehalten. Brot und Wein bedeuten für ihn nicht nur Leib und Blut Christi, sie sind es auch tatsächlich. Die Gegenwart des Herrn war ihm eine Gewißheit; er wußte also, was eine ausgesprochen mystische Erfahrung ist. Sie war für Luther so wichtig, daß er hierin nicht mit sich reden ließ. Er ist beim Gespräch mit Zwingli in Marburg in seinen Auffassungen nicht um ein Jota von seiner mystischen Überzeugung abgewichen. Luthers Verhalten in der Abendmahlsfrage beruht nicht auf Starrköpfigkeit. In der Weise wurde es oft von reformierter Seite bewertet. Diese Beurteilung nimmt das religiöse Motiv in seiner Argumentation zu wenig wahr. Luther sah hierin die mystische Realität, die ihn tröstete und beglückte, gefährdet, die er nicht preisgeben wollte und konnte. Das rein symbolisch aufgefaßte Gedächtnismahl, das in einen bloßen Erinnerungsakt ausklingt, war ihm nicht nur allzu nüchtern und dürr; er fürchtete, daß es zu einer rationalen Auflösung führe. Die wirkliche Anwesenheit des Herrn im Abendmahl gehört zu Luthers Mystik. Es ist dies kein mittelalterlicher Überrest, den er nicht zu überwinden vermochte. Bei seiner Sakramentsmystik kommt es zu einer realen Vereinigung von Christus und Mensch. Luther empfindet das Sakrament als unmittelbares Ereignis des gegenwärtigen Heiligen. Sein kultisches Feiern besitzt eine mystische Tiefe, aus der das heimliche Ja überaus deutlich hervorschaut.

Auch Luthers Aussagen über den Heiligen Geist stehen in mystischem Zusammenhang. In der Vorrede zur Auslegung des «Magnificates» führt der Reformator wie ein Schüler der deutschen Mystik aus: «Es kann niemand Gott noch Gottes Wort recht verstehen, er hab's denn unmittelbar von dem Heiligen Geist. Niemand kann's aber von dem Heiligen Geist haben, er erfahr' es, versuch's und empfinde es denn; und in derselben Erfahrung lehret der Heilige Geist als in seiner eigenen Schule, außer welcher wird nichts gelernet denn nur bloße Worte und Geschwätz[26].» Luthers Darlegung bedarf keiner Erläuterung, sie grenzt deutlich genug das mystische Anliegen gegenüber allem theologischen Gerede ab. Nach der Auffassung des Reformators kommt es auf eine innige Verbindung von Heiligem Geist und Herzensmeinung an, die in ihrer sich verströmenden Unmittelbarkeit den stärksten dogmatischen Verdächtigungen ausgesetzt ist. Doch was tut's, Gott sagt dem Menschen das ewige Geheimnis nun einmal direkt in die Seele hinein: «Das heißt den Heiligen Geist haben, wenn man die Schöpfung und Erlösung also im Herzen fühlet; der Heilige Geist schreibt das Wort des Evangeliums innerlich ins Herze, denn die es hören, kriegen auch inwendig eine Flamme, daß das Herz spricht: das ist wahr und sollte ich hundert Tode darüber leiden[27].» Unstreitig eine kühne Formulierung, in der Luther beinahe eine Gleichsetzung vom Heiligen Geist mit der Flamme des

Herzens vollzieht. Wie viele Bedenken könnte man dagegen geltend machen, und doch – wie kläglich fallen sie in sich zusammen gegenüber dem religiösen Urverlangen, das sich herrlich wie am ersten Tag darin bekundet! Das Erleben des Geistes im Innern des Menschen als eine heilige Flamme ist und bleibt die genuine Sehnsucht des Mystikers, der sich nie damit abfinden kann, daß das Evangelium nur zu einer intellektuellen Klopffechterei gemacht wird. Luther hat es kräftig betont, wie der Christ «das Rufen des Geistes im Herzen fühlen muß; denn es ist ja deines Herzens Rufen, wie solltest du es denn nicht fühlen?[28]» Stärker kann man die Innerlichkeit des Christentums nicht mehr hervorheben, und wer diese Herzensfrömmigkeit vermeint als eine zweideutige Sentimentalität ironisieren zu müssen, der sehe zu, ob er nicht die Sünde gegen den Heiligen Geist begeht, die nach Jesu Ausspruch weder in diesem noch in jenem Leben vergeben werden kann.

Luthers Überzeugung, «wie der Heilige Geist es ins Herze schreibt, so reimet es sich mit der Heiligen Schrift», dokumentiert, daß auch die Betonung des Wortes beim Reformator letztlich mystisch bedingt war[29]. Das Wort, das Wort allein muß es tun, sagte Luther, eine Gewißheit, die ihn auch das Formalprinzip der Reformation aufstellen ließ: die alleinige Autorität der Heiligen Schrift, die nicht irren kann. Unzähligemal hat Luther gesagt: «Denn im ganzen Christentum haben wir nichts Höheres und Größeres, denn das Wort[30].» Immer kam es ihm auf das Wort an, das Gott gesprochen hatte und das in der Schrift niedergelegt ist. Mit dem Worte wollte er fechten, mit dem Worte begehrte er zu leben und mit dem Worte war er bereit zu sterben. Luther konnte hinreißend vom Wort reden, wie es wenigen Christen vor und nach ihm beschieden war. Seine glühende Seele hat sich an das Wort geklammert, es bedeutete ihm alles. Das Gotteswort, das allein im Herzen regieren soll, war für ihn entscheidend. Es ist jedoch geboten, des Wittenberger Mönchs Wortverständnis sich einmal näher anzusehen. Die Eigenart von Luthers Wortverhältnis wird einem erst richtig bewußt, wenn man sie mit der Wortbeziehung der heutigen Wissenschaft vergleicht. Der Reformator war durch eine unüberbrückbare Kluft von der modernen Wortphilologie geschieden, die sich mit ihrer historisch-kritischen Methode über das Wort stellt und auf Grund ihrer profanen Forschung entscheidet, was echt und was unecht ist. Bei aller freien Haltung gegenüber der Bibel gab sich Luther doch dem Wort gefangen; er stand in einem Urerlebnis zur Schrift, von dem denn auch ganz reale Kräfte ausgegangen sind. Für ihn war das Schriftwort kein gewöhnliches Wort, das sich einfach aus Buchstaben zusammensetzt; es war das göttliche Wort, und es teilt sich dem Menschen auf eine ganz andere Art mit. Das Wort der Schrift hat auf Luther einen unermeßlichen Eindruck gemacht; für ihn enthielt es viel Tieferes, Gewaltigeres und Lebendigeres, als die Menschen gewöhnlich ahnen. Er verstand es als ein «Lebewort», mit dem er es unaufhörlich zu tun hatte. Der verborgene Gott redet zwar auch in der Schrift in der Hülle des Bildes, aber das Evangelium ist ein lebendiges Wort, das sich in einem unbegreiflichen Wirken des Geistes kundgibt. Man kommt ihm auch nicht durch bloßes Lesen nahe, dieweil es einer viel höheren Schule bedarf, um das Wort Gottes zu lernen, wie Luther einmal überraschend sagt, man müsse hiefür in die Wüste gehen! Luther ist ganz in das Wort hineingegangen, er meinte denn auch, wer sich nicht schon in der Verdammnis der Hölle brennend gefühlt habe, der könne gar nicht würdig genug die Worte von Christi Passion aussprechen. Deswegen kann man bei Luther nicht Wort und Mystik einander gegenüberstellen. Das sind für ihn nicht zwei entgegengesetzte Größen. Es gibt nichts Mystischeres als Luthers unergründliches Wortverständnis, das aller Rationalität unzugänglich bleibt. Luthers Wortmystik reicht in eine letzte Tiefe hinab, aus der allein auch sein Kampf gegen die «Geisterer» sinnvoll zu verstehen ist, deren scheinbare Wortverachtung sein Gemüt nicht weniger empörte als Zwinglis symbolische Abendmahlsauffassung. Im Wort lebt eine beinahe allmächtige Schöpfergewalt. Nach Luther sind in ihm ganz reale Kräfte eingeschlossen, die den Menschen zu wekken und zu trösten imstande sind. Gebraucht man den Begriff nicht im niedrigen Sinne, so könnte man bei Luther geradezu eine Magie des Wortes feststellen. Heute kann kaum noch jemand nachempfinden, was für Luther die Heilige Schrift wirklich gewesen ist, es sei denn, es werde ihm das mystische Wortverständnis neu geschenkt.

Gewiß bekamen die Formulierungen der Mystik in Luthers Mund oft einen anderen Klang als den, welchen sie bei ihren Urhebern besaßen, aber auch die veränderte Tonart hat den mystischen Untergrund beibehalten. In seiner späteren Phase hat Luther bei aller Versteifung keineswegs die mystischen Bestandteile seiner Frömmigkeit vergessen. Hätte er dies getan, dann wäre seinem Werk keine Dauer beschieden gewesen. Denn jede Religiosität lebt nun einmal von den irrationalen Kräften, die als mystisch anzusprechen sind. Sie liegen in der Reformation nicht immer offen zutage, aber latent vorhanden sind sie stets. Ohne sie wäre der Protestantismus vorzeitig abgedorrt und ausgestorben. Die Mystik ist der geheime Mutterboden, aus dem das Religiöse hervorsproßt. Luther wußte wohl, warum er an der Anschauung festhielt, daß die Berührung Gottes mit dem Menschengeist «ohne Mittel» vor sich gehe, wie es die Mystiker zu allen Zeiten ausgesprochen haben. Von der Mystik hat Luther auch gelernt, daß jede Vorbereitung des Menschen auf das göttliche Wirken nur passiver Art sein kann, und er hat auch gelegentlich die mystische Haltung der Gelassenheit hervorgehoben: «Sehet, das wird eine feine, gelinde, geborgene, gelassene Seele, die es allein zu Gott stellet und in ihr verzweifelt, sich für nichts hält, und alles zumal bei Gott suchet und findet[31].» Luther konnte so weit gehen und sagen, daß es Pflicht des Christen sei, dem Nächsten ein Christus zu sein; ein ethischer Grundsatz, der doch ganz in einem mystischen Fundament verankert ist. Aber trotz diesen immer wiederkehrenden Äußerungen rückt das mystische Interesse in Luthers Lebenslauf doch aus der ersten in die zweite Linie. Der Sinn für das Mystische wurde von andern Anliegen überdeckt, doch verschwand er nicht gänzlich. Die lebhafte Beziehung zur deutschen Mystik blieb im Leben Luthers eine Episode. Der Reformator gehörte zu den Menschen, die nicht alle wertvollen Phasen ihres Daseins gleichermaßen festzuhalten vermochten. Man hat schon von einer Luther-Tragödie gesprochen und sie mit seinem unglücklichen Verhalten im deutschen Bauernkrieg in Zusammenhang gebracht. Diese Auffassung ist nicht durchaus falsch, doch hat sich die innere Luther-Tragödie viel früher und in einer unterirdischen Schicht ereignet, denn sie besteht in der Zurückdrängung des mystischen Lebens! Sie ist der große Jammer seines Lebens, obschon er stets der aufgeschreckte Pilger blieb, der wie ein Reisiger über diese Erde schritt und das Heimweh nach Gott im Herzen trug.

Die Haltung des heimlichen Ja, das Luther unter dem Nein zur Mystik sprach, wurde für den gesamten Protestantismus charakteristisch. Je mehr sich die evangelische Kirche in ihrem Dasein verfestigte und je unerquicklichere Formen die Lehrstreitigkeiten annahmen, um so mehr versiegte der mystische Zustrom. Er verdünnte sich zusehends in der evangelischen Christenheit, und oft hat man den Eindruck, er sei gar nicht mehr da. Die zweite Generation der Reformation kannte kaum noch ein eigenes Verhältnis zur Mystik, besonders auf reformiertem Boden wollte und wollte sie nicht gedeihen. Ihrem Nein zur Mystik verlieh Calvin in seinem Schreiben über das «Büchlein vom vollkommenen Leben» an die französische Gemeinde in Frankfurt beredten Ausdruck: «Was diese Schriften angeht, so möchte ich, wenn ich je vom Worte Gottes etwas geschmeckt oder verstanden habe, ihre Verfasser hätten sie ungeschrieben gelassen. Denn stehen auch keine deutlichen Irrlehren darin, so sind's doch Geschwätze, vom Teufel geschmiedet in seiner Schlauheit, um die Einfachheit des Evangeliums ganz durcheinanderzubringen. Seht Ihr aber näher zu, so findet Ihr, daß ein so tödliches Gift darin verborgen liegt, daß sie verbreiten die Kirche vergiften heißt. Deshalb, liebe Brüder, bitte und ermahne ich Euch vor allen Dingen im Namen Gottes, meidet wie die Pest die Leute, die Euch mit solchen Schandschriften anstecken wollen[32].» Das gleiche mystische Büchlein, das der junge Luther freudestrahlend neben die Bibel gestellt hatte, wurde von Calvin als eine Schandschrift voll tödlichen Giftes gebrandmarkt! Dermaßen weit hatte man sich bereits vom wahren Ursprung der Reformation entfernt. Wie im Luthertum die Kreuzestheologie nur zu bald zugunsten der theologia gloriae preisgegeben wurde, so geschah es auch mit dem mystischen Leben. Dies konnte nichts anderes als eine fatale Verödung zur Folge haben. Die Abneigung gegen das mystische Element gewann im offiziellen Protestantismus die Oberhand und hat viel zu seiner Entleerung beigetragen. Die legitime Heimatberechtigung der Mystik wurde in der evangelischen Kirche von einer sichtlichen Verdrängung abgelöst; sie hat auch für dieses Erstgeburtsrecht lediglich ein Linsengericht eingetauscht.

Auch in der protestantischen Christenheit wurden, wie überall in der Welt, falsche Entscheidungen getroffen, deren verhängnisvollste die Diffamierung des mystischen Lebens war. Der dogmatische Geist der Schmalkaldischen Artikel, die so gar nichts Tröstliches enthalten, brachte alle Mystik in Mißkredit. Weder wog man damals Mystik und Mystizismus sorgfältig gegeneinander ab, noch redete man in christlicher Liebe mit den vom Enthusiasmus ergriffenen Brüdern; man sprach lediglich das summarische Verdammungsurteil aus. Es ist unevangelisch gedacht, alle Entscheidungen des Reformationszeitalters ohne weiteres zu übernehmen und sie unbesehen zu verteidigen. Die Christenheit ist verpflichtet, von Zeit zu Zeit frühere Entscheidungen auf ihre christliche Rechtmäßigkeit zu überprüfen, weil sie nur dann selbst lebendig bleibt. Allezeit ist auch die Kirche zum Umdenken aufgerufen, und eines ihrer ersten Erfordernisse ist eine Korrektur in ihrem Verhalten gegenüber der heimlichen Weisheit. Aus einer letzten Verantwortung heraus muß sie zu einer andern Bewertung des mystischen Lebens gelangen, als sie die zweite Generation vertrat, in der bereits die Epigonen herrschten.

Trotzdem die Mystik im offiziellen Protestantismus verpönt wurde, lebte sie verborgen in der evangelischen Christenheit weiter. Freilich wiederholte sich in ihr Luthers Schicksal, indem auch ihr Ja zur Mystik immer von dem öffentlichen Nein überdeckt blieb. Es ist dies nicht weiter verwunderlich, gehört doch die Heimlichkeit zum Wesen des mystischen Lebens, ansonst es nicht mehr die heimliche Weisheit wäre. Für die Christen aber, die vom urtümlichen Recht der Mystik im Protestantismus überzeugt sind, stellt sich die Aufgabe, ernstlich einmal diesem heimlichen Ja in der Geschichte der evangelischen Christenheit nachzugehen. Es entspricht einer tiefen Notwendigkeit, den unterirdischen Wurzeln nachzugraben und sie ans Tageslicht zu heben. Die mühsame Arbeit wird durch ein unerwartetes Ergebnis belohnt, indem der Grabende auf den wahren Schatz im Acker stößt. In der evangelischen Mystik ist eines der kongenialsten Verständnisse des Christentums enthalten, und dieser Baum treibt immer wieder neue Zweige.

An der überraschenden Wahrnehmung vom verborgenen Strom der Mystik, der auch durch die evangelische Christenheit floß, knüpft sich noch eine aktuelle Frage, deren Beantwortung nicht Nebensache ist. Da bei Luther sowohl eine Phase der Zuneigung zum mystischen Leben als auch eine Episode der Entfremdung festzustellen ist, können sich Anhänger und Gegner der Mystik auf den Reformator berufen. Jede Gruppe ist in der Lage, Worte Luthers für sich anzuführen, weil das Nein und das Ja in der Persönlichkeit des Wittenberger Mönches hart nebeneinander liegen. Die Frage kann nicht dahin ausgemacht werden, wer das geschichtlich größere Recht auf seiner Seite hat, da, sub specie aeternitatis betrachtet, ein zart gehauchtes Ja viel mehr wiegen kann als ein massiv hinausgeschrienes Nein. Die Beantwortung hat eher von der gegenwärtigen Situation auszugehen: an welche Einstellung Luthers ist in der heutigen Zeit anzuknüpfen? Soll angesichts der furchtbaren Bedrohung durch den modernen Nihilismus das Nein weiter ausgebildet werden, damit die Menschen durch Polemik, Kontroverstheologie und dogmatische Streitigkeiten noch mehr in die Leere hineingestoßen werden? Oder ist im Hinblick auf die beispiellose seelische Not der Gegenwart nicht viel stärker das heimliche Ja zum mystischen Leben aufs sorgfältigste zu pflegen, dessen unermeßliche Kraftquelle dem Menschen den Gotteshunger, die Christenliebe und die Ewigkeitsbeziehung vermittelt?

Mit der Entscheidung der Frage verbindet sich noch eine letzte Überlegung, nach der man es schon als die Tragik in der Situation des 16. Jahrhunderts betrachtet hat, daß «damals ein Heiliger der Kirche fehlte. Die Heiligen erscheinen erst wieder, nachdem das Gewitter vorüber ist. Vielleicht war die Luftreinigung durch das Toben der Elemente nötig, damit sie wieder erscheinen konnten[33].» Wenn diese Auffassung zu Recht besteht und sich der Fehler im heutigen Sturm nicht wiederholen sollte, dann hat man darauf bedacht zu sein, im Protestantismus das mystische Leben mit allen Mitteln zu rehabilitieren, weil nur in seinem Bereich die evangelischen Heiligen auftreten können, auf deren Erscheinen die Christenheit voll heimlicher Sehnsucht wartet. Diese Heiligen bringen Luthers Botschaft von der «getrosten Verzweiflung» wieder zum Leuchten:

Vom Himmel hoch, da komm ich her,
ich bring euch gute neue Mär;
der guten Mär bring ich so viel,
davon ich singen und sagen will.

THOMAS MÜNTZER

[1490–1525]

KREUZESMYSTIK IN STÜRMISCHER ZEIT

«Wie kommt Saul unter die Propheten?[1]» Die alttestamentliche Frage ist auch auf Thomas Müntzer zu übertragen: Gehört dieser Mann wirklich unter die Mystiker, Thomas Müntzer, der gleich einer roten Mohnblume auf dem steinigen Acker der Christenheit blühte und mit dem Altstedter Aufruf, «dran, dran, dieweil das Feuer heiß ist», den Schrecken aller friedliebenden Bürger bildete? Was hat der aufpeitschende Agitator mit den stillen Gottsuchern gemeinsam, die ganz im Verborgenen begierig aus Gottes Brünnlein tranken? Sind denn bereits alle Christen, die in ihrem Leben nur einmal von der Unmittelbarkeit des Geistes redeten, vom mystischen Strom getragen?

Die erstaunte Frage beweist, wie verhängt das Antlitz Müntzers ist. Noch immer schreitet der als gewalttätiger Mordbrenner verschriene Mann unverstanden durch die Geschichte. Müntzer ist nicht leicht zu begreifen, zumal eine seltsame Lachlust einem unverkennbaren ernsten Sinn gegenübersteht. Müntzers Persönlichkeit bedeutet vielfach eine Verlegenheit: Die Lutheraner können wegen seiner maßlosen Polemik gegen den Reformator nicht ja zu ihm sagen, und die sozialistischen Historiker stehen seinen mystischen Bestrebungen hilflos gegenüber. Der Verfasser der Schrift «Von dem gedichteten Glauben» kann nicht eingeordnet werden, weil er die üblichen Fronten überschreitet, und für jeden biederen Pastorenstandpunkt stellt er eine allzu aufreizende Erscheinung dar. Nachdem jedoch Gottfried Arnold in seiner Ketzergeschichte als erster den Versuch unternommen hat, dem vielgeschmähten Mann in religiöser Hinsicht gerecht zu werden, setzte sich langsam eine der Wahrheit näherkommende Ansicht durch. Die üble Verleumdung, Müntzer sei ein die Jungfrauen mißbrauchender Lüstling, wurde der Unhaltbarkeit überführt, da für sie nicht der geringste Beweis erbracht werden konnte. Seither sind mehrere Historiker in apologetischer Weise für Müntzer eingetreten. Die Rehabilitierung Müntzers ist durchgeführt, wenn sie auch noch nicht ins Allgemeinbewußtsein übergegangen ist. Nun kann auf dieser erreichten Grundlage das wahre Bildnis gezeichnet werden, ohne daß dabei beständig nach rechts und links gefochten werden muß. Das oberste Prinzip der neuen Sicht besteht darin, Müntzer auch müntzerisch zu sehen, ihn mit seinem eigenen Maßstab zu messen und das neue mystische Element anzuerkennen, das mit ihm in die evangelische Christenheit hineingekommen ist.

Müntzer war eine überaus bewegte religiöse Entwicklung beschieden. Er hat die römische Kirche, in der er geboren wurde, rasch hinter sich gelassen. In seiner Polemik gegen den Katholizismus war der junge Priester nicht originell, andere haben schon vor ihm Ähnliches gesagt. Doch hat er auch nicht alle katholischen Lehren für falsch betrachtet, nur weil sie katholischer Herkunft waren. Für die Purgatoriumsidee bekundete er stets ein Verständnis; aber er huldigte der Verfallsbetrachtung, nach der die Geschichte der christlichen Kirche einen andauernden Niedergang darstellt. «Die heilige Braut Christi war eine Jungfrau geblieben bis nach dem Tode der Apostelschüler, und darnach ist sie alsobald zu einer unzüchtigen Ehebrecherin worden[2].» Wie die meisten aufgeschlossenen Geister jener Zeit hat Müntzer die Reformation begrüßt. Er verdankt Luther die Wendung zum Protestantismus, doch ist der persönliche Vorgang nicht näher bekannt. Der Reformator bedeutete ihm «das Vorbild und die Leuchte der Freunde Gottes», den er noch später für seine Ansichten zu gewinnen hoffte[3]. Auch Luther war über die Begegnung mit Müntzer erfreut, da er ihn an die Pfarrstelle nach Zwickau empfohlen hatte. In Zwickau begegnete er Nikolaus Storch, durch den Müntzer zu sich selbst kam. Der Tuchgeselle brachte ihn auf den überspitzten Gedanken, daß die Laien «unsere Prälaten und Pfarrer» werden müßten, und Müntzer lernte durch ihn die unmittelbare Beziehung zu Gott kennen. Der Prädikant pries offen auf der Kanzel Storch, der über die Bibel im Geist und in der Wahrheit Bescheid wisse. Später aber löste sich Müntzer von dem allzu äußerlichen Offenbarungsglauben Storchs[4]. Er tat den bahnbrechenden Schritt über den offiziellen Protestantismus hinaus, er nahm das mystische Anliegen auf und wurde dadurch zum ersten Kämpfer gegen das Ungenügende der bisherigen Reformation und verstand deren Einseitigkeiten vortrefflich zu geißeln.

Der skizzierte Entwicklungsgang verrät eine reichveranlagte Natur. Der Zwickauer Pfarrer war ein belesener Mensch, er begnügte sich nicht mit dem Wissen aus der Studentenzeit, denn stets suchte er sich weiterzubilden und trug beständig ein Buch mit sich herum. Er legte sich eine ansehnliche Bibliothek zu und schaffte sich einmal fünfundsiebzig Werke zugleich an. Das erhaltene Verzeichnis seiner Bücherei zeigt das vielseitige Interesse dieses Mannes[5]. Müntzer las eifrig in der Bibel, von der er ganze Teile auswendig kannte. Luthers Schriften waren ihm früh vertraut. Zu Joachim von Fiore fühlte er sich nicht weniger als zu den mittelalterlichen Mystikern hingezogen. Hildegard, Mechthild waren ihm bekannt, und Tauler, Seuse, der Frankfurter standen ihm ganz nahe, deutlich auf seine Terminologie abfärbend. Ebenso hat er sich in die Kirchenväter, in die Akten der Reformkonzilien und in die antiken Klassiker vertieft. Müntzer stand hoch über dem Bildungsniveau der damaligen Prädikanten.

Trotz seiner ungewöhnlichen Belesenheit war Müntzer alles andere als ein Gelehrter, der in seinem Gehirn ein lexikonhaftes Wissen aufstapelte. Was er las, versuchte er sich innerlich anzueignen und zu einem geistigen Antrieb zu verwenden. Müntzer war in seinem Wesen der lebendige Mensch, eine Charaktereigentümlichkeit, die nicht aus seiner Jugendlichkeit zu erklären ist. Der ungeheure Schwung dieses Menschen entsprang dem religiösen Feuer, das in seiner Seele loderte und sich verzehrte. Müntzer ist das Gegenteil vom trägen, erdkloßartigen Pfründenbesitzer, dem alles zuviel ist und der in seiner Dumpfheit gar keine geistigen Interessen kennt. Dieser Mensch war immer in Bewegung, und seine unstete Wirksamkeit war nur der äußere Ausdruck einer inneren, oft überbordenden Erregung. Auch die offenkundige Sprachbegabung, mit der Müntzer verstand, pralle Worte zu prägen und sie in den Geisteskampf seiner Zeit hineinzuschleudern, war ein Ausfluß seiner religiösen Glut. Es kochte beständig in ihm, und sein feuriges Naturell entlud sich zuweilen in heftigen Temperamentsausbrüchen. Jede Faser seines Wesens war gespannt, er war der stürmische Mensch, der zum Unbedingten vorstoßen wollte. Das Vibrierende seiner Seele ist es, weshalb man Müntzer lieben muß, trotz der Verwilderung, die er auch in sich barg. Seine Tatkraft entsprang einem Enthusiasmus, der auch die Predigthörer mitriß. Er war der Mann der religiösen Leidenschaft; auf das Absolute gerichtet, besaß er die Fähigkeit, sich «einem Gedanken ganz hinzugeben, den er bis zur letzten Konsequenz verfolgte»[6]. Es ist unmöglich, lebendiger zu sein, als Müntzer es war, und darum kann man ihm gegenüber auch nie gleichgültig bleiben. Solche von innerster Anteilnahme bewegte Diener am Wort haben die Christenheit vor der muffigen Kirchhofsruhe bewahrt, die ihr stets weniger gut bekommen ist als alle Verfolgungen zusammen.

Bei der inneren Lebendigkeit mußte Müntzer unter dem Zustand der «armen, elenden, jämmerlichen Christenheit» arg leiden. Der Begriff «erbärmliche Christenheit» kehrt bei ihm immer wieder. Er geht durch alle seine Schriften hindurch und bildet eine der Voraussetzungen seines Denkens. Die arme Christenheit ist gar jämmerlich durch reißende Wölfe verwüstet worden. Müntzer redet von der Blindheit der christlichen Gemeinde. Sie leidet an einem Schaden, der oft so tief geht, daß sie ihn gar nicht erkennt. Er ist groß, und keine Zunge kann ihn ausreden. Schwer ist es auch, ihrem Elend beizukommen. Müntzer fühlte den traurigen Zustand, er litt grenzenlos unter ihm, und diesen Schmerz gilt es bei ihm vor allem wahrzunehmen. Sein zentrales Problem war die Frage, wie der «dürftigen, groben, zerfallenen Christenheit zu helfen» sei, was wahrhaftig keine Kleinigkeit ist[7]. Müntzer hat die Not der Christenheit gesehen, er hat sie wie wenige Menschen jener Zeit mit einer Schärfe ohnegleichen empfunden. Der «Schaden Israels» hat ihm auf den Nägeln gebrannt und ihm keine Ruhe gelassen. Nie konnte sich Müntzer damit begnügen, nur den Tatbestand festzustellen. Eine bloße Diagnose auszusprechen, schien ihm ein viel zu unverbindliches Tun zu sein. Er wollte der Christenheit helfen, ihre blutenden Wunden heilen und einen Beitrag zu ihrer Wiedergeburt leisten. Ein «neuer Daniel» begehrte er zu sein, der die Christenheit unterweist. Daraus geht hervor, daß Müntzer nie ein egoistisches Seligkeitschristentum pflegte, dessen die Mystik oft bezichtigt wurde. Er hat immer vom Ganzen aus gedacht. Was er persönlich erkämpfte, das sollte allen zugute kommen. Müntzers Glaube ist ein verzweifelter Versuch, die arme Christenheit zu retten; sie aus dem Sumpf herauszureißen, war der Antrieb seines Tuns.

An dem herzbewegenden Niedergang der Christenheit sind nach Müntzer die Schriftgelehrten nicht wenig schuld. Bei dem vulkanischen Temperament Müntzers war es naheliegend, daß er in einen scharfen Gegensatz zu dem «Sauerteig der bösewichtigen Gelehrten» geriet, deren «wurmfressiges Lamentieren» er anprangerte[8]. Die «fleischlichen, unversuchten, wollüstigen Schriftgelehrten» vertraten einen «gestohlenen Glauben», wie es denn für Müntzer eine ausgemachte Sache war, «daß die jetzigen Schriftgelehrten nichts anderes tun denn vorzeiten die Pharisäer»[9]. Müntzer bekämpfte sie als die Vertreter eines verhärteten Christentums, das zu allen Zeiten für das mystische Anliegen kein Verständnis zeigte. Mit brennendem Gemüt wurde Müntzer zum Antipoden «der stinkenden, teuflischen Schriftgelehrten». Es gibt zwischen diesen beiden Gegensätzen keine Vermittlung; wer zu dem einen ja sagt, muß zum andern nein sprechen, dieweil es unmöglich ist, Feuer und Wasser zu versöhnen. Müntzers Gegenspiel zur toten Schriftgelehrsamkeit verleiht seinem Tun den großen Atem, der sich bis zum Enthusiasmus steigerte. Die bedrückende Lage der Christenheit führte Müntzer zu der Überzeugung, daß «der Geist Gottes jetzt vielen auserwählten frommen Menschen eine treffliche, unüberwindliche, zukünftige Reformation offenbart»[10]. Welch unerwartete Idee! Befand man sich doch damals mitten in der Reformation; die Erneuerung der Kirche an Haupt und Gliedern war in vollem Gang und gab ihren Vertretern ein Hochgefühl. Allein Müntzer erkannte mit scharfem Blick, daß die bisherige Reformation nicht genügte. Sie entsprach nicht der mystischen Erwartung, weil sie die Menschen nur veranlaßte, Lasten abzuwerfen und ein bequemes Leben zu führen. Wenn nicht alles vergeblich sein soll, so bedarf es eines neuen Anlaufes. Mit der beschwingten Hoffnung auf eine zukünftige Reformation eilte Müntzer seiner Zeit weit voraus. Die Notwendigkeit einer Weiterführung der Reformation beschäftigte die aufgeschlossenen Geister erst hundert Jahre später. Müntzer hat den Gedanken vorweggenommen. Die Wahrnehmung zeigt, wie vorwärtsgerichtet er war und wie sehr es ihm um den Durchbruch zur Zukunft ging.

Ein Beitrag zur zukünftigen Reformation war Müntzers Neuordnung der Liturgie, obschon eine Erneuerung der Kirche sonst nicht an dieser Stelle einsetzen kann. Der Altstedter Pfarrer besaß ein intensives Interesse an den liturgischen Fragen. Er hat nicht einfach alle gottesdienstlichen Probleme mit der Parole des Propheten Amos, «tue von mir das Geplärr deiner Lieder», summarisch unter den Tisch gewischt, wie es bei einem solchen radikalen Feuergeist naheliegend gewesen wäre. Müntzer hatte vielmehr ein tiefes Bedürfnis, anzubeten, vor Gott zu feiern mit Danken und Frohlocken. Erstaunlich viel Verständnis hatte Müntzer für die Schönheit und Würde einer kerzengeschmückten Feier, und in seinen liturgischen Neuerungen war er von einem konservativen Sinn geleitet, der auf die Schwachen Rücksicht nahm. Man könnte ihn den Berneuchener des 16. Jahrhunderts nennen. Er war der erste, der innerhalb der evangelischen Christenheit auf liturgischem Gebiet erneuernd tätig war. Sowohl Luther als auch Zwingli sind mit ihrer Neuordnung des Gottesdienstes erst später hervorgetreten. Müntzer empfand, man könne die bisherige Messe unmöglich einfach beibehalten, weil sie nicht der neu gewonnenen Erkenntnis des Evangeliums entsprach. Da alle bloß kirchenstürmende Tätigkeit nur in eine Sackgasse hineinführt, stellte sich Müntzer die viel fruchtbarere Aufgabe, den Gottesdienst neu zu ordnen, und bewies damit seinen Sinn für das Geheimnisvolle, da Liturgie und Mystik in einer realen Beziehung stehen.

Zunächst beseitigte er die lateinische Sprache aus dem Gottesdienst, weil sie dem Volk unverständlich ist und sich somit zum Nachteil des Christenglaubens auswirkt. Er zog die Muttersprache zu Ehren und wurde dadurch zum Schöpfer der deutschen Messe in der Reformationszeit[11]. Die kultische Feier hat nach Müntzer in einem Wechselgesang zwischen Pfarrer und Volk zu bestehen, womit er die Gemeinde zur Aktivität heranzog. An Stelle eines Abschnittes aus dem Neuen Testament hat jeweilen die Lesung eines ganzen Kapitels, und zwar aus allen biblischen Büchern, zu treten, damit die Gottesdienstbesucher schließlich mit dem vollen Umfang der Heiligen Schrift vertraut werden.

Es soll «nichts unter dem Hütlein gespielt werden», auch nicht beim hochwürdigen Sakrament, das Müntzer in beiderlei Gestalt austeilte. Der christliche Mensch muß bei der Kommunion wissen, «daß Gott in ihm sei, daß er ihn nicht ausdichte oder ansinne, wie er tausend Meilen von ihm sei, aber wie Himmel und Erde voll Gott sind, und wie der Vater den Sohn in uns ohne Unterlaß gebiert und der Heilige Geist nichts anderes denn den Gekreuzigten in uns durch herzliche Betrübnis erkläret»[12]. Dieses mystische Abendmahlsverständnis kann vom echten Sakramentsempfang nicht abgelöst werden. Müntzer begehrte mit seiner deutschen Messe keinen unwürdigen Abendmahlsstreit heraufzubeschwören. Seine liturgischen Ausführungen enthalten gewiß «sehr viel Gutes», wenn sie auch erst einen Anfang und nicht schon das Ende darstellen[13]. Sie zeigen aber den revolutionären Müntzer von einer gewöhnlich zu wenig beachteten Seite, obwohl das liturgische Interesse mit seinem Denken in einem inneren

Zusammenhang steht und Gottfried Arnold zur Feststellung nötigte, daß dieser Mann «zweifelsohne anfänglich zuweilen Bewegungen von Gott gehabt haben muß»[14].

Für den Ausblick nach der zukünftigen Reformation war jedoch Müntzers mystisches Bewußtsein bedeutsam. Das mystische Element in Müntzer zu übersehen, kommt einer Verkennung seiner tiefsten Intention gleich. Schon der erste, unvoreingenommene Biograph Strobel bemerkte, daß Müntzer «bald die mystische Theologie liebgewann»[15]. Er besaß wirklich eine mystische Ader und hat auf diesem Gebiet nicht nur etwas nachgeplappert. Anläßlich der Lektüre des von ihm überaus geschätzten Joachim von Fiore hat Müntzer hervorgehoben, daß er seine Mystik nicht einfach von ihm übernommen habe. Damit pochte er nicht auf eine Selbständigkeit, die auf diesem Gebiet lächerlich gewesen wäre. Müntzer war bei aller Sympathie für den Abt von Kalabrien kein Joachit, da er zu wenig warten und flehen konnte. Seine aktivistische Veranlagung ließ ihn nicht schlafen, sie war die Triebkraft seiner erregenden Schriften, mit denen er alle Gleichgültigkeit vernichtete. Der Hinweis auf seine Lehre, die «hoch droben ist», deutet die ihm direkt von Gott geschenkte Unmittelbarkeit seiner Mystik an. Das ist keine überhebliche Anmaßung, denn kein Mensch ist je auf einem andern Weg zum mystischen Leben gelangt. Es ist immer die Wunderblume Gottes, die der Allmächtige dem Menschen ins Herz pflanzt. Müntzer vertrat eine ausgesprochene Kreuzesmystik, die den Schmerz als eine unumgängliche Bedingung für das Erfassen der Wahrheit bewertet und damit das direkte Gegenteil aller Erfolgsanbetung ist, nach der man erst von einer Sache überzeugt ist, wenn sie allgemeine Anerkennung gefunden hat. Müntzers Kreuzesmystik wurzelt in einer abgründig-schauerlichen Erkenntnis und bringt damit alle natürlichen Instinkte des Menschen zur Auflehnung. Bestürzung ruft die Aussage hervor, daß die Wahrheit nur dann Wahrheit ist, wenn und insofern sie gekreuzigt wurde! Eine innerlich erregendere Ansicht läßt sich kaum vertreten. Das Unerträgliche dieser Evangeliumsauffassung kann nur ein wenig durch das Kreuz Christi verständlich gemacht werden, das der Jünger gleicherweise wie der Meister zu tragen hat. Der Christ hat «den Weg des Leidens» und «den Weg des Kreuzes» zu gehen, ohne die er seinem Herrn nicht gleichförmig werden kann. Müntzers Kreuzesmystik wirkt wie eine Vorwegnahme von Dostojewskijs Aufforderung, das Leiden auf sich zu nehmen, weil Leiden erlöst und sühnt. Das Leiderlebnis steigert sich bei Müntzer zu einer Kreuzesmystik; das Leben ist in ihr in eine dunkle Farbtönung getaucht, ohne Verzweiflung zu sein, denn sie weiß um das ewige Licht. Die Mystik von der gekreuzigten Wahrheit steht neben dem unmittelbaren Geistempfang im Mittelpunkt seiner Ausführungen. Der Geist wird nur über den Weg des Kreuzes erlangt, so daß man auch von einer Mystik der Anfechtung sprechen könnte.

Nach Müntzer muß der Mensch durch äußere und innere Werke versucht werden, um zum Durchbruch zu gelangen.

Müntzer hat das erschütternde Harren auf das Leiden in einer Stufenlehre ausgedrückt, die der Inhalt seiner Kreuzesmystik ist. Die Stufenlehre spielt von jeher in der Mystik eine Rolle, und Müntzers Ausführungen leiden nur an dem Mangel, daß er sie nie geordnet entwickelt hat, weil er immer nur kleine Gelegenheitsschriften verfaßte. Doch geht die Behauptung fehl, daß er sich über die «regelrechte Stufenfolge der Seelenzustände selbst nicht ganz klar geworden» sei[16]. Müntzer hat durchaus stufenförmig denken können, er erwies sich hierin als ein echter Nachfahr des Johannes Climacus und seiner «Leiter zum Paradies». Über die Reihenfolge der Stufen besteht wegen Müntzers unsystematischer Darstellung keine einheitliche Auffassung, aber der Grundgedanke von der gekreuzigten Wahrheit ist unzweifelhaft da und bricht durch alle Stufen hindurch. Er ergreift den Christen in der Seele und erschüttert ihn.

Die erste Stufe nannte Müntzer die Verwunderung. Das ewige Wort kommt in das menschliche Herz «von Gott hernieder in einer hohen Verwunderung. Diese Verwunderung, ob es Gottes Wort sei oder nicht, hebet sich an, wenn einer ein Kind ist von sechs oder sieben Jahren, wie figuriert ist[17].» Wahrscheinlich spielt hier Müntzer auf ein eigenes Erleben an, denn in jenem frühen Alter erwachte er aus der Dumpfheit. Was Müntzer Verwunderung nannte, ist nichts anderes, als was Plato als das Staunen bezeichnete, mit dem das Philosophieren beginne. Es fängt mit dem Sichverwundern an, und ohne dieses Staunen erhebt sich kein Mensch aus seiner Gleichgültigkeit, die alles stumpf hinnimmt, so wie es ist. Der von der Verwunderung getroffene Mensch reißt die Augen auf, sie wirkt sich beinahe wie ein gelinder Schrecken aus. Müntzer stellt auf die Stunde des geistigen Erwachens ab, und wer sie nicht durchgemacht hat, kommt nie zum mystischen Leben. Sie schließt eine veränderte Einstellung in sich: die Welt jeden Tag neu zu bestaunen, sie immer wieder wie einen heraufsteigenden Frühlingsmorgen zu beschauen – wahrhaftig, dieses jungfräuliche Erleben ist durch eine Kluft von der abgebrühten Haltung geschieden, die alles Seiende mit zynischen Glossen kommentiert. «Darum müssen die Leute in die allerhöchste Unwissenheit und Verwunderung gebracht werden, sollen sie ihren gedichteten Glauben anders los werden[18].» In der «unausläßlichen Verwunderung» fängt der Mensch an, sich Gedanken über Sünde und Gnade zu machen, und damit hat er die erste Stufe auf der Leiter zu Gott betreten.

Müntzer wies mehrfach darauf hin, daß der mystische Weg keine Alltäglichkeit ist. Wenn man ihn den Menschen leicht machen will, so verfälscht man die Stufenleiter notwendigerweise. Sie ist eine schwere Angelegenheit und muß auch schwer bleiben. Nie darf der schmale, harte Weg in einen bequemen umgewandelt werden. «Alle Väter, die Patriarchen, Propheten und sonderlich die Apostel sind ganz schwer zum Glauben gekommen[19].» Sie sind nicht so schnell «hineingeplatzt», sondern es kostete sie viel innere Mühe und Arbeit. Müntzers Beobachtung vom schweren Weg bringt ein wesentliches Thema zur Sprache. Wenn der schmale Weg zu einer breiten Angelegenheit ausgeweitet wird, dann ist es mit allem christlichen Leben vorbei, und daraus hervorgehen kann nur ein Niedergang der Christenheit. Ihm hat sich Müntzer entgegengestellt, und diese Tat allein beweist den bitteren Ernst seiner Kreuzesmystik. Er selbst hat sich seinen Stufenweg nicht leicht gemacht; aus allen seinen Schriften spürt man immer wieder das innere Ringen dieses von Gott verwundeten Menschen.

Über dieser ersten Stufe «kommt es zur Ankunft des rechten Christenglaubens»[20]. Er ist keine Selbstverständlichkeit, die einfach eines Tages da ist. Der Mensch muß ihn erwarten, wie Müntzer sagt, und das will nichts anderes besagen, als daß er sich nach ihm sehnen und ihn erbitten muß. «Die emsige Erwartung aufs Wort macht einen anfangenden Christen»[21], schreibt Müntzer, und die wahre Ankunft des Glaubens führt unweigerlich zur gekreuzigten Wahrheit. Das Wort muß aus dem Abgrund des eigenen Herzens hervorquellen, und das innere Vernehmen des ureigenen Gotteswortes ist die wahre Ankunft des Glaubens, worüber sich Müntzer öfters verbreitet hat.

Die zweite Stufe ist die Entgröberung, worunter Müntzer eindeutig versteht, «daß wir entgröbert werden von unserer angenommenen Weise»[22]. Der Begriff Entgröberung heißt so viel wie «von sich abtun». Der Mensch muß den Kampf aufnehmen gegen seine Laster, Leidenschaften und Gewohnheiten. Ohne eine asketische Bemühung gelangt auch der evangelische Christ nicht zum mystischen Leben. Die Kreuzesmystik hat die Entsagung von den Sinnenfreuden zur Voraussetzung. Er muß vom «Ankleben an diese Welt» loskommen, die fleischlichen Lüste in sich abtöten, von «aller Kurzweil sich absondern» und sich um die Abgeschiedenheit bemühen. Die Entgröberung ist ein Mortifikationsprozeß, den Müntzer nicht müde wurde zu betonen, dieweil das mystische Leben mit keiner gierigen Raffsucht vereinbar ist, wenn nicht alles ein bloß literatenhaftes Gerede bleiben soll. Aus seinen radikalen Überlegungen heraus ist auch allein Müntzers Ansicht über die Ehe zu verstehen, die bei der Unzuverlässigkeit der Quellen sonst ein unlösbares Problem bleibt. Sagte er doch auf die Mitteilung, daß ihm seine Frau Ottilie – deren er noch unmittelbar vor seiner Hinrichtung gedachte – am Ostertag einen Sohn geboren habe, kein Wort, gab auch kein Zeichen innerer Rührung von sich und bemerkte zuletzt zu den Umstehenden: «Nun sehet Ihr fürwahr, daß ich der Kreatur ganz entrissen bin[23].»

Nach Müntzer geschieht die Entgröberung von den Sünden am besten durch das Leiden, das sühnende Kräfte entbindet. Im Menschen, der zum Christenglauben kommen will, müssen zuerst «Unkraut, Disteln und Dornen» ausgerottet werden. Es hilft alles nichts, «du mußt die scharfe Pflugschar leiden» – mit dieser Formulierung sprach Müntzer noch einmal die gekreuzigte Wahrheit aus, gegen die sich der die Idylle liebende Mensch aufbäumt[24]. Doch kann der Eisenpflug in keiner Weise umgangen werden, Müntzer selbst hat ihn mehrfach erfahren. Immer wieder sagte er, «wer die Nacht nicht erlitten hat, kennt nicht die Kunst Gottes»[25]. Die gleiche Wahrheit hat wenige Jahrzehnte später Johannes vom Kreuz ausgesprochen. Der deutsche und der spanische Mystiker stimmen hierin völlig überein. Alle Gemütlichkeit zerfällt in Trümmer angesichts des mächtig hohen Herzeleides und der schmerzlichen Betrübnis, die auf den Menschen wartet. Er darf sich den leidvollen Pfad nicht ersparen wollen. Ohne Erlebnis der scharfen Pflugschar bleibt alle Mystik nur eine geistreiche Unterhaltung. Nichts bezeugt die Echtheit von Müntzers Mystik besser als seine stetige Betonung: «Es muß die Hölle erst erlitten werden[26].» Die wahre Entgröberung ist Verwirklichung im Leben, sie ist Existenzerfahrung und nicht bloß eine theologische Lehre. Sie führt den Menschen in eine letzte Tiefe, wo er die ganze Not der Seele vor Gott ausschüttet. Einzig auf dem Weg der erlittenen Nacht und der erlittenen Hölle ereignet sich der Durchbruch vom Unglauben zum Glauben. Hier leuchtet Müntzers Kreuzesmystik in ihrer ganzen Abgründigkeit auf, sie wirkt wie eine Erläuterung zu Grünewalds Isenheimer Altar und ist auch in dem gleichen mystischen Erdreich verwurzelt. Sowohl nach Müntzer wie nach Grünewald hat der Christ in das Leiden des Herrn hineinzugehen, er muß allezeit den Schmerz auf sich nehmen, weil um des Leides willen das Verderben heilbar ist!

Von der Stufe der Entgröberung aus ist auch allein Müntzers Ablehnung des «süßen Christus der fleischlichen Welt» verständlich[27]. Es ist damit nicht der Christus der mittelalterlichen Frauenmystik gemeint, von dem Mechthild von Magdeburg im «Fließenden Licht der Gottheit» so wonnesam sang:

Wird ein Mensch zu einer Stund
Von wahrer Liebe gänzlich wund,
So wird er nie mehr recht gesund,
Er küsse denn denselben Mund,
Der seine Seele machte wund.

Dagegen hatte Müntzer nichts einzuwenden gehabt, weil er genau wußte, mit welcher Entbehrung die Christus-Minne des Mittelalters erkauft war. In der Jetztzeit dagegen war der süße Christus «das höchste Gift», mit dem man die jämmerliche Christenheit zu Schanden geritten hat. Wenn Müntzer vom «honigsüßen Christus» redete, verstand er darunter immer die leichtsinnige Auffassung, die die Menschen dazu verführt hat, das Christwerden als eine konventionelle Gewohnheit zu betrachten, die man gedankenlos übernimmt und sich weiter nicht darum kümmert. Der «süße Christus» hat Müntzers ganzen Zorn herausgefordert, der nur so blitzen konnte und viel zu den scharfen Ausfällen beigetragen hat, von denen seine Schriften durchzogen sind. Ihm gegenüber hat er bewußt die überaus ernst zu nehmende Ansicht vom «bitteren Christus» gepredigt, der die erschütternd schmerzlichen Züge der Spätgotik an sich trägt. Müntzer hat gedroht, daß alle, die von den «Qualen des bitteren Christus nichts wissen wollen, sich am Honig totfressen» werden. Der bittere Christus ist doch nichts anderes als die Verlebendigung der Passion Jesu, die im Mittelpunkt des Evangeliums steht. Müntzer hat den verhöhnten, den unter dem Kreuz zusammengebrochenen Christus gesehen, ihn nicht nur mit den leiblichen Augen wahrgenommen, sondern der gegeißelte Christus ist in seine Seele eingegangen und für immer darin verblieben. Die Gegenüberstellung vom süßen und bitteren Christus erhellt noch einmal die tiefgründige Thematik seiner Kreuzesmystik. Sie dokumentiert die letzten christlichen Wahrheiten, die in Müntzers helldunkler Botschaft aufbrechen. Allezeit stehen sich der süße und der bittere Christus in unvereinbarer Gegensätzlichkeit gegenüber, und sie kämpfen um die Seele der Christenheit bis an das Ende der Welt.

Wenn der Mensch die scharfe Pflugschar erlitten hat, gelangt er endlich zur dritten Stufe, die Müntzer mit dem seltsamen Wort Langeweile umschrieben hat. Diese Formulierung erregt bei der ersten Lektüre von Müntzers Schriften ein befremdetes Kopfschütteln. Doch besteht gar kein Anlaß, sich darüber in ironischen Bemerkungen zu ergehen. «Ja, darum ist ihnen also spöttisch, daß sie die Langeweil nicht gekostet haben, durch welche Gottes Werk allein gefunden wird[28].» Müntzers Begriff der Langeweile erfordert eine sorgfältige Beachtung. Gewöhnlich deutet das Wort einen Zustand an, in welchem der Mensch, der nichts mit sich selbst anzufangen weiß, darüber seufzt, wie er seine Zeit totschlagen soll. Sie ist eine Seelenkrankheit vieler, die in ihrem Müßiggang das ungerechte Schicksal anklagen, wie entsetzlich langweilig diese Welt eingerichtet sei. Der russische Dichter Gontscharow hat in seinen Werken die tödliche Peinigung der gähnenden Langeweile mit einer solch dichterischen Kraft geschildert, daß der Leser sie in ihrer seelischen Marterung erlebt. Müntzer hat mit dieser gespenstischen Leere der Langeweile nichts zu tun, er vermochte ihr gar in einer gewagten Umkehrung des negativen Begriffes eine positive Schätzung abzugewinnen. Seine Langeweile bedeutet die Freiheit vom ruhelosen Haschen nach dem Interessanten und die Überwindung der ungesunden Sucht, beständig etwas Neues zu erleben, eine Neigung, die den Menschen innerlich aushöhlt und zugleich für das Religiöse taub macht. An Stelle der ungezügelten Neugierde und des neurasthenischen Abwechslungsbedürfnisses tritt bei dem feierlich in die göttliche Langeweile eingegangenen Menschen eine Wunschlosigkeit, von der in anderer Form auch in der buddhistischen Mystik die Rede ist. Die Müntzersche Langeweile ist nur ein anderes Wort für die vollkommene Gelassenheit, die zum Höchsten gehört, was ein Mensch erreichen kann. Es ist wohl der schwerwiegendste Einwand, den man gegen Müntzer als Mystiker anbringen kann, daß er mit seinem passionierten Naturell wahrscheinlich nie diese oberste Stufe erreicht hat. Der Mensch gelangt nicht in einem Tag zu der wunschlosen Langeweile, es bedarf hiezu vieler seelischer Anstrengungen und einer starken geistigen Konzentration. Aber es gibt nichts Köstlicheres, als alle Hast und Betriebsamkeit überwunden zu haben und den Zustand der Unbeweglichkeit, der Stille, der Ruhe und des Friedens erreicht zu haben. Wenn der Christ endlich fähig ist, unwandelbar in der religiösen Langeweile zu stehen, dann wird ihm eine beinahe überirdische Befreiung zuteil, die ihm gestattet, alles, auch das Schwerste und Bitterste, mit einer inneren Gelassenheit gefaßt aus Gottes Hand entgegenzunehmen. Er wird sich durch nichts aus der inneren Glückseligkeit herauswerfen lassen. In der Langeweile erst wird der Mensch wahrhaftig «christförmig», und das ist das oberste Ziel der evangelischen Mystik.

Auf der dritten Stufe der Langeweile kommt es zu jenem unmittelbaren Geistempfang, der die Mystik von der gekreuzigten Wahrheit ergänzt. Müntzer hielt das Visionäre für notwendig und betonte mit Vehemenz: «Ja, es ist ein rechter apostolischer, patriarchalischer und prophetischer Geist, auf die Gesichte warten und dieselben mit schmerzlicher Betrübnis überkommen[29].» Müntzer hat die Entrückungszustände im Urchristentum wahrgenommen, er hat hierin die urchristliche Atmosphäre schärfer gesehen als Luther, der diese Seite des Neuen Testamentes absichtlich überging, weshalb die Reformation nicht einer getreuen Erneuerung der ersten Christenheit gleichgesetzt werden kann. Müntzer wäre zu dieser ursprünglichen Sicht nicht fähig gewesen, hätte das Visionäre nicht auch in ihm selbst gelebt. Er redete aus eigener Erfahrung und schwatzte nicht bloß Gehörtem nach, wenn er von den Gesichten und Offenbarungen sprach. Müntzer war Ekstatiker, er hatte hierin Erlebnisse seltener Art. Während einer Nacht schrie er plötzlich zum Fenster seines Hauses hinaus: «Feuer, Feuer», so daß das Volk zusammenlief und «ungeachtet nichts vorhanden gewesen sei»[30], wie der Chronist brummte. Dieser aber bemerkte nichts davon, weil er nur mit den äußeren Augen schaute. In Müntzers Innerem brannte das Feuer, das ihm mehr zu schaffen machte, als wenn die Flammen bereits die Balken seines Hauses erreicht hätten. Müntzer bekannte sich auch zu Träumen, deren sich Gott bediene, um dem Menschen eine Offenbarung mitzuteilen. Seine Traumlehre verdiente ein nähere Untersuchung, da sie für seine Mystik nicht unerheblich ist. Die seelische Offenheit für das Verzückte führte Müntzer zu dem in der Gegenwart noch redenden Gott, und unablässig beschäftigte ihn das unmittelbare Verhältnis zu Gott, wie es der tiefsten Sehnsucht aller Mystik entspricht.

Das Verlangen nach einem direkten Gespräch mit Gott brachte Müntzer in einen scharfen Widerspruch zum Schriftprinzip, das die Reformatoren in jenen Jahren proklamierten. Er empfand das beständige Pochen auf das Schriftwort als eine unfruchtbare Einstellung. «Sie sprechen fast alle: Ei, wir sind gesättigt in der Schrift, wir wollen keinen Offenbarungsglauben, Gott redet nicht mehr[31].» Die Haltung, die nur in der Vergangenheit Kundgebungen Gottes anerkennt, ist der Tod aller lebendigen Christlichkeit. Bei aller Liebe zur Bibel wehrte sich Müntzer gegen den Mißbrauch und die Vergötzung der Schrift. Das reformatorische Schriftprinzip macht aus der Bibel einen «Schanddeckel», seine Verkündigung ist nicht mit dem Wort Gottes identisch, sondern lediglich ein Geräusch davon. Schneidend scharf klingt Müntzers Argumentation: «Ist es nun allein in die Bücher geschrieben und hat Gott einmal geredet und dann verschwunden in der Luft, so kann es ja nicht des ewigen Gottes Wort sein[32].» Müntzer sah im einseitig gehandhabten Schriftprinzip die Gefahr der Verknöcherung des religiösen Lebens. Das Göttliche besteht nicht im Buchstaben, auf den man sich versteifen kann, vielmehr war es Müntzer darum zu tun, «vom innerlichen Worte zu hören in dem Abgrund der Seelen durch die Offenbarung Gottes»[33]. Der Mensch kann Gott erfahren auch ohne alle Bücher: «Wenn einer nun sein Leben lang die Biblien weder gehöret noch gesehen hatte, könnte er wohl für sich durch die rechte Lehre des Geistes einen unbetrüglichen Christenglauben haben[34].» In dieser Äußerung scheiden sich mystischer Spiritualismus und reformatorischer Schriftglaube. Letzterer erstarrt gerne in seiner «Pergamentbibel», die für den Menschen eine ganz äußerliche Sache bleibt. Müntzer dagegen stieß zum inneren Wort vor, er kannte eine Offenbarung, die «Gott nicht mit Tinte, sondern mit seinem lebendigen Finger» in die menschlichen Herzen schreibt, und die war für ihn die wahre Heilige Schrift[35].

Müntzers Stufenlehre in ihrer Entfaltung ist unstreitig eine beachtenswerte Leistung. Sie wird durch den Einwand, daß man bei ihm keine neuen Gedanken findet, nicht entwertet. Ganz abgesehen davon, daß diese Behauptung nicht völlig zu Recht besteht, kommt es in der Mystik nicht auf die neuen Ideen an. Der Weg von der Verwunderung über die Entgröberung zur Langeweile ist zwar eine Modifikation der mystischen Dreiteilung: Reinigung, Erleuchtung und Vereinigung. Müntzer hat sie aber in neuer Formulierung den Menschen verkündet, und das hätte er nicht gekonnt, wenn er nicht selbst auf der Stufenleiter aufwärts gestiegen wäre. Nach Luther hat Müntzer «etliche Grad oder Stufen des Christentums» unterschieden, und wenn der Reformator auch über die «neu erfundene Sprache» den Kopf geschüttelt hat, so bestritt er doch nicht, daß diese Lehre «ein Ansehen der Heiligkeit» habe[36]. Sie hat nicht nur den Anschein eines Mysteriums, Müntzers Kreuzesmystik ist eine ungemein erregende Wesenserfassung des Evangeliums. Ihr einziger Nachteil besteht in der Polemik, die er zuweilen damit verband und die sich auch stilwidrig auswirkte. Müntzers Stufenlehre enthält eine heilige, zeitlose Wahrheit, die die große Masse nie verstehen wird, den Einzelnen aber führt sie unmittelbar vor die Tore des Himmelreichs.

Die Kreuzesmystik hebt sich vom Hintergrund der stürmischen Zeit, in der Müntzer lebte, unheimlich ab. Man wird unwillkürlich an die Makkabäerzeit erinnert. Der Grund des Daseins war aufgewühlt, und die Dinge stießen sich hart im Raum. Man kann von einem Manne kein ruhiges und abgeklärtes Wesen in einem dermaßen drängenden Jahrhundert erwarten. Der Mystiker Müntzer war vom Strudel der Zeit ergriffen, und mitten im Strom war er Ketzer, Chiliast und Prophet in einer Person. Je stärker ihn das Zeitgeschehen beschäftigte, um so mehr wurde er vom Sturm des Jahrhunderts erfaßt, zumal Müntzer ein mit dem arbeitenden Volk verbundener Mensch war. Das in ihm vorhandene prophetische Element ist vom mystischen zu unterscheiden. Zwar steht es mit ihm in einem inneren Zusammenhang, denn es gibt sowohl eine mystische Prophetie als auch eine prophetische Mystik. Mit beiden fühlte sich Müntzer verbunden, womit er in die eschatologische Haltung einmündete. Für ihn stand «der Sommer vor der Türe» und «geht jetzt das Werk im rechten Schwange vom Ende des fünften Reiches der Welt», wodurch die ganze Welt einen «Puff aushalten muß»[37]. In glühender Erwartung erblickte der Chiliast die Endzeit als unmittelbar bevorstehend. Die herkömmlichen Einrichtungen sind nicht mehr zu retten, man hat nur dafür besorgt zu sein, daß der Weizen nicht vom Unkraut erstickt wird. Die Kreuzesmystik ist das Gegenteil aller ethischen Indifferenz, sie stumpfte das soziale Gewissen nicht ab. Oft verursachte die Mystik in der Geschichte eine falsche Beruhigung. Der politisch aufgewühlte Müntzer wurde vor diesem Schicksal bewahrt, denn bei ihm kam ein aktivistisches Moment hinzu. Wie Paulus' Mystik des Seins in Christo den Apostel zu weiteren Missionsreisen antrieb, wie Bernhard von Clairvaux' Mystik des Hohenliedes ihn nicht hinderte, in die politischen Kreuzzugspläne aktiv einzugreifen, und wie Theresia von Avila bei allen Entrückungszuständen eine tatkräftige Klostergründerin war, so verband sich auch bei Müntzer das Quietiv seiner Kreuzesmystik mit einer seltenen Aktivität. Obschon der Wirbel der Politik über Müntzer kam, «standen für ihn bis zuletzt seine religiösen Forderungen im Vordergrund, die politischen waren ihm mehr oder weniger Mittel zum Zweck»[38]. Doch verlor der thüringische Prädikant in der stürmischen Zeit die Gewalt über sich, er wurde geschoben, wo er glaubte zu schieben.

Zunächst suchte Müntzer sein Ziel auf friedlichem Weg zu erreichen, es kam aber die verhängnisvolle Stunde der Verfinsterung seines Gewissens, die die Wendung zur Gewalt brachte. Müntzer vertrat nicht von Anfang an den Gewaltglauben, der auch nicht wesensnotwendig mit seiner Auffassung verknüpft ist. Erstmals taucht er in der kühnen Fürstenpredigt auf, die den Gedanken entwickelt, «ein gottloser Mensch hat kein Recht zu leben, wo er die Frommen verhindert», und Müntzer erinnerte an das Wort Christi, «nehmet meine Feinde und würget mir sie vor meinen Augen»[39]. Mit der Aufforderung zur Gewaltanwendung schrieb sich Müntzer selbst die Rolle eines neuen Gideon mit dem Schwert in der Hand zu. Eine rauschartige Gesinnung kam über ihn, er geriet auf die schleuderhafte Bahn des revolutionären Agitators, zu dem er seit den Tagen des Prager Anschlages eine Neigung hatte, die jetzt ihre ungehemmte Entfaltung erfuhr. Müntzer stellte sich an die Spitze der Bauern, und aus dem Mystiker der gekreuzigten Wahrheit wurde ein «Theologe der Revolution». Das Revolutionsproblem darf nicht einseitig vom Standpunkt des um seinen Besitz bangenden Bürgers betrachtet werden. Auch die Revolutionen werden von der Vorsehung gesandt, sie sind zum allermindesten als Infektionskrankheiten im Organismus der Völker zu bewerten und gehören zu den übermoralischen Phänomenen der Geschichte. Schicksalhaft wurde Müntzer in die revolutionäre Bauernerhebung verwickelt, wenn es auch fraglich ist, was die geplagten Bauern von seinem religiösen Ziel verstanden. Nach Müntzer entsprach der Aufstand einer geschichtlichen Notwendigkeit, der er sich nicht entziehen konnte. Er führte die Bauern zu der unglücklichen Schlacht bei Frankenhausen, und die sich überstürzenden Ereignisse begruben ihn unter sich.

Das Ende Müntzers ist in eine namenlose Traurigkeit eingehüllt. Müntzer, auf die Folter gespannt, hat unter den Qualen wie ein «besessener Mensch» wild aufgelacht, was nach dem heutigen Sprachgebrauch einem Nervenzusammenbruch gleichkommt. Dieses Verhalten besagt nichts gegen Müntzers Auffassung, und es besteht kein Anlaß, von einem schimpflichen Ende zu reden, das weder Bewunderung noch Mitleid verdient. Größere Menschen haben bei der Tortur die seelische Widerstandskraft eingebüßt. Niemand ist befugt, darüber ein abfälliges Urteil abzugeben, zumal keiner dafür bürgen kann, wie er sich in der Situation der Folterung verhalten würde. Nur ausnahmsweise ist das Sterben für einen Menschen die Verwirklichung seines Lebenssinnes. Aller Wahrscheinlichkeit nach ist auch Müntzers letzter Brief nach Mühlhausen und sein Widerruf eine Fälschung seiner Gegner. Er lehnte es ab, mit seinen Todfeinden zusammen das Glaubensbekenntnis zu beten. Unmittelbar vor seiner Hinrichtung gestand er in zusammenhängender, lauter Rede, daß er «allzu Großes und über seine Kräfte Gehendes» gewagt habe, und redete den Fürsten ernst ins Gewissen, «mit Vermahnung, Bitte und Verwarnung, daß sie der armen Leute, ihren Untertanen, nicht mehr so gar hart sein wollen, so dürfen sie solchen Gefahr nicht mehr gewärtig sein. Sie sollen fleißig in den heiligen Schriften lesen, zumal in den Büchern Samuels und der Könige, dort werden sie Beispiele genug finden, was Tyrannen für ein Ende nehmen und darin mögen sie wohl spiegeln[40].» In der Weise mutig redet angesichts des Todes wahrhaftig kein bebender, kleinmütig gewordener Schwächling, und diese tapferen Worte erfahren durch Luthers Äußerung eine Bestätigung, wonach Müntzer ohne eine Spur von Reue, in Trotz und Verstocktheit gestorben sei, was doch mit anderen Worten besagt, er ist bis zur letzten Minute seiner Überzeugung treu geblieben. Dann legte Müntzer sein Haupt auf den Block, empfing den tödlichen Hieb, und noch einmal leuchtet die erschütternde Kreuzesmystik auf. Müntzer mußte das bitterste Leiden auf sich nehmen, er hat zuletzt Christi Kreuzesbalken fest umklammert, und mit seinem Sterben zeugte er für die Wahrheit, die auch noch in der «jämmerlichen Christenheit» gekreuzigt wird und an die man nur glauben kann, weil sie mit dieser Schmach bedeckt ist!

Als Luther die Nachricht von Müntzers Enthauptung erhielt, schloß er sich einen ganzen Tag in sein Zimmer ein. Offenbar hat der Reformator gespürt, daß Müntzer «der einzige von all den aufgeregten Köpfen jener Zeit war, der neben und gegen ihn bestehen konnte»[41]. Mochte Luther auch Müntzer mit unauslöschlichem Haß bedecken und die Worte des Rebellen in Christo als die eines Betrunkenen schmähen, trotzdem redete er noch lange vom «Altstedter Geist», der nicht auszurotten sei. In der Tat blieb nach Sebastian Francks «Ketzerchronik» Müntzers Andenken lebendig. Ein großer Anhang heimlicher Jünger ehrten ihn «als einen frommen, gottesfürchtigen Mann und entschuldigten seine hitzigen Episteln als eines heiligen Mannes Werk, der es aus einem göttlichen Eifer getan, dessen Geist und Wort niemand urteilen könne»[42].

Auf manche Zeitgenossen machte Müntzer den Eindruck eines Besessenen. Dieser Auffassung liegt bei allem falschen Ausdruck eine richtige Wahrnehmung zugrunde: Müntzer war mit seiner Kreuzesmystik in stürmischer Zeit zuletzt ein Rasender geworden, in seinem Inneren wogte und brauste es, und schließlich wurde er von der mystisch-chiliastischen Glut verzehrt. Einem tosenden Gewitter gleich, vor dem man sich nur in einen Unterstand flüchten kann, ging er über die Christenheit hernieder. Er sank, erst fünfunddreißigjährig, ins Grab und war mit seiner Gedankenarbeit noch lange nicht zu Ende gekommen. Sein Schrifttum ist ohne System, es ist ein bedrängendes Fragment, kierkegaardisch gesprochen, «religiöse Brocken». Müntzers Leben war ein Drama – der Held wollte das Höchste und erlebte den tiefsten Sturz. Gespannt schaut man dem fiebrigen Manne zu, dessen Fanfarentöne den eigenen Untergang ankündigen. In Müntzers Gestalt wirkt sich ein Verhängnis aus: Von ihm sind mannigfache Anregungen ausgegangen, und trotzdem hat er durch seine Verquickung von Prophetie und Politik die Mystik von der gekreuzigten Wahrheit schwer kompromittiert. Die beiden Gebiete flossen ineinander über, da Müntzers Flugschriften sie miteinander verklammert hatten. Infolge seines unglücklichen Endes und seiner unbeherrschten Polemik war alles, was Müntzer gesagt hatte, auch das Mystische, fortan verdächtig. Die Tragik bestand darin, daß er der «jämmerlichen Christenheit» das Höchste vermitteln wollte und sie es von ihm nicht annehmen konnte. Doch gilt es, die bisher einlinige Beurteilung Müntzers durch eine differenziertere zu ersetzen. Müntzers dunkelgefärbte Kreuzesmystik verdient restlose Anerkennung, wie sein Gewaltglauben eindeutige Ablehnung erheischt. Wenn es auch in seiner düsteren Landschaft dem Menschen beklommen zu Mute wird, so sprach Müntzer doch eine Gefolgschaft verlangende, von christlicher Glut durchpulste Botschaft aus. Müntzer hatte einen Auftrag, seine Stimme spricht noch heute zur Christenheit: «Hörst du, Welt! Ich predige dir Jesum Christum den Gekreuzigten zum neuen Jahr und dich und mich mit ihm. Gefällt dir's, nimm es auf; wo nicht, verwirf es![43]»

KASPAR SCHWENCKFELD

[1489–1561]

EIN LAIE ERLEBT DEN BESUCH GOTTES

«Es gehet eine neue Welt daher, die alte stirbet ab», schrieb Kaspar Schwenckfeld und verriet damit ein deutliches Gefühl für den ungeheuren Zeitenumbruch, dessen Zeuge er war. Er hat die ganze Reformation miterlebt, von ihrem frischen Morgenrot an bis zu ihrem enttäuschungsreichen Versinken in die unchristlichen Religionskriege. Und wie hat Schwenckfeld sie erlebt! Nicht als unbeteiligter Zuschauer, der die Geschehnisse dumpf über sich ergehen ließ, wie es die große Mehrzahl der Menschen zu allen Zeiten getan hat, denen das innere Werden ihrer Zeit gar nicht recht zum Bewußtsein gekommen ist. Schwenckfeld hat das Zeitgeschehen mit äußerst wachem Geiste verfolgt; das intensive Mitgehen gab ihm das Gefühl von einer neuen Welt, die unter furchtbaren Geburtswehen das Tageslicht erblicke. Ein aufgeschrecktes Zeitgefühl spricht aus der hochgemuten Äußerung des Schlesiers, der unter einer lebendigen Perspektive die geschichtlichen Ereignisse seines Jahrhunderts betrachtet hat. Die Aussage stammt aus dem Jahre 1528, zu einem Zeitpunkt, da man noch der kühnen Meinung sein konnte, daß eine alte Welt sterbe, obwohl damals sich bereits die niederschmetternde Unterdrückung des Bauernaufstandes ereignet hatte. Trotzdem war der Gedanke zu jener Stunde noch möglich: Es geht eine Epoche zu Ende, die krachend in sich zusammenstürzt! Eine neue Zeit pocht stürmisch an die Tore der Christenheit. Die Menschen stehen am Vorabend gewaltiger Ereignisse, denn es kann nicht mehr wie bisher weitergehen. Es versinkt ein zum Gericht reif gewordenes Zeitalter, und etwas Neues, ganz anderes, bis jetzt noch nie Dagewesenes beginnt. Solche und ähnliche zukunftsgerichtete Gedanken und Hoffnungen durchzuckten die Brust Schwenckfelds, der von einem apokalyptischen Lebensgefühl erfüllt war. Wer könnte das nicht verstehen? Wer dürfte ihm daraus den Vorwurf der Phantasterei machen? Die Sehnsucht nach einer neuen Welt lebt doch in der Brust eines jeden echten Christen. Wehe dem Menschen, der die Hoffnung auf das Kommende völlig preisgegeben hat. Er wäre in christlicher Hinsicht tot, wenn er auch körperlich noch Jahre weiterlebte.

Schwenckfeld hat sich getäuscht; ungeachtet allen Verständnisses muß man das sagen. Er hat sich sogar grausam getäuscht. Trotz der heftigen Wehen wurde damals keine neue Welt geboren, und es starb auch die alte nicht. Schwenckfeld verwechselte, wie schon viele Menschen vor und nach ihm, das, was immer werden will, mit dem, was tatsächlich geworden ist. Es klopfte mit dem Beginn der Reformation eine neue Zeit an die Türe der Christenheit, sie aber hat ihr nicht Einlaß gewährt, und zwar auf evangelischer wie auf katholischer Seite nicht. Die religiöse Wiedergeburt des Abendlandes hat sich damals nicht ereignet. Die Christenheit sah 1550 genau so trübsinnig, so hoffnungslos aus wie ein halbes Jahrhundert früher, als sie von ängstlichen Vorahnungen geschüttelt wurde. Nach einem kurzen Anlauf sank Europa wieder in die alten, zerrissenen Zustände zurück, ehe die geistige Erneuerung eingetreten war. Schwenckfeld selbst hat sich zuletzt der traurigen Wahrnehmung nicht verschließen können. Zunächst freilich konnte er die Situation nicht von diesem Gesichtspunkt aus beurteilen, wie es uns heute rückschauend möglich ist. Er lebte mitten im pulsierenden Geschehen und hoffte, seine Zeit mitgestalten zu können. Wenn ihm dies auch nicht im gewünschten Maße gelang, so hat er doch einen Samen ausgestreut, der nicht nur unter die Dornen gefallen ist. Schwenckfeld sprach in aller Bescheidenheit ein Wort in turbulenter Zeit, das aus dem mystischen Christentum stammte, und nun machen wir uns daran, mühsam die Brosamen zusammenzulesen, die davon übriggeblieben sind.

Seiner Herkunft nach kam Schwenckfeld aus Schlesien. Die Biographie der ostdeutschen Landschaft hat Will-Erich Peuckert zu schreiben versucht, indem er die schlesische Qual dahin bestimmte: «Es ist das Problem des ringenden Menschen, der unter der Wucht seiner Gesichte erzittert»[1]; er ist in seiner Labilität den kleinsten Erschütterungen preisgegeben und weiß das Gleichgewicht nicht zu finden. Schlesien verdankt es der sinnierenden Veranlagung seiner Bewohner, daß es zu den religiös fruchtbarsten Gebieten in Deutschland gehört. Nicht alle Gegenden sind für das religiöse Leben gleich günstig. Es gibt auch religiös karge und trockene Landschaften, und auffallend bleibt es, wie viele religiöse Menschen und zahlreiche Dichter der schlesische Boden der Christenheit geschenkt hat. Schlesien war ein religiös günstiges Erdreich, auf ihm lebte ein Menschenschlag, der bis in die moderne Zeit hinein nicht in gleichgültiger Oberflächlichkeit an den tiefsten Erscheinungen des Seins vorbeigegangen ist, man denke nur an Josef Wittig, Hermann Stehr und Carl Hauptmann. Namentlich ist die Geschichte der Mystik dem schlesischen Raum zu großem Dank verpflichtet; aus ihm sind ihr mannigfache Quellen zugeströmt. Einer der ersten Pioniere der evangelischen Mystik war Schwenckfeld, der die ganze Innerlichkeit dieser bereits von der östlichen Welt angehauchten Gottsucher jener Gegend in sich hatte. Man wird Schwenckfeld kaum gerecht, wenn man in ihm nicht stets den Schlesier sieht, der der geborene religiöse Grübler ist. Mag er auch sein Leben zum größten Teil außerhalb seiner Heimat zugebracht haben, ihm haftet gleichwohl zeitlebens der schlesische Erdgeruch an.

Schwenckfeld wurde als Sohn eines schlesischen Edelmannes im kleinen Dorf Ossig bei Lüben geboren. Ein edelmännisches Verhalten im besten Sinne des Wortes blieb ihm stets eigen. Er besaß eine Vornehmheit, wie nur der geborene Aristokrat sie hat. Im Wesen war er der alte christliche Ritter, der sich für die Schwachen einsetzte. Nichts Plebejisches und nichts Marktschreierisches findet sich bei Schwenckfeld, der von persönlicher Liebenswürdigkeit und wohltuender Wärme war. Was Würde ist, verkörperte er in seiner Persönlichkeit. Er hat in Köln und an andern Universitäten studiert, woraus sich seine nicht alltägliche Bildung erklärt. «Nachdem er seine Universitätsstudien beendigte, widmete er sich, wie die meisten Edelleute seiner Zeit, dem Hofleben und brachte zwölf Jahre lang als Hofjunker an verschiedenen kleinen Höfen zu; er beklagt später lebhaft diese verlorene Zeit, in welcher er üppiglich an der Fürsten Höfe zugebracht habe[2].» Hierauf zog sich Schwenckfeld auf seine Landgüter in Schlesien zurück und gab sich mit deren Verwaltung ab. Als Edelmann kannte Schwenckfeld nicht die geringste Not; was er begehrte, konnte er sich leisten. Es war aber ein rein weltliches Dasein, wie es die Fürstlichkeiten aller Zeiten geführt haben; er blieb ganz in der Denkweise der Endlichkeit stecken. Einzig den Adel der Gesinnung nahm er aus dieser Phase mit in sein späteres Leben hinein.

Außer der schlesischen Herkunft und der adeligen Abstammung ist noch hervorzuheben, daß in Schwenckfeld der Laie sich zu Worte meldet. Die Reformation wurde von Theologen gemacht, das spürte man ihr deutlich an. Darum auch die hitzigen Auseinandersetzungen, die damals die christliche Atmosphäre so stark vergifteten und die den gewöhnlichen Gemeindegliedern zum größten Teil unverständlich blieben. Über dem Problem von Laien und Geistlichkeit ist die Christenheit nie zur Ruhe gekommen, es ist heute noch nicht völlig geklärt. Die Andersartigkeit Schwenckfelds gegenüber den Reformatoren ist wesentlich in seinem Laienstand begründet, aus dem heraus er die Fragen mehr religiös und weniger theologisch beurteilte. Der Schlesier gehört zu den großen Laienchristen, die nicht schulmäßig und deshalb viel origineller denken. Freilich werden sie gerne auf die Seite gestellt, und auch Schwenckfeld hat geklagt: «Große Doktores und Magister achten es für eine Schande, wenn sie von uns armen Laien sollten etwas lernen[3].» Diese hochmütige Haltung ist aber mit der christlichen Demut unvereinbar. Wo bleibt das allgemeine Priestertum, das der Protestantismus auf seine Fahnen geschrieben hat, wenn er die Laienchristen in seiner Mitte nicht gebührend zu Worte kommen läßt? Der unerfreuliche Klerikalismus, der glaubt, ein Monopol auf das Göttliche zu besitzen, hindert sie vor allem daran. Man hat alle Ursache, auf die Ausführungen der Laien zu hören, denn sie neigen im allgemeinen nicht zu Überspitzungen, diese liegen ihnen im Gegenteil fern. Schwenckfeld hatte eine tiefsinnige Laienfrömmigkeit entwickelt, eine der tragfähigsten Wurzeln der evangelischen Mystik.

Der erste Teil von Schwenckfelds religiösem Leben bestand in einer Begegnung mit Luther. Die Schriften Luthers kamen dem Schlesier in seinem dreißigsten Lebensjahr in die Hände. Der frühe Zeitpunkt der Lektüre von Luthers Büchern verrät eine geistige Aufgeschlossenheit, dank der er alle Vorgänge trotz der damaligen Weltlichkeit verfolgte. Der Wittenberger Mönch wurde auch zum Erwecker des jungen Edelmannes. Vor der Kenntnis der reformatorischen Schriften führte Schwenckfeld ein religiös blindes Dasein, das sich nur im Diesseitigen erschöpfte. Luther hat ihn aufgerüttelt, und Schwenckfeld war von seinen Schriften so hingerissen, daß er im Winter 1521 von Liegnitz bis nach Wittenberg ritt, nur um mit dem Reformator von Angesicht zu Angesicht sprechen zu können. Er bewertete Luther als eine «wunderbarliche Posaune Gottes wider den falschen Gottesdienst des Antichristes»[4]. Schwenckfeld gestand seine Dankesschuld an Luther stets mit großer Freimütigkeit; es drängte ihn, für den Reformator zu Gott zu beten, weil er viel zur Erkenntnis der Wahrheit beigetragen habe. Der Schlesier gehörte nicht zu jenen törichten Naturen, die von niemandem beeinflußt sein und alles aus sich selbst herausgearbeitet haben wollen. Das ist doch nie wahr, weil jeder Mensch, ob bewußt oder unbewußt, von der Tradition gespeist wird. Um des Rufes willen, der ihn von Luther erreicht hatte, rechnete sich Schwenckfeld immer zu der evangelischen Seite. Es ist protestantischer Geist, der aus diesem Christen sprach, darüber ist gar kein ernsthafter Zweifel möglich. Wie stark Schwenckfeld mit der Reformation verbunden war, hat er selbst in unzähligen Worten bezeugt. Er hat auch Luthers spätere Schriften gelesen und sich in einer lebenslangen Auseinandersetzung mit dem Reformator befunden. Die Zugehörigkeit zur reformatorischen Bewegung hat Schwenckfeld den Ausruf entlockt: «Es gehet eine neue Welt daher, die alte stirbet ab.»

Die allzu große Erwartung auf die werdende Reformation führte Schwenckfeld notwendig zu einer Enttäuschung, denn die weitere Entwicklung der reformatorischen Bewegung entsprach in keiner Weise ihrem verheißungsvollen Anfang. Schwenckfeld sah die bedauernswerten Folgen der Reformation schon früh, und die überhandnehmende Verderbnis machte ihm viel zu schaffen. Er bemerkte die Mängel als einer der ersten, aber nicht als der einzige. Müntzer hatte sie auch wahrgenommen, nur sprach er sie zu ungestüm aus, so daß seine Warnungen nicht angenommen werden konnten. Schwenckfeld sagte es vornehmer und vor allem als ein Mensch, der innerlich schwer darunter litt. Es war keine bloß intellektuelle Aussage, sondern eine aus der Kümmernis des Herzens hervorgehende Beobachtung, die ihn bereits zu Beginn der zwanziger Jahre aufstöhnen ließ: «Daß man wenig Besserung aus der jetzigen Lehre merkt und wie diejenigen, so sich des Evangeliums am meisten rühmen, ein böses, ärgerliches Leben führen[5].» Enttäuschend, schmerzlich und deprimierend war es, daß in der Reformation gar keine Umgestaltung des Lebens stattfand und alles gleich blieb, wie es vorher war. Im Gegenteil, es wurde vielfach noch schlimmer, indem wenigstens früher die Menschen religiöse Anstrengungen unternahmen, um sich den Himmel zu verdienen, während sie jetzt ruchlos «auf Christi Kreide zechten», wie der fatale Schimpf lautete. Für die große Masse wirkte sich die Rechtfertigungslehre als ein sittlich-religiöses Ruhekissen aus. Nach kurzen Jahren eines Aufschwunges ging die religiöse Erneuerung in einen sittlichen Verfall über. Die betrübliche Wahrnehmung setzte Schwenckfeld unendlich zu und zerstörte ihn beinahe. Allein er begnügte sich nicht bloß damit, die unheilvolle Wendung nur in zahlreichen Worten zu bedauern. Wehklagen allein nützen nicht viel. Der erwachte Schwenckfeld ging den Ursachen nach und stieß auf eine verfehlte Predigtpraxis, die nach seinem Dafürhalten stark am sittlichen Mißerfolg der Reformation schuld war. Die protestantische Predigt mit ihren Behauptungen von der Unfreiheit des Willens und der Unmöglichkeit, die göttlichen Gebote zu erfüllen, muß konsequenterweise verheerende Folgen nach sich ziehen. Schwenckfeld bewertete das Fehlen der Erneuerung des christlichen Lebens in der Reformation als eine wahre Katastrophe, die ihn aus dem seelischen Gleichgewicht warf.

Der bestürzenden Einsicht folgte eine zweite Wahrnehmung auf dem Fuß: Luther und das Neue Testament stehen sich in mannigfacher Beziehung gegensätzlich gegenüber! Die Übereinstimmung, auf die man sich so viel zugute tat, besteht nicht zu Recht! Urchristentum und Reformation decken sich nicht vollständig – das war für einen Protestanten eine Entdeckung, die den ihn tragenden Boden zum Einsturz brachte. Eine schlimmere Wahrnehmung konnte ihm gar nicht widerfahren. Schwenckfeld erschrak bei der Feststellung der Kluft zwischen den Aposteln und der evangelischen Christenheit. Das Gespräch mit Luther drohte eine unheilvolle Wendung zu nehmen, und der Schlesier versuchte zunächst, sich die fatale Situation geschichtlich verständlich zu machen: «Es gehet nicht so schnell zu, wie man sich läßt bedünken, nachdem wir so weit abgefallen, daß wir wiederum in so kurzen Jahren zur rechten, beständigen, göttlichen Wahrheit und dem ersten Ursprung der Kirchen kommen möchten[6].» Die Reformation ist nur ein Eingang zu Christi Reich, und es sind noch viele Geheimnisse vorhanden, die zurückerobert werden müssen. Doch ändert der beschwichtigende Erklärungsversuch nichts an der grundsätzlichen Einsicht: Die Reformation ist nicht eine umfassende Erneuerung des Urchristentums. Mit Schwenckfelds Erkenntnis geriet eine der Grundsäulen des Protestantismus ins Wanken, sein weltanschauliches Gebäude war im Begriffe, zusammenzubrechen. Begreiflicherweise wiesen die Lutheraner die Ansicht schroff zurück, aber hatte er denn nicht recht? Ist der Bindestrich, der zwischen der biblisch-reformatorischen Erkenntnis so eilfertig angebracht wird, nicht eine die historische

Wirklichkeit weit überfliegende Behauptung? Die geschichtliche Forschung hat wesentlich Schwenckfelds intuitive Einsicht und nicht die Entrüstung der Lutheraner bestätigt. Die Reformation hat nicht alle Erkenntnisse des Urchristentums aufgenommen, sie hat sich einseitig an Paulus' Ausführungen gehalten, von ihm wiederum nur die Rechtfertigung übernommen und seine Entrückung bis in den dritten Himmel ignoriert. Ihr ist auch der ganze Enthusiasmus der ersten Gemeinden fremd geblieben. Solange der Protestantismus nicht das gesamte Urchristentum in seiner ganzen Fülle aufnimmt, kann er mit keinem neuen Leben in seinen Reihen rechnen. Schwenckfelds innerprotestantische Kritik an der Reformation ist aus echt evangelischem Geiste hervorgegangen. Er legte den Finger auf eine schwärende Wunde, die noch heute nicht geheilt ist.

Daraus ergab sich die erste Differenz zwischen Luther und Schwenckfeld. Da die von Schwenckfeld gerügten Wahrnehmungen offen zutage lagen, konnten sie nicht kurzerhand geleugnet werden. Auch Luther war über die geringen Früchte der Reformation enttäuscht. Er wollte deswegen am Ende seines Lebens aus Wittenberg ausziehen und versank zuweilen in einen Pessimismus, aus dem er sich nur durch eine lebhafte eschatologische Sehnsucht zu retten vermochte: Der liebe Jüngste Tag steht kurz bevor! Schwenckfeld dagegen setzte sich nicht mit der Enderwartung über die traurigen Auswirkungen der Reformation hinweg. Er hielt nach einer andern Hilfe Ausschau und versuchte, mit der Idee der reinen Gemeinde, die keine unbußfertigen Sünder in ihrer Mitte duldet, dem Übelstand zu steuern. Diese tiefsinnige Überlegung ist in der Christenheit mehr als einmal aufgetaucht. Sie entspricht der Auffassung der Mystiker aller Zeiten. Es liegt in ihr ein echtes Heiligkeitsanliegen verborgen, wenn sie auch gegen das Gleichnis vom Unkraut im Acker verstößt. Schwenckfeld legte den Gedanken der reinen Gemeinde Luther vor, der ihm darauf die nachdenkliche Antwort gab: «Ja, lieber Kaspar, es sind der rechten Christen noch nicht allzu viel, ich wollte gerne zwei beieinander sehen, ich weiß noch nicht einen[7].» Man fühlt es aus dem Ton der schwermütigen Antwort heraus, daß die Auseinandersetzung noch in freundschaftlichem Geiste sich vollzog. Es scheint beinahe, daß Luther im Gespräch die erste Runde gewonnen habe, obwohl das Anliegen Schwenckfelds gewichtig war. Luther stand keineswegs dem hehren Ansinnen Schwenckfelds von der reinen Gemeinde gleichgültig gegenüber, aber er hielt es auf der unter der Herrschaft der Sünde stehenden Erde nicht für durchführbar. Der Vorschlag Schwenckfelds und die Ablehnung Luthers sind schwerwiegender Natur, beide beweisen, daß man sich im Reformationszeitalter wirklich den letzten Fragen gegenüber befand, für die es nie eine glatte Lösung, sondern immer nur ein erneutes Ringen gibt.

Einen unheilvollen Verlauf nahm erst die zweite Differenz mit Luther, welche die Abendmahlsfrage betraf, die damals die evangelischen Theologen stark beschäftigte. Luther befand sich in der Abendmahlsfrage in einer tiefgehenden Auseinandersetzung mit Zwingli. Sie entzweite die beiden Männer immer mehr. Nun schaltete sich Schwenckfeld in die Diskussion ein, da er von diesem Thema ebenfalls bewegt wurde. Durch diese Tat entrichtete Schwenckfeld den Tribut an seine Zeit, die sich in dieser Streitfrage festgefahren hatte. Gewöhnlich wird die Lehre von der Vergottung des Fleisches Christi als das neue Element gesehen, das Schwenckfeld im Abendmahlsstreit vertrat. Mit der Hervorhebung der Lehre von der Vergottung des Fleisches Christi legt man jedoch den Akzent auf die falsche Stelle in Schwenckfelds Denken. Viel bedeutsamer ist, daß Schwenckfeld dem innerlichen Abendmahl im Herzen den Vorrang vor dem äußeren einräumte. Das innere Abendmahl ist das neue Wort Schwenckfelds, mit ihm ist er viel stärker in den mystischen Bereich vorgestoßen als mit dem Vorschlag der reinen Gemeinde. Aus einem theologischen Zankapfel war das Herrenmahl wieder zu einer rein religiösen Angelegenheit geworden. Schwenckfeld begehrte das innere Abendmahl täglich mit Christus zu halten, er blieb sogar der äußeren Abendmahlsfeier fern, weil die Gelehrten darüber uneinig waren und er die Auffassung vertrat, daß sie die Menschen überhaupt zu einer falschen Sicherheit verführe.

Schwenckfeld vermochte mit seiner Anschauung vom inneren Abendmahl nicht durchzudringen, und um nicht den häßlichen Streit um das Liebesmahl noch mehr zu schüren, unterbreitete der schlesische Edelmann schließlich seinen Zeitgenossen noch einen anderen Vorschlag. Die ganze Diskussion sollte für einige Zeit zurückgestellt werden. Entsprechend dem inneren Abendmahl forderte Schwenckfeld einen Stillstand, bis das rechte Verständnis, verbunden mit der wahren Feier, gemäß dem Willen des Herrn geoffenbart werde. Was Schwenckfeld dazu bewog, diesen Vorschlag zu machen, war die demütige Einsicht: «Wir wissen heute von keiner apostolischen Sendung, noch erheben wir Anspruch darauf, als Apostel angesehen zu werden, denn weder haben wir die Fülle des Heiligen Geistes, noch das apostolische Siegel zu solchem darauf empfangen. Wir leben in Demut und schreiben uns selber nichts zu, außer daß wir für Christus zeugen, die Menschen zu Christus einladen, Christus und sein unendliches Werk der Erlösung predigen und so viel wir vermögen darauf hinarbeiten, daß Christus wahrhaftig gekannt werde[8].» Nur ein mystisch eingestellter Laie von Format konnte einen derartigen, von der brüderlichen Liebe eingegebenen Vorschlag unterbreiten, der damit den theologischen Kampfeseifer abkühlen und zugleich die Basis für das Gedeihen anderer Möglichkeiten schaffen wollte. Aber gerade deswegen wurde der Gedanke des Stillstandes von den streitenden Parteien mit Vehemenz zurückgewiesen, die darin eine Umgehung der Wahrheitsfrage erblickten. Sowohl die lutherische als die reformierte Richtung schrieb sich selbst die wahre Auffassung vom Abendmahl zu, verteidigte sie leidenschaftlich, und keine der beiden Parteien hielt es deswegen für notwendig, stillestehend zu warten, bis eine lichtvollere Offenbarung darüber eintraf. Deswegen tobte der unwürdige Streit um das Liebesmahl des Herrn unerbittlich weiter, und erreicht wurde nichts anderes, als daß er den Protestantismus endgültig in zwei Gruppen auseinanderspaltete, wodurch er weniger aktionsfähig wurde und überdies das Bewußtsein der Einheit verlorenging. Wie anders wären die Dinge in dieser Hinsicht verlaufen, wenn man auf Schwenckfeld gehört hätte und auf den Gedanken des Stillstandes eingegangen wäre, der auf eine größere Reife der Erkenntnis hintendierte. Schwenckfelds Vorschlag des Stillstandes ist aus dem Herzen eines Mannes gekommen, der dem Evangelium näherstand als die theologischen Kampfhähne, denen es ein wahres Vergnügen bereitete, mit ihren scharfen Schnäbeln aufeinander einzuhacken.

Die Idee des Stillstandes wird in ihrer christlichen Bedeutung noch heute selten richtig verstanden. Man hat in ihr schon eine Anleitung «zur unparteiischen Überkirchlichkeit» gesehen und dies Schwenckfeld besonders übelgenommen[9]. Tatsächlich drängte es ihn zu einer überkirchlichen Haltung, weil sich das Konfessionalistische im Reformationszeitalter zu einem Spaltpilz des Christlichen auswuchs: «Daß ich mich jetzt keiner Partei oder Sekte unterziehe, wie mans heißt, weder den Papisten, Lutheranern, Zwinglianern noch Täufern, mit meinem Gewissen, hat viele Ursachen, und es bringet mir solches nicht wenig Verfolgung und Haß von ihnen allen[10].» Die angestrebte überparteiliche Einstellung Schwenckfelds ist jedoch nicht der Indifferenz gleichzusetzen. Sein Vorschlag des Stillstandes floß aus einer Liebe zum Evangelium heraus, die wiederum ein tieferes Verständnis für die Duldung in sich schloß. Es gibt eine negative Toleranz, die aus der Gleichgültigkeit stammt und den religiösen Problemen gar keinen Wahrheitsgehalt zuerkennt. Schwenckfelds positive Toleranz dagegen entsprang der Erkenntnis, daß die Liebe das oberste christliche Gebot ist, das für alle theologischen Auseinandersetzungen gilt. Die christliche Duldung weiß um die Mannigfaltigkeit der Gaben und Einsichten in religiöser Beziehung, aus ihr ist Schwenckfelds erwägenswerter Gedanke des Stillstandes entstanden. Noch heute ist es angebracht, in gewissen Situationen seinen Vorschlag zu bedenken. Geistige Auseinandersetzungen können nun einmal nicht übers Knie gebrochen werden, wenn man sich nicht einer Gewalttätigkeit schuldig machen will. Die Lösung muß oft in Geduld abgewartet werden, bis sie reif geworden ist, und unrichtig ist jeder gehässige Streit um göttliche Fragen. Für Schwenckfelds Gedanken des Stillstandes auch in der Gegenwart einzutreten dürfte christlicher sein als die Ausübung jener Kunst, die den Gegner möglichst geschickt abzustechen versteht, wie der schreckliche Fachausdruck heißt.

In der Abendmahlsfrage war Luther äußerst empfindlich, er ertrug hierin nicht den geringsten Widerspruch. Die Wege Luthers und Schwenckfelds begannen auseinanderzugehen. Fortan stand Schwenckfeld dem Lager Luthers fern, er kann nicht mehr als Parteigänger des Reformators ausgegeben werden, was mit seiner angestrebten Überparteilichkeit auch unvereinbar gewesen wäre. Zwar richtete Luther noch im Jahre 1526 in einem Brief an den Edelmann die «freundliche Bitte, wollet von dem öffentlichen Irrtum lassen, und euch nicht mengen in die Zahl derer, die jetzt die Welt so jämmerlich verführen»[11]. Es war der letzte Versuch Luthers, die Beziehung zu retten, indem er Schwenckfeld zum Schweigen und das heißt in diesem Falle so viel wie zum Verzicht auf die eigene Meinung veranlassen wollte. Der Schlesier konnte darauf nicht eingehen, und als er etliche Jahre später durch einen Boten an Luther gelangte, fertigte dieser ihn mit einem offenen Antwortschreiben ab: «Wollt Gott, er hörte auf, denn er hat zuvor in Schlesien ein Feuer angezündet wider das heilige Sakrament, welches noch nicht ist gelöschet und auf ihm ewiglich brennen wird... So ihm doch Gott nichts befohlen noch gesandt, und du unsinniger Narr, vom Teufel besessen, verstehet nichts, weiß nicht, was er lallet. Will er aber nicht aufhören, so lasse er mich mit seinen Büchlin, die der Teufel aus ihm speiet, in Ruhe[12].» Man erschrickt über die bösen und unbeherrschten Worte, denen Luther freien Lauf ließ. Warum mußte er den Gesprächspartner so unchristlich beschimpfen, mit Ausdrücken, die nach der Bergpredigt ausdrücklich verboten sind? Woher weiß Luther, daß Schwenckfeld nicht von Gott gesendet ist? Das ist doch seine persönliche Annahme, und weil er von solch subjektiven Voreingenommenheiten ausging, endete das Gespräch mit einer schlimmen Rede Luthers gegen den Schlesier. Bei dieser Auffassung verblieb Luther, der noch ein Jahr vor seinem Tode Schwenckfeld ein «verdammt Lästermaul» nannte, dessen Name er kurzerhand in «Stenkfeld» verunstaltete, da der «Sakramentsfeind» mit seinen süßen Worten viele Leute verführe[13]. Als geborener Edelmann ging Schwenckfeld auf diese Verspottung nicht ein. Er antwortete nicht in der gleichen Tonart, sondern zog sich endgültig von Luther zurück. Damit war der Bruch zwischen den beiden Männern besiegelt, nie mehr wurde er geheilt, wenn sich auch Schwenckfeld dadurch nicht außerhalb des Protestantismus stellte.

Wer weiß, ob nicht Schwenckfeld nach dem betrüblichen Ausgang des Gespräches schließlich die reformatorische Bewegung auch noch zu der alten Welt rechnete, von der er so bestimmt sagte, daß sie absterbe? Die neue Welt, die er werden fühlte, kam erst in seiner Mystik deutlicher zum Vorschein. Sie erfüllte den zweiten Teil seines religiösen Lebens. Sicher hätte Schwenckfeld sich nicht so eindeutig vom Niedergang der Reformation distanziert, wenn ihm nicht ein religiöses Erlebnis widerfahren wäre, das die Erweckung durch Luthers Schriften bei weitem in den Schatten stellte. Was der Dreißigjährige erlebte, als er den Ritt von Schlesien nach Wittenberg ausführte, spielte sich noch im Vorfeld ab und bedeutete lediglich Vorbereitung für ein wesentlich tieferes Geschehen.

Nicht in der Auseinandersetzung mit der lutherischen Reformation liegt das Schwergewicht bei Schwenckfeld, so lehrreich sie an sich ist. Das Entscheidende erfolgte nachher.

Erst im Jahre 1527 erlebte der Vierzigjährige die von heiligen Schauern durchbebte Heimsuchung Gottes in seiner Seele – ein Geschehen, das all seinem bisherigen Tun den Charakter des Vorläufigen aufprägte und ein ganz neues Kapitel in seinem Dasein eröffnete. In keuscher Zurückhaltung hat es Schwenckfeld nur mit einem einzigen Satz angedeutet, indem er von den «gnädigen Besuchen Gottes in meinem Herzen»[14] sprach. Es liest sich diese Äußerung so harmlos, und doch – welch mystisches Erleben ist in diesem Ausdruck enthalten! Er birgt das größte und wundersamste Geheimnis in sich. Dieses unaussprechlich lichtvolle Ereignis ist die tragende Mitte von Schwenckfelds Dasein. Es ist eine unbeschreibliche Erfahrung, von Gott derartig im eigenen Herzen besucht zu werden, was folgerichtig im Menschen einen Sturm des Zurückbebens und des Jubels zugleich auslöst. Man kann den Gruß des Ewigen schlechterdings nicht in Worte fassen; alle Schilderungen sind zum voraus unzulänglich und reichen nicht aus, um vom Besuch Gottes im Innern des Menschen auch bloß ein annäherndes Bild zu vermitteln. Es gibt aber Besuche Gottes im Herzen des Menschen; sie sind das Allerwichtigste, was ein Christ überhaupt erleben kann. Nichts, aber auch gar nichts läßt sich damit vergleichen. Alles verblaßt gegenüber dem einzigartigen Ereignis, das das Lukas-Evangelium in die Worte zusammengefaßt hat: «Durch die herzliche Barmherzigkeit unseres Gottes, durch welche uns besucht hat der Aufgang aus der Höhe.» Wie gerne möchte man von Schwenckfeld nähere Einzelheiten wissen; er zog es aber vor, das Geschehnis als die teuerste Erfahrung für sich zu behalten; er hat sich gerade damit sein mystisches Leben bewahrt. Wenn Schwenckfeld in weiser Überlegung auch nicht weiter darüber redete, an der Tatsache des Geschehens ist kein Zweifel gestattet. Schwenckfeld war von Gott gegrüßt worden; er hatte das geistliche Fühlen in seinem Inneren erlebt, von dem die Mystiker so berückend zu reden wissen. Die persönliche Erfahrung von der Gegenwart des in seinem Innern regierenden Christus bildet die Grundlage für Schwenckfelds weiteres Dasein. Dabei ist bei dem geheimnisvollen Besuch Gottes in seinem Herzen gar nicht an einen visionären Vorgang zu denken. Das mystische Erleben ist nicht dem Empfang von Visionen gleichzusetzen. Das ist ein zu enges Verständnis. Ein persönliches Heilserlebnis durchdrang Schwenckfeld, es wandelte sein ganzes Leben um, und ein neuer Mensch ging daraus hervor. Von dieser bedeutsamen Stunde an hat Gott ihn «seines himmlischen Berufes teilhaftig gemacht, und so gnädiglich angenommen, auch dabei ein fröhlich gut Gewissen und Wissen verliehen, durch welche er ihn im Geiste dienen und sich rüsten möge seinem Herrn Jesu Christi»[15]. Schwenckfeld fühlte sich seit dem unbeschreiblichen Erlebnis förmlich in eine neue Atmosphäre religiösen Erkennens und Handelns gehoben. Wenn er auch die Besuche Gottes in seinem Herzen nicht in alle Welt posaunte, die Wirkung des ewigen Grußes merkte man ihm auch äußerlich an.

Schwenckfelds Erleben darf nicht einer pietistischen Bekehrung gleichgesetzt werden. Es reichte in eine viel größere Tiefe, die eindeutig als mystisch anzusprechen ist. Wer in seinem Innern von Gott besucht wird, der ist ganz gewiß in die Sphäre des Mysteriums eingetreten. Dieses Eindruckes kann sich niemand erwehren, der sich näher mit Schwenckfeld beschäftigt hat. Auch nach Erbkams Darstellung «zeigt sich Schwenckfeld als echter Mystiker darin, daß er die innere Erfahrung des göttlichen Lebens zum Mittelpunkt des christlichen Lebens macht»[16]. Das Werk Schwenckfelds stellt einen der ersten Höhepunkte der protestantischen Mystik dar. Er selbst begann in mystischen Kategorien zu denken und ist auch nur von dort her zu verstehen. Wie sehr er die Dinge fortan von einem mystischen Aspekt aus betrachtete, geht aus seinen neuen religiösen Erkenntnissen und Erfahrungen hervor, die er seit seinem Heilserlebnis aussprach.

Schwenckfeld machte sich zunächst mit dem mystischen Schrifttum früherer Jahrhunderte bekannt. Er begann wegen der Betonung der Gelassenheit den «Frankfurter» zu lieben und sagte über Tauler: «Er ist ein herrlicher Prediger gewesen, daraus man spüret, daß Gott der Herr vor zweihundert Jahren auch hat daselbst in großer sophistischer Dunkelheit die Seinen visitiert oder heimgesucht[17].» Darnach hat er Tauler ganz in der Sicht des von Gott besuchten Menschen gesehen, womit er wiederum das Erlebnis unterstrich, auf das es ihm vor allem ankam. Die Lektüre der deutschen Mystiker trug wesentlich zur Vertiefung von Schwenckfelds christlichem Verständnis bei. Er begnügte sich jedoch nicht damit, die mystische Literatur nur zu lesen. In lebendigem Verlangen, den Vorgängern zu begegnen, stieß Schwenckfeld auf Thomas a Kempis' «Nachfolge Christi». Schwenckfeld erkannte sofort den Wert des unvergänglichen Buches, das die edle Trauer des menschlichen Lebens durch eine demütige Christlichkeit überwunden hatte. Thomas a Kempis' Buch hatte es dem schlesischen Edelmann angetan. Er übergab die «Nachfolge Christi» dem Druck, und dadurch fand das zeitlose Buch auch Eingang in die protestantische Erbauungsliteratur. Die Aufforderung zur Nachfolge steht im Evangelium an zentraler Stelle und blieb sonderbarerweise im reformatorischen Protestantismus ganz unberücksichtigt. Auf die Nachfolge kann nicht verzichtet werden, weil sie zum Christentum gehört. Mit der Mystik steht der Nachfolgegedanke in einer besonders nahen Verbindung, denn in der nachapostolischen Zeit kann das «Folge mir nach» ohnehin nur in einer mystischen Atmosphäre verwirklicht werden. Schwenckfeld hat mit seiner Edition hierin einen überaus wertvollen Vermittlungsdienst geleistet.

Durch seine Wendung zur Mystik kam Schwenckfeld zu einer von den Reformatoren verschiedenen Einschätzung der Schrift. Die Bibel bildet das eigentliche Schiboleth, mit dem der Protestantismus gegen die alte Kirche zu Felde zog. Auch für Schwenckfeld war natürlich die Schrift das Buch, in welchem er unablässig las. Nie hat er das Schrifttum der Kirchenväter und der Mystiker auf die gleiche Stufe mit der Bibel gestellt: «Also muß auch Augustinus denen zum Strick werden, die das klare Wort Gottes und die Schrift fahren lassen und zu den ungewissen Sprüchen der Väter laufen, die lieber aus den Zisternen, denn aus den Quellbrunnen trinken[18].» Schwenckfeld las grübelnd, bohrend, suchend und bedenkend in der Heiligen Schrift; sie gehörte zum Lebenselement, in dem er sich täglich bewegte. Bei aller Hochschätzung der Bibel gelangte er jedoch zur Einsicht, daß das bloß geschriebene Wort dem Menschen nicht hilft. Es ist zu äußerlich. Der Schlesier konnte nicht in der Weise auf den Buchstaben pochen, wie Luther es tat, der immer wieder betonte: «Es steht geschrieben.» Deswegen eine Verachtung des Wortes Schwenckfeld vorzuwerfen, ist gewiß ungerecht. Ihm ging der Unterschied zwischen geschriebenem und erlebtem Gotteswort auf. «Dieweil man aber Geist und Leben nicht kann schreiben noch mündlich aussprechen, sondern allein das Gleichnis, so muß man zwischen der Schrift und Gottes lebendigem Wort gebührlich unterscheiden[19].» Das gedruckte Bibelwort ist nicht durchaus identisch mit dem göttlichen Wort, das den Menschen im Gewissen trifft; es ist lediglich ein schwacher Nachklang, der nicht unbedingt eine lebendige, gerechtmachende Kraft ausströmt.

Keineswegs war es Schwenckfeld um eine Negation zu tun, gleichsam um eine «Entwortung» des Wortes. Ihm kam es auf eine Bejahung an, die er in den Satz zusammenfaßte: «Denn soll der Mensch geistliche Sachen verstehen und recht erkennen oder ausrichten, so muß er das göttliche Licht zur Schrift, den Geist zum Buchstaben, die Wahrheit zum Bilde und den Meister zu seinem Werke bringen, daß er ein anderer Mensch, ein Mensch Gottes, für welche die Schrift gegeben ist, in Christo werde[20].» In dieser Äußerung ist das Wort gefallen, auf das Schwenckfeld den Akzent legte: Geist. Er stellte der bloßen Schriftbetonung den Geist entgegen, dessen es zum echten Bibelverständnis vor allem bedarf. Der Geist wird nach Schwenckfeld unverkennbar verspürt, er «liegt nicht still, wie das Feuer unter der Asche, wie etliche fabulieren», sondern er besucht den Menschen in seinem Herzen. Für den Mystiker war der Geist eine höchst bedeutsame Realität, er schwebte nicht wie eine Nebelschwade über dem Dasein. Er will in den Menschen eingehen, und «darum ist das lebendige, wesentliche Evangelium nichts anderes als das Wort des Lebens und Glaubens durch den Finger Gottes von Gott selbst in die Tafeln des Herzens geschrieben, oder Christus selber ganz Gott und Mensch, der im Herzen wohnt, der unser Friede ist, unsere Gerechtigkeit, Weisheit, Erlösung, Heiligung,

Trank, Speise und alles in allem, die die Schrift überall bezeuge»[21]. Schwenckfeld wurde nicht müde zu wiederholen, daß das ewige Wort Gottes «ohne Mittel geht» und gar nicht an das äußere Wort gebunden ist. Wegen seiner leidenschaftlichen Berufung auf den Geist wurde Schwenckfeld ein «Geisterer» gescholten, und sein ganzes Problem wurde mit der Bezeichnung «christliches Schwärmertum» kurzerhand unter den Tisch gewischt. Doch ist dies ein viel zu billiges Schlagwort, das nur eine bedrängende Fragestellung auf bequeme Weise loswerden will. Wenn Schwenckfeld meinte, daß zur Schrift der Geist gehöre, hat er damit einfach recht. Auch Luther meinte dies im Grunde, wenn er in seiner Argumentation nicht durch die Gegner zum Widerspruch gereizt wurde. Auf die Verbindung von Geist und Schrift kann man im Ernste nicht verzichten. Die Frage nach ihrem richtigen Verhältnis gehört zum Mittelpunkt von Schwenckfelds Christentumverständnis. Geist und Schrift dürfen nicht gegeneinander ausgespielt werden; in dieser Einsicht besteht das Recht Schwenckfelds. «Darum, wer die Heilige Schrift mit Nutz und Furcht will lesen, der muß Gott für Augen haben», formuliert Schwenckfeld seine Ansicht. Der blinde Vorwurf der Schwarmgeisterei fällt damit in sich zusammen.

Statt Geist sagte Schwenckfeld zuweilen auch inneres Wort, eine Bezeichnung, die der offizielle Protestantismus nicht kennt, die aber das Anliegen der evangelischen Mystik vortrefflich wiedergibt. Wer nur das äußere Wort der Schrift «gelesen und gehört hat und nicht das innere Wort, hat das Evangelium Christi nicht gehöret, das Evangelium der Gnade, und hat es nicht empfangen noch begriffen»[22]. Die evangelische Mystik ist ein Bekenntnis zum inneren Wort, was nur eine andere Formulierung für den Besuch Gottes im Herzen des Menschen ist. Das innere Wort entwertet nicht das äußere Wort, wohl aber weist es ihm eine vorbereitende, dienende Stellung zu. Die Darlegungen über das innere Wort führten Schwenckfeld überhaupt zu einer ausgeprägten Betonung der inneren Werte. Die mystische Welt des Innern entfaltete sich bei dem Schlesier in ihrer ganzen Größe. Die Menschen dürfen die reformatorische Botschaft nicht nur äußerlich annehmen, sie müssen sie vor allem innerlich erleben. Es bedarf eines unmittelbaren Erlebnisses in der Seele des Christen, wie es Schwenckfeld widerfahren ist. Gott muß selber, ohne alle äußeren Mittel, die Seele berühren, zu ihr sprechen und in ihr wohnen. Schwenckfeld verlegte immer mehr alle Heilsgüter nach innen. Das innere Abendmahl, das er in der Kontroverse seinerzeit betonte, wird erst hier völlig verständlich. Auch leitete ihn im Hinblick auf die Taufe eine ähnliche Überlegung. Den Anfang der Unwissenheit der Kirche bildete die Kindertaufe, da die Kinder nicht in den Tod und die Auferstehung Christi eingepflanzt werden können[23]. Die Taufe war Schwenckfeld das Symbol der Wiedergeburt, und deswegen sollten nur die Wiedergeborenen getauft werden. Trotzdem waren ihm die Wiedertäufer zu buchstäbliche

Christen, die er in ihrer Exklusivität als lieblos empfand, und deswegen sprach Schwenckfeld auch von der inneren Taufe. Schwenckfeld sah in der inneren Erfahrung das Entscheidende, und demzufolge erkannte er auch deutlich, «daß keine wahrhafte Reformation durch Edikte und Erlasse von Herrschern oder Entscheidung von Konzilien zustande kommen kann»[24]. Für Schwenckfeld ist auch nicht mehr die Predigt ausschlaggebend wie für die Reformationskirchen, dieweil sie doch nicht das innere Wort zu vermitteln vermag, dessen der Mensch nur in der heilsamen Heimsuchung Gottes inne wird. Gott kann auch ohne amtliche Predigt retten, wenn er will. Aus dem innerlichen Wort und Gehör Gottes kommt allein der lebendige Glaube. «Im Neuen Testament bauet der Heilige Geist von inwendig heraus, nicht von auswendig hinein, wie im Alten Testament», schrieb Schwenckfeld, «man sollte durchs Gebet der Sache zu Hilfe kommen, und das Übrige Gott befohlen»[25]. Durch die Innerlichkeit empfand Schwenckfeld die Gnade als Süßigkeit, und damit hängt die ungetrübte Seligkeit zusammen, die er allezeit besaß. Aus der Betonung der inneren Schaukraft darf jedoch nicht geschlossen werden, er habe die Zeremonien verachtet. Er hat sich ausdrücklich dagegen verwahrt, daß er die religiösen Gebräuche geringschätze. Schwenckfeld war nur dagegen, daß der Mensch sein Vertrauen und seine Seligkeit auf die Zeremonien setze oder die Gewissen damit verstricke, denn ein äußerliches Element führt die innere Wiedergeburt nicht herbei.

Der Besuch Gottes im Herzen war für Schwenckfeld kein bloßes Gefühlserlebnis mit wonnesamen Empfindungen. Er war verpflichtend und fordernd zugleich, denn er drängte auf Heiligung, ein Verlangen, das sich vom mystischen Leben nicht ablösen läßt. Die Rechtfertigung besteht «nicht allein in der Vergebung der Sünden, sondern hat auch die Heiligung und Erneuerung des innerlichen Menschen» zur Folge[26]. Der Gedanke der Heiligung ist im reformatorischen Protestantismus zu kurz gekommen, weshalb er denn auch so rasch zur Orthodoxie erstarren konnte. Die Vernachlässigung des Heiligungsstrebens hängt mit der Nichtbeachtung der Aufforderung zur Nachfolge zusammen. In der Bibel nimmt das Anliegen der Heiligung einen zentralen Platz ein. «Ich bin heilig und ihr sollt auch heilig sein», heißt es bereits im Alten Testament, und das Neue Testament unterstreicht die Forderung mit Nachdruck: «Das ist der Wille Gottes, eure Heiligung.» Die Verschweigung dieses Befehles empfand Schwenckfeld als die schwächste Stelle des reformatorischen Protestantismus. Er sah darin eine wahre Versündigung an der biblischen Botschaft, die er wiedergutzumachen bestrebt war. Leidenschaftlich betonte er: «Man soll nicht einen halben Christus, sondern den ganzen Christus predigen, das ist, nicht allein seine Erlösung und Genugtuung für uns, sondern auch seine Wiedergeburt, Rechtfertigung und Heiligung unser, ja nicht allein Christum, der uns am Kreuz hat erlöset, sondern eben denselbigen jetzt glorifizierten regierenden Christus, der uns nun auch heiliget, gerecht und selig macht[27].» Die Formulierung vom halben und vom ganzen Christus mutet wie eine Modifikation von Müntzers Unterscheidung vom süßen und bitteren Christus an. Offenkundig ist im offiziellen Protestantismus hier eine Wahrheit zu wenig stark betont worden. Es gilt den ganzen Christus zu verkündigen, von dem sich die Heiligung nicht abtrennen läßt. Nach Schwenckfeld hat sich der Christ in einem neuen Leben zu bewähren, wie es hernach die reformierte Kirche ebenfalls gefordert hat. Er darf sich der Welt nicht gleichstellen, vielmehr steht er in einer Spannung zu ihr. Der Christ ist ein Fremdling inmitten dieser Welt, die andern Gesetzen folgt, und hat unaufhörlich nach der Heiligung zu streben. Unterbleibt diese Bemühung, dann gerät sein religiöses Leben unweigerlich in die Lauheit hinein. Das Siechtum der neuzeitlichen Christlichkeit ist durch das Nachlassen des Heiligkeitsstrebens bedingt. Das Mystische zeigt sich bei Schwenckfeld in der Heiligung, die für ihn Gottnähe und nicht Moralität bedeutete. Er verstand darunter ein wirkliches Heiligkeitsdasein in der täglichen Lebensführung. Das Christsein hatte für ihn praktische Konsequenzen und war nicht nur ein Lippenbekenntnis. Diese Verwirklichung der christlichen Botschaft durch Schwenckfeld ist nicht gering zu achten, er hat damit eine Wahrheit realisiert, für die später in anderer Form auch Kierkegaard eingetreten ist.

Durch das Heiligungsstreben kam Schwenckfeld folgerichtig auf den Gedanken einer apostolischen Reformation, die er kühn der lutherischen gegenüberstellte und wodurch er «zum Wiederentdecker der charismatischen Organisation des apostolischen Zeitalters wurde»[28]. Die urchristliche Reformation war eine Lieblingsidee Schwenckfelds, auf die er immer wieder zurückkam. Die Menschen sind noch nicht zum Evangelium zurückgekehrt, sie würden sonst ein ganz anderes Dasein führen. Sie leben nicht so, wie die Apostel gelebt haben. Schwenckfeld verband mit dieser Feststellung nicht den Gedanken der Gesetzlichkeit, da nach ihm das Organisieren dem Heiligen Geist und nicht den Gläubigen zukommt. Aber er sah in der Urgemeinde zu Jerusalem doch das große Vorbild, das ihm beständig vor Augen schwebte. Sie brachte ihn auch zur Ablehnung der Massenkirche, worüber er sich deutlich ausgesprochen hat. «Wir wollen immer dem Baue der Papisten nachfahren. Da gehets denn, wie wir leider für Augen sehn: wir wollen immer einen großen Haufen haben, während sich Paulus nie vorgenommen habe, eine ganze Stadt zu bekehren[29].» Da die Verchristlichung des großen Haufens offenkundig nie gelinge, nehme man dann die Obrigkeit zu Hilfe und übe Gewalt aus, was dem Geiste Christi widerstreitet. «Wer hat uns das befohlen? Wo stehts geschrieben? Welcher Apostel hat es je getan?»[30], so fragte Schwenckfeld eindringlich, ohne darauf eine Antwort zu bekommen. Dabei war es ihm nicht um die Gründung eines Konventikels zu tun. Er versichert, sich von keiner Gemeinschaft abzusondern und keine eigene

Sekte zu gründen, dieweil Gott unter allen Parteien auch die Seinen hat, welche jetzt im Verborgenen leben, aber einst allgemein bekannt werden. Schwenckfeld stellte der durch obrigkeitliche Gewalt geschützten Staatskirche die unsichtbare Kirche gegenüber, die er weder in Rom noch in Wittenberg, weder in Zürich noch bei den Täufern fand. Noch einmal kommt die Mystik deutlich in seinem Kirchenverständnis zum Vorschein.

Das mystische Erleben vom Besuch Gottes im Herzen, mit den Einsichten vom inneren Wort und dem Heiligungsstreben waren ein mächtiges Geschehen, das sich nicht von selbst verstand. Schwenckfeld mußte dafür einen teuren Preis bezahlen, der zugleich die Größe seiner Wahrheit dartut. Dem Schlesier war es bestimmt, für das neu geschenkte Evangeliumsverständnis zu leiden, und wenn dies auch zunächst Unglück bedeutete, so war in diesen Schmerzen auch die Verklärung verborgen. In aller Dunkelheit erfuhr er, wie sehr das Leiden die Pforten der Ewigkeit aufschließt.

Da Schwenckfeld den gläubigen Prediger forderte, der aus Überzeugung und nicht bloß von Amtes wegen das Evangelium verkündete, kam er mit der Geistlichkeit in Konflikt. Er nahm Anstoß an ihrem ungeistlichen Leben und tadelte auch etliche auf dem inneren Gebiet unerfahrene Prediger, die nur das äußere Wort kannten. Er klagte die lutherischen Pfarrer an, weil sie oft nur einen historischen Christus predigten, den sie bloß nach dem Buchstaben kennen und nicht in seiner lebendigen Gegenwärtigkeit erfahren haben. Die Geistlichkeit in Schlesien fühlte sich infolgedessen verletzt und arbeitete fortan gegen Schwenckfeld. Durch seine menschenfreundliche Behandlung der Täufer erregte er bei den Kirchengläubigen noch vollends Anstoß. Es blieb ihm schließlich nichts anderes übrig, als freiwillig seine schlesischen Güter zu verlassen und sich ins Exil zu begeben. Im Jahre 1529 ging Schwenckfeld wie ein zweiter Abraham aus seiner Heimat, aus seinem Hause und aus seiner Verwandtschaft fort in ein Land, das Gott ihm zeigte. Es war für Schwenckfeld kein leichter Entschluß, ins Unbekannte, gleichsam in die Nacht hinauszuschreiten und sowohl auf den festen Wohnsitz als auch auf jegliche Sicherung im Leben zu verzichten. Aber er hat es getan und konnte später, ohne sich einer Selbstrühmerei schuldig zu machen, sagen: «Hätte ich wollen einen guten Ort auf Erden haben und das Zeitliche mehr lieben denn das Ewige und meinen König Christus hätte wollen sein lassen, so wäre ich in meinem Vaterland, in meinem eigenen Haus blieben, da ich meinen Stand, ich muß jetzt in Torheit reden, ehrlich und nicht in einem geringen Ansehen gehabt, auch den Gewaltigen der Welt lieb und wert gewesen bin[31].»

Wohin wanderte Schwenckfeld? Ins Dunkle hinaus und damit direkt auf Gott zu. Er hatte fortan keine bleibende Stätte mehr, sondern gab, gleich den biblischen Gestalten, zu erkennen, daß er die zukünftige suche. Schwenckfeld wurde ein Pilger, der von Ort zu Ort wanderte, aber nirgends länger geduldet wurde. Das ruhelose Wanderleben entsprach seinem inneren Habitus, da er das demütige Leiden und das freiwillige Kreuztragen predigte. Das unstete Flüchtlingsleben führte ihn immer wieder weiter, und er mußte mehr als dreißig Jahre lang durch alle süddeutschen Dörfer und Wälder fliehen. Am längsten hielt er sich in Ulm auf, mußte jedoch auf das Betreiben des Prädikanten Frecht diese Stadt verlassen, wenn es auch seinen Anhängern gelang, ihm gelegentlich eine Rückkehr zu verschaffen. Die Pilgrimschaft war für den Edelmann gewiß schwer zu ertragen. Er, der gewohnt war, auf seinen Gütern frei zu schalten und zu walten und alles zu haben, was er begehrte, er nahm sie ohne Klagen auf sich. Das heimatlose Dasein war ihm auferlegt aus keinem andern Grund, als weil er sich nicht mit der bloßen Lehre der Reformation zufrieden geben wollte, sondern auf eine Verwirklichung des christlichen Lebens drängte, das in einem reichen Innenleben, in der Fülle des Geistes und im Streben nach der Heiligung bestand. An der Verfolgung waren in erster Linie die Prädikanten beteiligt, die Schwenckfeld wie ein vogelfreies Wild hetzten. Als ein über den Parteien stehender Christ mußte er den Haß aller Richtungen erfahren. Da er die «Augsburgische Konfession» nur annahm, soweit sie mit der Bibel übereinstimmte, aber nicht bereit war, sie dem Evangelium gleichzustellen, betrachteten ihn die Protestanten als außerhalb ihrer Reihen stehend. Sie versuchten, überall Verbote seiner Schriften zu erwirken, und auch Bullinger in Zürich gelang es einmal, eine Menge von Schwenckfelds Büchern zu konfiszieren. Schwenckfelds Schriften wurden in seiner schlesischen Heimat verbrannt und er selbst mit allen greulichen Ketzernamen in Verruf gebracht. Zuletzt war Schwenckfeld nirgends mehr sicher; wer ihm ein Obdach gewährte, mußte mit einer Strafe rechnen. «Ach, wie werden mir schier alle Herbergen abgestricket auf der ganzen Welt; aber Gott mein Herr hat noch viele Herbergen», sagte Schwenckfeld, damit die absolute Geborgenheit in aller Unsicherheit andeutend[32]. Schwenckfeld hat sich vorbildlich mit seinem harten Los abgefunden, es bis in sein hohes Alter tapfer auf sich genommen und den seßhaften Christen zugerufen: «Der Mensch muß alles vergessen und fallen lassen, und zu dem Einsprechen der Gnade aller Dinge ledig, gelassen, und allen Kreaturen genommen sein, gänzlich Gott ergeben[33].» Der mystische Mensch läßt zuletzt alles fahren; er wirft die irdischen Dinge weg und eilt dem Ewigen entgegen, weil nur dort die wahre Heimat der Seele ist.

Endlich fand auch das mühsame Pilgerleben ein Ende, auf das noch einmal ein strahlender Glanz fiel. Der Tod erreichte ihn in der Stadt Ulm, in einer Hinterstube bei der von ihm erweckten Agathe Streicher, die ihn gepflegt hatte. Nur wenige Tage lag sein alter Leib, der vielen Wege und Stege müde geworden, zu Bett. «Herr Jesus Christi, so du mich denn jetzt in dein Reich forderst, so befehle ich dir deine Sache und meinen Geist in deine Hände, wie ich mich dir befohlen habe vor dreißig Jahren, da ich auf deine Anmahnung aus meinem Vaterlande gezogen bin», sprach der treue Zeuge[34]. Er begehrte aus vollem Herzen heim ins himmlische Vaterland, ewig zu ruhen bei Christo, und wußte zum voraus die Stunde seines Todes. Kein Zittern und keine Angst vor dem bevorstehenden Abscheiden trübte seine Seele. Er verwunderte sich selbst über seine innere Ruhe und vermochte noch auf seinem Sterbelager zu lachen. Damit erlebte er einen sichtbaren Triumph über den Tod, den Paulus als den letzten Feind bezeichnet hat. Schwenckfeld vernahm eine Stimme: «Auf, auf in den Himmel!» Zu den Hausbewohnern sprach er trostreiche Ermahnungen, für jeden hatte er noch ein persönliches Wort, auch für die Dienstmagd, die dem christlichen Edelmann nicht zu gering erschien. Es war ihm gar fröhlich zu Mute, weil «mein Herr Jesus Christus wohnet in meinem Herzen», womit er noch einmal seine mystische Glaubensgewißheit aussprach. Eine kleine Weile vor seinem Abscheiden richtete sich Schwenckfeld im Bette auf, frohlockte mit den Händen und lächelte mit inniger Herzlichkeit, so daß die bei ihm stehenden Freunde nichts anderes glaubten, denn Christus sei ihm erschienen und habe seine Seele mitgenommen in die ewige Seligkeit. Gleich darauf verschied er sanft; es war an einem Dezembertage, da Schwenckfeld in die ewigen Wohnungen einging.

Das erbauliche Sterben Schwenckfelds war nicht der Schlußstein seiner Wirksamkeit. Seine Zeitgenossen verleumdeten ihn über den Tod hinaus als einen vom Teufel besessenen Bösewicht. Die Nachkommen der Reformation glaubten, die unverständige Verlästerung des Gottesmannes weiterführen zu müssen. Die Konkordienformel führt «die irrigen Artikel der Schwenckfeldianer» an, sie wurden bis zum heutigen Tag weitergeschleppt, ohne je auch nur überprüft zu werden[35]. Aus diesem Grunde konnten auch die nach seinem Tode sich zu kleinen Gruppen zusammenschließenden Anhänger Schwenckfelds in den deutschen Landen sich nicht richtig entfalten. In Schlesien wurden seine Anhänger vollständig ausgerottet, so daß in seiner engeren Heimat keine Spuren übriggeblieben sind. Die schwenckfeldischen Gemeinden wanderten nach Amerika aus, wo sie sich bis zum heutigen Tag erhalten haben.

Schwenckfeld mußte in der evangelischen Christenheit lange Zeit ein abseitiges, verkanntes Dasein führen. Wiederum war es Gottfried Arnold, der sich in seiner «Kirchen- und Ketzerhistorie» auch durch diesen Berg von Vorurteilen hindurchgrub und erstmals einen Versuch machte, den wahren Schwenckfeld darzustellen. Die Rehabilitierung kam nur langsam in Gang, am meisten hiefür hat Karl Ecke in seiner zu Unrecht angefochtenen Monographie getan. Es ist an der Zeit, dem verehrungswürdigen Schwenckfeld gegenüber Abbitte zu tun, denn er war einer der allersympathischsten Christen des Reformationszeitalters. «Die Menschen, die ihn unbefangen – trotz seiner Ketzereien – betrachteten, hatten einen günstigen, ja geweihten Eindruck von ihm. Selbst seine ärgsten Gegner haben ihm persönlich kaum etwas Böses nachgesagt[36].» Das äußere Bild, das sich von Schwenckfeld erhalten hat, zeigt einen stattlichen Greis mit weißem Bart, der ruhig und klar in die Welt blickt. Noch viel herrlicher ist sein inneres Antlitz, das eine persönliche Sanftmut ausstrahlt, die alle Verbitterung in Dunst auflöst. Dieser Ritter Christi wollte nur mit Liebe die Menschen zum Evangelium hinführen, aller geistige Zwang war ihm fremd. Bei ihm bahnte sich jenes echt christliche Leben an, das vom göttlichen Geheimnis getragen war und das die Streitmänner nicht aufkommen ließen. Schwenckfeld war kein Schreihals, sondern ein stiller, von der Gewalt Christi ergriffener Mensch, der in der Nähe Gottes lebte und von dem infolgedessen auch in allem äußeren Elend eine seltene, innere Hoheit ausging. Für seine religiöse Überzeugung hat er alles zum Opfer gebracht; er durfte wahrhaftig von sich sagen, daß er «das Kreuz nicht an der weichsten Stelle» angefaßt habe. Mit seinem sanften Herzen ist er die heiligmäßigste Gestalt im Protestantismus des 16. Jahrhunderts. Wie lange, ach wie lange dauert es noch, bis die evangelische Christenheit ihre Heiligen und Mystiker auch anerkennt?

Wer die überzeitliche Bedeutung Schwenckfelds erfassen will, darf ihn nicht in den Gegensatz zur Reformation rücken, woraus sich nur eine doktrinäre Betrachtung ergeben kann. Er ist vielmehr als eine unumgängliche Ergänzung zum reformatorischen Verständnis des Evangeliums aufzufassen, durch die das lutherische Salz nicht salzlos wird. Schwenckfeld wurde schon als «Vorläufer des deutschen Pietismus» gesehen[37], und diese Interpretation ist nicht falsch, sofern man an den ursprünglichen Pietismus denkt, der das Anliegen der lebendig geführten christlichen Existenz gegenüber einer erstarrten Orthodoxie vertrat. Nach Rufus Jones «gelang es niemandem in höherem Maße als Schwenckfeld, nicht nur durch die Formulierungen der Scholastik, sondern auch durch Paulus' Auslegungen Christi zu Christus selbst hindurchzudringen»[38]. Diese Deutung kommt dem tiefsten Wesen Schwenckfelds nahe. Er hätte diese erstaunliche Leistung nicht ohne Hilfe der Mystik zu vollbringen vermocht. Bei Schwenckfeld liegt eines der tiefsten Wurzelgeflechte der evangelischen Mystik vor. In seinem Sein findet sich nicht etwa neben anderen Schichten zuletzt auch noch eine mystische Komponente, Schwenckfeld war vielmehr ausschließlich Mystiker, und deswegen besteht die Feststellung vollauf zu Recht, «daß durch ihn die Mystik Heimatrecht in weiten Kreisen der lutherischen Kirche erlangt hat»[39]. Er hat das innerste Verlangen des mystischen Menschen ausgesprochen, den Besuch Gottes in der Seele zu erleben, und damit das eine, das not tut, genannt: es kommt darauf an, vom Ewigen gegrüßt zu werden. Alles andere versinkt gegenüber diesem mystischen Geschehen ins Wesenlose. Dieses Erlebnis kann jedem Menschen widerfahren. Es ist an keine Bildungsstufe als Voraussetzung gebunden. Man kann es trotz aller Theologie auch erleben. Schwenckfeld hat den Gruß Gottes als Laie erfahren. Der Besuch Gottes im Herzen ist auch an keine Zeit gebunden. Er ist heute so gut möglich wie damals. Das Göttliche kann immer im Menschen Wohnung nehmen, wenn man auch nicht weiß, wie es kommt und zugeht; es ist einfach plötzlich da, fühlbar anwesend, und jede Täuschung ist ausgeschlossen. Es ist ein rein mystisches Ereignis und allem intellektuellen Begreifen enthoben. Die einzige Frage, die den christlichen Menschen heute noch ernsthaft beschäftigen kann, geht dahin: Wer erlebt in der Gegenwart wieder den geheimnisschweren Besuch Gottes in der Seele, bei dem der Mensch nur in seligem Erschaudern verstummen kann?

SEBASTIAN FRANCK

[1499–1542]

DAS BEKENNTNIS DES VIERTEN GLAUBENS

Es gibt Sätze, die nur ein mystischer Mensch schreiben kann. Zu ihnen zählt der Ausspruch Sebastian Francks: «Wer weiß, was Gott zu allen Zeiten einem jeden ins Ohr gesagt hat[1].» Diese Äußerung enthält das Motto für die innere Biographie Francks. Was Gott dem gehetzten Franck alles ins Ohr geflüstert hat, weiß niemand, da kein Zeuge bei dem geheimnisvollen Vorgang zugegen war. Nichtsdestoweniger hat Franck die wortlosen Worte Gottes gehört, die keiner menschlichen Rede gleichzusetzen sind: «Das aber wisse gewiß, daß Gott absichtlich mit seinen Kindern eine besondere Sprache und in Gleichnissen mit den Seinen redet, damit die Gottlosen, welche draußen sind, nicht verstehen, was er mit seinen Kindern redet oder will[2].» Franck, der von Beruf Seifensieder war, gehörte zu den Menschen, mit denen Gott geredet hat. Nicht in Donner und Blitz vernahm er das göttliche Wort, in der Stille hat es ihm der Ewige leise ins Ohr geraunt. Das Flüsterwort Gottes wird immer im Verborgenen gesprochen, dessen ungeachtet schließt es eine Seligkeit in sich, die schlechterdings nicht zu schildern ist.

Die Lebensgeschichte Francks ist nur schwer erkennbar. Vieles ist in Dunkel gehüllt, überall stößt man auf Lücken, und nur Vermutungen füllen sie aus. Franck tauchte plötzlich in einer Stadt auf und verschwand dann ebenso überraschend wieder für einige Jahre aus dem Gesichtskreis. Über die entscheidenden Wendungen in seinem Innern hat sich Franck nur fragmentarisch geäußert. Unerwartet begegnet man ihm in einer neuen Position des Geistes – warum er die alte verlassen hat, muß man erraten, und dabei können alle Nachkonstruktionen immer auch in die Irre gehen. Selbst sein irdisches Antlitz ist nicht mit Sicherheit zu bestimmen, weil das überlieferte Bildnis merkwürdigerweise zwei Namen trägt und aller Wahrscheinlichkeit nach nicht das seinige ist. Durch den Schleier, der über Francks Dasein liegt, schimmert jedoch ein unablässig suchender Mensch hindurch, der nichts blindlings nachplapperte. Wenn auch das Leben dieses Mannes nur durch eine Mattscheibe hindurch gesehen werden kann, so war es doch vom unverkennbaren Willen erfüllt, Denken und Sein miteinander in Einklang zu bringen.

Franck wuchs in Donauwörth auf, mit dieser Herkunft seine Zugehörigkeit zum «Reich Gottes in Wirtemberg» verratend. Die Schwaben sind neben den Schlesiern der religiös begabteste Stamm deutscher Zunge, in ihm gibt es gar viele Sucher und Einzelgänger. Schwäbischer Eigenart entspricht der Wille, auseinanderstrebende Gegensätze zu vereinen und die Dinge des Lebens «bis an den Saum des Jenseits zu heben, ohne dabei das Diesseits zu verlieren». Auch Franck gehörte zu den «Grüblinsleut», wie der Volksmund sie benennt; mit seinem reichbegabten Gemütsleben war er von einem starken Gotteshunger umhergetrieben. Für die mystische Erfassung des Christentums ist das schwäbische Naturell disponiert, und Franck ist nur der erste, aber keineswegs der letzte Schwabe, dem in der Geschichte der evangelischen Mystik ein Platz zukommt. Er bildet den Auftakt zu dem schwäbischen Ingenium, das in seiner gläubig-kritischen Gesinnung nicht in eine Rubrik eingeordnet werden kann.

Sebastians Kindheit spielte sich in armseligen Verhältnissen ab, wenigstens bezeugt er mehrfach seine Abstammung aus einer mit der nackten Not des Lebens kämpfenden Familie. Dem aufgeweckten, nach der geistigen Welt hungernden Knaben blieb nichts anderes übrig, als den geistlichen Beruf zu wählen. Er hat in Ingolstadt studiert, dort die scholastischen Studien in sich aufnehmend, die das Spätmittelalter für die katholischen Priester vorschrieb, und lernte zugleich auch die humanistischen Bestrebungen kennen. Über Francks Wirksamkeit als Geistlicher der alten Kirche im Bistum Augsburg ist nichts bekannt, ein Zeichen, wie wenig es bis heute gelang, seinen Lebensweg aufzuhellen. Ob Franck vom Leben am Altar persönlich ergriffen wurde und wie tief er überhaupt in den Geist des Katholizismus eingedrungen ist, darüber ist keine bestimmte Aussage möglich.

Wahrscheinlich schloß sich Franck Mitte der zwanziger Jahre des 16. Jahrhunderts der lutherischen Bewegung an. Wann Franck der alten Kirche den Abschied gegeben hat und zum Protestantismus übergetreten ist, bleibt ebenso unbekannt wie der Ort, an dem er seinen Übertritt vollzogen hat. Sicherlich hat Franck den Schritt getan, denn der Frühmesser in Güstenfelden nannte sich «Diener am Wort», und das war die Bezeichnung für den lutherischen Prädikanten. Franck nahm Luthers Botschaft in sich auf, dies beweisen alle seine späteren Bücher. Er rühmte den Wittenberger als den Reformator, der mutig gegen das Papsttum aufgestanden ist und die Heilige Schrift in deutscher Sprache ans Tageslicht gebracht hat. Der Mann aus Donauwörth war zunächst der Reformation zugetan und ist, in einem weiteren Sinn verstanden, auch stets dem Protestantismus zuzuzählen.

Doch blieb auch ihm die unangenehme Wahrnehmung nicht erspart, die mit der lutherischen Bewegung verbunden war. Schon der Verlauf des intensiv miterlebten Bauernkrieges bedrückte ihn stark. Noch mehr irritierten ihn die geringen sittlichen Früchte, die die neue Predigt bei den Zuhörern bewirkte. Das lutherische Evangelium breitete sich immer mehr aus, und gleichzeitig sank das religiös-sittliche Leben von Stufe zu Stufe. «Wir brechen viel ab und bauen nichts an die Stelle», seufzte Franck, und je weiter die Reformation fortschritt, um so mehr kam er zu dem betrüblichen Ergebnis, das indirekt zugleich ein Zeugnis seiner Wesenserfassung des Christentums ist: «Wir aber stellen uns eben, als haben wir abgespunnen, und sei alle Sach zufrieden, sind sicher und stolz, da ist kein Trauern, Kreuzigen, kein Abbruch, kein Fasten, ja wir spotten derselben, gleich als ob es das Evangelium verbieten würde. Summa, leben im Saus, nach dem Gott des Bauchs[3].» Das Volk legte sich die neue Lehre als eine Befreiung von kirchlichen Fesseln zurecht; das mächtige Ringen um einen gnädigen Gott, aus dem die neue Kirche hervorgegangen ist, nahmen die Leute nicht von entfernt auf. Die Predigt von der sich frei schenkenden Gnade Gottes schmeichelte nur den Zuhörern und veranlaßte das verwegene Volk, keine Buße zu tun, das «sich schon über den Graben hin wähnte und alles erfochten» erachtete. Die religiöse Verwilderung der Menschen hat sich dem ernsten Schwaben schwer auf das Gemüt gelegt und veranlaßte ihn, sich die Frage zu stellen: «Wann greifen wir das Evangelium einmal mit der Tat an? Warum predigen wir denn das Wort so schläfrig? Wann greifen wir einmal die Sache mit Ernst an? Aber wir legen die Sache in die langen Truhen, scherzen mit Gottes Wort wie die Katz mit der Maus[4].» Die fatale Wahrnehmung stürzte Franck in schwere Zweifel: War der religiöse Niedergang nicht durch die evangelische Predigt bedingt, die sich verhängnisvoll auswirkte? «Vor uns waren Werkheilige ... jetzt sind sie Wortheilige und Maulchristen[5].» Franck machte diese betrüblichen Erfahrungen in nächster Nähe. Alles, was er von der Kanzel aus sagte, fiel auf steinigen Grund und brachte keine Frucht. Eine wahre Verzweiflung über die Wirkungslosigkeit seiner Predigt kam über Franck. Vielleicht hat er sich darin getäuscht, da es doch zu dem Geheimnis der Wortverkündigung gehört, daß man ihr Resultat nicht mit den Händen greifen kann, weil sich ihre Wirkung in der Tiefe der Seelen abspielt.

Franck war nicht der Mann, der alle diese Wahrnehmungen auf die leichte Schulter nahm. Sie gaben ihm unablässig zu denken. Zuletzt ballten sie sich zusammen und legten sich wie ein Alb auf seine Seele. Es war das deprimierende Erlebnis der Nutzlosigkeit, das Franck zu schaffen machte. Nicht nur drückte die äußere Erfolglosigkeit Franck darnieder, die Sinnhaftigkeit seines Tuns wurde ihm fraglich. Er stolperte über «die Folgen der Reformation». Die Hoffnung seines Lebens brach zusammen, sie erwies sich als trügerische Illusion und lag in Scherben am Boden. Wenn die böse Einflüsterung über den Menschen kommt, nach der alles vergeblich ist, was man tut, und alles nicht den geringsten Sinn hat, was man auch unternehmen mag, dann ist er in eine gefährliche Zone seines Lebens geraten. Sie kann nicht mit einer Handbewegung weggeschoben werden, denn dadurch wird das Seelengewebe eines Menschen verändert. Wer in die Fratze der grinsenden Nutzlosigkeit geschaut hat, ist nachher nicht mehr der gleiche Christ wie vorher. Den grüblerisch veranlagten Franck führte das Gefühl der Sinnlosigkeit seines Tuns zum Bruch mit dem Luthertum; es erwies sich für ihn nur als Durchgangsstadium und nicht als Ziel seines Lebens.

Von ausschlaggebender Bedeutung war jedoch die innere Verarbeitung des Erlebnisses von der Nutzlosigkeit seiner Arbeit. Er hat die quälende Erfahrung nicht einfach als Zustand hingenommen. Dies hätte sonst schwere Depressionen zur Folge gehabt und mit einer nihilistischen Einstellung geendigt. Franck redete zwar nicht laut davon, aber er zögerte nicht, im Jahre 1528 in aller Stille die unumgänglichen Konsequenzen aus seiner Erkenntnis zu ziehen. In seiner ersten Schrift «Von dem greulichen Laster der Trunkenheit» führte er aus, wenn ein Prediger sehe, daß man seiner Worte nicht achte und sie nur zu einem Schanddeckel des Fleisches mißbrauche, dann solle er nicht fortfahren zu reden. Die endlose Predigerei, die doch nicht ernst genommen werde, lehne Christus mit den Worten ab: «Werfet die Perlen nicht vor die Schweine.» Dann schließt Franck seine Überlegungen mit der radikalen Schlußfolgerung ab: «Wir haben ebensowohl ein Gebot zu schweigen und davon zu gehen als zu predigen und her zu gehen[6].» Damit ist die geheimnisschwere Äußerung gefallen, die Gott dem von der Sinnlosigkeit seines Tuns gepeinigten Franck ins Ohr geflüstert hat und die über seinen weiteren Lebensweg entschied. Die Eingebung entsprach der Vorstellung, die sich Franck auch von den ersten Christen gemacht hatte: «Sie mußten auch allezeit über dem gemeinsamen Beruf und ihrer Aussendung auf eine besondere Sendung und einen besonderen Befehl von Gott täglich warten, wann, wem, wie, wo, wie lange und was sie an einem Orte predigen sollten[7].»

Das Gebot zu schweigen drängte sich Franck mit aller Macht auf. Durch den Abbruch seiner Predigttätigkeit schimmert bereits Francks mystische Neigung hindurch. Das Schweigen nimmt in der Mystik einen bedeutsamen Platz ein. Es läßt sich von ihr nicht ablösen, zumal die göttliche Stimme vor allem im Schweigen vernommen wird. Jedenfalls ist Franck zunächst unter die Schweigenden gegangen, die dem Göttlichen viel näher stehen als die Redseligen, die sich selber gerne hören; von den Schreihälsen gar nicht zu reden, deren Gebrüll die Luft erfüllt. Es wird auch im religiösen Raum zuviel geredet und zuwenig geschwiegen. Darum ist die stille Klosterwelt und der Quäkergottesdienst so überaus wohltuend. Trotz seiner Schriftstellerei ist Franck bei den Schweigenden einzuordnen. «Darum nur stillgeschwiegen wäre jetzt am sichersten, denn es ist jetzt Schweigens Zeit», schrieb Franck im Zeitalter, das das Wort entdeckte[8]. Nach seinem Dafürhalten war in seiner Gegenwart das Schweigen am Platze, dieweil die Wirkung des Wortes doch nicht den Absichten Gottes entsprach.

Doch Franck ist nicht restlos verstummt, sonst hätte er auf seinem Pfarrhof bleiben können, um im stillen Gebet die Gebrechen seiner Zeit unaufhörlich vor Gott zu bringen. Seine Verarbeitung des Nutzlosigkeitserlebnisses enthält noch die Aufforderung «fortzugehen», und Franck ist diesem innern Befehl nachgekommen. Er ist aus seinem Gustenfelder Pfarramt fortgegangen, und auch heute ist es angebracht, ernsthaft zu erwägen, ob man ausharren oder abbrechen soll. Wie wäre es, wenn man das seines Christentums überdrüssig gewordene Abendland eine Zeitlang in religiöser Hinsicht aushungern würde, anstatt das Göttliche den Menschen der Gegenwart aufzudrängen, die in ihrer überfütterten Blasiertheit doch gar nichts davon wissen wollen? Ein schweres Problem, das kaum mit einer vorschnellen Entscheidung endgültig gelöst werden kann. Das schweigende Davongehen ist wenigstens als temporäre Lösung überlegenswert, zumal nach dem Prediger Salomo sowohl das Reden als auch das Schweigen seine Zeit hat. Franck hat über die Frage nicht nur diskutiert und sie im Unverbindlichen versanden lassen. Nachdem er Gottes Flüsterwort vernommen hatte, faßte er den Entschluß der Amtsniederlegung. Man kann gegen Francks Fortgehen einwenden, man dürfe nicht, die Flinte ins Korn werfend, eine Sache bei der ersten Schwierigkeit sogleich verloren geben. Dergleichen Bemerkungen kann man natürlich vorbringen, aber damit wird man Francks Handlungsweise nicht gerecht. Wenn auch seine Schlußfolgerung niemals zur einzigen Lösung des Problems erhoben werden darf, so beweist sie doch eindeutig, daß dieser Mann alles andere als ein bloßer Literat war, der mit den Fragen des Lebens ein interessantes Spiel trieb. Vielmehr rang Franck mit den religiösen Fragen bis zur Erschöpfung und scheute nicht vor einschneidenden Folgerungen zurück. Seine Einsichten setzte er sogleich ins Leben um, und mit seinem stillen Davongehen hat er gezeigt, daß man die Probleme auch anders als durch Polemik beantworten kann. Es wäre doch für ihn leichter gewesen, auf dem «Polster» seiner Pfarrpfründe sitzen zu bleiben, aber sein Gewissen ließ ihm den bequemen Weg nicht zu. Der Befehl war ihm ins Ohr geflüstert worden, er mußte fortgehen. Dieses innere Müssen gilt es zu respektieren, anstatt, die Aufforderung in Zweifel ziehend, darüber unnötige Glossen zu machen.

Es ist angebracht, dem still davongehenden Franck lange nachzuschauen, um die ganze Melancholie des Vorganges auch zu spüren. Der wehmütige Anblick ist nicht alltäglich, er versetzt den Beschauer in eine nachdenkliche Stimmung. Wohin ist Franck gegangen? Die Frage drängt sich auf, und die Beantwortung ruft einen leisen Schauder hervor. Der gehorsame Franck ging – hierin Schwenckfeld ähnlich – einer völlig ungewissen Zukunft entgegen, er ist direkt ins Elend hineingeschritten und hat sich damit zugleich Gott in die Arme gestürzt! Der Broterwerb war fortan gänzlich ungesichert, und er mußte zuweilen zu verschiedenen Notberufen seine Zuflucht nehmen. Vorübergehend wurde

Franck auch Seifensieder. Es ist ein Bild voll Traurigkeit, zu sehen, wie der ehemals mit priesterlichen Gewändern geschmückte Mann am Zuber steht und sich mit der Zubereitung von Seife beschäftigt. Seifensieder zu sein, ist keine vergnügliche Tätigkeit, der man mit Lust und Freude obliegen kann. Heiße Dämpfe steigen auf und verbreiten den bekannten unangenehmen seifigen Geruch. Auch Franck hat gewiß nicht aus innerer Neigung den armseligen Beruf gewählt, er hat die Beschäftigung in der Zeit des materiellen Elendes ausgeübt, um der «tief begrabenen Wahrheit» treu zu bleiben. Er hat sich der seifensiederischen Tätigkeit nicht geschämt, zumal er seine Persönlichkeit nicht im geringsten in den Vordergrund schob: «Das muß freilich auch ein Tor sein, der mich armen Fleischbatzen zum Götzen haben will[9].»

Nach dem Fortgehen hat Franck zunächst eine Zeitlang geschwiegen, aber er ist nicht gänzlich verstummt. Dazu war er mit seinem leidenschaftlichen Temperament nicht der Mann. Zwar stand er fortan auf keiner Kanzel mehr, aber er tauchte fleißig den Gänsekiel ins Tintenfaß und sprach durch seine Bücher zu seinen Zeitgenossen. Die Parole des Schweigens und Gehens konnte nur ein Mann formulieren, der vom Geschehen der Zeit in der Tiefe aufgewühlt wurde. Er erlebte es mit einer seltenen Intensität und ließ es nicht nur passiv über sich ergehen. Franck reagierte auf alle geistigen Erdstöße beinahe wie die Nadel eines Seismographen. Der Seifensieder war vom Umbruch der Zeit erfaßt, er «ist der Mensch, der in den Wirbeln einer ungeheuren Zeitenwende steht»[10]. Er ist ganz ins Zeitgeschehen eingetaucht, er beobachtete es scharf, und oft gelang es ihm nur mühsam, den Blick in den Abgrund auszuhalten. Vor der Erdennot erschauderte er bis ins Innerste, und deswegen erschien ihm seine Zeit als das Jahrhundert des Unterganges, welches das Ende verkündet. Doch hat sich Franck den Problemen der Zeit mutig gestellt, und im «Kriegsbüchlein des Friedens» trat er kompromißlos für den christlichen Pazifismus ein, indem er den Leser dazu aufrief, mit ihm zu «leiden das ungnädig Glück der Wahrheit»[11]. Er hat dem tragischen Verhalten der Christen zum geschichtlichen Frieden in die Augen geschaut und nach einer Antwort aus der Tiefe gesucht: «Es müssen alle Dinge im Grund, Wurzel und Wesen angegriffen und abgeschnitten werden, soll es helfen und nicht wieder wachsen[12].» Die Wellen des Zeitstromes schlugen oft über Francks Haupt zusammen und drohten ihn zu verschlingen: «Wer diese Sache mit Ernst ansieht, dem wäre nicht Wunder, daß ihm sein Herz zerbreche vor Weinen. Siehet man's wie Demokrit schimpflich an, sollt einer vor Lachen zerknallen. So gaukelt die Welt[13].» Zwar hat Franck sich immer wieder aus den drohenden Fluten des Zeitgeschehens herausgearbeitet, aber er hat doch etliche Narben davongetragen. Das Unrecht der Zeit raubte ihm den Atem, und er ist mehr als einmal in ein inneres Zagen hineingeraten.

Das moralisch strenge Urteil Francks über die Auswüchse seines Jahrhunderts wurde zum Anlaß, von seinem Pessimismus zu sprechen. Der Begriff ist jedoch zu stark dem Unglauben verhaftet, als daß er auf ihn angewendet werden dürfte. Tief, unendlich tief, ja bis auf den Grund des Geschichtsverlaufes hat Franck geblickt, der sich durch keine gestellten Kulissen täuschen ließ und deswegen zu düsteren Prophezeiungen kam: «Ich aber halte, der Welt sei nicht mehr zu raten. Gott wolle, daß ich lüge, ich habe schier daran verzagt, es hat zu tief eingewurzelt, und es ist Sünde eine Gewohnheit geworden; ja, es muß eine andere Welt werden, aber das wird schwerlich fürgehen. Darum sorge ich, es wird niemand können wehren und ausrotten denn der jüngste Tag, wann der Herr alle Ärgernis und Unkraut aus seinem Reich wird rotten. Gott wolle, daß es bald geschehe, Amen[14].» Aus Francks Worten spricht ein abgrundtiefer Gram, der sich zuletzt in die eschatologische Erwartung rettete: der Jüngste Tag wird erst die große Änderung bringen. Es war beinahe eine Hoffnungslosigkeit, die zuweilen in eine Schwermütigkeit abzugleiten drohte und seinen armen Glauben auf eine harte Probe stellte. Franck war von der metaphysischen Welttraurigkeit erfüllt, die der christliche Mensch über das irdische Leben empfindet. Er hat sich jedoch gegen seine melancholischen Anwandlungen tapfer zur Wehr gesetzt, wenn er auch ihrer nicht immer Herr geworden ist. Manchmal war er daran, in pechschwarze Verzweiflung zu fallen. Allein die Seelenverfassung der Glaubensanfechtung spricht keineswegs gegen Francks Christentum. Die größten Christen haben schwere Versuchungen durchgemacht, und gerade durch den nagenden Zweifel ist uns Franck verwandt. Den düsteren Visionen und bangen Heilsnöten zum Trotz war Franck doch kein ungetrösteter Mensch. In aller trübseligen Zeiterfahrung wußte Franck um eine letzte Geborgenheit. Wenn auch Franck immer wieder bis ins Innerste erschauderte über die grauenhafte Entfremdung der Menschen von Gott, so lebte in ihm doch eine Gewißheit, die eine religiöse Leuchtkraft ausstrahlte. Seine briefliche Äußerung an Campanus, alles zu vergessen, was man in der Jugend von Katholizismus und Protestantismus in sich aufgenommen hat, bedeutet die Aufforderung, sich erneut auf jene christliche Wahrheit zu besinnen, die durch die konfessionellen Strömungen nicht gespalten werden kann. Franck stand nicht ratlos dem zerrissenen Zeitgeschehen gegenüber, er befand sich in keiner Weise vor dem Nichts; davor bewahrte ihn bereits seine mystische Verwurzelung. Bitteres Unrecht tut ihm an, wer ihn unter die fragwürdigen Gestalten einordnet. Er war ganz und gar nicht ein Wegbereiter des Skeptizismus, vielmehr triumphierte der Glaube immer wieder über die Gemütsverfinsterungen, und als Mystiker war er von allem Nihilismus durch eine tiefe Kluft geschieden.

Freilich wurde die schützende Hülle bei Franck durch sein unstetes Wanderleben oft zerfetzt, denn ihm war alles andere als ein geruhsames Dasein beschieden. Auch als er sich mit der ungewöhnlichen Ottilie Beheim, der Schwester der beiden Nürnberger Maler, verheiratete, hatte er nirgends einen festen Wohnsitz. Aus Ulm vertrieb ihn der lutherische Prädikant Frecht, der dabei Mittel gebrauchte, die eines anständigen Menschen unwürdig sind, von der christlichen Nächstenliebe gar nicht zu reden[15]. In Straßburg denunzierte ihn Erasmus von Rotterdam und erreichte seine Ausweisung aus der Stadt. Franck gehörte zu den allseitig verpönten Außenseitern der Reformation, die an keinem Ort geduldet wurden. Überall mußte er seine Zelte abbrechen, bevor er sie richtig aufgebaut hatte. Auch seine Bücher wurden oft beschlagnahmt und der Ausbreitung seiner Gedanken alle erdenklichen Schwierigkeiten in den Weg gelegt. Franck hat es im buchstäblichen und nicht nur im geistigen Sinn erfahren, was es heißt, auf dieser Welt keine bleibende Stätte zu haben. Er war stets genötigt, den Staub von seinen Füßen zu schütteln und sich an das Wort Jesu zu halten: «Wenn sie euch in einer Stadt verfolgen, so fliehet in eine andere[16].» Wie ein gehetztes Reh haben die Prädikanten den friedfertigen Franck herumgejagt. Kein Wunder, daß er frühzeitig aufgerieben wurde. An Leib und Seele zerschlagen, flüchtete er zuletzt nach Basel, wo er, erst dreiundvierzigjährig, vom Tode ereilt wurde. Francks einsames Sterben ist in ein Dunkel gehüllt. Man weiß nichts Näheres darüber, nicht einmal das genaue Datum ist bekannt, und auch seine Grabstätte ist verschollen.

Wenn auch Franck vorzeitig dahingerafft wurde, so ging doch seine Botschaft nicht mit ihm unter, im Gegenteil, sie überdauerte seine irdische Wirksamkeit um viele Jahrhunderte. Franck hat sie gedrängt und doch feierlich in die unvergeßlichen Worte gekleidet: «Es sind zu unseren Zeiten drei fürnehmlich Glauben aufgestanden, die großen Anhang haben, als Lutherisch, Zwinglisch, Täuferisch, der vierte ist schon auf der Bahn, daß man alle äußerlich Predigt, Zeremonie, Sakrament, Bann, Beruf als unnötig will aus dem Wege räumen und glatt ein unsichtbar geistlich Kirchen in Einigkeit des Geistes und Glaubens versammelt unter allen Völkern und allein durchs ewig unsichtbar Wort von Gott ohn einig äußerlich Mittel regiert, will anrichten[17].» Es war ein ungewöhnlicher Augenblick, als Franck der freudigen Zuversicht Ausdruck gegeben hat, «der vierte Glaube ist schon auf der Bahn». Nicht jeden Tag wird in der Christenheit eine solche vergeistigte Auffassung des Evangeliums ausgesprochen, der das ganze Gewicht eines religiösen Bekenntnisses zukommt. Für Franck ging es weder um ein Postulat noch um ein Programm. Das hochgemute Bekenntnis des vierten Glaubens ist nicht aus einer religionsphilosophischen Überlegung heraus entstanden. Es ist überhaupt nicht ein Produkt menschlichen Denkens, denn es ist das wortlose Wort, das Gott in einer nicht zu schildernden Stunde Franck direkt ins Ohr geflüstert hat. Darin besteht seine Unvergänglichkeit. Da es von Gott kommt, verdient es als ewige Realität alle Aufmerksamkeit. Der vierte Glaube ist da, er ist, gemäß dem Reiche Gottes, im Kommen begriffen und bricht inmitten des gärenden Zeitgeschehens in das Dasein der Menschen ein. Er ist zukünftige Gegenwart und gegenwärtige Zukunft und bezeugt schon durch diese widerspruchsvolle Formulierung seine gnadenhafte Kraft. Franck war zu seinem leidvollen Herold bestimmt, er mußte dem prophetischen Bekenntnis gegen eine Welt des Widerstandes eine Gasse brechen und unter der Mauer der feindlichen Speere einem zweiten Winkelried gleich begraben werden.

Dem Inhalt entsprechend ist der vierte Glaube die Verkündigung von der «ewigen Allegorie», die dic Bibel nicht als ein einmaliges, abgeschlossenes Geschehen begreift, das notwendigerweise in einem bloß historischen Glauben endet. Vielmehr «muß die Ganze Bibel für und für wiederholt» werden, weil sie nur dann lebendig bleibt. Die ewige Allegorie ist ausschließlich auf den Geist gegründet, und wie ein wiederauferstandener Joachim von Fiore verkündet Franck: «Das Evangelium, Gottes Wort, das Neue Testament ist keine Schrift, kein Buchstabe, sondern der Heilige Geist, eine lebendige, wesentliche Kraft Gottes, die den Menschen erneuert, in sich zieht. Ihre Kraft steht in keinem äußerlichen, vorgeschriebenen, hergesagten Wort oder Dienst, sondern in der unsichtbaren Kraft des lebendigen Wortes Gottes, das in uns empfunden wird und den Heiligen Geist mit sich bringt, ja, er selbst ist[18].» Der Ausdruck Spiritualismus ist für das symbolische Evangeliumsverständnis ein beinahe zu moderner Begriff. Im Erleben des allegorischen Charakters allen religiösen Geschehens besteht Francks Mystik, an die er sein Herz verloren hatte. Sie war das große Ja, das ihn nicht verzweifeln ließ und das er allem Nein entgegensetzte, womit er das lose Gerede über seinen nihilistischen Pessimismus Lügen straft. Die Mystik wuchs sich zum festen Halt seines Lebens aus, und es ist ein Irrtum, Franck rationalistisch zu deuten. Bereits Hegler machte auf «das mystische Element, das ihn durchaus beherrschte», aufmerksam[19]. Franck beabsichtigte auch nicht, mit der Mystik des vierten Glaubens eine neue Kirche zu gründen, er hielt nichts von der Absonderung der Sekte und erklärte: «Ich kann auch auf keine neue, besondere Kirche, keinen Beruf, keine Taufe oder Sendung des Geistes mehr warten, wie viele täglich, weil ich weiß, daß Christus nicht täglich ein Neues anfängt[20].» Der mystische Glaube findet sich in allen Kirchen, er geht durch jede Konfession hindurch und ist die verborgene Substanz.

In allen Werken Francks finden sich Hinweise von der Überwindung der äußeren Zeremonienkirchen, aber sie sind zerstreut unter vielen anderen Bemerkungen. Zusammengefaßt und in konzentrierter Form vorgetragen ist die Mystik des vierten Glaubens in dem berühmten Buche «Paradoxa», das *die* Schrift des mystischen Spiritualismus ist. In ihm ist Franck dem Befehl Jesu nachgekommen: «Was ich euch sage in der Finsternis, das redet im Licht; und was euch ins Ohr geflüstert wurde, das predigt auf den Dächern.» Franck hat das Geheimnis von der «unsichtbaren geistlichen Kirche» in diesem Werk der Welt offenbar gemacht, es ist nicht länger mehr eine geringfügige Winkelangelegenheit. Für den Begriff des vierten Glaubens gebraucht Franck in seinem großen Bekenntnisbuch gelegentlich auch den Ausdruck «christliche Philosophie». Doch besaß er kein System, seine Mystik ist eine untheologische Theologie. Anstatt ihre spekulative Seite allzusehr zu betonen, verdient die kräftige Sprachgewalt in Francks Buch hervorgehoben zu werden, mit der er erklärt: «Wie die Sonne unter den Fledermäusen einen Aufruhr anrichtet, also das friedsame Wort des Lichts und der Wahrheit, wenn es unter die lügenhaften, die lichtfeindlichen Nachtraben dieser Welt erscheint[21].»

Eine Voraussetzung von Francks viertem Glauben ist das sichtliche Mißtrauen, das ihn gegenüber dem Wissen erfüllt. «Es ist viel Wissen aller Menschen Tod, das doch die ganze Welt für das Leben hält. Jedermann schnappt nur nach viel Wissen und Kunst, damit sich des Fleisches Rat zu behelfen und lebendig zu machen vermeint; wird dann aufgeblasen, groß, geschwollen und Gott gleich; damit stirbt es eben vor Gott und tut Adams und Luzifers Fall[22].» Die gewöhnlich übersehene Gefährlichkeit des Wissens proklamierte ein überaus belesener Mensch, dem es jedoch gerade um mehr als um bloße Gelehrsamkeit zu tun war. Es geht bei Franck wahrhaftig nicht um die Frage: Originalität oder geniale Rezeptivität? Das ist ein Problem von sekundärem Rang. Vielmehr handelt es sich bei ihm um eine bewußte Zurückdrängung des Wissens zugunsten der Mystik. Überraschend und tiefsinnig ist es, daß Franck hinter dem Wissenstrieb den Tod lauern sah, weil er gerne den Menschen von Gott wegführt. Der Verfasser der «Paradoxa» hat ein Loblied auf das Nichtwissen angestimmt, das er vom tiefsinnigen Nikolaus von Cusa übernehmend überaus preist: «Wie nur sich selbst verlieren die höchste Gerechtigkeit, alle Dinge verlassen und verkaufen der größte Reichtum ist, also ist Nicht-Wissen die höchste Weisheit[23].» In dieser Haltung bekundet sich die echte Mystik, die immer das Wissen um das Nichtwissen geliebt hat. Die größten Mystiker haben sich zu ihm bekannt. Aus diesem Grunde darf die Mystik nicht der Religionsspekulation gleichgesetzt werden. Bloßes Wissen ist der Menschen Tod und überrationales Nichtwissen bedeutet ihr Leben; diese mystische Überzeugung liegt Francks Hauptwerk zugrunde und stellt die Dinge unter ein neues Licht. Die heimliche Weisheit kennt auch kein Zeitproblem, weder ein Morgen noch ein Gestern, sondern «allein ein bloßes Jetzt». Ebenso ist das mystische Nichtwissen von der Gewißheit durchdrungen, daß, wer einen Menschen sah, der hat alle Leute wahrgenommen: «Alle Menschen ein Mensch. Es ist alles Adam. Wer in einer Stadt ist, der ist in der ganzen Welt[24].»

In formaler Hinsicht hat Franck den mystischen Trost seines Lebens in ein paradoxes Gewand gekleidet. Doch entspricht die Form dem Inhalt. Sie ist kein zufälliger Fund, sondern im Wesen der Sache begründet. Die paradoxe Denkweise vom Gegensatz hat Franck nicht erfunden, sie leuchtete ihm aus den Sprüchen Jesus Sirach entgegen: «Gleichermaßen betrachte alle Werke des Höchsten; immer sind es zwei, eines das Gegenteil vom andern[25].» Der Seifensieder hat die Lehre vom Gegensatz ins Paradoxe erhoben, wonach ein Ausspruch dann zu Recht besteht, wenn die ganze Welt seine Wahrheit nicht einzusehen vermag. «Alle Dinge verhalten sich anders in der Wahrheit, als es von außen anzusehen ist nach dem Schein. Gott hält immerzu in allen Dingen Widerpart und verteilt das Widerspiel. Darum: wie die Welt ein Ding hält, nennet, glaubet, redet usw., so ergreife du das Widerspiel und das Gegenurteil, so hast du Gottes Wort, Weisheit und Willen ergriffen[26].» Franck variiert den Gedanken in zahllosen Wendungen, er kann ihn immer an neuen Beispielen erläutern: Die nichts haben, besitzen alle Dinge; die das Gesetz halten, halten es nicht usw. «Darum kann man nichts so Ungereimtes oder Wahres sagen, es ist beides, wahr und verlogen, darnach man es ansieht und gegen der Welt oder Gottes Urteil hält[27].» Es steht in Francks Lehre vom Paradoxon eine Gefahr, die wenigstens signalisiert werden muß. Sie kann leicht in ein bloßes Spiel ausarten, bei dem man alles und darum nichts aussagt. Die Möglichkeit, ins Geistreiche abzustürzen, lauert in ihr. Franck ist der Versuchung nur durch seinen großen Ernst entgangen. Für ihn war die Paradoxie weder intellektueller Schaum noch geistreiches Schauspiel, er bewertete sie als «eine Wunderrede», die den gedankenlosen Menschen aufschrecken will und dem ernsten Christen eine ethische Haltung anweist: «Halt Widerpart, so bist du in Gottes Art, denn Gott ist der Welt Widerpart[28].» Es liegt eine Verpflichtung in der Einsicht, daß alles umgekehrt vor Gott und der Wahrheit ist, der man sich im Leben nicht entziehen darf. Da alle Dinge an einer Wegscheide stehen und jedes Ding von zwei Seiten betrachtet werden kann, soll man nach Franck «nicht gerne mit Worten zanken, sondern einander recht verstehen und auslegen». Es ist demnach alles andere als Relativismus, was bei Franck vorliegt, seine demütige, tiefe Einsicht in die Paradoxie alles Seins kann gerade den religiösen Menschen nicht gleichgültig lassen. Die radikale Umkehrung, welche das Christentum bewirkt, meldet sich in Francks Formulierung zu Worte: «Die größte Frommheit oder Gerechtigkeit ist oft die höchste Unbilligkeit und wiederum ist die größte Ketzerei, Torheit und Sünde die größeste Frommheit, Gottseligkeit, Weisheit und Gerechtigkeit[29].»

Die Entfaltung des vierten Glaubens hat vom Gotterleben auszugehen, das Franck unaufhörlich bedrängte. Der Mensch erreicht das Mystische nur durch «empfindliche Erfahrungen» und nicht durch gedankliche Belehrungen. «Darum lernt man den Glauben nicht auf dem Pölsterlein aus den Büchern, oder durch müßiges Spazierengehen in eine Predigt, sondern unter dem heiligen Kreuz, in der Schule Christi, allein von Gott durch sein eigenes Wort[30].» Von der «Erfahrung der Höllenschrecken» schreibt Franck und fügt hinzu, «in dieser höchsten Not wird die Gnade eingegossen». Nicht trägt Franck ein «gottloses Wissen von Gott» vor, jegliche Lehre von Gott ist dem Höchsten gänzlich unadäquat, zumal Franck stets eingedenk blieb: «Gott ist weder dies noch das und der Dinge keines, von denen man reden kann, die man zeigen, schreiben, hören und die man mit den Sinnen begreifen, sehen oder aussprechen kann[31].» Alles, was man von Gott auf verbalem Weg aussagen kann, hat nach Franck keine Wahrheit in sich, und nach seinem Dafürhalten muß man allen Bildern den Abschied geben. Der Mensch ist von allen Seiten vom unfaßlichen Gott umgeben. Man spürt es gleich, Franck hat mit Gott gerungen und nicht nur über ihn theologisch disputiert, er hat von ihm einen unauslöschlichen Eindruck empfangen. Auf einem andern Weg ist noch kein Mensch in ein mystisches Verhältnis zu ihm gelangt. Der davongehende Prädikant hat erfahren, daß Gott sich paradox verhält, die ihm Nachlaufenden flieht er und die ihm Absagenden läßt er an sich anlaufen, bis sie in Trümmer zerschellen. Franck hat die Unbegreiflichkeit Gottes erlebt, sie real, atemraubend empfunden und mehrfach der Begegnung mit dem wunderbaren, verborgenen Schöpfer mächtigen Ausdruck gegeben. Man kann den Ewigen nicht mit menschlichen Maßstäben messen und ihn auch nicht in irgendein kirchliches oder philosophisches Gehäuse einschließen. «Gott ist ein Geist, des Fleisches Gegensatz und muß deshalb seiner Art nach des Fleisches Teufel, Hölle und Marter sein, wenn er's aufs Beste mit uns meint. Darum ist er nimmer näher, als wenn er daher wallt und stürmt mit tausenderlei Anstößen der Welt und deinem Fleisch ein Feind und also aufs allerfernste zu sein dünkt. Aber er ist selbst da, der das Fleisch also verstümmelt, rollt, drückt und kreuzigt[32].» Da Gott unseres Fleisches Widerfug ist, kann er ihm «nicht Küchlein backen», aber allezeit will er sich aus der Ferne mit den Menschen nah verbinden.

Übermächtig hat Franck Gottes Odem empfunden, der durch alles hindurch weht. Gott ist die frei ausgegossene, innewohnende Kraft, die in allen Dingen lebt und alles in allem wirkt. «Alles Ding ist ein leeres Stroh und ein lautes Nichts, wenn man das Wesen Gottes nicht darin ergreift, besitzt und hat. Er ist des Weines, Weibes, Mannes, Kindes, Geldes Reichtum und aller Kreaturen Wesen, Seele, Kraft und Nachdruck[33].» Zwar besitzen alle Dinge auch ein Eigenleben für sich, aber sie sind dem Menschen ohne Nutzen, wenn er nicht das Wesen Gottes in ihnen ergreift. Alle Kreaturen bedeuteten für Franck Sakramente Gottes, und er vermochte Gott auch in der Natur und nicht nur in der Schrift zu sehen. Gott hat alle Dinge hervorgebracht; Baumblüte, Gras, Schnekken zeugen von ihm, und wenn er seine Hand daraus zurückzieht, so fallen sie alle wiederum in ihr Nichts zurück. Die unfaßliche Allgewalt Gottes, die ein jedes Ding durchdringt, hat Franck wiederholt und manchmal sogar mit Worten von seltener Schönheit besungen: «Der Vogel singt und fliegt eigentlich nicht, sondern er wird gesungen und in den Lüften dahergetragen. Gott ist es, der in ihm singt, lebt, webt und fliegt. Er ist aller Wesen Wesen, also daß alle Kreaturen seiner voll sind, sie tun und sind nichts anderes, als sie Gott heißt und will[34].»

Francks berückende «Wunderrede» hat das Gerücht von seiner pantheistischen Religionsphilosophie aufkommen lassen. Mit Pantheismus hat der durch alles hindurchwehende Odem Gottes, der sowohl im Himmel als in der Hölle spürbar ist, nichts zu tun. Schon die eine Äußerung zeigt Francks andere Haltung: «Du findest Gott wohl in allen Kreaturen, aber nicht so eigentlich. In der Schrift ist er mit seinem Geist, Gnad, Reich und Regiment[35].» Gegen die pantheistische Interpretation spricht auch Francks Gebet zu Gott. Er wußte um das Sicherheben und Sichsehnen, um das Seufzen und Schreien zu Gott, wie es die Mystiker im Unterschied zu den Religionsphilosophen betätigt haben. Wer das Aufheben der Hände und die Beugung der Knie als ein Dolmetschen des Betenden deutet, der steht nicht einem unpersönlichen Gotteswesen gegenüber. Was Francks Worten einen pantheistischen Anschein gibt, ist in Wirklichkeit nichts anderes als die immerwährende Anwesenheit Gottes im Weltall, der der Mensch nicht entfliehen kann.

Eng mit der Gotteserfahrung verbunden und eine nicht minder deutliche Bestätigung des vierten Glaubens ist Francks Bild von Christus. «In dem Leben Christi findest du fürwahr ein vollkommenes Muster aller Handlung, aller Ämter. Da ergreife und finde Gott und dich selbst», schreibt der Verfasser der «Paradoxa»[36]. Er stand in einem persönlichen Verhältnis zum Herrn, das der paulinischen Christus-Mystik entspricht. «Christus ist in uns und nicht außer uns», das ist das zentrale Anliegen Francks, der den «inwohnenden Christus» anziehen, essen und in ihn versetzt werden wollte. «In Christus und nicht an Christus glauben», «in Christo bleiben» – so lauten die Formulierungen, die die mystische Beziehung in einer deutlich spürbaren Dichte anzeigen[37]. Ist Christus nicht in uns, so hilft er uns nicht, und deshalb genügt auch der bloße Glaube an ihn nicht. Gerettet wird der Mensch einzig und allein durch das Sein in Christo. Für Franck war Christus wirklich inwendig, und durch diese Erfahrung lebte er mit ihm in einem lebendigen Bunde. Das Leben Jesu muß sich im Menschen wiederholen, also währet der Ostertag und Pfingsttag noch täglich. Franck hat den Glauben an die «ewige Allegorie» auf eine ebenso grandiose wie erschreckende Art ausgesprochen: «Christus wird noch heute für und für gekreuzigt. Das Leiden Christi geht noch im Schwang, denn Christus muß der Welt Not, Tod und Kreuz leiden in seinen Gliedern bis zum Ende[38].» Die erschütternde Aussage von der beständigen Kreuzigung Christi ist eine Vorwegnahme von Pascals «Mysterium Jesu»: «Bis an das Ende der Welt wird die Agonie Jesu dauern: nicht schlafen darf man bis dahin[39].» Die Übereinstimmung zeigt die Höhe, auf der sich Francks Christus-Verständnis befindet, das ganz in der mystischen Sphäre beheimatet ist. Es ist aus einem persönlichen Miterleben heraus geboren und hat darum die bloß historische Auffassung von Christus überwunden, die der Tod aller lebendigen Religiosität ist. Das geschichtliche Verständnis hat sich bei Franck in eine gegenwärtige Aktualität verwandelt: «Darum muß stets ein jeder für sich selber am Leibe Christi leiden, sterben, zum Himmel fahren und kann keiner für den andern leiden, sterben, glauben oder ein Christ sein[40].» Niemals kann Francks Heilslehre, wie schon behauptet wurde, vollständig dargestellt werden, ohne Christus zu erwähnen. Franck wäre kein Christ, wenn er Christus nicht begegnet wäre. Er hat den Kyrios anders, viel inniger und mystischer erlebt als die Christen, die die Rechtfertigungslehre in den Vordergrund rückten. Ihm wegen dieser Andersartigkeit das Christentum abzusprechen, ist ein unchristliches Urteil. Für Franck waren «die Geschichten von Adam und Christus nicht Adam oder Christus. Deshalb wie viele in allen Winkeln und Inseln Adam sind, Fleisch und Blut, die auch dem Adam und in Adam leben, ob sie gleich nicht wissen oder gehört haben, daß je ein Adam auf Erden gewesen ist, also sind auch unter den Heiden zu aller Zeit Christen gewesen und haben mit Abraham den Tag wie Abel gesehen, die ebenfalls nicht wissen, ob je ein Christus gewesen ist oder sein wird ... ich glaube mit den alten Lehrern, daß beide, Christus und Adam, des Weibes Samen neben der Schlange Samen in aller Menschen Herzen sei ... Der äußerliche Adam und Christus ist nur ein Ausdruck des innerlichen, inwohnenden Adams oder des ewigen Christus, der in Abel getötet ward[41].» Den ewigen Christus, der in aller Menschen Herzen vorhanden ist, bekennt der vierte Glaube, der die geographischen Grenzen der Christenheit folgerichtig sprengt. Das kühne Credo, zu Ende gedacht, zieht mannigfache Konsequenzen nach sich. Aber Franck war nicht der erste Mann, dem dieses universale Christus-Verständnis aufgegangen war. Justins Ausführungen über den logos spermatikos und Tertullians Aussage von der anima naturaliter christiana haben ihm Vorspanndienste geleistet, sonst hätte Frank nicht sagen können: «Ich glaube mit den alten Lehrern.» Der ewige Christus, der im Menschen ist und noch alle Tage gekreuzigt wird, bedeutet gewiß keine Verflüchtigung der Gestalt Jesu. Das Mysterium des Herrn hat für Franck seine Gültigkeit, die Worte Christi besaßen für ihn eine unumstößliche Autorität: «Darum sind es eitel Gebote, es ist Not und kein Rat, was Christus im Vorbild lebt und das Volk lehrt[42].»

Francks innewohnender Christus schreitet mit souveräner Erhabenheit über alle Vermittlungsinstanzen hinweg, die die Menschen zu seiner Eindämmung errichtet haben. Die Wesenseigentümlichkeit des vierten Glaubens besteht darin, die äußerliche Predigt, Zeremonien, Sakramente als unnötig aus dem Weg zu räumen. «Ohne Mittel», ist die Parole Francks, mit der er eine Welt stürzte und eine neue aufbaute. Ohne eine revolutionäre Gebärde auszuführen, fällt der ganze priesterliche Vermittlungsapparat in sich zusammen. Kein Wunder, daß sich die Geistlichen aller Konfessionen gegen den Seifensieder gestellt haben und ihm auf alle erdenkliche Art das Handwerk legen wollten. Die Überlegenheit seiner ruhigen Geste ist viel gefährlicher als das aufruhrstiftende Getue der Marktschreier. Francks Bestreben ist auf ein unmittelbares Verhältnis zwischen Gott und der Seele gerichtet, er bedarf nicht der geringsten äußerlichen Vermittlung. Deswegen kann man – wie ein Kenner einmal sagte – in Francks Himmel nur hineinfliegen, es führt kein äußerer Weg, keine Brücke, keine Kirche, kein Sakrament zu ihm. Das wahre Christentum besteht allein im Geist und in keinem sichtbaren Werk. Jeder zeremonielle Gottesdienst rückverwandelt Christus wieder in Moses. Francks Ablehnung der äußeren Vermittlung war durch seinen Geistglauben bedingt, nach dessen Überzeugung «der heilige Geist sich nicht regeln, noch die Wahrheit in Buchstaben erfassen, noch Gottes Wort reden läßt. Es ist alles nur ein Bild und Schatten davon, was man reden, regeln, schreiben oder lesen kann, von weitem entworfen», womit er wiederum dem symbolischen Evangeliumsverständnis maximalen Ausdruck gegeben hat[43]. Die Figuren reichen nicht an die Liebe heran, und die rechten Zeremonien sind seit Christus ohnehin entschwunden; was heute in Gebrauch ist, stellen bloße Nachäffungen dar. Kühn, beinahe verwegen ist diese Verwerfung aller Vermittlungen. Wahrscheinlich hat Franck die Notwendigkeit der Zeremonien unterschätzt und ihre Unumgänglichkeit für einfache Gemüter zuwenig bedacht. Und doch ist seine Überwindung des Institutionellen ein Unternehmen, dem man Größe unmöglich absprechen kann. Franck hat hierin eine Aufgabe in Angriff genommen, die bei aller Einseitigkeit nicht einfach ignoriert werden darf. Der Ritualismus ist nicht dem Christentum gleichzusetzen. Es steckt hierin ein nicht unwichtiges Problem. Die alttestamentlichen Propheten haben bereits mit ihrer grimmigen Verwerfung des Kultus einen Anfang gemacht, und Franck hat ihn auf der christlichen Ebene fortgesetzt.

Der radikale Versuch des vierten Glaubens, «glatt eine unsichtbare geistliche Kirche ohne äußerliche Mittel» zu errichten, entsprang nicht einem Willen zur Zerstörung. Franck war keine anarchistische Natur. Die bloß auflösende Tendenz hätte seinem Wesen nicht entsprochen. Franck schob die äußere Vermittlung so energisch auf die Seite, weil die innere Welt mit aller Intensität über ihn Gewalt bekommen hatte. Der Gegensatz von Innen und Außen hat ihn zeitlebens beschäftigt, er hat ihn durchaus metaphysisch und nicht bloß moralisch verstanden. «Nun, alles, was äußerlich ist, hat nicht Wesen und Wahrheit an sich selbst, sondern ist nur eine Figur und Einleitung in das Innere, wie die ganze sichtbare Welt mit allem ihrem Vermögen, Tun, Lassen, Reden[44].» Das Äußere besitzt nach Franck keine Substanz, es ist nur Schein und hat die einzige Zweckbestimmung, der Zugang zur inneren Welt zu sein. Es kommt allein auf das Innere an, denn im Inneren liegen alle Werte. Der Mensch muß ins Innere einkehren, denn das Heil kann niemals von außen kommen. Das Innenbleiben war Franck wichtig, da der Christ durch alles Sichausgeben nur sich selbst verliert. Das Eindringen in die innere Welt war für den mystisch gesinnten Franck oberstes Gebot, er gehörte zu den nach innen gerichteten Menschen und hat schon deswegen nicht den Haß verdient, der ihm allseitig entgegengebracht wurde. Bedeutsamer als das äußere Wort war ihm das innere Wort, hierin sich ganz mit Schwenckfeld in Übereinstimmung befindend. «Die äußeren Worte sind nur des wahren, wesentlichen, inneren Wortes Bild, Scheide, Monstranz, Krippe, Schatten, Mund und Laterne[45].» Eines der zentralen Themata Francks ist die Gegenüberstellung von Innen und Außen; man kann zur Mystik kein Verhältnis gewinnen, wenn einen das Innere gleichgültig läßt. Es ist die Türe, die in das Haus der unmittelbaren Gottesbeziehung hineinführt. «So sind wir also Gottes fähig, wir sind göttlicher Art, das Licht ist in der Laterne unseres Herzens angezündet und der Schatz liegt schon in den Äckern. Ja, wer nur in sich selbst einkehrte und diesen Schatz suchte, der würde ihn gar nicht jenseits des Meeres finden, noch im Himmel suchen dürfen. Sondern in uns ist das Wort, das Bild Gottes[46].» Franck bekannte sich zur Autorität des inneren Wortes, das für ihn sowohl eine objektive als subjektive Wahrheit ist. Sie muß beides zugleich sein, um den Menschen in seinem tiefsten Wesen zu befriedigen. Wie in allen Krisenzeiten, war auch im Reformationszeitalter das Bild der Menschen gefährdet, weil das Äußere und das Innere sich nicht in Harmonie befanden. Nach Franck hat die Seele das göttliche Urbild nie gänzlich verloren, weil es von Gott selbst stammt. Es wurde bloß vom Erdenschutt verdeckt, der Mensch braucht nur in sich selber heimzugehen und sich der inneren Welt zuzuwenden, um den Gott zu finden, der sich niemals von ihm getrennt hat.

Oft haben sich die Menschen mit der Frage beschäftigt, wie man von einer mystischen Lebenseinstellung zu einem ethischen Verhalten gelange. Noch Albert Schweitzer, der an der Mystik lebhaft interessiert ist, hat die Meinung viel zu denken gegeben, daß «die Mystik nicht der Freund, sondern der Feind der Ethik ist[47].» Doch stellt Franck eine eindrucksvolle Widerlegung der verbreiteten Ansicht dar. Er hat als Mystiker eine ethische Haltung verkörpert, die mit dem Wort Gelassenheit umschrieben werden kann und vorzüglich zu seinem Gebot des Schweigens paßt. Sie ist nicht mit der stoischen Unerschütterlichkeit zu verwechseln, sondern hängt mit der mystischen Auffassung von der inneren Sabbatruhe zusammen. Franck war kein Wirkungsmensch, er ist das Gegenteil des aktivistischen Typs, der in seiner geschäftigen Tätigkeit zu keiner Besinnung mehr kommt. «Das Wirken und Anschaffen gehört dem Herrn im Reich zu. Gehorchen aber, stillhalten und sich brauchen lassen – dem Untertanen[48].» Der Mensch darf nach Franck nur abbrechen und nicht bauen. Gott will unser Laufen und unsern Werktag nicht, weil beide nur zur Ruhelosigkeit führen, darob die inneren Güter verlorengehen. Der Mensch kann nichts tun für seine Seligkeit, als sie erleiden. Die Rechtfertigung ist kein Tun des Christen, sie ist ein bloßes Feiern, Hinhalten und Annehmen der Frömmigkeit. Die Wiedergeburt muß nicht erwirkt, sondern erlitten werden. In Anlehnung an Tauler führt Franck aus: «Der Mensch muß aller Kunst, jedes Bildes, jeder Annehmung von andern und auch seiner selbst ledig stehen und sich mit nichten selbst meinen, soll der Meister zu uns kommen, der uns in einem Augenblick mehr lehrt, als alle äußerlichen Worte, alle Predigt und Schrift bis an den jüngsten Tag. Denn ein gelassener Mensch wird in einem Hui in Gott entzückt und in das Reich Gottes versetzt, darin eitel Licht ist und alles auf einen Augenblick gelehrt und gesehen wird, daß der darin bleibt, sein Leben lang davon zu sagen hat[49].» – Das Geständnis verrät, daß Franck die mystische Entrückung kennt. Er gehört zu den «in einem Hui» in Gott entzückten Menschen. Das ekstatische Erleben war ihm aus eigener Erfahrung vertraut, und er setzte seinen Wert bewußt über das bloße Studium, das ganz im Bereich des Wissens verbleibt. Wie könnte es auch anders sein bei einem Christen, dem Gott das ewige Wort selbst ins Ohr geflüstert hat und der für diese Seligkeit seine ganze Laufbahn opferte! Mit der Feststellung von Francks Entrückung erledigt sich die Frage von selbst, ob er wirklich ein Mystiker war, der auch Erleuchtungen erlebte. In der Wissenschaft kommt es zuweilen vor, daß ein Mensch über einen Gegenstand schreibt, mit dem er innerlich gar nichts zu tun hat – über das mystische Leben aber kann man nicht derart verständnisvoll schreiben, wie es Franck getan hat, wenn es dem Verfasser persönlich unbekannt geblieben wäre.

Franck lehrt das Sich-selbst-Lassen und In-Gott-Verlieren als die wahre ethische Weisheit. Des Menschen Aufgabe ist es, in Gott stille zu werden. «In diesem Sabbat stillstehen und schweigen wird unsere Stärke sein[50].» Das Sabbatgebot ist das einzige Gebot unter allen Verboten der Gesetzestafeln. Damit redet Franck nicht der Faulheit das Wort, wie ein fatales Mißverständnis argwöhnen könnte. War er doch selbst gar kein träger Mensch, wenn er auch in seiner Schriftstellerei eine kompilierende Arbeitsweise betätigte. In Gott stillehalten ist die anstrengendste Arbeit, die ein Mensch auf sich nehmen kann. Die mystische Sabbatruhe hat Franck in einem Bilde von dichterischer Schönheit ausgeführt, das festgehalten zu werden verdient: «Der Mensch ist zur Arbeit erschaffen, wie der Vogel zum Fliegen. Nun müßte der Vogel lange hin und her fliegen, daß er etwas durch sein Fliegen gewinne oder finde, wenn ihm Gott nichts hingelegt hätte. Durch das Fliegen findet er den gelegten Segen. Also muß der Mensch lange sorgen oder gleich lange arbeiten, daß er etwas schaffe, wenn Gott seine Hand nicht segnet und das Gedeihen gibt. So wenig nun der Vogel seine Nahrung erfliegt und mit Fliegen gewinnt, so wenig der Mensch mit seiner Arbeit. Noch fände der Vogel lange nichts, wenn er im Nest säße, den Schnabel auftäte und nicht flöge, wenn er fliegen möchte. Also die Hand, welche nicht arbeitet in der Stille, soviel sie vermag, kann Gott nicht segnen. Wie nun der Vogel nicht ewig oder ängstlich fliegt, sondern mit Freud und Gesang, ja, Gott selbst eigentlich fliegt und in ihm singt – also soll der Mensch still und gelassen dahin arbeiten mit den Händen, und sein Herz soll für und für feiern und Gotte stillhalten, den ewigen Sabbat heiligend, so wird Gott an seinem Sabbat ausgehen und selbst in ihm arbeiten, suchen und finden. Arbeiten wie Fliegen tut es nicht und doch muß gearbeitet und geflogen sein[51].» Man muß sich dieses Bild vergegenwärtigen, um seinen Inhalt in sich aufzunehmen. Eine eigenartige Musikalität ist in ihm enthalten, sie klingt dem inneren Ohr überaus angenehm. Dem Menschen aller Zeiten tut in seiner ruhelosen Betriebsamkeit gerade dieses Stillehalten in Gott not, weil es die Voraussetzung bildet, den Ruf des Ewigen überhaupt wieder zu vernehmen.

Mit dem skizzierten Umriß ist keineswegs der vierte Glaube ausgeschöpft. Franck war noch von vielen andern Gedanken erfüllt, er hatte auch radikale Ansichten: «Der Menschen Gerechtigkeit und Gericht um das Dein und Mein ist die höchste Ungerechtigkeit, die Ursache und Wurzel alles Übels[52].» Aus seinen Geschichtswerken – «die Historie lebt, die Lehr ist allein ein toter Buchstabe» – blitzt immer wieder eine eigenartige Geschichtsphilosophie hervor, die die ganze Welt als Gottes Fastnachtsspiel begreift. Doch mag das Angeführte genügen, um eine Vorstellung zu geben, in welcher Richtung der vierte Glaube Francks sich bewegte. Die mystische Wegrichtung ist auch durch die Geistesahnen, auf die sich Franck beruft, eindeutig umschrieben. Die Reformatoren werden mit beredtem Stillschweigen übergangen, während Tauler und der Frankfurter stets in zustimmendem Sinne angeführt werden. Gleich dem Straßburger Prediger war auch Franck der Meinung, daß niemand die Geheimnisse Gottes ohne Erlaubnis aussprechen soll, vielmehr müsse man mit seinem Eifer an sich halten, damit man nicht aus eigenem Gutdünken rede, sondern warte, bis Gott sein Wort in die Seele der Menschen hineinspreche. In all seinen Werken hat Franck den mystischen Samen ausgestreut, und wenn auch die Saat verborgen unter einer Schneedecke liegen blieb, so ist sie später doch aufgegangen.

Francks Erbe war gewichtig. Seine Gedanken wurden nicht nach seinem Tode vom Winde verweht, sie hinterließen einen Nachklang, dem allerdings ein merkwürdiges Schicksal beschieden war.

Luther hat sich zuerst über den verstorbenen Franck zu Worte gemeldet. Franck hatte sich gegenüber dem Reformator immer respektvoll geäußert und nie Worte über ihn geschrieben, die sich mit Müntzers Schmähungen nur von entfernt vergleichen lassen. Luther schwieg zu Francks Lebzeiten, angeblich, weil er ihn zu sehr verachtete. Nachdem nun aber der Verfasser der «Paradoxa» ins Grab gesunken war, tat sich Luther keinen Zwang mehr an. Er scheute sich nicht, den Entschlafenen «als des Teufels eigenes und liebstes Maul» zu bezeichnen, das namentlich in den Historienbüchern sein Gift unter den Honig gemischt habe, damit es die Leute weniger merken sollten. «Aus seinen Büchern wirst du nicht wohl lernen, was ein Christ glauben, oder ein frommer Mann tun soll; er kann und wills auch nicht lernen; ja, das viel mehr ist, du wirst aus seinen Büchern nicht wissen, was er doch selbst glaubt, oder für ein Mann sei; alles tadelt er, aber nichts saget er dagegen; oder disputierte doch, was man glauben oder halten sollte, aber so viel ich dem Geruch meiner Nase nachspüren und urteilen kann, so ist er ein Enthusiast oder Geisterer, dem nichts gefällt, denn Geist, Geist, Geist, der vom Worte, Sakrament, Predigstand, nichts hält, sondern nach dem Geiste soll man leben[53].» Über diese pietätlose Äußerung hat bereits Troeltsch befremdet festgestellt: «So urteilte Luther über einen der edelsten und freiesten Geister der Zeit![54]» Das Schlimmste an Luthers verständnisloser Beschimpfung war, daß dadurch die evangelische Christenheit von einer unvoreingenommenen Beschäftigung mit dem Mann von Donauwörth abgehalten wurde. Auch die Kirchenhistoriker blieben in einer offensichtlichen Unterschätzung Francks befangen, der «kein tiefer Denker» gewesen sei und sich auch in der Wortkraft nicht mit Müntzer vergleichen lasse[55]. So verbarrikadierend wirkte Luthers Verdikt nach, das doch aus einem bloßen Ressentiment gegen den Enthusiasmus entstanden ist und den vierten Glauben nicht verstehen wollte, obschon er wahrhaftig deutlich genug in Francks Büchern gelehrt wurde. Man muß die Unrechtmäßigkeit von Luthers Urteil einsehen, das nicht länger maßgebend sein kann und von dem man sich bewußt befreien muß.

Den Gegenstoß führte Wilhelm Dilthey. Er feierte Franck als den «Begründer der modernen Religionsphilosophie» und behauptete, «in hundert Rinnsalen fließen die Ideen Francks der modernen Zeit entgegen». Es war ein sichtlicher Lobpreis auf den verkannten Seifensieder, den der Berliner Universitätsprofessor anstimmte: «Auf dem dunklen Hintergrund der Enttäuschungen über den Gang der Reformation erhebt sich der moralisch-religiöse Pessimismus des Sebastian Franck: wie ein schwermütiges und doch tief beschauliches

Antlitz, dessen Augen sich einzubohren scheinen in dies Meer von Gram und Unrecht. Dieser Mann ist einsamer noch als nachher Spinoza[56].» Bei aller Genugtuung, die man über Diltheys Ausführungen empfindet, kann man seiner Erfassung Francks nicht restlos zustimmen. Er hat ihn viel zu modern gedeutet und ihn in seine eigene skeptische Weltanschauung hineingezogen. Francks mystisches Leben ist nicht durch hundert Rinnsale in die Neuzeit eingegangen. Die moderne Zeit hat es gar nicht aufgenommen und mit ihrer steigenden Unrast auch nicht aufnehmen können. Sie ist gerade den entgegengesetzten Weg gegangen, denn von Francks Sabbatstille ist wohl sehr wenig zu spüren. Darum kann er auch nicht zu den Wegbereitern des modernen Lebensgefühls gezählt werden.

Aus Francks Werken ergibt sich eine andere Sicht seiner Persönlichkeit. Wir sehen im Verfasser der «Paradoxa» nicht mehr den «Vorläufer der idealistischen Philosophie». Franck ist überhaupt nicht in erster Linie Philosoph, argumentiert er doch nie mit rational-logischen Gründen. Die neue Sicht würdigt den Seifensieder vor allem als Mystiker. Auf mystischem Gebiet liegen seine Verdienste, er stellt eine der tiefsten Pfahlwurzeln der protestantischen Mystik dar. Um seiner gottunmittelbaren Verankerung willen tut man dem Außenseiter der Reformation schon im Ansatz Unrecht, wenn man ihn immer mit Luther vergleicht. Daraus muß eindeutig eine falsche Perspektive resultieren. Franck hat ein Anrecht darauf, aus seinen eigenen Voraussetzungen heraus verstanden zu werden. Man hat ihm zu seinen Lebzeiten und noch später von protestantischer Seite bitter Unrecht getan, das gutgemacht werden muß. Er war der Mann, der wie Müntzer und Schwenckfeld den reformatorischen Aufbruch mit der Mystik verbinden wollte, die bei ihm zum Evangelium gehört und weder einen resignierten Rückzug noch ein Asyl für Schiffbrüchige bedeutet. «So gesehen nimmt Franck allerdings eine entscheidende Stelle innerhalb der Geschichte der protestantischen Frömmigkeit ein[57].» Franck ist einer der bedeutendsten evangelischen Mystiker in der Reformationszeit und nach Peuckerts umfassender Darstellung eine der eindrucksvollsten Suchergestalten. Seine Mystik darf nicht länger als ein illegitimes Kind des Protestantismus betrachtet werden. Sie hat nichts mit der Zanksucht der theologischen Landsknechte gemeinsam, sondern gehört einer ganz anderen Welt an. Francks Mystik enthält nichts Hektisches, es herrscht in ihr eine Stille, die dem Menschen den wahren Seelenfrieden vermittelt.

Als Mystik kommt sie freilich nicht für die breiten Massen in Frage. Franck war stets ein Kämpfer gegen die Menge, über die er geringschätzig dachte. «Außerdem soll man dem wilden, vielköpfigen Pöbel nichts zu reformieren geben, weil er unsinnig, ohne alle Vernunft, daherschwärmt und es viel ärger macht[58].» Der «Herr Omnes» kann nicht christlich werden, weswegen Franck auch alles Staatskirchentum unsympathisch war. Das mystische Leben ist seinem Wesen nach immer nur auf einen kleinen Kreis beschränkt. «Das ist der einzige Weg zum Leben, das ist Christus, das ist aller Philosophen Philosophie, aller Christen Christentum, daß wirs mit der Welt und vielen der Menschen nicht halten, den weiten, wohlgebahnten Weg nicht gehen, die gemeine Straße, wie auch Pythagoras lehrt, nicht laufen, sondern gesinnt seien wie wenige, es mit dem kleinen Haufen und Auswurf der Welt halten, deren Sterben ein Leben und deren Unfried ein Fried ist mit Christo in Gott[59].» Die kleine Herde irritierte Franck nicht, er legte freimütigen Herzens das Bekenntnis zum Einzelnen ab und stand damit zur modernen Vermassung in schärfstem Widerspruch: «Ein jeder soll in dem Lauf auf Gott zu auf keinen anderen hin, sondern stracks vor sich sehen auf Gott und Christo nachfolgen. Hier geht keiner den anderen an, hier soll keiner des anderen warten, bis er auch fromm wird und hinterher hinkt, sondern nur mit Christo in Gott eilen[60].» Franck hat sich mutig für den Einzelnen eingesetzt, und diese Haltung macht das Bekenntnis zum vierten Glauben doppelt liebenswert.

Allem Spiritualismus droht die Gefahr der doketischen Verflüchtigung. Er vergißt zuweilen die Wahrheit, daß das Wort Fleisch geworden ist und seither unter den Menschen wohnt. Die Verkennung der Fleischwerdung des Wortes ist nicht leicht zu nehmen. Darum darf die spiritualistische Mystik nicht ins Ungemessene weiter ausgebildet werden. Sie hat ihre Grenzen, die man innehalten muß. Gerade wer sich Franck verbunden fühlt, hat dessen eingedenk zu bleiben. Durch diese Einschränkung wird der vierte Glaube nicht entwertet. Er behält seine beständige Funktion bei, eine Mahnung zu sein, daß Gott Geist ist und auch im Geist und in der Wahrheit angebetet sein will. Francks Mystik ist eine eindrucksvolle Illustration zum Pauluswort: «Der uns auch tüchtig gemacht hat, das Amt zu führen des Neuen Testamentes, nicht des Buchstabens, sondern des Geistes. Denn der Buchstabe tötet, aber der Geist macht lebendig.» In der Christenheit hat leider gar vielfach der Buchstabe dominiert. Es kam zuweilen zu einer förmlichen Herrschaft des Buchstabens, der eine bedrückende Erstarrung zur Folge hatte. Man könnte darüber ein ebenso breites als unerfreuliches Kapitel schreiben, das voll der Tränen wäre. Der Buchstabe herrschte nicht nur in der Kirche, auch außerhalb ihres Raumes fand man ihn in Vormachtstellung. Zu welcher silbenstechenden Buchstabenweisheit ist doch die Philologie ausgeartet! Die formale Kunstbetrachtung, was ist sie anderes als modifizierter Buchstabendienst? Wie wird das politische Leben von tötenden Buchstaben der Ideologien beherrscht! Stets begegnet man dem Buchstaben und immer wieder dem Buchstaben. Gegen die Verknechtung durch den Buchstaben weist Francks Spiritualismus darauf hin, daß es bei allen Dingen und im Religiösen im besonderen auf den Geist ankommt, der hinter, über und in allen Phänomenen sich manifestiert. Nur der Geist macht lebendig – weht er nicht durch die Christenheit, so ist sie tot. Man darf über das Brausen des Geistes nicht spötteln und die spiritualistische Mystik der Verdünnung der christlichen Wirklichkeit bezichtigen, denn sie ist im Wesen des Evangeliums begründet. Die zentrale Wahrheit von dem in den Dingen sich durchringenden Geist vertrat Franck, und er hat damit ein christliches Anliegen ausgesprochen, das gehört und aufgenommen werden will. Je stärker man sich mit dem vielgeschmähten Seifensieder einläßt, um so tiefere Schichten werden bloßgelegt, und zuletzt kann man nur noch voll verhaltener Begeisterung flüstern: O Sebastian, was wurde dir doch alles ins Ohr gesagt ...

VALENTIN WEIGEL

[1533–1588]

DAS MYSTERIUM VOM INNEREN MENSCHEN

Nach einem Wort von Paulus wird der Christ nicht müde; denn obschon «der äußere Mensch zerstört wird, so wird doch der innere von Tag zu Tag erneuert[1].» Die Unterscheidung vom äußeren und inneren Menschen grenzt an die mystische Sphäre. Die beiden Menschen laufen nicht unverbindlich nebeneinander her. Sie stehen in einem Wechselverhältnis zueinander; beim Zurückgehen des äußeren Menschen nimmt merkwürdigerweise der innere Mensch stark zu.

Es dürfte kaum ein Wort geben, das das Dasein Valentin Weigels dermaßen erhellt, wie Paulus' Ausspruch. Alles, was an Weigels Leben zunächst fremd und unverständlich erscheint, wird durch den Aspekt vom äußeren und inneren Menschen in ein neues Licht gerückt. In Weigel offenbart sich das Mysterium vom inneren Menschen auf eine Ehrfurcht gebietende Weise. Bei ihm spürt man überwältigend, daß der innere Mensch, und das ist nur ein anderes Wort für Seele, eine Wirklichkeit ist und nicht eine bloße Idee oder ein unbestimmtes Gefühl für ein unerklärliches Bedürfnis. Die Seele liegt nicht offen zutage, sie ist ein nicht auszulotendes Geheimnis, zu dem man vordringen muß. Durch die Kraft, stark zu werden am inwendigen Menschen, wird der äußere Mensch in den Hintergrund geschoben, wie umgekehrt, durch eine einseitige Entfaltung des äußeren Menschen der innere verkümmert. Da Weigels Aufmerksamkeit ganz der Seele zugewandt war, ist sein Leben ohne Dramatik. Jegliches Sturzgefälle fehlt, und alles verblieb in einer friedlichen Atmosphäre. Doch vermißt man die Sensationen nicht im geringsten. Die Realität des inneren Menschen war bei Weigel von einer derartigen geistigen Macht, daß das Mysterium der Seele für alle äußere Unbewegtheit mehr als entschädigt.

Das äußere Dasein Weigels ist weder in völlige Dunkelheit gehüllt, noch ist es bis in alle Einzelheiten bekannt. Doch stehen die groben Umrisse seines Lebens fest. Weigel wurde in Hain, einem Dorf unweit von Dresden, geboren. Seine armen Eltern waren aller Wahrscheinlichkeit nach katholisch, da die Reformation erst einige Jahre nach seiner Geburt in jener Gegend eingeführt wurde. Der heranwachsende Jüngling wurde unter die kurfürstlichen Stipendiaten aufgenommen und bezog als Neunzehnjähriger die Universität Leipzig, wo er später in Anwesenheit Melanchthons auch die Prüfung bestand. Er war ein geistig interessierter Student, der sich nicht am unsäglich rohen Treiben der damaligen akademischen Jugend beteiligte, deren Wildheit nach einem zeitgenössischen Urteil die Barbarei der Zyklopen übertraf. Nach Absolvierung seiner Prüfung studierte Weigel in Wittenberg weiter, das Luthertum in sich aufnehmend. Über seine Studienzeit ist nichts Näheres bekannt, wie denn über den jungen Weigel überhaupt wenig ausgesagt werden kann. Es haben sich weder Briefe erhalten, noch pflegte er später von diesen Jahren zu reden. Nur indirekt können aus seinen Ausführungen gewisse Rückschlüsse gezogen werden. Sicherlich hat sich der junge Weigel ganz dem Lernen hingegeben. Auffallend an seinen Studienjahren ist die lange Dauer, denn er studierte bis zu seinem vierunddreißigsten Lebensjahr. Das ist ungewöhnlich, es kann nur aus dem starken Drang Weigels erklärt werden, möglichst das ganze Wissen seiner Zeit in sich aufzunehmen. Dadurch wurde Weigel zu einem der gebildetsten Theologen; seine Geistigkeit überragte denn auch die seiner Kollegen bei weitem.

Später stieg freilich dem wissensdurstigen Manne ein Argwohn gegen die wissenschaftliche Einstellung auf. Er vertrat die Ansicht, daß die Universitäten das Christentum nicht recht erkennen würden: «Es ist keine hohe Schule in ganz Europa, darin eine wahrhafte Erkenntnis möchte gefunden werden[2].» Es ist dies eine unerwartete, ja anstößige Auffassung, die im Munde eines ungeistigen Menschen gar keine Bedeutung hätte. Aus der Feder des wissenshungrigen Weigel aber mahnt sie zum Nachdenken. Offensichtlich war ihm eine traurige Erfahrung zuteil geworden, so daß sein Mißtrauen gegen alle Schulweisheit immer größer wurde. Es ist ausschließlich religiös begründet, daß nach Weigel Gott nie einen Gelehrten aus den Schulen der Menschen zum Propheten genommen habe, es waren immer einfältige Leute, denen an sich selbst nicht viel lag. Die «dem Namen nach Professoren» sind, verdienen nach Weigel nicht jene Achtung, die ihnen blindlings entgegengebracht wird, weil die «Wahrheit in keinen durch einen Schlauch einläuft». Später hat sich Weigel mit seinen Ausführungen bewußt an die Einfältigen gewandt, das Wort im Sinne des Evangeliums verstanden. Für ihn war es eine ausgemachte Sache, «daß keine hohe Schule in der Welt den gekreuzigten Christus wisse noch kenne»[3]. Die Wissenschaft hat ihre großen Seiten, und die Menschheit verdankt ihr viel. Das wußte auch Weigel. Doch dürfen über der Anerkennung die offenkundigen Gefahren nicht übersehen werden, die namentlich in ihrer unbedenklichen Anwendung auf das religiöse Gebiet besteht. Der originelle Mensch wird durch den Akademismus oft auch geknechtet, sein Schematismus vernichtet die schöpferischen Kräfte. Diese Wahrnehmung auf die leichte Schulter zu nehmen, wäre verfehlt. Auf alle Fälle sind Weigels Bedenken gegen die hohen Schulen ein Fingerzeig zu seinem Verständnis, denn trotz seiner ungewöhnlichen Belesenheit und außerordentlichen Denkkraft war er kein Gelehrter. Man kann ihm darum auch nicht auf rein wissenschaftlichem Wege nahekommen. Die gelehrten Kenntnisse bilden keinen Zugang zu ihm. Weigel war seiner Struktur nach religiös, er hungerte und es dürstete ihn nach der göttlichen Gerechtigkeit. Es war ihm um ein persönliches, christliches Anliegen zu tun, das aus einem inneren, anklopfenden Suchen hervorging.

In der Mitte der Dreißigerjahre stehend, erhielt Weigel auf kurfürstlichen Befehl das Pfarramt im sächsischen Zschopau, wo er zeitlebens verblieb. Er verheiratete sich hierauf mit Katherina Beuche, die ihm drei Kinder schenkte. In geschichtlichen Darstellungen wird er zuweilen als ein mit seinem Amte völlig zerfallener Pfarrer verleumdet. Die ohne jeglichen Beweis vorgebrachte Erfindung widerspricht jedoch den wenigen sicheren Nachrichten aus seiner Amtszeit. Weigel beobachtete in seinem Auftreten zwar eine gewisse Behutsamkeit, dessen ungeachtet war er ein hingebungsvoller Hirte, der seine beruflichen Pflichten gewissenhaft erfüllte und deswegen von der Bevölkerung auch geliebt wurde. Der Zschopauer Pfarrer hat sich seiner Gemeinde angenommen, indem er eine kirchliche Armenpflege organisierte, ein eindeutiges Zeichen seines tätigen Christensinnes. Auch verzichtete er auf Extrabezahlungen für seine Amtshandlungen. Eine Gabe von zwölf Dukaten, die ihm der Kurfürst bei einem Besuch schenkte, wollte er nicht annehmen, und als der hohe Herr darauf bestand, verteilte Weigel sie nachher an die Armen seiner Gemeinde. Er amtete als ein milder und doch ernster Seelsorger, wenn auch seine Wirksamkeit für uns in einem blassen Dunstkreis bleibt.

Weigel stand im sächsischen Bergstädtchen jeweilen im schwarzen Talar auf der Kanzel und legte seinen Zuhörern das Bibelwort aus. Mit Recht durfte er von sich sagen: «Ich verachte das mündliche Predigtamt gar nicht[4].» Er hat mit seiner Predigttätigkeit wirklich nicht ein unwürdiges Doppelspiel getrieben. Ebensowenig hat er seine mystischen Anschauungen vor seiner Gemeinde sorgfältig verschwiegen. Wie jeder verantwortungsbewußte Pfarrer hat er sich lediglich dem Verständnis seiner Kirchenbesucher angepaßt, denn ohne dieses Entgegenkommen hätte er über die Köpfe hinweg geredet. Weigel aber hat nichts auf der Kanzel gesagt, woran er nicht selbst auch geglaubt hätte. Die einzige von ihm zu seinen Lebzeiten herausgegebene Schrift ist eine «Leichenpredigt für Marta von Ruxleben», die eine nähere Vorstellung von seiner Predigttätigkeit vermittelt[5]. Sie zeigt einen ernsten Prediger, der gegen die «Maulchristen» Stellung nahm und solche «Pfeiffer» nicht schätzte. Die tröstende Leichenrede ist von ergreifender Eindringlichkeit, es wäre zu wünschen, daß allenthalben mit dieser Überzeugungskraft von der Kanzel herab geredet würde. Gewiß sind in dieser Leichenpredigt längst nicht alle Gedanken Weigels enthalten, sie zu äußern war bei dieser Gelegenheit auch nicht möglich. Aus dem Nachlaß wurde noch «Eine Predigt vom reichen Mann und armen Lazaro» veröffentlicht. Mit packender Anschaulichkeit wird darin ausgeführt, daß der reiche Mann auf dem Sterbebett noch mit dem Munde, aber nicht mit dem Herzen beichtete, die Sakramente empfing und dann mit allem kirchlichen Pomp begraben wurde, während der arme Lazarus im Hospital ohne priesterlichen Beistand starb – «er hatte Christus, den Beichtvater und Absolvierer, in ihm selber» – und doch in den Himmel kam. Weigel hat deutlich ausgesprochen, daß Himmel und Hölle schon in dieser Welt anfangen, und sich mutig über die ängstlichen Bedenken der «verkehrten Prädikanten» hinweggesetzt, die fürchteten, durch eine offene Verkündigung würden die Zuhörer von der Kirche abfallen und ihnen «keine Besoldung mehr geben». Auch sprach er darin unverblümt seine Ansicht aus, daß man die echten Christen fast zu allen Zeiten verketzert habe. Noch heute liest man nicht ohne innere Anteilnahme diese Predigt, denn man spürt, daß Weigel die Lebenswirklichkeit getroffen und sie nicht mit einigen erbaulichen Sprüchen überkleistert hat. Nach einer alten Überlieferung war denn auch Weigels Antlitz zuweilen während einer Predigt von einem höheren Glanz umflossen. Eine derartige Fama entsteht ganz gewiß nicht von einem mit seinem Beruf zerfallenen Pfarrer, sondern sie weist doch unübersehbar auf die mystischen Hintergründe dieses Mannes hin.

Viel wesentlicher noch ist Weigels Erleben des inneren Menschen. Dieser Begriff ist nicht von außen an ihn herangetragen. Er kannte ihn selbst und hat ihn auch mehrfach verwendet. Das siebzehnte Kapitel des «Güldenen Griffes» trägt die Überschrift «Vom zwiefachen Menschen» und behandelt den Unterschied zwischen dem äußeren und inneren Menschen. Er hat darin den Gedanken vom inneren Menschen zu Ende gedacht, indem er nicht auf halbem Weg stehenblieb, sondern alle Konsequenzen zog. Entsprechend der Idee vom inneren Menschen, die Weigel bedeutsam war, führte er selbst auch ein zurückgezogenes Dasein, nicht in mönchischer Art, was mit seiner Ehe nicht vereinbar gewesen wäre, aber doch wie weiland Hieronymus in der Klause. Weigel vermied bewußt alles Aufsehen und stellte sich nie in den Vordergrund. Die Außenwelt hatte denn auch keine Ahnung, was sich in der Studierstube des Zschopauer Pfarrhauses abspielte. Sie konnte davon nicht die leiseste Kenntnis haben, weil Weigel ein Mensch der Verborgenheit war. Es gibt nichts Bekömmlicheres für das mystische Leben, als möglichst unbeachtet durchs Leben zu gehen. Der Zschopauer Pfarrer befolgte die oft zitierte und doch in ihrer Bedeutung selten erkannte Anweisung Jesu: «Wenn du betest, so gehe in dein Kämmerlein und schließ die Türe zu und bete zu deinem Vater im Verborgenen[6].» Der Anordnung des Herrn ist Weigel überaus eindrucksvoll nachgekommen, er hat die Türe zu seinem Kämmerlein sorgsam verschlossen, und das ist etwas vom besten, was ein Mensch tun kann. Weigels Leben ist ein Dasein in der Zelle. So still, so ruhig, so schweigsam ist es um diesen Mann – man kann in sein Geheimnis nicht rational eindringen.

Niemandem ist es gelungen, durch das Schlüsselloch einen Blick in das Weigelsche Kämmerlein zu tun und eines der vertraulichen Gespräche zu belauschen, das dieser Mensch mit seinem Gott gepflogen hat. Und doch kann man sich davon eine Vorstellung machen, denn es hat sich von Weigel «ein schön Gebetbüchlein» erhalten, das über sein Gebetsleben Aufschluß gibt. Er wollte mit seinem Büchlein «die Einfältigen unterrichten», ihnen sagen, welchen Weg sie beschreiten müssen, um zum innigen Gebet erweckt zu werden, und er hat ihnen auch konkrete Ratschläge erteilt, Empfehlungen, welcher Betrachtung sie in der ersten Woche obliegen sollten, welcher in der zweiten usw. Nach Weigel wird niemand von Sünde und Teufel errettet werden, er bete denn darum. Die Bestimmung des Gebetes besteht nicht darin, den immerwachenden Gott gleichsam noch besonders wachzurufen. Vielmehr flehte Weigel gar innig darum, daß er den Allmächtigen «nicht mit der blinden Welt suche hie und da, sondern deine Süßigkeit in mir finde, fühle und schmecke»[7]. Offensichtlich nimmt das Gebetsleben in Weigels abgeschlossener Kammer einen gewichtigen Platz ein. Nichts ist uneinsichtiger, als in Weigels Gebet lediglich eine immanente psychische Funktion zu sehen[8]. Man schreibt nicht ein ganzes Gebetbüchlein, wenn man das Gespräch mit Gott für illusorisch betrachtet, und noch weniger unterbricht man seine philosophischen Darlegungen durch beständige Einschaltungen von Gebeten, es sei denn, man habe mit ihnen innerlich etwas zu tun. Weigel betete nicht aus egoistischer Wunschbefriedigung, er wollte sich beständig an die Gegenwart Gottes erinnern. Dieser Mensch kannte das Rufen aus der Tiefe, und unvergeßlich sind seine Ausführungen: «Derhalben merke gar wohl, wir sollen fleißig und emsig beten, und nach einem solchen anhaltenden Gebet kommen mit den Propheten in ein Nichtbeten, in ein Stillschweigen, in ein Vergessen aller Ding, es gilt kurzum ihm selber absterben, zu nichts werden, sich selbst verleugnen, verlieren, lassen[9].»

Außer mit dem Gebet verbrachte Weigel die Zeit in seiner stillen Klause mit einer ausgedehnten Lektüre. Doch war es nicht ein bloß dem Unterhaltungsbedürfnis dienendes Lesen, er war schon längst abgekommen von einem Allerweltswissen, das nur Zerstreuung nach sich zog. Er las, was den inneren Menschen förderte, nicht aber jene Schriften, die damals die evangelischen Theologen beschäftigten. Melanchthons Bücher schob er beiseite, weil er nur ein Grammatiker gewesen sei. «Auch finde ich nichts in der Confessio Augustana», gestand er, und dies ist bei seinem mystischen Suchen nicht unbegreiflich, obschon sie die grundlegende Bekenntnisschrift des deutschen Protestantismus ist. «Aber in den Büchern Lutheri suchet besser! Da findet Ihr eben solche Reden, wie jetzt von mir gehöret, sonderlich in seinen ersten Schriften», bemerkt Weigel einmal[10]. Der Nachsatz ist entscheidend, er zeigt seine bleibende Verbundenheit mit dem werdenden Luther, der die mystische Literatur ebenfalls schätzte. Die Unterscheidung zwischen dem jungen und dem alten Luther war somit schon Weigel geläufig, sie ist keine bloß nachträgliche Konstruktion. Doch war es vor allem das mystische Schrifttum, das es Weigel angetan hatte. Die Predigten «des hoch erleuchteten Johannes Tauler» nahm er hervor und vertiefte sich in sie, viele Einsichten aus dem mittelalterlichen Mystiker schöpfend. Weigel hat sich an Tauler entzündet, wie dies schon zahlreichen Menschen ergangen ist, die sich mit aufgeschlossener Seele dem Straßburger Prediger hingegeben haben. Doch war Tauler nicht der einzige, dem Weigel Bleibendes verdankte. Er wurde auch vom «Frankfurter» beeinflußt, zu dem er selbst eine Einleitung schrieb. Der Zschopauer Pfarrer nennt die «Deutsche Theologia» «ein kostbares kleines Buch», das man jedoch nur mit «dem Schlüssel Davids» aufschließen könne – mit diesem mystischen Terminus ist die persönliche Erfahrung gemeint. Ja, Weigel gehört zu den wenigen Menschen des Reformationszeitalters, die wieder bis zu Meister Eckhart vorgestoßen sind, dessen Worte er zitiert, freilich ohne ein genaues Bild seiner wirklichen Größe zu besitzen. Ferner las Weigel Thomas a Kempis' «Nachfolge Christi» sowie zahlreiche Kirchenväter und Philosophen aus der Antike. Auch kannte er die Schriften Schwenckfelds, auf die er sich gelegentlich beruft. Zwar fügt er hinzu, die Beziehung zu Schwenckfeld trage dem Menschen leicht den Vorwurf «Enthusiast» ein, er stellt aber gegenüber dieser törichten Voreingenommenheit mutig fest: «Nicht Schwenckfeld allein, sondern Christus selber und seine Apostel lehren also[11].» Ebenso muß sich Weigel in Francks Schriften vertieft haben, denn es finden sich bei ihm Ausführungen, die wie ein Echo zu dem Manne von Donauwörth anmuten: «Die Schrift ist hell und klar, und ist Gottes Wort; die Schrift ist dunkel und finster, ja gar ein Gift und Tod[12].» Bei seinem ausgeprägten Interesse an der Natur zogen ihn auch mächtig die Bücher von Paracelsus an, in dessen Fußstapfen er wandelte, ohne sich seiner Terminologie zu verschreiben. Weigel führt ihn nicht nur als einen Bundesgenossen an, sondern erhebt eine Klage, die bis zum heutigen Tag zu Recht besteht: «Was ist dem Theophrasto Paracelso widerfahren, man nimmt nur seine Philosophicos Libros an, aber seine Theologiam will noch diesen Tag niemand fördern helfen[13].» Der Rückgriff auf Paracelsus' religiöse Schriften ist Weigel hoch anzurechnen, weil sich bis dahin kein Mensch um den großen Arzt kümmerte. Weigel war der erste Entdecker Paracelsus', er witterte in ihm instinktiv den verwandten Geist, und mit seiner Berücksichtigung verband er «die deutsche Mystik des Mittelalters mit der neuen Philosophie»[14]. Die Lektüre von Schwenckfeld, Franck und Paracelsus ist um so erstaunlicher, als diese Autoren zu den damals verpönten Schriftstellern gezählt wurden. Weigel setzte sich über das Vorurteil hinweg, das den Menschen nur daran hindert, das Wesentliche zu erkennen, und mit dieser Kühnheit bewies er erneut seine geistige Unabhängigkeit. Freilich war es angebracht, dieser Lektüre im verschlossenen Kämmerlein zu obliegen, wollte man sich selbst nicht in öffentlichen Verruf bringen. Der divinatorische Spürsinn Weigels grub verfemte Geistesahnen aus – auch auf Paul Lautensack stieß er –, was eine zweifache Folge nach sich zog: eine entschiedene Abkehr von der damals herrschenden lutherischen Scholastik, bei der er nicht das Lebensbrot fand, nach dem er suchte, und eine ebenso bewußte Hinwendung zur mystischen Geisteswelt, die in ihm wieder lebendig wurde.

Über der eifrigen Lektüre der mystischen Schriften vernachlässigte Weigel keineswegs die Bibel, die er stets höher schätzte als alle anderen Bücher. Allerdings huldigte er einem andern Schriftverständnis, als es die Reformation formuliert hatte. Nie vergaß er die Herablassung der Bibel zu dem menschlichen Verständnis, denn, würde die Heilige Schrift die Sprache Gottes reden, so wie sie in Wirklichkeit ist, wir würden gar nichts davon verstehen. Für Weigel war die Bibel zur Warnung, zum Zeugnis und zum Unterricht des Glaubens geschrieben; zu ihrer Lektüre bedarf es des Geistes, ohne ihn bleibt sie eine finstere Laterne und kann zu allen Zwecken mißbraucht werden. Die Mitwelt, die ganz «im Buchstaben ertrunken ist», will nicht begreifen, daß die Bibel gleich allen andern Dingen der Eitelkeit unterworfen ist. «Obgleich ein Unterschied ist zwischen dem Geiste und dem Buchstaben, denn so weit Himmel und Erde voneinander sind, so weit ist auch der Buchstabe und Geist voneinander, so bleibet doch eines im andern, wie das Licht in der Finsternis, wie das Leben im Tode, wie das Wesen in seinem Bildnis. Also ist das innere lebendige Wort des Geistes in unserem papierenen verborgen, und leuchtet wie ein Licht in der Finsternis, und das äußere papierene Wort oder Buchstabe ist im Geiste wie eine Finsternis im Licht, er mag aber den Geist nicht beschließen noch begreifen, denn keine Finsternis mag das Licht begreifen[15].» Der geschriebene Buchstabe war für Weigel ein Schatten des ewigen Wortes. «Die Schrift ist ein äußerlicher Spiegel, sie zeiget dir an, wie du seiest, schön oder greulich, krank oder gesund, sie macht dich aber nicht also, kann dir auch deine Krankheit und Schmerzen weder stillen noch heilen, sie weiset dich zu ihrem Herrn und Meister Christo; denselben Arzt, der allein heilen und die Kranken gesund machen kann[16].» Weigel war bestrebt, seine Bibel so lange zu lesen, bis die Schrift in ihn überging und er selber die Schrift wurde – das Ziel aller mystischen Liebhaber des göttlichen Wortes.

Ob es nun die mystische Literatur oder die Heilige Schrift war, Weigel vergötzte keine von beiden. Er blieb eingedenk, daß alle Bücher nur Mittel zum Zweck sind. «Also sind auch alle Bücher und Schriften, die dann nur weisen, was und wie wir sind, und wie wir etwa sein sollen; aber keiner kann sich fromm oder geschickt lesen, darum sind alle Bücher nur zum Bewähr und Zeugnis, zur Ermunterung, Erinnerung, Aufmerkung, Kundschaft, ob wir also sein oder nicht[17].» Weigel wußte um ein Buch, das in ihm, nein, in allen Menschen war, und auf das kam es ihm an. Er sprach vom rechten Buch des Herzens, und wer das nicht kenne, der bleibe an der äußeren Schale kleben und dringe nicht bis zum Kern vor. Vom «inwendigen Buch des Herzens» sprach Weigel mehrmals, das begehrte er zu lesen, sintemal der Mensch doch nur das zu erkennen imstande ist, was in ihm selber lebt. Weigel dankte Gott, der ihn gelehrter mache als alle seine «Lehrer und Buchschreiber, der du mir das rechte Buch zeigest in meinem Herzen, dadurch ich die Heilige Schrift lesen kann, die mir gegeben ist zum Zeugnis, denn ich sehe sie an nach dem Wesen und Geist, der in mir ist, und nicht nach dem Schatten und toten Buchstaben, der außer mir ist[18].»

Dergleichen Gedanken beschäftigten Weigel in seinem stillen Kämmerlein, als ihm ein unerwartetes Erlebnis widerfuhr. Er erzählt von der merkwürdigen Begebenheit in seinem Buch «Der güldene Griff», und weil das Geständnis eine der wenigen autobiographischen Ausführungen Weigels ist, empfiehlt es sich, sie in extenso anzuführen: «Ehe ich zum Anfange des wahren Glaubens gekommen, und auch noch mit anderem nicht Gott, sondern der Menge der Menschen zu gefallen glaubte, war ich oft sehr bekümmert um diesen und jenen Artikel. Ich hätte auch gerne gewußt, worauf ich bauen sollte. Ich nahm vor mich viel Skribentenbücher und las dieselben, aber mir geschah kein Genügen, mein Herz war immer ungewiß ... Wie ich nun also ungewiß war und hart bekümmert, und mit einem innigen, inbrünstigen Herzen zu Gott rief und schrie und sprach: Ach Gott und Wahrheit, dir sei es geklagt, wie wandeln wir so elendiglich im Finsternisse; ... laß mir leuchten dein Licht, o Herr, auf daß ich neben andern aus diesem Wust der Finsternis errettet werde. Wie ich also rief und betete zu dem Herrn, widerfuhr mir Gnade von oben herab, denn mir ward dein Auge gezeiget, welches mich erfreute und mein Herz erleuchtete, daß ich alle Dinge sehen und beurteilen konnte, viel klarer und lauterer, als mich alle Lehrer mit ihren Büchern in der ganzen Welt lehren konnten. Denn daraus waren alle Bücher geschrieben vom Anfang der Welt, und dies Buch ist in mir und in allen Menschen, in Großen und Kleinen, in Jungen und Alten, in Gelehrten und Ungelehrten; aber gar wenig, ja freilich gar wenig können dasselbe lesen[19].»

Weigels Bericht über sein zentrales Erlebnis erzählt von einer ungewöhnlichen Erleuchtung. Ein Licht von oben ergoß sich in sein Inneres, und daß es vom Himmel kam, hat er deutlich empfunden. Echte Mystik ist immer Erleuchtung, und ohne deren Strahlen bleibt alles dunkel. In seiner Erleuchtung wurde Weigel das «mystische Auge» geschenkt – so nannte er den Empfang des Heiligen Geistes. Niemals hätte er zugegeben, daß es sich hierin um eine rein subjektive Einbildung gehandelt hätte. Die Erleuchtung war für ihn ein realer Vorgang, durch den er «alle Dinge sehen und beurteilen konnte». Die ungewöhnliche Formulierung gibt die Eigenart der mystischen Erleuchtung vortrefflich wieder. Weigel konnte fortan alle Dinge nicht nur beurteilen, er sah sie in einem neuen Licht, unendlich viel klarer und schärfer, als er sie bis dahin wahrgenommen hatte. Auf dem Erleuchtungserlebnis sind alle Ausführungen Weigels gegründet. Er ist durch das mystische Auge in die Geheimnisse Gottes eingedrungen, die in den natürlichen Dingen der Schöpfung verborgen sind, da er der Überzeugung war, «daß jedes Sichtbare die Enthüllung von etwas Unsichtbarem ist». Das innere Auge gewährte ihm den Blick für die übernatürliche Sophia.

Was sah Weigel in der Erleuchtung? Das ist die Frage. Er hat aus Gründen der religiösen Keuschheit nur notdürftige Andeutungen gegeben. Trotz seiner Verhaltenheit lassen sich bestimmte Rückschlüsse ziehen. Es war ein Lichtblitz, der ihm eine Innenansicht aller Dinge von ungewöhnlichem Ausmaß offenbarte. Das Problem der Erkenntnis, wie es Weigel nannte, «alle Dinge ohne Irrtum zu erkennen», war für ihn gelöst. Er hat zwei Jahrhunderte vor Kant über das Erkenntnisproblem intensiv nachgedacht, ohne dabei die Philosophie darauf zu beschränken. Zur gewöhnlichen Erkenntnis bedarf es dreier Voraussetzungen: Einmal das Instrument, wie er das Auge nannte, dann das Objekt, bei ihm als Gegenwurf formuliert, und drittens die Luft zwischen diesen beiden. Auf diesem Weg kommt nach Weigel das rein natürliche Erkennen zustande. Er wollte jedoch vor allem der übernatürlichen Erkenntnis beikommen, die es nach ihm ebenfalls gibt, genau wie neben dem natürlichen Licht der Natur auch das Licht der Gnade existiert. Nach der übernatürlichen Erkenntnis sind alle Dinge im Menschen, sie fließen auch von innen heraus und werden nicht vom Gegenwurf in ihn hineingetragen. Weigel hat die mystische Erkenntnis mit den Worten umschrieben: «Das mittel Aug, als die Vernunft, soll sie ihre Wirkung vollbringen, so muß sie nicht durch das unterste Auge gehindert werden, als durch fremde Formen und Einbildungen, also soll das oberste Aug als der Verstand ein unsichtiges Ding erkennen und sehen, so muß die Vernunft stillstehen, soll das oberste Aug erleuchtet werden, so muß es nicht wirken, nichts sehen, nichts wissen, es muß am Sabbat ruhen, inwendig auf Gott warten, das ist, soll Gott als der wahre Leuchter und Licht in uns lehren und wirken, so muß der Verstand innehalten und leiden; ach, wer so selig wäre, daß er sich gewöhnete zu sitzen und Gott stillehielte[20].»

In der begnadeten Stunde wurde Weigel die grundlegende Erkenntnis – «erkennen heißt erleuchtet werden» – von der inneren Wahrheit geschenkt. Darnach wollte er die Menschen nichts Neues lehren, sondern ihnen nur das Göttliche zeigen, das sie in sich haben, mit sich herumtragen, ohne sich dessen bewußt zu sein. Mit einer Monotonie sondergleichen wiederholt Weigel, daß alle Dinge von innen heraus und nicht von außen hinein kommen. Der verbotene

Baum des Paradieses war in Adam selbst, und wiederum ist Adam in uns allen. «In Summa nichts äußerliches macht gläubig oder selig, allein das innere Wort, die Stimme des Vaters muß gehört werden von innen aus[21].» Die innere Realität ist allein die rechte Meßschnur, an der man alle Menschen, Bücher, Werke prüfen kann.

Auch die Einsicht vom innewohnenden Christus war in der Erleuchtung von der inneren Wahrheit enthalten. Nach Weigel findet man Christus noch immer in der Krippe, worunter er das Herz verstand. Christus ist in Windeln eingewickelt, wie er die Heilige Schrift nennt. Was aus seinem inwendigen Sehen, Fühlen und Greifen erfolgt, kann weder gesagt noch beschrieben werden. Der «einwohnende Christus ist alles in allem, der dich selig machet, der dein Feind und Trost ist, der auswendige Christus aber im Fleisch und nach dem Fleische machet dich nicht selig von außen zu, er muß in dir sein und du in ihm bleiben[22].» Der historische Jesus hat dem Menschen lediglich den Weg gewiesen, damit er den innerlichen Christus finde. Der ewige Logos überschattet den geschichtlichen Jesus, und Christus ist heute und morgen und immerdar in Abel, Noah, Abraham und wird dennoch in der Jungfrau Maria geboren. Nach Weigel wird Christi Verdienst keinem zugerechnet, er habe denn Christi Tod in sich, das will besagen, der Mensch muß mit ihm täglich sterben. «Christus der Fels muß in uns sein und wir in ihm. Denn der Glaube ist Christus in uns, Christi Reich in uns, so wir in ihm wandeln, und wir sind in seinem Reiche[23].» Weigel wendet sich ausdrücklich gegen den «historischen Glauben», den er als wertlos betrachtet. Er regt sich über die Verkündigung der bloßen «Historie von Christo ohne allen Saft und Kraft» auf, besonders über die Theologen, die die Geschichte von Christus wie «ein Kapitel aus dem Titus Livius» behandeln. Aus diesem Ärger geht doch besser als aus allen andern Bemerkungen hervor, in welch innerem Verhältnis Weigel zu Christus stand, denn ihm war bewußt, «daß er die Absolution bei sich habe, denn Christus, der wahre, einige Hohepriester ist in ihm»[24].

Hat jedoch Weigel mit seiner Betonung des inneren Christus nicht das Objektive verkannt? Nein, dieweil er um die Bedeutung des Objektiven gewußt hat. Weigel hat nie gesagt, es spiele gar keine Rolle, ob Christus auch wirklich gelebt habe. Er glaubte an die Geburt Christi aus der Jungfrau Maria, und er löste das Religiöse nicht in eine bloße Christus-Idee auf. Sonst hätte er nicht gesagt, daß, wenn «einer die Natur ergründen und philosophieren will ohne Irrgang, so müsse er in Christo anfangen, und in ihm vollenden, sonst ist sein Philosophieren nichts wert»[25]. Das Objektive muß sein, es bildet sogar die tragende Grundlage. Aber eine einseitig betonte Objektivität schließt auch eine Gefahr in sich. Die vielgepriesene Objektivität wirkt sich auf religiösem Gebiet gerne als bloßer Historismus aus, der keine lebendige Kraft mehr ausströmt. Will man dem Übel entgehen, darf das Objektive nicht losgelöst vom glaubenden Subjekt betrachtet werden. Der Mensch darf das Sterben Christi auf Golgatha nicht nur theoretisch zur Kenntnis nehmen, soll Christus für ihn nicht nur eine Angelegenheit des Kopfes bleiben. Der ewige Christus ist nicht Gegenstand einer ausgeklügelten Lehre, die man allseitig abgrenzt und ausbaut.

Weigels Erleuchtung hat hierin die notwendige Korrektur angebracht, indem nach ihr das Objektive auch subjektiv erlebt werden muß. Es will in den Menschen eingehen und in seinem Innern Gestalt gewinnen. Mit dem Wort «das Innere» meint Weigel die seelische Erfahrung; sie spielt bei ihm eine enorme Rolle, und er wird nie müde, zu betonen: «Ich muß auch notwendig sehen und erkennen, daß solches alles im Menschen sei und mit nichten außer ihm, und wie es in den Menschen komme und darinnen sei[26].» Auf eine geradezu klassische Art hat Weigel sein Erlebnis der inneren Welt im «Gespräch vom wahren Christentum» formuliert: «Fürwahr, das äußere Mittel machet noch wirket nicht das innere. Der Schatten machet nicht das Wesen. Die Sonne oder Luft machet die Birne nicht am Baum, sondern vom Innern wächset sie heraus. Der Buchstabe wirket nicht den Geist. Alle Dinge gehen von Innen heraus. Das innere Wort wird äußerlich, das Wort wird Fleisch[27].» Unermüdlich redet Weigel vom «inneren Wort», vom «inneren Gehör», von der «inneren Erfahrung», kurz, vom «Inwendigen im Menschen». Er hat die innere Realität mit einer überwältigenden Intensität erlebt, und das Wort vom Mysterium des inneren Menschen ist in seinem Munde keine bloße Redensart. Man kann es nicht mehr stärker erfahren als er. «Also mag mich auch nichts reinigen oder selig machen außer mir. Es muß in mir sein. Darum ist das ein großer Irrsal, daß man saget von der Zurechnung von außen an, als sollte mich Christi Tod, Leiden und Sterben, sein Verdienen, rechtfertigen von außen zu, sondern es muß in mir sein, und ich in ihm[28].» Aus der Verleugnung des inneren Wortes entsteht nach Weigel alles gegenwärtige Unheil in religiöser Beziehung. Er hat damit gewiß den Finger auf die wunde Stelle seines Zeitalters gelegt. Keineswegs wird durch die Botschaft vom inneren Menschen und vom inneren Christus das Evangelium subjektivistisch aufgelöst. Der innewohnende Christus ist eine biblische Wahrheit, Paulus hat unmißverständlich die Korinther gefragt: «Erkennet ihr euch selbst nicht, daß Jesus Christus in euch ist?[29]»

Weigels Erleuchtung in seiner stillen Klause war wohl ein Erlebnis des inneren Menschen, aber der äußere Mensch ward aufs stärkste mitbetroffen. Er bekam es auch zu spüren, namentlich dann, wenn der innere Mensch sich gar zu weit vorgewagt und den äußeren in Gefahr gebracht hatte. Gelegentlich kräuselten sich auch in Weigels Dasein die Wasser, er wurde von «etlichen Leuten mit kurzsichtigem Verstande» seiner Predigttätigkeit wegen verdächtigt, ein

Zeichen, daß er kein Doppelleben geführt hat. Die Visitationsakten berichten von gelegentlichen Anständen. Doch gelang es Weigel, die Bedenken zu zerstreuen, und die Angelegenheit hatte für ihn keine weiteren Folgen. Es war ein fernes Wetterleuchten, aus dem er ersah, was ihm drohte, wenn er nicht vorsichtig wandelte vor jenen, die draußen sind.

Im ruhig dahinfließenden Leben Weigels gab es jedoch einen Augenblick, da eine unheimliche Spannung entstand, die das Schlimmste befürchten ließ. Während Weigel zurückgezogen, in geordneter Stille in seiner Klause saß, ertönte, sinnbildlich verstanden, plötzlich ein furchtbarer Donnerschlag. Der symbolische Kanonendonner bestand darin, daß das Luthertum zur Einführung der Konkordienformel schritt und die Obrigkeit von allen Theologen die Unterwerfung unter sie verlangte. Mit diesem Ansinnen ballten sich dunkle Wolken über Weigel zusammen, das Unglück schien unvermeidlich zu sein. Es waren für Weigel schwere Tage, mußte er sich doch ernstlich überlegen, wie er sich gegenüber der Forderung nach Unterzeichnung einer Formel, mit der er nicht einverstanden war, verhalten solle. Aber Weigel verstand auch in dieser unerquicklichen Lage den inneren Menschen zu retten. Er wurde mit andern Theologen am 15. Juli 1577 nach Chemnitz beordert und unterschrieb «das sächsische Blutbuch», ohne ein Wort des Protestes zu sprechen.

Das äußere Schweigen bei der inneren Ablehnung der Konkordienformel wurde Weigel zum Vorwurf gemacht. Wer ihm wohlwollend gesinnt war, sprach von einem Rätsel, das er mit seinem Verhalten gegeben habe, denn er habe seine Unterschrift unter ein Dokument gesetzt, das mit seiner mystischen Welt nicht übereinstimmte. Sonderbarerweise lebte er gleich den andern lutherischen Pfarrern, ohne sich äußerlich von ihnen zu unterscheiden, und war doch ein schlimmer Ketzer in seinem Pfarramt. Denken und Leben zerfielen demnach bei ihm in zwei Hälften. Man sprach von einer Unehrlichkeit, die unverständlich war. Bis heute hat der Widerspruch keine befriedigende Erklärung gefunden. Die Gegner hatten ihn später einen «Suppenknecht» gescholten, der lieber hinter dem Ofen gesessen habe, als für seine Überzeugung zu kämpfen. Sogar Rufus Jones empfand die Unterschreibung der Konkordienformal als «einen Makel auf seinem wirklich schönen Charakter»[30].

Dermaßen einfach liegen die Dinge nicht, wie es aus diesen verurteilenden Worten erscheint. Gar schnell hat man von einem Mangel an sittlicher Festigkeit geredet. Im ersten Augenblick denkt besonders der junge Mensch, Weigel habe wenig mutig gehandelt. Dem älteren Menschen scheint es eher weise zu sein, da ein offener Widerstand wahrscheinlich mehr zerstört als aufgebaut hätte. Weigel hatte alle Ursache, nach der ersten Verdächtigung vorsichtig zu sein, ansonst er sich einen Ketzerprozeß auf den Hals geladen, der seine Familie ins Elend gebracht hätte. Anstatt so rasch mit einem wegwerfenden Urteil zur Stelle zu sein, wäre es angebracht, an das Wort des Propheten Elisa zu erinnern: «Ich weiß es auch wohl, schweiget nur stille[31].»

Bevor man von einem unverständlichen Verhalten Weigels spricht, ist es doch am Platze, die Situation seiner Zeit zu bedenken. Das Frührot der Reformation war längstens verblaßt, und an seine Stelle trat die lutherische Scholastik, die alle düsteren Anzeichen des religiösen und politischen Zerfalls an sich hatte. Die Epoche der rabies theologorum verbitterte auch dem alten Melanchthon noch die letzten Lebensjahre, so daß er zu Gott flehte, bald aus dieser schrecklichen Zeitlichkeit erlöst zu werden. Durch die gehässigen Streitigkeiten der lutherischen Scholastik wurden alle religiösen Ansätze in den Boden gestampft, und sogar die guten Werke betrachtete man jetzt als schädlich zur Seligkeit! Weigel hat sich gegen «die Prädikanten jetziger Zeit in Germanien» abfällig geäußert, die, anstatt sich um den geschmähten Christus zu kümmern, lediglich um ihre Ehre buhlten, und der Teufel habe es leider dahin «gebracht, daß der ganze Geistliche Stand wider den Heiligen Geist fähret». Man vergegenwärtige sich die zweite Hälfte des 16. Jahrhunderts ein wenig konkret und frage sich dann: Was hätte Weigel erreicht, wenn er sich geweigert hätte, die Konkordienformel zu unterzeichnen? Er wäre sofort aus dem Pfarramt vertrieben worden und hätte keine bleibende Stätte mehr gehabt. Gleich seinem Zeitgenossen Giordano Bruno wäre er ins Unglück hinausgestoßen worden, duldete doch auch keine Universität den sprühenden Italiener, der nach einer gehetzten Wanderung zuletzt den Scheiterhaufen besteigen mußte. War es nicht besser, sich an die Anweisung Jesu zu halten: «Ihr sollt das Heilige nicht den Hunden geben und eure Perlen nicht vor die Säue werfen, auf daß sie dieselbigen nicht zertreten mit ihren Füßen und sich wenden und euch zerreißen[32].» Die Theologen hätten sich gegen Weigel gewendet und ihn bei lebendigem Leib zerrissen. Er konnte die wirkliche Lage besser beurteilen als der heutige Mensch, der im Abstand von bald vierhundert Jahren unerbetene Ratschläge zu Bekennermut erteilt, während ihm selbst nicht die geringste Gefahr droht. Vielmehr ist doch zu fragen: Was war das denn für eine Christenheit, in der ein Mensch nicht einmal offen sagen durfte, was er dachte? Warum klagt man nicht den grauenhaften Gewissensterror an, der die Menschen zu dieser sich duckenden Stellung zwang? Die Erfahrungen mit dem totalitären Staatssystem des 20. Jahrhunderts haben doch erschreckend gezeigt, daß es ungeheuer schwer und meistens auch nutzlos ist, sich gegen den furchtbaren Druck aufzulehnen. Es gibt einfach Situationen des Lebens, in denen man als schweigender Mensch durch die Welt gehen muß, wenn man nicht sein Dasein vorzeitig beenden will.

Dies ist keine nachträgliche Interpretation, die versucht, Weigels Verhalten zu beschönigen. Sie entspricht seinen eigenen Überlegungen, denn er hat sich ehrlich darüber ausgesprochen, was ihn zur Unterzeichnung der Konkordienformel bewogen hat. Im ergreifenden «Gespräch vom wahren Christentum» führt er aus: «Zudem war es eine schnelle Übereilung, daß man nicht etliche Tage oder Wochen solches Ding einem jeden insonderheit zu überlassen vergönnte, sondern nur in einer Stunde dem ganzen Haufen vorgelesen und darauf die subscription erfordert. Mache mir also gar kein Gewissen mit diesem Unterschreiben. Ich bleibe, verharre und sterbe in diesem Grunde, den ich euch erzählet habe. Die Welt mag von mir urteilen, was sie wolle, dieweil ich eben damit meine Freiheit des Geistes bezeuget habe, daß ich sein könne unter allen Sekten ohne Schiffbruch meines Glaubens, ohne Verletzung meines Gewissens. Mein Schatz liegt im Herzen. Den kann mir keine Sekte nehmen, es sei Papst, Luther, Zwinglius oder wer es wolle[33].» Ist die Äußerung lediglich ein Feigenblatt, mit dem Weigel seine Blöße zugedeckt hat? Der Argwohn ist unangebracht, er zerschellt an Weigels ruhiger Erklärung: «Mein Schatz liegt im Herzen.» Das Mysterium des inneren Menschen hat ihm auch über diese gefährliche Klippe hinweggeholfen. Weigel pflegte, wie weiland Sebastian Franck, das Wort des Predigers Salomo anzuführen, nach dem es auch eine Zeit des Schweigens gebe, und dieser Lösung ist auch der Zschopauer Pfarrer nachgekommen. Er ist der schweigende Mensch, er ist der Mann, den man zu lebenslänglichem Schweigen gezwungen hat, er mußte sich das Recht, in seiner geistigen Welt leben zu dürfen, durch das Schließen des Mundes erkaufen. Man könnte Weigel sogar einen Märtyrer des Schweigens nennen. Wenn sein Verhalten unter dem Worte «der Gerechte hat seine Zeit zu schweigen» angeschaut wird, bekommt es ein anderes Aussehen. Weigel ließ sich durch kein äußeres Geschehen, welcher Art es auch immer sein mochte, die innere Realität verdunkeln. Sie blieb an erster Stelle und behauptete sich durch alles Ungemach hindurch. Er selbst hat es eindringlich genug betont: «Item, es wurde dir geboten, die Fahne zu tragen, mit dem Kreuze zu gehen, so laß das geschehen nach dem äußeren Menschen; allein siehe, daß dem inneren Menschen nichts verhängt werde, daß er die Fahne trage, etwas zu verdienen oder einen Gottesdienst damit zu vollbringen, sondern laß dir es ein Kreuz und Joch sein, ja, eine Versuchung des Teufels, der dich also angreift, daß er sehe, ob du wollest ungeduldig werden und einen Krieg anfahen, oder ob du wollest mit dem inneren Menschen auch die Fahne tragen. Item, bist du in der Zahl der Priester und wirst gewahr, daß dein Stand falsch und ungöttlich ist, laß ihn das Joch oder das Kreuz tragen: klage du es Gott und hüte dich ja, daß du nach dem inneren Menschen kein Priester seiest[34].» Die ungewöhnlichen Worte Weigels sind nicht im Sinne des geistlichen Vorbehaltes zu verstehen. Sie enthalten eine unerkannte Tiefe, die nur das Geheimnis vom äußeren und inneren Menschen zu erhellen vermag. Ihr letzter Sinn besteht darin, daß der Verzicht auf die Proklamierung der eigenen Überzeugung für Weigel einen Akt der Demut bedeutete, er war ein Mittel zur Kreuzigung des eigenen Fleisches! Darüber noch eine räsonierende Bemerkung zu machen, wäre eine Geschmacklosigkeit sondergleichen.

Durch die überlegene Haltung bewirkte Weigel, daß das unheimliche Donnergrollen der Konkordienformel wie bei einem Gewitter sich langsam wieder verzog. Er war seiner stillen Klause erhalten geblieben, in der er seine Zeit keineswegs müßig verbrachte. Die mystische Erleuchtung war gar zu wunderbar, als daß er sie ganz in seinem Herzen verschlossen behalten konnte. Es drängte ihn, die neuen Einsichten wenigstens zu Papier zu bringen. Weigel setzte sich an den Schreibtisch. Er hat darüber ein schwerwiegendes Geständnis abgelegt: «Denn auf den Kanzeln darf man Christum crucifixum nicht predigen, er wird nicht geduldet in allen Landen, wie die geistlichen Augen wohl sehen. So habe ich doch für notwendig geachtet, solches schriftlich zu tun und zu bekennen[35].» Weigel mußte schreiben, ein innerer Zwang nötigte ihn dazu. Er schrieb viele Seiten, wie er versichert, nicht aus eitlem Fürwitz oder um sich weltlichem Ruhm zuzuwenden. Die Schriften des Zschopauer Pfarrers sind der Einkleidung nach im Stil des 16. Jahrhunderts geschrieben, sie enthalten absichtlich zahlreiche Wiederholungen und sind deswegen dem heutigen Menschen nicht mehr ohne weiteres zugänglich. Man muß sich zunächst in sie einlesen. Was die Arbeit ein wenig erleichtert, ist einzig der gelegentliche dichterische Einschlag. Das «Gespräch vom wahren Christentum» wurde schon wiederholt mit Johannes von Saaz' «Der Ackermann und der Tod» in Parallele gestellt. Der Zschopauer Pfarrer war kein Dichter – das zu behaupten, wäre eine Übersteigerung – aber er besaß schriftstellerische Fähigkeiten, wenn er auch nicht die warme Sinnigkeit der früheren Mystiker erreichte. Weigel konnte die Feder nicht ruhen lassen, er hat eine stattliche Anzahl von Schriften hinterlassen, und seltsam ist es, daß ihn bei allem inneren Müssen nicht im geringsten das Verlangen plagte, das Geschriebene sogleich zu veröffentlichen. Wenn das Manuskript beendet war, legte er es sorgfältig in die Schublade, wo es verwahrt blieb, und niemand bekam es zu sehen. Demnach hatte Weigel wohl ein Klärungsbedürfnis, nicht aber einen Publikationsdrang. Die Veröffentlichung unterließ er sicher nicht nur aus Furcht vor den unangenehmen Folgen. Er hätte die Schriften anonym oder pseudonym herausgeben können, wie es Sebastian Castellio mit dem Buch «Darf man Ketzer verfolgen?» auch getan hatte. Dieser Ausweg kam für Weigel nicht in Frage, womit er eindeutig bezeugt hat, daß er allein für den inneren Menschen geschrieben hat. Allzu stark hatte er das Gefühl, daß er «fremde, seltene Rede bringe» und aus diesem Grunde auch nicht verstanden werde, da seine Zeit noch nicht gekommen sei, worin er sich auch nicht getäuscht hat. Auf die Frage, ob in dieser Schriftstellerei für den Privatgebrauch verschiedene Epochen festzustellen sind, kann in diesem Zusammenhang nicht eingegangen werden[36].

Weigel erwies sich in seiner schriftstellerischen Tätigkeit als religiöser Denker, der die Macht der gewohnheitsmäßigen Betrachtung von sich abgeschüttelt hat. Die Bezeichnung kommt ihm durchaus zu, dieweil er überaus scharfsinnig denken konnte. Er beschritt in seinen Werken nie ausgetretene Geleise, begnügte sich auch nicht, «mit fremder Leut Augen zu sehen», sondern erwies sich stets als ein unabhängiger Geist, der die Dinge selber zu erforschen begehrte. Er war ein philosophischer Kopf und vermochte mit seinem Denken die schwersten Probleme zu durchdringen. Mit seiner Erkenntnistheorie – «alle Erkenntnis kommt her aus dem Erkenner» – hat er die neuere kritische Philosophie vorweggenommen. Eine kühne christliche Spekulation erfüllte ihn, die er nicht sogleich als unerlaubten Fürwitz betrachtete. Die religionsphilosophische Ader war in Weigel vorhanden, es lebte in ihm eine sokratische Liebe zur Weisheit, und so wenig wie der rätselhafte Grieche vertrat er ein System. Bei aller Anerkennung von Weigels philosophischer Begabung darf sie jedoch auch nicht zu stark betont werden, denn sonst würde man das Gewicht auf eine falsche Stelle legen, indem man ihn zu modernisieren beginnt. So ausgeprägt Weigels metaphysisches Interesse war, es blieb bei ihm doch stets in seiner Mystik eingebettet, die ihn mit dem Psalmisten bekennen ließ: «In deinem Licht sehen wir das Licht.» Das spekulative Anliegen wurde immer durch die ethische Orientierung in Schach gehalten. Weigel war in erster Linie Mystiker, die Bezeichnung ‚Naturmystik‘ ist freilich für ihn irreführend. Bei ihm ist die Innerlichkeit in ihrer ganzen Lebendigkeit aufgeblüht. Weigel unterscheidet zweierlei Weisheiten: die Weisheit der Welt und die Weisheit des Himmels, folglich wußte er auch um «die übernatürliche Sophia», die man nicht erwirket, sondern lediglich erleidet. Seine spekulativen Ausführungen dürfen auch nicht als Pantheismus charakterisiert werden. Zwar enthalten sie ein pantheistisches Element, genau wie die Bibel, in dem Sinne, daß die Kraft Gottes alles durchdringt. Dieser Auffassung ist ein bedeutsames Wahrheitsmoment eigen, auf das man nicht verzichten kann. Irrig wird das pantheistische Anliegen nur, wenn es sich verselbständigt und alles überwuchert. Weigel dagegen wußte in seinem Denken sehr wohl die Grenzen innezuhalten: «Alle Kreaturen leben im Wort oder im Geiste, sie wandeln aber nicht alle im Geiste. Es ist nicht genug, daß Gott und sein Wort in uns ist, wir müssen auch in Gott und seinem Worte sein. Es ist nicht genug, daß der Himmel, das Reich Gottes in den Menschen sei, die Menschen müssen auch im Himmel und im Reiche Gottes sein ... Es ist also, daß Natur nicht selig mache, sondern Gnade[37].» Wer so redet, der ist doch wohl nicht einem naturalistischen Pantheismus verfallen, da in diesen Worten der Unterschied von Christentum und Pantheismus deutlich ausgesprochen ist. Immer wieder betont Weigel, daß Gott alle Kreaturen in sich schließt, aber von keiner begriffen wird. Seine Worte sind im Sinne der christlichen Mystik zu interpretieren, er zählt zu den größten evangelischen Mystikern der nachreformatorischen Epoche.

Am unmittelbarsten tritt Weigels spekulative Denkkraft in seinen Ausführungen über Gott zutage, wonach der Allmächtige alles ist und doch nicht mit der Welt identifiziert werden darf. «Obwohl Gott ein Begriff und Wesen aller Kreaturen ist, so ist er doch nicht eine Kreatur, er ist kein Engel, er ist kein Stein, kein Fisch, kein Tier, kein Mensch[38].» Auch die Ewigkeit ist nach Weigel weder eine vergangene noch eine zukünftige Angelegenheit, sondern in ihr bestehen alle Dinge in einer gegenwärtigen Anschauung. «Alle vergangenen und zukünftigen Dinge siehet Gott in seinen gegenwärtigen Augen[39].» Gott selber ist die Ewigkeit, aber er hat keinen Namen, er ist sich selber der Name. Von Gott kann beides ausgesagt werden, daß er das Licht und die Finsternis ist; Negatives und Positives bilden im Ewigen keine Gegensätze. Die heilige Schrift redet von ihm, wie es der Mensch versteht, und schreibt ihm auch mancherlei Affekte zu, wie Freude und Zorn. Doch lallet sie dadurch nur mit uns Menschen, während sie genau weiß, daß Gott nie uns gleicht. Dem Bösen kommt nicht die gleiche Existenz wie dem Guten zu, es ist das Nichts und stellt die Ohnmacht dar. Statt Haß gegen die Bösen zu empfinden, hegte Weigel als Weiser ihnen gegenüber Mitleid, daß sie so krank sind.

Dem Gottesverständnis entsprechend sind Weigels mystische Ausführungen über die Kirche. Der Zschopauer Pfarrer kennt zwei Arten von Kirchen, einmal eine «Menschenkirche, die durch Menschenliebe und Stärke gesammelt und beschirmet wird, und eine Gotteskirche, die da durch den Heiligen Geist gesammelt und regieret wird[40].» Wichtiger als «die Mauerkirche», wie er sich ausdrückt, ist ihm die Kirche des oberen Jerusalems, deren Gliedmassen unter allen Sprachen, Völkern, Kirchen zerstreuet sind, die keine dogmatischen Lehrsätze kennt, die man beschwören muß, und in der alle allein durch die Liebe zusammengehalten werden. «Also kann der seligmachende Glaube wohl sein ohne die Sakramente, das ist, ein Mensch kann Christus recht haben innerlich nach dem Worte, ohne alle äußerliche Erkenntnis nach dem Fleische, und kann auch haben den Geist ohne alle Bücher und Schrift, und kann auch haben den Glauben ohne alle Sakramente[41].» Die unsichtbare Kirche ist zerstreut wie die Lilie unter den Dornen, man findet sie unter dem Papst, den Protestanten und den Moskowitern. «Aus dieser Kirchen Gottes, darinnen ich aus Gottes Gnaden bin, kann mich kein Mensch stoßen. Ob mich gleich der Lutherische zum Papst verjagete, so wäre ich unter dem Papst ebenso wohl in der heiligen Kirche und hätte alle himmlischen Güter gemein mit allen Gläubigen. Und ob mich gleich die Papisten verjagten in die Türkei, so wäre ich unter den Türken ebenso wohl in der heiligen Kirche, als zuvor beim Luther und Papst, denn an äußeren Dingen ist nichts gelegen, es liegt alles am inneren Grunde, welcher in der Menschenkirche ganz wird verleugnet[42].» Nach Weigel ist die äußere Zugehörigkeit Nebensache, es kommt allein auf das innere Wort an, auf die unsichtbare Versammlung der Heiligen. Weigel hat ein eindrucksvolles Bekenntnis zur Geisteskirche abgelegt, sie allein ließ sein Herz höher schlagen. So oft er von ihr schrieb, erfüllte ihn ein religiöses Hochgefühl. Von der Geisteskirche konnte der Pfarrer von Zschopau die kühn klingenden Worte sagen, die als innerer Trost und nicht als Stolz aufzufassen sind: «Ich habe den Priester in mir, der höret mich Beichte, der absolvieret mich, der speiset mich, der machet mich zu einem wahren, lebendigen Gliede der Kirche[43].»

Nach Weigels Darlegungen kommt aller Jammer daher, daß die Menschen die «Mauerkirche» der Gotteskirche gleichsetzen, während doch die Zugehörigkeit zur Geisteskirche ausschlaggebend ist und weitreichende Konsequenzen in sich schließt, von denen wohl die bedeutsamste die Ablehnung der Ketzerverfolgungen ist. Die grausame Behandlung der Häretiker schändet sowohl die mittelalterliche als auch die junge Reformationskirche. Sie alle kannten keine verständnisvolle Anerkennung der Andersdenkenden. Doch ließ sich Weigel durch die betrübliche Wahrnehmung nicht irre machen. Gegenüber der unchristlichen Behandlung erklärte der erleuchtete Weigel, daß der Heide Justinian das Böse mit dem Schwerte bestrafte, dagegen Christus den Sünder belehren wollte, damit er sich bessere und lebe. Weigel sprach sich in seinen Schriften mit Vehemenz gegen die Todesstrafe aus: «Prüfet die Ketzer, aber tötet sie nicht leiblich», auch nicht durch die Hand der Obrigkeit[44]. Seine Worte erheben sich bei dem Thema der Ketzerverfolgungen zu einem aufrüttelnden Pathos, dem sich der Christ nicht entziehen kann. «Nicht bald einen Sünder hinwegwerfen, verjagen, töten, sondern zuvor vermahnen, bekehren, zur Buße locken, daß er eine solche Buße wirke, daß sich hundert daraus bessern. Was ist das für eine Buße oder Besserung, den Dieb henken, und Andere stehlen immer hernach? Was ist das für ein Recht, den Ehebrecher köpfen, und Keiner stehet ab von der Hurerei? Das fünfte Gebot ‚Du sollst nicht töten' ist noch von keinem Juristen verstanden worden, denn ihrer keiner kennt Christum, weiß nicht, was Christus durch das Fußwaschen fürbilde und lehre. Im Fußwaschen wird begriffen die Liebe, die da ist eine Erfüllung des ganzen Gesetzes Christi ... Wir sollen nicht frohlocken, jubilieren über unseres Nächsten Fall, es ist in uns auch, was in ihm ist; wir können auch übereilet werden. Mitleid sollen wir haben und nicht ruhen, bis wir unserem Nächsten wieder aufhelfen, wie denn alle rechten Gliedmassen in der christlichen Kirche tun; Sie ermahnen, helfen auf, bringen zu Rechte, bekehren den gefallenen Menschen, schlagen ihn nicht tot[45].» Weigels Darlegungen sind offenkundig aus dem Geiste des Evangeliums herausgeflossen und nicht aus Justinians Vorschriften, die außerhalb der Kirche entstanden sind. Christus hat nach Weigel nie das Schwert der Kirche übergeordnet; man darf in Glaubenssachen keinen Zwang ausüben. An der Liebe erkennt man die Jünger Christi, die niemals andere Menschen quälen können. «Denn bei der ewigen Wahrheit: Kein Christ tötet den Christen, auch nicht den Unchristen; kein Schaf ziehet in den Krieg, nur die Wölfe[46].»

Weigel wendet sich scharf gegen allen Glaubenszwang, weil es auf religiösem Gebiet nichts zu befehlen gibt und einem erzwungenen Glauben das herzliche Vertrauen zu Gott fehlt. «Niemand kann einen zum Glauben zwingen oder davon treiben ... Wie mögen denn etliche so blind bleiben und vermeinen, man müsse den seligmachenden Glauben mit Kriegen und Feldschlachten beschirmen, der Glaube bedarf keines weltlichen Schutzes, wie die vermeintlichen Christen achten, die da sagen, man müsse den Türken mit Kriegen widerstehen[47].» Weigel hat die Versuchung, die in jedem Herrschaftsanspruch liegt, erkannt. «Es ist kein Zwang von Christo gegen die Seinen, auch zwinget Christus keinen Weltmenschen zum Glauben[48].» Die Ausführungen des Zschopauer Pfarrers über die Duldung sind nicht aus einer aufklärerischen Einstellung herausgeflossen, die zur Entleerung des christlichen Glaubens führt. Bei ihm geht die Toleranz aus Liebe und nicht aus Gleichgültigkeit gegenüber den Glaubensfragen hervor. Der Christ muß sich zur Gewaltlosigkeit hindurchringen, denn sie allein entspricht der christlichen Gesinnung. Mit der Forderung nach Duldung ist Weigel seiner Zeit weit vorausgeeilt, er hat sich mit ihr zu den Pionieren einer neuen Christenheit gesellt.

Auch in anderer Beziehung hat er gelegentlich bahnbrechende Gedanken geäußert, indem er behauptete, «aus Mangel an Liebe und Glauben wird das Eigentum behalten». Weigel hat nicht den Untertanengehorsam als des Bürgers erste Pflicht betrachtet. Die allzu untertänige Haltung hat dem lutherischen Protestantismus nur Schaden zugefügt. Gewiß war Weigel kein Revolutionär, er steht hierin nicht in der Nachfolge Müntzers, versteigt er sich doch in seiner Polemik kaum zu einem heftigen Ausfall. Aber er hat aus tiefster Einsicht in das Wesen des Christlichen die Ansicht vertreten, daß die Gläubigen der Obrigkeit nicht blinden Gehorsam schuldig sind. Der Ungehorsam kann unter Umständen der größte Gehorsam sein. «Merkt wohl, ihr Obrigkeiten auf Erden: die Gläubigen sind euch nicht unterworfen nach dem inwendigen Menschen, ihr habt keine Gewalt über sie[49].»

Ebenso konsequent hat Weigel den Krieg abgelehnt. Mit einer Eindeutigkeit, wie sie im 16. Jahrhundert nur Erasmus und Franck aufbrachten, hat sich auch Weigel gegen die heidnische, ungebändigte Kriegslust der Christen ausgesprochen. Ihm war es unverständlich, daß ein Volk gegen das andere aufstehen konnte und gar noch um den Glauben stritt, den keines von beiden besaß! Die Christen verhielten sich hierin ärger als die Türken. Paulus zog wehrlos seine Straße und gewann dadurch die Menschen für das Evangelium. Wo Christus ist, da wird kein Krieg mit Waffen geführt. Wer Krieg führt, der ist kein Christ, sondern ein Wolf und gehört nicht zur Schafherde. «Obgleich die Gottlosen kriegen und töten, so tut es doch Christus nicht, noch die Seinen. Du mußt bekennen, daß Christus nicht Krieg oder Feldschlachten tue[50].»

Wenn die Erfüllung dieser Hoffnungen auch noch in weiter Ferne lag, so war Weigel doch von der inneren Gewißheit getragen, daß sie eines Tages verwirklicht werden. Er glaubte an «das goldene Jahrhundert», und demnach erwachte bei ihm unerwartet der Geist Joachim von Fiores: «Summa: die Liebe wird herrschen in der dritten Zeit, das ist in der Zeit des Heiligen Geistes, die alle Dinge erklären und verständigen wird, was Christus je gelehrt hat, geredet, gelebt, getan mit seinem Nachtmahl und mit seinem Füßewaschen[51].»

Der Gedanke von der dritten Zeit deutet bereits an, daß die ethischen Forderungen Weigels nicht in einer theoretisch-abstrakten Denkweise begründet waren. Sie stehen nicht fordernd da, sondern sind stets eingebettet in seine mystische Auffassung. Aus ihr sind sie herausgewachsen. Bedeutsamer als alle sittlichen Befehle war für Weigel der schweigende Sabbat der Seele. Weigel kam immer wieder auf die Sabbatstille im Innern zu sprechen, er hat hiefür Worte gebraucht, über die nur Menschen verfügen, die sie auch erlebt haben. Die Stimme Gottes wird einzig in der Seele gehört, und das innere Wort kann nur wirken, wenn der Mensch schweigt und Sabbat hält. Nach Weigel hat Gott dem Menschen nicht ein Hin- und Herlaufen, ein Rennen oder Wirken verordnet, sondern ein lauteres Leiden, Feiern und Stillehalten, damit der Christ in solchem Sabbat höre, was der Allmächtige mit ihm rede. Weigel kann nicht genug reden vom «süßen Stillstand», der «da alles ruhig und still machet»; er wendet sich deutlich gegen die Menschen, die da unruhig bald diesem und bald jenem nachjagen, während die wahren Christen nicht weglaufen, sondern den Frieden erwarten in ihnen selbst. Der Mensch muß sich üben im Gebet, «auf daß er endlich komme in eine Stille und Sabbat und höre in ihm selber, was Gott rede»[52]. Nur in der Sabbatstille wird das vollkommene Gut im inwendigen Grund der Seele gefunden, gefühlt und geschmecket. «Gott fordert nichts mehr vom Menschen als den Sabbat, daß er ihn feiere und stille halte, daß er ruhe von allen seinen Werken und fürnehmlich von sich selbst. Unser Geist und Gemüt ist wie ein Wasser, so bald es stille wird, und von keinem Winde oder zeitlichen Gedanken hin und her bewegt, alsobald blicket Gott ein und spricht sein kräftiges Wort in ein solches stilles Wasser[53].»

Aus der Sabbatfeier der Seele floß Weigels Schweigen, das er zeitlebens beobachtet hat. Nie wäre ihm dieser schweigende Sabbat zuteil geworden, wenn er sich in die lärmige Polemik seiner Zeit gestürzt hätte. «In solchem Sabbat, da alle Dinge in ein Stillschweigen kommen, da wirket das innere Wort den wahren Glauben[54].» Die schweigende Sabbatfeier der Seele hat auch für die gegenwärtige Christenheit eine große Bedeutung. Der heutige Christ leidet an einem Aktivismus, der oft geradezu hektische Formen annimmt. Er meint mit allerlei äußeren Machenschaften die Menschen für die Kirche zurückgewinnen zu können und ersinnt deswegen immer neue Veranstaltungen: Groß aufgezogene Kirchentagungen, Gemeindehäuser mit Teeausschank, religiöse Variétévorstellungen usw. Alle diese Versuche, mit der Welt das Wettrennen aufzunehmen, fallen unter das Gericht von Matthias Claudius' Verse: «Sie spinnen Luftgespinste und suchen viele Künste und kommen weiter von dem Ziel.» Der Aktivismus führt zu Betrieb und Hetze, woraus keine wertvolle Frucht hervorgehen kann. Er dient mehr zur Betäubung als zur Erweckung der Menschen. Ihm muß bewußt wieder Weigels Sabbatstille der Seele gegenübergestellt werden, die freilich nur von wenigen und nicht von der großen Masse vollzogen werden kann. Einzig der Christ, der in die köstliche Sabbatstille der Seele eingegangen ist, kann nachher eine fruchtbare Wirksamkeit ausüben, die Meditation und Aktivität umfaßt.

Die Sabbatstille der Seele – Bulgakow nennt sie «das abendlose Licht» – schließt das innere Paradies in sich. Der Mensch, der das gegenwärtige Wohnen Gottes in sich erlebt, sucht das Paradies nicht mehr außerhalb seiner selbst. Der Himmel ist so wenig ein «beschlossenes Gemach», wie die Hölle ein Ort voller Feuerflammen unter der Erde ist. «Gott ist unser Himmel und wir sind sein Himmel[55].» Das «Heute der Ewigkeit» ist das unteilbare Jetzt, das weder Vergangenheit noch Zukunft zuläßt, keinen Anfang und kein Ende hat, in welchem alles eins und zugleich ist. Nicht nur einmal redet Weigel von der paradiesischen Freude der inneren Ewigkeit, immer wieder sagt er: «Die Seligen haben den Himmel in ihnen und sind im Himmel. Die Verdammten haben die Hölle in ihnen und sind in der Hölle. Die wesentliche, leibhaftige Vereinigung ist offenbar beides in dieser und jener Welt[56].» Die Paradiesesgeschichte wird bei Weigel aus einem mythischen zu einem ewig gegenwärtigen Geschehen. Er wendet sich bewußt dagegen, daß man buchstäblich vom hölzernen Baume redet, statt ihn als eine Figur im Menschen zu verstehen. Das Paradies gehört ganz in die Seele des Menschen; Weigel empfindet glückselig, daß er «das Paradies selber ist». Der Garten Eden ist weder ein geschichtlicher Zustand aus ferner Vergangenheit, noch wird er als Tausendjähriges Reich am Ende aller Tage wiederkommen, sondern das Paradies ist gegenwärtig, der Mensch hat es in sich, er kann jeden Moment in ihm sein. Es ist da, sobald er in die Sabbatstille der Seele eingetreten ist. Die Botschaft vom gegenwärtigen Paradies ist bloß eine andere Formulierung vom inneren Reich, eine der tiefsten Erkenntnisse der Reformationszeit. Das innere Paradies ist die wahre Heimat der Menschen, und Weigel schrieb denn auch, dieses «Vaterland stehet nicht außer uns, sondern inwendig im Geiste, darum sind wir noch nicht daheim in Hispania oder Germania oder zu Leipzig oder in diesem oder jenem Hause. Denn daraus mich ein anderer sterblicher Mensch jagen und stoßen kann, das ist noch eigentlich nicht meine Heimat. Es muß ein solcher Ort oder Heimat sein, daraus mich kein Mensch noch Tier noch Wurm jagen oder treiben können in Ewigkeit[57].» Dies kann aber nur das innere Paradies sein, das die wahre religiöse Heimat des Menschen ist, zu der Weigel heimgefunden hat.

Es ist leicht, die Einsicht vom gegenwärtigen Paradies als eine naive Schwärmerei abzutun und sich darüber lustig zu machen. Doch wendet man sich mit diesem Spott gegen die Mystik an sich, aus ihrer Verneinung kann nur eine Verödung des religiösen Lebens hervorgehen. Dem Glauben an das innere Paradies war auch Dostojewskij in leidenschaftlicher Liebe zugetan, ohne je den Namen Weigel nur gehört zu haben. Der russische Dichter hat dem gegenwärtigen Paradies namentlich in den «Brüdern Karamasow» beredten Ausdruck gegeben, was darauf hindeutet, daß sich hierin westliche und östliche Mystik grüßen. Die Auffassung vom gegenwärtigen Paradies geht auf eine verborgene Tradition zurück; alle jene, die um den inwendigen Christus wissen, befinden sich in ihm.

Jedenfalls lebte Weigel selbst im inneren Paradies und durfte dank seiner stillen Zurückgezogenheit unbemerkt weiter darin weilen, bis er an einem Sommertag plötzlich starb. Der Sechsundfünfzigjährige ist ohne lange Krankheit, wie es sein Wunsch war, in das ewige Paradies eingegangen. Er wurde «auf christliche Weise zu seinem letzten Ruhebettlein» getragen und in der Kirche unmittelbar neben dem Pfarrstuhl beigesetzt, womit ihm seine Gemeinde noch eine letzte Ehre erwies. Die Inschriften des Grabsteins forderten den Menschen auf, Gott und sich selber zu erkennen, so habe er hier und dort genug:

Ruhe und Stille
Ist Gottes Wille,
Das in mir Herre
Auch erfülle.

Weigels Andenken hat sich in Zschopau noch viele Jahrzehnte hindurch lebendig erhalten, ein Zeichen für die starke Ausstrahlung seiner Persönlichkeit.

Mit Weigels Tod ist die Berichterstattung jedoch noch nicht abgeschlossen. Trotzdem Weigel sehr still gelebt hatte, war die Kraft seines mystischen Christentums doch durchgesickert. Er überragte die Theologen des ausgehenden 16. Jahrhunderts mehr als um Haupteslänge, weil er wirklich «eine brennende und entflammende Fackel der Wahrheit» getragen hatte. Sein Beitrag zur evangelischen Mystik führt sowohl rückwärts zu der mittelalterlichen Mystik, als auch vorwärts auf eine werdende Gottinnigkeit des Protestantismus. Gleich einem guten Hausvater vermochte er Altes und Neues aus dem Schatze seines Herzens hervorzuheben und blieb dabei vom üblichen Denken des Reformationszeitalters seltsam unberührt. Weigel war eine Leuchte in der evangelischen Christenheit; die verborgene Heiligkeit dieses Mannes ist nicht zu übersehen, denn niemals haschte er nach Anerkennung und unablässig sprach er in der Stille mit Gott. Da er «die zusammenfassende Krönung der Mystik des 16. Jahrhunderts» repräsentiert, verstaubten die sorgsam in die Schublade gelegten Manuskripte nach Weigels Tod nicht. Sein Nachfolger im Amt schrieb sie ab und verbreitete sie handschriftlich. Weigel selbst hat dies gewünscht und in einem Manuskript vermerkt: «Du mein Leser, kehre Fleiß an, daß solches in den Druck verfertigt werde[58].» Zwanzig Jahre später wurden sie denn auch nach Halle in die Druckerei getragen. Der Vorgang spielte sich im Dunkeln ab. Wer es getan hat, weiß man nicht. Wahrscheinlich waren Weigels Söhne daran beteiligt. Eine Druckerlaubnis wurde nicht eingeholt, die auch kaum erteilt worden wäre. Dessen ungeachtet erweckten die Schriften sogleich eine große Aufmerksamkeit, sie wurden namentlich von Gebildeten und Adeligen eifrig gelesen.

Freilich verquickte sich damit auch ein Nachteil. Man hatte die Manuskripte heimlicherweise zum Druck gebracht, und da die Schriften auf lebhaftes Interesse stießen, verlockte dieses Vorkommnis zur Nachahmung. Es erschienen einige Schriften unter Weigels Namen, die nicht von ihm stammten. Bereits Gottfried Arnold hat die Unterschiebung bemerkt. Erst im 19. Jahrhundert hat man die Arbeit in Angriff genommen, die echten von den unechten Schriften Weigels zu scheiden, wobei sich allerdings das subjektive Urteil geltend machte und einzelne Schriften Weigel abgesprochen wurden, die man ihm hernach wieder zuerkannte. Das Problem des Unterscheidens von echt und unecht ist für die Wissenschaft von großer Bedeutung. Es ist historisch nicht gleichgültig, ob diese Schrift Weigel wirklich geschrieben hat oder nicht. Die Fragestellung hat noch einen andern Aspekt: Welch starke Wirkungskraft traute man schon damals Weigel zu, daß sich so viele Schriften an seinen Namen hängten! Keineswegs sind die unechten Schriften wertlos. Sie sind von Geistesverwandten Weigels geschrieben worden und haben viel zur Verbreitung von mystischen Gedanken in der evangelischen Christenheit beigetragen, auch wenn sie jetzt unter falscher Flagge segelten. Im «Studium universale» stehen durchaus beachtliche Ausführungen über ein Buch, darin die ganze Welt begriffen ist: «Willst du es wissen, was es für ein Buch sei, wo es gekauft werde, und wie teuer, so kehre in dich selber und erkenne dich selber, so findest du den Buchladen[59].»

Die rasche Verbreitung von Weigels echten und unechten Schriften wäre nicht möglich gewesen, wenn ihr Inhalt nicht einem religiösen Bedürfnis entsprochen hätte. Je ausdörrender die lutherische Scholastik sich auswirkte, um so mehr sehnten sich die Menschen nach dem mystischen Leben. Weigels Bücher wirkten befruchtend. Es kam zu einer Bewegung, die man Weigelianismus nannte, der allerdings nicht mit ihm identifiziert werden darf. Wenn die Weigelianische Strömung auch nicht organisiert war – was sie nach den Intentionen ihres Urhebers gar nicht sein konnte – so gewann sie doch überall Anhänger. Weigels Saat fiel nicht unter die Dornen, sie ist aufgegangen und hat Früchte getragen, was um so erstaunlicher ist, als Weigel selbst nie das geringste zu ihrer Verbreitung getan hat. Er überließ seine Schriften ganz der Hand der Vorsehung, und durch ihre Hilfe wurden sie über alle Lande zerstreut. Als ein Jahrhundert später der Pietismus auftrat, wurde er vielfach als Weigelianismus redivivus bezeichnet, ein Urteil, das sowohl die Frömmigkeit Weigels bekundet, als auch die mystische Ader des ursprünglichen Pietismus.

Doch erweckte die rasche Verbreitung von Weigels Schriften auch mannigfachen Anstoß. Sie lösten nicht überall Freude aus, namentlich nicht in den Kreisen der lutherischen Orthodoxie, die Weigels Schriften als «Fledermäuse» schmähten. Bereits sein Nachfolger im Amt, Biedermann, bekam den Unmut stark zu spüren, indem er noch als alter Mann seiner Pfarrstelle entsetzt wurde. Weigels Name wurde verketzert, er galt als Urheber des Enthusiasmus im Protestantismus. «Weigelianer» wurde einer der schlimmsten Schimpfnamen, die man einem Menschen anheften konnte. Man behauptete allen Ernstes, der Weigelianismus bedrohe das Fortbestehen der Kirche. Die Gegner erblickten in ihm eine große Gefahr, der sie nach Kräften entgegensteuerten. Als ein zweiter Müntzer wurde der stille Mann von Zschopau verschrien, der einen wiedertäuferischen Geist verbreitet habe! Der Hamburger Pastor Johannes Schelhammer schrieb eine «Widerlegung» von Weigel, worin der Verstorbene mit groben Schimpfworten ein «himmelblauer Prophet», ein «heiliger Pfingstfink» und eine «Stachelsau» gescholten wurde, der «bombastische Feigen» gekocht und in seinem «Kalbsgehirn» nur eine «Tollogie» ausgeheckt habe[60]. Schelhammers Grobianismus gelang es, das Bild Weigels, das man sich in Deutschland machte, zu formen, besonders in jenen Kreisen, die ihn nicht lasen. Eine Flut von theologischen Kampfschriften gegen Weigel erschien, sie alle schleuderten nur verdammende Worte gegen diesen Mann[61]. Bis in die Gegenwart erstreckt sich diese verständnislose Ablehnung Weigels, den man noch heute bezichtigt, den «folgenschweren Schritt zur Psychologisierung der Religion» getan zu haben, die einen «Darwinismus in der Religion» und eine «Feuerbachsche Desillusionierung» verbreite[62]. Nicht einer der Gegner frug sich, ob in Weigels Mysterium vom inneren Menschen nicht auch eine Wahrheit enthalten sei, die man nicht einfach so zornig zerschlagen dürfe. Mit ihrer uneinsichtigen Befehdung haben sie jedoch erreicht, daß Weigel im deutschen Geistesleben zu einer unbekannten Gestalt wurde, die förmlich neu zu entdecken ist.

Es gibt über die blindwütende Bekämpfung des edlen Weigel eine sprechende Anekdote. In Weigels eigener Kirche zu Zschopau wetterte einst ein fanatischer Pfarrer gegen ihn, schämte sich nicht, an einem Sonntag vor versammelter Gemeinde von der Kanzel herab auf den Grabstein hinzuweisen und voller Wut zu sagen: «Da liegt der Erzketzer[63].» Tragischerweise hatte der Zelot keine Ahnung, daß er mit diesen Worten auch die Mystik vom schweigenden Sabbat der Seele schmähte, von der er offenbar nichts wußte. Der haßerfüllte Streittheologe konnte sich nicht einmal bezähmen und gab, als er von der Kanzel heruntergestiegen war, der Grabstätte Weigels sogar noch einen Fußtritt – und von dieser Stunde an verspürte er zeitlebens einen Schmerz in seinem Bein! Das Vorkommnis ist von sinnbildlicher Bedeutung. Die gesamte lutherische Theologie hat mit ihrem Fuß gegen Weigel gestoßen und sich dabei gleichsam eine geistliche Rheumakrankheit zugezogen, mit der sie nun mühsam herumhinken muß und die ihr nicht wenig Ungemach bereitet. Bis zum heutigen Tag leidet sie an diesen theologischen Gliederschmerzen, und sie wird das Zipperlein trotz aller dogmatischen Rechtgläubigkeit auch nie mehr loswerden, es sei denn, sie unterziehe endlich ihre uneinsichtige Ablehnung der Mystik einer gründlichen Revision!

DIE BLÜTEN

JOHANN ARNDT

[1555–1621]

DER KÜNDER DES WAHREN CHRISTENTUMS

Zu den schönsten Blüten am Baume der evangelischen Mystik zählt Johann Arndt. Der Familienname Arndt ist das alte niederdeutsche Wort für Adler. Schon seine Zeitgenossen haben gelegentlich gesagt, daß nach der Gans – so lautet die deutsche Übersetzung des tschechischen Wortes Hus – und nach dem Schwan – unter diesem Bild wurde Luther gedeutet – nun der Adler aufgetreten sei. Der Vergleich ist hoch, aber nicht zu hoch gegriffen. Arndts Sendung erinnert an das ruhige Kreisen eines Adlers, hoch droben in den Lüften. Er hat sich mit seinen Schwingen über die Niederungen des Daseins erhoben. Beim Aufblick zu dem majestätisch kreisenden König der Lüfte denkt man unwillkürlich an Hildegard von Bingens Wort, das sie einst an Bernhard von Clairvaux schrieb: «Du bist der Adler, der in die Sonne schaut.» Die Anerkennung darf auch auf Arndt übertragen werden, dessen Flug nichts mit dem eines krächzenden Raben gemeinsam hat.

Johann Arndt, eines Pfarrers Sohn, besaß schon als Jüngling eine ausgesprochene Neigung zur Naturwissenschaft, weshalb er sich zunächst diesem Studium hingab. Während einer gefährlichen Krankheit gelobte er, nach der Genesung die geistliche Laufbahn zu wählen. Kaum hatte er den Entschluß in die Tat umgesetzt, widerfuhr ihm ein zweites, noch erschütternderes Erlebnis. In Basel fiel Arndt bei einem Spaziergang an den Ufern des Rheins in den Fluß. Sein polnischer Zögling sprang ihm nach und entriß ihn den Fluten. Die zweimalige Errettung aus schwerer Todesgefahr machte auf Arndt einen tiefen Eindruck; die höhere Hand hatte allzu deutlich in sein Dasein eingegriffen. Der Allmächtige hatte ihm seine unsichtbare Gegenwart bezeugt, weil er ihn für ein größeres Werk brauchte. Arndt ist als ein Geretteter durchs Leben gegangen. Schon allein durch dieses Bewußtsein unterschied er sich von den Zerrissenen oder gar den Verfluchten, die nur Unseligkeit um sich verbreiten. In jungen Jahren hatte Arndt deutlich den Griff Gottes nach seiner Seele erlebt. Das Gefühl, in letzter Minute gerettet worden zu sein, verpflichtete ihn, auch den andern Menschen zur Rettung zu dienen. Hat ein Geistlicher am eigenen Leibe die göttliche Hilfe erfahren, dann besitzt er von Anfang an einen andern Blick als ein Pastor, der lediglich auf der Universität einige Sätze in sein Kollegheft geschrieben hat.

An seiner ersten Pfarrstelle Badehorn schloß Arndt eine glückliche, wenn auch kinderlose Ehe, und alles schien einen friedlichen Verlauf zu nehmen. Da geriet der junge Adler in einen unerwarteten Gegensatz zum Landesfürsten, denn Arndt konnte sich nicht dazu verstehen, die exorzistischen Worte bei der Taufe wegzulassen, wie es den Geistlichen befohlen wurde. Nicht Halsstarrigkeit führte zu dieser Weigerung; Arndt war von einer religiösen Treue erfüllt, für die er auch bereit war, Opfer zu bringen. Der Exorzismus war ihm durch die vielhundertjährige Tradition geheiligt, und nach seinem Dafürhalten bedurfte die auseinanderfallende Zeit dringend der Austreibungsformel, wenn sie die Dämonen loswerden wollte. Zudem lag im Vorgehen des Fürsten ein staatlicher Eingriff in eine innere Angelegenheit der Kirche vor, wie er damals zwar an der Tagesordnung, nicht aber wünschenswert war, denn seine Befehle wirkten sich fast immer nachteilig aus. Die protestierende Geistlichkeit gab zuletzt kleinlaut nach – mit Ausnahme Arndts! Sein Mut ließ ihn nicht im Stich, eine Charaktereigenschaft, die auch in religiöser Beziehung hoch zu schätzen ist. Mit der tapferen Unerschrockenheit bewies er, daß er nicht zu den bloß kopfnickenden Menschen gehörte, die den beschränkten Untertanengehorsam als der Weisheit höchsten Schluß betrachteten. Vom Servilismus, der allen Verordnungen der Obrigkeit kriechend beipflichtet, war er löblicherweise völlig frei. Das unabhängige Denken führte ihn gleich zu Beginn seiner Laufbahn in die Reihe der Widerstandskämpfer, die es zu allen Zeiten in der Christenheit gab. Der Konflikt mit dem Fürsten endigte mit Arndts Amtsentsetzung, und der junge Geistliche wurde kurzerhand des Landes verwiesen. Der mutige Mann zählt zu den Märtyrern des Luthertums. Allein schon diese Tatsache hätte ihn für immer vor dem uneinsichtigen Vorwurf bewahren sollen, er untergrabe mit seinen Anschauungen die evangelische Kirche.

Arndt fand hierauf in Quedlinburg eine neue Stätte der Wirksamkeit. Er predigte mit doppeltem Ernst, drang auf Vermeidung eingerissener Unsitten und forderte nachdrücklich eine Lebensheiligung von seinen Gemeindegliedern. Die Strenge zog ihm viele Feinde unter den leichtfertig gesinnten Leuten zu. Arndt kehrte sich nicht daran, und schließlich wurde seine Gemeinde durch sein Verhalten während der Pestzeit stark beeindruckt, da er nicht floh, sondern alle Kranken besuchte und in der größten Ansteckungsgefahr tapfer bei seiner Herde aushielt. In jene Zeit fällt auch der Beginn seiner schriftstellerischen Tätigkeit; sein erstes Büchlein hatte die Ikonographie zum Gegenstand. Die Bilderfrage in der Kirche war durch den sich ausbreitenden Calvinismus wieder aktuell geworden. Arndt überschätzte das Problem keineswegs, gab aber seinen Lesern zu bedenken: «Es ist zumal ein verdrießlicher und unnützer Handel, daß man wider äußerliche Dinge so hart disputiert, als wenn der ganzen Christenheit daran alles gelegen wäre ... Was hilft es dir, daß du ein Bild zerbrichst und behältst die Welt- und Geldgötzen in deinem Herzen?[1]» Durch die Entfernung der Bilder gewinnt man nichts, man schwächt nur das Gedächtnis der einfachen Leute. Arndt hat mit seinem klaren Nein gegen die religiös anarchistische Bilderstürmerei einen Schlagbaum errichtet. Die weißgetünchten Wände der protestantischen Kirchen sind wahrhaftig kein erbaulicher Anblick, kahl wie sie sind, wirken sie fröstelnd auf den Menschen und lassen nicht die geringste mystische Stimmung aufkommen. Nach Arndt lenken die Bilder in den Kirchen niemals vom Worte ab. Das ist eine törichte Befürchtung. In Wirklichkeit helfen sie, das göttliche Wort zu erschließen, indem sie auf die vielen verborgenen Feinheiten aufmerksam machen, die die Künstler herausgearbeitet haben. Ein antikatholischer Komplex nur kann nach Arndt an einem Kruzifixus Anstoß nehmen, das nun einmal das zeitlose Symbol des Christentums ist und gegen das es kein ernsthaftes Argument gibt. Bereits in seiner Erstlingsschrift korrigierte Arndt die bedauerlichen, aus Übereifer entstandenen Entschlüsse des Reformationszeitalters; sie haben die Menschen nur in die Leere geführt. Arndt war einer der größten Korrektoren innerhalb des Protestantismus, er hat mit seinem ersten Adlerflug jene Höhe erklommen, die für die evangelischen Christen gilt, denen sowohl das Anliegen der Kunst innerhalb der Kirche als auch das symbolische Denken im religiösen Leben Herzenssache bedeutet.

Die Beseitigung des Exorzismus wie auch die Bilderfrage waren für Arndt Symptome einer überhandnehmenden Verdüsterung der Zeit. Die Situation verfinsterte sich von Jahr zu Jahr. Arndt fragte sich, ob nicht angesichts der drohenden Katastrophe bereits alles verloren sei. Und doch stand er der um sich greifenden Gottesfinsternis nicht pessimistisch gegenüber. Er versuchte, im zweiten Büchlein «Von den zehn ägyptischen Plagen» das Zeitgeschehen zu deuten, und sah im Auszug der Israeliten aus Ägypten «eine Figur und Spiegel des Jüngsten Tages»[2]. Diese Plagen wiederholen sich am Ende der Welt in geistlicher Weise, womit er für das symbolische Bibelverständnis eintrat, dem die Mystiker immer gehuldigt haben. Arndt betrachtete das Leben der Christenheit mit seinen auflösenden Formen nur noch unter einem endgeschichtlichen Gesichtspunkt. Nach ihm «eilt die Natur so zum Ende, denn die Bosheit der Menschen zerbricht sie». Die apokalyptische Sicht hinderte ihn aber nicht daran, in seinem zweiten Büchlein tapfer für die Armen einzutreten. Er sagte den «großen Herren mit ihren unnützen Jagden» tüchtig die Meinung: «Dadurch machen die Herren alle ihre Wasser zu Blut. Sie haben in ihren hölzernen, steinernen, silbernen und güldenen Gefäßen auf ihren Tafeln oder Tischen nichts denn des Armen Blut. Denn einer das ißt und trinkt, was ein armer Mann mit seiner schweren und großen Leibesarbeit zu Wege bringt, da er schier aufs Blut arbeitet, das ist nichts denn der Armen Blut[3].» Die Äußerung hätte auch Léon Bloy schreiben können. Die Krallen des Adlers kommen zum Vorschein und mahnen, Arndt nicht zu harmlos zu interpretieren. Leider blieb das Büchlein trotz der apokalyptischen Sicht im Moralismus stecken, es zündete nur und heilte nicht.

«Sich selbst hassen und verleugnen ist besser denn Bilder zerstören ... Die größte Weisheit ist, die Welt mit ihrer Ehre verschmähen. Wo die Liebe aller Kreaturen aufhöret, da gehet Gottes Liebe an[4]», hatte Arndt in seinem Ikonographenbüchlein geschrieben und damit ein anderes Wissen angedeutet. Während jener Jahre vollzog sich in Arndt die Wendung zur Mystik – über das Nähere des Vorganges fehlen freilich Nachrichten. Er berichtet nur, daß er im Staube ein undeutliches und mangelhaft gedrucktes Exemplar der «Deutschen Theologia» gefunden, das auf ihn den stärksten Eindruck gemacht habe. Arndt nahm es begierig in sich auf und baute in der Mystik seinen Horst, in dem er sich vor allen Stürmen gesichert fühlte. Das Jahr 1597 ist ein Markstein in Arndts innerem Wachstum, denn die Mystik wurde für ihn zu einer neuen Orientierung. Er aber begnügte sich nicht, den im Acker gefundenen Schatz für sich zu behalten. Er wollte auch seine Mitmenschen damit vertraut machen und gab die «Deutsche Theologia», wie einst Luther, neu heraus. Mit begeisterten Worten pries er das Büchlein des Frankfurters, in welchem sich nicht viel Gezänk, unartige Affekte und stachelige Reden finden, sondern lauter Liebe, Aufopferung des eigenen Willens und Gleichförmigkeit mit Christo. Solche alte Büchlein würden noch viele im Staube verborgen liegen, wie Josef im Kerker, die den Leser nicht lehren, mit dem Weibe des Potiphar zu buhlen, das heißt sich der Welt gleichzustellen. Diese Büchlein kämen in einem groben, deutschen Bauernrock daher, doch dürfe man sich an ihrer Sprache nicht stoßen. Wer sie wiederholt lese, werde von ihnen eine innere Hilfe erfahren. Arndt hat die «Deutsche Theologia» mehrfach herausgegeben; er übersetzte später auch die «Nachfolge Christi» von Thomas a Kempis, um sie der Öffentlichkeit zugänglich zu machen.

Die Herausgebertätigkeit Arndts ist nicht unwichtig; es ist noch heute kein nebensächliches Anliegen, der christlichen Leserschaft ein wertvolles Schrifttum zu vermitteln, damit sie nicht dem süßen und sauren Kitsch zum Opfer falle. Man denke nur einen Augenblick an die Literatur der frommen Buchhandlungen, worüber Julien Green in sein Tagebuch schrieb: «Angesichts dieser grauenhaft langweiligen Bücherhaufen fragte ich mich, welcher Bezug zwischen all dem Kram und der Religion des Evangeliums herzustellen sei ... Vor solcher Geschmacklosigkeit steht man fassungslos, als träte hier die Hand des Teufels sichtbar in Erscheinung ... In den Buden dieser Leute ist Gott wahrhaftig nicht in seiner Herrlichkeit! Aus allen Stätten, wo sich dieser nichtswürdige Handel breitmacht, ist das Überirdische vertrieben[5].» Arndt hat sich früh die Aufgabe gestellt, die nichtssagende und abstoßende Traktätleinliteratur zu überwinden, was nicht durch ironisierenden Spott, sondern allein durch die Bereitstellung eines christlich kraftvollen Schrifttums geschehen kann.

Nach neunjähriger Wirksamkeit in Quedlinburg wurde Arndt nach Braunschweig berufen, wo er in eine unerfreuliche Situation geriet. Braunschweig befand sich damals in schweren politischen Kämpfen, in die auch Arndt verstrickt wurde. Die Bürgerschaft lebte in offener Auflehnung gegen den Herzog Heinrich Julius, der Braunschweig einundzwanzig Wochen lang belagerte und der Stadt alle Zufuhr abschnitt. Der politische Tumult wirkte verheerend auf die Menschen. Das Leben in der Stadt wickelte sich nicht mehr in den normalen Geleisen ab, und die chaotischen Zustände erschwerten Arndts Amtstätigkeit nicht wenig. Er scheute sich nicht, seine Meinung offen zu sagen, und wich den Unannehmlichkeiten nicht aus. Die Zustände drückten aber zuweilen schwer auf sein Gemüt, und er war gelegentlich nahe daran, zu verzweifeln. Auch ihn überkamen Müdigkeitsanfälle, in denen er wünschte, nie mehr in seinem Leben eine Kanzel besteigen zu müssen. Aus solchen Anwandlungen spürt man deutlich die inneren Drangsale, mit denen er zu kämpfen hatte. Trotzdem besaß Arndt sonst in Braunschweig eine erstaunliche innere Festigkeit, dank derer er selbst in diesen Jahren sein größtes Werk schrieb. Die religiöse Verankerung spürten auch die Einwohner der Stadt, und namentlich die einfachen Leute aus dem Volk hingen sehr an ihm, denn der ernste Pfarrer strahlte sichtliche Kräfte aus. Von weit her kamen die Menschen und nahmen die Beschwerden der Reise auf sich, nur um sich mit Arndt einmal aussprechen zu können. Allzu begeisterte Verehrer nannten ihn den «dritten Elias» und verglichen ihn mit Johannes dem Täufer. Die beinahe überbordende Liebe galt dem Mann mit der reichen Innerlichkeit, in dem das mystische Leben aufgebrochen war.

Es wurden denn auch die wundersamsten Dinge von Arndt erzählt. Bei dem Überfall auf Braunschweig kam der bedrängten Bürgerschaft ein plötzlich einsetzender Regen wirksam zu Hilfe, ein Ereignis, das man allgemein der Gebetskraft Arndts zuschrieb. Die Frage, ob dies auch zutreffe oder nicht, kann nicht ausgemacht werden. Von Bedeutung ist allein, daß ein derartig übernatürliches Tun Arndt zugeschrieben wurde, denn solche Kräfte traut man nicht jedem Menschen zu. Die Fama bedeutet nichts Geringeres, als daß es bei Arndt wieder zu einer Legendenbildung gekommen ist! Das Wort «Legende» bedeutet «das zu Lesende» und nicht, wie oft angenommen wird, eine unkontrollierbare Berichterstattung. Von den Streittheologen Flacius, Osiander usw. werden keine Legenden berichtet. Sie hätten auf dem dürren Erdreich ihrer Kontroversen auch gar nicht entstehen können. Bei Arndt aber blühten sie wieder auf. Das durch sein Gebet bewirkte Regenwunder in Braunschweig steht in Arndts Leben nicht einzigartig da. Es wird auch berichtet, daß Arndts Antlitz, im Gebet versunken, von lichtem Glanz ganz umflossen war, ähnlich wie es von Moses und vielen Heiligen überliefert wird. Die Glanz-Wahrnehmung kommt nur in der hinreißenden Welt der Legende vor. Nichts ist irriger, als das Legendäre nur dem Mittelalter zu überlassen und die Legende der ungenauen Historie zu zeihen. Sie läßt sich vom echten Geist des Religiösen nicht abtrennen und ist an

Bedeutung viel wichtiger denn zehn genaue historische Daten. Es ist uneinsichtig, wenn die legendären Vorkommnisse in den modernen Arndt-Darstellungen übergangen werden, nur damit der aufgeklärte Leser keinen Anstoß daran nehme. Die Scheidung zwischen geschichtlicher und legendärer Schilderung beruht auf einer subjektiven Willkür und löscht die lebendige Substanz aus. Ganz abgesehen davon, daß die Legenden ungemein viel zur Belehrung beitragen, ist in ihrer Berichterstattung viel mehr Wahrheit enthalten, als der rationalistische Mensch annimmt.

Es war Arndt endlich gelungen, aus dem aufgewühlten Braunschweig wegzukommen. Über die Station Eisleben erhielt er zuletzt noch die Berufung zum Generalsuperintendenten nach Celle, wo er seinen Lebensabend beschloß. In dieser Funktion hat Arndt sich keineswegs wie ein Kirchenfürst benommen, wohl aber hat er seinen untergebenen Geistlichen eingeschärft, daß ein frommes Leben sie weder zu einem Wiedertäufer noch zu einem Papisten mache. Wenn Arndt auch alles andere als kämpferisch war, so hat er doch mit seiner Energie und Tatkraft auf strenge Zucht unter den Pastoren gehalten. Der mystische Mann ging auch ganz in der Sorge um andere Menschen auf, er war gegenüber den Armen wohltätig und persönlich anspruchslos. Die Musik liebte er besonders, er war ferner darauf bedacht, daß die Schulen nicht mangels Unterstützung geschlossen werden mußten.

Arndt verbrauchte allmählich seine Kräfte in seinem Amt. Das Alter machte sich bemerkbar, und er bekam es mit der Atemnot zu tun. Nach einer Predigt – er nannte sie selbst seine Leichenpredigt – legte er sich hin und war krank. Unmittelbar vor seinem Tode ereignete sich ein denkwürdiges Erlebnis. Arndt lag still schlummernd auf seinem Bette, und plötzlich brach er in die Worte aus: «Ich sehe die Glorie, die Glorie des Eingeborenen vom Vater.» Seine neben dem Bett sitzende Gattin fragte ihn erstaunt, wann er die Herrlichkeit gesehen habe. Er antwortete ihr: «Jetzt habe ich sie gesehen; ei, welch eine Herrlichkeit ist das! Die Herrlichkeit ist es, die kein Auge gesehen, kein Ohr gehört und in keines Menschen Herz gekommen ist; diese Herrlichkeit habe ich gesehen[6].» Dieses Herrlichkeitserlebnis bildet den krönenden Abschluß von Arndts Leben. Es weist eindeutig auf seine reale Verbindung mit der überirdischen Welt hin, wenn er auch begreiflicherweise die wundersame Schau nicht in adäquate Worte kleiden konnte. Doch ist aus der ungewöhnlichen Begebenheit zu ersehen, daß er nicht nur über das wahre Christentum schrieb, er hatte es auch gelebt, es durchdrang ihn bis in alle Fasern seines Seins und erfüllte ihn bis zu seinem letzten Atemzug. Das Herrlichkeitserlebnis ist keine bloße Fieberhalluzination, es drängt einen, mit Oetinger zu fragen, was für Folgen es gehabt hätte, wenn dies Arndt zu einem früheren Zeitpunkt widerfahren wäre. Wahrscheinlich hätte er dann nie mehr zu seinem Gänsekiel gegriffen, sondern allein der Anschauung der überirdischen Herrlichkeit gelebt. Glücklicherweise wurde ihm der wunderbare Anblick erst kurz vor seinem Ableben vergönnt, so daß er vorher das kostbare Erbe niederschreiben konnte. Wie schön, daß auch in der evangelischen Christenheit Menschen der Herrlichkeitsschau gewürdigt wurden. Das Ereignis ist ein Beweis dafür, daß man es bei Arndt mit mehr als nur einem frommen Menschen zu tun hat, er befand sich in der Heiligkeitsatmosphäre!

Eine Stunde nach dem Herrlichkeitserlebnis sagte Arndt: «Nun habe ich überwunden.» Es waren seine letzten Worte, dann sank er in die heilige Agonie, und der Adler war nicht mehr. Auf seinen in der Kirche zu Celle liegenden Grabstein wurde die heute zerstörte Inschrift angebracht: «Hier liege ich Arndt, der ich ein wahrer Liebhaber Jesu gewesen und immer die innere Frömmigkeit geliebt habe. Vieles habe ich gebessert, Verirrte oft auf den rechten Weg zurückgeführt; mein Sinn war lauter, meine Stimme unermüdet. Durch das in den Flammen erhaltene Buch nach seligem Hinscheiden hat Gott die Wahrheit meiner Lehre bestätigt. Sei gegrüßt mein Jesus, sei gegrüßt du selige Schar. Lebe wohl du unreine Welt, mein gütiger Jesu, sei mir gnädig.»

Man muß, um Arndts großem Werk nahezukommen, zunächst von seinem Zeitalter ausgehen. Das beginnende 17. Jahrhundert, in das seine entscheidende Wirksamkeit fiel, ist durch die lutherische Orthodoxie gekennzeichnet, die nicht nur eine Verfälschung der Reformation war. Sie hat durchaus an Luther angeknüpft und seine Gedanken intellektuell in ein System zusammengefaßt, das noch auf Lessing Eindruck machte. Allein sie hat von den zahlreichen Fäden des Reformators den unerfreulichsten Strang aufgegriffen und ihn einseitig ausgebildet. Die Orthodoxie hielt sich an den Lehrglauben, womit auch die zahlreichen Meinungsverschiedenheiten gegeben waren. Stets hat die Auffassung vom Christentum als Lehre der Diskussion Tür und Tor geöffnet. Wie es bei den Disputationen gerne zu geschehen pflegt, arten sie zuletzt oft in Streitigkeiten aus. Das war schon in der Reformation der Fall, und in der Orthodoxie wiederholte sich dies noch in verstärktem Maße. Arndt konnte sich diese Erscheinung nicht anders erklären, als daß der Satan diese Uneinigkeit in der Lehre erregt habe, daraus die häßlichen Zänkereien hervorgingen, die zu jener Zeit in einem unflätigen Ton ausgefochten wurden. Die abstoßenden Lehrauseinandersetzungen bewirkten einen rapiden Zerfall der Sitten. Der Niedergang der moralischen Lebensführung ist eine traurige Wahrheit und keine Verleumdung des orthodoxen Zeitalters. Lüge, Meineid, Trunksucht, Ehebruch nahmen allenthalben überhand, und der bürgerliche Wohlstand mit seinem Luxus, Modewesen usw. förderte die Begehrlichkeit, die Unzufriedenheit und die Indifferenz.

Die Tatsache der Auflösung aller sittlichen Bande legte sich Arndt schwer auf das Gemüt und schob ihm die alte Frage des Psalmisten ins Gewissen: «Wo aller Ordnung Pfeiler eingestürzt, was kann da der Gerechte noch tun?[7]» Arndt.

erlebte den Einsturz der geordneten Welt; die ethische Lebensführung war zusammengebrochen, das Rechtsbewußtsein in den politischen Wirren tausendfach geschändet, kurz, die Menschen kannten keine tragende Grundlage mehr. Arndt erfuhr die «verstockt, böse Christenheit» im ganzen Ausmaß, fand sich aber nicht einfach damit ab. Unablässig beschäftigte ihn die Frage: Was kann da der Gerechte tun? Das ist sein innerstes Problem. Es ist nicht im weltverbessernden Sinn gemeint. Arndt weiß so gut wie sein Zeitgenosse Shakespeare: «Die Welt ist aus den Fugen, Hohn zu denken, daß ich berufen ward, sie einzurenken.» Arndt stand mitten in der eingestürzten Ordnung, er war aber nicht willens, mit verschränkten Armen zuzuschauen, wie seine Generation in den Abgrund stürzte. Alles Zeitgeschehen ist immer eine Frage, die vom Menschen eine Antwort erheischt. Die Frage des alttestamentlichen Sängers, «was kann da der Gerechte tun?», bedeutet in Arndts Mund nichts anderes, als nach des Christen Sendung in seiner Zeit zu fragen. Ihn erfüllt das Ringen um die Klarheit über seinen Auftrag im «verhüllten Tag» seiner Zeit. In dieser Sicht muß das Lebenswerk Arndts gesehen werden, und dann gewinnt alles eine ganz neue, beinahe aktuelle Perspektive.

Die Antwort Arndts auf die Not seines Jahrhunderts liegt in seinem Werk «Vier Bücher vom wahren Christentum» vor, das der große Wurf seines Lebens ist. Das Werk ist ihm nicht leicht aus der Feder geflossen. Es ist nicht aus einer schriftstellerischen Freude an der Gestaltung geboren, sondern ging aus einer schweren Qual hervor. Der seelische Druck preßte ihm den Gänsekiel in die Finger, er hat bei der Niederschrift unablässig mit seiner Zeit gekämpft. Er hat selbst einmal gesagt, daß es ihn viel Mühe gekostet habe, bis er nur den Unterschied zwischen Autoren aus dem Geiste und solchen aus dem Fleische gemerkt habe. Arndt spürte aber, von mystischer Einsicht befruchtet, in sich eine Flamme brennen, die ihm keine Ruhe ließ. Von einer inneren Kraft unwiderstehlich fortgerissen, machte er sich an die Ausarbeitung des «Wahren Christentums», das im Mittelpunkt von Arndts Leben steht. Wer von Arndt spricht, der spricht vom «Wahren Christentum», dermaßen stark ist dieses Buch mit seiner Person eins geworden. Es zeigt eindringlich, wie sich der Christ bei dem Einsturz der Ordnungspfeiler zu verhalten hat. Nie ist er dazu verurteilt, innerlich wehrlos dem Versinken in die Nacht zuzuschauen.

Arndt betonte, daß er sein Buch für Christen und nicht für Heiden geschrieben habe, es richtet sich an Laien und Geistliche in gleicher Weise. In der Tat lehrt es nicht die Anfangsgründe des Christentums, es wendet sich an Menschen, die mit dem christlichen Leben Ernst machen möchten. Diese Differenzierung genügt noch nicht. Das «Wahre Christentum» wird nur dann unter der richtigen Voraussetzung gelesen, wenn man Arndts «Unterscheidung zwischen einem Gelehrten und einem Heiligen»[8] betrachtet. Diese Verschiedenheit hat ihn stark beschäftigt, jedenfalls hat er um die Heiligen gewußt und in ihnen eine christliche Erscheinung gesehen. Während der Gelehrte die Dinge von außen her beurteilt und dem buchstäblichen Worte verpflichtet ist, erfaßt der Heilige die Schrift von innen her und ist deren Kraft zugetan. «Der Teufel hat nie einen scharfsinnigen Disputoren geflohen, aber einen heiligen Mann hat er oft geflohen ... Wir werden auch nimmermehr in der Lehre einig werden, und zankten wir uns auch bis an den Jüngsten Tag. Ja, je weiter die wahre Buße und das edle Leben Christi von uns ist, je weiter und je mehr wird die reine Lehre, wahrer Glaube, der heilige Geist und das ewige Licht von uns weichen, bis wir endlich das ganze Christentum gar verlieren, wo es nicht bei den meisten Haufen allbereits verloren ist[9].» Arndt hat sein Werk aus der Sicht des Heiligen und nicht aus der des disputierlustigen Gelehrten geschrieben, was das «Wahre Christentum» wesentlich über die übliche Literatur hinaushebt. Bemerkenswert bleibt, daß Arndt zu den ersten Christen gehört, die die Gefahr der endlosen Diskussion erkannt haben. Das unablässige Disputieren wird von den Menschen geliebt, sie finden es interessant und beteiligen sich mit großem Eifer daran. Aber die Wahrheit wird nicht auf dem Weg der Diskussion gefunden, weil es dabei nur zu Wortkriegen und Schulgezänk kommt, die der Einfalt des Christlichen abträglich sind. Gar zu leicht wird die Diskussionslust zu einer Sucht: der Mensch kann endlos diskutieren, und je länger er über das Christentum redet, um so weiter entfernt er sich von ihm. Arndt ist gegen diesen geistlichen Sport mißtrauisch geworden und versuchte, die Menschen von dieser zweideutigen Vorliebe freizumachen. Das «Wahre Christentum» möchte nicht Gegenstand gelehrter Disputationen sein, zumal da dem «Nachtlicht der Vernunft» die mystischen Einsichten unbegreiflich sind. Die Blödigkeit des Verstandes kann das Göttliche ohnehin nicht ergründen, der Heilige muß hier «aufhören zu denken» und sich bewußt werden, daß Christus lieben etwas ganz anderes ist denn über ihn disputieren.

Es ist unmöglich, den Inhalt vom «Wahren Christentum» systematisch zu entfalten. Die Formlosigkeit des Werkes ist durch seine Entstehung bedingt. Arndt hielt in Braunschweig Wochenpredigten, die er zusammenfaßte, zu einem Ganzen rundete, um sich damit an den Einzelnen zu wenden, bei dem das Besserungswerk einsetzen muß, soll der Christenheit geholfen werden. Aus der Fülle der Darlegungen seien nur einige, für die evangelische Mystik bestimmende Gedanken hervorgehoben.

Als lutherischer Christ fühlte sich Arndt vor allem der Heiligen Schrift verpflichtet. Sie war sein tägliches Brot. Er verstand sie zwar anders, als es gewöhnlich im Luthertum geschah. Sie war für ihn kein starres Schema, er faßte sie in einem mystischen Sinn auf: «Es muß alles im Menschen geschehen durch Christus im Geist und Glauben, was die Schrift äußerlich lehret ... Der gläubige Noah muß in dir erhalten werden. Gott muß einen neuen Bund mit dir machen und du mit ihm. Das verworrene Babel muß in dir nicht aufgebaut werden in seiner Pracht. Du mußt mit Abraham ausgehen von all deiner Freundschaft[10].» Auch was von Christi Geburt, Kreuz, Tod, Leiden, Auferstehung und Himmelfahrt berichtet wird, muß alles im Menschen drin geschehen. Erst wenn die biblischen Geschehnisse sich im Innern ereignen, werden sie für den Menschen zur Wahrheit. Arndts «Es muß in dir geschehen» verleiht seiner Christentumsauffassung die tiefsinnige Innerlichkeit und gibt seinen Ausführungen die spürbare Wärme. Das Wort «innerlich» fließt ihm auch gar häufig in die Feder, und immer ist es bei ihm das Zeugnis der Seele. Sogar das äußere Kirchengehen scheint Arndt verfehlt zu sein, wenn es nicht aus einer Einstellung des Herzens hervorgeht. Die Welt muß im und nicht außer dem Menschen überwunden werden. In Arndts «Wahrem Christentum» hat die deutsche Innerlichkeit eine der schönsten Blüten getrieben. Was Arndt über die Innerlichkeit geschrieben hat, die die Tiefe der christlichen Seele ausmacht, ist eine großartige Paraphrase zu dem Psalmwort: «Alle Herrlichkeit ist inwendig!» Es gibt dagegen nicht ein Wort zu sagen, er hat damit eine der wesentlichsten Erkenntnisse des Christentums auf den Leuchter gehoben. Das Innere ist das Herrliche, das Strahlende, die Kraft und auch das Unergründliche, während das Äußere stets nur Einkleidung und Verhüllung ist. Der Hinweis, man könne nie genug Innerlichkeit haben, ist weder veraltet noch überflüssig, er enthält ein zeitloses Anliegen und ist heute dringlicher denn je.

Die echte Innerlichkeit aber will nicht nur innerlich bleiben. Soll sie sich nicht selbst verzehren, so muß sie sich äußern. Die christliche Innerlichkeit muß sich in Taten auswirken. Diese Einsicht in den Zusammenhang von innen und außen führte Arndt zur Forderung der Nachfolge. Es war ein bohrender Schmerz für ihn, Christus wohl noch von vielen Dienern umgeben zu sehen, nicht aber von Nachfolgern. Die traurige Wahrnehmung wurde zu einer Anklage gegen die Christenheit. Das Christentum besteht nun aber wesentlich in der Nachfolge, zu der der Herr seine Jünger berufen hat. Die Menschen wollen zwar noch Christen genannt werden, doch «sind ihrer wenige, die Christi Leben nachfolgen». Der Ruf «Folge mir nach» ist im Luthertum tatsächlich zu kurz gekommen. Er wurde von der Rechtfertigungslehre allzu stark überdeckt. Mit der Nichtbeachtung der Nachfolge kam auch das Anliegen der Heiligung zuwenig zur Geltung. Arndt versuchte, die lutherische Einseitigkeit zu korrigieren, indem er unermüdlich zur Nachfolge aufforderte, woraus man den fleißigen Leser von Thomas a Kempis spürt.

Die Nachfolge bedingte eine gewisse Weltabkehr, die in Arndts «Wahrem Christentum» denn auch gefordert wird. Der Braunschweiger Pfarrer wollte nichts davon wissen, daß man sich dieser Welt gleichstellt, in ihr Erfolg zu haben wünscht und mit ihren Bestrebungen Schritt zu halten versucht. Ihn dünkten diese beliebten Formulierungen unverblümte Weltlichkeit, unvereinbar mit einem ernsten Christentum, und er bekämpfte mit einem wahren Ingrimm jede weiche Weltanpassung. Er wagte es, inmitten des Protestantismus wieder von Selbstverleugnung, Fleischesabtötung und Weltverschmähung zu reden. Der Christ steht nach Arndt in der rechten «Kreuzesschule aller Heiligen. Wer in diese Schule nicht kommen ist, weiß nicht viel von Gottes Wort. Gott zerbricht uns alle Leibes- und Seelenkräfte, auf daß er allein unsere Kraft sei, er will uns durch solch Kreuz das fleischliche Leben nehmen, auf daß er in uns lebe[11].» Eine erschreckende Weisheit meldet sich hier zu Worte und erinnert an Müntzers Kreuzesmystik. Da nach Arndt Christi Krippe, Stall und Windlein Spiegel der Weltverachtung sind, hat man sein sittliches Ideal der negativen Askese bezichtigt. Dieses Scheltwort geht am entscheidenden Problem vorbei, denn Arndt will ein mit der Welt und der Sünde im Kampfe liegendes Christentum, das von aller parfümierten Salonkirchlichkeit so weit als möglich entfernt ist. Gemäß seinem heroischen Christentumsverständnis schreibt er zuweilen: «Bedenke die Exempel der Heiligen![12]» Der Ingrimm, der das eigene Ich hassenswert findet und die Welt verschmäht, bricht bei ihm immer wieder durch. Er zögert nicht, dem Leser auch einige Regeln mitzuteilen: «Sich in seinem Herzen weniger achten denn andere Leute; niemand richten; gebotene Ehren fliehen, mit geringen Leuten gerne umgehen, willig gehorsam sein[13].» Arndt spricht auch die Notwendigkeit der Pönitenz mit aller Schärfe aus. Er gehört zu den großen Bußpredigern der Christenheit, derer die verwahrloste Zeit doppelt bedurfte. Unermüdlich rief er zum Bußfasten auf, wie es in der alten Kirche gebräuchlich war, denn nur dieses Fasten war nach ihm «unsere rechte Festung und Mauer wider den Türken und all unsere Feinde»[14].

Das neue Leben besteht in der Innerlichkeit und Nachfolge. Arndt redete dem heiligen Leben das Wort, und sein Bestreben war, «Christi Lehre ins Leben zu verwandeln»[15]. Das ist seine innerste Tendenz, auf die er starkes Gewicht legte, eine Forderung, die der evangelischen Christenheit allzu leichtfertig genommen wurde, angeblich weil auch das beste Leben vor Gott nicht zu bestehen vermöge. Trotzdem ist vom Christen gefordert, daß er seinen Glauben auch in seiner Existenz ausdrücke. «Allein dasselbige ist zu unserer Zeit gar in einen Mißbrauch geraten, also, daß über dem vielen heftigen Disputieren, den Streitpredigten, dem Schreiben und Wiederschreiben, das christliche Leben, der wahren Buße, der Gottseligkeit und christlichen Liebe gar vergessen ist; gleich als stünde das Christentum nur in Disputieren und Vermehrung der Streitbücher, und nicht vielmehr darin, daß das heilige Evangelium die Lehre Christi in ein heiliges Leben verwandelt werde[16].» Das wahre Bekenntnis zu

Christo besteht nicht in Worten, sondern im Leben, und zwar in einem heiligen Leben, zu dem schon die Apostel aufgerufen haben. Viel ist nach Arndt über die Lehre gestritten worden, gar wenig aber bemühte man sich, das christliche Leben auch zu verwirklichen, und doch zählt dies allein in den Augen Gottes. «Eine Lehre ohne Leben, was ist's? Ein Baum ohne Früchte[17].» Auf das Buch des Lebens kommt es an. Wenige studieren es und doch ist darin alles enthalten, so daß man sonst kein Buch mehr zu unserer Seligkeit bedarf. Um dem verwandelten Leben Nachachtung zu verschaffen, weist Arndt wie auch die früheren Mystiker auf die Demut hin. Ohne Demut bleibt alles umsonst, sie ist die edle Flamme Christi und eine der schönsten geistlichen Schatzkammern. Ebenso bedeutsam ist ihm die Liebe, sie darf nicht hinter den Glauben zurückgesetzt sein. Zwar weiß Arndt, daß sie eine wunderliche Tugend ist, darin der Mensch auch leicht irren kann, namentlich wenn es eine unordentliche Liebe ist. Doch wer kann wissen, was Liebe ist, der nie Liebe geübet hat? frägt Arndt. Liebe ist die Ursache aller Dinge, und durch die Liebe geschehen alle Dinge. Der Verfasser des «Wahren Christentums» hat eindringliche Worte für die Liebe zu Gott gefunden: «O du gläubiges Herz, lerne, was Liebe sei. Du meinst, das sei Liebe, wenn du inwendig große Süßigkeit und Lieblichkeit empfindest. Nein, das ist die Liebe nicht in ihrem Wesen, sondern es ist nur ein Schein, wie vom Feuer, und eine Blüte oder Glast der Liebe. Das Wesen aber der Liebe ist, wenn man sich Gott also lässet, aufopfert und seinem Willen ergibt, daß man alles aufnimmt, als von Gott selbst[18].»

Keineswegs ist das neue Leben der Heiligkeit leicht. Arndt weiß nur zu gut, daß es beständig von mannigfachen Anfechtungen bedroht ist. «Was ist's Wunder, daß ein Wandersmann bisweilen einen Platzregen bekommt? Heute ist es an dir, morgen an einem andern. Die Welt muß doch etwas haben, daran sie ihr Affenspiel treibet[19].» Aus eigener Erfahrung kennt Arndt die schwermütigen Gedanken, die Schrecken der Seele, die Angst des Gewissens, die den Menschen überfallen können. Die Trübsale kommen nicht von ungefähr, sie haben nicht die Bestimmung, den Christen zu bedrücken. Alle Leiden haben eine läuternd-sühnende Wirkung, und als erfahrener Seelsorger versteht es Arndt, den bekümmerten Leser überaus heilsam zu trösten. Auf das tief verborgene «Seufzerlein im Herzen» gibt er nicht die Antwort von Hiobs Freunden, die offenbar die Wasserwogen gar nicht erlebt haben, die über die Seele des geprüften Dulders hinweggingen. Wenn der Mensch auch fast keinen Glauben mehr fühlt, so ist die Sehnsucht darnach schon ein Glaube, und im übrigen ist es besser, sich eines schwachen denn eines starken Glaubens zu rühmen. «Darum ist aus dem schwachen Glauben nicht zu schließen, als wenn gar kein Glaube da wäre, und solche Leute ganz von Gott verlassen wären. Denn gleich wie wir nicht urteilen und schließen, daß in der Asche kein Feuer, weil es keinen Schein oder Hitze von sich gibt; oder in den Bäumen kein Leben, weil sie im Winter nackend und bloß dastehen: also sollen wir auch nicht schließen, daß darum kein Glaube ist, weil er sich nicht allezeit sehen läßt[20].» Der Kampf des Glaubens mit dem Unglauben gehört zum Menschen, er verursacht die innere Lebendigkeit, und in in ihm sind nach Arndt alle Heiligen gestanden. Der zeitweilige Verlust des Glaubens ist dem Christen durchaus nützlich, er wird in diesem Schmelzofen geläutert und ist in diesem Feuer bereit, die Worte der Schrift mit Sehnsucht zu wiederholen: «Und ist nicht daran gelegen, daß du viele Sprüche lernest, sondern daran ist's gelegen, daß du einen Spruch wohl fassest und zu Herzen nehmest[21].»

Im neuen Leben beginnt die Schönheit der Seele hell zu erglänzen, worüber Arndts Mystik im dritten Buch ihren Kulminationspunkt erreicht. Er sprach vom Adel der Seele, die ihm die reine Braut Christi bedeutet und die edler denn alle Kreatur ist, weil sie zu Gottes Stuhl auserwählt wurde. Ach, wer nimmt heute noch seine Seele ernst? Arndt wußte um ihre Tiefe und ihr Geheimnis: «Aus diesem Licht der Seele steiget oft auch ein voller, heller Schein und Glanz, das ist, eine solche Erkenntnis, daß der Mensch oft mehr weiß und erkennt, denn ihn jemand lehren kann[22].» Die erste Aufgabe der Seele ist, bei sich einzukehren; wenigstens einmal im Tag hat dies zu geschehen, und Arndt gab dem Leser den Rat: «So dich aber dein Amt und Beruf hindert, daß du nicht in dein Herz gehen kannst; sollst du allezeit, bei Tag und Nacht, ein Stättlein suchen, oder eine Zeit erwählen, einzukehren in den Grund deines Herzens[23].» Obwohl Gott in allen Dingen gegenwärtig ist, wohnt er doch auf eine besondere Weise in einer erleuchteten Seele. Freilich geschieht die mystische Einkehr erst, «wenn die Seele also entblößt wird von allen vernünftigen, sinnlichen, kreatürlichen Dingen, daß Gott nicht selbst ist; so kommt man in den Grund, da man Gott lauter findet mit seinem Licht und Wesen. Summa, es muß alles gelassen sein, wenn du diesen Grund finden willst[24].» Ist der Mensch hiefür bereit, dann widerfährt ihm der Sabbat des Herzens, von dem schon Valentin Weigel eine gar herrliche Melodie gesungen hat, und auch Arndt weiß darüber Berückendes zu sagen. Die bei sich einkehrende Seele erlebt den stillen und innerlichen Herzenssabbat, der dem Menschen erst die wahre Gottesruhe vermittelt, woraus allein das heilige Leben quillt. Auf dieses wunderbare Geschehen wartet auch Gott, dieweil es seine höchste Freude ist, im Menschen anwesend zu sein und der Seele «seinen göttlichen Kuß» zu geben[25]. Allein das Empfangen von Gottes Lieblichkeit ist ein Geheimnis. Sie ist das Süßeste und Innerlichste von allem. «Die ewige Weisheit Gottes ist so zart in ihrem Werk, daß sie nicht leiden mag, daß da eine Kreatur zusehe[26].»

Während des Sabbates des Herzens vollzieht sich die Vereinigung mit Gott, worüber alle Schilderungen kläglich versagen. Wer könnte auch das Unsagbare aussagen? Nur so viel kann von der unaussprechlichen Vereinigung verraten werden, daß Arndt Gott sucht, und zwar Gott allein und Gott selbst, der ihm die höchste Schönheit bedeutet. Er möchte lieber in der Hölle sein und Gott haben, denn im Himmel Gott entbehren müssen. Die Vereinigung mit Gott schenkt nach Arndt den Menschen die höchste Ruhe, den Frieden, die Freude, das Leben und die Seligkeit. Es ist der Liebe Art, sich mit dem Geliebten zu vereinigen, sie sind «ein Ding mit ihm und aus zwei eins, und eins ins andere verwandelt»[27], wozu Luthers Äußerung von dem mit Gott ein Kuchen gewordenen Menschen von ferne herüberleuchtet. Arndt kannte ein Sich-Verschmelzen-mit-Gott, was vom Vereinigungserlebnis nicht ablösbar ist. Er redet, wie es bis dahin kein evangelischer Christ gewagt hat, auch für die Brautmystik; ihr feuriges Verlangen und ihre liebreichen Gespräche haben es ihm angetan. Über die keusche Beiwohnung lallt er voll Glückseligkeit: «Niemand, sage ich, kann solches wissen, denn die allein, welche solches erfahren. Fühlen und merken mag man's zwar, aber auszusprechen ist's unmöglich; denn es sind geistliche, geheime und göttliche Sachen, welche man nicht ausreden darf, damit der Bräutigam keinen Ungefallen daran trage, welcher in Geheimnis und in der Stille des Herzens zu wohnen beliebet[28].» Die geistliche Vermählung übertrifft bei weitem allen menschlichen Verstand, allen eigenen Willen und alles eheliche Leben; in diesen seltenen Augenblicken wird «das Herz durchsüßet, das Gemüt schmelzt vor Liebe, die Tränen fließen vor Freuden, der Geist frohlokket, die Begierden brennen, die Seele jauchzet, und alle Kräfte freuen sich in dir»[29]. Arndt hat das Sich-Versenken-in-Gott mit einer innigen Kraft geschildert, wie es nur ein Mensch kann, der die Eingebung selbst erlebt hat. Man begreift, warum dieser Mensch am Ende seines Daseins des Herrlichkeitserlebnisses gewürdigt wurde; es ist die krönende Antwort darauf.

Eine besondere Beachtung erheischt das vierte Buch des «Wahren Christentums», in welchem Arndt seine Naturfrömmigkeit entfaltet. Der Pfarrer von Braunschweig schätzte die Alchemie, er beschäftigte sich gelegentlich auch mit der Schmelzung von Metallen und zündete in seinen Ausführungen auch hierin mehr als ein Licht an. In der Betrachtung des «großen Welt-Buches der Natur» geht er von der aus der Renaissancephilosophie stammenden Unterscheidung von Makrokosmos und Mikrokosmos aus. Die Kreaturen, die ihm in der Schöpfung begegneten, deutete er als Hände und Boten Gottes. Die Liebe zu den Naturphänomenen veranlaßte bereits den jungen Arndt, das Licht der Gnade und das Licht der Natur miteinander zu verbinden, und im «Wahren Christentum» feiert diese Verbindung eine Auferstehung. Seine Neigung drängte ihn auch später noch dazu, als Hirte seine Gemeindeglieder medizinisch zu betreuen und auch ihren leiblichen Beschwerden seine Aufmerksamkeit zu schenken. Mit liebender Ehrfurcht stand er allem Geschaffenen gegenüber. «In

Gottes Buch sind lebendige Buchstaben, welche allen Menschen, großen und kleinen, gelehrten und ungelehrten vor Augen gestellt worden, allein, daß sie nicht von jedermann recht gelesen werden können, darum, daß sie die schöne, herrliche Signatur und Zeichnung der Kräuter nicht kennen[30].» Für Arndt sind alle Blümlein eine lebendige Handschrift Gottes, sie entzückte ihn, und er versuchte sie mit Freuden zu entziffern. Staunen über Staunen riefen die Pflanzen in ihm hervor, voll Jubel gesteht er: «Sobald du auf einen grünen Rasen trittst, so hast du unter deinen Füßen deine Speise und Arznei. Denn in dem allergeringsten Gräslein und Sämlein, welches du gar gering und für unnütz achtest, ist größere Weisheit Gottes, Kraft und Wirkung als du ergründen kannst[31].» Jedes Kräutlein ist von Gott auch mit einem Licht geschmückt worden, und das ist seine schöne Farbe, mit dem es wie ein Sternlein leuchtet. Bei dieser Gelegenheit beruft sich Arndt auf den «vortrefflichen, deutschen Philosophen Paracelsus», wozu seit Weigel wiederum kein Theologe den Mut gefunden hat. Von Paracelsus hat Arndt die Einsicht übernommen, daß «die untersten Kräfte der Erde alle an den oberen Kräften des Himmels» hangen[32], und daß das, was in allen Dingen stückweise vorhanden ist, in Gott ganz ungeteilt gegenwärtig ist. Zuletzt schloß Arndt auch die Astrologie in seine Naturphilosophie ein, denn nach ihm «ist der größte Teil menschlicher Krankheit astralisch bedingt, wie die wahren Medici wissen», worüber er sich nicht weiter verwundert, da «doch das ganze Firmament im Menschen ist»[33]. Arndt hatte eine Beziehung zu den geheimen Wissenschaften, das Licht, das in allen Kreaturen leuchtet, bedeutete ihm die Kunst der Magie, und die Kabbala erfaßte er als jene ungewöhnliche Bestrebung, die unter den Buchstaben der Schrift die verborgenen Mysterien ergründet. «Wo nun die Magie aufhört, da fahet Kabbala an, und wo Kabbala aufhört, da fahet die wahre Theologie und der prophetische Geist an», schrieb Arndt in einem wenig bekannten Aufsatz[33a].

Das vierte Buch des «Wahren Christentums» enthält den Ansatz zu einer im historischen Protestantismus viel zu kurz gekommenen Naturbetrachtung. Zwar hatte Luther eine persönliche Beziehung zur Natur, sie war vom Bewußtsein erfüllt, daß Gott nicht Worte der Grammatik spreche, sondern wahren Wirklichkeiten rufe, wie Sonne, Mond, Erde. Der Reformator rühmte, man stehe in der Morgenröte des künftigen Lebens und beginne wiederum eine Erkenntnis der Kreatur zu erlangen, die seit Adams Fall verlorengegangen sei. Seine kindliche Naturfreude blieb jedoch eine private Angelegenheit, er machte in seiner Theologie von ihr nur geringen Gebrauch. Arndt dagegen baute seine Naturliebe auf eine überaus warmherzige Art in sein Christentumsverständnis ein. Da er die theologische Entfremdung von der Schöpfung überwunden hatte, verkündete er auch keinen naturlosen Gott. Die Naturinnigkeit darf so wenig als unterchristlich geringgeschätzt, wie als bloß natürliche Theologie abgewertet werden. O Blindheit über Blindheit! Die Schöpfung ist mit dem heiligen Leben in einem inneren Zusammenhang verbunden. Arndt hat im überreichen Bilderbuch Gottes mit einer Herzensfreude ohnegleichen geblättert, er begriff, daß Gott im Sichtbaren das Unsichtbare darstellt. Die Natur war ihm die gar kostbare Gleichnisrede Gottes, die der Christ zu deuten hat, und diese Einstellung gibt seinem Werk die große Lebensnähe. Er hat die sinnende Naturbetrachtung wieder in die evangelische Christentumsauffassung hereingeholt, eine Tat, die ihm unvergessen bleibt. Bei Arndt beginnt das christliche Naturgefühl neu zu erblühen, es wartet förmlich darauf, bis es zu einer christlichen liebenden Naturfrömmigkeit weiter ausgebaut wird.

Anschließend an das «Wahre Christentum» schrieb Arndt noch ein zweites Buch, das er «Paradiesgärtlein» nannte und das gewöhnlich seinem ersten Werk als Anhang beigegeben wird. Nach dem «Paradiesgärtlein» verstand Arndt das Beten nicht als eine Pflicht, der nun einmal der Christ widerwillig und ungern obliegen muß. Er wußte, eine äußerliche Einstellung führt zu einem bloß mechanischen Beten, es beeinträchtigt das Rufen aus der Tiefe. Für Arndt war das Beten ein Vorrecht des Menschen, und wenn er es ausübt, befindet er sich im Paradiesesgarten. Er hatte das Verlangen zum Gebet, denn ihm war es eine Ausübung des lebendigen Christentums; es ist das Werk des neuen Menschen schlechthin: «Das Gebet ist ein Gespräch mit Gott, ein Himmelsschlüssel, eine Blume des Paradieses, ein freier Zugang zu Gott, ein Hausgenosse Gottes, eine Erkennerin der Heimlichkeiten Gottes[34].» Auf die Frage, «was kann der Gerechte tun» in einer Welt, da die Ordnungspfeiler zusammenstürzen, gibt Arndt die Antwort: Bete! Es ist das überrationale Tun, das nicht im Aktivismus verstrudelt und doch auf eine geheimnisvolle Weise an der Lenkung der Welt mithilft. Arndt war tief in das Gespräch mit Gott eingedrungen, und bereits im «Wahren Christentum» schrieb er vom mündlichen, innerlichen und übernatürlichen Gebet. Wie alle Mystiker schätzt Arndt das innerliche Gebet, und wie sich tausend Mark Gold zu einem Heller verhalten, so viel mehr wert ist das innere Gebet gegenüber den bloß auswendig gelernten Formeln. Arndt aber vergißt nicht: «Alle Worte, die ich davon rede, sind nur ein Schatten, denn das Köstliche, das ich in meiner Seele empfinde, kann ich nicht ausreden. Das ist des ewigen Wortes Stimme und Rede zu der liebhabenden Seele», und fügt hinzu, aber «niemand kann ohne das mündliche Gebet kommen zu dem Gebet des Gemütes; und ohne dasselbe kann niemand kommen zum übernatürlichen Gebet»[35].

Obschon Arndt wußte, daß das echte Gebet aus dem Abgrund des Herzens aufsteigt, wollte er doch mit dem «Paradiesgärtlein» eine Gebetschule einrichten und hat damit wieder eine wichtige Angelegenheit in Angriff genommen. Auch das Gebet will erlernt sein, und der Mensch kann es nicht im schnellen

Handumdrehen. Es braucht Sammlung, Konzentration, Versunkenheit dazu, Voraussetzungen, die dem zerstreuten Christen nicht leicht fallen. Das Gebet ist eine innere Beziehung zu Gott, es werden dabei nicht nur Worte ohne weitere Bedeutung gelispelt, sondern in ihm steigt der Mensch in eine höhere Welt auf. «Gleich wie alle Dinge ihre Stufen haben, ihr Auf- und Absteigen, ihr Ab- und Zunehmen: also hat auch das Gebet seine Stufen[36].» Auf der ersten Stufe bittet man Gott in Reue und Leid um Verzeihung für die Sünden. Sie ist zunächst ein Ausdruck der Bußgesinnung, ohne die es keine Vergebung gibt. Die zweite Stufe verlangt, daß man mit «dem Leben betet» – ein heiliges Leben ist nach Arndt das beste Gebet –, indem der Mensch sich um die Verwirklichung dessen bemüht, was er in religiöser Beziehung erkannt hat. Hernach gelangt der Beter auf die dritte Stufe, wo er mit kräftigem Seufzen und leisen Tränen um die Kraft fleht, zur vierten und fünften Stufe zu gelangen, denn da geschieht das Beten mit großer Freude und in feuriger Liebe. Arndts Betrachtungen über das Gebet sind eine Modifikation der altmystischen Lehre von der Reinigung, Erleuchtung und Vereinigung; er hat sie wieder in die evangelische Christenheit eingeführt und damit die Gebetswelt bereichert. Die Erneuerung der Stufenweisheit ist bedeutsam, da die Neuzeit auch in religiöser Beziehung zu einer Nivellierung neigt, alles gleich walzend, was keineswegs bekömmlich ist. Es gibt Stufen im religiösen Leben. Man ist am Anfang und Ende nicht auf der gleichen Höhe, denn der Mensch steigt auf oder sinkt ab. Der Kunst, stufenförmig zu denken, hat Arndt nachhaltigen Ausdruck verliehen, und im übrigen war sein Gebet «ein Gespräch der gläubigen Seele mit Gott. Und so oft ein gläubiges Herz Gott seine Not klaget oder zu Gott seufzet, so oft antwortet ihm Gott darauf durch innerlichen Trost»[37].

Im einzelnen können gegen Arndts «Betspiegel» Einwände vorgebracht werden. Freilich nicht gegen die im «Abendsegen» erhobene Bitte: «Laß mir die heiligen Engel erscheinen im Schlafe, wie Josef und den Weisen aus dem Morgenlande, auf daß ich erkenne, daß ich auch sei in Gesellschaft der heiligen Engel[38].» Arndt war stark von der Engelwirklichkeit umgeben, während die Gegner in ihrem Unverständnis darin nur eine Neigung zu spiritistischen Geistererscheinungen erblickten! Das Bedenken richtet sich vielmehr dagegen, daß Arndt mit dem «Paradiesgärtlein» seiner eigenen Auffassung, nicht mit vielen Worten Gott sein Anliegen vorzubringen, ein wenig untreu geworden ist. Die Form des Gebetbuches wird dem heutigen Menschen schwerlich entsprechen. Man muß bei diesem Buch zwischen Intention und Ausführung unterscheiden. Der Absicht nach hat Arndt das Gebet als ein helles Licht erlebt. «Wenn ich im blachen Felde gehe am Tageslicht, so umgreift mich solches Licht ganz. Wäre es nicht leiblich, sondern geistlich, so durchdränge es meinen Geist auch[39].» Es ist gewiß kein Zufall, daß die Legende von dem Glanz zu berichten weiß, den sein Antlitz beim Beten umgab. Es lebte ein mächtiger Gebetsgeist in Arndt, wenn auch der Ausführung nach das «Paradiesgärtlein» den Christen nicht vollauf zu befriedigen vermag. Aber es erinnert ihn an jene Wahrheit, die der Philosoph Leopold Ziegler in die Worte zusammenfaßte: «Wer betet, der wechselt von einer Stufe des ihm bewußten Seins, kraft des Gebetsvollzuges, in eine andere über[40].»

Naheliegenderweise erregte das «Wahre Christentum» mit dem «Paradiesgärtlein» sofort Aufsehen. Es war ein Zeichen, dem widersprochen werden mußte. Die erste Ablehnung kam von Arndts nächsten Kollegen in Braunschweig, die bereits seine Predigtweise beargwöhnten. Seine mystischen Gedanken bezichtigten sie der «Jöckelei» und bewirkten ein Verbot, wonach er ohne Erlaubnis des Braunschweiger Ministeriums nichts mehr veröffentlichen durfte. Es hat Arndt schwer getroffen. Auch außerhalb Braunschweig erhob sich bald eine wahre Verfolgung gegen sein Buch. Lukas Osiander stellte fest, daß die Quellen von Arndts Werk «aus dem dicken, dunkeln Papsttum stammen», das Buch enthalte nicht das wahre Christentum, sondern das «wahre Taulertum», und die von ihm verkündigten inneren Einsprechungen seien keinen «Pfifferling wert». Das heute als frommes Erbauungsbuch für alte Frauen geringgeschätzte Werk wurde bei seinem Erscheinen als ein gefährlich Ding bekämpft, dem man überall in den Weg trat. Arndt wurde als Werkheiliger, als Papist, als Schwärmer, als Schwenckfelder verschrien, und das «Wahre Christentum» nannte man ein «Buch aus der Hölle». Angesichts des feindlichen Ansturmes dachte Arndt sogar daran, sich ins Privatleben zurückzuziehen. Er schrieb in einem Brief: «Ich hätte es nimmer gemeint, daß unter den Theologen so giftige, böse Leute wären[41].» Die Ablehnung geschah nicht nur im ersten Moment. Noch im vergangenen Jahrhundert nannte der gravitätische, von Selbstbewußtsein erfüllte Albrecht Ritschl das «Wahre Christentum» «eine Urkunde für die Zersetzung der lutherischen Lebensanschauung, welche schon am Anfang des 17. Jahrhunderts eingetreten ist»[42]. Der Pietistenhammer von Göttingen identifizierte sein neukantisch gefärbtes Luthertum mit der Reformation selbst, und aus dieser der Metaphysik feindlich gesinnten Schule ging Koepps Untersuchung über Arndt hervor, die mit ihrer Abneigung gegen die Mystik auch die Frömmigkeitsgrundlage des «Wahren Christentums» völlig verkannte[43].

Der verständnislosen Ablehnung stand freilich eine ebenso begeisterte Begrüßung gegenüber. Sie kam namentlich von seiten der Laien, welche die dargebotene Speise im dürren Zeitalter mit wahrem Heißhunger zu sich nahmen. Und nicht nur das einfache Volk war von einem instinktiven Zutrauen zu Arndts Buch erfüllt, auch zahlreiche Theologen traten für das «Wahre Christentum» ein. Nach Poiret ist es Arndt zu verdanken, «daß unter den deutschen

Protestanten die Funken gründlicher Frömmigkeit erhalten und nicht gänzlich von der Sündflut der Gottlosigkeit erstickt worden seien»[44]. Auch Spener entdeckte die verwandte Seele in Arndt und setzte Luther – wie billig – voran und gleich dahinter den Verfasser des «Wahren Christentums», weil der Mann von Gott nicht zu einem kleineren Werk als dem des Reformators bestimmt worden sei. Spener hat sogar während seiner letzten Jahre eine ganze Predigtserie über Arndts «Wahres Christentum» gehalten, da seine Lehren «das ganze Herz unseres Christentums in sich begreifen»[45]. Auch Bengel bestätigte das Charisma Arndts. Der besonnene Schriftforscher hat in seiner Auslegung der Offenbarung Johannes unzweideutig auf Arndt hingewiesen: «Es ist etwas Wunderbares an dem Arndten. Seine Sachen sind nicht scheinbar; wann Gelehrte darüberkommen, so haben sie manches daran auszusetzen, und dennoch ist so große Kraft darin, und das Herz wird dadurch zu einer zarten Furcht vor Gott und zu einer tiefen Anbetung geneiget[46].» Für Bengel ist der Geruch dieses Buches wie der Geruch des Feldes, welches Gott gesegnet hat, es ist eine Luft, wie von den Blumen des Paradieses berührt, die den Leser daraus anweht; seine Rede tönt sanft und lockend, wie dem, der nach langem Irrsal aus der Fremde zurückkehrt, die Glocken der Heimat. Es wäre uneinsichtig, diese Worte geringzuachten, sie entsprechen dem gleichen Verantwortungsgefühl, aus dem Johann Gerhard dem Werk Arndts eifrig zugestimmt hat. Johann Valentin Andreä hat die Bedeutung Arndts richtig gewürdigt: er war ihm einer Posaune mit gar hellem Tone gleich, die das 17. Jahrhundert von leeren Worten zu ernsten Taten aufrief.

Gewiß leidet auch Arndts Buch, wie alle Schöpfungen des menschlichen Geistes, an gewissen Gebrechen. Es fehlt dem Buch das künstlerische Gewand, das der Fünfzigjährige ihm nicht zu geben vermochte. Auch finden sich darin keine Kühnheiten, die sonst die mystischen Schriften erfüllen. Dessen ungeachtet spürt man sofort, daß das Buch aus einer tiefen mystischen Gläubigkeit hervorgegangen ist. Der Mensch ist ergriffen von der darin enthaltenen Christlichkeit, ob er nun mit allem einverstanden ist oder nicht, das ändert daran gar nichts. Arndt wußte die Mystik auf eine verständliche Weise zu entwickeln, so daß sie auch von den einfachen Leuten begriffen werden konnte. Dieser Fähigkeit begegnet man nicht allzu häufig. Das «Wahre Christentum» ist eine Fundgrube, es ersetzt beinahe eine mystische Bibliothek und ist ein Vademekum fürs Leben. Im Vergleich zu den löcherigen Zisternen der Streitliteratur jener Jahre enthält es reines Quellwasser. Der Siegeslauf des Buches war denn auch nicht aufzuhalten. Es fand sich in Herders Elternhaus so gut wie bei Uli Bräcker, dem armen Mann im Tockenburg. In viele Sprachen übersetzt, drang es weit über Deutschlands Grenzen hinaus. Man hat es in Spanien nicht weniger als im fernen Rußland gelesen, wo sich der herrliche Staretz Tichon von Sadonsk so innig an ihm erlabte, daß er sogar einer eigenen Schrift den gleichen Titel gab. Das «Wahre Christentum» ist das verbreitetste Erbauungsbuch im Protestantismus, was gewiß nicht wie bei einem Bestseller mit Reklame bewerkstelligt werden kann. Ein solches Buch ist ein Geschenk, es ist das Ergebnis einer begnadeten Stunde und hat schon unzähligen Menschen einen tieferen Zugang zum Christentum eröffnet. Was die Katholiken an der «Nachfolge Christi» von Thomas a Kempis, was die angelsächsische Welt an Bunyans «Pilgerreise» besitzt, das ist das «Wahre Christentum» für die lutherische Christenheit. Noch Kierkegaard spricht in einer seiner «Reden» von ihm als einer «ehrwürdigen und verläßlichen Erbauungsschrift». Auflage um Auflage wurde gedruckt, und während vieler Jahrzehnte war es in den evangelischen Häusern neben der Bibel das einzige Buch, in dem die Menschen lasen und das ihnen so viel wie das tägliche Brot bedeutete. Erst das 20. Jahrhundert empfand es langatmig, ertrug die ungeordneten Wiederholungen und die zahlreichen aneinandergereihten Bibelsprüche nicht mehr und ließ es in Vergessenheit sinken. Heutzutage begegnet man ihm nur noch selten in einem Hause; die Leute lesen jetzt die «Illustrierten Zeitungen», und welche Wirkung durch diesen Wechsel der Lektüre in seelischer Beziehung auf die Bevölkerung ausgeht, braucht nicht noch ausgeführt zu werden.

Eine Würdigung von Arndts «Wahrem Christentum» hat davon auszugehen, daß in dem Buch zwei Tendenzen wirksam sind, die beide die gleiche Aufmerksamkeit verdienen.

Der Verfasser ist im Luthertum beheimatet. Dies bildet die erste Komponente: Arndt war ein lutherischer Christ und wollte es auch bleiben. Keinen Augenblick dachte er daran, seine lutherische Kirche zu verlassen. Ihm war der Glaube wichtig, und er lebte aus der Schrift. Er betonte seine Übereinstimmung mit den symbolischen Büchern der Augsburgischen Konfession und berief sich auch in seinem Werk auf den «teuren Mann Dr. Martin Luther». Man hat sich daran gestoßen, daß er es nicht öfters tat. Aber das war nicht nötig, weil es sich von selbst verstand. Arndt hatte die Reformation in sich und brauchte sie nicht noch jeden Tag extra zu bestätigen. Eine allzu eifrige Berufung auf Luther hätte eher Verdacht erregen müssen. Gerade weil er seines Luthertums so sicher war, konnte er sich auch ruhig einige Abweichungen leisten. Nach seinem Dafürhalten ist der Wille «ganz frei und lässet sich nicht zwingen»[47]. Auch hielt er den Menschen nach dem Fall nicht für gänzlich verdorben, sondern sprach von einem «Fünklein des natürlichen Lichtes und einer Spur und Merkmal des natürlichen Zeugnisses im Menschen»[48]. Zwischen Luther und Arndt bestehen Differenzen – warum dürfte dies nicht sein? Es ist unprotestantisch, jemandem das Luthertum abzusprechen, bloß weil er in dieser oder jener Frage anders denkt. Man sei doch nicht lutherischer als Luther. Arndt fühlte sich als evangelischer Christ und erklärte im Hinblick auf die Gläubigkeit in aller Ruhe: «Ich bin mir keines einzigen Irrtums, sie haben Namen, wie sie wollen, bewußt[49].» Die evangelische Struktur seiner Haltung steht außer Frage.

Die zweite Komponente im «Wahren Christentum» ist die Mystik. Er gesteht unumwunden, daß er mit seinem Buch die Menschen vor allem in den Geist Taulers einführen will. Arndt liebte auch Augustins flammende Sprache und fand, Bernhard von Clairvaux habe aus dem Geiste geschrieben. Er kannte Makarius von Ägypten, die italienische Mystikerin Angela von Foligno und den Spanier Ludwig von Granada – aus ihnen allen schöpfte er Belehrungen. Sogar die Schriften des arg verlästerten Valentin Weigel nahm er in sich auf und scheute sich nicht, Abschnitte aus dem Gebetbüchlein teils wörtlich, teils in geringer Abänderung dem «Wahren Christentum» einzuverleiben. Darauf zur Rede gestellt, verteidigte er Weigels Schriften, gab zu, daß viel Ungereimtes darin enthalten sei, und doch seien sie nicht gänzlich zu verwerfen. In seiner Verteidigungsrede berief er sich auf das Wort des Paulus: «Prüfet alles und behaltet das Gute», damit eine erfreuliche Unabhängigkeit in einem engherzigen Zeitalter beweisend. Nur sein junger Zeitgenosse Jakob Böhme trat nicht in sein Gesichtsfeld. Jedenfalls geht aus der Erwähnung dieser wenigen Gewährsmänner deutlich hervor, mit wem Arndt geistlichen Umgang pflegte. Man kann nicht täglich mystische Schriften lesen, ohne von ihnen berührt zu werden. Auch Arndt spürte den mystischen Quell sprudeln, er erlabte sich gar häufig an diesem köstlichen Trank und wurde dadurch zu einem in sich verankerten Menschen. Zwar gehört er nicht zu den großen Mystikern, und es besteht kein Anlaß, ihn in dieser Beziehung zu übersteigern. Bescheiden wie er war, hat er im dritten Sendschreiben erklärt, daß er «noch nicht alle die verborgenen Dinge oder tieferen Geheimnisse begreifen könne, welche einige Theosophen und Gottesgelehrte der Seele und ihrem innersten Grunde zuschreiben. Man weiß ja, daß etliche Blumen im Frühling, andere mitten im Sommer, noch andere im Herbst, ja einige auch gar im Winter beim Schnee hervorblicken. Also bin auch ich noch so weit nicht gekommen, daß ich die Tiefe der Seele, wie sie Tauler heißet, sollte begriffen haben[50].» Das ist kein Zeugnis gegen Arndts mystische Erlebnisse, im Gegenteil, mit dem demütigen Eingeständnis bekundet er seine Zugehörigkeit zur Mystik. Er hatte einen Spürsinn für das Gottunmittelbare; wo es ihm begegnete, suchte er es sich anzueignen. Man schreibt nicht solche Bücher wie das «Wahre Christentum», wenn man selbst nicht in den mystischen Strom eingetaucht ist. Er hielt inmitten aller theologischen Nebelbildung an dem innigen Gottesleben fest, sein Verlangen ging nach einer christlichen Kabbala, und diese Sehnsucht fand in seinem Werk eine erste Erfüllung.

Arndt setzte den lutherischen Glauben und das mystische Leben nicht in einen Gegensatz zueinander; eine solche Konfrontierung hätte sich notwendigerweise unfruchtbar ausgewirkt. Da er ein Vermittler des mystischen Geistes war, gleichsam ein Kanal, durch den dieses Gottesbrünnlein in die lutherische Kirche geleitet wurde, hat er das Luthertum und die Mystik innerlich zusammengebracht. Arndt hat sie nicht unverbindlich nebeneinandergestellt, sie nicht einfach addiert, sondern in eine organische Verbindung miteinander gebracht, so daß ein mystisches Luthertum und eine lutherische Mystik entstand. Keineswegs führte er damit ein wesensfremdes Element in die evangelische Christenheit ein. Er nahm lediglich das auch im jungen Luther lebendig gewesene Anliegen auf. Das mystische Element ist für jede Kirche unbedingt notwendig, ohne die Mystik kann auch die evangelische Christenheit auf die Dauer nicht bestehen. Daraus läßt sich einzig die starke Resonanz von Arndts Buch erklären. Die Streittheologen haben das Erbe der Reformation gefährdet, haben es mit ihren endlosen Zänkereien an den Rand des Abgrundes gebracht. Auf einem solchen Weg konnte es nicht endlos weitergehen, und der Schaden, den sie angerichtet hatten, war ohnehin groß genug gewesen. Arndt versuchte, einen andern Prozeß einzuleiten. Mit der Einführung der mystischen Tradition hat er eine bedeutsame Weichenstellung vollzogen und die ganze Bewegung auf das richtige Geleise gestellt. Wenn das Luthertum, wie es später Kierkegaard verstand, ein Korrektiv ist, so hat Arndt das notwendige Regulativ dazu angebracht. Er hat die evangelische Christenheit von der bloß protestierenden Haltung befreit. Durch die notwendige Ergänzung hat er in aller Stille eine Reformation innerhalb der Reformation vollbracht. Ihm gelang, was Schwenckfeld, Franck, Weigel versagt blieb, er vermochte seinen Gedanken innerhalb der lutherischen Kirche Heimatrecht zu verschaffen und hat damit «die Steinkirche wieder zu einer Herzenskirche gemacht». Das ist seine Hauptleistung, um dieser Tat willen verdient er den Namen Adler. Arndt betrieb keine Rekatholisierung, wohl aber war er bestrebt, die beschämenden Resultate der protestantischen Lebensführung zu korrigieren und das geistliche Mittelalter für das Luthertum zu retten. Darin besteht der Zauber seines Buches. Mit seinem Werk hat er das Luthertum wieder in eine größere christliche Überlieferung gestellt, ohne seinen Charakter zu verändern. Insofern war diese Tat von Bedeutung, weil die Tradition über einen inneren, fruchtbaren Reichtum verfügt. Das Luthertum allein genügt nicht, und auch mit der Mystik ohne Kirchenbildung käme man nicht aus. Die beiden Ströme müssen ineinanderfließen, das erst gibt das mächtige Gefälle. Durch die Verbindung von Luthertum und Mystik wurde Arndt zum Künder des wahren Christentums. Darin und in nichts anderem besteht es. Der Ruhm, zum wahren Christentum vorgedrungen zu sein, das wieder in Taten und nicht in bloßen Worten besteht, kommt ihm zu. Es ist kein theologischer und kein politischer Protestantismus, es ist auch kein ausgesprochener Konfessionalismus mehr, was Arndt bewegte, sondern ganz schlicht das wahre Christentum. Damit hat er in einer chaotischen Epoche den mächtigsten Pfeiler der Ordnung im Strom der Zeit wieder errichtet, und etwas Dringlicheres kann der Gerechte nicht tun.

Begreiflich, daß über dieses wieder ans Tageslicht gebrachte «Wahre Christentum» zahlreiche wundersame Berichte entstanden sind. Gar oft wird erzählt, daß bei Feuersbrünsten, denen viele Häuser zum Opfer gefallen seien, nachher – o Wunder – das Buch Arndts inmitten grauer Asche unversehrt gefunden worden sei! In der Erzählung dieser ungewöhnlichen Vorkommnisse beginnt die christliche Legende mit ihrem überirdischen Schimmer erneut zu leuchten, was bei Arndt mehrfach geschieht. Der darin verborgene Sinn wird kaum mißverstanden werden: Arndts Buch kann nicht untergehen, mag geschehen was da will. Es bleibt wie Daniel mit seinem Gefährten auch mitten im Feuerofen erhalten, und zwar aus keinem anderen Grund, als weil sich Gott selbst zu diesem Christentum als dem wahren Christentum bekannt hat.

JAKOB BÖHME

[1575–1624]

DES SCHUSTERS PECHSCHWÄRZE UND LICHTGLANZ

Jakob Böhmes Bedeutung hat man ihm nicht von außen angesehen. Niemand ist beim Anblick seiner Person auf den Gedanken gekommen, vor einem der größten Männer der evangelischen Christenheit zu stehen, war er doch nur ein Schuster mit zerarbeiteten, von Pechschwärze beschmutzten Händen. Nach seiner äußeren Erscheinung machte Böhme nicht den geringsten Eindruck, er hatte kein hoheitsvolles Antlitz, das die Aufmerksamkeit auf sich gezogen hätte. Die Nachwelt besitzt zwar kein authentisches Gemälde von ihm; sie kann die zeitgenössischen Aussagen nicht nachprüfen, weil das bekannte Bild von Böhme erst fünfzig Jahre nach seinem Tode entstanden ist[1]. Abraham von Franckenberg, sein erster Biograph, hat ihn gut gekannt und hat ihn mit den Worten geschildert: «Seine äußerliche Leibesgestalt war verfallen und von schlechtem Aussehen, kleiner Statur, niedriger Stirne, erhabener Schläfe, etwas gekrümmter Nase, grau und fast himmelbläulich glitzernden Augen, sonsten wie die Fenster am Tempel Salomons, kurz-dünnen Bartes, kleinlautender Stimme, doch holdseliger Rede, züchtig in Gebärden, bescheidentlich in Worten, demütig im Wandel, geduldig im Leiden, sanftmütig von Herzen. Seinen Geist hatte Gott über alle Natur hocherleuchtet[2].» Die Beschreibung betont Böhmes Unscheinbarkeit und rechtfertigt alle Zeitgenossen, die den kleinen Schuster übersehen haben. Er hatte so gar nichts Imponierendes und Auffallendes an sich; jede Pose lag ihm fern. Aus Franckenbergs Schilderung fällt nur eine einzige Charakterisierung auf: die himmelbläulich glitzernden Augen, die wie die Fenster an Salomons Tempel leuchteten. Das ist nicht nur ein lieblicher Ausdruck, der dem Biographen in die Feder geflossen ist, sondern er rührt ein wenig an Böhmes Geheimnis. Mit Böhmes Augen hat es seine eigene Bewandtnis. Der Schuster sah damit wirklich in die unsichtbare Welt hinein und vermochte von ihr eine Nachricht zu vermitteln, die den Leser an die Worte zu denken nötigte: «Und hier ist mehr denn Salomo!»

Böhme selbst hat sich darüber verwundert, daß gerade ihm die Botschaft aufgetragen wurde, ihm, der doch nur ein Schuster war und als Handwerker keine höhere Schule besucht hatte. Daß ihm jede Gelehrsamkeit und Bildung fehlte, wußte er nur zu gut. Mehrfach betonte er, er sei nur ein Laie, er kam sich oft vor wie ein Kind, das nichts weiß und nichts versteht. Warum denn gerade er? Die Frage hat ihn mehrfach beschäftigt, sie hat Böhme sogar förmlich gequält.

Auf die beinahe zur Anfechtung gewordene Frage wurde ihm schließlich die Antwort zuteil, daß auch die Gestalten der Bibel verachtete Leute und ungelehrte Fischerknechte gewesen seien. Die Patriarchen und Propheten «waren allesamt nur einfältige Leute und ein Teil nur Vieh-Hirten»[3]. Diese Wahrnehmung hat Böhme geholfen und ihn getröstet. Aus ihr schöpfte er Mut für seine Aufgabe, mit der ihm aufgetragenen Sendung vor die Menschen zu treten und sich durch die «Meister Klüglinge» nicht gleich einschüchtern zu lassen. Böhme hat das Minderwertigkeitsgefühl durch das Gewicht seines Auftrages überwunden. Offenbar wiederholte sich bei dem unscheinbaren Schuster jene Tatsache, die Augustin bei dem Bericht über Antonius von Ägypten in Erregung versetzt hatte: «Die Ungelehrten stehen auf und reißen den Himmel an sich.» Bei aller Pechschwärze war Böhme ein Auserwählter, das ist die einzig adäquate Erklärung seiner Erscheinung, und eine andere gibt es nicht.

Der Lebenslauf Böhmes enthält in einfachem Rahmen eine Fülle merkwürdiger Erlebnisse. Er stammte aus der Heimat Schwenckfelds, aus Schlesien, dem Land, das so viele grübelnde Gottsucher hervorgebracht hat. Schlesien ist mit seiner bereits von der östlichen Atmosphäre geprägten Landschaft ein Mutterboden für die Mystik. Im schlesischen Raum sind das deutsche und das slawische Element schon früh miteinander in Verbindung getreten, woraus jene eigentümlichen Menschen hervorgegangen sind, deren Sinnen und Trachten um die Wahrheit kreiste, die aus der Erde gegen den Himmel wächst. Böhme war das Kind einfacher Leute – seinen Geburtstag weiß man nicht – und hat als Knabe jeweils auf der Weide das Vieh gehütet. Die schwächliche Konstitution des Jünglings veranlaßte den Vater, seinen Sohn zu einem Schuhmacher in die Lehre zu geben. Nach Beendigung der Lehrzeit mußte Böhme nach damaliger Sitte drei Jahre auf die Wanderschaft. Wie weit er bei dieser Gelegenheit gekommen ist, blieb unbekannt, doch wird er allerlei gesehen haben, wahrscheinlich nicht allzuviel Erfreuliches, denn überall war die Luft durch die endlosen theologischen Streitereien vergiftet, die so viel zum Niedergang der evangelischen Christenheit beigetragen hatten. Im übrigen darf die Wanderschaft nicht nur im buchstäblichen Sinn verstanden werden, denn Böhme war zu wenig robust, um ausgedehnte Märsche zu unternehmen. Er ist nicht nur zu Fuß als Schustergeselle von Ort zu Ort gezogen, er ist auch geistig gewandert und hat Weigel, Paracelsus, Schwenckfeld gelesen, wennschon er zum Schluß zur Einsicht kam: «Du bist Gottes geformtes Wort, du mußt dein eigen Buch, das du selber bist, lesen lernen, so wirst du alle Bilder los und siehest die Stätte, welche heißet: Hier ist der Herr[4].» Schließlich eröffnete er in Görlitz, einem Städtchen von ungefähr zehntausend Einwohnern, eine Schuhmacherwerkstätte, und seine gewissenhafte Arbeit zog Kunden an, so daß es Böhme zu einem bescheidenen Wohlstand brachte. Er führte ein «eingezogenes» Leben, beteiligte sich nicht am weltlichen Treiben und war ein fleißiger Kirchgänger. Böhme verheiratete sich mit Katherina Kuntzschmann; sie war ihm herzlich zugetan, vermochte aber nicht tiefer in seine Geisteswelt einzudringen. In seinen Schriften finden sich gelegentlich Bemerkungen über die erste Liebe zwischen zwei jungen Menschen, man darf sie auf Böhme selbst beziehen, aus dessen Ehe vier Söhne hervorgegangen sind.

Böhme war der typisch suchende Mensch. Deutlich spürte er in jungen Jahren, was ihm fehlte. Auch machte die Schwermut ihm nicht wenig zu schaffen. Er kannte die Melancholie aus eigener Erfahrung zu gut, er ist diese geistige Pechschwärze nur schwer losgeworden. Die Angst ließ ihn Blicke voll Grauens in das Natur- und Menschenleben tun. Der Seele Entsetzen vor den dunklen Abgründen hat Böhme in ein inneres Ringen verwickelt, er erlebte die Angst nicht als eine Tochter Gottes, er nannte die Furcht den «Schrack», der seine Seele wie ein Blitz durchfuhr und sein Gemüt zu verstören drohte. Kein Wunder, daß sich Böhme dem Religiösen förmlich in die Arme warf. Nach seinem Geständnis «suchte ich allein das Herz Jesu Christi, mich darinnen zu verbergen vor dem grimmigen Zorn Gottes, und den Angriffen des Teufels»[5]. Der mehrfach wiederkehrende Ausspruch verrät das metaphysische Gewitter, das über ihn niederging und ihn schüttelte. Er begehrte nicht nur um Christus zu wissen, im Herzen Christi suchte er Zuflucht zu finden. Böhme war von einem brennenden Verlangen nach der Geborgenheit in Gott erfüllt, weil er den Teufel über sich hinwegrauschen fühlte. Das Geständnis dieser ungestümen Sehnsucht enthüllt Böhmes innerstes Anliegen, er war nicht ein primär philosophischer Geist, sondern ein der Daseinsführung verhafteter Christ, der seine seelische Not durch das Christliche bewältigte. Der Schuster von Görlitz hat nicht umsonst ein so ergreifendes Gebetbüchlein geschrieben, das den tiefsten Einblick in seine Seele gestattet. «Herr, ich lasse nicht von dir, wirf mich in den Himmel oder in die Hölle, so lasse ich dich doch nicht; denn du bist mein und ich bin dein: ich will in dir nichts sein, mache aus mir, was du willst[6].»

In aller Bedrängnis, die ihm der «Schrack» verursachte, widerfuhren ihm auch unerwartete Begnadungen. Sie zeigten ihm, daß «des Menschen Gemüt ein Gegenbild der ewigen Kraft Gottes ist»[7]. Böhme wurde bei aller schwerblütigen Grübelei nicht von intellektuellen Erkenntnissen vorwärtsgetrieben. Gewiß hat er auch gelesen; sogar vieler hoher Meister Schriften hat er in sich aufgenommen in der Hoffnung, den Grund und die echte Tiefe darin zu finden, aber es begegnete ihm nur ein halbtoter Geist. Beim schlesischen Schuster findet sich nichts Ausgeklügeltes, es waren keine gedanklichen Blasen, die sich in seinem Gehirn bildeten. Seine Forschung hat «von innen im Hunger der Seele angefangen»[8]. Dementsprechend waren es auch stets ungewöhnliche Erlebnisse, die ihm den zu gehenden Weg anzeigten. Es waren göttliche Begegnungen, nicht anders als in den Tagen der Bibel. Alles, was Böhme ausführte, beruhte auf religiöser Erfahrung, nie hatte er es aus Büchern zusammengesucht, um sich hernach eine Meinung darüber zu bilden. «Ich habe es selber erfahren», schreibt er[9] und weiß, daß er eigene Augen bekommen hat, um einen Prozeß zu schildern, der sich in ihm selbst vollzogen hat. Der Weg des Heils als eigener Lebensprozeß aufgefaßt, das ist der Schlüssel zu seinem Verständnis und zu seiner Persönlichkeit. Das Göttliche geht wahrhaftig nur durch reale Erlebnisse in den Menschen ein; sie allein bilden den unzerstörbaren Grundstock, während die intellektuellen Anschauungen gewöhnlich nur nachträgliche Ausdeutungen sind. Böhme ist von Gott in erschütternder Weise ergriffen worden; er erlebte den Allmächtigen als die einzige Realität, und jeder Zweifel war ausgeschlossen. Sein bedrängendes Wirklichkeitserlebnis Gottes veranlaßte Karl I. von England beim Lesen einer Schrift Böhmes zur Äußerung: «Gott sei gelobt, daß es noch Menschen gibt, die von Gott und seinem Worte ein lebendiges Zeugnis aus der Erfahrung zu geben wissen[10].»

Die Begegnungen mit dem Göttlichen geschahen bei Böhme in der Form von Visionen. Er war der Mensch mit der Gabe des zweiten Gesichtes, und bei ihm brach das Visionäre mit Gewalt im Protestantismus auf. Was man sonst nur bei den katholischen Heiligen liest, das ereignete sich durch Böhme inmitten der evangelischen Christenheit. Das ist das Große am unscheinbaren Schuster, der so stark von der Melancholie bedrängt war. Die Visionen meldeten sich bei ihm bereits in der Jugend, brachen bis zu seinem Ende nie mehr ganz ab und waren die Grundlage für die Hellsichtigkeit dieses Mannes.

Beim Hüten des Viehes wurde der Knabe von inneren Gesichten heimgesucht. Er erspähte einst auf dem Berg eine seltsame, mit Buschwerk überwachsene Öffnung. In knabenhafter Neugier trat er in die Höhle, kam in ein eigenartiges Gewölbe und entdeckte dort ein großes, tragbares Gefäß voll Goldes. Der unerwartete Anblick ließ die Seele des Kindes erschaudern, voll Schrecken eilte er zurück. Als Böhme sich von seiner maßlosen Überraschung erholt hatte und mit andern Hüterjungen zur Höhle zurückkehren wollte, fand er den Eingang nicht, auch später fand er ihn nicht mehr, so eifrig er darnach suchen mochte. Das Bergerlebnis ist eine «Vorbedeutung auf seinen geistlichen Eingang in die verborgene Schatzkammer der göttlichen und natürlichen Weisheit und Geheimnis»[11]. In der Vision sah der Knabe irdisches Gold im Innern des Berges; es bedeutete jedoch das himmlische Gold, das er dereinst finden und den Menschen bringen sollte. Es lag nicht offen da, sondern war in der Tiefe des geistlichen Berges versteckt und mußte vom Goldgräber Böhme entdeckt werden. Das erste visionäre Erlebnis Böhmes umreißt bereits seine ganze spätere Aufgabe, wenn er sie auch in seinem knabenhaften Alter noch nicht verstehen konnte.

Auch während der Schuhmacherlehrzeit widerfuhr Böhme ein eigenartiges Erlebnis, das auf eine ungewöhnliche Bahn hinwies. Eines Tages, als der Meister abwesend war, trat ein fremder Mann in den Laden und begehrte ein Paar Schuhe zu kaufen. Der Lehrjunge fühlte sich zum Verkauf nicht berechtigt, allein der unbekannte Käufer ließ sich nicht abweisen. In großer Verlegenheit nannte Böhme einen viel zu hohen Preis, in der Annahme, der Mann gehe dann nicht auf den Handel ein. Der Fremde aber bezahlte ohne weiteres den Preis, nahm die Schuhe und rief außerhalb des Ladens: «Jakob, komm heraus!» Der Lehrling eilte hinaus, betroffen, daß der Unbekannte ihn beim Taufnamen genannt hatte. Was aber geschah? Mit lichtfunkelndem Blick schaute der Fremde ihm in die Augen und sprach: «Jakob, du bist klein, aber du wirst groß werden – ein Mann, ganz anders als die gewöhnliche Art, daß sich die Welt über dich verwundern wird. Darum sei fromm, fürchte Gott und ehre sein Wort [12].» Darauf drückte er ihm die Hand und war verschwunden. Wiederum spiegelt sich in der Begebenheit das spätere Schicksal Böhmes, der als einfacher Schuster sich niemals eine eigene Sendung zugetraut hätte. Es bedurfte des höhern Zuspruchs, bis er sie übernahm. Von theologischer Seite wurde zwar schon die Ansicht vertreten, es wäre besser gewesen, der Fremde mit den lichtstrahlenden Augen hätte nicht gerufen: «Jakob, komm heraus [13].» Besteht diese Auffassung zu Recht? Wäre die Welt glücklicher, wenn Böhmes Wirksamkeit sich nicht entfaltet hätte? Nein, und hundertmal nein! Bei der erwähnten Aversion ist es jedoch nicht möglich, in die tiefere Geisteswelt Böhmes einzudringen. In Tat und Wahrheit ist das Erlebnis des Fremdenbesuches nichts anderes als ein Glockenzeichen, das Böhmes Zukunft anmeldete. Der Unbekannte mit der Weissagung war der erste Ruf, den Böhme aus der oberen Welt empfing, und dies zu einem Zeitpunkt, da der Lehrling noch mit verdutztem Gesicht den Fremden anschaute. Der kleine Schuster ist ein «gar anderer Mann» geworden, ein großer Christ, über den die Welt sich nur wundern konnte. Die Andersartigkeit tritt auf Schritt und Tritt dem Leser überwältigend entgegen, es vergeht ihm gründlich jede Geringschätzung von Böhmes Pechschwärze.

Sowohl das Erlebnis auf dem Berg wie das mit dem Fremden zeigen die visionäre Veranlagung Böhmes an. Er mußte sich später deswegen gegen den Vorwurf verteidigen, er verführe die Menschen zu «plötzlichen Verzückungen und Träumereien». Allein die Jugendvisionen besitzen nur vorbereitenden Charakter, sie künden, wie die Engel in der Bibel, das Kommende an. Böhme war tief in seiner Kindheit verwurzelt, aus ihr schöpfte er gleich vielen großen Menschen vor ihm. Er gehörte zu den wenigen, die im Grunde ihres Herzens nie aus der Landschaft ihrer Kindheit herausgefallen sind. Böhme hat sich auch zeitlebens in der vergessenen Sprache der Kindheit ausgedrückt, weswegen ihn so viele Gelehrte nicht begriffen haben. Er bewahrte der Kindheit die Treue und hat dank dieser Einstellung auch nie den Blick des Kindes verloren.

Das große, sein Dasein verändernde Erlebnis ereilte Böhme in seinem fünfundzwanzigsten Lebensjahr. Bis dahin hatte er trotz allem religiösen Hungern und Dürsten nicht gefunden, was er innerlich sehnlichst suchte, obschon er «in Einfalt des Geistes, inbrünstig und unaufhörlich gebetet, gesucht und angeklopft» hatte. Nun wuchs sich ein alltägliches Vorkommnis unbedeutender Art zu einem weitreichenden Ereignis aus. Zu Beginn des Jahres 1600 saß Böhme in seiner Stube, als sein Blick zufällig auf ein Zinngefäß fiel, auf dem sich der helle Sonnenschein gar lieblich spiegelte. Bei dem funkelnden Lichtschein fühlte sich Böhme plötzlich entrückt, und es war ihm, als täte sich die Innenansicht der Dinge auf. Das Jähe und Unerwartete der Verzückung, die Böhme in den innersten Grund der geheimen Natur führte, ist visionären Ursprungs. Seine Schau ist um so erschütternder, als ein banaler Anlaß sie ausgelöst hatte. Böhme, wieder zu sich gekommen, mußte die Stube sogleich verlassen, die Wände wurden ihm zu eng, und er stürzte ins Freie.

Aber im Grünen draußen verlor sich die übernatürliche Schau nicht, sie erfuhr im Gegenteil noch eine beträchtliche Steigerung und dauerte volle sieben Tage. In Gottes freier Natur war es Böhme, als sähe er jedem Baume und jedem Gräslein ins Herz, und es enthüllte sich ihm das Geheimnis aller Dinge. Er selbst hat das wundersame Erlebnis mit den Worten geschildert: «In solchem meinem gar ernstlichen Suchen und Begehren ist mir die Pforte eröffnet worden, daß ich in einer Viertelstunde mehr gesehen und gewußt habe, als wenn ich wäre viele Jahre auf hohen Schulen gewesen, dessen ich mich hoch verwunderte, wußte nicht wie mir geschah, und darüber mein Herz ins Lob Gottes wendete. Denn ich sah und erkannte das Wesen aller Wesen, den Grund und Ungrund: Item, die Geburt der heiligen Dreifaltigkeit, das Herkommen und den Urstand dieser Welt, und aller Kreaturen, durch die göttliche Weisheit: Ich erkannte, und sah in mir selber alle drei Welten, als die göttliche Englische oder Paradiesische; und dann die finstere Welt, als den Urstand der Natur zum Feuer; und zum dritten diese äußere, sichtbare Welt, als ein Geschöpf und Ausgeburt, oder als ein ausgesprochen Wesen aus den beiden inneren geistlichen Welten. Ich sah und erkannte das ganze Wesen in Bösem und Gutem, wie eines von dem andern urständete, und wie die Mutter der Gebärerin wäre, daß ich mich nicht allein hoch verwunderte, sondern auch erfreuete[14].»

Das visionäre Erlebnis Böhmes zerfällt in zwei deutlich voneinander zu unterscheidende Phasen: das Zinnkrüglein-Erleben in der Stube und der Durchblick in der Natur. Es waren nicht zwei entgegengesetzte Vorgänge, sie standen zueinander im Verhältnis von Anfang und Fortsetzung. In der entscheidenden Stunde seines Lebens ging Böhme während der höchsten Beschaulichkeit ins «Freudenreich» ein. Die Pechschwärze seines Handwerks und seiner Melancholie waren verschwunden, er stand ganz im Lichtglanz seines Daseins da. Die flutenden Strahlen umfingen ihn und überschütteten ihn mit einer unaussprechlichen Freude. Er ist immer wieder auf den einzigartigen Sabbattag zurückgekommen und hat versucht, den Durchbruch des Geistes zu schildern: «Nach etlichen harten Stürmen ist mein Geist durch der Höllen Porten durchgebrochen bis in die innerste Geburt der Gottheit, und allda mit Liebe umfangen worden, wie ein Bräutigam seine liebe Braut umfahet. Was aber für ein Triumphieren im Geiste gewesen, kann ich nicht schreiben oder reden: es läßt sich auch mit nichts vergleichen als nur mit dem, wo mitten im Tode das Leben geboren wird, und vergleicht sich der Auferstehung von den Toten. In diesem Lichte hat mein Geist alsbald durch alles gesehen, und in allen Kreaturen, sowohl an Kraut und Gras Gott erkannt, was der sei, und wie der sei, und was sein Wille sei: auch so ist alsbald in diesem Lichte mein Wille gewachsen mit großem Trieb, das Wesen Gottes zu beschreiben[15].» Was Böhme bei diesem Anlaß widerfuhr, war die theosophische Zentralschau, über die man sich fast nicht in unserer Sprache ausdrücken kann. Das Erlebnis war für Böhme von gleicher Bedeutung wie die mitternächtliche Stunde für Pascal, von der das Memorial Zeugnis ablegt. Das Zinnkrüglein-Erlebnis mit dem daraus folgenden Durchblick in die Natur machte Böhme zu Böhme; von da an war er jener Mann, von dem später Tausende von Menschen nicht mehr losgekommen sind. Es ist etwas Unaussprechliches um den Blick ins Innerste der Dinge, der sieht, wie sich überall, in Elementen und Pflanzen, Gutes und Böses vermischt. Deswegen hat Franckenberg Böhmes himmelbläulich-glitzernde Augen mit den Fenstern des Tempels Salomons verglichen. Er schaute mit ihnen noch tiefer hinein als nur in einen steinernen Tempel. Aus Böhmes Worten ist ein gewaltiger Durchbruch zu vernehmen, sie sind «ein wahrer Triumph des Geistes, ein spirituelles Jubeln, Schwellen, Drängen, das sich nicht beschreiben läßt; dem Geiste erscheint alles durchsichtig wie Glas, und in der gläsernen Transparenz der Welt erschaut er überall die große schwebende Mitte: Gott[16].» Böhme hatte die letzten Schranken durchstoßen und stand in der Gegenwart Gottes. Er konnte fortan Gott in allem, auch in den Tieren und Pflanzen erkennen, er sah in allen Dingen geheimnisvolle Kräfte nach oben drängen, sah, daß Gottes Schöpferkraft noch heute am Werke ist. Das visionäre Erlebnis des Fünfundzwanzigjährigen, das ihn bis in die Grundfeste durchdrang, bedeutete den Höhepunkt in Böhmes Leben. Es war nicht einmaliger Art: nach zehn Jahren erfuhr er nochmals eine Überschattung des Heiligen Geistes, in der er von Gott berührt und mit neuem Licht begnadet wurde.

Nicht vielen Christen wurde die Zentralschau geschenkt, in der subjektive Erleuchtung und objektive Offenbarung zusammentreffen. Dieser höchst bedeutsame Vorgang spielt sich jenseits von Zeit und Raum ab. Nur wenige Menschen wurden dieses Charismas gewürdigt. Bestimmt hat es Christus besessen, wie aus der Versuchung auf dem Berg gefolgert werden kann, wo ihm der Teufel «alle Reiche des Erdkreises in einem Augenblick zeigte», was sich von einem aufeinanderfolgenden Ablauf der Dinge prinzipiell unterscheidet. Ebenso wird von Benedikt von Nursia Ähnliches berichtet: «Während er so in frühester Stunde zum Fenster hinausblickte, sah er plötzlich, wie sich ein Licht von oben her ergoß, die ganze Finsternis der Nacht verscheuchte und so hell aufleuchtete, daß dies in der Finsternis strahlende Licht den Tag übertraf. Etwas sehr Wunderbares war mit dieser Erscheinung verbunden; es wurde ihm nämlich, wie er später selbst erzählte, auch die ganze Welt wie in einem einzigen Sonnenstrahl vereinigt vor Augen geführt[17].» Auch der Baalschem hat die Sprache der Vögel und der Bäume verstanden, was nichts anderes als eine Form der Zentralschau ist. Wenn auch nur wenigen Auserwählten diese Schau beschieden war, so ist sie doch das Ziel, nach dem der Christ streben muß. Es kommt auf den Durchblick an; so lange man ihn nicht hat, bleibt man an den äußeren Dingen hängen und verstrickt sich in ihnen. Der Mystiker will hindurchblicken, und wer vom mystischen Geist angehaucht ist, der ist wenigstens auf dem Weg dazu, auch wenn es ihm nie ganz gelingen sollte, denn bei aller Anstrengung bleibt die Zentralschau ein reines Geschenk Gottes.

Das Erlebnis der Zentralschau überwältigte Böhme und sprengte beinahe seine Persönlichkeit. Er setzte alle seine Kraft daran, es zu verarbeiten. Man ist versucht, die Zeit der Aneignung als Zwischenakt in seinem Lebenslauf zu bezeichnen. Böhme fühlte von dieser Stunde an, daß er eine Sendung besitze, der er unter Furcht und Zittern nachzukommen habe. Obwohl er zunächst über das Erlebnis der Zentralschau schwieg – er hatte die Gabe und die Weisheit des Schweigenkönnens, denn er war der Ansicht, «magst du eine Stunde schweigen von allem deinem Wollen und Sinnen, so wirst du unaussprechliche Worte Gottes hören» –, drängte es ihn, das Geschaute niederzuschreiben. Der Zwang der schriftlichen Formulierung kam über ihn und machte ihm nicht wenig zu schaffen. Über zwölf Jahre rang er mit dem Entschluß der Niederschrift, er sträubte sich dagegen, doch zuletzt überfiel ihn der Geist wie ein Platzregen, und er mußte zur Feder greifen: «Denn so ich schreibe, diktiert mir's der Geist in großer wunderlicher Erkenntnis, daß ich oft nicht weiß, ob ich nach meinem Geiste in dieser Welt bin, und mich des hoch erfreue[18].» Böhmes Schreiben war zunächst unbeholfen, da er als Handwerker nicht gewohnt war, am Tisch zu sitzen und die Gedanken in Worte zu kleiden. Gleichwohl schrieb er schließlich mit seinen ungelenken Fingern Bogen um Bogen voll. Dabei hatte er «auch keine Zeit gehabt zu bedenken nach dem rechten Verstand des Buchstabens, sondern alles nach dem Geiste gerichtet, welcher öfters ist in Eil gegangen, daß dem Schreiber die Hände wegen der Ungewohntheit gezittert. Und ob ich wohl könnte etwas zierlicher und verständiger schreiben, so ist dies die Ursache, daß das brennende Feuer öfters zu geschwinde treibet, dem muß die Hand und Feder nacheilen, denn es gehet wie ein Platzregen, was es trifft, das trifft es[19].» Darnach sind Böhmes Bücher nicht aus einer schriftstellerischen Neigung entstanden. Ihn trieb der Geist, er schrieb im Zustand der Inspiration, es war ein göttliches Diktat, wie es Rembrandt gemalt hatte: ein Engel flüsterte dem Evangelisten die heimliche Weisheit ins Ohr! Böhme selbst wußte nur zu deutlich: was er schrieb, war nicht für alle Hansen auf der Gasse bestimmt; dazu war seine Mystik zu esoterisch. Er erinnerte daran, daß man seine «Schriften nicht einem jeden wolle in die Hände geben, denn sie sind nicht jedermanns Speise ... Meine Schriften dienen nicht für den vollen Bauch, sondern für einen hungrigen Magen, sie gehören den Kindern der Geheimnis, zumal in denselben viel edle Perlen verschlossen und auch offenbar liegen[20].» Der Schuster hat seine Bücher für sich selbst geschrieben, und dies steht keineswegs im Widerspruch zu dem an ihn ergangenen Befehl, sein überantwortet Pfund auf Zinsen auszuleihen. Die eine Äußerung ergänzt die andere, zudem Böhme von der demütigen Einsicht durchdrungen war: «Wiewohl ich nicht sagen kann, ich habe es ergriffen und gelernet, sondern so lange als die Hand Gottes über mir hält, so verstehe ich es: so sie sich aber verbirget, so kenne ich auch meine eigene Arbeit nicht[21].»

Unter göttlichem Zwang schrieb Böhme, vom Geist bedrängt und mit zitternder Hand, sein erstes Buch «Morgenröte im Aufgang» oder, wie man es hernach vielfach nannte, die «Aurora». Er ist später nicht mehr ganz zu ihr gestanden, weil sie nicht vollständig sei, «der Teufel gedachte Feierabend damit zu machen, weil er sah, daß der Tag wollte darinnen anbrechen»[22]. Die Vorbehalte gegenüber seinem Erstling sind begreiflich. Das Buch ist voll von Wiederholungen, oft der klaren Ordnung ermangelnd, ist es eher «auf weite Strecken gleichsam ein Frontbericht vom Kampfe Böhmes mit dem Teufel» denn eine ruhige Abhandlung[23]. Böhme hat in seiner Schriftstellerei auch eine Entwicklung durchgemacht, die in der vorliegenden Skizze freilich nicht berücksichtigt werden kann. Das Hauptwerk ist das «Mysterium magnum», die letzte und abgründigste Schrift Böhmes, und im Buch «Von der Gnadenwahl» hat er seine Gedanken am klarsten dargestellt. Die Schriften, die das mystische Leben in Gott behandeln, sind unter dem Titel «Der Weg zu Christo» zusammengefaßt. Die «Sendschreiben» sind in biographischer Hinsicht von unschätzbarem Wert.

In all seinen Schriften erweist sich Böhme als ein Autor, der nicht leicht zu lesen ist. Es ist nicht ratsam, jemandem, der mit der mystischen Literatur gar nicht vertraut ist, einfach einen Band Böhme in die Hand zu geben. Der unvorbereitete Leser wird wahrscheinlich nach einigen Seiten den Kopf über die allegorische Sprache schütteln und sagen, er verstehe die krause Phantasmagorie nicht, woraus ihm kein Vorwurf gemacht werden kann. Über Böhmes Schwerverständlichkeit wurde schon bei seinen Lebzeiten geklagt, was ihm stets leid getan hat, da ihm doch gegeben war, «die Geister der Buchstaben» zu ergründen. Der Eindruck einer närrischen Sprache ist durch Böhmes Terminologie bedingt, die von Tinktur, Qualgeistern usw. redet und zunächst Schwierigkeiten bereitet. Um Böhmes Stil gerecht zu werden, muß man bedenken, daß der Verfasser nicht studiert hat und zudem von einer alchimistischen Tradition beeinflußt ist. Auch von Paracelsus' Schriften war er beeindruckt, obschon er nicht einfach vom Wortschatz des Naturarztes abzuleiten ist, der gesagt hat: «Speisest du ein Stück Brot, so genießest du darin Himmel und Erde und alle Sterne.» Der schlesische Autodidakt schrieb einen Stil, der auf den ersten Blick mehr der Verhüllung als der Klärung diente, weil er die Sprache des mythischen Bildes und nicht die des philosophischen Begriffes benutzte. Das Zeitalter des Barock mit seiner Verschnörkelung, von dem Böhme, wie jeder Mensch von seinem Jahrhundert, auch berührt war, tat noch das übrige. Dies alles ist ein Übelstand, der so wenig bestritten werden kann wie die Flüssigkeit seiner Redeweise. Man darf ruhig Böhmes Terminologie gleich seiner Melancholie zu der Pechschwärze rechnen, von der nun einmal die Hände dieses Mannes gefärbt waren.

Auch in diesem pechgeschwärzten Stil macht sich wiederum der Lichtglanz geltend, der im Dasein des Schusters stets aufs neue alles überflutete. Böhmes Sprache ist nicht zum Jargon abgegriffen, sondern noch von einer unverdorbenen Frische. Bei aller Unbeholfenheit ist Böhme ein Sprachschöpfer, der sprachliche Bilder von einzigartiger Schönheit geprägt hat, so daß man ganz entzückt mit ihm ausrufen möchte: «Eine Lilie blüht über Berg und Tal!» Er ist ein begabter Schriftsteller, seine Schreibweise hat eine ganz ungewohnte Innigkeit und Wärme, sie ist von einer Durchsichtigkeit, welche die schwersten metaphysischen Probleme meistert. Böhme besaß eine malerische Phantasie, und nicht mit Unrecht hat man ihn schon einen Dichter genannt, eine Wahrnehmung, die Hankamer zu einer allzu literarisch-schöngeistigen Darstellung verlockte. Des Schlesiers hochfeierliche Ausführungen muten zuweilen wie ein Gedicht an, und man wird es zuletzt schwerlich anders sagen können, als daß Böhmes Werk ein Gesang ist, eine Bezeichnung, die er selbst gelegentlich brauchte. Es gab Leser, die meinten, ganze Gesänge aus Miltons «Verlorenem Paradies» bei Böhme in poetische Prosa aufgelöst wiederzufinden, einen dermaßen beschwingten Eindruck machen sie. Der Hinweis auf das Dichterische kommt dem Wesen Böhmes näher, als wenn in ihm nur der Philosoph gesehen wird, was er selbstverständlich in hervorragendem Maße auch war. Seine Schriften sind eine großartige religiöse Dichtung sui generis, die als herrlicher Lobgesang bis zu Gottes Thron aufsteigt.

Dunkelheit und Helligkeit in Böhmes Schriften sind durch die andersartige Denkweise bedingt, die dem heutigen Leser den Zugang erschwert. Als ein Mann, der zeitlebens dem Kinderland treu geblieben ist, hegte Böhme gegen das rationale Denken großes Mißtrauen, das er auf die gesamte Wissenschaft übertrug. Zwar dachte er bei dem Wort ‚Wissenschaft', der er das Gericht weissagte, vorwiegend an die Theologie. Der unstudierte Mann fühlte sich berufen, solche Dinge ans Licht zu bringen, die den hohen Schulen bis jetzt zu mächtig gewesen sind. Er begriff nie, daß man Gott, den Erhalter und Träger aller Dinge, zum Zankapfel werden läßt und ihn in lauter Meinungen ohne Wert aufspaltet. Nach Böhme steckt in der Begreiflichkeit ohnehin der Tod – eine eigenartige, aber nachdenkenswerte Ansicht. Trotz seinen gewichtigen Vorbehalten gegen die Wissenschaft hat Böhme die Vernunft nie eine Hure gescholten. Doch genügte der Verstand allein ihm nicht. Das bloß vernunftgemäße Denken ist für Böhme nur ein siderisches Denken, das gerade gegenüber Gott blind ist. Er betrachtete all seine Aussagen nicht als ein Werk seiner Vernunft, sie bedeuteten ihm eine Offenbarung Gottes. Der verachtete Schuster kannte eine vom Logos erleuchtete Vernunft, auf die es ihm ankam. Gottes Geist muß in der Vernunft sein, will die Vernunft Gott schauen, denn was hilft es dem Menschen, daß er fremde Prinzipien reitet über Gott, anstatt in Gott zu sein? In dieser Einsicht liegt der wesentliche Unterschied zwischen Böhme und den Streittheologen seiner Zeit; sie verursachten in der Regel nur einen häßlichen Spektakel und führten damit sich selbst und ihre Mitmenschen abseits, während der schlichte Mann von Görlitz in Gott war. Böhme war in die transzendentale Wirklichkeit aufgenommen, er lebte in ihr, und sie durchpulste ihn unablässig. Dies spürt man Böhmes Schriften sichtlich an, und das ist der Grund, weshalb man den Schuster so liebt. Die unmittelbare Gottverbundenheit schafft ein anderes Denken, als es die rationale Wissenschaft betätigt. Böhme war sich bewußt, daß sich in seinen Schriften «ein Neues» anmeldet, «ein Fahren über die Vernunft hinaus», wie er in den Sendschreiben ausführt: «Kein Spekulieren erreicht sie, das Gemüt sei denn von Gott erleuchtet ... Darum, wer den Weg zu Gott will lernen im Grunde verstehen, der gehe nur aus aller seiner Vernunft und trete in ein bußfertiges, demütiges, in Gott gelassenes Kinderleben ... Das Buch ‚Morgenröte' war mein kindlicher Anfang, schrieb also im Widerschein ohne Vernunft, bloß nach dem Schauen fast auf magische Art[24].» Das Geständnis reißt die Verschiedenheit von Kindheit und rationaler Denkweise in ihrer ganzen Tiefe auf. Böhme denkt nicht in abstrakten Begriffen, sondern in Bildern, ja, man möchte sagen in Potenzen. Nie sind es bloße Worte, mit denen er ein dürres Klapperspiel betreibt; immer sind es Kräfte, die ihn erfaßt haben. Akademisch ausgedrückt ist es die mythisch-symbolische Denkweise, und wenn man dies nicht begreift, bleibt Böhme ein versiegeltes Buch, und umgekehrt, versteht man sie als die einzig dem Religiösen adäquate Ausdrucksweise, dann ist das Tor zu Böhme aufgesprungen, und alles, was er schreibt, ist herrlich wie am ersten Tag, wie eine klingende Melodie in Gottes Saitenspiel. Gegenüber dieser süßen Schalmei ist das rationale Denken, wie Böhme in trefflicher Derbheit sagt, nur ein «Hundegebell». Anstatt zu sagen, daß Böhmes Schriften das Gepräge der Gärung an sich tragen, die nicht zur Klarheit gekommen ist, so daß sie in mehr als einem Sinn der Reinschrift bedürfen[25], hat man sich an das «Sendschreiben» zu erinnern: «Ich sage euch, mein lieber Herr, daß ihr bisher nur einen Glanz in meinen Schriften von solchen Geheimnissen gesehen habet; denn man kann's nicht schreiben; ob ihr von Gott würdet würdig erkannt werden, daß euch das Licht in der Seele würde anbrennen, so würdet ihr unaussprechliche Worte Gottes von solcher Erkenntnis hören, schmecken, riechen, fühlen und sehen. Allda ist erst die rechte Theosophische Pfingst-Schule, da die Seele von Gott gelehret wird[26].»

Böhme hat in der «Morgenröte im Aufgang» die Frage aufgeworfen: Was fehlt der Christenheit noch? Mangelt ihr die rechte Lehre? Nein, erwiderte Böhme, der als Lutheraner sie in des Wittenbergers Tat an den Tag gebracht sah, «sondern die Philosophia und der tiefe Grund Gottes, die himmlische Wonne, die Offenbarung der Schöpfung der Engel, die Offenbarung des greulichen Falles des Teufels»[27]. Die Formulierung ist zu wenig präzis. Bei Böhme liegt weniger eine Philosophie als eine grandiose Theosophie vor, durch die das spekulative Element in die evangelische Mystik eingeführt wurde. Sein Anliegen war, den Kosmos religiös zu erkennen, das ewige Werden und Sein, womit er einer der Begründer der pansophischen Bewegung wurde. War er doch viele Tage lang in die göttliche Erleuchtung eingetaucht gewesen, während welcher Zeit ihm die höchste, seligste Weisheit mitgeteilt wurde. In all seinen Ausführungen hat man es eindeutig mit einer mächtigen Mystik zu tun, die nie und nimmer mit bloßer Gefühligkeit verwechselt werden darf. Es wäre verfehlt, Böhmes spekulative Theosophie allzu straff zu systematisieren, auch wenn man sich so tief in sie hineingebohrt hat, wie es Martensen und Grunsky getan haben. Sie gewänne dadurch nur ein systemähnliches Aussehen, was ihr abträglich wäre. Böhmes Gedanken sind Blitze in der Nacht, die die Landschaft erleuchten, und diese Eigentümlichkeit gibt seiner christlichen Gnosis das charakteristische Gepräge.

In Böhmes Theosophie liegt ein erschütterndes Gottesringen vor, Jakobs Kampf mit dem Engel nicht unähnlich. Wenn je ein Mensch von Gott in Atem gehalten wurde, dann gilt dies bestimmt für Böhme. Der Allmächtige ist für ihn die Wirklichkeit, er hat sie in ihrer berstenden Realität stürmisch erlebt. Der Schuster wußte, man darf Gott nicht auf dogmatische Art in Begriffe und Idee verwandeln, will man ihn nicht unlebendig machen. Wer von der unbeschreiblichen Gotteserfahrung zu sprechen versucht, der muß nach Böhme fleißig die

Kräfte in der Natur erwägen, dazu die ganze Schöpfung, Himmel und Erde, sowohl Sterne und Elemente und nicht weniger die heiligen Engel, Teufel und Menschen. Gott ist für Böhme der «Ungrund», er vergleicht ihn gerne mit einer Kugel, die kein Oben und Unten, kein Vorn und Hinten hat, die überall und nirgends ist. Mit diesem Bilde gelang es Böhme darzutun, daß Gott Ferne und Nähe ist, indem bei ihm das Ferne immer nahe und seine Nähe zugleich stets ferne ist. «In Gott ist weit und nahe eins», schreibt er. Aus all diesen stammelnden Worten geht deutlich hervor, daß der erleuchtete Schuster von einem unentfliehbaren Gott-Durchdrungensein umgeben war, wie man sie in dieser ungeheuren Lebendigkeit nur bei den ganz großen Mystikern antrifft. Böhmes Gotttrunkenheit ist ungemein anziehend, man spürt die Gotteskräfte wallen, weil sie unmittelbar in der Seele des Menschen vorhanden sind. Für ihn ist Gott drängende Allgegenwart, Böhme ist überall, an allen Orten und Enden von ihm umstellt, und die überirdische Welt reicht mitten in diese Erde. In Gott ist Liebe und Zorn enthalten, die brennen ganz gewaltig, so daß man versucht ist, von einem atemraubenden Gottesdrama zu reden. «Gott ist alles, er ist Finsternis und Licht, Liebe und Zorn, Feuer und Licht; aber er nennet sich allein einen Gott nach dem Lichte seiner Liebe[28].» Das ist keine Vermenschlichung Gottes, sondern eine Parallele zu Luthers verborgenem und geoffenbartem Gott, denn erst dadurch wird der Allmächtige zum lebendigen Gott. Böhme redet ungewöhnlich von der Doppelgestalt der Gottheit, nur vergleichbar mit dem Buche Hiob. Bald glaubt man das hilflose Stammeln eines schlesischen Handwerkers zu hören, dann tauchen plötzlich wieder farbige Bilder auf, wie sie nur einem Dichter zur Verfügung stehen, und schließlich spürt man die Erschütterung eines Herzens, das «Gott zum Geliebten» gemacht hat: «Du mußt allhie wissen, daß die Gottheit nicht stille stehet, sondern ohne Unterlaß wirket und aufsteiget als ein liebliches Ringen, Bewegen und Kämpfen, gleichwie zwei Kreaturen, die in großer Liebe miteinander spielen und sich miteinander hälsen oder würgen, bald liegt eines oben, bald das andere, und so eins überwunden hat, so gibts nach und lässet das andere wieder auf die Füße[29].»

Das schreckliche und zugleich süße Gotteserleben vermag nur der Mensch zu erfahren, der Mensch, der der zweite Pol von Böhmes Theosophie ist. Böhme meditierte intensiv über den Menschen, er erfaßte ihn als Ebenbild Gottes, das in den ersten Kapiteln der Genesis aufleuchtet. Er vermochte auch hier hindurchzublicken, so daß ihm «der Mensch das größte Geheimnis bedeutete, das Gott gewirkt hat»[30]. Hoheit und Grenzen des Menschen sah er zugleich, und deswegen schrieb er die Worte: «Denn das Buch, da alle Heimlichkeit innen liegt, ist der Mensch selber; er ist selber das Buch des Wesens aller Wesen, dieweilen er das Gleichnis der Gottheit ist[31].» Für Böhme war der Mensch eine kleine Welt aus der großen, welcher wiederum der großen Welt Eigenschaft in sich hat. Der Mensch ist aus der Zeit und aus der Ewigkeit, entsprechend seiner erhabenen Stellung steht er in der Mitte. Gewöhnlich aber sieht der Mensch nicht, wie hoch und wie gefährlich er geht, daß er gleichsam zwischen Himmel und Hölle tanzt, und zwar auf einem gar schwachen Steg. «Darum muß der äußere Mensch zerbrechen, gleich als die äußere Welt zerbricht, und darum mags in dieser Zeit mit keinem Menschen zur Vollkommenheit kommen, sondern der rechte Mensch muß im Streite bleiben wider das irdische, verderbte Leben, welches sein Gegensatz ist, da Ewigkeit und Zeit widereinander streiten[32].» Der Mensch ist zum Mittler zwischen Himmel und Erde bestimmt; nach einem schönen Bild sieht Böhme ihn während dieses Lebens in einem Acker – die Formulierung «wir stehen im Acker» kehrt bei Böhme mehrfach wieder –, darin uns Gott hineingesät hat. Adam war das erste Korn, das Gott selber säte, und aus demselben Korn wachsen wir alle; die Menschen sind alle eines Samens und deswegen allesamt Brüder. Aber der Teufel hat Unkraut zwischen die Menschen gesät, und von daher kommt alles Unglück zwischen ihnen, die «Turba» der verwirbelten Welt.

Der mit Gott verbundene Mensch sieht sich der Natur gegenüber. Sie war für Böhme ein weiterer Problemkreis, mit dem er zeitlebens rang. Die Zentralschau vermittelte ihm einen Blick in das Innere der Natur; seine Naturphilosophie stammt denn auch aus einer Geisteserleuchtung und ist von der exakten Naturforschung getrennt. Böhme hat nicht wie Tauler seine Kapuze über die Augen gezogen, um in seiner Meditation nicht vom Klostergarten gestört zu werden, sondern er hat über die kosmische Bedeutung des Christentums nachgedacht, ohne dabei die Natur Gott gleichzusetzen. «Ich sage nicht, daß die Natur Gott sei, viel weniger die Frucht aus der Erde; sondern ich sage: Gott gibt allem Leben Kraft, es sei böse oder gut, einem jeden nach seiner Begierde[33].» Für den erleuchteten Schuster war nicht die äußere Welt mit ihren Steinen und Elementen das Ewige, wohl aber wohnte Gott darin, mochte auch das natürliche Wesen ihn nicht begreifen. Auf das Wohnen Gottes inmitten seiner Schöpfung kam es Böhme an, nicht anders als später dem Chassidismus, der hierin ihm nahe verwandt ist. Der schlesische Mystiker war darauf bedacht, die Natur nicht aus Gott herausfallen zu lassen, sie war ihm eine göttliche Chiffreschrift, die er mit viel Liebe zu entziffern suchte, wenn es ihm auch nicht gelang, so wenig wie irgendeinem andern Menschen, sie völlig zu entschleiern. Im Wachsen des Halmes und im aufsteigenden Saft des Baumes ahnte Böhme göttliche Vorgänge, sie waren ihm Symbol. «Du wirst kein Buch finden, da du die göttliche Weisheit könntest mehr inne finden zu forschen, als wenn du auf eine grüne und blühende Wiese gehest: da wirst du die wunderliche Kraft Gottes sehen, riechen und schmecken, wiewohl es nur ein Gleichnis ist[34].» Wie plastisch, wie sinnlich, wie real ist doch diese wundersame Naturmystik empfunden! Sie blüht und quillt bei Böhme auf, alle Sinne sind daran beteiligt, und doch ist der Symbolcharakter nicht vergessen. Es besteht kein Anlaß, vor dieser auf den Kosmos ausgerichteten Mystik ängstlich zurückzuweichen, so wenig dies bei Arndt angebracht war. Vielmehr ahnt sie wieder die Mannigfaltigkeit des Lebens in all seinem Dualismus, sie ist ganz vom göttlichen Geist gehalten und entzündet im empfänglichen Menschen den Sinn für die Schöpfung Gottes. Niemals geht durch diese Naturinnigkeit das Göttliche an Gott verloren, es wird erst in seinem ganzen Reichtum erfaßt. «Ins Innere der Natur dringt kein erschaffener Geist», heißt es bei Goethe. Böhme aber ist nicht bei der «äußeren Schale» stehengeblieben, er hat die Wände durchbrochen und zum Herzgeheimnis der Schöpfung hindurchgeblickt. Er ist über die bloß gleichnishafte Naturbetrachtung hinausgelangt und hat alle Dinge wieder von der Erlösung her gesehen.

Wie weit Böhme innerlich von der pantheistischen Naturauffassung entfernt ist, zeigt sich in seinem Verständnis für die Frage des Bösen, das man den Sonderfall des Naturproblems nennen könnte. Er hat das Problem des Bösen bis zum Ursprung verfolgt und es als jene rätselhafte Kraft innerhalb einer gefallenen Welt ganz ernst genommen. Sein tiefes Ringen mit der Erscheinung des Bösen hat nichts mit der verderblichen Neigung des Menschen zu tun, der sich dem bedenklichen Vergnügen hingibt, die Dekadenz zu studieren, bis er ihr selbst verfallen ist. Böhme besaß als das unverdorbene Kind die wundersame Herzenseinfalt und die außerordentliche seelische Lauterkeit, deren es zur Beschäftigung mit dem Bösen bedarf, ohne daran Schaden zu nehmen. Er wagte es, das Wesen des Guten und des Bösen zu ergründen, was Luther sich nicht getraute. Durch das Zinnkrugerlebnis gingen ihm die Augen auf für die Einsicht in die Notwendigkeit beider Potenzen: «Der Leser soll wissen, daß in Ja und Nein alle Dinge bestehen, es sei Göttlich, Teuflisch, Irdisch oder was genannt mag werden. Das Eine, als das Ja, ist eitel Kraft und Leben und ist die Wahrheit Gottes oder Gott selber. Dieser wäre in sich selber unerkenntlich, und wäre darinnen keine Freude oder Erheblichkeit, noch Empfindlichkeit ohne das Nein. Das Nein ist ein Gegenwurf des Ja, oder der Wahrheit, auf daß die Wahrheit offenbar und Etwas sei, darinnen ein Contrarium sei, darinnen die ewige Liebe wirkend, empfindlich, wollend, und das zu lieben sei[35].» Nach Böhme ist kein Ding in dieser Welt so bös, es hat ein Gutes in sich, eines «urständet» im andern. Die zwei Welten, Licht und Finsternis, sind ineinandergeschoben, aber sie befinden sich nicht im Gleichgewicht, sondern in einem unaufhörlichen Kampf miteinander. Durch dieses Ringen des Guten mit dem Bösen entsteht die ungeheure Bewegtheit von Böhmes Theosophie, die wirklich dem Lebensprozeß so nahe wie möglich kommt. Obschon Böhme ein Mann der Spannungen war, hat ihn die tiefsinnige Erkenntnis, daß in allen Dingen Gutes und Böses, Liebe und Zorn miteinander streiten, zuerst in Traurigkeit versetzt. Er befreite sich erst davon, nachdem er durch die Melancholie ins Freudenreich durchgebrochen war. Gut und Böse war für ihn kein Sittlichkeitsproblem – der kirchliche Moralismus hat es dazu verflacht – sondern ein Seinsproblem, denn ihm war jedes Sein, sofern es ein Seiendes ist, göttlich. Die Spaltung von Gut und Böse ist bereits ein Produkt des Bösen, das nur durch Gott überwunden werden kann und nicht mit der siderischen Leiblichkeit des Menschen in Zusammenhang gebracht werden darf. Nach Leopold Ziegler gereicht es dem Schuster von Görlitz zur höchsten Ehre, daß er zum erstenmal mit den «durch die Jahrtausende verschleppten Weltmißverständnissen endlich aufgeräumt hat, welche Stofflichkeit und Leiblichkeit, Materie und Elemente für Werke des Bösen erachten»[36]. Damit war eine Tat vollbracht, die für die erneuerte Auffassung des Christentums von entscheidender Bedeutung war, weil der manichäische Sauerteig mit seiner vergiftenden Wirkung endlich überwunden war. Das Böse ist das Lichtlose, das Selbstische, das von Luzifers Fall herkommt und seither die Zweiheit in jedes Ding hineingebracht hat, so daß in ihm Liebe und Zorn unablässig kämpfen. Der Sinn des Zwiespaltes in jedem Ding aber ist seine Heimkehr zu Gott, das Einswerden mit ihm. Nur die Kabbala hat in ähnlicher Großartigkeit das Problem des Bösen aufgefaßt und sich in überraschend verwandten Gedankengängen bewegt[37].

Gott und Mensch, die Natur und das Böse hat Böhme nie isoliert betrachtet, sondern immer von Christus aus, in dessen Herz er Zuflucht vor den Gewittern gesucht hatte. Es lag bei Böhme weniger eine Christologie denn eine Christosophia vor, und wie Paulus sah auch er Christus in kosmischer Sicht. Dem Menschen, der wohl gefallen, aber nicht hoffnungslos verloren ist, widerfährt einzig durch Jesus Christus Rettung. Doch darf man Christus nicht bloß in historischer Weise auffassen: «Willst du ihn anziehen, so mußt du durch seinen ganzen Prozeß von seiner Menschwerdung an bis zu seiner Himmelfahrt gehen. Ob du wohl nicht kannst noch darfst das tun, was er getan, so mußt du doch gänzlich in seinen Prozeß eingehen und der Seele Eitelkeit in seinem Prozeß immerdar absterben[38].» Die «Nachfahrt», wie Böhme für die Nachfolge Christi sagte, besteht darin, daß das Ich in Christi Tod stirbt. Als Christus am Kreuze hing und starb, allda hingen wir mit ihm am Kreuze und starben in ihm. Böhme verabscheute das Pochen auf Christi Verdienst und nannte es ein bloßes Kitzeln. Christus will im Menschen Gestalt gewinnen, und der allerinwendigste Grund im Menschen ist Christus, nicht der Natur, sondern der Göttlichkeit nach. Es muß zu einer Geburt Christi in der Seele des Menschen kommen, darin besteht Böhmes lebendige Christus-Mystik. Er kann nicht genug das Wort «er ist in dir» betonen, denn erst wenn der Mensch dessen inne wird, ist die Erlösung für ihn zur Realität geworden. «Denn es ist kein anderer wahrer Glaube, der selig machet, als allein Christus in uns ... In unserer armen Seele muß Christus vom Tode aufstehen, als in einer neuen Menschheit[39].» Aus dieser Gewißheit bekannte sich Böhme zum Glauben, daß das Paradies noch in der Welt ist, aber der Mensch ist nicht drin, es sei denn, er werde aus Gott wiedergeboren, weshalb die Unterscheidung vom alten und neuen Menschen zum Wesen der theosophischen Frömmigkeit gehört.

Eng verbunden mit der Christosophia sind Böhmes Ausführungen über die sophianische Mystik, deren Wurzeln auf die alttestamentliche, apokryphe Schrift «Das Buch der Weisheit» zurückgehen, die aber der Mann aus Görlitz auf selbständige Weise weiterentwickelte. Die Jungfrau Sophia teilte mit Adam das Paradies, als sich aber der Lustgeist dieser Welt des ersten Menschen bemächtigte und er in den Schlaf versank, entwich «die männliche Jungfrau» in den Äther, und er bekam dafür das Weib. Doch wartet die Jungfrau noch immer auf die Adamskinder, hoffend, daß eines sie wieder zur Braut wünsche. Sophia war für Böhme die heimliche Weisheit, die sich in einer himmlischen Hochzeit mit der Seele des Menschen vermählt, sie ist die Mutter, darinnen der Vater wirket. Die himmlische Jungfrau ist Böhmes Seelengefährtin, sie hat ihm Treue versprochen und hat ihn auch in aller Not nie verlassen. Von ihr empfing er die Kraft, die dornigen Wege des Verlachtwerdens zu gehen und nicht wankend zu werden, bis er in seinem Heimatlande angelangt, von dem seine Seele ausgegangen war und wo Sophia wohnt. In seinen Anfechtungen lag Böhme gleichsam auf dem Berge um Mitternacht, die Bäume fielen über ihn her, der Sturmwind peitschte ihn und der Antichrist fletschte die Zähne, um ihn zu verschlingen. Da erschien die göttliche Jungfrau in ihrer ganzen Holdseligkeit, tröstete ihn und versprach ihm, seinen Kummer in Freude zu verwandeln. Über das übersinnliche Beilager mit der Jungfrau wußte Böhme in keuscher und doch glühender Sprache zu reden, obschon nach ihm keine Feder dies würdig zu beschreiben imstande ist. Sophia war für Böhme kein abstraktes Prinzip – wennschon er, als er das Wort Idea zum erstenmal hörte, wie elektrisiert ausrief: «Ich sehe eine reine und himmlische Jungfrau» –, sondern eine lebendige, personhafte Gestalt, wie es denn einer der Grundgedanken Böhmes war, daß es kein Geistiges ohne Leibliches gibt. Mit seiner sophianischen Mystik führte Böhme das weibliche Element in die allzu männliche Religion des Protestantismus ein; ihr verdankt er die fühlbare Wärme seiner Ausführungen, die so gar nichts Kaltes an sich haben. Durch die Vermählung mit der Sophia entstand der vollkommene, übergeschlechtliche Mensch, der in seiner Androgynität wieder Mann und Frau umschließt[40]. Von Böhmes sophianischer Mystik, die im vorliegenden Zusammenhang mehr notdürftig skizziert denn breit entfaltet werden konnte, ist ein tiefer, unterirdischer Einfluß ausgegangen, der bei Gichtel wieder an die

Oberfläche getreten ist. Sie könnte mit ihrer ewigen Weiblichkeit für eine aufgeschlossene evangelische Christenheit ein ähnliches Symbol werden wie die Mariologie für den Katholizismus.

Böhmes Theosophie kündete die Morgenröte des kommenden Tages an und erfüllte ihn selbst mit einem religiösen Hochgefühl. Das freudige Bewußtsein war keine bloß subjektive Empfindung. Durch Böhme ist eine neue Helle in der Welt sichtbar geworden, und bedauerlich bleibt nur, daß ihrem Urheber daraus die größten Unannehmlichkeiten erwachsen sind. Es kam zu dem Zusammenstoß zwischen Böhme und der lutherischen Kirche, was um so unbegreiflicher ist, als der Schuster ein frommer Mann war, dem fleißiger Kirchgang ein inneres Bedürfnis bedeutete. Durch den Konflikt mit den Geistlichen erfuhr Böhmes Leben ein dramatisches Moment. Die innere Spannung mußte auch äußerlich ausgetragen werden. Der Kampf zwischen Böhme und dem Oberpfarrer von Görlitz darf nicht nach einem Weiß-Schwarz-Schema dargestellt werden, als ob auf der einen Seite nur eine Lichtgestalt und auf der anderen Seite ein vollendeter Bösewicht gestanden wäre. Das tragische Element in der Auseinandersetzung würde in einer derartig schematischen Auffassung fehlen, denn es entsteht nur dann, wenn Recht gegen Recht sich kehrt. So unsympathisch der Primarius sich auch verhielt, ein Anliegen der Tradition kann auch ihm nicht abgesprochen werden. Böhme selbst hat vom Pastor gesagt, «Gott hat ihn zum Treibhammer gemacht, der das Werk mußte treiben», eine wahrhaft königliche geschichtsphilosophische Betrachtung des Geschehens[41].

Der Oberpastor Gregorius Richter in Görlitz war eine Gestalt, die man lieber unerwähnt lassen möchte, doch spielte er in Böhmes Biographie eine dämonische Rolle, obwohl er kein ebenbürtiger Gegner Böhmes war und man sich wegen seines Verhaltens unwillkürlich für den Pfarrerstand schämen muß. Nicht, daß Richter ein beschränkter Kopf gewesen wäre, er besaß durchaus eine gewisse Begabung, verfügte auf dem Gebiet der Theologie und der Geschichte über ein ansehnliches Wissen und verfertigte auch lateinische Gedichte. Der Primarius war ein eifriger Pastor, der sich auf der Kanzel als strenger Sittenrichter ausgab und sich über dem Volke stehend vorkam. Eine der Abschriften von Böhmes «Morgenröte im Aufgang» kam auch in seine Hände, aber er vermochte sie nicht ruhig zu lesen, und das wenige, das er flüchtig überflog, erschien seinem Unverständnis derart lästerlich, daß er darob in Harnisch geriet. Das Signal zum Kampf gegen den stillen Schuster war für Richter gegeben, und der Zusammenprall nahm seinen Anfang.

Am nächsten Sonntag – es war im Sommer 1613 – scheute sich der Pastor nicht, von der Kanzel aus die andächtig versammelte Gemeinde unerwartet und eindringlich vor dem «falschen Propheten» zu warnen, der in ihrer Mitte aufgetreten sei und um dessentwillen der Zorn Gottes über der Stadt entbrennen werde. Dem zelotischen Manne kam nicht einmal der schwere Mißbrauch zum Bewußtsein, den er aus seinem Vorrecht beging, an geweihter Stätte reden zu dürfen, wo ihm niemand widersprechen konnte. Der ahnungslos in der Kirche sitzende Böhme mußte diese öffentliche Beschimpfung stillschweigend über sich ergehen lassen. Nach Beendigung des Gottesdienstes ging Böhme zum Pastor und bat ihn bescheiden, ihm die Irrtümer zu zeigen, doch der Prediger schrie ihn mit wutentbrannter Stimme an: «Hinweg von mir, Satan, zur Hölle!» und rief ihm drohend nach, er werde ihn verhaften lassen, wenn er nicht sofort die Stadt verlasse.

Tatsächlich veranlaßte Pastor Richter, daß Böhme schon am folgenden Tag vor den Magistrat geladen wurde. Die Görlitzer Behörde war von ihrem Oberpfarrer so eingeschüchtert, daß sie den Beschluß faßte, ihren größten Sohn auf der Stelle aus der Stadt zu verbannen. Nicht einmal Abschied nehmen durfte er von seiner Familie. Nur einer stand dem gewalttätigen Vorgehen nicht fassungslos gegenüber, und dies war Böhme! Er empörte sich nicht über die krasse Ungerechtigkeit, sondern antwortete überlegen: «Ja, liebe Herren, es soll geschehen; da es nicht anders sein kann, bin ichs zufrieden», und damit schritt er ungebeugten Hauptes von dannen[42]. Der ganze Mann steckt in dieser echt Böhmeschen Äußerung; keine Auflehnung, keine Kohlhaassche Verbitterung, die mystische Gelassenheit ließ ihn auch das schwärzeste Unrecht ruhig hinnehmen. Am andern Tag freilich schlug der weltlichen Behörde, leider nicht auch der geistlichen, das Gewissen über die ungebührliche Handlungsweise, und sie rief den Schuster zurück. Er durfte wieder in der Stadt bei den Seinen wohnen, mußte sich aber verpflichten, nichts mehr zu schreiben. Böhme gab das verlangte Versprechen ab, wie er später sagte, weil er damals nicht restlos verstand, was Gott mit ihm vorhatte. Immerhin lebte er einige Jahre dieser Verfügung nach, ohne damit den unschristlichen Haß des Oberpfarrers zu besänftigen.

Nachdem sich Böhme sechs Jahre lang an das Schreibverbot gehalten hatte, spürte er den inneren Schaden, da ihm dadurch «das Gnadenlicht eine ziemliche Zeit entzogen ward, und glomm in mir als ein verborgenes Feuer, daß also nichts denn Angst in mir war, von außen Spott, von innen ein feuriger Trieb»[43]. Wiederum senkte sich eine leise Melancholie auf ihn herab, und unaufhörlich beschuldigte ihn sein Gewissen, aus Gehorsam gegenüber der Obrigkeit die ihm aufgetragene Sendung verleugnet zu haben. Freunde redeten ihm beständig zu, doch wieder zu schreiben, und schließlich hielt er es nicht mehr aus, das Feuer in ihm wurde zu stark, und auch er mußte Gott mehr gehorchen als den Menschen. Als dreiundvierzigjähriger Mann begann Böhme wieder zu schreiben und saß nun in den folgenden Jahren fast ununterbrochen über seinen Manuskriptblättern. Ein Buch nach dem andern entstand in einem halben Dutzend Jahren, er schrieb so viele Werke in dieser Zeit, wie andere Menschen in einem ganzen Leben. Was heute als der köstliche Schatz von Böhmes Werken gesammelt dasteht, es entstand alles in jener erstaunlich kurzen Zeit. Böhme ließ sogar sein Handwerk liegen, mit dem er seine Familie ernährt hatte, und begann einen kleinen Garnhandel, dem seine Frau obliegen konnte, wodurch er mehr freie Zeit gewann. Abermals zirkulierten seine Schriften von Hand zu Hand, sie wurden fleißig abgeschrieben, und seine Verehrer gaben sogar ohne sein Wissen eine Anzahl Schriften in einem Band unter dem Titel «Der Weg zu Christo» heraus. Es blieb das einzige zu Lebzeiten Böhmes erschienene Werk.

Natürlich kam dies auch dem Primarius Richter zu Ohren. Der religiös unbegabte Mensch, der die mangelnde Gottesbeziehung unter einer polternden Rechtgläubigkeit zu verdecken suchte, war außer sich über Böhmes Übertretung des Schreibverbotes. Pastor Richter, dessen Kopf in seiner weißen Halskrause wie ein Napfkuchen auf einem Teller aussah und wahrscheinlich auch nicht viel mehr wert war, begnügte sich nicht damit, Böhme von der Kanzel aus als Ketzer, Enthusiast und Halunken zu verlästern, er griff nun auch zur Feder und schrieb ein Schandgedicht gegen ihn. Er machte sich allerdings in seinem Pamphlet die Sache sträflich leicht, indem er Böhme lediglich auf eine unflätige Art verleumdete. Pastor Richter nannte den Theosophen den Antichristen, der sich dem Branntweintrunk ergeben habe, und rief voller Abscheu aus: «So viel Zeilen sind, so viel sind Gotteslästerungen in des Schusters Büchern zu finden; welche nach nichts als nach Schusterpech und nach der garstigen sogenannten Schuhschwärze stinken: Pfuy, pfuy, dieser greuliche Gestank sei ferne von uns[44].» Man steht betroffen vor der ordinären Kampfweise eines Geistlichen, der glaubte, mit Schimpfworten das mystische Leben aus der evangelischen Kirche ausmerzen zu können. Der Pastor hat nicht nur ein ehrwürdiges Handwerk besudelt, er hat auch mit seiner bösartigen Schmähschrift bekundet, daß er im Schuster nur die Pechschwärze und nicht den geringsten Lichtglanz zu sehen vermochte. Der Primarius ist ein erschütterndes Beispiel dafür, wie der fanatische Haß der Rechtgläubigkeit einen Menschen so verblenden kann, daß er nicht einmal mehr ein Fünklein der Wahrheit sieht.

Böhme war nicht ein Mann des Streites, er war der Überzeugung zugetan, «wir müssen aus aller Vernunft wieder in die Gelassenheit, in unserer Mutter Schoß eingehen, und alles Disputieren fahren lassen, auch unsere Vernunft ganz wie tot machen»[45]. Doch lebte er bereits im beginnenden Barockzeitalter, dem er in mannigfacher Beziehung verpflichtet war und das er doch im Entscheidenden weit überschritt, nicht anders als seine großen Zeitgenossen Cervantes, Shakespeare und Rembrandt. Am inneren Ringen des Barock, das Reformation und Renaissance hinter sich gelassen hatte, nahm Böhme Anteil, und deswegen wußte er bereits, daß jetzt eine «gar andere Zeit» angebrochen war, in der «man glaubet nicht mehr also balde, was ein Jeder sagt, man will auch Beweis sehen»[46]. Aus dem neuen Zeitbewußtsein heraus floß Böhmes Entschluß, «ich will nicht mehr so stille schweigen, als ich getan habe», und er nahm infolgedessen Richters Schmähgedicht nicht wortlos hin. Mutig trat er dem Gegner entgegen und schrieb seine «Schutzrede gegen Gregorius Richter», die ein Meisterstück überlegener Polemik ist und den Primarius von Görlitz moralisch vernichtete. «Lieber Herr Primarius, warum verachtet Ihr mich, daß ich ein Laie bin, und habe hohe, göttliche und natürliche Erkenntnis? Meinet Ihr, daß der heilige Geist an Eure Schulen gebunden sei? Ich habe meine Gabe durch ernstes Bitten und Anklopfen empfangen; und ein solches geschmecket, daß ich nicht um aller Welt Ehre und Gut geben wollte, auch nimmermehr verleugnen kann[47].» Er wies dem Pastor nach, daß er seine Schriften gar nicht gelesen habe, daß man mit dem zornigen Mann nicht reden könne, und daß er mit seiner «kalten Lehre» nichts von der inwendigen Erleuchtung verstehe, und trotz alledem erhebt sich Böhme zu der Höhe: «Weil er mir aber flucht, so segne ich ihn durch das Blut und Tod unseres Herrn Jesu Christi und wünsche ihm, daß ihn dieser Segen bekleide, und zu einem Kinde und Erben des ewigen Lebens gebäre, auf daß er mein Bruder im Leben unseres Herrn Jesu Christi werde und ewig bleibe[48].»

Der Oberpastor, durch die religiöse Niederlage doppelt rasend gemacht, hetzte den Pöbel von Görlitz, der von der Fragestellung ohnehin nichts verstand, gegen Böhme auf. Die urteilslose Menge ließ sich die willkommene Gelegenheit, Radau zu machen, nicht entgehen: an Böhmes Haus wurden die Fenster eingeworfen, und zuletzt mußte sich der Rat der Stadt der Angelegenheit aufs neue annehmen. Der Schuster konnte nachweisen, daß seine Bücher ohne sein Wissen gedruckt worden waren und daß er nichts zur Ausbreitung seines Ruhmes getan habe. Trotzdem beschloß der Magistrat die abermalige Ausweisung aus der Stadt. Böhme pilgerte zum zweiten Male unter Hinterlassung seiner Familie in die Verbannung.

In der Verfolgung, die Böhme durch die Kirche erleiden mußte, war der Primarius Richter sicher nicht auf der Höhe der Situation. Er hat mit Waffen gegen Böhme gekämpft, die eines Christen unwürdig sind, und hat das Anliegen des Theosophen überhaupt nicht verstanden. Und doch, bei allem unentschuldbaren Verhalten Richters muß man auch ihm Gerechtigkeit widerfahren lassen. Es ist der Größe der Auseinandersetzung nicht gemäß, will man des Oberpastors Vorgehen einfach auf eine persönliche Rachsucht zurückführen. Der Zusammenstoß zwischen Böhme und Richter darf nicht nur auf eine bloß individuelle Unzulänglichkeit des Pastors zurückgeführt werden. Es lagen auch sachliche Gegensätze vor, wenn der Primarius sie auch nicht richtig nennen konnte.

Böhme war gewiß ein frommer Mensch. Er lebte in der Bibel, die Welt des Glaubens prägte jede Äußerung von ihm. Es ist nötig, neben dem Mann, der eine derart spekulative Theosophie vertrat, auch den einfachen Christen zu sehen. Aber seine Frömmigkeit gab sich nicht mit einer bloßen Lehre zufrieden, er reduzierte die christliche Gläubigkeit nicht nur auf das Wort, weil das Evangelium für ihn eine Frage der Lebensführung war und auf den Umbruch des Seins hintendierte. Die biblischen Erzählungen verstand er stets sowohl wörtlich als symbolisch zugleich. Der Glaube war ihm nie nur eine historische Angelegenheit wie für viele Theologen der Orthodoxie, denen gegenüber er in die Klage ausbrach: «Das bewähret sich, daß der rechte Glaube seit Christi Zeiten niemals kränker und schwächer gewesen, als eben jetzend, da die Welt doch schreiet: Wir haben den rechten Glauben gefunden, und zanken um ein Kind, das böser nie gewesen ist, seit daß Menschen auf Erden gewesen sind[49].» Gegenüber den Historienchristen betonte Böhme: «Es muß Ernst sein und das Tun zum Glauben hinzukommen. Ein rechter Christ muß nicht allein ein Mund-Christ sein, sondern in Christo in seinem Prozeß wandeln, und Christus anziehen[50].» Der wahre Nachfolger hält die eigene Vernunft für töricht und weiß, auf welch schwankendem Steg und in welch großer Gefahr zwischen Himmel und Hölle er wandelt. Böhme scheute sich nicht, offen auszusprechen, daß «Christus auf Erden keine größeren Feinde gehabt hat als die Hohepriester, es will noch auf also sein; denn aller Krieg und Streit kommt von der Hohenpriester Disputieren und Schmähen»[51].

Wie anders die orthodoxe Auffassung gegenüber Böhmes Frömmigkeit war, nach der sich Gott nicht nur im Wort, sondern auch in der Natur und in Visionen kundtut, spürte Richter. Er brachte Böhme mit den altkirchlichen Ketzern Kerinth und Arius in Verbindung, was natürlich töricht war. Gleichwohl empfand er instinktmäßig, daß Böhme nicht mit der lutherischen Lehre übereinstimme. Es finden sich bei Böhme Abweichungen von der Kirchenlehre, was sich aber bei einem selbständig denkenden Christen nicht vermeiden läßt. Wie weit Böhme die Schriften des Reformators kannte, weiß man nicht[52]. Sicherlich bekannte er sich zu Luther und stand seiner Gottesauffassung im wesentlichen nahe; aber Böhme war nicht konfessionalistisch gesinnt, er lehnte die kirchliche Polemik ab. «Das alles, darum man jetzt streitet und kämpfet, auch Land und Leute verderbet, ist nur eine leere Hülse ohne Frucht, und gehöret der feurenden Welt zur Scheidung. Es ist kein wahrer Verstand in keiner Partei, sie streiten alle nur um den Namen und Willen Gottes, und keine Partei will ihn tun, sie meinen nichts als eigene Ehre und Fleisches-Wollust: Wären sie Christen, so hätten sie keinen Streit[53].» Abgesehen von den konfessionellen Gegensätzen, die Böhme als bloße Meinungen abwertet, vertrat er auch spekulative Tendenzen, die Luther fremd waren, und er hat etliche Fragestellungen des Wittenberger Mönches auf der Seite liegen lassen; im Problem der Gnadenwahl ist er sogar unstreitig Luthers Gegenspieler. Ein Historiker wie Bornkamm war fähig, Übereinstimmung und Unterscheidung von Luther und Böhme fein abzuwägen, aber nicht Richter, der lediglich die verschiedene Tendenz herausspürte und sie als Widerspruch zu der lutherischen Orthodoxie bekämpfte. Darf jedoch das religiöse Erlebnis Luthers verabsolutiert und zum einzigen Maßstab gemacht werden? Anders geartete christliche Erfahrungen haben auch ihre Berechtigung, muß man antworten, wenn auch dies anzuerkennen vielen Christen bis zum heutigen Tage Mühe macht.

Der Primarius hatte in seiner Schmähpredigt Böhme einen «falschen Propheten» genannt. Die Qualifizierung hatte Richter nicht aus der Luft gegriffen. In Böhmes Äußerungen finden sich zahlreiche Hinweise auf die Zukunft, die einen prophetischen Anspruch erheben. Er redet von einem «großen Krieg und Streit, auch Zerbrechung vieler Städte, Schlösser und mächtiger Länder» in nächster Zeit[54]. Bei diesen kriegerischen Verwicklungen wird auch die «Zerbrechung der Stadt Babel» geschehen, es wird ein «großer Riß werden, welchen man jetzt nicht glaubet». Inmitten der scheinbaren Stille vernahm Böhme den andern Menschen nicht wahrnehmbaren «Schall des Herrn»; er faßte das Kommende als ein Gericht auf, das über eine sich selbst vergessende Christenheit ergehen werde: «Ach finstere Nacht, wo ist die Christenheit? Ist sie doch gar zu brüchigen Huren worden? Wo ist ihre Liebe? Ist sie doch gar zu Kupfer, Stahl und Eisen worden! wobei soll man jetzt die Christenheit erkennen? was vor Unterschied hat sie vor Türken und Heiden, wo ist ihr Christlich Leben?[55]» Böhme beschuldigt Deutschland, lange unter dem Mantel Christi mit einem heidnischen Herzen gegangen zu sein, weswegen Krieg, Trübsal und Sterbensnot über es hereinbricht. Die am Vorabend des Dreißigjährigen Krieges geschriebenen Worte haben sich nur zu buchstäblich erfüllt. Der Mann von Görlitz erging sich nicht in Phantasien über das Regiment des Antichristes, denn er empfand in seinem apokalyptischen Lebensgefühl die Notwendigkeit, den Widerchristen in der eigenen Seele zu töten.

Doch stieß Böhme nicht nur düstere Weissagungen aus, er war kein bloßer Untergangsprophet, er wußte auch um die Hoffnung des Chiliasmus. Die «Glocke zu Babel», die den Sturm einläutet, wird abgelöst durch «Christi Glöcklein». Mitten im Rauch sah der erleuchtete Schuster bereits die Helle eines großen Glanzes. Während der Verfolgung durch den Primarius spürte Böhme mit Gewißheit, «die Stunde der Reformation ist gekommen». Immer wieder sprach Böhme die Weissagung von der Morgenröte aus: «Ich hoffe noch, es wird bald die Zeit der großen Reformation kommen[56].» Eine sehnsüchtige Erwartung auf eine dritte Offenbarung durchzittert Böhme. Der Schuster hoffte und war der Ansicht, die Reformation des 16. Jahrhunderts sei noch nicht abgeschlossen und mit ihm sei eine neue Offenbarungsperiode angebrochen, die ihn freilich nicht zur Sektengründung verleitet hat. Die wahre Reformation sah Böhme erst im Kommen. Mit der ganzen Sehnsucht seines Herzens wartete er auf das freudvolle «Lilienzeitalter». Die neue Reformation werde nicht mechanisch eintreten, sagte er, sondern es sei seine Aufgabe, die Menschen darauf vorzubereiten: «Jedoch wisset: Daß euch mitternächtigen Ländern eine Lilie blühet. So ihr dieselbe mit dem sektirerischen Zancke der Gelehrten nicht werdet zerstören, so wird sie zum großen Baum bei euch werden. Werdet ihr aber lieber wollen zancken, als den wahren Gott erkennen, so gehet der Strahl vorüber und trifft nur etliche; so müsset ihr hernach Wasser für den Durst eurer Seelen bei fremden Völkern holen[57].» Böhme entfaltete mit seinen Prophezeiungen das Banner der Hoffnung: «Es ist der Stern erschienen, welcher das Siegel zerbrochen hat. Was gaffst du denn lange? Merke auf, denn die Zeit ist kommen, es ist kein aufhalten mehr[58].» In Schlesien betrachtete man Böhme vorwiegend als Propheten, und seine Ankündigung einer zweiten Reformation mußte den Primarius in Harnisch bringen. Er war ein Epigone der ersten Reformation, und was konnte Böhmes Weissagung anders bedeuten, als daß die erste nicht mehr genügte und einer neuen, sie ergänzenden und überhöhenden Reformation Platz machen mußte. Mit dieser einfachen Schlußfolgerung aber war der Primarius abgeschrieben, womit er sich keineswegs abfinden wollte. Er kämpfte gegen ein solches Schicksal mit Erfolg: die erste, inzwischen erstarrte Reformation blieb Siegerin gegenüber der zweiten, lebendigen Reformation.

Der letzte sachliche Gegensatz zwischen dem Primarius und Böhme bestand in einer grundsätzlich verschiedenen Kirchenauffassung. Böhme war kein Kirchenverächter; bei aller Kritik an den Mauerkirchen und Titelchristen mit ihrem «Gebrumm um den Buchstaben des geschriebenen Wortes» begriff er die Notwendigkeit der Ekklesia durchaus. Bedeutungslos aber schien ihm jeder bloß äußerliche Kirchgang, der um der Sitte willen und ohne innere Anteilnahme geschah. «Das Kirchengehen frommet keinem nichts, er höre denn in der Kirche Gottes Wort in seiner Seele wirklich»[59], und er bekannte sich ausdrücklich zum «Tempel Jesum Christum in uns, daß wir Christum in unseren Herzen sollten hören lehren»[60]. Ihm kam es auch hierin auf die innere Kirche an, die der wahre Christ in sich hat, und nicht nur das, der kühne Mann behauptete, «es liegt doch die ganze Bibel in mir»[61]. Im Grund gab es immer nur zwei Kirchen, die quer durch alle Konfessionen hindurchgehen: die Kirche des Geistes und die Kirche des Fleisches. Daraus erklärt sich der Konflikt zwischen Böhme und Richter, wenn auch beide Kirchen nicht säuberlich getrennt werden können, weil sie miteinander verflochten sind. Zu allen Zeiten hat die Kirche des Fleisches die Kirche des Geistes bekämpft, weil eine grundsätzliche

Sprachverschiedenheit zwischen ihnen besteht. Die beiden Kirchen werden innerhalb der empirischen Kirchen einander bis zum Jüngsten Tag befehden.

Das Schicksal des verbannten Böhme gestaltete sich nicht allzu schwer. Von seinen Freunden wurde er nach Dresden eingeladen, wo er sogar dem Kurfürsten vorgestellt wurde. Der schlichte Schuster trat bescheiden und zugleich würdevoll dem Landesherrn gegenüber. Der Fürst empfing einen guten Eindruck vom Verfasser der «Morgenröte» und veranlaßte, daß drei Theologen sich mit Böhme beschäftigten. Die sächsischen Theologen waren nicht durch persönliche Vorurteile verblendet, und so nahm ihr Gespräch – keine Prüfung – mit Böhme einen guten Verlauf. Zwar haben sie Böhmes symbolische Denkweise nicht recht verstanden, auch war ihnen seine Verbindung von Pansophia mit Christosophia völlig neu, trotzdem drehten sie Böhme daraus keinen Strick, waren vielmehr so anständig, ihre Inkompetenz zuzugeben. Sie gaben kein Urteil ab, sprachen aber Böhme von den gegen ihn erhobenen Anklagen frei. Schriftlich empfahlen sie dem Kurfürsten, «Geduld zu haben und dem Manne genügend Zeit zu gewähren, daß er seine Ideen erklären könne». Dies verrät zwar kein tieferes Verständnis für Böhmes Mystik, es zeugt aber doch von einer menschenfreundlichen Haltung. Das liebenswürdige Entgegenkommen trug nicht wenig zu der gehobenen Stimmung Böhmes während seiner Verbannung bei.

Böhme erkrankte bei seinen Freunden und begab sich trotz des Verbannungsbefehles eiligst heim zu seiner Familie. Unerkannt kam er in seiner Wohnung an und legte sich sogleich zu Bette. Seine Kräfte schwanden rasch dahin, und Böhme fühlte die Zeit nahen, da der «Bräutigam seine Braut kröne». Die Schwere seiner Krankheit war ihm bewußt, doch sollte er nicht sein Ende erleben, ohne daß sich noch eine kleine, echt Böhmesche Begebenheit ereignete. Die visionäre Begabung hatte sich schon in seiner Jugend bemerkbar gemacht und zeigte sich vor seinem Hinübergleiten in die Ewigkeit noch einmal mit aller Deutlichkeit. In der Nacht vor seinem Tode bat er seine Angehörigen plötzlich, die Türe zum Nebenzimmer weit zu öffnen, denn von dort her erklinge eine überaus liebliche Musik, die ihn aufs höchste erheitere. Seine Frau kam dem Wunsche sofort nach, vermochte aber so wenig wie die Söhne etwas zu vernehmen, während Böhme sich von der Musik nicht wenig erquickt fühlte. Engel, die zu Böhmes Abschied ein Konzert geben, sind eine ganz zu ihm passende Erscheinung. Die himmlische Musik, die so schön, so melodiös dem Schuster aufspielte, zeigt noch einmal den überirdischen Klang von Böhmes Leben. Gibt es etwas Tröstlicheres und Wohltuenderes, als im Sterben die Musik aus der jenseitigen Welt zu hören? Jede rationalistische Erklärung dieses Vorganges, die von Gehörshalluzination reden will, ist eine Banalität, über die es sich nicht zu reden lohnt.

Weder Angstgefühle noch Abschiedsschmerz trübten die letzten Stunden Böhmes. Kein röchelnder Todeskampf machte ihm zu schaffen, heiteren Angesichts gab er Anweisungen, was mit seinen Manuskripten zu geschehen habe, und schließlich tröstete er seine Frau mit der Weissagung, daß sie ihm bald nachfolgen werde, was auch innert Jahresfrist geschah. Bei Anbruch der Morgenröte sagte er seiner Lebensgefährtin und seinen Söhnen Lebewohl, befahl seine Seele dem gekreuzigten Herrn Jesus Christus und schied dann mit einem lächelnden Antlitz von der Erde ab, indem er zu allerletzt noch die köstlichen Worte sagte: «Nun fahre ich ins Paradeis.» Das war die lautere Wahrheit. Die Paradiesespforte hatte sich Böhme schon zu Lebzeiten bei der Zentralschau geöffnet, und warum sollte sie sich ihm nicht bei seinem Einzug ins Freudenreich ganz auftun? Böhme war ein Paradiesesmensch, er lebte und starb nach dem Worte, das er jeweils seinen Freunden ins Stammbuch zu schreiben pflegte:

Wem Zeit ist wie Ewigkeit und Ewigkeit wie Zeit,
Der ist befreit von allem Streit.

Während Böhme im Paradies Einzug hielt, tobte noch ein häßlicher Streit um seine Leiche. Zwar war Pastor Richter einige Monate zuvor gestorben, nachdem er noch erleben mußte, wie sein eigener Sohn sich durch Verbreitung von Böhmes Schriften hervortat. Richters Nachfolger verweigerte dem toten Böhme das kirchliche Begräbnis, und der Magistrat dachte nicht daran, sich mit dieser Angelegenheit zu befassen. Zufällig kam zu dieser Stunde der Statthalter der Provinz in die Stadt und zwang die Geistlichkeit, die Kirche für einen rechtmäßigen Begräbnisgottesdienst zu öffnen. Der Oberpastor verkroch sich hierauf ins Bett und stellte sich krank, und der zweite Hilfsgeistliche wurde gezwungen, seines Amtes zu walten. Er begann seine klägliche Grabrede mit der geschmacklosen Erklärung: «Lieber wäre ich zwanzig Meilen gegangen, als diese Predigt zu halten.» Einige junge Schuhmacher trugen den Leichnam zu seiner letzten Ruhestätte. Man setzte ein Kreuz auf sein Grab, und mutwillige unbekannte Täter warfen es wenige Tage später wieder um. Glücklicherweise erfuhr der ins Paradeis gefahrene Böhme von all diesen traurigen Machenschaften nichts mehr.

Von Böhme ist eine große Ausstrahlung ausgegangen. Bereits Richter klagte in seinem Schmähgedicht, daß der Schuster mit seiner Lehre ganz Schlesien angesteckt habe. Namentlich in Adelskreisen gab es eine richtige Böhme-Gemeinde. Im übrigen Deutschland war zunächst die Bezeichnung «Böhmist» ein Schimpfname, weil der Theosoph als unklarer Phantast galt. Der Pietismus griff auf ihn zurück, vermochte aber nicht Böhmes kühne Spekulation aufzunehmen, so daß er die Frömmigkeitsbewegung nicht wesentlich bereicherte. Der scharfsichtige Lichtenberg scheute sich nicht, «nach einer fast fünfzehnjährigen Lektüre» Böhme als den «größten Schriftsteller» zu bezeichnen, «den wir haben»[62]. Lavater war ihm ehrlich zugetan, und Oetinger tat alles, um die Christenheit auf Böhme aufmerksam zu machen. Auch der deutsche Idealismus ging, namentlich nachdem er seine prometheischen Schwächen überwunden hatte, bei Böhme in die Schule. Sowohl Hegel als Schopenhauer sprachen ehrerbietig vom philosophus teutonicus. Der seherische Franz von Baader gehört zu den Wiederentdeckern Böhmes. Auch der spätere Schelling ist von ihm beeinflußt, und in der Gegenwart bekennt der reife Leopold Ziegler, er habe sich auch einst vom Hochgesang auf den Fürsten dieser Welt betören lassen, bis ihn der Schuster aus Görlitz eines Besseren belehrt habe. Böhmes Einfluß drang nach Holland und England, wo man sich intensiv mit dem schlesischen Theosophen beschäftigte[63]. Auch im fernen Rußland fanden seine Schriften Eingang, Nikolai Berdjajew hat eindrucksvoll bekannt: «Von den großen deutschen Mystikern habe ich am allermeisten Jakob Böhme geliebt. Er hatte für mich ganz überragende Bedeutung. Und ich gedenke seiner stets in meinen Gebeten in einer Reihe mit Dostojewskij und einigen andern meiner Lieblinge[64].»

Von der Bedeutung Böhmes kann man nicht groß genug denken, denn seine Gnosis hat alle Irrwege der alten Gnosis vermieden. Nach Rufus Jones ist «in den letzten Jahrhunderten keine bedeutendere Botschaft von einem ungeschulten Geist ausgegangen als die aus den Schriften des erleuchteten Schusters[65]». Er ist nach Luther das größte religiöse Ereignis innerhalb der evangelischen Christenheit, und von ihm geht eine beispiellose Helligkeit aus. Noch heute muß man auf Böhme zurückgreifen, von ihm kommt alle Erleuchtung, und ohne Übertreibung darf er als der wiedergekehrte Eckhart bezeichnet werden. Was der Kölner Meister für das mittelalterliche Geistesleben war, das ist Jakob Böhme für die neuzeitliche Mystik. Sie beide darf man nebeneinanderstellen, denn sie sind Höhepunkte in der Geschichte der Mystik. Böhme ist der heilige Theosoph der evangelischen Christenheit, ihm war es noch um wirkliche «Weisheit in Gott» zu tun, die er auf eine reale Weise schaute. Das Volk betrachtete Böhme als einen heiligen Mann, nachdem es nicht mehr von seinen Pastoren aufgehetzt worden war, und es hat mit dieser Ansicht intuitiv die religiöse Kraft des Schusters erkannt. Es erwies der Grabstätte religiöse Ehre, und es kam zur Bildung von Böhme-Legenden, wie sie nur bei großen Persönlichkeiten entstehen. Darnach habe einst ein Beamter Böhmes Bild mit Fäusten bedroht und den Schuster verflucht, weil er die Kirche in solche Unruhe versetzt habe. «Worauf es ihn gedäucht, das Bild täte den Mund auf und wollte sich verteidigen: Darob dem Beamten ein solches Zittern und Angst ankam, daß er sich zu Bette legen mußte[66].» Der zu Lebzeiten als Ketzer geschmähte Schuhmacher gehört in Wirklichkeit zu den großen Heiligen des Protestantismus. Schon die überlegene Gelassenheit bei seiner ersten Verbannung weist in diese Richtung. Nicht vom ersten Moment an erkannte das Volk in Böhme den Heiligen. Je mehr aber Böhmes Weisheit in das Volk durchsickerte, um so mehr spürte es in ihm den im Heil stehenden Menschen. Böhme ist dies auch, er zeichnete sich durch eine christliche Sanftmut aus und behielt sie auch in allen Verfolgungen, er hatte seltene Erleuchtungen und verwandelte Ängste in Seelenfrieden. Böhme hatte die kostbare Perle gefunden, von der er öfters schrieb: «Viel Disputieren und Grübeln in eigener Vernunft findet das Perlein nicht, aber ein ernster, bußfertiger Wille findet dasselbe[67].»

Am Ende einer Böhme-Skizze sucht man nach einem Bild, das sein Leben und Werk zusammenfaßt, und was würde sich dazu besser eignen als die jüdische Henoch-Anekdote? Darnach war Henoch ein Schuhflicker, der «mit jedem Stich seiner Ahle, die Oberleder und Sohle zusammenfaßte, Gott mit seiner Schechina verband»[68]. Diese Äußerung darf Wort für Wort auch auf den Görlitzer Schuhmacher angewendet werden. Sie faßt noch einmal die Pechschwärze und den Lichtglanz unübertrefflich zusammen, denn auch Böhme führte ein göttliches Leben wie Henoch und wurde deswegen von Gott zuletzt hinweggenommen. Der Mann aus Schlesien war eine Henochgestalt, der nicht nur bei jedem Stich, den er ins Leder tat, bei Gott war, sondern mit seiner geistigen Schuhmacherarbeit tatsächlich die obere Welt mit der unteren wieder zusammengenäht hat, gemäß seinen Worten: «Die Welt muß zum Himmel und der Himmel zur Welt wieder gemacht werden[69].»

ANGELUS SILESIUS

[1624–1677]

DER SÄNGER DER MYSTISCHEN WEISHEIT

I

> Halt an, wo laufst du hin – der Himmel ist in dir;
> Suchst du Gott anderswo, du fehlst ihn für und für.[1]

Dieser Sinnspruch Angelus Silesius' ist bezeichnend für die Überschrift zu seinem eigenen Leben. Es war ein ungewöhnlicher Lauf, zu dem der Schlesier ansetzte, außerordentlich bewegt und um scharfe Kurven biegend. Des Dichters Lebenslandschaft ohne innere Anteilnahme zu betrachten, ist unmöglich, man möchte ihm der zunehmenden Verschattung wegen an der entscheidenden Stelle zurufen: «Halt an, wo laufst du hin?» Je weiter sich sein Lebensfaden abrollte, um so unharmonischer wurde die Entfaltung seiner Persönlichkeit; seine Daseinsführung nahm allgemach Formen an, die zu der Befürchtung Anlaß gaben, er verfehle wirklich den Himmel. Aber Angelus Silesius ließ sich durch keinen Zwischenruf zum Anhalten bewegen, er lief ohne Unterbrechung weiter und klammerte sich an den andern Sinnspruch:

> Christ, laufe was du kannst, willst du in Himmel ein!
> Es heißt nicht stille stehn, du mußt der Erste sein.[2]

Anstatt zu verweilen und sich zu besinnen, kam ein immer stärkerer Wille über ihn, den Himmel im Laufschritt zu erreichen und ihn an sich zu reißen. Er selbst feuerte sich dazu unermüdlich an, jegliches Verschnaufen war als feige Bequemlichkeit verpönt, für ihn gab es nur noch die Parole, zu laufen, immer schneller zu laufen und ein derart hastiges Tempo anzunehmen, als hetzten ihn ein ganzes Rudel Hunde. Man meint zuletzt das Keuchen seines Atems zu hören und ist von seiner Zielstrebigkeit, als Erster im Himmel anzukommen, doch irgendwie beeindruckt. Zwischen den beiden Polen – «halt an» und «laufe, was du kannst» – wölbt sich der allzu straff gespannte Bogen von Silesius' Leben. Von daher stammt die bewegte Dynamik seines Daseins, das nicht mit einem bürgerlich-gemächlichen Maßstab gemessen werden darf. Des Dichters Leben schürzte sich zu einem Drama, in welchem innere Notwendigkeit und bedrükkende Schuld sich seltsam verschlingen und nach einer christlichen Läuterung riefen. Die religiöse Tragödie Silesius' übersehen, schließt die Verkennung seiner tieferen Hintergründe in sich. Man muß sich dem Dichter behutsam nähern, muß dabei gar viele Seiten erwägen und ihn vor allem lieben, will man das Ausmaß seiner gegensätzlichen Parole in sich aufnehmen.

Silesius hieß mit dem bürgerlichen Namen Johannes Scheffler. Der Vater hatte als zweiundsechzigjähriger Mann noch ein vierundzwanzigjähriges Mädchen geheiratet, und vielleicht hat der große Altersunterschied der beiden Ehegatten zu der seelischen Kompliziertheit des Sohnes das Seine beigetragen. Durch die polnische Herkunft des Vaters und die deutsche Abstammung der Mutter floß im Sohne verschiedenes Blut. Der im Sterbejahr Böhmes geborene Silesius wurde zu jenem schlesischen Menschen, der ohne Gottsuchertum nicht leben konnte. Die Jugend des slawisch-deutschen Silesius war erfüllt vom Lärm und Schrecken des Dreißigjährigen Krieges, der ihn schon früh veranlaßte, seine Blicke nach dem Himmel zu richten und ihm in stürmischem Schritt, ohne Pause entgegenzulaufen.

Schon dem achtzehnjährigen Jungen widerfuhr ein merkwürdiges Erlebnis: Er begab sich ins Ausland und fand dort seine wahre schlesische Heimat! Silesius begann in Straßburg sein Medizinstudium, und obwohl er später sogar den Titel «kaiserlicher Leibarzt» erhielt, war er kein naturwissenschaftlicher Geist. Bedeutsamer war sein Aufenthalt an der Universität Leyden, wo er auf jene Bahn geriet, die nach der Frage ruft: «Wo laufst du hin?» Die Niederlande waren damals eine der wenigen Freistätten, welche die spiritualistischen Strömungen innerhalb ihrer Grenzen duldete. Der Medizinstudent kümmerte sich nicht nur um die Wissenschaft des Asklepios, ihm begegnete in Holland die Freiheit des religiösen Denkens, und die Buntheit des christlichen Suchens übte eine unwiderstehliche Anziehungskraft auf ihn aus. In seiner Aufgeschlossenheit besuchte er öfters die Konventikel der Mennoniten und ihrer Geistesverwandten. Er hat denn auch von den religiös lebendigen Menschen entscheidende Antriebe empfangen, die für seinen bewegten Lebenslauf nicht wenig bestimmend wurden, begegneten ihm doch in Holland und nicht schon in Schlesien die Schriften des hocherleuchteten Böhme, in denen er seine geistige Heimat fand. Später hat er allerdings aus leicht ersichtlichen Gründen die Teilnahme an den spiritualistischen Konventikeln zu verschleiern versucht, doch ist sie heute einwandfrei nachgewiesen. Im aufgelockerten und freiheitlich gesinnten Holland wurde Silesius zum ersten Male mit allerlei unterirdischen Strömungen bekannt, die in der offiziellen Christenheit nicht oder nur wenig zu Worte kamen. Silesius' Besuch der geringgeschätzten Konventikel braucht nicht aufgebauscht zu werden, und doch nahm von dort seine mystische Fahrt ihren Ausgang.

Drei Jahre später übersiedelte Silesius an die Universität Padua und erwarb sich daselbst den Doktortitel. Was er über Giottos Fresken in der Arenakapelle zu Padua gedacht hat, ist nicht bekannt, dagegen verdient ein anderes, scheinbar unbedeutendes Vorkommnis festgehalten zu werden. Ein Studienfreund bat ihn, einige Worte in ein Stammbuch zu schreiben. Silesius ist diesem Wunsche nachgekommen, und wie er über das Blatt gebeugt saß, gewährte er unverhofft einen Blick in seine Seele. Statt eines langen Gedichtes schrieb er nur die Worte: «Die Welt ist ein wundersam schönes Nichts.» Der Satz ist die erste schriftliche Aufzeichnung aus seiner Feder; eine große Wahrheit in eine kurze Formel zusammenfassend, nimmt sie Wesentliches vom späteren Silesius vorweg. Der Dichter ist nicht blindlings an der Welt vorbeigestürmt, er bemerkte die gelassene Schönheit des Wiesenblümleins und hat auch herrliche Worte über die Rose gefunden, die «ohne warum» duftet und nicht fragt, ob man sie anschaut:

Die Rose, welche hier dein äußeres Auge sieht,
Die hat von Ewigkeit in Gott also geblüht.[3]

Silesius vermochte die irdische Rose im Licht der Ewigkeit zu sehen, und damit bezeugt er eine religiöse Lebenserfassung, welche die Schöpfung als Weg zum Schöpfer, so innig, so verzückt, so verschwiegen liebt, wie es die andern kaum zu ahnen imstande sind. Des Dichters Naturerlebnis ist in der Stammbucheintragung mehr angedeutet als ausgeführt, er hat es nur mit zarter Pastellfarbe umrissen und scheues Licht darüberfluten lassen. Bei aller Liebe für die wehmütige Schönheit der Natur wußte er zugleich, daß die blühende Welt ein Nichts ist. Sie geht vorüber und zerfällt nur zu bald in ihrer Vergänglichkeit. Die wundersam schöne Erde verwandelt sich über Nacht zu Staub; um dieser Einsicht willen hat auch der qualvoll gespannte Barock die Erlösung mehr geahnt als verwirklicht, aber innerlich die Dinge noch transparent gestaltet.

Silesius trat nach der Rückkehr in die schlesische Heimat Abraham von Franckenberg näher; eine Beziehung entstand, die sich zur bedeutsamsten Freundschaft seines Lebens entwickelte. Franckenberg war eine nicht alltägliche Persönlichkeit, die auch in den Augen seiner Gegner makellos dastand. Er hat in jungen Jahren studiert und begann, abgestoßen durch die zahlreichen Spaltungen in der protestantischen Kirche, nach der heimlichen Weisheit zu fragen. Die persönliche Begegnung mit Jakob Böhme, durch die sein verängstigtes Herz Ruhe fand, wurde sein Schicksal. Durch Gottes Donnerschlag erschüttert, kehrte er sich vom weltlichen Leben ab und wandte sich ganz der inneren Welt zu. Franckenberg schrieb mehrere Schriften. Am leichtesten zugänglich ist das Büchlein «Erkenne dich selbst», in welchem er den Leser anleitet, «sich selbst und seinen Adel in Gott nach beiderlei Lichtern, nämlich nach dem inneren und äußeren, geistlich und leiblich, zu erkennen»[4]. Der schlesische Edelmann war nicht nur ein Moralschriftsteller, wenn er auch nicht zu den großen deutschen Mystikern hinaufgesteigert werden darf. Aber Franckenberg ist in die «gelassene Gelassenheit», wie er den stillen Sabbat nannte, eingegangen, und «sein Ziel war, die drei Bücher Schrift, Natur und Mensch zu lesen, die in dem einen Buch Christus vereinigt waren»[5].

Franckenberg vermittelte Silesius die schlesische Mystik und gab ihm die Anleitung, die in Holland empfangenen Eindrücke von Böhme auch richtig zu verarbeiten. Der ältere Freund besaß eine große Bibliothek mystischer Literatur, dank der sich Silesius eine bis dahin eher dunkel geahnte als klar geschaute Wahrheit erschloß. Er lernte die mittelalterlichen Mystikerinnen, Mechthild von Magdeburg und Gertrud die Große kennen, auch Tauler, Seuse und Ruysbroeck begann er zu lesen. Ebenso waren Paracelsus', Francks und Weigels Schriften vorhanden. Franckenberg selbst führte ein heiligmäßiges Dasein und lehrte Silesius, sich dem mystischen Schrifttum mit einer persönlich-suchenden Fragestellung zu nähern. Silesius nahm die ihm vermittelten Anregungen mit einem wahren Heißhunger in sich auf, da die mystische Religiosität seinem Wesen entgegenkam. Bei Franckenberg fand Silesius, was er gesucht hatte, hier wurde seine mystische Veranlagung entbunden, und er kam in den zu ihm passenden Kreis. Die Freundschaft mit Franckenberg war einer der schönsten Glücksfälle im Leben Silesius', ohne die Verbindung mit dem Biographen Böhmes wäre aus Johannes Scheffler nie ein Angelus Silesius geworden. Es war ein überaus harter Schlag für ihn, als der edle Franckenberg starb. Der Dichter konnte dem in der Ewigkeit Ertrunkenen nur noch die Worte nachrufen:

> Wer Zeit nimmt ohne Zeit und Sorgen ohne Sorgen,
> Wem gestern war wie heute und heute gilt wie morgen,
> Wer alles gleiche schätzt – der tritt schon in der Zeit
> In den gewünschten Stand der lieben Ewigkeit.[6]

Franckenberg hatte seinem Freunde die ganze Bibliothek vermacht, die der nun vereinsamte Silesius bis an sein Lebensende als seltene Kostbarkeit hütete. «Aber nun bin ich an seine Stelle kommen, und da ich zuvor nur heimlich ein Weigelianer war, bin ich nun öffentlich zum Enthusiasten worden», schreibt Silesius nach dem Tode Franckenbergs in dem einzigen Brief, der sich von ihm erhalten hat, womit er seine Zugehörigkeit zu der evangelischen Mystik selbst unzweideutig bezeugt hat[7].

Im Franckenbergschen Kreis lernte Silesius die Schriften Jakob Böhmes zu gebrauchen, von denen ihm vereinzelte Bücher bereits in Holland als Gruß aus seiner wahren Heimat in die Hände gekommen waren. Nun aber begann er sich in sie einzulesen, und später noch hat er feierlich bekannt: «Ich danke Gott dafür, denn sie sind die große Ursache gewesen, daß ich zur Erkenntnis der Wahrheit gekommen bin[8].» Zur Feststellung der Übereinstimmung und Unterscheidung der beiden Männer bedürfte es allerdings noch einer genaueren Prüfung, die bis heute fehlt. In den dichterischen Anfängen Silesius' findet man, wie schon Gottfried Arnold bemerkte, «Böhmes Grund sehr deutlich ausgedrückt»; in Silesius' späterem Leben tritt die Naturphilosophie des Schusters mit ihren tiefen Ausführungen über das Böse sichtlich zurück, aber dessen ungeachtet hat der Dichter das Wahrste über den Mann von Görlitz ausgesagt:

Im Wasser lebt der Fisch, die Pflanzen in der Erden,
Der Vogel in der Luft, die Sonn im Firmament.
Der Salamander muß im Feur erhalten werden:
Und Gottes Herz ist Jakob Böhmens Element.[9]

Eingetaucht in Schlesiens Mystik hat Silesius' Urerlebnis stattgefunden. Er hat es in dem bereits angeführten Sinnspruch «Halt an» mit elementarer Einfachheit ausgesprochen: «Der Himmel ist in dir!» In diesen fünf Worten liegt die glückselige Erfahrung beschlossen, die seine Seele zum Überschäumen brachte. Es kam einer mystischen Entdeckung gleich: das Göttliche ist im Menschen, und wenn er Gott anderswo sucht, verfehlt er ihn für und für. Selbstverständlich ist Gott auch eine transzendente Wirklichkeit, über und jenseits des Menschen, aber sie bekommt für den Christen nur eine aktuelle, unausweichliche Verpflichtung, wenn er sie zu seiner unbeschreiblichen Freude auch in sich wahrnimmt. Niemand war von dieser Stunde an mehr von dem in sich gefundenen Himmel beseligt und bestürzt, beschämt und überschüttet als Silesius, der nicht müde wurde zu singen:

Wird Christus tausendmal in Bethlehem geboren
Und nicht in dir, du bleibst noch ewiglich verloren.[10]

Es liegt alles im Menschen, mehr als er bitten und verstehen kann. Die Formulierung «in dir» ist eines der Lieblingsworte des Dichters, das in allen Variationen bei ihm wiederkehrt. Immer hängt alles am Innern des Menschen, der in sich sowohl Paradies als Hölle hat. Letzteres nicht weniger als ersteres. Du mußt es selber sein, du bist alle Dinge, es liegt an dir allein – dies war des Dichters mystische Gewißheit. Nicht ein Gebot war ihm das Urerlebnis «der Himmel ist in dir», sondern ein unermeßliches Geschenk, darüber sein Herz frohlockte. Durch das Hereinnehmen des Göttlichen in das menschliche Subjekt gewinnt es für Silesius Gestalt und Leben, es bleibt nicht mehr eine bloß intellektuelle Angelegenheit. Ohne die Realisierung im eigenen Dasein würde der Dichter nicht dem mystischen Bereich angehören, und wer könnte etwas Schöneres verkünden als:

Wie wagst du was begehren? du selber kannst allein
Der Himmel und die Erd und tausend Engel sein.[11]

Kurze Zeit hernach wollte Silesius einige «hochinbrünstige, das Gemüt zu Gott erhebende Gebete» herausgeben. Er mußte die kleine Blütenlese mystischer Texte nach damaliger Bestimmung der Zensur einreichen, und mit der Antwort, die er von ihr bekam, endigte zugleich der Frühling von Silesius' Leben. Zensor war zu jener Zeit der lutherische Hofprediger Christoph Freitag, ein Vertreter der Orthodoxie, die ihre religiöse Kraftlosigkeit unter einem herrischen Gebaren zu verbergen suchte. Polternde Rechtgläubigkeit, unsympathische Engherzigkeit und seelenlose Rhetorik charakterisierte die damalige orthodoxe Geistlichkeit, die die starre Form einer äußerlichen Kirchlichkeit mit zelotischer Streitlust verteidigte, damit eine Parallele zu den Religionskriegen bildend. Auch Silesius bekam am eigenen Leibe die Unduldsamkeit der Orthodoxie zu spüren, die nur die eigene Ansicht als die allein berechtigte gelten ließ. Der Hofprediger war ein stolzer Herr, und obwohl er Franckenberg bei seiner Bestattung «hoch rühmte», stand er dem blühenden Rosenstock der Mystik völlig verständnislos gegenüber. Christoph Freitag mißfiel die ihm vorgelegte Gebetsammlung, er nahm zunächst wie ein Schulmeister einige Streichungen vor, und weil ihm dies immer noch zu wenig erschien, verweigerte er zuletzt überhaupt die Druckerlaubnis, um nicht in den Verdacht zu kommen, er unterstütze durch die «hochinbrünstigen Gebete» den Enthusiasmus. Ein mystisch angehauchtes Büchlein durfte nicht in der evangelischen Christenheit erscheinen; es wiederholte sich in anderer Weise die Situation «sie fanden keinen Raum in der Herberge».

Das grobschlächtige Gebaren des Zensors löste im äußerst sensiblen Silesius eine maßlose Empörung aus. Er fühlte sich von den verständnislosen Orthodoxen abgestoßen und gedachte Franckenbergs, der sie «stolze Pharisäer und naseweise Schriftgelehrte» genannt hatte. Silesius vermißte an den damaligen Predigern ohnehin die Kenntnis der alten Frömmigkeit und ward dem Luthertum nach eigener Aussage «von Herzen gram», weil es keine Beziehung mehr zum ewigen Geheimnis besaß. Nach kurzer, vielleicht allzu kurzer Überlegung vollzog er die große Umkehrung seines Lebens, indem er, rasch entschlossen, der lutherischen Kirche für immer den Abschied gab. Der Verlust Silesius' für den Protestantismus ist vorwiegend auf das Schuldkonto einer uneinsichtigen Geistlichkeit zu schreiben. Silesius konnte sich mit deren Intoleranz nicht abfinden. Seiner mystischen Einstellung in dieser unerfreulichen Situation hätte einzig die erneute Besinnung auf sein starkes Urerlebnis «der Himmel ist in dir» entsprochen, zumal da es in jenem Jahrhundert keine andere Möglichkeit gab, als der äußeren Kirche die innere Kirche entgegenzusetzen, dank deren Glut man auch die Mauerkirche ruhig ertragen konnte. Aber des Dichters reizbares Naturell war durch das Vorgehen der Zensur allzu stark verletzt. In aufgewühlter Gemütsverfassung, kochend vor Wut über die Zensurbehörde und zornig, daß er kaum noch an sich halten konnte, trat der neunundzwanzigjährige Silesius ein Jahr nach Franckenbergs Tod zur katholischen Kirche über.

Angesichts der überstürzten Konversion ist man geneigt, dem Dichter die Worte zuzurufen: «Halt an, wo laufst du hin?» Man kann sich des Eindrucks nicht erwehren, daß Silesius jetzt den Himmel anderswo sucht als in sich und ihn deswegen auch gründlich verfehlt. Kann aus einem verbitterten Glaubenswechsel eine gute Frucht hervorgehen? Besitzt ein in zitternder Erregung gefaßter Entschluß die notwendige Besonnenheit? Wohl kaum, aber Silesius war nicht mehr aufzuhalten; allzu aufgebracht fühlte er sich in diesem Moment unter der Gewalt eines anderen Wortes, das nicht weniger aus seinem Innern herausgeflossen war: «Christ, laufe was du kannst, willst du in Himmel ein!» Es ließ ihn in dieser Stunde nicht stillestehen, nachdenklich Pro und Contra abzuwägen, er mußte sich beeilen, wollte er nicht das Heil versäumen. Für Silesius stand die Frage nach der ewigen Seligkeit auf dem Spiel, und da gab es kein langes Zögern. Wohl geschah seine Konversion aus einer heftigen Gefühlswallung heraus, aber man würde dem Dichter doch unrecht tun, beurteilte man sie nur als eine Kurzschlußhandlung. Obschon die große Umkehrung seines Lebens zu einem überraschend schnellen Abschluß kam, so kann trotz aller emotionalen Begleiterscheinungen der Konversion Silesius' eine innere Notwendigkeit nicht abgesprochen werden. Seine Wendung zum Katholizismus ist echt, sie schien ihm die ersehnte Vertiefung seiner religiösen Entwicklung zu gewähren. Die katholische Kirche pflegte das mystische Leben von jeher viel bewußter als die Pastoren der lutherischen Kirche, deren einseitig gehandhabte Rechtfertigungslehre dem Dichter ohnehin stets fremd blieb. Für Silesius bedeutete die Mystik keine unverbindliche Schwärmerei, er lebte entsprechend und wollte mit ihr Ernst machen. Dies dünkte ihn innerhalb der katholischen Kirche eher möglich zu sein, und darum gehört die Konversion zum seelischen Schicksal dieses Dichters.

Trotzdem verfolgt man die Umkehrung von Silesius' Leben mit einigem Bedauern. Nicht erschrickt man über die seiner seelischen Struktur gemäße Konversion, wohl aber über deren Auswirkung in seinem Dasein. Der Dichter ließ sich fortan das Gesetz seines Handelns vollständig von seinen Gegnern vorschreiben, und das ist das Unbegreifliche an seinem weiteren Lebensweg. Die Protestanten empfanden seinen Übertritt zum Katholizismus als Verrat und griffen den Abtrünnigen auf eine schimpfliche Art an, indem sie ihn des unerlaubten Verkehrs mit den Mägden und der Trunksucht bezichtigten. Die schlimmen Verleumdungen nicht hinnehmend, sah sich Silesius bereits vierzehn Tage nach seiner Konversion genötigt, seinen Glaubenswechsel in einer Schrift zu rechtfertigen, wodurch er in unaufhörliche Kämpfe mit der streitlustigen Orthodoxie verwickelt wurde. Auf alle Angriffe schlug er mit unbeherrschter Gereiztheit zurück und wurde darob zum scharfen Polemiker, der mit der Keule auf die Gegner losging, ohne dabei nach katholischem Urteil in der Kontroverse eine letzte Sicherheit zu erreichen. Die jahrelange Streiterei zwischen Silesius und der orthodoxen Geistlichkeit verlief nicht nur völlig unfruchtbar, sie überschattete auch seine Seele. Der Dichter fand hierin nie seine eigene Sprache, er gebrauchte nur die allseitig bekannten Argumente, denen jede Überzeugungskraft fehlte. Allezeit folgte er dem lauten Gebell von außen und nie seiner inneren Stimme. In seinem polemischen Schrifttum «führt trotz alles leidenschaftlichen Ungestüms der dürre Verstand das Wort. Da wird kein Problem in seiner Tiefe ergriffen; ein harter und nüchterner Dogmatismus schwingt hier ebenso den Herrscherstab wie in der lutherischen Orthodoxie [12].» Silesius hat mit seinen vergifteten Pfeilen sicher keine einzige Seele für die katholische Kirche zurückgewonnen, sondern nur an seinem eigenen Gemüt Schaden genommen. Er wurde bösartig; voller Ressentiment veröffentlichte er sogar eine Schrift unter dem Titel: «Gerechtfertigter Gewissenszwang oder Erweis, daß man die Ketzer zum wahren Glauben zwingen könne und solle». Sie ist ein unzweideutiges Anzeichen einer Konvertitenunruhe, sie geistert sichtlich durch seine vielen haßerfüllten Streitschriften, und man frägt sich ob der geistigen Verfinsterung erschrocken: «Ach, wo ist er nur hingelaufen?» Wie schwach muß es doch um seine innere Glaubensgewißheit bestellt sein, daß er nach äußerer Gewaltanwendung rief! Seine polemischen Schriften gingen schon damals auch vielen Katholiken zu weit, geschweige denn, daß sie in der heutigen Zeit noch aufgelegt werden könnten. Der lichtvolle Dichter wurde ein zänkischer Glaubensstreiter; im letzten Jahrhundert war man sogar der Ansicht, Johannes Scheffler und Angelus Silesius seien nicht ein und dieselbe Person gewesen. Wenn die Behauptung auch eine unhaltbare Ansicht vertritt, ganz unverständlich ist sie nicht, es klafft zwischen dem Dichter und dem Polemiker tatsächlich eine unüberbrückbare Kluft, es sei denn, man erinnere sich seiner Losung, «Lamm und Löwe in einem Wesen zu sein» [13].

Silesius gab den Arztberuf auf, studierte Theologie, und trotz dem Priestertum vertrat er nicht die edle Katholizität Friedrich von Spees, Annette von Droste-Hülshoffs und John Henry Newmans. Ein zügelloser Fanatismus triumphierte und begrub alles unter sich, nicht zuletzt auch den mystischen Brunnquell! Der dichterische Sang verstummte unter der beständigen Polemik; man möchte den Blick abwenden vor solcher Tragik. Wohl schrieb Silesius hin und wieder Gedichte, aber der Abstieg gegenüber seinen genialen Anfängen war unverkennbar. Der Höhepunkt von Silesius' poetischer Leistung steht am Beginn und nicht am Ende seiner Laufbahn. In der «Heiligen Seelenlust» und in der «Sinnlichen Beschreibung der vier letzten Dinge» finden sich nur noch vereinzelte Goldkörner im trockenen Sand. Als Ganzes sind sie für den heutigen Menschen kaum noch lesbar, es liegt kein Glanz auf diesen Blättern, nichts mehr vom Urerlebnis «der Himmel ist in dir» jauchzt in ihnen. Die konfessionelle Streitlust hat das Dichterische, die hohe Himmelsgabe, förmlich erstickt, und an ihre Stelle traten geschmacklose Reimereien. Die Veränderung zeigte sich auch in seinen Gesichtszügen, er bekam ein beinahe unheimliches Aussehen.

Trotzdem man über die Auswirkungen von Silesius' Konversion nur erschrecken kann, darf sie doch nicht bloß negativ beurteilt werden. Zu jener Zeit, da die konfessionelle Gehässigkeit ihn übermannte und die mystische Dichtung versiegte, widerfuhr Silesius ein Mißgeschick, das kaum je richtig gedeutet wurde. An einer Fronleichnamsprozession trug Silesius würdig und erhaben das Tabernakulum, und da der Boden glitschig war, glitt er aus und fiel dabei in den Straßenkot. Die zuschauenden Protestanten haben voll Schadenfreude laut gelacht und den Vorfall in ihren polemischen Entgegnungen auf Silesius' Streitschriften reichlich ausgewalzt. Sie sahen in dem Zufallsgeschehen ein sichtbares Zeichen dafür, daß Silesius durch seinen Übertritt in den Kot gefallen sei. Diese hämische Deutung verkennt den tieferen Sinn des Vorkommnisses, das christlich gesehen einen versöhnenden Schimmer über seine unglückliche Entwicklung wirft, die nicht nur vom Fanatismus diktiert war. Silesius' Lebensgang hat tiefere Hintergründe. Nach seiner Konversion notierte er sich die Worte auf: «Ich will das Kreuz tragen durch die Stadt mit einer Krone auf dem Haupt, damit ich Christo gleichförmig werde, der das Kreuz durch die Stadt getragen, mit der dornenen Krone auf seinem allerheiligsten Haupte[14].» Der Wille, das Kreuz zu tragen, ist etwas Großes. Silesius hat nicht nur gedichtet, «nehmt euer Kreuz und Ungemach auf euch», er hat den Vorsatz auch ausgeführt, und zwar im buchstäblichen Sinn, obwohl er damit in den Kot fiel und zum Gespött der Menschen wurde. Inmitten der unerfreulichen Auseinandersetzungen mit der orthodoxen Geistlichkeit hat Silesius sein Kreuz getragen, indem er Verachtung, Feindschaft und Haß auf sich genommen hat. Silesius hat Schmach um Christi willen ausgestanden, was nie ein vergebliches Tun ist. Es ist nicht recht, daß man leichtfertig darüber hinweggeht, denn das Leiden adelt den Menschen immer.

Gegen Ende seines Lebens befreite sich Silesius von seinem nicht unbeträchtlichen Besitz – er hatte schon früher die Armen reichlich unterstützt –, so daß er kein Testament mehr zu machen brauchte. Er zog sich in die Einsamkeit zurück und ließ einige Wochen vor seinem Sterben keinen Menschen mehr bei sich ein, um sich ganz allein, im Angesicht Gottes, auf den Tod vorzubereiten.

Etliche Jahrzehnte nach seinem Tode erlosch auch die Abneigung seiner ehemaligen Glaubensgenossen gegen ihn. Die unerquickliche Auseinandersetzung fiel der Vergessenheit anheim, und man besann sich auf den Sänger der mystischen Weisheit. Gottfried Arnold gab den «Cherubinischen Wandersmann» neu heraus, und ihm gelang es auch, Silesius' Werk dem deutschen Volk zum Bewußtsein zu bringen. Tersteegen nahm es in mannigfacher Beziehung zum Vorbild, da er die evangelischen Wurzeln von Silesius' religiösem Lied deutlich spürte. Zuletzt wurden auch seine Gedichte in die evangelischen Gesangbücher aufgenommen, und zwar auch jene, die er nach dem Übertritt gedichtet hatte. Man hielt sich an den gemeinsamen christlichen Kern, der in ihnen enthalten war, und als alle Gehässigkeit längst verklungen war, sangen die getrennten Brüder mit gleicher Inbrunst:

Ich lief verirrt und war geblendet,
Ich suchte dich und fand dich nicht,
Ich hatte mich von dir gewendet
Und liebte das geschaffne Licht.
Nun aber ist's durch dich geschehn,
Daß ich dich hab ersehn.[15]

II

Im Jahre 1652 widerfuhr Silesius ein ungewöhnliches Erlebnis. Ob es sich an einem Morgen oder an einem Abend ereignete, ist nicht bekannt. Er hat das Nähere nie erzählt. Aber das eine hat er bestimmt erklärt: Es kam die mystische Erleuchtung in Form des dichterischen Genius über ihn! Selten stark überfiel ihn die Intuition, er setzte sich hin und schrieb ununterbrochen, was sie ihm eingab. Vier Tage hielt die Eingebung an, und während dieser Zeit verfaßte er in einem Zug das ganze erste Buch vom «Cherubinischen Wandersmann», das er noch Franckenberg zeigen konnte. Die Verse überfielen ihn nur so, er konnte sich ihrer gar nicht erwehren; wie er in der Vorrede ausführt, sind sie ihm «meistenteils ohne Vorbedacht und mühsames Nachsinnen in kurzer Zeit von dem Ursprung alles Guten eingegeben worden»[16]. Man wird es schwerlich anders sagen können: der «Cherubinische Wandersmann» ist ein Geschenk der mystischen Inspiration. Er ist nicht mit Hilfe eines Reimlexikons künstlich zusammengekleistert worden. Die Eingebung von oben hat ihn geschaffen, ein Engel hat das ewige Geheimnis in Silesius' Ohr geflüstert. Wer nach dem «Cherubinischen Wandersmann» greift, der hat ein inspiriertes Werk in den Händen, es steht mit seinem strahlenden Glanz in einem eigentümlichen Gegensatz zu dem verquälten Leben des Dichters.

Silesius hat das Buch erst einige Jahre nach dem Glaubenswechsel veröffentlicht, aber es ist trotzdem kein Konversionsbuch, wie schon behauptet wurde, denn es hat mit der unseligen Konfessionspolemik gar nichts zu tun. Silesius hat sich darin einer Lerche gleich hoch über den Unfrieden emporgeschwungen. Die Erstlingsarbeit berichtet die Lebensgeschichte eines Menschen, der den Himmel in sich sucht. Die Hauptteile des wundersamen Buches schrieb er als evangelischer Christ, was durch die Forschung eindeutig festgestellt ist. Deswegen kommt dem «Cherubinischen Wandersmann» auch ein Platz in der Geschichte der evangelischen Mystik zu. Daß durch die Sinnsprüche zugleich auch viel mittelalterliches Gedankengut hindurchschimmert, ist kein Einwand dagegen. Die Verbindung von evangelischer und mittelalterlicher Mystik ist nur ein Beweis für die Christlichkeit des Buches; es wendet sich an beide Konfessionen und vermag noch heute moderne Künstler zu inspirieren, man denke nur an Max Hunzikers Lithographien.

Die «Geistreichen Sinn- und Schlußreime», wie der Dichter das Buch in der ersten Auflage nannte, bedienen sich des Alexandriners. Die kurzen, zusammengehaltenen Verse bringen die Gedanken stets auf die knappste Formel. Die Sprüche sind Epigrammen zu vergleichen, die sich dem Gedächtnis einprägen und den Leser stets mitten in den Stoff hineinführen. Der Dichter spielt oft mit den Worten, als wären es Bälle. Mit Vorliebe stellt er zwei Gegensätze einander gegenüber, die er dann paradoxerweise zu einer Einheit zusammenfaßt. Das paradoxe Denken hängt mit seiner Ablehnung des diskursiven Denkens zusammen, wie es auf den «Schulen der Welt» geübt wird, während Silesius dem intuitiven Denken zugetan war, das «ohne Erkennen kennt». Seine Paradoxie geht von der Erkenntnis aus, man könne von Gott nur in Widersprüchen reden. Deswegen finden sich im «Cherubinischen Wandersmann» auch zahlreiche, sich gegenseitig aufhebende Wahrheiten. Sie sind vom Dichter bewußt gewollt und müssen als ein Ausdruck jener mystischen Glut begriffen werden, aus der das Werk hervorgegangen ist. Die Umkehrung eines Gedankens gehört zu den Grundbewegungen seines Schaffens. Rationales und Irrationales verwendet Silesius gleicherweise, mit Negationen versteht er seine Position zu stärken. Er verfügt über eine hohe Sprachkunst, die die Schwierigkeiten spielend meistert und die Verse oft in Musik verwandelt[17].

Freilich schließt die Fülle von Sprüchen auch die Gefahr in sich, daß der Leser zuletzt vor lauter Bäumen den Wald nicht mehr sieht. Niemals dürfen Silesius' geistreiche Schlußreime als moralische Anweisungen aufgefaßt werden, ansonst sie den Leser in eine groteske Situation hineinführen. Sie wollen in erster Linie aufrütteln, indem sie sich dem gewohnheitsmäßigen Denken entgegenstellen und dem Durchschnittsmenschen sagen: Es ist alles ganz anders als du meinst! Die Schwierigkeit besteht vor allem in der richtigen Lektüre der herrlichen Dichtung. Jeden Tag nur einen Sinnspruch lesen, vermittelt einen zu wenig geschlossenen Eindruck, nimmt man aber den ganzen «Cherubinischen Wandersmann» in einem Zug in sich auf, so löscht der eine Vers den andern aus. Es empfiehlt sich, regelmäßig in abgemessenen Dosen Spruch und Gegenspruch zu lesen, über jeden Vers eingehend nachzudenken, denn der «Cherubinische Wandersmann» fordert zur Besinnlichkeit auf, er will eine tiefsinnige Anleitung zum meditierenden Denken sein.

Das Werk umfaßt sechs Bücher, von denen das Hauptgewicht auf den beiden ersten Teilen liegt, die aus einem Guß sind. Im dritten Teil ist eine kleine Ermattung zu spüren, während der vierte und fünfte Abschnitt wieder sichtlich an Wert gewinnen. Das sechste Buch ist das schwächste, es wurde vom Dichter erst viele Jahre später hinzugefügt. Natürlich sind nicht alle tausendsechshundert Sinnsprüche von gleicher Kraft; es sind aber nur wenige, bei denen man den Eindruck hat, der Gedanke sei zu leicht gesagt und entspreche nicht dem würdigen Ernst. Silesius strebt immer nach dem Äußersten und Höchsten, nie ist er mit dem Vorletzten zufrieden. Allezeit knistert fühlbar die Inspiration durch die Verse. Angesichts der dichterischen Eingebung trägt es wenig zur Erhellung des Buches bei, wenn man nach den geistigen Vorläufern frägt. Sicher ist das Vorbild Daniel von Czepkos nicht spurlos an ihm vorbeigegangen; aber in der künstlerischen Handhabung des Sinnspruches ist Silesius seinem Vorgänger weit überlegen, der ausschließlich um das Problem gekreist ist: «Unter dem Tode liegt das seligste Leben[18].» Für das mystische Empfinden ist es von untergeordneter Bedeutung, ob Silesius in seinem Buch originales oder entlehntes Gedankengut vorträgt, wichtig ist einzig der ungemein lebendige Schwung, das echte Gefühl und die dichterische Kraft, die die gewaltige Tradition der Mystik lebendig macht. Er beschwört mit seinem Zauberstab aufs neue das mystische Wunderland, es ersteht in einem einzigartigen Glanz, in Süße und Schönheit vor den Augen des Lesers.

Der Dichter hat seinem Werk nicht den bürgerlichen Namen Johannes Scheffler vorangesetzt, er legte sich hiefür das aus der spanischen Mystik des 16. Jahrhunderts stammende Pseudonym Angelus Silesius zu, und diese Wahl will beachtet sein. Nach dem Wort Angelus ist der «Cherubinische Wandersmann» eine engelhafte Botschaft, die man nur, wie Maria den Gruß des Engels Gabriel, mit innerem Erschrecken und unbeschreiblicher Glückseligkeit entgegennehmen kann. Zugleich ist es dem Titel entsprechend ein Pilgerbuch, was gewöhnlich nicht bedacht wird und doch viel zum wahren Verständnis beiträgt. Für harmlose Spaziergänge am Sonntag taugt es nicht und noch viel weniger für ästhetische Genießer, die nur auf eine Schleckerei erpicht sind. Vielmehr zeugt es, im Unterschied zu der gnadenlosen Hetze des modernen Tourismus, von der geistigen Wanderschaft, unsichtbare Engel begleiten den christlichen Pilger, denn das Wort ‚cherubinisch' weist auf die himmlische Engelwelt hin, die weit über dem gewöhnlichen Denken steht. Der «Cherubinische Wandersmann» ist eine ins Christliche übersetzte Tobiasfigur, statt des wedelnden Hündleins kommt in der Dichtung der quakende Frosch vor. Im übertragenen Sinn ist es ein geistliches Vademekum, das den Menschen auf seiner Lebensreise begleiten will und das er auch stets in seiner Rocktasche bei sich tragen sollte.

Man ist nicht gut beraten, will man bei einem mystischen Buch nach einem abgerundeten System fragen. Wer Silesius' Sinnsprüche nach seinen Gedanken über Gott, Mensch, Welt usw. ordnen will, kommt damit an kein Ziel. Er macht aus dem mystischen Kunstwerk nur eine langweilige Angelegenheit, ohne damit etwas zu erreichen. Mag die systematische Denkweise in der Philosophie und Theologie ihre Berechtigung haben, auf den «Cherubinischen Wandersmann» angewandt, verwandelt sie bloß eine berückende Dichtung von traumhafter Schönheit in eine undichterische Redeweise von unerträglicher Langweiligkeit. Es ist klar, hinter Silesius' Ausführungen steht eine bestimmte Anschauung, aber sie bleibt in Bewegung und gerinnt nicht zu starren Paragraphen. Der mystische Pilger kommt mit seinem Gesang an zahlreichen Stationen vorbei, die alle zum gleichen Ziel führen, das in einer mystischen Besinnlichkeit besteht.

Silesius geht es im Grunde nur um ein Problem, das sich wohl am deutlichsten in dem köstlichsten aller köstlichen Sinnsprüche manifestiert hat:

> Wie allgemein ist Gott! Er hat der Bauernmagd
> Die Kunst, wie man ihn küßt, sowohl als dir gesagt.[19]

In dieser Formulierung liegt das Tiefste beschlossen, was der «Cherubinische Wandersmann» zu sagen hat, und man kann die ganze mystische Dichtung Silesius' an Hand einer Interpretation dieses einen Verses aufreißen.

«Wie allgemein ist Gott» will bedeuten, daß Gott alles in allem ist. Nichts ist von ihm ausgeschlossen. Jegliches Ding geht von ihm aus und wird zu ihm zurückgeführt. Freilich vom Allmächtigen selbst und nicht von einer bloßen Lehre über Gott. Der Mystiker sehnt sich immer nach Gott selber, für ihn ist der Ewige «ein Wunderding», der das will, was er ist, und zwar ohne Maß und Ziel. Gott weiß sich selbst kein Ende, er ist das Kleinste und das Größte, er ist Finsternis und Licht. Man kann alle erdenklichen Formulierungen gebrauchen, und keine einzige erschöpft ihn auch nur annähernd. Gott ist Geist, Feuer, Wesen, und doch ist er dies alles wiederum auch nicht. Der Mensch braucht bloß die Augen aufzumachen, und schon stößt er auf den verborgenen Gott. Er muß nur einen blühenden Baum anschauen, was ist das für ein unerhörtes Wunderwerk. Wie anders sollte es entstanden sein, als daß ihn Gott ins Dasein gerufen hat? Wo man auch hinblickt, überall begegnen dem Menschen die Werke Gottes, alle Kreaturen sind seine Boten. «Wie allgemein ist Gott», singt der Dichter, Gott ist da, er vermag alles und er kann alles allein.

Gott ist nicht eine Besonderheit für einige wenige Menschen. Er liebt nicht nur zwei oder drei Auserwählte. Niemals ist Gott eine Spezialität für einige auserlesene Seelen, für eine geistige Elite. Der Allmächtige hat nichts mit einem kleinen Kreis Bevorzugter zu tun. Er ist allgemein, er berührt jedermann, und er ist allen verständlich. Niemand ist von ihm ausgeschlossen, als wer sich selbst ausschließt. Gott ist allen Menschen gleich nahe und gleich ferne, ob

Priester oder Stallknecht, das ist ganz nebensächlich. Es gibt keinen Stand, dem er besonders verpflichtet wäre, allen Menschen steht der Weg zu ihm in gleicher Weise offen, dies hat Silesius unnachahmlich schön besungen. Auch die Bauernmagd ist nicht ausgeschlossen. Mag sie auch noch so vierschrötig und täppisch sein, das ist kein Hindernis. Die Bezeichnung Bauernmagd ist selbstverständlich zufällig, Silesius hätte ebensogut Kaminfeger sagen können, denn er wollte lediglich einen einfachen Menschen nennen. Absichtlich hat er eine simple Berufsart gewählt, um damit das vermeintliche Vorrecht der Gelehrten in Frage zu stellen. Mit dem Studium hat dies gar nichts zu tun; es ist eine altbekannte Erfahrungstatsache, daß die klügsten Menschen Gott oft gar nicht besonders nahestehen. Sie sind in ihrem Dünkel befangen, und der erhebt sich wie eine Mauer zwischen Gott und ihnen. Dagegen ist es möglich, daß ein dralles Bauernmägdlein, und verstünde es auch bloß Geschirr spülen und Bohnen ablesen, in aller Einfalt mit Gott mehr verbunden ist. Mag man sich daran stoßen oder nicht, das ändert gar nichts daran: gerade die unscheinbarsten Menschen erleben oft die innigste Gottesbeziehung.

Obschon Gott allen Menschen nahe ist, so ist dies noch zu unverbindlich gesprochen. Erregend wird die Angelegenheit erst, wenn man ganz konkret die Frage stellt: Wie kommt der Mensch mit dem allgemeinen Gott in eine nähere Verbindung? Ohne innere Beziehung mit dem Ewigen ist alles Gottesverständnis null und nichtig. Es kommt auf das persönliche Verhältnis an, auf das, was Silesius so unübertrefflich ‚die Kunst‘ nennt. Sie ist keine Selbstverständlichkeit, die man sich auf die gleiche gedankenlose Weise aneignet, wie man ein Stück Brot verzehrt. Ebensowenig übernimmt man die innere Gottesbeziehung vom Elternhaus, ohne sich die Sache näher zu überlegen. Noch viel weniger ist sie eine Lehre, wozu die Gottesverbundenheit leider oft gemacht wurde und womit man nur einen Sargdeckel zimmerte. Mit all dem hat das Verhältnis des Menschen zu Gott nie und nimmer etwas zu tun. Es ist vielmehr eine seelische Kunst, und dazu ist eine Begabung, ein Können, beinahe eine Fertigkeit nötig. Eine Kunst ausüben ist immer ein adeliges Tun, es erfordert eine restlose Hingabe vom Menschen, sein Bestes und Letztes muß er dazu hergeben. Ohne den stärksten Einsatz gibt es keine wirkliche Kunst, weder in der Malerei, Dichtung oder Musik, und erst recht nicht in der größten Kunst aller Künste, im Erlebnis des geheimnisvollen Innewohnen Gottes. Und doch, bei aller geistigen Anstrengung bleibt jede echte Kunstausübung letztlich eine Begnadung, die dem Menschen in die Wiege gelegt wird, eine Veranlagung, die er als Geschenk empfängt. Der Dichter sagt denn auch ganz deutlich von Gott, er lehre den Menschen Künstler zu sein. Der Ewige schenkt dem Menschen diese Kunst, indem er in ihm die Sehnsucht nach der inneren Berührung wachruft. Gott gießt dieses brennende und verzehrende Verlangen dem Menschen gleichsam ins Herz und sagt ihm zugleich, wie man es anstellen muß, um zu ihm zu kommen. Man gelangt nur mit Gott und nie ohne Gott zu Gott; er ist die treibende Kraft, die hinter allem Gottsuchertum steht. Die Kunst der unbeschreiblichen Berührung zwischen Gott und der Seele kommt vor allem und allein von Gott.

Die Kunst, wie sie Silesius in seinem Sinnspruch berückend preist, ist, «wie man ihn küßt». Welch ein gewagter Ausdruck! Nur ein Dichter konnte sich hiezu erkühnen. Gewiß liegt ihm ein außerordentliches Begehren zugrunde, aber keineswegs ein unstatthaftes. Die Formulierung geht auf das Hohelied Salomons zurück, in welchem der Ausdruck «er küsse mich mit dem Kusse seines Mundes» gleich zu Beginn erwähnt ist. Die Braut des Hohenliedes wünscht von den Küssen förmlich getränkt zu werden. Auch Bernhard von Clairvaux' Gedanken sind um den Kuß gekreist, von dem der Zisterziensermönch sagte, wer ihn ein einziges Mal von Gott empfangen habe, nichts anderes als die Wiederholung wünsche. Er wirkt wie ein geheimnisvolles Manna: wem es zuteil wird, der hat nachher mehr Hunger denn zuvor. Es ist somit wirklich Geist von Salomons Geist im kühnen Sinnspruch Silesius'; die innere Verwandtschaft beider Sätze ist evident. Zur Ermessung der Bedeutung des Kusses ist es gut, sich an eine Aussage des Baalschem zu erinnern, der einmal zuschaute, wie ein Schüler im Bethaus ein Kind küßte und hierauf zu ihm sagte: «Mein Sohn, glaube mir, ich liebe den letzten Menschen viel mehr als du dein Kind, doch küsse ich ihn nicht. Denn wisse, daß die Wonne, die der Mensch beim Küssen empfindet, einzig und allein Gott gehört[20].» Das will nicht als striktes Verbot verstanden sein, wohl aber ist damit die unübersehbare Mächtigkeit des Kusses in religiöser Hinsicht ausgedrückt. Man kann die göttliche Wonne nicht mit dürren Worten umschreiben, dieweil es dem Menschen vor glückseliger Benommenheit schwindelig zu Mute wird. Das köstliche Gefühl der seelischen Trunkenheit, die man beim Kuß eines geliebten Menschen wie einen göttlichen Schauer empfindet, wird von Silesius auf die Beziehung zu Gott übertragen. Natürlich ist das Wort ‚küssen' in diesem Zusammenhang ein Bild, das gar nicht anders als symbolisch verstanden werden kann. Aber es ist ein echt künstlerisches Bild, das aller dogmatischen Begriffsbestimmung turmhoch überlegen ist. Der Kuß will die Nähe und das Innige ankündigen, er ist ein Zeichen der seelischen Verschmelzung. Wenn Silesius von der «Kunst, wie man ihn küßt» singt, so möchte er – wunderbar und unbegreiflich – eine reale Berührung zwischen Gott und der Seele erleben. Gott und die Seele kommen sich so nahe, daß der gegenseitige Hauch zu spüren ist, alle Scheidewände fallen und ein unmittelbares Grüßen beginnt. Selbstredend darf die Nähe nicht im körperlichen Sinn verstanden werden, sie ist geistiger Art. Wenn einmal der Mensch jedoch die innere Berührung Gottes erlebt hat, dann ist er von seiner Anwesenheit überzeugt, dann sind für ihn alle Zweifel bis ins letzte vernichtet, und er weiß, was eine lebendige Gottesgemeinschaft wirklich ist. Silesius war von dem einen überkühnen Wunsch erfüllt, mit Gott vereinigt zu sein und «seinen Kuß zu genießen». Dies, schien ihm, sei über alle Dinge dieser Welt erhaben. Gott zu küssen und von ihm wieder geküßt zu werden, das ist eine glühende, verzehrende Metapher, welche die religiöse Gefühlsbeziehung ausgezeichnet andeutet. Es ist das höchste, nicht mehr überbietbare Erleben, in ihm wohnt eine solch sinnenberaubende Seligkeit, der gegenüber alles andere in wesenlosem Schein verblaßt. Sie ist von einer unbeschreiblichen Süßigkeit, daß ihre Wonne beinahe wiederum zum Schmerz wird. In brennendem Verlangen sehnt sich Silesius nach einem körperlosen Umfangen. Das und das allein ist Mystik. Wer sie als eine bloß rauschhafte Gesinnung beargwöhnt, sei daran erinnert, daß der Sänger der «Kunst, wie man ihn küßt» zugleich auch gesagt hat: «Ich will das Kreuz tragen!»

Es wäre ein Mißverständnis, wollte man die unbeschreibliche Zartheit der Berührung von Gott und Seele nur dem mystischen Dichter zubilligen. Ausdrücklich bemerkt er, daß er diese hohe Kunst der Bauernmagd «sowohl als dir gesagt» hat. Es ist nicht nur von der Bauernmagd die Rede, sondern noch viel mehr von dir! Der Leser des «Cherubinischen Wandersmannes» ist damit gemeint, er und kein anderer soll das innige Erlebnis erfahren, «wie man ihn küßt». Kann es etwas Größeres geben? Bist du bereit, in nüchterner Trunkenheit dich dem Ewigen in die Arme zu werfen? Was braucht es noch mehr, bis das Ungeheuerliche dir klar wird, daß es auf der ganzen Welt absolut nur eines gibt, was wichtig ist, nämlich die unbeschreibliche Berührung Gottes, wofür es sich überhaupt lohnt zu leben? Den Kuß Gottes empfangen, das bedeutet soviel wie sterben und zu einem neuen Leben auferstehen.

Das stürmische Verlangen, Gott zu küssen, steigert sich zu einer wahren Glut. Darum besagen dem Wandersmann alle bisherigen Gottesvorstellungen viel zu wenig, es ist sein innerer Drang, über Gott hinaus in eine Wüste zu ziehen, womit die Interpretation des Sinnspruches zu ihrem Ausgangspunkt zurückkehrt. Man ist versucht, über den ungewöhnlichen Ausdruck einen Schritt zurückzuweichen, und der Mensch, der die goldenen Worte des Mystikers buchstäblich auffaßt und sie sogar dogmatisch preßt, wird es auch tun. Das ist jedoch verständnislos, denn es sind reine Metaphern, die unaufhörlich entzünden wollen.

Was man von Gott gesagt, das genüget mir noch nicht,
Die Über-Gottheit ist mein Leben und mein Licht.[21]

Mystisch verstanden will das heißen, daß man nicht bei irgendeinem Gottesbild, einer Gottesvorstellung oder Gottesauffassung stehenbleiben darf, weil all diesen Begriffen eine fatale Unzulänglichkeit anhaftet. Um Gottes willen muß man auch die gewöhnliche Rede von Gott überwinden und zu der Über-Gottheit vorstoßen. Das Wörtchen ‚über' drückt Silesius' innerste Sehnsucht aus. «Gott ist überheilig», sagt er und will immer weiter in seinem Bestreben, er will die Erkenntnis der Cherubinen übersteigen, will über sie hinausfliegen, um sich ins ungeschaffene Meer der bloßen Gottheit zu stürzen. Stets ist die Absicht des Wandersmannes darauf gerichtet, über alles hinauszukommen. Nicht begehrt er die Engelhaftigkeit, sondern die Überengelheit ist sein Ziel, er will sich vor allem über sich selbst hinausschwingen. Diese leidenschaftliche Bewegung ist aller Mystik wesensverwandt. Der Sänger der mystischen Weisheit will im Menschen das Verlangen wecken, über die Dinge hinauszuklettern, er soll nicht vorzeitig zur Ruhe gelangen, sondern höher und höher steigen. Obschon Maria hochwert ist, kann er noch höher gelangen. Keine Grenze anerkennt er, nie will Silesius stillestehen, allezeit sagt er «genug ist nicht genug», weil das Unendliche durch nichts Endliches befriedigt werden kann. Das Schwingen über sich hinaus ist das treibende Motiv im Leben des Mystikers.

Der Christ darf nicht in der gewöhnlichen Sphäre verharren, will er mit dem Höchsten den ewigen Kuß tauschen. Die Mystik stellt zwischen Gott und dem Menschen einen realen Kontakt her, dieweil der Mensch von Gott die Fähigkeit erhalten hat, ihn intuitiv zu erkennen. Das mystische Leben besteht in erster Linie in der unmittelbaren Verbindung. Die Schau geht von einem Kennen ohne Erkennen aus. Der Schlesier hat das Zusammengehörigkeitsgefühl von Gott und Mensch so eindrücklich und mit einer intensiven Leidenschaftlichkeit geschildert, daß noch heute viele Leser des «Cherubinischen Wandersmannes» unwillkürlich den Kopf schütteln.

> Ich weiß, daß ohne mich Gott nicht ein Nu kann leben;
> Werd ich zunicht, er muß von Not, den Geist aufgeben.[22]

Über die kühne Formulierung hat man sich besonders viel aufgehalten. Zu Unrecht. Gewiß ist es ein äußerst paradoxes Wort, es will aber einzig die unlösbare Verbundenheit von Gott und Mensch aussprechen. Die mystische Bauernmagd kann gar nicht tief genug ins Göttliche eindringen, da es ihr ganzes Bestreben ist, «mit Gott durch Gott in Gott verwandelt» zu werden. Silesius kam es darauf an, daß er nicht außer Gott und Gott nicht außer ihm war. Der Dichter schuf damit die intensivste Beziehung zwischen Gott und Mensch, es geht aber nicht an, sie auf ihre theologische Korrektheit hin unter die Lupe zu nehmen, dies würde ihr Fluidum zerstören. Sie ist dichterisch ausgedrückt, und es gilt das Unaussprechliche zu fühlen und ihm zum Licht zu verhelfen.

Silesius hat einen erstaunlichen Lobgesang auf Gott angestimmt. Nichts verbindet ihn mit dem bürgerlichen Gewohnheitsgott, er langweilt den Menschen nur und bringt ihm das Gähnen bei. Nur ein begnadeter Sänger kann eine derart herrliche Melodie anstimmen. Man müßte dumpf wie ein Tier sein, verspürte man gar keine Empfänglichkeit für den mystischen Aufschwung des

«Cherubinischen Wandersmannes». Bedeutend daran ist die Schilderung des Menschen, dem die hohe Kunst «wie man ihn küßt» anvertraut wird. Der nicht nach Gott fragende Mensch, der im Irdischen aufgeht und keine metaphysische Sehnsucht kennt, kommt hiefür kaum in Betracht. Er muß ein leidenschaftlich religiöses Bedürfnis haben, sonst wird er nicht der hohen Gnade gewürdigt. Der Dichter hat den Menschen als Partner Gottes im Sinnspruch geschildert:

> Mensch, werde wesentlich; denn wenn die Welt vergeht,
> So fällt der Zufall weg, das Wesen, das besteht.[23]

Der Dichtermystiker hat den Menschen feierlich beschworen, sich doch endlich einmal auf seine Wesenheit zu besinnen, die allein in allem Wechsel Bestand hat. «Der wesentliche Mensch» ist neben der «Kunst, wie man ihn küßt» der zweite Brennpunkt von Silesius' Ellipse. Sie stehen nicht zusammenhanglos nebeneinander, sondern sind in ursächlichem Verhältnis aufeinander bezogen. Wer den göttlichen Kuß empfängt, der ist der wesentliche Mensch, wahrhaftig ein neues Bild vom Christen! Bei Silesius findet sich eine Anthropologie von hohem Rang. Der wesentliche Mensch ist dem interessanten Menschen weit überlegen, dieser wird zwar heute auf das Piedestal gehoben, ist aber, näher betrachtet, gar nicht interessant, sondern bloß neugierig. Interessant ist eine oberflächliche, unverbindliche Kategorie; dem flüchtigen Augenblick verhaftet, zerfällt sie trotz allem bestechenden Aufputz. Auch das Ideal des modernen Menschen, das Gehen mit der Zeit, ist bloß eine Mischung von Arroganz und Verlegenheit. Was heißt schon ‚modern'? Doch wohl der Mode unterworfen, was sicher seine Berechtigung hat beim Kauf eines adretten Hütchens, nicht aber bei der Sinngebung des Menschen. Es ist eine inhaltslose Bestimmung, man kann auf die Dauer damit nicht leben, und die Menschen werden nur ausgehöhlt. Man muß sich bewußt lösen von diesen Vorstellungen, indem man auf Silesius' lapidare Mahnung hört: «Mensch, werde wesentlich!» Das ist der kategorische Imperativ für den religiösen Menschen. Einem Donnerwort der Ewigkeit gleich dröhnt der Befehl in das verspielte Dasein des Menschen hinein, ihn zum Höchsten aufrufend und ihn zugleich in die Tiefe führend. Es liegt in der Bestimmung der Wesenheit dieselbe ewige Kraft wie in Moses' Gesetzestafeln. Der wesentliche Mensch ist der auf Gott ausgerichtete Mensch, seine Seele hungert und dürstet nach dem Feststehenden, er lechzt nach Ewigkeit, die unverändert bleibt in aller Äußerlichkeit. Damit hat Silesius dem Menschen das wichtigste Wort zugerufen. Er will den Christen in der Gegenwart befreien von den mannigfachen Ablenkungen und Zerstreuungen, will ihn hinlenken auf das Eine, was not tut.

Das Leben des wesentlichen Menschen dokumentiert sich darin, daß es «sich auftut wie eine Rose» und dem Geschaffenen mit einer grenzenlosen Offenheit gegenübertritt, weil es ein Abglanz des Ewigen ist. Nichts schätzt er gering, überall leuchtet ihm die Vollkommenheit entgegen, der Kieselstein gleicht dem Rubin, und die Heuschrecke erscheint ihm so schön wie der Seraphim.

Gott sind die Werke gleich; der Heilige, wenn er trinkt,
Gefallet ihm so wohl, als wenn er bet' und singt.[24]

Der wesentliche Mensch rückt für Silesius in die Nähe des Heiligen, der das Bild ist, das ihm unablässig vor Augen steht. Er setzt alles, auch das Unscheinbarste, in Beziehung zum Göttlichen. Beten und trinken auf eine Stufe zu stellen, ist bei Silesius nicht alles nivellierender Relativismus, er verkündet damit eine paradoxe Weisheit, die nur im Bereich des Heiligen Geltung besitzt.

Ein Kennzeichen des wesentlichen Menschen ist das Schweigen. Der Mystiker ist das Gegenteil vom geschwätzigen Menschen, dem die Unterhaltung das Höchste bedeutet. Es wird in der Welt viel zu viel geredet, und wo die Worte allzu zahlreich sind, geht es nicht ohne Sünde ab. Wieviel glückseliger wäre auch Silesius gewesen, hätte er diese Wahrheit bei den konfessionellen Kontroversen nicht vergessen. «Mit Schweigen singt man schön», verkündet der mystische Wandersmann, ein Widerspruch, der wieder eine überaus herrliche Einsicht enthält. Der wesentliche Mensch schweigt, weil er nur in der Stille das ewige Wort vernimmt. Wenn des Christen Rede verstummt, dann hört er das Göttliche am besten. Mit einem geradezu befehlenden Ton singt der Dichter:

Schweig, Allerliebster, schweig; kannst du nur gänzlich schweigen,
So wird dir Gott mehr Guts, als du begehrst, erzeigen.[25]

Silesius würde nicht den Menschen so eindringlich zum Schweigen anhalten, wenn es leicht zu lernen wäre. Es braucht oft viel, bis einem die Worte gänzlich auf den Lippen ersterben. Aber der Christ empfängt den Kuß Gottes nie, wenn er nicht zuvor ins Schweigen eingegangen ist.

Mit dem schweigenden Singen hängt die Gelassenheit eng zusammen. Wer zur Gottinnigkeit gelangen will, muß allem Geschehen, und mag es noch so aufregend sein, gelassen gegenüberstehen. Wer nicht lernt, die Dinge ruhig hinzunehmen, wer schnell aufbraust und außer sich gerät, wird schwerlich ein wesentlicher Mensch werden. Er muß sich der seelischen Ruhe befleißigen, er darf sich dem Leben nicht undiszipliniert überlassen, sondern hat gegenüber allen Ereignissen die innere Distanz zu wahren. Es bedarf nicht zu vieler Anstrengungen zur Erlangung der Seligkeit, ein einziges Kraut hilft schon, der Dichter nennt es die Gelassenheit, denn sie macht den Menschen ausgeglichen. Der mystische Wandersmann spricht immer wieder von der Haltung, die alles mit gelassener Ruhe hinnimmt, und feiert sie mit überschwenglichen Worten. Nach der Auffassung aller Mystiker führt die Gelassenheit zum Ewigen; Gott aber selbst lassen, das ist eine Gelassenheit, welche die wenigsten Menschen fassen.

Doch das tiefste Geheimnis des wesentlichen Menschen ist die Liebe. Sie ist das Primäre, und alles, was lebt, existiert nur dank der Liebe Gottes. Wenn der Mensch liebt, dann nähert er sich Gott am meisten. Deswegen rückt Silesius die Liebe in den Mittelpunkt:

Wer Gott recht lieben will, der tut's ohne Maß und Ziel;
Er ist so süß und gut, man liebt ihn nie zu viel.[26]

Freilich schließt die Liebe zu Gott nicht nur angenehme Gefühle in sich. Das würde nicht dem göttlichen Ernst entsprechen. Ausdrücklich erklärt der Dichter, daß die Gottesliebe in Wesenheit und nicht in Süßigkeit besteht, und was dem Menschen darin so süß vorkommt, ist nur Beigabe. Die Gottesliebe ist ein brennendes, sich verzehrendes Gefühl, sie ist vor allem darauf bedacht, dem Ewigen so nahe wie möglich zu sein.

Dem wesentlichen Menschen, der um die «Kunst, wie man ihn küßt» weiß, widerfährt zuletzt das große Wunder des Ineinanderfließens von Zeit und Ewigkeit. Die Berührung mit Gott erlebt der mystische Wandersmann jenseits von Zeit und Ort. Offenkundig ist diese Anschauung dem Dichter überaus wichtig, denn sie kehrt in zahlreichen Sinnsprüchen wieder. Mehrfach gebraucht er die Formulierung «ohne Zeit und Ort»; nach seiner Überzeugung macht der Mensch die Zeit, ihr selbst kommt keine essentielle Wesenheit zu. Zeit und Raum sind bloße Feststellungen unseres Verstandes, sie können ohne weiteres überstiegen werden.

Ein Gott ergebener Mensch ist Gottes gleich an Ruh
Und wandelt über Zeit und Ort in jedem Nu.[27]

Solange der Mensch sich noch an Ort und Zeit gebunden fühlt, ist er nicht beim Ewigen angelangt. Die Überwindung der Zeit-Raum-Vorstellung führt Silesius zu einer ganz ungewöhnlichen Verbindung von Zeit und Ewigkeit. Der Christ kann jeden Augenblick in der Ewigkeit sein, er braucht nicht zu warten, bis er das Zeitliche gesegnet hat. Zeit und Ewigkeit sind nicht im Verhältnis des Nacheinander, sondern des Ineinander zu betrachten. Die Möglichkeit, daß das Paradies für den Menschen in jeder Stunde beginnen kann, läßt Silesius erklären: «Ich selbst bin Ewigkeit.» Die kühne Aussage birgt ein unvergleichliches Hochgefühl in sich. Es ist nicht Überheblichkeit, denn es ergibt sich aus der Gottebenbildlichkeit des Menschen, der das Unsterbliche beständig in sich hat. Für den mystischen Wandersmann ist «Zeit wie Ewigkeit und Ewigkeit wie Zeit», und nur der mit sich zerfallene Mensch macht eine Unterscheidung zwischen ihnen. Niemals liegt in der oft wiederholten Formulierung von der Zeit, die gleich ist wie die Ewigkeit, ein bloßes Spiel. Silesius entwickelt hierüber eine überaus tiefsinnige Anschauung, man kann sie mit den üblichen Begriffen gar nicht richtig wiedergeben. Sie leuchtet wie ein Sternbild am nächtlichen Himmel unseres Verstehens auf und bringt uns die Rätselhaftigkeit unseres Daseins erneut zum Bewußtsein.

Die seltsame Verschlungenheit von Zeit und Ewigkeit ermöglicht dem wesentlichen Menschen die Kunst, zu lernen, wie man ihn küßt. Wenn das ewige Leben nicht schon in dieser Zeit beginnen würde, gäbe es dieses Erlebnis nicht. Die Gegenwart der Ewigkeit bildet die Voraussetzung dazu. Für den cherubinischen Wandersmann vollzieht sich alles Entscheidende immer im Menschen drin. Wie Silesius nicht müde wird, die Übergottheit zu betonen, ebensowenig unterläßt er es, immer wieder darauf hinzuweisen, daß sich alles in der Seele ereignet. Geheimnis, Paradies, Ewigkeit, alles, alles liegt im Menschen drin und nicht außer ihm.

Mensch, alles was du willst, ist schon zuvor in dir,
Es lieget nur an dem, daß du's nicht wirkst herfür.[28]

In zahlreichen Versen führt Silesius immer wieder aus, «es ist in dir», nichts kann den Menschen in Unruh bringen, es sei denn, er beunruhige sich selbst. Wie der Himmel, so ist auch die Hölle im Menschen, es gibt überhaupt nichts, das er nicht in sich findet. Das Wunder von Bethlehem muß sich im Innern des Menschen wiederholen, wenn es für ihn Wirklichkeit werden soll. Ebenso muß das Kreuz von Golgatha im Menschen aufgerichtet sein, ansonst es ihn nicht vom Bösen zu erlösen vermag. Der Dichter nimmt alle religiösen Realitäten in den Menschen hinein, weil sie erst dann wahr werden für ihn. Es ist das ewige Recht der Innerlichkeit, das Silesius mit seiner dichterischen Begabung besingt, eine Leistung, die ihm auch einen bleibenden Platz in der Geschichte der evangelischen Mystik sichert. Er hat damit eine mystische Wahrheit wiederholt, die gestern, heute und morgen von gleicher Gültigkeit ist.

Die Botschaft des cherubinischen Pilgers hat bei aller künstlerischen Vollendung ein irdisches Gewand, und es müßte mehr als seltsam zugegangen sein, wenn nicht auch über sie die Auffassungen der Menschen weit auseinandergeklafft wären. Es kam zu dem, was man die törichte Diskussion nennen möchte, in deren Verlauf man den Gottesboten gar vieler Dinge beschuldigte. Man ist versucht, den oft allzu verständnislosen Anklägern zuzurufen: «Daß dich das Mäuschen beiße!» Wenn auch viel unfruchtbarer Akademismus gegen Silesius vorgebracht wurde, gänzlich ist das Gespräch über Silesius' Werk nicht zu bedauern, denn es hat doch zu einer Klärung in der Bewertung seiner dichterischen Leistung beigetragen.

Kein Geringerer als Gottfried Keller hat den «Cherubinischen Wandersmann» ein «kokett launiges Büchlein» genannt. Er vermochte sich allerdings der lebendigen Sprache und der poetischen Glut nicht zu entziehen. Da der Zürcher Dichter es als ein selbstgefälliges Büchlein betrachtete, hörte er merkwürdigerweise aus dem schlesischen Mystiker Anklänge an die Philosophie Ludwig Feuerbachs heraus – ein Zeichen, wie weit er vom wirklichen Verständnis entfernt war[29]. Seither ist die Ansicht vom Pantheismus Silesius' nicht mehr verstummt. Es wäre eine Leichtigkeit, mehr als einen kühnen Sinnspruch anzuführen, der in diesem Geiste gedeutet werden könnte.

Kein Stäublein ist so schlecht, kein Stüpfchen ist so klein,
Der Weise siehet Gott ganz herrlich drinne sein.[30]

Man hat in den leuchtenden Gedankenblitzen, je nach dem eigenen Standpunkt, eine drückende Schwüle oder eine freudetrunkene Gefühlserhebung gesehen, beidemal aber ein ausgesprochen pantheistisches Lebensgefühl wahrgenommen. Nun steckt auch im Pantheismus ein Körnchen Wahrheit, man darf es nicht zertreten, denn kein Ding kann bestehen, es werde denn von Gott erhalten. Die pantheistische Deutung im vulgären Sinn ist jedoch ein Mißverständnis, dem nur ein oberflächlicher Betrachter des «Cherubinischen Wandersmannes» huldigen kann. Für den Dichter ist die Kreatur nicht Gott, sondern nur «Gottes Widerhall» und seiner «ewigen Worte Stimme». Aus den Geschöpfen wird der verborgene Gott kündbar, sie bedeuten ihm einen «Weg zu Gott», und nach Silesius «spricht Gott mit dem Geschöpfe». Um das pantheistische Mißverständnis abzuwehren, fügte der Dichter in der zweiten Auflage zu den einzelnen Sprüchen Anmerkungen bei; er wollte den Leser auf die richtige Fährte lenken. Unverständlicherweise hat man auch Silesius' Vorrede in den neuen Ausgaben weggelassen. In ihr betont der Dichter in Anlehnung an ein Wort von Tauler, daß die Vergöttlichung nicht von Natur aus bestehe, sondern aus Gnaden sich vollziehe[31]. Damit hat der Dichter aber den entscheidenden Unterschied zwischen der christlichen Mystik und dem neuzeitlichen Pantheismus geltend gemacht. Für die pantheistische Auffassung besteht die zerfließende Göttlichkeit des Seins von Natur aus, für Silesius dagegen kommt die persönliche Gottesgemeinschaft nur auf dem Wege der Gnade zustande. Der Dichter konnte diese Ansicht nicht in jedem Vers noch ausdrücklich vermerken, die Vorrede spricht sie generell aus.

In entgegengesetzter Richtung bewegte sich die Diskussion über das Verhältnis des «Cherubinischen Wandersmannes» zur Kirchenlehre. Die Dichtung wurde schon in den Gegensatz zur Kirche gerückt, und es war auch nicht schwer, dafür einige Verse anzuführen. Mit welcher Kühnheit schiebt Silesius scheinbar das ganze Mittlertum der Kirche auf die Seite:

Weg mit dem Mittelweg; soll ich mein Licht anschauen
So muß man keine Wand vor mein Gesichte bauen.[32]

Der Dichter sagt oft anstößige Dinge, die dem streng kirchlichen Menschen wie Dissonanzen in den Ohren gellen[33]. Es ist kein Zufall, daß die letzte Ausgabe von katholischer Hand bezeichnenderweise nur eine gereinigte Auswahl enthält und die beiden ersten Bücher radikal weggelassen sind, obschon sich gerade in ihnen die Silesiussche Geistigkeit besonders kraftvoll widerspiegelt. Das kirchliche Lebensgefühl hat es nicht leicht, sich alle Sinnsprüche anzueignen. Allein es sind schon verschiedene Arbeiten erschienen, die versuchten, die Übereinstimmung des «Cherubinischen Wandersmannes» mit der Kirchenlehre zu beweisen. Seltmann hat mit viel gelehrtem Aufwand dargetan, daß sich die Anschauungen Silesius' bereits bei den Patristikern, bei den Scholastikern und bei den früheren Mystikern vorgebildet finden. Zu einem ähnlichen Resultat ist Richtstätter gekommen[34]. Die Bemühung ist insofern richtig, als der Katholizismus über eine Universalität verfügt, die in ihrer Weite für verschiedene Auffassungen Raum hat. Silesius steht denn auch ganz in der christlichen Tradition, aus der er nicht herausgehoben werden darf. Die kirchliche Lehre ist für den «Cherubinischen Wandersmann» ein- und nicht ausgeschlossen, ihn davon abzulösen, wäre bei dem zur Kirche übergetretenen Silesius ein uneinsichtiges Unterfangen. Das Bestreben, Silesius als kirchlich einwandfrei zu taxieren, darf auch wiederum nicht übertrieben werden, es geht nicht an, allen seinen Kühnheiten die Spitze abzubrechen und ihn zu einem harmlosen Kirchenbürger einzuebnen. Es finden sich nun einmal in seiner Dichtung überaus gewagte Aussagen, denn die Zugehörigkeit zum Franckenbergschen Kreis hat erfreulicherweise bleibende Spuren hinterlassen.

Es können auch Bedenken gegen den «Cherubinischen Wandersmann» angemeldet werden. Die große Mystik hat den Menschen stets in Gott gesehen und damit die Objektivität bewahrt, während bei Silesius eine Umdrehung sich ankündigt. Er hat Gott zu ausschließlich in den Menschen hinein gelegt, wodurch die Subjektivität ein Übergewicht bekam. Das Heilige begann dadurch bei ihm die volle Realität einzubüßen. Hat dies Silesius nicht selbst dunkel gefühlt? War seine Konversion nicht eine Flucht zur Objektivität, um nicht von der Subjektivität verschlungen zu werden? Ging der «Cherubinische Wandersmann» aus jener inneren Getröstetheit hervor, deren Anschein er sich gibt? Ist das Buch, näher betrachtet, nicht ein Schrei nach Ruhe, ein Streben nach Gelassenheit, nach Stille und nach dem Frieden des Herzens? Der Verfasser wünscht die innere Seligkeit zu besitzen, ob sie ihm auch wirklich zuteil wurde, ist eine andere Frage. All diese Einwände sind vom Liebhaber des «Cherubinischen Wandersmannes» gewiß zu überlegen. Doch darf er dabei nicht vergessen, es gibt keine Auffassung auf der Welt, gegen die man nicht seine Bedenken vorbringen kann. Nicht einmal die Bibel blieb von diesem Schicksal verschont. Niemals heben die erwähnten Fragezeichen die zeitlose Wahrheit von Silesius'

Werk auf. Der «Cherubinische Wandersmann» ist vielleicht von einer nicht genügend ausbalancierten Verschiebung vom Objektiven zum Subjektiven bedroht, er ist ihr aber nicht zum Opfer gefallen. Es wäre einseitig, das Objektive gegen das Subjektive auszuspielen. Weder das Objektive noch das Subjektive ist an sich die Wahrheit, erst ihre Verbindung ergibt den richtigen Ausgleich. Silesius hat ihm nachgestrebt, nicht anders als die überragenden Mystiker des Mittelalters, die ebenfalls erst nach langem, langem Suchen von der Sehnsucht zur Erfüllung gelangt sind.

Die ganze langatmige Diskussion kann man ruhig auf die Seite schieben, weil der Schlesier ein Verzückter war; auch sein Werk verlangt, auf eine verzückte und nicht auf eine argwöhnische Weise aufgenommen zu werden. Es wird nur richtig gewürdigt, wenn man es als das Werk eines Mystikers betrachtet. Ästhetische und dogmatische Gesichtspunkte können ihm nie vollständig gerecht werden, weil sie von außen und nicht von innen urteilen. Silesius war ein sich in der Liebe Gottes verzehrender Mensch. Gleich den Cherubinen war er von einer brennenden Glut erfüllt, ihm war die göttliche Wirklichkeit wichtig, sie veranlaßte ihn, sich «mystischen Erscheinungen hinzugeben»[35]. Seine Dichtung ist aus einer inneren Verbundenheit mit dem Ewigen hervorgegangen; aus einer ausgesprochen christlichen Mystik sind die herrlichen Worte herausgeflossen. Annette von Droste-Hülshoff hat dies in ihrem Gedicht über Silesius mit zarter Herbheit ausgesprochen:

Dein Aug ist Blitz und Nu, dein Flug bedarf nicht Zeit,
Und im Moment ergreifst du Gott und Ewigkeit;
Allein der Sinne Schrift, die mußt du dunkel nennen,
Da dir das Werkzeug fehlt, die Lettern zu erkennen,
Nur Geistger faßt den Geist; ihm ist der Leib zu schwer,
Du schmeckst, du fühlst, du riechst und weißt um gar nichts mehr.[36]

Das ist adäquat aus dem Bewußtsein gesprochen, daß der «Cherubinische Wandersmann» offensichtlich den früheren Mystikern verbunden ist. Entlehnungen aus Weigel und Czepko kann man bis ins einzelne belegen. Es sind nicht nur zufällige Übereinstimmungen, sondern oft wörtliche Nachahmungen. Die gelegentlichen Anlehnungen an Dionysios und Meister Eckhart beweisen den überpersönlichen Gehalt des «Cherubinischen Wandersmannes». Ganze Generationen haben an dieser Mystik mitgearbeitet – ähnlich wie bei den Volksmärchen – und Silesius hat ihr nur das schmiegsame Kleid gegeben. Aus diesem Grunde stellt sein Buch eine unerschöpfliche Fundgrube mystischer Weisheit dar, in der man fortlaufend neue Entdeckungen macht. Stets begegnet der Leser einem Sinnspruch, dessen Leuchtkraft ihm bis dahin entgangen ist, und nie wird er sich das Werk restlos angeeignet haben. Silesius' Verse sind eine grandiose Zusammenfassung der abendländischen Mystik, ein unvergänglicher Nachhall ihrer Strahlungskraft. In ihren Strom einzutauchen, bedeutet Gesundheit und Seligkeit.

Allein der unaussprechliche Zauber des «Cherubinischen Wandersmannes» liegt darin, daß dieser Mystiker zugleich ein gottbegnadeter Dichter war, der unmittelbar neben den Heiligen gestellt werden darf. Er hat seine Botschaft nicht wie üblich in der unzulänglichen Form von Predigten, Traktaten und Abhandlungen vorgetragen. Silesius hat sie in eine künstlerische Form gegossen, weil er ein Dichter war und zwar ein mystischer Dichter, was eine Poesie in gesteigerter Potenz bedeutet, deren Schönheit nie vergehen wird. Er war nicht einer der vielen Schriftsteller, die über einen flüssigen Stil verfügen und sonst der Welt nicht viel zu sagen haben, er war ein erleuchteter Dichter, dies heißt so viel wie ein Gesandter Gottes in dieser Welt. Echte Dichtung fließt immer aus dem göttlichen Born und gibt darum den Menschen Führung und Geleit im Leben. Wer Freude an gelöster Dichtung hat, der wird auch über den «Cherubinischen Wandersmann» in einen Jubel ausbrechen. Es ist jene geistliche Poesie, der auch Jacopone da Todi, Johannes vom Kreuz, Friedrich Spee, Paul Gerhardt usw. huldigten. Silesius dichtete, «weil er Gott liebt, von Gott entzückt und hingerissen ist; er gerät beim Gedanken an Gott und Göttliches außer sich. Er ist kein Grübler, sondern ein in Liebe sich verzehrender Troubadour; diese Liebe zeigt sich immer wieder nur in jähem Blitz. Wer diese Liebe nicht überall sieht, ist nicht wert, diese Verse zu lesen. Hier ist, wie kaum je, Kunst aus der dringenden Forderung: Anbeten! Mitunter ist sie ansteckendes Gebet. Wir müssen damit auf die Knie[37].» Gleich scharf geschliffenen Edelsteinen, die im magischen Licht funkeln, hat der Dichter seine kostbaren Verse dargeboten. Sie sind süßer als Honig und Honigseim. Silesius ist der Sänger von Gottes Gnaden, ein großer Künstler, der in aller Begeisterung die Ordnungen liebte und um die ewige Schönheit Bescheid wußte, durch die die Welt verklärt wird. Diesem enthusiastischen Menschen war der ewige Sang geschenkt, der ihm gestattete, das zu sagen, was andere nur hilflos zu stammeln vermögen. Sein religiöses Erleben fand den adäquaten Ausdruck, bei ihm sind Inhalt und Form völlig eins geworden. Form darf nie als bloße äußerliche Angelegenheit bewertet werden, sie hat es mit der Vollendung zu tun, und deswegen ist die Kunst mit der Religion so nahe verwandt. Sie streben beide der Vollkommenheit zu. Der Sänger der mystischen Weisheit hat sie in seinem Werk nicht weniger erreicht als Mozart in seiner Musik. Die Mystik bedingt es, daß diese hohe Kunst mehr ist als nur Kunst, und darin besteht die Qual und die Herrlichkeit des «Cherubinischen Wandersmannes».

Ist damit alles gesagt, was über den «Cherubinischen Wandersmann» zu sagen ist? O nicht im entferntesten, wie könnte dies auch je der Fall sein! Nicht der zehnte Teil ist angedeutet. Was man auch zum Ruhm des unsterblichen Sängers sagen mag, es reicht alles nicht aus, es ist ein Hauch nur gegenüber dem großen Atem dieser Dichtung. Der «Cherubinische Wandersmann» ist unausschöpfbar, der Leser muß nach ihm selbst greifen, und man kann zum Schluß höchstens des Dichters Wort wiederholen:

Freund, es ist auch genug. Im Fall du mehr willst lesen,
So geh und werde selbst die Schrift und selbst das Wesen.[38]

JOHANN GEORG GICHTEL

[1638–1710]

DAS GEHEIMNIS DER GÖTTLICHEN SOPHIA

Der Knabe Johann Georg Gichtel las einmal, daß Moses, David und andere heilige Männer mit Gott und Gott mit ihnen gesprochen habe. Diese Wahrnehmung machte auf das Kind einen unauslöschlichen Eindruck, und in seinem Knabenherzen entstand das brennende Verlangen, mit Gott auch einmal derartig sprechen zu können, zumal da er damals glaubte, der Allmächtige wohne über dem Sternenzelt. Der kleine Gichtel ging öfters hinaus auf das freie Feld, wo ihn niemand sehen konnte, und wartete, zum Himmel emporblickend, daß Gott erscheine und mit ihm rede. Er betete mit einfältigem Herzen oder stimmte ein frommes Lied an, aber nie wollte Gott sich ihm offenbaren, und betrübten Herzens schlich er jeweilen wieder kleinlaut nach Hause.

In diesem Kindererlebnis spiegelt sich das Wesen Gichtels. Es nimmt sein innerstes Verlangen vorweg. War der Wunsch, Gott zu sehen, nicht knabenhaft? Muß man nicht lächeln über die Naivität des Kindes? Gewiß, und trotzdem darf man die Begebenheit nicht mit einem Wort ins Kinderland abschieben. Wer müßte bei dem Vorkommnis nicht an Moses' Verlangen denken: «Laß mich deine Herrlichkeit sehen!» Das ist das Tiefste, was ein Mensch sich wünschen kann. Mit Gott zu reden und von Gott angesprochen zu werden, war die brennende Sehnsucht Gichtels. Er wollte das Göttliche nicht nur in der Form der Behauptung, der Lehre und der Diskussion kennenlernen. Sein Bestreben war, es unmittelbar zu erleben, es zu sehen und zu erfahren, und ganz real sollte es ihm begegnen, er wollte in Gottes beseligenden Lebensstrom untertauchen. Nichts als dies suchte er mit all seinem Tun. Wenn sich auch dem Knaben der Himmel verschloß, dem zum Manne herangewachsenen Gichtel öffnete er sich! Gichtel sprach mit dem Allmächtigen und wurde auch von ihm der Antwort gewürdigt. Der vielgeschmähte Mann erlebte die gleiche Gottunmittelbarkeit wie die großen Gestalten der Bibel, und dieses ungewöhnliche, ihn in Erregung versetzende Gespräch mit dem Ewigen hebt Gichtels Leben auf eine andere Ebene, es überstrahlt sein Dasein mit flutendem Licht. In Gichtel kam ein ganz intensives Gotteserleben zum Durchbruch, wie es in der Neuzeit nicht oft geschehen ist. Diese außerordentliche Persönlichkeit darf in der evangelischen Christenheit nicht der Vergessenheit anheimfallen, sie hat Anspruch darauf, auch in der Gegenwart gehört zu werden.

Gichtel war sichtlich zu einer ungewöhnlichen Lebensführung berufen, in die er nicht auf eine natürliche Weise hineinwuchs. Es bedurfte einer Zubereitung, und die bestand zunächst einmal in einer hervorragenden Begabung, die ihm in die Wiege gelegt wurde. Während des Dreißigjährigen Krieges in einer wohlhabenden Familie geboren, hat er von seinen Eltern eine zartempfindende Seele mit auf den Lebensweg bekommen. Sein Vater versah in Regensburg das Amt eines Steuerherrn, er war ein angesehener Mann, der sich um die Stadt nicht wenig verdient gemacht hat. Von ihm erbte Gichtel den aufgeschlossenen Verstand, der sich namentlich in einer sprachlichen Begabung zeigte. Auf der Lateinschule eignete er sich die griechische Sprache an, die er wie seine Muttersprache beherrschte, und daneben lernte er noch hebräisch, arabisch und syrisch. Sein vorzügliches Gedächtnis gestattete ihm, ein Oktavblatt einmal zu überlesen, um es hierauf fließend hersagen zu können. Er betrieb Mathematik und Astronomie, las ganze Nächte hindurch historische Bücher und fühlte sich auch zur Musik hingezogen. An der Universität Straßburg begann er mit dem Theologiestudium, doch vertauschte er es bald mit der Rechtswissenschaft. Der junge Jurist zog durch seine ungewöhnlichen Kenntnisse frühzeitig die Aufmerksamkeit auf sich, und man nahm seine Dienste gerne in Anspruch. Als er während seiner Jünglingszeit seinen Vater verlor, wollten ihn gute Leute an Sohnesstatt annehmen, aber Gichtel lehnte ab, weil er die Freiheit zu behalten wünschte, die er als die «allerherrlichste Gabe des Gemütes» bewertete. Man kann nicht glänzender begabt sein als es Gichtel war, und diese hervorragende Veranlagung darf nicht wortlos übergangen werden. Was wäre ihm wohl in der Welt widerfahren, wenn er sie nur für seine eigene Person nutzbar gemacht hätte? Bis zu seinem sechsundzwanzigsten Lebensjahr hat er dem Spiritus mundi, wie er sich auszudrücken beliebte, getreulich gedient, wenn sich auch immer wieder in ihm das Religiöse auf eine urmächtige Weise regte und ihm verbot, «das äußere Glück, so oft es ihn mit Gütern überströmte, dauernd festzuhalten, damit es nicht ihn festhielte und fesselte»[1].

Gichtel hatte sich während seines Studiums von der Theologie abgewandt, weil ihm «die trockenen Fakultätsmänner mit ihrer toten Schultheologie» nicht zusagten. Die Gottesweisheit war auf den damaligen Universitäten zur bloßen Gottesgelahrtheit versteinert; das schulgerechte, Begriffe spaltende und zerlegende Wissen schien dem jungen Gichtel eine elende und unbefriedigende Klauberei zu sein. Das Christentum kam ihm als ein «historisches Mund-Geschwätz» vor, das im Leben auf ein «pures Heidentum» hinausläuft, dem er zunächst auch zugetan war: «Ich bin in meiner ersten Blindheit auch der Meinung gewesen, daß alle Vorfälle casualiter geschehen, dieweil ich das Regiment des Heiligen Geistes nicht begreifen konnte, wie er in allen Prinzipien wohnt[2].» Eine Kritik an den Theologen macht sich bei Gichtel gelegentlich bemerkbar. Er nennt sie die «Untüchtigsten zum Reich Gottes», der «pharisäische Fluch liegt auf ihnen», sie haben «das göttliche Orakel nicht in sich»[3]. Die Theologie betrachtet Christi Einwohnung im Menschen als Enthusiasterei, sie «gehet auf Stelzen, hat ein großes Wissen, aber keine eigene Erfahrung und meint, sie könne von außen die Sünde vergeben, wie etwa ein Wirt eine Zeche auswischt»[4]. Luther strafte der Pfaffen Geiz und des Papstes Ablaßkrämerei, aber die gegenwärtigen Protestanten spielen dieselbe Komödie, nur mit anderen scheinheiligen Kleidern. Das reformatorische Evangeliumsverständnis vermeinte nach Gichtel die Seele «mit Schuhen und Strümpfen», ohne Kreuzigung des Fleisches, ohne Mit-Leiden und Mit-Auferstehen in den Himmel hineinführen zu können und hat so mit dem Teufel einen verderblichen Frieden geschlossen, der alle Wahrheit mit Füßen tritt. Man mißversteht Gichtels Einwände gegen die Theologen, bezichtigt man ihn einer Lieblosigkeit. Es ging ihm nicht um Kritik um der Kritik willen, sondern er schmachtete unter der unerträglichen Dürre der orthodox-scholastischen Gelehrsamkeit, sie machte ihn traurig, was aber kein unwichtiges Ferment in seiner seelischen Entwicklung war. Die leise Melancholie Gichtels ließ ihn im Irdischen nicht Genüge finden.

Der junge Jurist lernte in einem Buchladen den Baron von Weltz kennen, der sich um eine Erneuerung der evangelischen Kirche bemühte. Es war dies kein ausgefallenes Thema. Damals «seufzte man um eine Reformation im Luthertum», und Gichtel selbst gab nie die Hoffnung preis, daß «Gott mit seinem Lichte in den Laien durchbrechen werde»[5]. Auch Gichtel machte die Wahrnehmung viel zu schaffen, daß er «unter den Protestanten so gar keine Spur der Verleugnung seiner selbst und der Nachfolge Christi fand»[6]. Er begann sich stark für die Klöster zu interessieren, zu denen es ihn mächtig hinzog, und daß er trotz seiner evangelischen Konfession in keines als Novize eingetreten ist, daran war nur die mammonistische Gesinnung schuld, die er glaubte bei ihnen wahrzunehmen. «Ich habe alle Klöster durchsuchet, aber lauter reiche Bettelmönche gefunden», gesteht er einmal[7]. Er ließ sich von Baron von Weltz für die Bestrebung einer Erneuerung der Christenheit gewinnen und verfaßte im Auftrag des Barons ein Schreiben «Vorschlag zur Besserung des Christentums» an die Leiter der Kirchen, worin er unter anderem die Anregung unterbreitete, daß bei der Wahl der Geistlichkeit mehr auf die wahre Erleuchtung als auf die Gelehrsamkeit geschaut werden sollte. Die kirchlichen Angelegenheiten möchten in den Konsistorien nicht nach dem Grundsatz der Mehrheit entschieden werden, weil nach diesem Prinzip die Juden auch Christus ans Kreuz gebracht haben. Gichtel hegte starke Bedenken gegen die landläufigen Prediger, welche die Heilige Schrift verdrehen und nur eine auswendig gelernte, aus verstaubten Folianten zusammengelesene Weisheit zum besten geben und dadurch viele Zuhörer geradezu zur Atheisterei verleiten. Noch später bewertete Gichtel die

Predigten als ein «geborgtes Wort Gottes», das höchstens «in der Bibel und nicht im Herzen steht» und mit dem man meine, die tierischen Menschen in den Himmel hineintreiben zu können[8]. Die beiden Initianten wollten der Kirche nicht mit den Mitteln der Vernunft aufhelfen, sie schauten nach einem göttlichen Eingriff aus.

Gichtel griff mit seinem Schreiben zur Zeit der Herrschaft der orthodoxen Geistlichkeit – «die Einfalt weiß von keiner Orthodoxie, wie auch der Geist Gottes nicht»[9] – in ein wahres Wespennest. Die lutherische Kirche begehrte nichts von einer Erneuerung zu hören, sie wähnte sich im Besitz der wahren Lehre, eine Meinung, die ihr vollauf genügte. Jeder Mensch, der nur ein anderslautendes Wort über die Kirche sprach, machte sich zum voraus in ihren Augen verdächtig. Die Geistlichkeit empfand Gichtels Schreiben als eine Beleidigung, die nicht hingenommen werden dürfe. Sie betrachtete ihn als Ketzer, Schwärmer und Phantast, und Gichtel wurde auf ihr Betreiben in Nürnberg, wo er sich gerade aufhielt, in Haft genommen und nach Regensburg ausgeliefert. Mit Schmach und Schande wurde Gichtel vom Büttel durch die Straßen geschleppt, wurde vom Volk verhöhnt und in einen übelriechenden Kerker geworfen, in dem er viele Wochen eingesperrt blieb. Die Pastoren behaupteten, er sei vom Teufel besessen, und schlössen ihn vom Abendmahl aus. Dabei hatte er nichts anderes getan, als sich erlaubt, der Geistlichkeit schriftliche Vorschläge zu einer Erneuerung der Christenheit zu unterbreiten. Sowohl seine Advokatur als sein Bürgerrecht wurden ihm abgesprochen, und seine gesamte Habe verfiel der Konfiskation. In jungen Jahren lernte Gichtel das Leiden für die Wahrheit kennen, es war für ihn eine bittere Wirklichkeit und nicht nur ein schöner rhetorischer Satz.

Gichtel wurde während seines Kerkeraufenthaltes von melancholischen Anfechtungen heimgesucht. Er war ein ungemein ringender Mensch, der zeitlebens mit sich selbst und dem Zorn Gottes kämpfte. Die innere Seelenangst nahm oft so sehr überhand, daß er die äußere Pein nicht einmal mehr fühlte. Unwillkürlich fragte sich Gichtel in seinem Gefängnisloch, ob er auf dem rechten Weg sei, denn seine Situation war hoffnungslos, und er drohte daran zu verzweifeln. In seiner seelischen Not schien ihm keine andere Möglichkeit übrigzubleiben, als sich selbst den Tod zu geben. Er stieg auf einen Stuhl, um sich zu erhängen, aber der Nagel brach an der Wand, so daß er sein Vorhaben nicht ausführen konnte. In schwerer Depression sah er den Versucher mit leiblichen Augen, was ihn in eine mehrstündige Ohnmacht versetzte und seine Furchtgefühle noch gewaltig steigerte. Auch später noch hörte Gichtel den Teufel jauchzen, und einmal wurde seine Seele von ihm förmlich verschlungen. Die dämonischen Mächte spielen in seinem Leben eine nicht geringere Rolle als bei den alten Mönchsvätern. Gichtel hatte mit dem Satan zu kämpfen wie weiland der Begründer des Eremitentums. Er hat sich an der Wirklichkeit der teuflischen Angriffe nicht durch die beginnende Aufklärung irremachen lassen. Über seinen Zeitgenossen Balthasar Bekker, der mit seinem Buch «Die bezauberte Welt» dem Hexenglauben den schwersten Schlag versetzt hat, urteilte Gichtel, er sei blind und verstehe nichts von Magie, er wolle mit seiner logischen Vernunft «den Teufel zudecken, welchen doch Gott aufgedeckt haben will»[10].

Mitten in den schweren Anfechtungen brach Gichtels visionäre Anlage durch, die zur entscheidenden Wende seines Lebens führte. Gichtel war nicht weniger Visionär als Böhme, und seine Gesichte aus einer krankhaften Gereiztheit zu erklären, verrät ein fatales Unverständnis. Im Kerker eingeschlossen, wollte er seiner verängstigten Seele durch das leise Singen eines Liedes aufhelfen, und da erlebte er plötzlich eine Verzückung. Sein Geist wurde entrückt, während sein Körper zu Boden sank und ohne Bewußtsein liegenblieb. Zunächst sah er, wie eine dicke Schlange sich um seinen Körper wand, aber im Mittelpunkt seines Herzens flammte ein helles, weißes Licht auf, in welchem er Christus erblickte. In dieser visionären Stunde erlebte Gichtel die unerschütterliche Gewißheit, daß Gott lebendig in ihm wohne. Seine ganze Seele war durchstrahlt, und er verwunderte sich aufs höchste, als er den Gott, den er bis dahin im Himmel gesucht hatte, in seinem eigenen Herzen fand. Der vom Abendmahl Ausgeschlossene spürte, daß Christus sich mit seiner Seele verlobte. Sein geöffnetes Seelenauge hat in diesem Augenblick vom inneren Leben mehr gelernt als bisher aus allen Büchern und Predigten. Diese bedeutsamste Stunde seines Lebens machte ihn zu einem neuen Menschen. Er hatte höchst real erfahren, daß Gott den Menschen im tiefsten Leid auf wunderbare Weise tröstet, und nichts mehr vermochte ihn fortan irrezumachen. Seit diesem übernatürlichen Erleben begegneten ihm noch öfters ähnliche Visionen. Er erzählt einmal, daß eines Abends während des Gebetes «meine Seele aus dem ganzen Leib zusammengerollt wurde, als eine flammende, runde Kugel und in ein feuriges Meer, welches hell lichtblau mit einem sehr lieblichen Glanz durchstrahlet ward, eingetaucht, daß die kleinen, feurigen Wellen, welche doch Wasser waren, über die Seele hingespielet, gleich ein stilles Meer. Welches fünf Tage nacheinander, jederzeit ungefähr ein Vater-Unser lang, gewähret; den unaussprechlichen süßen Geschmack aber wünschte ich brüderlich von Gott in eure Seele[11].» Auch Engelerscheinungen erlebte er, wobei die flammenden Geister am hellichten Tag mit seinen Haaren spielten und ihn zu den himmlischen Chören entführten, «deren Namen er aufzeichnen wollte; es ist ihm aber verwehret worden, davon er auch viel hätte schreiben können; aber es floß nicht in die Feder, wann er wollte»[12]. Seine Seele wurde in einer andern Erleuchtung in lauter reine Flammen der Liebe umgewandelt, wodurch er aus dem äußeren Leben ins innere aufgenommen wurde.

Unbeschreiblich und mit keinen Worten auszudrücken war die Seligkeit, die er dabei empfand. Sein erleuchtetes Inneres strahlte selbst aus den Augen des Leibes. Des Knaben Sehnsucht, das Göttliche zu sehen und zu schmecken, blieb nicht unerfüllt. Dem Manne wurde es auf dem Weg der Erleuchtung zuteil. Gichtel ist ohne diese Visionen nicht verständlich, wenn er auch ihren Inhalt nicht befriedigend zu formulieren vermochte. Er gehört zu den großen Visionären der evangelischen Christenheit, deren Andenken unverständlicherweise kaum gepflegt wird. Visionen sind geöffnete Fenster in die unsichtbare Welt, man darf sie nicht mit Vorhängen verdecken. Prinzipielle Ablehnung der Visionen ist ein rationalistisches Erbe, das der Mystik nicht gerecht werden kann. Bei aller visionären Veranlagung war Gichtel selbst nicht kritiklos dem Visionären verfallen. Er hat später gegen die englische Mystikerin Jane Leade geltend gemacht, daß sie zu ausschließlich auf ihre Visionen aufbaue, und dies sei eine zu unsichere Grundlage. Die Visionen können den Christen auch täuschen, zumal es auch von finsteren Mächten bewirkte Visionen gibt, die es zu durchschauen gilt.

Während Gichtel in seinem Kerker schwere Anfechtungen heimsuchten, die von lichtvollen Visionen überstrahlt wurden, endigte seine Gefangenschaft mit der Strafe der Verbannung aus der Stadt. Bei harter Winterkälte stand nun Gichtel ratlos vor den Toren seiner Vaterstadt und watete durch den knietief liegenden Schnee. Es begann seine Wanderzeit, denn er hatte zunächst keine Stätte mehr, wo er sein Haupt hinlegen konnte, und er wußte nicht, wohin er seine Schritte lenken sollte. Betteln wollte er nicht, weil er sich schämte, und zum Graben war er ungeeignet. Gichtel fühlte eine große Schwäche; in dieser Stunde faßte er den Entschluß, fortan nicht mehr auf die Vernunft zu hören, sondern allein seiner inneren Stimme zu gehorchen. Der Geächtete kehrte zuweilen in den Gasthöfen ein, ohne einen Heller in der Tasche zu haben. Er kümmerte sich nicht um die Bezahlung, und oft schauten ihn die Leute scheel an, sie trauten dem Manne in seiner schlechten Bauernkleidung nicht. Immer aber waren sie von seinen tiefsinnigen Reden ergriffen, kamen für seine Auslagen auf, und er erlebte keine finanziellen Schwierigkeiten. Der Verbannte kam auf seiner Pilgerstraße bis nach Wien, wo er für seinen Freund einige Wochen tätig war. Man machte ihm seiner beruflichen Intelligenz wegen verlockende Angebote, doch gehorchte er seiner inneren Stimme und wandte seine Schritte nach Holland. Die Niederlande erlebten damals die Blütezeit ihrer Malerei; Gichtel freilich nahm von ihr keine Notiz, denn er war zu stark in seinem Innenleben versponnen. Er bemerkte nicht einmal Rembrandt, der doch in malerischer Beziehung einen Höhepunkt der evangelischen Mystik erklommen hatte. Dankbar dagegen ließ er sich in Holland nieder als dem Land, das den religiös verfolgten Menschen eine Freistätte gewährte. In Zwolle trat er mit Breckling in Verbindung, und in dessen Haus war der akademisch gebildete Gichtel zunächst als Hausknecht tätig. Er besorgte die niedrigsten Arbeiten, ohne daran Anstoß zu nehmen. Als Breckling wegen seiner religiösen Stürmerei Schwierigkeiten mit seiner vorgesetzten Behörde bekam, setzte sich Gichtel unter Außerachtlassung aller Vorsichtsmaßnahmen stark für den angeschuldigten Prediger ein, was ihm sein Gastgeber später schlecht gelohnt hat. Auf Gichtel fiel die ganze angestaute Wut der Obrigkeit zurück, er mußte in Zwolle sogar am Pranger stehen, und der Henker schlug ihm sein Geschriebenes um den Mund, verbrannte es und schickte ihn schließlich zur Stadt hinaus. Wiederum war Gichtel verfemt. Er ging nun nach Amsterdam, wo seine Wanderschaft ein Ende fand und wo er bis zu seinem Lebensende blieb.

In Amsterdam führte der Geächtete ein zurückgezogenes Leben, wie es seinem Hang zur stillen Beschaulichkeit und seiner Neigung zur christlichen Selbstentäußerung entsprach. Gichtel gehörte zu den wenigen Protestanten, die im ungesellschaftlichen, außerordentlichen Leben der Wüstenväter nicht nur unnütze Werkgerechtigkeit sahen. Er hat die Lebensbeschreibungen der Wüstenväter ohne Vorurteile gelesen; sie hatten sich in der Einsamkeit als tapfere Streiter bewährt, und ihre himmelstürmenden Anstrengungen wirkten stimulierend auf Gichtel. «Die Väter in der Wüsten haben sich den Menschen ganz entzogen und ein sterbendes Leben eingeführt; ihre Übung war nicht Berge zu versetzen, sondern in unaufhörlichem Gebet und Kontemplation nach der Ruhe Gottes zu arbeiten; ihr Streit war geistlich, ihre Macht und Kraft war Gottes Liebe, welche alle Furcht vertrieben hat[13].» In Gichtel erwachte der Geist eines Antonius von Ägypten. Der ehemalige Rechtsgelehrte war ein Wüstenvater des 17. Jahrhunderts. Zwar floh er nicht in buchstäblicher Nachahmung der Väter in eine Wüste, die es in Europa nicht gab. Aber in geistlicher Beziehung wurde er ihr würdiger Nachfolger, indem er das gleiche einsiedlerische Leben inmitten einer Stadt führte. Gichtel mietete ein Häuschen, lebte darin eine asketische Auffassung des Christentums, wie man ihr innerhalb der evangelischen Christenheit ganz selten begegnet. Sie zeigte sich in einer rigorosen Schlafbekämpfung. Im ersten Eifer hat Gichtel nachts nur zwei Stunden geschlafen, die übrige Zeit widmete er dem Gebet. Im fortgeschrittenen Alter hat er sich etwas mehr Schlaf gegönnt. Er versicherte, das Wachen sei ihm keine Pein gewesen, weil die brennende Gottesliebe ihn nicht länger im Bett liegen ließ. Auch hat er die Nahrungsaufnahme auf das unumgänglich Notwendige eingeschränkt. Auf das Abendessen verzichtete er ohnehin und oft auch auf das Mittagessen, er nahm höchstens ein Stücklein Brot mit etwas Butter zu sich. Gichtel führte ein eingezogenes und bedürfnisloses Dasein, wie wenige Menschen es tun. Erst später kam ihm, wie vielen Asketen, die Einsicht, «daß das Fasten nicht bessert, sondern die Natur nur irritiert und grimmig macht, daß man nicht einer Mücken Sausen ertragen kann, welches im geistlichen Wirken mehr hinderlich als förderlich ist»[14].

Während der asketischen Lebensführung, die als Kräftestauung nicht geringzuachten ist, widerfuhren Gichtel immer wieder visionäre Erlebnisse, nicht weniger intensiv als bei den großen Heiligen. Sein visionäres Schauen spielte sich ganz in der Lichtwelt ab. Einmal begehrte er seinen inwendigen, verborgenen Menschen zu sehen. Gott entsprach seinem Wunsche, aber Gichtel konnte den herrlichen Lichtglanz nicht ertragen, und seine Augen wurden so stark mitgenommen, daß er erst nach drei Tagen wieder zu lesen imstande war. Dank seinen Visionen befand sich Gichtel oft im Feuer der Liebe, und dies war die geheime Ursache, warum er «immer glühend» blieb. Den visionären Höhepunkt erlebte der Fünfunddreißigjährige, als, o Wunder über Wunder, die himmlische Sophia ihn besuchte, ihm ihre Schönheit enthüllte und ihm eine unsagbar süße Wonne bereitete! Es war um die Weihnachtszeit des Jahres 1673, ungefähr um 11 Uhr vormittags, als Gichtel im tiefsten Gebet versunken war und plötzlich im Geiste bewegt wurde. Aus einer schneeweißen Wolke trat die himmlische Jungfrau Sophia mit verklärtem Antlitz auf ihn zu. Sie war ihm bis dahin unbekannt geblieben, aber jetzt zeigte sie sich ihm von Angesicht zu Angesicht, sagte ihm von Mund zu Mund Treue zu und versicherte ihm, sie wolle ihn in keiner Not, Armut, Elend und Tod mehr verlassen. Was er bei dieser Hochzeit empfunden, vermochte er nicht auszudrücken, aber das mystische Erlebnis spürt man in seinen Ausführungen nachbeben. Die Worte Sophiens kann man nicht mit der menschlichen Terminologie nachsprechen, denn Gottes Sprache gleicht keiner Sprache unter der Sonne. Die alte Lebensbeschreibung schildert in Anlehnung an Gichtels eigene Worte die wundersame Vision mit den Worten: «Sophia tat sich nunmehr ehelich zu seinem Seelen-Feuer, als ihrem Feuer-Mann. O, wie freundlich hat sie seine Seele umhälset! Keine eheliche Matrone kann mit ihrem Ehegatten liebreicher spielen, als Sophia mit seiner Seele tat. Was er nun bei solcher Vermählung und Hochzeit empfunden, wünschte er auch andern Seelen zu genießen, weil es ihm an Worten ermangelte. Und wenn er schon ganze Bücher davon geschrieben hätte, so würde doch die unaussprechliche Süßigkeit nicht können ausgedrückt werden, bezeugte er öfters, besonders, da aus dem Ehe-Bett nicht gut zu schwatzen wäre[15].» Es ist dies unstreitig ein höchst seltsames, nicht leicht zu verstehendes Erlebnis. Offenkundig war Gichtel die göttliche Sophia erschienen, und zwar aller Skepsis zum Trotz in leibhaftiger Gestalt erschienen! Der Eindruck war so elementar, daß sein Dasein von der Epiphanie der himmlischen Sophia geprägt wurde, sie bestimmte fortan sein ganzes Leben.

Es ist nicht bei diesem einmaligen Erlebnis geblieben. Die Jungfrau Sophia erschien noch öfters, sprach ihn als «liebster Buhle» an und stand verborgen in seinem inwendigsten Grunde bei. Sie ermahnte ihn immer wieder, in der Liebe zu bleiben, und küßte dabei herzlich sein Gemüte. Die Begegnungen mit der himmlischen Sophia erfüllten stets seine Seele mit unaussprechlicher Süßigkeit und kleideten sie wiederum mit ihrer himmlischen Wesenheit. Gichtel erfuhr solche Erlebnisse einmal fünf Tage nacheinander. Er hielt den Spaziergang im Rosengarten mit seiner himmlischen Braut für keine bloße Einbildung, zumal da er erzieherische Anweisungen empfing.

Wer war die göttliche Sophia? Das ist schwer zu sagen. Gichtel selbst hat die Schwierigkeit empfunden, dieweil die Sprache der göttlichen Sophia ohne äußerliches Wort, ohne Klang und ohne Ton war, keiner menschlichen Sprache glich, und dennoch vernahm er sie wie seine Muttersprache. Gerade das Unausdrückbare muß man spüren, damit man das Geheimnis zu sehen bekommt. Das Unaussprechliche gehört zum Wesen der Jungfrau. Trotzdem hat Gichtel versucht, den Menschen das Überirdische der Sophia wenigstens notdürftig anzudeuten. Gichtel sprach immer wieder von der Jungfrau Sophia, man spürt, wie das Thema ihn von allen Seiten bedrängt. Das Erlebnis hatte nach ihm «sowohl Christus als die Apostel zurückgehalten, daß sie dieses Geheimnis des geistlichen Ehestandes zwischen Sophia und der Seele gleichsam in Gleichnissen vorgestellt, damit es fassen mag, wer's fassen kann» [16]. Gichtel selbst konnte lange nicht zum Schauen durchbrechen, es wurde ihm aber zuletzt geschenkt, sie in ihrem Glanze zu sehen. Sophia war Adams Gehilfin, ehe Eva geschaffen war. Gichtel sah Jesus in Sophia und nannte sie seine himmlische Braut. «Denn ob schon unterschiedliche Synonyma sind, so bedeuten sie doch nur eines, und wird damit die himmlische Jungfrau des inneren Menschen verstanden, welche als ein Licht aus unserer Feuer-Seele ausgeboren wird, und eben Adams Gehilfin vor dem Fall oder Schlaf war, damit er sein Gleichnis ausgebären sollte. Weil er aber gefallen, und ein Weib wie alle Tiere haben wollen, ist sie von ihm gewichen und hat ihn fallen lassen, dadurch er dem Geist der Welt heimgefallen, und nun ein Tier aller Tiere ist worden, dem nun Jesus ist zu Hilfe gekommen. Also, wo wir Jesum anziehen, so kriegen wir wieder unsere Jungfrau in ihm, die wir in Adam verloren, und empfangen zugleich die Kraft Jesu im inneren Menschen, den äußeren zu bändigen, und Gottes Willen zu tun [17].» Für Gichtel war Jesus und Sophia «unscheidlich eines, jedoch unterschieden als die Menschheit und Gottheit zum Christus» [18]. Sophia ist nicht eine Person der Dreieinigkeit, sondern eine mystische Gehilfin des Menschen.

Die sophianische Mystik, die schon bei Böhme aufgebrochen war, feierte bei Gichtel ihre überraschende Wiederkehr und ist zur alles überwölbenden Frömmigkeit geworden. Für ihn hatte Adam sein Sehen und seine Erkenntnis von der Jungfrau, und als sie von ihm wich, wurde er ganz blind. Sophia hat unterschiedliche Offenbarungen, dieweil sie in alle Kreaturen ausgeflossen ist und

Gottes Spiegel ist. «Die himmlische Sophia können wir außer Jesu nicht begreifen. Sie ist nicht Gott, sondern sein Spiegel; sie ist nicht Jesu, sondern sein himmlisch Fleisch und Blut, und wenn wir Jesus anziehen, so ziehen wir auch Sophia an[19].» Gichtel betrachtete Sophia nicht als eine Idee. Alle abstrakten Prinzipien sind blutleere Schemen. Sie war für ihn eine plastische Person von unerhörter Realität, mit der er sich vermählt fühlte und die ihn auf seinem Lebensweg begleitete. Man muß das Anschauliche und Gegenwärtige an Sophia sehen, weil nur daraus eine Mystik die unmittelbare Kraft ziehen kann. Gichtel fühlte sich von der Sophia geküßt, geherzt und umarmt, ohne damit im geringsten eine schwüle Erotik zu verbinden. Alle diese sinnlichen Bilder sind bei ihm von einer großen Reinheit umgeben, und man kann der sophianischen Mystik nur mit demütigem, kindlichem und einfältigem Willen begegnen. Es stand auch nicht in Gichtels Macht, irgendeine Seele in die Brautkammer der Sophia zu führen und ihren herrlichen Glanz nackend aufzudecken, weil sie ein reines Geschenk ist.

Die sophianische Mystik ist keine spekulative Angelegenheit bei Gichtel. Dies zeigt sich darin, daß er nicht den geringsten Drang in sich hatte, sie in einem religionsphilosophischen Werk darzulegen. Gichtel war mißtrauisch gegen die Schriftstellerei, offensichtlich zählte er die Literaten auch zu der Welt, der er den Rücken gekehrt hatte. «Ich habe kein Buch geschrieben, und werde auch keines schreiben. Ich habe einige Figuren vom dreifachen Menschen zwar entworfen, wie mir es im göttlichen Schauen gegeben worden, aber niemand kann sie verstehen ohne göttliches Schauen; und der so weit kommt, hat keine Bilder nötig[20].» Dieses einzige Bändchen nannte er «Kurze Eröffnung der drei Prinzipien und Welten im Menschen» (1696). Es ist nur ein schmales Büchlein mit einigen aufschlußreichen Abbildungen, das vierzig Jahre später eine zweite Auflage erlebte. Die «Drei Prinzipien» enthalten Gichtels Theosophie, wie sie sich aus seiner sophianischen Mystik ergibt, in einer schriftstellerisch wenig genießbaren Form. In schmuckloser Weise entwickelt Gichtel in einigen Kapiteln den natürlichen, den wiedergeborenen und den inwendigen Menschen, woran sich eine Abhandlung über den Streit Michaels mit dem Drachen anschließt. Die «Drei Prinzipien» wollen den Menschen in dieser «säuischen Welt» das Paradiesblümlein mitteilen, wenigstens denjenigen, die den Verstand inwendig im Gemüt haben. Nach dem großen Mysterium göttlicher Offenbarung «ist der Mensch eigentlich in seiner äußeren und inneren Geburt ein dreifaches Gestirn, wie aus dieser Figur zu ersehen, welches in einem stets währenden Treiben und hungrigen Begehren nach seinem Centro lebet, auch sich immer ängstlich um dasselbe herum wälzet und drehet, solches zu erreichen, und darinnen Ruhe zu finden. Und ob es schon dasselbe erreichet, kann es doch nicht ruhen, bis es wiederum in seinen ersten Ursprung daraus alles erschaffen und ausgeboren worden, gekommen ist[21].» In ihren denkerischen Ausführungen lassen sich Gichtels «Drei Prinzipien» an Reichtum und Ausblikken nicht mit Böhmes Theosophie vergleichen, er bleibt an denkerischer Kraft wesentlich hinter dem Schuster zurück.

Dies hätte Gichtel selbst ohne weiteres zugegeben, da ihm durchaus bewußt war, daß er trotz seines Durchbruches nicht die Gabe besaß, «solches so hell auszudrücken, als diesem ungelehrten Laien von Gott gegeben worden ist»[22]. In Holland widerfuhr Gichtel noch ein zweites Erlebnis, das an Bedeutung zwar nicht mit der Sophia-Vermählung in Parallele gesetzt werden kann, das aber trotzdem von großer Tragweite war: die Begegnung mit Böhmes Schrifttum. Böhmes Bücher waren für ihn eine Bestätigung dessen, was er bis dahin gefühlt hatte. Er fand bei ihm eindeutig ausgesprochen, was er dunkel gesucht und bei den andern Mystikern vermißt hatte. Der Schuster hat «den Schmack des Paradieses erreicht», und deswegen vermochte er Gichtel zu entzünden, dem es nie um Wissen zu tun war, sondern stets um lebendige Kräfte. «Daher preisete er Gott höchlich, der ihm dessen Schriften in die Hände kommen lassen, und verehrte sie so hoch als die Bibel. Seine Prophezeiungen von der Lilien-Zeit haben ihn oft sehr ins Gebet getrieben, daß sie offenbar werden möchten[23].» Böhmes Schriften erfreuten sein Herz überaus, und Gichtel hat zeit seines Lebens eine Dankbarkeit gegenüber dem gottseligen Schlesier bezeugt. Er betrachtete ihn als den einzigen Lehrmeister, er hat ihn immer wieder angeführt, und später, als er alle Bücher weglegte, las er außer der Bibel nur noch Böhme. Er ist ihm aber nicht unkritisch gegenübergestanden; als selbständig denkender und nicht blind nachschwatzender Schüler konnte er sagen: «Böhme hat wohl tief und gründlich philosophiert, aber keine Handgriffe gehabt; ihm sind die Zentra Liebe und Zorn aufgeschlossen gewesen, deren Streit und Prozeß aber ist weit anders in den Metallen, als im Menschen[24].» Gichtel erreichte nicht mehr die Größe Böhmes; daß er nur die weichlichen, ungesunden Züge aus dessen Theosophie übernommen habe, ist jedoch nicht wahr. Es fehlte Gichtel die spekulative Begabung, es erlahmte leider bei ihm ein wesentliches Anliegen der evangelischen Mystik, aber er hat sich tief in Böhmes Lebensschau eingearbeitet und sie selbständig reproduziert.

Jedenfalls kommt Gichtel in der Geschichte von Böhmes Ausstrahlung eine große Bedeutung zu. Er hat die erste vollständige Böhme-Ausgabe besorgt, und das ist kein geringes Werk. Gichtel sammelte zunächst einmal die nötigen Unterlagen, indem er sich die Handschriften und Kopien besorgte, die er von vielen groben Fehlern säuberte. Auch in finanzieller Beziehung stellte er das Unternehmen sicher, weil es ihm gelang, einen Amsterdamer Kaufmann dafür zu interessieren. Gichtels Ausgabe erschien 1682 in einem umfangreichen Folianten; sie bildete die Grundlage zu der Böhme-Ausgabe von 1715, die noch heute als die beste und umfassendste gilt. Er bemerkte richtig, daß Böhmes Schriften «ganz sicher nicht für vernünftige Menschen geschrieben sind, sondern für Christi Streiter und Nachfolger, welche des Tages Last und Hitze ertragen, und den Teufel im Fleisch und Blut überwunden haben»[25]. Als Gabe Gottes können sie nicht mit der Vernunft begriffen werden. Bei Gichtel findet sich die beste Anleitung zur Lektüre des erleuchteten Schusters, da er selbst «sehr emsig Böhme gelesen hat, nicht theoretice, daß ich etwas weiß, sondern practice durch Streben und lebendige Untersuchung»[26].

Außer den «Drei Prinzipien» und der Böhme-Ausgabe sind noch Gichtels Briefe von wesentlicher Bedeutung. Er war ein großer Briefschreiber, hat aber bei der Niederschrift nicht an eine spätere Veröffentlichung gedacht. Sein ganzes Denken und Fühlen floß in seine Korrespondenz, eine Wahrnehmung, die Gottfried Arnold veranlaßte, eine Anzahl von Gichtels Sendschreiben zusammenzustellen und sie bereits zu Lebzeiten des Absenders herauszugeben. Später wurde die Briefsammlung vervollständigt und unter dem Titel «Theosophia practica» in sechs Bänden herausgegeben. Sie sind für die Kenntnis Gichtels unerläßlich und dürfen mit Fug und Recht als sein Hauptwerk betrachtet werden. In ihm ist Gichtel enthalten, wie er gelebt hat. Natürlich findet man zahlreiche Wiederholungen, indem er den verschiedenen Adressaten die gleichen Ausführungen mitteilte. Die «verborgene, aber tiefe Eitelkeit, die in Gichtels Briefen» so oft hindurchleuchten soll, ist die reine Erfindung eines ihm ungünstig gesinnten Historikers. In Wirklichkeit beweisen die Briefe, daß Gichtel allem Literarischen ferne stand, da der Brief in seiner ursprünglichen Absicht keine Gattung der Literatur ist, sondern lediglich der privaten Mitteilung dient. Gichtel war auch hierin den ersten Christen nicht unähnlich, die vom Briefeschreiben Gebrauch machten, aber sonst von der Literatur nichts wissen wollten. Die «Theosophia practica» ist eine Fundgrube, sie enthält viele Urteile über mystisch bewegte Zeitgenossen und auch zahlreiche wertvolle Einsichten. Obschon er einmal schrieb: «Die Welt hat sich in den Buchstaben eingehüllet, und meinet, sie habe Gottes Wort. Und wer solches nicht zu unterscheiden weiß, wird verblendet und verführet»[27], verdiente die Briefsammlung Gichtels, in einer Auswahl neu aufgelegt zu werden.

Gichtel wollte bewußt kein Schriftsteller sein, so sehr ihn die sophianische Mystik bis ins Innerste durchdrang. Es war vielmehr sein Anliegen, sie zu leben. Nach seiner Ansicht kann sie nicht auf dem Weg der Bücher begriffen werden, und nähmen sie einen noch so voluminösen Umfang an. Nur der Praxis erschließt sich die sophianische Mystik. Die Überschrift seiner Briefsammlung, «Theosophia practica», trifft tatsächlich das Innerste seiner Bemühung. Es ging Gichtel um die Realisierung der sophianischen Mystik. Er begehrte nicht, darüber gelehrte und geistreiche Diskussionen zu führen, sondern sie in seinem persönlichen Leben auszudrücken. Wenn man einmal das viel mißbrauchte Wort vom christlichen Existenzialisten sinnvoll anwenden darf, dann bei Gichtel. Er war mit der täglichen Übung der sophianischen Mystik beschäftigt, und dies drückt seinem Leben das Siegel der Echtheit auf.

Die Verwirklichung der sophianischen Mystik verlangt von ihrem Liebhaber eine reine Lebensführung und einen Verzicht auf alle fleischlichen Gelüste. Die heilige Ehe mit der göttlichen Braut hat die Verwerfung jeglichen unkeuschen Gedankens zur Voraussetzung. Diese Auffassung hat Gichtel zur Ablehnung der Ehe für seine Person geführt. Er hat den Gedanken, Sophia innerlich und die Frau äußerlich zu seiner Gehilfin zu haben, als eine Anfechtung des Teufels empfunden. Zwar hat Gichtel nie ein Gelübde der Ehelosigkeit abgelegt, aber er hat aus seiner inbrünstigen Liebe zu Sophia ein streng zölibatäres Leben geführt. Die himmlische Jungfrau half ihm, das irdische Weib zu überwinden. Er hat auch beteuert, daß er die Ehe keineswegs verbiete; wer freiet, sündigt nicht. Nicht den fleischlichen Ehestand wollte er aufheben, sondern den geistlichen Ehestand aufrichten. Man kann nicht gleichzeitig von der himmlischen Sophia ins Brautbett geführt werden und mit einer irdischen Eva buhlen. Das eine schließt das andere aus; wer die Venus nicht meidet, erreicht das erste Bild nicht wieder, das den in Mann und Weib zerteilten Menschen aufhebt.

Ganz leicht ist Gichtel der Verzicht auf die Ehe nicht geworden, wenn ihm auch hierin ein stark entwickeltes Schamgefühl, das sich bis zur Blödigkeit steigerte, zu Hilfe gekommen ist. Es wurden ihm in seinem Leben mehrfach Heiratsanträge gemacht, merkwürdigerweise stets von außerordentlich begüterten Frauen, die sich mit ihm zu vermählen wünschten. Er war ein Mann, der gerade als geistige Persönlichkeit auf das weibliche Geschlecht eine sichtliche Anziehungskraft ausübte, und einmal scheint ihm auch ein Mädchen nicht ganz gleichgültig gewesen zu sein. Als es ihm seine Liebe gestand, wurde er beim Anhören der Mitteilung von einem Zähneklappern befallen und Fieber schüttelte ihn. Gichtel wußte sich nicht mehr zu helfen und flüchtete in seiner Not nach Hause, wo er in seinem Zimmer Sophia anflehte, ihm doch die Kraft zu verleihen, ihr nicht untreu zu werden. Ein anderes Mal sah er in einer Vision eine Hand, die seine Hand in die ihn beschäftigende Frauenhand legte, und eine helle Stimme sagte zu ihm: «Du mußt sie haben!» Allein er durchschaute die Erscheinung als eine List des Teufels. Gichtels Benehmen deutet jedoch an, daß er gegenüber den weiblichen Reizen nicht unempfänglich war. Er wollte aber nicht wie Simson von einer Delila überwältigt werden, weshalb er alle Einschmeichelungen standhaft von sich wies. Dafür machte ihm viel später seine Haushälterin das Leben sauer, mit der er sich herumschlagen mußte und die zu entlassen er mit den Worten zurückwies: «Sollte ich mein Kreuz aus dem Hause jagen? Das sei ferne. Gott hat es mir gegeben; es ist mir heilsam, ich kenne meinen eigenen Feind in mir, welcher einen solchen Gegensatz als diese ist, haben muß[28].»

Man darf die Ehelosigkeit Gichtels nicht geringschätzen. Er hat sich als Verlobten Gottes betrachtet, und es gibt nun einmal Menschen, die um des Himmelreiches willen Verschnittene sind. Es ist dies eine Wahrheit, die im Protestantismus unter der Weihrauchwolke des allzu verherrlichten evangelischen Pfarrhauses vergessen wurde, und es ist Gichtel hoch anzurechnen, daß er hierin eine notwendige Korrektur vorgenommen hat. Es muß auch solche Menschen geben, die der himmlischen Sophia wegen auf die Ehe verzichten. Gichtel hat hierin das Problem der Androgynität zur Diskussion gestellt, das in neuerer Zeit Nikolai Berdjajew zu der Äußerung veranlaßte: «Der Mythus vom Androgynen ist der einzige große Mythus, auf dem die anthropologische Metaphysik aufgebaut werden kann.» Jesu Wort, daß die Menschen in der Auferstehung nicht mehr freien, sondern sein werden wie die Engel, hat Gichtel im irdischen Leben vorweggenommen; er ist hierin nicht einfach einer Spintisiererei zum Opfer gefallen.

Trotzdem hat sich Gichtel in dieser Frage in eine allzu starke Ablehnung hineingesteigert. Er hat um des Geheimnisses der göttlichen Sophia willen das Geheimnis der Ehe verkannt, er hat vergessen, daß auch er nur dank der ehelichen Verbindung seiner Eltern ein Liebhaber der himmlischen Jungfrau werden konnte und daß auch die eigene Mutter eine Frau war, weswegen man das Mutterbildnis in hohen Ehren halten muß. Gichtel sprach von der Ehe nur als der Stätte der «viehischen Lust», was eine niedrige Auffassung verrät. Niemals darf die Ehe mit ihren starken sakramentalen Werten nur als eine Gelegenheit zur Stillung der Brunst betrachtet werden, die von Gott bloß geduldet werde. Gichtel hat nicht über das Wort Jesu «so sind sie nun nicht zwei, sondern ein Fleisch» reflektiert. Er hat die apostolische Auffassung, die Frau werde durch Kindergebären selig, allzu voreilig einen Unsinn genannt. Gichtel verkennt, daß sich auch der Eros zur Liebesmystik steigern kann. Die Trennung von leiblicher und geistiger Liebe zerstört das eheliche Mysterium. Die Liebesumarmung in der Ehe ist ein Abbild der göttlichen Vermählung, sie ist eine Stufenleiter, die den Menschen höher hinaufführen kann. Eros darf nicht einfach den Nihilisten überlassen bleiben, die ihn noch vollends im Zynismus untergehen lassen, sondern gerade er muß von den Mystikern geheiligt werden. Über der ehelichen Vereinigung von Mann und Frau erstrahlt der Glanz Gottes, der den Menschen zeigt, welch göttliche Geisteskräfte in ihrem irdischen Leibesleben beschlossen sind.

Bedauerlich bleibt Gichtels titanischer Fleischeshaß, der nur mit Tertullians Rigorismus verglichen werden kann. Gichtel hat damit ein verhängnisvolles Mißverständnis des historischen Christentums in die evangelische Mystik hineingetragen, das durch Böhmes Erkenntnis, nicht die Materie sei der Sitz des Bösen, gerade überwunden war. Gichtels Konsequenz war falsch. Der Kuß der Sophia war doch ein Bild. Der Verfasser der «Drei Prinzipien» hat die erotische Symbolsprache der Mystik allzu stark der empirischen Wirklichkeit gleichgesetzt und ihr dadurch Abbruch getan. Bei aller Hochschätzung von Gichtels Haltung wäre es verfehlt, ihm in diese Sackgasse zu folgen, die sophianische Mystik würde dadurch für die evangelische Christenheit unfruchtbar gemacht.

Nicht weniger ins Ungewöhnliche führte Gichtels Verhältnis zur Armut; auch sie hängt mit der sophianischen Mystik zusammen. Einst hatte sich Franziskus mit der Braut Armut verlobt, doch steht der protestantische Mensch in der Regel dieser grandiosen Gebärde des Poverello ziemlich verständnislos gegenüber. Ohne von Franziskus eine nähere Kenntnis zu besitzen, ist Gichtel auf eine ähnliche Bahn gekommen. Der Liebhaber der Sophia hat inmitten der werdenden Neuzeit die Armut Christi wieder entdeckt! Er hat sie so ernst genommen, daß er von Patres der strengen Orden dafür bewundert wurde, die es gar nicht begreifen konnten, daß ein evangelischer Christ einen derart beschwerlichen Weg zu gehen vermochte. Gichtel sprach von der «lieben Armut», und er hat sich damit nicht eine Schrulle in den Kopf gesetzt. Ein Geheimnis von ungewöhnlicher Tiefe tat sich vor ihm auf: «Die Armut Christi ist ein gar großes Mysterium, und wird keinem anvertrauet, als dem, der mit Sophia in den geistlichen Ehestand sich begibt, dem bringt sie ihre Armut mit zum Braut-Schatz. Diese Armut bestehet in Empfindung, Schmeckung, Riechung, Hören und Sehen der göttlichen Kräfte, daß man auf den Unsichtbaren trauen kann, als sähe man ihn[29].» Gichtel war von dem Gedanken durchdrungen, er habe als Christ arm zu leben. Auch das Geld übte keine Anziehung auf ihn aus, obwohl ihm oft große Summen angeboten wurden. Er begehrte nur zu haben, was er unmittelbar bedurfte, und das war überaus wenig. Alles Überflüssige verbannte er aus seinem Dasein, er sammelte keine irdischen Schätze und lehnte es ab, Eigentum zu besitzen. Er wandte sich von jeder äußerlichen Brotkunst ab, dieweil der innerliche Brothunger so stark überhandnahm, daß alles andere zu Boden fiel. Über die Armut Christi wachte er eifersüchtig, er war gewissenhaft darauf bedacht, daß sie nicht verletzt werde. Die Vernunft kennt nach ihm Christi Armut nicht – weil sie eine mystische Angelegenheit ist – und vermag sie auch nicht von der Welt-Armut zu unterscheiden, die man auf der Straße antrifft und mit Armenhäusern bekämpft. Bettler gibt es nach Gichtel genug auf der Welt, man erkennt sie an ihren zerlumpten Kleidern, aber von den armen Christussen weiß niemand etwas. Gichtel dagegen achtete die «selige Armut höher als aller Welt Reichtum»[30]; er ist den Weg von Christi Armut eindrucksvoll zu Ende gegangen und ist auch damit wieder eine beinahe singuläre Erscheinung innerhalb der evangelischen Christenheit.

Der Geist der Loslösung von allem Besitztum, an dem sonst der Mensch mit Leib und Seele klebt, war in Gichtel stark ausgeprägt. Er sorgte sich wirklich nie um seinen Lebensunterhalt, denn er lebte wie die Vögel unter dem Himmel und die Lilien auf dem Felde. In wunderbarem Vertrauen erlebte er, daß Gott ihn in allen Lagen nie vergaß und ihm oft in allerletzter Minute wieder das Nötige gab. Eine solche Haltung des Nichtsorgens hätte er freilich nicht ohne den lebendigen Glauben durchführen können. Der Glaube war für ihn ein stetiges, feuriges Liebesbrennen im Herzen. Gichtel scheute sich nicht, von der «heiligen Glaubensmagie» zu reden, er setzte sie nicht einer unterchristlichen Vorstellung gleich. Sie bedeutete ihm Kraft. Gichtel ging es immer um Kräfte und nie nur um bloße Worte, und das verleiht seinem Dasein den Eindruck der religiösen Realität.

Mit all diesen Bemühungen überschritt Gichtel bei weitem die Haltung des bloß frommen Mannes. Er wollte nicht Erbaulichkeit; ergriffen und erschüttert begehrte er zu sein, denn dadurch wurden ihm Einsichten von höchster Seltenheit eröffnet. Die eigenartigste Erleuchtung besteht im Melchisedekschen Priesteramt, das zum verborgenen Geheimnis der göttlichen Sophia gehört und das Gichtel von Gott selbst und nicht von Menschen empfangen hatte. Seit dem Durchbruch seiner visionären Begabung war Gichtel ein großer Beter, ganze Nächte lang lag er auf den Knien und rang mit Gott, bis ihm fast der Atem ausging. In feurigen Gebeten hat er «sein Fleisch von den Knien weggekniet». Später verstand er das Gebet dahin, daß das rechte Beten nicht in vielen Worten bestehe, sondern daß der Seelengeist in Gott versinke. Ihm bedeutete beten soviel wie essen von Gottes Wort, und weil dies so wenig getan wird, bleibt der innere Mensch hungrig. Der Streiter Christi lebt in einem unablässigen Gebet. Es bringt dem Menschen Kräfte, aber davon weiß nach Gichtel wiederum niemand zu reden als der Praktikus, der solches erfahren hat. Er hat denn auch in seinem Dasein ungewöhnliche Gebetserfahrungen gemacht. Auf diesem Weg ist Gichtel auf rational unerklärliche Weise zum Melchisedekschen Priester geworden: «Diese rufen in ihres Bruders Not um Gnade, diese stehen vor der Bresche und ringen mit Gott: Tilge mich lieber aus dem Buch des Lebens![31]» Gichtel war alles andere als müßig, er hielt Tag und Nacht für alle Menschen die Hände empor und flehte Gott um Erbarmen an. Das Amt des königlichen Priesters ist es, für das Volk zu bitten, dessen Sünde zu beichten und Gott zu versöhnen. Kein Mensch verstand damals das Melchisedeksche Priestertum, nach dem Gichtel sein Leben als ein Fluchopfer dargebracht hatte. Der Liebhaber der Sophia setzte sich für seine Feinde ein, indem er für sie betete und nicht mit ihnen rechtete. «Deutschland hätte solche Priester wohl nötig, die ihre Seele im Blute und Tode Christi als ein Anathema von Christo zur Versöhnung des kreatürlichen Zornes darlegten; aber sie sind teuer und dünn gesät[32].» Der

Wiedergeborene erhielt aus seiner Ehelosigkeit die Kraft, sich für die verlorenen Seelen aufzuopfern. Paulus' Wunsch, verbannt zu sein von Christo für seine Brüder, beschäftigte Gichtel ernsthaft, es war für ihn nicht nur ein schöner Bibelspruch. Ihm enthüllte sich wieder das abgründige Geheimnis der Weltzeit: am Kampf Michaels gegen den Drachen teilzunehmen.

Gichtel hat für die Rettung verlorener Menschen bis aufs äußerste gekämpft, wofür sein Verhalten gegenüber einem Selbstmörder ein unvergeßliches Beispiel ist. Ein nahestehender Freund nahm sich das Leben, und nach der überlieferten Anschauung glaubte auch Gichtel an die Unmöglichkeit einer Erlösung für einen Menschen, der selbst Hand an sich gelegt hatte. Er geriet darob in eine Bestürzung, doch vernahm er im Gebet die Stimme Gottes: Du mußt die Seele retten, damit sie in die ewigen Hütten aufgenommen wird. Um dieser Aufforderung nachzukommen, hat Gichtel einen furchtbaren Kampf um die abgeschiedene Seele geführt. «Er wurde ein ganzes Jahr des Nachts aus seinem Leibe genommen, und in die alleräußerste Finsternis geführt, daß sich die Seele in seinem brüderlichen Willen einfassen, und mit eben der Furie, damit er sich aus dem irdischen Leben gerücket, aus dem Gefängnis reißen mußte[33].» Gichtel drang in das Gefängnis zwischen Zeit und Ewigkeit ein, da Christus den Geistern gepredigt hatte, und endlich gelang es dem standhaften Kämpfer dank seiner getreuen Fürbitte, daß die Liebe über den Zorn siegte, die Seele aus ihrer Umklammerung erlöst wurde und ins Paradies eingehen konnte. Wer müßte dabei nicht an den Ausspruch des Staretz Sossima denken, der einmal sagte: «Uns wird verboten, für die Selbstmörder zu beten, und die Kirche wendet sich öffentlich von ihnen ab. Ich aber denke im Geheimen meiner Seele, daß man auch für sie beten kann. Um der Liebe willen wird Christus nicht zürnen[34].» Wenn die Christenheit stets mit diesem kämpferischen Einsatz um die verlorenen Seelen gerungen hätte, anstatt sie lieblos in ungeweihter Erde zu bestatten, wahrhaftig, sie hätte ein größeres Zeugnis von der Liebe Christi abgelegt, als es die Lehre von der ewigen Verdammnis tut.

In der Theosophia practica kommt Gichtels Heiligkeitsstreben zum Ausdruck, das bei ihm überaus stark ausgeprägt war. Das Wort des Apostels «der Wille Gottes ist eure Heiligung» faßte Gichtel nicht im moralischen Sinn auf, er verstand darunter die Nähe Gottes. Man spürte ihm den Duft der Heiligkeit schon äußerlich an. Es gibt zwar kein Bild von Gichtel, er gestattete nicht, daß man ihn porträtiere, denn er pflegte zu sagen, daß der Leib Staub sei und nicht den rechten Menschen darstelle, den Geist aber könne man nicht malen. Es gibt aber eine Beschreibung von seiner Persönlichkeit, die die zarte Konstitution des Mannes hervorhebt und den reinen Geist in seinem Antlitz rühmt, der von der Einfalt des Herzens zeugt. Seine Miene trug keinen Sanftmutsschein zur Schau, er war frei von aller Kopfhängerei und allem frommen Gebärdenspiel. Und doch ging das undefinierbare Fluidum des Heiligen von seiner Gestalt aus, das auch rohe Menschen spürten. Ein betrunkener Fuhrmann, der von Utrecht bis nach Arnheim so sehr fluchte, daß sich alle Reisenden die Ohren stopften, wurde von Gichtels bloßer Anwesenheit merkwürdig ergriffen. Obschon Gichtel zu ihm kein Wort sagte, war er der einzige Fahrgast, dem der Fuhrmann bereitwillig aus dem Wagen half und für seine Unterkunft in der Herberge überaus besorgt war. Der stille Mann hielt sich auch von allem kirchlichen Leben fern, und nachdem er früher den Gottesdienst fleißig besucht hatte, wohnte er ihm nach seiner zweimaligen Verbannung nicht mehr bei, sondern ließ lieber den Geist Gottes in sich predigen. Gott hatte sich für ihn aus allem Äußeren zurückgezogen, und Gichtel hatte die Kirche in sich gefunden. «Ich bin in achtundzwanzig Jahren zu keinem äußerlichen Abendmahl kommen, ohne was unter Brüder geschehen, und halte doch mit meinem Jesu ohne Unterlaß das Nachtmahl[35].»

Bei aller Zurückgezogenheit war Gichtel kein Individualist. Die Gemeinschaft war ihm wichtig, und er lebte denn auch später mit einigen Gleichgesinnten zusammen. Zwar war er bestrebt, alles, was nur von ferne an eine Sektengründung erinnern konnte, fernzuhalten. Der Gedanke einer Gemeinschaftsgründung trat zuweilen als eine Versuchung an ihn heran, aber sein freies, nur an Sophia gebundenes Gemüt sträubte sich gegen alles Sektenwesen. Nach ihm gab es genug Rotten in der Welt, es brauchte nicht noch zu den vielen eine neue hinzugefügt zu werden. «Ich habe auch bisher gemerket, daß alle diejenigen, welche an einer äußerlichen Sekte hangen bleiben, im inneren Leben nicht durchbrechen können, und des Heiligen Geistes Wirkung in ihnen hindern[36].» Die Sekten tanzen nach Gichtel nur um das güldene Kalb und vermehren den neuen Babel-Streit in der Welt. Man nannte die lose Gemeinschaft, in der Gichtel mit seinen Anhängern lebte, die Engelsbrüder. Sie führten ein beinahe klösterliches Leben, doch ohne sich eine bestimmte Regel zu geben, und widmeten sich hauptsächlich dem Gebet. «Sie hatten keinen Befehl von Gott aus- sondern einzugehen; dazu waren sie gerufen; Eigenlaufen und Rennen täte es nicht, und wirke nur verkehrt, wider Gottes Willen[37].» Eine geregelte Arbeit mit Ausnahme der täglichen Handreichung pflegten sie nicht. Trotzdem waren sie fröhlichen Geistes, die Liebe zu Sophia machte sie oft tanzen, als ob sie voll Weines wären. Sie vertrauten ganz auf ihre himmlische Verpflegung und lebten in der Weise wie ein Kloster ohne Einkünfte. Die Meinung, man müßte dabei verhungern, erfüllte sich bei ihnen nicht, brachte aber Gichtel in den Ruf eines geheimen Goldmachers. Nach seinem Biographen war «sein Leben also beschaffen, daß wenn ihm die Wunder gefehlet hätten, es unglaublich geschienen; und seine Wunder waren so groß, daß wenn nicht ein heiliges Leben vorhergegangen wäre, man sie für phantastisch halten würde»[38]. Die Engelsbrüder erfuhren auch viel Feindschaft, besonders von den Frommen wurden sie als Sonderlinge und Neulinge verschrien, und man warf ihnen auf der Straße Steine nach. «Durch Verketzern ist die Christenheit bisher elendig zerrüttet worden, und der Antichrist gewachsen, fett und stark worden; Christus lehret uns einander lieb haben, nicht verketzern[39].» Die «Buchstaben-Christen», die diese geistliche Arbeit nicht verstehen konnten, beschuldigten die Engelsbrüder eines melancholischen Klosterlebens, das nur zur Abkürzung des eigenen Lebens diene. Wer kann so leben? Wie könnt ihr den ganzen Tag so still sein? Dies waren die Fragen, die man beständig an sie richtete. Da man ihre Beschaulichkeit nicht begriff, schnitt man ihnen aus Unfreundlichkeit die Zufuhr ab, sie bekamen die Not drückend zu spüren, und es blieb ihnen nichts anderes übrig, als willenlos in Gottes Arme zu sinken. Die Engelsbrüder schwiegen zu all diesen Anwürfen und haben damit ihre Widersacher am meisten irre gemacht. Freilich erlebte Gichtel auch einige Unannehmlichkeiten mit seinen Engelsbrüdern. Obschon es ihrer nur ganz wenige waren, gab es doch Differenzen unter ihnen, etliche fielen auch ab, weil sie den hohen Anforderungen nicht gewachsen waren, die an sie gestellt wurden. Sie waren der Schatten von Gichtels letzten Lebensjahren.

Als er siebzig Jahre überschritten hatte, wurde er in einem Winter von einer katarrhalischen Krankheit ergriffen, die ihn das Bett zu hüten zwang und die in wenigen Tagen seinem Dasein ein Ende setzte. Er ist sanft und still in die Ewigkeit hinübergeschlummert und wurde unter starker Anteilnahme der Bevölkerung Amsterdams bestattet. Trotz aller Zurückgezogenheit war sein Name weit über die Grenzen des Landes hinaus bekannt geworden.

Gichtels Erscheinung war längere Zeit umstritten. Nicht nur widerfuhr ihm zu seinen Lebzeiten mannigfache Feindschaft, auch noch nach seinem Tode stieß man sich an seiner Meinung, der wahre Gottesdienst sei mit dem Schweiße des bürgerlichen Berufes nicht vereinbar, und noch Harless nannte seinen Lebenslauf «ein abschreckendes Bild», weil er einer «verkehrten Innerlichkeit» gehuldigt habe, und Erich Seeberg schrieb vom «verschrobenen Gichtel, der ein unangenehmer Nörgler war»[40]. Die Lutheraner verübelten ihm, die Heilige Schrift nicht als alleinige Norm des Glaubens anerkannt, sondern sie dem inneren Lehrmeister untergeordnet und behauptet zu haben, ohne den Heiligen Geist verstehe man sie auch nicht. Da er den Eid auf die symbolischen Bücher abgelehnt hatte – «wodurch dem Heiligen Geist alle Freiheit, die rechte, nackte Wahrheit ans Licht zu bringen, benommen wird»[41] –, reihte sich Gichtel nach lutherischer Überzeugung selbst unter die Schwärmer ein. Er sei gescheitert, weil er sein Dasein nach den Maximen Böhmes geführt habe. Schließlich verstummte aber der Streit um Gichtel, und er fiel langsam der Vergessenheit anheim. Heute gehört er zu den unbekannten Gestalten im Protestantismus.

Dieser Beurteilung Gichtels liegt jedoch eine Verkennung zugrunde. Er ist eine ebenso einzigartige wie tiefsinnige Erscheinung innerhalb der evangelischen

Christenheit; bei ihm war das Leben wichtiger als die Gedanken. Es ist nicht nötig, mit allen Ausführungen Gichtels einverstanden zu sein. Man darf auch in dieser oder jener Beziehung anderer Meinung sein, ohne deswegen Gichtel abzulehnen. Bereits Kanne rief den Lesern seiner Gichtel-Darstellung im «Leben merkwürdiger Christen» zu: «Wandle solchen Geistern den Himmelsweg nach, aber wandle ihn nicht genau in ihren Fußtapfen, und als ihr ängstlicher Nachtreter; gehe mit ihnen nach ihrem Ziel, aber gehe deinen eigenen Schritt, und nicht an ihrer, sondern an des Herren Hand[42].» Wie Gichtel lebte, können nur wenige Menschen leben, aber deswegen darf man über Gichtel nicht richten, und wenn man auch seine Form nicht annehmen kann, so hat man sie ihm doch zu belassen. Das ist eine Leitlinie für die Begegnung mit einem außerordentlichen Menschen, ein Aspekt, der allezeit seine Gültigkeit behält.

Seine Anhänger nannten ihn den «holländischen Engel», und die erste, wahrscheinlich von seinem Stubenkameraden Überfeld zusammengestellte Biographie erschien unter dem Titel: «Der wundervolle und heiliggeführte Lebenslauf des auserwählten Rüstzeugs und hochseligen Mannes Gottes Johann Georg Gichtel». In der Tat gibt diese Überschrift den Gesichtspunkt an, unter dem Gichtel vor allem zu betrachten: er gehört zu den Zeugen der evangelischen Heiligkeit. Er war nicht nur ein ungewöhnlicher Mensch oder gar ein absonderlicher Kauz. Wenn Mystik im geheimnisvollen Leben mit Gott besteht, so war Gichtel einer der tiefsten Mystiker der evangelischen Christenheit. Bei diesem Mann war jeder mystische Gedanke im Dasein realisiert, und was es heißt, ein mystisches Leben voll göttlicher Wunder zu führen, das kann man bei wenigen Menschen so genau verfolgen wie bei dem erstaunlichen Gichtel.

Seine größte Leistung war die Sophienmystik, die er der evangelischen Christenheit hinterlassen hat. Der Protestantismus ist in eine allzu ausschließlich männliche Auffassung hineingeraten, die alle Kräfte in Willensanstrengungen und Tathandlungen verausgabt. Nach dem Urteil C. G. Jungs ist der Protestantismus «eine bloße Männerreligion, die keine metaphysische Repräsentation der Frau kennt. Er hat offenbar die Zeichen der Zeit, die auf die Gleichberechtigung der Frau hinweisen, nicht genügend beachtet. Die Gleichberechtigung verlangt ihre metaphysische Verankerung in der Gestalt einer göttlichen Frau[43].» Die Zuwendung zu Maria kommt hiefür kaum in Betracht, obschon Reintraud Schimmelpfennig in ihrer «Geschichte der Marien-Verehrung im deutschen Protestantismus» nachgewiesen hat, daß man ursprünglich in der evangelischen Christenheit hierüber anders gedacht hat. Die Entwicklung aber hat im Mariaverständnis einen beinahe unüberbrückbaren Graben aufgerissen. Die sophianische Mystik könnte innerhalb der evangelischen Christenheit die fehlende Lücke ausfüllen. Warum Sophia und nicht Maria? Diese Frage hat Gichtel selbst stark beschäftigt. Als Mystiker stand er ohnehin aller konfessionellen Gehässigkeit fern. «Wir arme Menschen sind in eine Konfession eingesperrt worden, und haben den Heiligen Geist dadurch ausgeschlossen», war seine Meinung[44]. Er fürchtete mehr den Papst in uns als den Papst zu Rom. «Ich muß der römischen Klerisei dies Zeugnis geben, daß sie um die Jungfrau Sophia heftig gebuhlet; weil aber Jesus ihrer Vernunft verborgen war, und sie nicht auf der Aposteln Lehre, sondern auf die sinnliche Empfindlichkeit sahen, fielen sie auf Maria; da sie zwar eine Erkühlung ihres Seelen-Feuers fühlten, die aber tiefer in sich gegraben, haben Jesus gefunden und angezogen, und zugleich auch die Jungfrau[45].» Gichtel hat den Klosterleuten zugestanden, sie hätten mit ihrer Marienverehrung wohl etwas gefunden, aber nicht den rechten Grund. Ihm aber hat sich in reiner Liebe Jesus als die Sophia geoffenbart, «denn Jesus ist den Männern eine Jungfrau, und den Frauen ein Mann; er ist der rechte, ganze Adam mit beider Tinkturen»[46]. Die sophianische Mystik könnte im einseitig männlichen Protestantismus den dringend notwendigen Wandel herbeiführen, indem durch sie dem weiblichen Element im evangelischen Christentum viel größere Rechnung getragen würde, ohne deswegen nur im geringsten ins Weibische abzugleiten. Die intellektuelle Männlichkeit würde zurückgedrängt, und die Herzkräfte kämen viel mehr zur Geltung, was eine überraschende und segensreiche Auflockerung zur Folge hätte.

Leider ist der damalige Protestantismus nicht darauf eingetreten. Mit Ausnahme Gottfried Arnolds ließ er das Geheimnis der göttlichen Sophia unbeachtet auf der Seite liegen. Gichtel vermochte ihm nicht die Anerkennung zu verschaffen. Es wanderte deswegen in die Ostkirche ab, wo es viel später von Solowjew und Bulgakow aufgenommen wurde. Heute scheint die sophianische Mystik eine Wesenseigentümlichkeit der Ostkirche zu sein, die sie jedoch vor dem ausgehenden 19. Jahrhundert gar nicht kannte. Der wahre Ursprung der Sophienmystik liegt durchaus bei Böhme, Gichtel und Arnold. Wer die sophianische Mystik erneuern will, muß bei diesen Männern anknüpfen. Unter den gottsuchenden Geistern der Gegenwart hat es einzig der Religionsphilosoph Leopold Ziegler gewagt, das Sophianische dem Menschen als die ihm zubestimmte Braut anzugeloben, da es im Innenreich des dreieinigen Gottes «nicht Wettstreit und Widersatz zwischen Mutter und Sohn» geben kann[47]. In der Sophienmystik liegt noch reichliches Neuland, das nicht länger brach liegenbleiben darf, denn der Durchbruch zu ihr würde sich für die evangelische Christenheit wie ein neuer Frühling überaus befruchtend auswirken!

GEORG FOX

[1624–1691]

DIE VISION VOM INNEREN LICHT

Es gibt nur eine Gestalt, mit der man Georg Fox vergleichen kann, und das ist Don Quijote. Wie der spanische Hidalgo lächerlich und religiös zugleich ist und gerade in dieser paradoxen Verbindung seine verborgene Schönheit liegt, so ist es auch bei dem Begründer des Quäkertums. Der Anblick war ebenso befremdend, wenn Fox mit dem Lederwams und den langen, auf die Schulter niederfallenden Haaren durch die englische Landschaft schritt, wie wenn der Ritter von der traurigen Gestalt auf seiner Rosinante daherritt. Beide fielen mit ihrem Gebaren aus dem Rahmen des Gewohnten heraus, der Streiter gegen die Windmühlen nicht weniger als der Engländer, der vor niemandem, ob hoch oder niedrig, ob reich oder arm, den Hut abnahm, alle Menschen mit Du anredete und keinen grüßte. Mochten die Leute zunächst über die Eigenwilligkeit des hochgewachsenen Mannes, der das Absonderliche zu lieben schien, den Kopf schütteln, es verging ihnen alles Lachen, wenn Fox stehenblieb und sie fest anschaute, so daß sie ihn, von seinen Augen betroffen, baten: «Durchbohre uns nicht so mit deinen Blicken[1].» Die Menschen bebten oft in seiner Gegenwart, und viele Priester machten sich sogleich davon, wenn es hieß, der Mann in den ledernen Kleidern komme daher. Noch nie hatten sie eine derartige Gestalt gesehen. Sie starrten diesen Menschen mit offenem Mund an und wußten nicht, wo sie ihn einordnen sollten, denn er sprengte mit seinem rätselvollen Benehmen alle ihre Vorstellungen, die sie sich über Welt und Menschen gebildet hatten.

Auch heute noch ist es recht schwierig, sich über Foxens Persönlichkeit klarzuwerden. Bei ihm hört alles logische Begreifen auf. Von einem staatskirchlichen Sein, das brav und voll Nüchternheit genau so lebt, wie alle andern auch leben, und nur gelegentlich zur Befriedigung der nicht ganz ausbalancierten Gemütsbedürfnisse sich eine Predigt anhört, ist dieser Mann schlechterdings nicht zu verstehen. Er stößt alle üblichen Gepflogenheiten dermaßen vor den Kopf, er wirft alle «nichtigen Traditionen» so radikal über den Haufen, daß man ihm auf diesem Weg gar nicht beikommt. Fox ist der Gegenpol aller kirchlichen Bürgerlichkeit, die wohlgesättigt in sich selber ruht und die vermeint, die Wahrheit decke sich mit der Konfession, in die man zufällig hineingeboren wurde. Man mag über Fox selbstgenügsam feststellen, daß er «in einer Welt lebt, die nicht die des wachen Tages ist, und sie in eine ebensolche Sprache kleidet»[2], die mehr einer Traumwelt ähnlich ist, und trotzdem geht eine unbegreifliche Strahlung von dieser arg verspotteten Persönlichkeit aus. Fox wühlt alles auf, was in seine Nähe kommt, von seiner erschütternden Gewalt wird man gefesselt. Je vorurteilsloser man sich mit ihm einläßt und je weniger man darauf erpicht ist, ihn schnell einzureihen, um so stärker spürt man seine Kraft, die einem Magnetfeld gleicht. Die Christen haben es sich bis dahin mit diesem Don Quijote des Religiösen im allgemeinen viel zu leicht gemacht; man kann nicht die Helden der Apostelgeschichte preisen und Fox ablehnen, der sich zu ihnen zurückgetastet hatte. Das ist mehr als ein Schnitzer, das kommt einem fatalen Unernst gleich, der mit sehenden Augen nicht sieht.

Foxens Geschichte beginnt mit einer unerfreulichen Erfahrung, die an sich eine kleine Begebenheit war und doch große Wellen warf. Sein Vetter, der sich zu den Frommen zählte, lud ihn einst zu einem Krug Bier ein. Es war noch ein dritter Mann anwesend, dem der Vetter so lange zutrank, bis beide ihrer Sinne nicht mehr mächtig waren. Der Anblick der betrunkenen Frommen wirkte auf Fox abstoßend, angewidert verließ er eilig die angeheiterte Gesellschaft und kehrte nach Hause zurück. Für Fox stürzte an jenem Abend eine Welt zusammen. Menschen, zu denen er bis dahin in Ehrfurcht emporgeblickt hatte, lallten törichte Worte, weil ihnen der Alkohol in den Kopf gestiegen war. «Ich ging in jener Nacht nicht zu Bett, denn ich konnte nicht schlafen, bald ging ich im Zimmer auf und ab, bald betete ich und schrie zum Herrn[3].» Fox wollte nicht in einer frommen Spießigkeit versinken, die auch ein Räuschlein in Ehren in Kauf nahm; er fühlte sich innerlich berufen, sein bisheriges Dasein aufzugeben und auf dieser Welt ein Fremdling zu werden. Am folgenden Tag verließ er auf Gottes Geheiß seine Verwandtschaft und brach mit eiserner Entschlossenheit alle Beziehungen zu seinen Kameraden ab. Der gewohnten Häuslichkeit, in der der Vater den stillen Beruf eines Webers und er selbst das Schuhmacherhandwerk ausübte, gab er den Abschied und schritt ins Unbekannte hinaus. Am denkwürdigen 9. Juli 1643 trat Fox seine leibliche und geistige Wanderschaft an, die erst mit seinem Tode ihr Ende fand. Fox war neunzehn Jahre alt, als er sich zum großen Aufbruch seines Lebens anschickte, der alles von Grund auf verwandelte.

Durch seinen Auszug aus der Häuslichkeit geriet Fox zunächst in eine starke innere Unruhe. Heftige Anfechtungen überkamen ihn auf seiner einsamen Wanderung durch die Fluren. Seine Seelennot wurde schwer und schwerer, sie trieb ihn zuletzt an den Rand der Verzweiflung. Mehrere Jahre dauerte die Angst, wobei er oft zu den Priestern ging, um Trost zu suchen, bei ihnen aber keinen fand. Fox fastete viel und brachte in seiner Traurigkeit ganze Nächte im Freien zu. Die seelische Unruhe war keine psychische Anomalie, die Bangigkeit war ein notwendiges Durchgangsstadium, denn Stunden der Trübsal gehören zur religiösen Entwicklung. Ohne Skrupel und Ängste wäre Fox nie der Mensch der Geborgenheit geworden. «Losgelöst von den äußeren Dingen» wurde er schließlich der namenlosen Qual inne, daß Gott sein Werk in einem Mann der Schmerzen beginnt. Er erlebte keine plötzliche Bekehrung, die alles von einem Tag auf den andern verändert, sondern ein tägliches, sich beständig vollziehendes Sterben war ihm bestimmt.

Die seelische Unrast nahm bei Fox vorerst eine beinahe modern anmutende Wendung. Der heutige Mensch hat eine fast nicht zu überwindende Abneigung gegen die Frommen, er traut ihnen nicht über den Weg. So erging es auch Fox, der diesen Argwohn seit dem unerfreulichen Erlebnis mit dem Vetter teilte. Von Natur aus hatte er eine gewisse Neigung zu den Frommen; es ist sicher nicht recht, sie heutzutage in Bausch und Bogen zu verdächtigen. Es gibt viele lautere Seelen unter ihnen, und sie sind es, die sich um das Heiligtum scharen. Trotzdem hat es mit den Frommen eine eigene Bewandtnis, selbst das stärkste Sympathiegefühl kann dies nicht ignorieren. Es ist entsetzlich viel Lieblosigkeit, Richterei, Überheblichkeit in den frommen Kreisen anzutreffen, so daß all ihr erbauliches Gerede zweifelhaft wird. Fox fühlte sich in ihrer Mitte nicht wohl, und seine Distanzierung von den Frommen kann in die schwerwiegende Frage Salomons gekleidet werden, über die der Bibelleser hinwegzulesen beliebt: «Viele Menschen nennen sich fromm, wer aber will einen finden, der rechtschaffen fromm ist?» In der Tat, Frömmigkeit als Name und Aushängeschild ist bekannt, wo aber begegnet man ihr als Sein und Wahrheit? Ihre echte Ausübung ist das Schwerste vom Schweren. Nicht zufällig stieß auch Jesus mit den Frommen seiner Zeit zusammen, sein leidenschaftlicher Kampf gegen die gesetzestreuen Pharisäer ist von seinem Leben nicht abzulösen. Der Vorgang wiederholte sich in anderer Form immer wieder in der Geschichte der Christenheit. Der Gegensatz zwischen dem Göttlichen und dem Frommen ist ein abgründiges Problem, das Fox in der ganzen Qual durchlebte und das nach einer überkirchlichen Reflexion ruft. Man kann den Knoten nur durch die Einsicht lösen: Fromm und mystisch ist nicht dasselbe, ein Frommer ist noch kein Mystiker, die beiden Begriffe decken sich nicht und der Unterschied ist dauernd festzuhalten. Fox bekam es öfters mit den Frommen zu tun, «Sie wurden auf mich aufmerksam und wollten mich kennenlernen. Aber ich mied sie; denn ich spürte, daß sie nicht besaßen, was sie bekannten[4].» Der harte Vorwurf ist sicher ungerecht, aber trotz aller unstatthaften Verallgemeinerung trifft er mehr zu, als man annimmt. Fox löste sich von den Frommen als den glücklich Besitzenden und kehrte nie mehr zu ihnen zurück. Später wurde er oft ungehalten über sie, er bezichtigte sie der unfruchtbaren Einstellung: «Sie eiferten alle für die Lehre von der Sündhaftigkeit und konnten es nicht ertragen, von Vollkommenheit sprechen zu hören und von einem heiligen, sündlosen Leben[5].»

In der Sprache der Gegenwart ausgedrückt, waren sie mehr am Negativen als am Positiven orientiert. Fox fühlte sich von dieser unerquicklichen Haltung zurückgestoßen und war der Meinung: «Alle Frommen hatten eine tierische Gesinnung, die der Sünde huldigt, so lange sie lebten[6].» Zur Herrschaft gelangt, zeigten sich die Puritaner tatsächlich nicht weniger grausam als ihre Vorgänger, indem sie die Andersdenkenden ebenfalls verfolgten. Die Frommen verlangen immer nach Duldung, solange sie unterdrückt sind, und sobald sie im Sattel sitzen, unterdrücken sie ihre Gegner. Dies ist eine der allertraurigsten Wahrnehmungen in der Geschichte der Christenheit. Foxens Bruch mit den frommen Kreisen ist nicht einer Rückkehr zu Unglauben und Weltlichkeit gleichzusetzen, vielmehr ging sein Bestreben dahin, die Isolierung des Religiösen im Alltagsleben zu durchbrechen und an ihrer Stelle eine Durchdringung der Wirklichkeit mit religiösen Kräften herbeizuführen. In Foxens Gegensatz zu den Frommen spielt sich ein erregender Vorgang ab: Die Frömmigkeit erhebt sich gegen die Frommen! In diesem dramatischen Schauspiel meldet sich eine Frage zur Diskussion, die auch heute wieder aktuell ist: Wie gelangen wir zu einer neuen Form von respektgebietender Religiosität, die nicht sogleich wieder vom Sauerteig der alten Frömmelei bedroht ist? Gibt es eine Christlichkeit, die nicht im Gewande der traditionellen Vorstellungswelt einherschreitet?

Der Konflikt mit den Frommen besaß eine prinzipielle Note, sie dehnte sich folgerichtig auf die Kirche aus. Die Kirche ist der Hort der Frommen, sie sind die Vertreter und Stützen der kirchlichen Institutionen. Es blieb Fox gar keine Wahl, er mußte mit innerer Notwendigkeit seine Bedenken gegen die Frommen auch auf die Kirche übertragen. Schon früh erwachte in ihm ein Argwohn gegen die Kirche, sein Mißtrauen nahm im Laufe der Zeit eine immer stärker werdende Form an, und schließlich ließ er sich dazu hinreißen, Gottesdienste zu unterbrechen. Schon das Glockengeläute ging ihm wie ein Stich durchs Herz, und hatte der Gottesdienst einmal begonnen, dann blieb er mit dem Hute auf dem Kopf unter der Kirchentüre stehen und rief drohende Worte zur Kanzel hinauf, Worte, die die versammelte Gemeinde in höchste Aufregung versetzten. Fox fühlte sich berufen, die Menschen aus den Turmhäusern – so nannte er die Kirchen – herauszuholen und sie von der Vergötzung der Steinhaufen zu befreien. Er hat unter dem Zustand der Kirchen förmlich gelitten, und da das Kirchenproblem für ihn ein Grund des Leidens war, durfte er auch darüber reden. Fox befand sich in einem seelischen Ringen mit der Kirche, und deswegen sind seine Einwände beachtenswert. Man muß sich doch fragen, in welchem Zustand sich die Kirche von England zu jenem Zeitpunkt befand. Die anglikanische Kirche, die im Volk nur ein geringes Echo fand, war aus einer Initiative Heinrichs VIII. hervorgegangen. Die Kirchen waren aus Stein und Mörtel gebaut und beherbergten keine lebendige Gemeinschaft, ihr schläfriges Verhalten mußte Fox innerlich aufbringen. Dabei war es ihm um eine echte Kritik an der Kirche zu tun und nicht um eine bloß getarnte Scheinkritik, die ein indifferentes Publikum anlocken möchte und die aus kirchlicher Befangenheit sich gar nicht an die prinzipiellen Probleme heranwagt. Der Stifter der Quäker machte die wahrhaft bestürzende Feststellung, daß die Kirche von England nicht mehr die religiöse Heimat der Menschen ist.

Die Kirchenkritik war vor allem durch das areligiöse Gebaren der Priester bedingt. Sie brachten Fox in Erregung, denn er hatte die übelsten Erfahrungen gemacht mit den auf ihren Kanzeln «herumfaulenzenden Priestern», die ihm «wie ein großer Erdklumpen» vorkamen. Er schalt sie Betrüger und Mietlinge, offenbar weil er nie einer heiligmäßigen Priestergestalt begegnet war. Ihre irdische Gesinnung tat Fox weh, weil sie Menschen glichen, die ihre Ware zum Kauf feilboten. Er war darüber aufgebracht, und seine Erbitterung machte sich in den härtesten Anklagen Luft: «Ich litt zu dieser Zeit mehr, als sich mit Worten sagen läßt, denn ich mußte in die Tiefe, und ich sah alle Religionen der Welt und die Menschen, die darin leben, und die Priester, die sie vertraten, und die wie eine Bande von Menschenfressern waren; sie fraßen die Menschen auf wie Brot und nagten das Fleisch von ihren Knochen. Wahrer Glaube aber und Anbetung, wahre Diener Gottes, ach, da waren keine unter denen, die sich dafür ausgaben! Denn die, welche behaupteten, eine Kirche zu sein, waren nur eine Gesellschaft von Menschenfressern[7].» Das sind starke, allzu starke Ausdrücke, die an Schärfe schlechterdings nicht mehr zu überbieten sind. Der greuliche Anwurf der Menschenfresserei deckt sich überraschenderweise wörtlich mit Kierkegaards Ausführungen im «Augenblick», obschon sie ganz unabhängig voneinander entstanden sind. Trotz aller Übertreibung sind Foxens Worte nicht kurzerhand mit Entrüstung abzuweisen. Den Beleidigten zu spielen ist keine einsichtige Haltung. Wer wollte im Ernste glauben, daß Fox mit seiner Beschuldigung ganz danebengriff? Es gibt so viele versagende Pfarrer, die durch ihr herrschsüchtiges Auftreten ihr ungeistliches Leben zu verdecken suchen. Wie oft begegnet man Priestern, die nichts von Not und Versuchung, aber auch nichts von Verzückung und Seligkeit zu wissen scheinen. Diese Erfahrung wurde auch von Therese von Lisieux beklagt, und auch Bernanos' Widerwille gegen die Priester hatte hierin seine Ursache, die sich in Zuneigung verwandelte, wenn er einem hingebungsvollen Geistlichen begegnete. Doch erstreckte sich Foxens Abneigung nicht nur auf den unwürdigen Verkündiger der Kirche. Das wäre eine abschwächende Interpretation seiner Opposition. Die Verneinung traf die sichtbare Kirche an sich. Dabei frägt es sich, ob er nicht zu weitgehend Priester und Kirche identifizierte. Die Kirche setzt sich nicht nur aus Priestern zusammen, wenn sie auch einen bedeutenden Platz einnehmen, es gibt auch Laien in ihr, die haben eine nicht geringere Funktion auszuüben.

Mitten in seiner seelischen Unruhe, die ihn zuweilen so stark niederdrückte, daß er bei Tag wünschte, es wäre Nacht und bei Nacht, es wäre Tag, wurde ihm seine erste Offenbarung zuteil. Er selbst gebraucht diesen Begriff, verstand aber darunter kein theologisches Problem, über das man mit Scharfsinn diskutiert. Offenbarung war für ihn keine intellektuelle Angelegenheit, sondern ein unmittelbares Geschehen, das den Menschen von oben überfiel und dessen er sich nicht zu erwehren vermochte, nicht anders als es einst den Männern der Bibel widerfahren war. Fox erlebte die Offenbarung ganz konkret und erwies sich damit als ein Mann der mystischen Erfahrung. Die Erleuchtung erhellte seine Finsternis, ihm wurde die Einsicht geschenkt, daß es «nicht genug ist, in Oxford oder Cambridge erzogen zu sein, um tüchtig und fähig zum Dienst Christi» zu werden[8]. Es ist nicht fraglich, was Fox mit den Worten ausdrücken wollte. Die Offenbarung hatte ihm das Ungenügende des studierten Theologen enthüllt. Fox ließ sich dabei nicht von einer persönlichen Antipathie leiten, aus der heraus er das Studium der Theologie verwarf. In seiner Erleuchtung sah er im Universitätschristen eine verdächtige Erscheinung, erfaßte ihn in der Situation der Zweideutigkeit und fand ihn ungeeignet für den wahren Dienst Christi. Es wäre unangebracht, sich über Foxens Äußerung sogleich im akademischen Standesbewußtsein angegriffen zu fühlen. Das Universitätsstudium für angehende Geistliche hat seine unverkennbaren Vorzüge, weil es allein eine ansehnliche Bildung vermittelt und zu den tieferen Problemen der Überlieferung hinführt. Aber es schließt auch seine Nachteile in sich, die nicht geleugnet werden dürfen. Die Universität macht das Religiöse gerne zu einer rein intellektuellen Angelegenheit, sie verwandelt die galiläische Fischerreligion in ein gelehrtes System, und der angehende Geistliche vergißt darob, daß der Dienst Christi Spott und Leiden auf sich nehmen heißt. Ein Mensch mit großem Wissen kann in religiöser Beziehung viel geringere Einsichten haben denn ein schlichter Handwerker, der auch das Leben eines Christen führt. Das Tiefste der religiösen Wahrheit ist nicht auf dem Weg des gedanklichen Studiums erfaßbar. Ihr Verständnis ist an ihre Verwirklichung gebunden. Deswegen wurde Fox geoffenbart, er habe «das priesterliche Amt» anzugreifen, wodurch seine Kirchenkritik die göttliche Legitimation erhielt. Diese Erleuchtung ist gewiß der Diskussion unterstellt, es gilt das Ja und das Nein sorgsam abzuwägen, weil sie schwerwiegende Probleme von weitreichenden Folgen in sich schließt. Eine weitere Offenbarung zeigte dem bedrängten Fox die notwendige Ergänzung zu seiner Einsicht, daß Gott «in den Herzen der Menschen» wohne und nicht in Tempeln von Händen gemacht. Die Negation wurde durch eine Bejahung überhöht, sie wies Fox auf die mystische Bahn hin, die er bald in aller Öffentlichkeit kundtat.

In der Stadt Nottingham ging Fox trotz seiner Kirchenentfremdung in ein Turmhaus und wohnte einem Gottesdienst bei. Ein Priester war eben im Begriffe, der Gemeinde den Bibelvers zu erklären: «Wir haben desto fester das prophetische Wort und ihr tut wohl, daß ihr darauf achtet, als auf ein Licht, das da scheinet an einem dunklen Ort, bis der Tag anbreche und der Morgenstern aufgehe in euren Herzen.» Der Geistliche deutete das prophetische Wort, nach dem traditionellen Schema, als das Wort der Heiligen Schrift, an dem alle Lehren und Bekenntnisse zu prüfen seien. In diesem Moment kam die Kraft des Herrn mächtig über Fox, er konnte nicht mehr an sich halten, er sprang auf eine Bank und rief mit lauter Stimme: «O nein, nicht nach dem, was geschrieben stehet, sondern nach dem Heiligen Geist, durch den die heiligen Männer Gottes die Schrift geschrieben haben[9].» Die andächtig versammelte Gemeinde schaute sich entsetzt nach dem ungewöhnlichen Ruhestörer um. Sein erregter Einspruch war noch nicht verhallt, als ihn einige derbe Fäuste anpackten, ihn auf der Stelle aus der Kirche schleppten und ihn schließlich in einen übelriechenden Kerker warfen. Das tumultartige Auftreten ist für den englischen Don Quijote bezeichnend; diese Szene zeigt mit aller Deutlichkeit, was Offenbarung für ihn bedeutete: ein wirkliches Skandalon! Das Ärgernis als Merkmal des Christentums wurde auch von den Theologen postuliert, aber es blieb bei der rhetorischen Redeweise und war darum eine belanglose Angelegenheit. Bei Fox dagegen war das Skandalon aus der harmlosen Sphäre des Gedanklichen in die Wirklichkeit getreten, mitten in einer lauschenden Gottesdienstversammlung war es einer Bombe gleich auf dem Altar geplatzt. Realer kann es gar nicht mehr geschehen.

In Nottingham sprach Fox erstmals deutlich aus, worauf es ihm ankam. Es ist der eigentliche Auftakt zu seiner Sendung. An diesem Tag formulierte er in aller Öffentlichkeit unter unmittelbarer Eingebung von oben die bestürzende Antithese zum offiziellen Protestantismus: Nicht die Schrift, der Geist ist es, der lebendig macht! Das prophetische Wort darf nicht mit dem geschriebenen Wort identifiziert werden, dieweil dies in eine antiquierte Auffassung hineinführt. Die Juden besaßen auch die Schrift und haben mit ihr den Messias gekreuzigt. Das Problem Schrift und Geist ist eine zentrale Fragestellung der evangelischen Christenheit, die Spiritualisten haben es zuerst mit allem Ungestüm diskutiert. Es läßt sich von Franck über Lessing bis zu Wislicenus verfolgen und ist heute noch nicht bereinigt. Während es von Luther aus polemischen Überlegungen allzu einseitig zugunsten der Schrift abgebogen wurde, hat es die unterdrückte Mystik in ihren Reihen immer im Hinblick auf die Geistwirkung beantwortet, ohne deswegen einer Schriftverachtung anheimzufallen. Nach dem Aufkommen der Bibelkritik ist das Formalprinzip von der alleinigen Autorität der Heiligen Schrift in der altprotestantischen Fassung nicht mehr aufrechtzuerhalten. Die Position bedarf einer unumgänglichen Revision, und Fox hat anläßlich seines skandalösen Auftretens in der Kirche zu

Nottingham skizziert, in welcher Richtung sie zu geschehen hat. Es war nicht eine persönliche Entdeckung, er schrieb sie allein Gott zu. Die Lösung «Geist und nicht Schrift» will keine Kampfansage an die Bibel sein. Wie stark ist doch Fox zeitlebens an seiner Bibel gehangen, was verdankt er nur der Bergpredigt und dem Jakobusbrief! Seine Geist-Parole kehrt sich gegen den Biblizismus, und das ist etwas ganz anderes. Der Biblizismus erscheint als eine fromme Haltung und ist doch fragwürdiger Natur; im tiefsten Grund betätigt er eine rabbinische Schriftauslegung, die bei aller guten Absicht eine Fessel für die evangelische Christenheit ist und sie daran hindert, zu einem lebendigen Verhältnis zur Bibel durchzubrechen, dem es wieder um die ewige Stimme, die aus der Heiligen Schrift ertönt, zu tun ist.

Durch die Offenbarung wurde Fox zum visionären Mann mit charismatischer Begabung. Eine Begnadung, die Jakob Böhmes Zentralschau ähnlich war, widerfuhr ihm. Auch dem Engländer war es gegeben, in das Innere der Dinge zu schauen, wenn er darüber auch nur in einem apokalyptischen Stil zu schreiben vermochte, «der aller Logik und Grammatik spottet». Ungeachtet aller Ungenauigkeiten in der Ausdrucksweise sind seine Durchblicke ganz einzigartig. Erstaunlich, sogar über alle Maßen erstaunlich sind die Berichte Foxens: «Ich sah die Natur der Hunde, Schweine, Schlangen, die Natur von Sodom und Ägypten, von Pharao, Kain, Ismael, Esau usw. inwendig in den Menschen, während andere sie im Äußeren suchten [10].» Er schaute in die unsichtbare Welt und nahm die geheimnisvollen Kräfte wahr, die sowohl die Natur als das verborgene Innere des Menschen bewegen. Fox tat «einen Blick in das, was ohne Ende ist, in Dinge, die nicht ausgesprochen werden» [11], und deswegen war auch er nicht imstande, sie mit den üblichen Worten zu schildern. «Damals hatte ich jenes Licht und jenen Geist geschaut, welcher gewesen, ehe die Schrift gegeben worden war, und welcher die heiligen Männer Gottes getrieben hatte, die Schrift zu schreiben, und ich erkannte, daß alle, welche Gott, Christus oder die Schrift recht kennen wollen, zu diesem Geiste gelangen müssen [12].» Foxens Offenbarungen ereigneten sich nicht im Gegensatz zur Schrift, sondern aus dem gleichen Geist heraus, der die Bibel hervorgebracht hatte. Dadurch war der tödlich wirkende Historismus in der Offenbarung überwunden, indem die Selbstbezeugung Gottes wieder in der Gegenwart geschah, sie war zu einem Ereignis der Jetztzeit geworden und Foxens Geschichte gleichsam zu einer Fortsetzung der Heiligen Schrift; das geschriebene Wort hatte sich erneut in die lebendige Stimme verwandelt.

Die Erleuchtungen kamen unter erregenden Zuckungen und kataleptischen Zuständen über Fox. In seiner Sprache ausgedrückt, lag jeweilen die Hand des Herrn schwer auf ihm, so daß viele glaubten, «er müsse tot gewesen sein». Nach der Vision war sein Aussehen ganz verändert, es schien ihm zuweilen selbst, als ob sein Körper «verwandelt worden wäre». Verzückungen – wie sie Theresia von Avila mit genialer Ausdrucksfähigkeit in ihrer «Lebensgeschichte» schildert – sind keineswegs nur eine Eigentümlichkeit der katholischen Heiligen. Diese Meinung entspricht einer falschen Einschränkung. Sie sind eine christliche Erscheinung schlechthin, und deswegen gibt es auch in der evangelischen Christenheit visionäre Menschen; sie sind überall anzutreffen, wo wirklich mystisches Leben erblüht. Die evangelische Christenheit schenkt ihnen nur zu wenig Beachtung, sie weiß die charismatische Gabe nicht genügend zu schätzen. Visionäre Geschehnisse sind aber von großer Bedeutung, weil sie eine Quelle neuer, übernatürlicher Offenbarungen sind. Gerade Foxens Erleuchtungen sind hiefür ein Beweis. Nach seiner Schilderung war er «im Geiste bei dem flammenden Schwert vorbei im Paradies Gottes eingedrungen. Alle Dinge waren wie umgewandelt für mich und die ganze Schöpfung hatte einen andern Geruch für mich, über alles was Worte ausdrücken können. Ich wußte nur noch von Reinheit, Unschuld und Rechtschaffenheit, denn ich war erneut zum Ebenbild Gottes durch Christus, in dem Zustand, in dem Adam vor dem Fall gewesen war. Die ganze Schöpfung wurde mir offenbar, wie alle Dinge mit dem Namen genannt wurden, der ihrem Wesen und ihren Kräften entsprach[13].» Es ist fast nicht möglich, die Worte eines Menschen zu kommentieren, für den die ganze Schöpfung in unaussprechlicher Weise anders als bisher duftete. Wer wieder ins Paradies gelangt ist, wer sich wieder im Zustand «wie Adam vor dem Fall» befindet, der ist der üblichen Charakterisierung entrückt. Foxens Ausführungen deuten den ungewöhnlich hohen Rang seiner Erleuchtung an. Durch den Blick in die paradiesische Landschaft schwankte Fox einen Moment, die Heilkunde zum Nutzen der Menschheit auszuüben, da nach ihm die Ärzte nicht «die Weisheit Gottes haben, durch die alle Kreatur geschaffen ist, und darum auch nicht ihre Kräfte kennen», so wenig wie «die Rechtsgelehrten um die wahre Gerechtigkeit Bescheid wissen»[14]. Fox wurden wunderbare Tiefen geoffenbart, allein daraus erklärt sich seine rätselhafte Macht über die Menschen.

Verbunden mit dem visionären Charisma war auch sein Enthusiasmus. Er wird in den meisten Darstellungen über Fox nur schamhaft vermerkt und oft sogar verschwiegen, als wäre er etwas, über das man besser nicht mehr reden würde. In Wirklichkeit ist es ein Zeichen emotionaler religiöser Bewegung, was ganz besonders von der zu Unrecht verpönten, ungemein lebendigen «Schwarmperiode» gilt. Natürlich geschahen in ihr einige Dinge, wegen deren exzentrischen Auswirkungen man im ersten Moment zurückfährt. Es ist ungewöhnlich, wenn ein Erweckter in das Haus eines Spielmannes geht, eine Baßgeige ergreift, hierauf zu «spielen anfängt und hernach zu tanzen, weil er nicht wußte, wie ihm geschah, bis daß die Macht, die über ihn gekommen, ihm offenbarte, solches geschähe, damit ihm kund werde, welche Freude im Himmel sei über einen Sünder, der Buße tut»[15]. Noch befremdender war es, wenn Anhänger von Fox nackt durch die Straßen eilten oder sich beinahe zu Tode fasteten. Nie geschah jedoch etwas Unsittliches, auch nicht im überbordenden Messiaseinzug von James Nayler in Bristol, von dem sich Fox distanzierte. In der «Schwarmperiode» mit ihren wilden Entzückungen und Ekstasen wurde die ganze Natur für Fox und seine Anhänger zur Allegorie der Zustände des geistigen Lebens; alles Äußere gewann eine innere Bedeutung. Die stürmischen Wellen der Begeisterung dürfen nicht aus dem Bürgerkrieg abgeleitet werden, der damals über England hinwegfegte. Zwar wühlte er das ganze Land in der Tiefe auf, aber Fox hatte daran nur indirekten Anteil. Die Wogen des Enthusiasmus brachen aus seinem Inneren hervor, und ein Fox ohne Enthusiasmus wäre nicht denkbar. Es ist etwas Vorbildliches um die religiöse Begeisterung, die alle Widerstände vor sich her bläst. Sie ist besonders bewunderungswürdig bei dem sonst eher nüchternen englischen Volkscharakter. Bei Fox ist sie mit urtümlicher Macht aufgebrochen, sein kraftvoller, flammender Enthusiasmus erinnert unwillkürlich an die Tage des Urchristentums.

Gewiß war die Erleuchtung Foxens über das Leben und Weben in der Natur großartig, aber wohl das Größte war seine Vision des inneren Lichtes. Fast jedes Kind weiß von ihr, und doch, wie selten wird sie richtig verstanden! Ganz aus dem Bereich des Visionären hervorgehend, kann sie auch nur von dorther begriffen werden. Selten wurde eine bedeutsamere, hinreißendere Vision geschaut, sie stellt unstreitig den Höhepunkt von Foxens enthusiastischem Erleben dar. Seine scharfe Priesterkritik ist nur die negative Voraussetzung für seine Vision vom inneren Licht, dazu bestimmt, das positive Anliegen, das ihn bewegte und das ihn zum Mystiker machte, um so heller in Erscheinung treten zu lassen. Fox ging die Wirklichkeit des inwendigen Lebens auf, und zwar mit einer Intensität, die allen Zweifel im Keime erstickte. Unter Beben wurde Fox selbst von ihm überwältigt. Wie Elias im stillen, verschwebenden Sausen die Gegenwart Gottes erlebte, so teilte sich auch Fox in einer folgeschweren Vision der «innere Lehrer» mit, wie er einmal Christus nannte, der sein Volk selbst lehre. Fox versuchte, das unerklärliche Geheimnis mit den Worten zu umreißen: «In einem jeden von Euch ist ein Licht von Christus, das euch zeigt, daß ihr nicht lügen, nicht unrecht tun, nicht schwören, nicht fluchen, nicht stehlen, noch Gottes Namen mißbrauchen sollt. Wenn ihr dieses Licht lieb habt und ihm folgt, so wird es euch zu Christus führen[16].» Das innere Licht ist für Fox die aufschlußreiche Sicht, er wendet sie immer und immer wieder an, denn sie ist ihm eine Wahrheit Gottes, die in das Dasein des Menschen einbricht, und nicht bloß eine persönliche Lieblingsmeinung. Die heimliche Weisheit, die aller Mystik innerstes Verlangen ist, nimmt in ihr beinahe sichtbare Form und Gestalt an. Die Vision vom inneren Licht ist einem Blitze gleich, der den nächtlichen Himmel des Protestantismus zum hellichten Tag verwandelt. Obschon vom richtigen Verständnis des inneren Lichtes alles abhängt, ist es gar nicht leicht, vom Mysterium der All-Einheit würdig zu sprechen. Eine der besten Interpretationen von Foxens berühmter Formulierung «inneres Licht», das jeden erleuchtet, der in die Welt hineingeboren wird, stammt aus der Feder Edward Grubbes[17].

Auffallend ist die enge Verbindung des inneren Lichtes mit den ethischen Forderungen. Das innere Licht und der kategorische Imperativ sind nicht identisch, aber sie stehen in einem unauflösbaren Zusammenhang. Das Gewissen ist nach Fox der Ort, wo das innere Licht sich offenbart. Es ist ganz der Welt des Unbedingten verhaftet und vermag allein den wilden Hunger des Menschen nach dem Absoluten zu stillen. Das Gerede von der ethischen Indifferenz der Mystik löst sich angesichts der engen Verbindung vom inneren Licht und Gewissen wie eine Morgenwolke auf. Denkt man an die Unerbittlichkeit, mit der Fox die Pflicht zur unbedingten Wahrhaftigkeit geltend macht, so fällt der Anwurf von der sittlichen Neutralität des mystischen Lebens in ein Nichts zusammen. Das innere Licht vermittelt dem Menschen die ewigen Gebote als die Stimme Gottes, vor der es kein Ausweichen gibt; es verfügt über die gleiche Unerbittlichkeit, die dem «Du sollst» des Dekaloges innewohnt. Da sich das innere Licht vorwiegend im Gewissen manifestiert, ist es in jedem Menschen vorhanden. Es meldet sich im reichen Manne, der sich in Purpur kleidet und alle Tage in Freuden lebt, wie auch im armen Lazarus, der begehrte, sich von den Brosamen, die von des Reichen Tische fielen, zu ernähren. Wer menschliches Antlitz trägt, besitzt die innere Stimme, die mit aller Oberflächlichkeit, Raffgier und Betäubungssucht nicht zum Verstummen gebracht werden kann. Das Licht Christi im Menschen ist nicht auf wenige Auserwählte eingeschränkt. Es geht alle an, alle werden einbezogen, und gerade in dieser Universalität bekundet es seine Göttlichkeit.

Die starke Betonung der sittlichen Forderungen hat die Frage auf den Plan gerufen, ob bei Fox das innere Licht nicht einfach eine natürliche Funktion des Menschen sei. Diesem Einwand begegnet man öfters in der Diskussion über Fox, doch steht die Interpretation mit seiner deutlichen Aussage in zu offenkundigem Widerspruch. In den «Tagebüchern» erzählt er einmal, er habe mit Oliver Cromwell ein Gespräch über das innere Licht geführt, und der Lordprotektor habe es als ein natürliches Licht betrachtet und habe dadurch der Angelegenheit einen vernünftigen Anstrich gegeben. Fox hat auf der Stelle Cromwells Äußerung widersprochen: «Wir aber bewiesen ihm das Gegenteil und legten dar, wie es göttlich und geistig sei, da es von Christus ausgehe, dem geistigen und himmlischen Menschen, und daß eben das, was das Leben in Christus genannt werde, das nenne man auch das Licht in uns[18].» Die Darlegung aus Foxens Feder ist eine unmißverständliche Ablehnung der rationalen Deutung des inneren Lichtes. Die Vision vom inneren Licht ist weder dem Gewissen gleichzusetzen, obschon auch diese Stimme das über die Natur Hinausgehende ist, noch mit der Vernunft in Parallele zu bringen, wenn sie auch eine Leuchte des Herrn ist, und trotzdem steht sie mit beiden in einer Verbindung. Sowohl Gewissen als Vernunft weisen den Menschen auf das innere Licht hin, das jedoch in seinem Wesen eine mystische Angelegenheit ist. Für Fox war es die innere Realität, und Paulus hat sie in die Worte gekleidet: «Erkennet ihr euch selbst nicht, daß Jesus Christus in euch ist?» Das innere Licht ist eine Manifestation der Christus-Wirklichkeit; wer von ihr ergriffen wird, erlebt eine Vergöttlichung, wie sie die Mystiker stets ersehnt haben.

Foxens Vision vom inneren Licht wurde vorgeworfen, sie liefere den Menschen der Subjektivität aus. Der persönliche Geschmack werde unter dem Mäntelchen einer göttlichen Offenbarung getarnt. Der Gefahr sind gewiß zahlreiche Christen erlegen, auch solche, die nichts vom inneren Licht wissen wollten und sich stramm auf den Boden der überlieferten Kirchenlehre stellten. Dieser Verdacht drängt jedoch die Vision vom inneren Licht nach einer falschen Seite. Das innere Licht ist das eindruckvollste Bekenntnis «vom Ewigen im Menschen», um die Formulierung Max Schelers zu gebrauchen. Man kann nicht stark genug davon überzeugt sein, daß der Mensch nicht nur ein Bündel von Trieben und nicht nur ein verhindertes Raubtier ist, sondern das Ebenbild Gottes darstellt, dessen Erschaffung Joseph Haydn in seiner «Schöpfung» so wundervoll besungen hat. Die Ehrfurcht und die Würde des Menschen hat in Foxens Vision seinen höchsten und endgültigen Ausdruck gefunden. Wer vom Ewigen im Menschen durchdrungen ist, der wird das innere Licht nicht als bloßen Subjektivismus ausblasen wollen, sondern in ihm eine göttliche Erleuchtung sehen und bestrebt sein, darnach auch zu wandeln.

Obwohl das innere Licht in jedem Menschen schlummert, so ist es doch nur der Möglichkeit und nicht der Wirklichkeit nach in allen vorhanden. In seinem Wesen ist es eine eindeutig mystische Angelegenheit, auf die jedoch nicht alle eingehen; für sie alle aber besteht die Pflicht, auf das Offenbarwerden des Lichtes zu warten. «Sei still und vertreibe dein eigenes Denken, Forschen, Suchen, Wünschen, Vorstellen und bleibe bei dem Grunde Gottes in dir. Dann wirst auch du fühlen, wie die Kraft Gottes in dir wirkt[19].» Der Zugang zum inneren Licht wird in schweigendem Gebet gefunden, in der Versunkenheit erfährt der Mensch die Wahrheit: im Lichte stehen heißt im Frieden leben! Das innere Licht steht jedem Menschen offen, aber er besitzt es nicht ohne weiteres, kraft seiner natürlichen Grundlage, sondern es wird ihm nur auf übernatürliche Weise geschenkt.

Gegen Foxens Ausführungen wurde schon eingewendet, daß er sich nie zur völligen Klarheit über das Wesen des inneren Lichtes hindurchgearbeitet habe. Ein Zwitterding stelle sein Lichtbegriff dar, der zwar supranaturalistisch gedacht, im Moment der höchsten Anspannung jedoch ins Rationale umschlage. Die Behauptung gereicht dem sie aussprechenden Gelehrten zur Unehre – in seinem Kopf und nicht bei Fox kippt immer wieder etwas ins Gegenteil um. Gewiß hat der Mann im Lederwams seine Gedanken über das innere Licht nie systematisch entfaltet. Dies kann man von ihm auch nicht erwarten, da Fox ein Visionär war, der vom christlichen Enthusiasmus vorwärtsgetragen wurde und nie den Anspruch erhoben hat, ein abstrakter Denker zu sein. Man mißversteht das innere Licht zum voraus, wenn es als eine Lehre aufgefaßt wird. Beinahe alle Lehrsysteme gleichen abgestandenem Wasser, das nicht mehr ins ewige Leben fließt und deswegen auch nicht den Durst der Menschen zu stillen vermag. Das innere Licht ist vielmehr eine Erleuchtung, die eine köstliche Gewißheit enthält. Es ist dem inneren Gebet verwandt, und beides sind nur verschiedene Erlebnisformen für die beständige Gegenwart Gottes, in der der Christ lebt. Die unsichtbare Anwesenheit Christi ist mit dem inneren Licht gegeben, es verläßt den Menschen weder bei der bäuerlichen Arbeit noch im großstädtischen Geschäftsbetrieb. Allezeit hat er den «inneren Lehrer Christus» bei sich, dessen Stimme er immer wieder vernimmt. Das innere Licht haben, heißt so viel wie nie mehr in der Finsternis ohne Erleuchtung sein, nie mehr in hilfloser Ratlosigkeit am Berge stehn, nie mehr der Leitung fremder Menschen unterworfen zu sein, sondern stets und ununterbrochen sich in der Verbindung mit dem Göttlichen befinden. Allein es ist ein inneres und nicht ein äußeres Licht, weil das Innere das Primäre ist und der Weg von innen nach außen geht. Das innere Licht ist das neue Wort, das Fox gesprochen hat und womit er seine Einsicht – der Geist und nicht die Schrift – zur Vollendung gebracht hat.

Statt inneres Licht sagte Fox auch ‚der Same Gottes'. Beides sind mystische Begriffe und können nicht wissenschaftlich erklärt werden, weil sie sich auf einer anderen Ebene bewegen. Mit der Bezeichnung ‚Saat im Menschen' gab Fox den Unterschied «zwischen dem trüben Dämmerlicht und dem helleuchtenden Strahl der Sonne, zwischen der Saat mit ihren verborgenen Entfaltungsmöglichkeiten und der reichen Pracht einer erblühten Blume» zu verstehen[20]. Die Mystik vom Samen Gottes mutet wie eine Vorwegnahme des hundert Jahre später entstandenen ostjüdischen Chassidismus an, nach dessen Ausführungen die Schechina – das ist der Glanz und die Herrlichkeit Gottes – auf diese Erde herabgesunken und bei ihrem Sturz in unzählige Funken zerstoben sei, die nun, in allen Dingen eingeschlossen, darauf warten, bis der Mensch sie wieder mit der oberen Welt in Verbindung bringe. Natürlich sind Foxens und

Baalschems Bestrebungen nicht auf den gleichen Nenner zu bringen, aber sie weisen eine nahe Berührung auf, und beide stammen aus der mystischen Sphäre. Nach Foxens Geständnis fühlte er geradezu körperlich, als «die Hufe meines Pferdes schottischen Boden berührten, wie überall Funken des Samens von Gott um mich herum aufsprühten, wie unzählige Feuerfunken»[21]. Das ist doch ganz chassidisch ausgedrückt, und noch der sterbende Fox sprach die Worte: «Der Same Gottes herrscht über alles, selbst über den Tod ... über alle widerspenstigen Geister[22].» Darnach war der Begriff ‚Samen Gottes' für Fox nur ein anderes Wort für die Gegenwart Gottes, die er auf eine ungewohnte Weise als Wirklichkeit erlebte.

Das innere Licht drängte Fox zuweilen zu plötzlichen, nicht immer leicht zu verstehenden Symbolhandlungen. Er fühlte sich unerwartet von Gott geradezu gedrängt, mitten in der Winterszeit die Schuhe auszuziehen und mit dem Rufe «wehe der blutigen Stadt Lichfield» die Straßen zu durcheilen. Fox kam dem innern Befehl wörtlich nach und sah während dieser Stunden, wie ein Bach von Blut durch die Gassen floß. Die Deutung, die Fox selbst den Symbolhandlungen gab, vermag nicht allezeit zu überzeugen. Sinnvoll werden sie nur in der Sicht des christlichen Enthusiasmus, der überall bei Fox durchbrach. Mit ihnen nähert er sich der visionär-prophetischen Ebene der alttestamentlichen Propheten, bei denen sich ebenfalls eigenartige Symbolhandlungen finden. Jeremias' Erscheinen mit dem Joch auf dem Nacken inmitten des Marktplatzes zu Jerusalem unterscheidet sich nicht prinzipiell von Foxens Auftreten in Lichfield. Hier wie dort steht man vor dem gleichen merkwürdigen Tun, dessen Mahnung und Warnung nicht zu überhören ist. Offenbar gehört das außerordentliche Gebaren zu den Erregungszuständen, die über die vom Geist ergriffenen Menschen kommen. Man darf sie nicht an einem bürgerlichen Verhalten messen. Foxens Gestalt weist deutlich prophetische Züge auf, er besaß auch die Gabe, Künftiges vorauszusehen. Cromwell las er den bevorstehenden Tod vom Gesicht ab. Die evangelische Mystik nimmt bei Fox prophetischen Charakter an.

Das innere Licht war für Fox keine ihn allein ergötzende Privatangelegenheit. Er faßte es zu keiner Stunde seines Lebens als ein liebliches Blumengärtlein auf, darin er sich königlich vergnügte. Das innere Licht äußerte sich, es drängte nach einer Ausstrahlung, und hiefür sind die Symbolhandlungen ein erster Beweis. Sie geschahen allerdings nur gelegentlich, während das innere Licht beständig in die Finsternis scheint. Fox fühlte sich durch die Erleuchtung zur Verkündigung berufen. Voll von verzehrendem Eifer wanderte er durch die englische Landschaft und predigte überall seine hinreißende Botschaft vom inneren Licht. Wo es war, auf freiem Felde, auf Marktplätzen, aber auch in Kirchen stellte sich Fox auf und redete eindringlich und mit gewaltiger Stimme zu den Menschen.

Er sprach mit einfachen, beinahe einförmigen Worten – hierin Franziskus und seinen ersten Brüdern ähnlich – und oft bis zu drei Stunden von seiner Erleuchtung. Fox war ein wiedergekommener Apostel, der keine Mühe scheute und tatsächlich wie ein Botschafter Gottes durch die Welt stürmte. Wer von ihm ein plastisches Bild bekommen will, der muß ihn im Geiste auf den Wanderungen durch England begleiten, da er hier weit stärker seine Seele verströmte als in den «Tagebüchern».

Mit den durch die Ansprachen gewonnenen Anhängern zusammen bildete Fox eine neue Gemeinschaft, die sich selbst die ‚Freunde' nannten[23]. Zu der selbstgewählten Bezeichnung kam bald ein anderer Name hinzu. Fox hatte einst gesagt, sie müßten erzittern vor dem Wort Gottes, und fortan nannte man die Freunde kurzerhand die Zitterer. Der Spottname gefiel der Masse, und sie verhöhnte die Freunde als die Zitterer, eine Beschimpfung, die sie aber ruhig über sich ergehen ließen, wohl wissend, daß der Name Quäker ein Ehrenname sei. Ganz aus der Luft war die Bezeichnung ‚Zitterer' nicht gegriffen. Die göttliche Kraft kam jeweilen mit einer solchen Intensität über Fox und seine Freunde, daß sie tatsächlich an ihren Gliedern zu beben anfingen, nicht anders wie Philipp Neri, von dem ähnliches erzählt wird. Das Zittern ist keine pathologische Erscheinung, es ist das Zeichen des übernatürlichen Enthusiasmus, der sich in Konvulsionen kundtat. Wichtiger als der Name Quäker war jedoch, daß die neue Gemeinschaft eine wirkliche Brüdergemeinde war. Ihre Seele war Margarethe Fell, die sich mit Fox verheiratete und als Mutter der Freunde in hohem Ansehen stand.

Wer die Geschichte der christlichen Gemeinde von Pfingsten bis zur Gegenwart verfolgt, wird von ihrem Schicksal in der Welt betroffen sein. Im Urchristentum brachen charismatische Kräfte auf, die zu einem völlig neuen Zusammenleben der Menschen führten, das sich in der Gütergemeinschaft der ersten Gemeinde dokumentierte. Bald aber kehrten die Christen zu dem Hergebrachten zurück und lenkten ihr Bestreben in die gewohnten Geleise. Sie versuchten, in soziologischer Beziehung ihr neues Sein nicht mehr durch eine neue Gemeinschaft auszudrücken, sondern wählten ihre Einrichtungen nach dem staatlichen Vorbild, so daß man auch innerhalb der Kirche Regierende und Regierte, Herren und Knechte, Geistliche und Laien unterschied. Das Weltprinzip hatte das Gottesprinzip nur zu bald überwuchert, und nun begehrte Fox mit seiner Gemeinschaft, diese Fehlentwicklung nach Möglichkeit zu vermeiden. Es sollte wirklich eine neue Gemeinschaft sein, eine Gemeinschaft, die vom inneren Licht geleitet wurde. Das Neue daran zeigte sich in der eigenartigen Verbindung von Passivität und Aktivität, die sie auf eine nicht alltägliche Art in sich zu vereinigen vermochten. Die beiden Pole stehen bei den Quäkern nicht im Gegensatz, sondern sind vorbildlich ausbalanciert. Für sie ist die Passivität die

Keimzelle der echten Aktion, weil die christliche Kontemplation zur Tätigkeit führen muß, soll sie nicht in sich verfaulen – und wiederum bedarf der Unternehmungsgeist der Beschaulichkeit, ansonst er sich in einer atemlosen Hetze verausgabt.

Die passive Einstellung wird am stärksten im Gottesdienst der Quäker sichtbar, der ohne priesterliche Leitung und religiöses Zeremoniell vor sich geht. Die Gemeindeglieder kommen zusammen, setzen sich nieder und warten in völligem Schweigen, bis einer von ihnen vom Geiste bewegt wird, an die Anwesenden ein Wort zu richten. Gibt der Geist sich niemandem kund, dann gehen sie in Schweigen, ohne ein Wort geredet zu haben, wieder auseinander. Der schweigende Gottesdienst verdient alles andere denn eine ironische Bewertung. Er steht sichtlich im Gegensatz zu dem offiziellen Protestantismus, dessen kultische Feier ganz auf das Wort ausgerichtet ist. Der reine Wortgottesdienst der evangelischen Christenheit leidet bei allen Vorzügen auch an unverkennbaren Nachteilen, die bereits gegenüber einer Messe von Mozart, Haydn, Bruckner zutage treten. Der protestantische Predigtgottesdienst überfordert den Verkündiger, er kann dem übersteigerten Anspruch allsonntäglich nicht genügen, ohne zu Formeln, Phrasen, Wiederholungen seine Zuflucht zu nehmen, die in den Zuhörern wiederum fatale Enttäuschungen bewirken. Im Zeitalter der Presse, des Rundfunkes und des Fernsehens ist ohnehin eine Wortinflation eingetreten, die eine schwere Krise des Predigtbesuches nach sich zieht. Man kann solche Probleme nicht mit den törichten Fragestellungen lösen: Was erwartet der Gebildete von der Kirche, was erwartet die Jugend von der Kirche usw. Das Wort des Verkünders vermag sich nicht mehr durchzusetzen, namentlich dann nicht, wenn es nicht aus einer wirklichen Vollmacht heraus gesprochen ist. Gegenüber dem betäubenden Wortgeräusch in der modernen Welt bildet der schweigende Gottesdienst der ‚Freunde' eine heilsame Korrektur. An Stelle vom beständigen, oft inhaltslosen Reden bringt das Quäkertum in seinen Gottesdiensten das mystische Element zur Geltung: Der Christ muß vor allem warten und schweigen, damit er lerne, auf Gott zu hören! Das angestrengte Lauschen auf Gott ist wesentlich, denn nur von Gott kann die erlösende Antwort kommen. Auf seiten des kirchlichen Protestantismus hat der hellhörige Rudolf Otto die Bedeutung des schweigenden Gottesdienstes erkannt. Beeinflußt von den Quäkern unterscheidet er ein dreifaches kultisches Schweigen: das wartende Schweigen, das sakramentale Schweigen und das einende Schweigen. In allen drei Haltungen drückt sich das Gefühl für die Gegenwart Gottes aus. Zuletzt stimmte er das für die mystische Sphäre bezeichnende Lied an: «Heiliges Schweigen, aus Stille geboren, Schleuse bist du der tieferen Flut ...[24].»

Im schweigenden Gottesdienst der Quäker darf sich die Frau in genau gleicher Weise zu Wort melden wie der Mann. Nach Foxens Dafürhalten und Erfahrung teilt sich der Geist Gottes dem Weibe so gut wie dem Manne mit. Damit hat sich Fox für die völlige Gleichstellung der Frau eingesetzt. Er notierte sich in sein Tagebuch: «Gläubige Frauen, welche zum Glauben an die Wahrheit berufen sind und desselben köstlichen Glaubens teilhaftig gemacht sind wie die Männer, und Miterben desselben ewigen Evangeliums des Lebens und Heils, sollen gleicherweise in den Besitz und Stand der Ordnungen des Evangeliums kommen und somit Mitgehilfen der Männer werden bei den Neugestaltungen im Dienst der Wahrheit in den Angelegenheiten der Kirche[25].» Die einleuchtende Aussage könnte man beinahe für einen Gemeinplatz halten. Doch ist dies gar nicht der Fall. Foxens Worte sind dem Ei des Columbus ähnlich. Heute kann ein jeder diese Forderung erheben. Vor Fox aber hat dies niemand getan! Er hat hierin wiederum zuerst eine Bresche in eine Mauer von jahrhundertealten Vorurteilen geschlagen. Er machte dem Zustand der Unterwürfigkeit, welche die Frau an der Entfaltung und Vervollkommnung ihres religiösen Lebens hinderte, ein radikales Ende. Die Gleichstellung von Mann und Frau hat nichts mit Emanzipation zu tun, sondern liegt vielmehr im Schöpfungsgedanken, denn Gott hat beide geschaffen. Die Gleichberechtigung allein entspricht der sittlichen Würde der Ehe. Jede geistig erwachte Frau, der sie vorenthalten wird, muß sich dadurch zutiefst gekränkt fühlen. Es ist eine einfache Frage der Gerechtigkeit, daß man der Frau die gleichen Rechte einräumt wie dem Manne, und es kann keine echte christliche Argumentation sein, die sich darüber leichtfertig hinwegsetzt. Mit seiner Gleichberechtigung hat Fox eine moderne Forderung um Jahrhunderte vorweggenommen und damit seine neue Gemeinschaft davor bewahrt, eine ausschließliche Männerangelegenheit zu sein.

Der ausgeprägte Sinn für das mystische Leben hat Fox nie dazu geführt, in Passivität zu verharren. Die Gemeinschaft der Freunde war bemüht, Früchte des Glaubens hervorzubringen, womit das starke aktive Element zusammenhängt, das bei ihnen die kontemplative Haltung ergänzte. Aber die Aktivität löste sich nie vom mystischen Untergrund ab, was sie vom betriebsamen Leerlauf, der sich gerne bei den Tätigkeitsmenschen einstellt, bewahrte. Sie fühlten sich im Widerspruch zu den Einrichtungen, Sitten und Gebräuchen der traditionell orientierten Christenheit und gaben ihrer Kampfesstellung auch mutig Ausdruck. In Fox meldete sich der christliche Protest zu Wort, auf den keine Gemeinschaft verzichten kann, die nicht im Weltlichen versinken will.

Die Strahlungskraft des inneren Lichtes schlug bei Fox ein ausgesprochen soziales Pathos von großer Eindrücklichkeit an. Der mystisch eingestellte Mann fühlte sich zuweilen getrieben, den reichen Leuten zu sagen, «sie sollten die Dienstboten nicht am Lohn verkürzen», er warnte sie auch, ihre Mitmenschen zu unterdrücken. Fox schrieb in einem Flugblatt: «Fürwahr, die ihr euch Christen nennt und eine christliche Obrigkeit – seid ihr nicht schlimmer als die

Juden, die den Zehnten nahmen und Kornhäuser hatten, obgleich es keinen Bettler in Israel geben sollte? Und eure Blinden, Witwen und Waisen schreien in euren Straßen nach Brot. Die Armen und Bresthaften ebenso. Ist das nicht eine Schande für euer Christentum? Wie kann da die Liebe Gottes in euch wohnen? ... Ist denn dies wahres Christentum, daß man so viele Predigten, Gebete, Ermahnungen und Reden anhört, währenddem man so viele Blinde und Lahme und arme Männer, Frauen, Kinder in den Straßen sich herumtreiben sieht?[26]» Fox hätte die Echtheit des inneren Lichtes nicht deutlicher unter Beweis stellen können als durch diese anklagenden Worte, welche die Schande der christlichen Welt schonungslos beim Namen nannten. Die Appellation an das Gewissen der Menschen über die zum Himmel schreienden sozialen Mißstände war nicht eine Nebenfunktion in Foxens Wirksamkeit. Das offene Wort, das er an die christliche Gesellschaft richtete, zeigt die aktuelle Größe seiner Christentumsverkündigung. Ergreifend ist es, wie der visionäre Mann sich gezwungen fühlte, «in die Gerichtshöfe zu gehen, um nach Gerechtigkeit zu schreien». Der erschütternde Schrei nach Gerechtigkeit, der nicht mit einer bloßen Rüge verglichen werden kann, war gerade an dieser Stätte bitter notwendig. Fox ermahnte auch die Schankwirte und wandte sich auf den Jahrmärkten gegen das betrügerische Handeln der Verkäufer. Er redete Steuereinnehmern und Lehrern ins Gewissen und ermahnte sie, ihre Berufsaufgabe ernst zu nehmen. Foxens soziales Pathos ist kein bloßer Moralismus oder unliebenswürdiger Puritanismus. Dieser Argwohn ist ein zu bequemes Auskneifen, er versündigt sich gegen die Wahrheit und übersieht die Verwandtschaft mit dem alttestamentlichen Prophetismus. Das Ethos bildet doch einen integrierenden Bestandteil des Christentums, und Foxens inneres Licht durchleuchtet das ganze Leben. Mochte es auch zuweilen den Eindruck eines Rigorismus erwecken, es bleibt anerkennenswert, daß Fox überall für sittliche Sauberkeit eintrat und die einwandfreie Lebensführung nie als eine lächerliche Kleinigkeit betrachtete. Sie ist nicht die Krone, aber die Voraussetzung einer christlichen Existenz und geht noch heute alle Christen an.

Der christliche Protest richtete sich auch gegen jegliche Kriegführung. Fox beteiligte sich absichtlich nicht an Cromwells Kriegszügen gegen Karl II., indem er auf die Aufforderung, dem Parlamentsheer beizutreten, erwiderte: «Ich weiß wohl, woher aller Krieg kommt: aus der Begierde, wie schon Jakobus lehrt; ich aber stehe in jener Kraft und in jenem Leben, die von vorneherein allen Krieg ausschließt[27].» Die Unvereinbarkeit von Evangelium und Krieg stand für Fox fest. Er kannte hierin nicht das geringste Schwanken und erklärte auch den Verteidigungskrieg für sittlich nicht erlaubt. Mitten im zerfleischenden Bürgerkrieg hat er unerschütterlich an der Einsicht festgehalten: «Alle, die jetzt vorgeben, für Christus zu kämpfen, betrügen sich; denn sein Reich ist nicht von dieser Welt; darum kämpfen seine Diener nicht. Die Streitenden gehören nicht zu seinem Reich, denn sein Reich ist Frieden und Gerechtigkeit[28].» Wäre doch nur die ganze Christenheit dieser Erkenntnis allezeit nachgekommen, wie anders stünde heute die Welt da! Mit Ausnahme von ein paar Wehrlosen wie Franziskus, Denk usw. ist die Christenheit im Blut gewatet, und das Evangelium erstickte darin. Fox hat hierin das ursprüngliche Evangelium wieder auf den Leuchter gestellt und mit einer Klarheit, die aus der Welt des Unbedingten stammt, alle Nebelschwaden einer pseudochristlichen Verbrämung des Krieges rücksichtslos zerteilt. Die Quäker haben als einzige Gemeinschaft bis zum heutigen Tag jegliches Waffentragen abgelehnt – eine mutige Haltung, die man nicht hoch genug anerkennen kann und die sich vorteilhaft unterscheidet von der schändlichen Segnung der Waffen, deren sich viele Priester schuldig gemacht haben. Fox hat hierin nie den geringsten Verrat am Evangelium begangen. Er hat die Einstellung des späten Tolstoj vorweggenommen, mit dem er mannigfache Berührungspunkte aufwies. Die strikte Ablehnung des Krieges ist eindrucksvoll, und wenn sie auch vielleicht der Kompliziertheit des schweren Problems nicht allseitig gerecht geworden ist, so ist sie doch von großartiger Gradlinigkeit. Nur kompromißfreie Konsequenz kommt hierin dem Evangelium nahe. Sie geht vielen Christen erst heute in ihrer ganzen Größe auf, wo die Atombewaffnung ihr eigenes Leben zu vernichten droht. Durch die Verneinung der Gewalt gelang es Fox, das Quäkertum außerhalb aller Machtkämpfe seiner Zeit zu halten, die noch jede religiöse Bewegung vergiftet haben. Die Quäker sind die einzige Gemeinschaft, die Toleranz nicht nur forderten, als sie verfolgt wurden, sondern sie auch dort gewährten, wo sie die Mehrheit hatten. Die Duldung floß bei ihnen aus der christlichen Liebe und nicht aus einer religiösen Gleichgültigkeit, und darin liegt die bleibende Vorbildlichkeit ihrer Haltung.

Ebenso unbeirrt haben die Quäker gegen die Sklaverei angekämpft. Auch dieses Thema ist für die allgemeine Christenheit beschämend, wenn man bedenkt, wie lange und wie selbstverständlich die Vereinbarkeit von Christentum und Sklaverei hingenommen wurde. Die Kirchenmänner haben zuweilen nicht einmal das Problem gesehen, das hierin doch unstreitig vorliegt. Sie haben mit sträflichem Leichtsinn die Sklaverei als eine christlich zu Recht bestehende Einrichtung verteidigt. Einen Menschen zu versklaven und ihn als Ware zu verkaufen, steht mit der Auffassung vom Menschen als Ebenbild Gottes in unvereinbarem Widerspruch. Jegliche Form von Sklaverei ist eine Verhöhnung der christlichen Bruderliebe. Unbegreiflicherweise funktionierte das christliche Gewissen in dieser Hinsicht gar nicht. Sogar eine edle Gestalt wie Las Casas ist in seiner Verzweiflung über die schändliche Behandlung der Indianer auf den hilflosen Gedanken gekommen, an ihrer Stelle Neger aus Afrika als Sklaven einzuführen. Die Quäker dagegen haben diese Fragen in ihrer ganzen Bedeutung erkannt und hierin einen tapferen Kampf geführt. Das innere Licht erhellte auch hier eine finstere Situation. Eine Quäkerin schrieb das Buch «Onkel Toms Hütte» – mag es nun, als Dichtung betrachtet, nicht auf einer hohen Stufe stehen, so hat es zur Aufrüttelung der Gewissen gegen die entsetzliche Sklaverei unendlich viel beigetragen, und das ist mehr wert als aller Ästhetizismus. Keineswegs ist der Kampf gegen die Sklaverei heute eine geschichtlich abgeschlossene Tatsache. Er ist von zeitloser Aktualität. Der Versuch, seine Mitmenschen zu versklaven, lauert immer wieder im Menschen und besonders dann, wenn sein Verantwortungsgefühl nicht erwacht ist. Nur mit wahrer Bestürzung kann man in der Gegenwart an die Arbeiter in den Urangruben und an die Insassen der Arbeitslager denken. Sie sind ein sprechender Beweis für die Sklaverei in der Neuzeit, denn sie hat bloß äußerlich eine andere Form angenommen, besteht aber dem Inhalte nach immer noch. Der böse Trieb des Menschen wird einzig durch den Geist des Evangeliums besiegt, der dagegen den Kampf aufnimmt.

Foxens Forderungen scheinen heute selbstverständliche Wahrheiten zu sein, waren es aber damals nicht. Er kämpfte gegen unsagbare Widerstände. Mit bloßen Worten waren sie nicht zu verwirklichen. Sie mußten erlitten werden. Fox besaß eine unerhörte Bereitschaft, für die Wahrheit zu leiden, was seiner Person den größten Adel verleiht. Oft fiel das Volk im Zorn über Fox her, warf ihn zu Boden und deckte ihn mit Schlägen förmlich zu. Manchmal wurde er sogar ins Gefängnis geworfen und nachher aus der Stadt verstoßen. Der Pöbel bearbeitete ihn mit Stöcken und Heugabeln, mit Steinen bewarfen sie ihn, und Priester schlugen ihm die Bibel ins Gesicht. Sein Körper war oft gelb und blau von der Züchtigung, die er an einem Tag erhalten hatte. Fox hat dies alles mit einer bewunderungswürdigen Standhaftigkeit auf sich genommen. Sein seelischer Mut ist keinem Leiden ausgewichen, betrachtete er es doch als zu seiner Aufgabe gehörend. Als einst die Schläge nur so auf ihn niederprasselten, begann Fox plötzlich zu singen, was die Rohlinge natürlich nur noch wütender machte. Einmal lag er auf der nassen Erde, und die Verfolger zerquetschten ihm die Hand so sehr, daß es schien, sie sei für immer verstümmelt, doch Fox «blieb einige Zeit unbeweglich und die Kraft des Herrn durchzuckte mich und die ewige Erquickung erquickte mich»[29]. Mitten im Leiden empfand Fox oft die Gegenwart Gottes geradezu körperlich. Das spürbare Durchdrungensein von der Kraft Gottes in allen Schmerzen weist auf einen mystischen Zusammenhang hin. Foxens leidenswillige Einstellung hat nichts mit einer geheimen Freude an Radauszenen zu tun. Es kann auch nicht eine bloße Einbildung sein, was einen Menschen dazu befähigt, ein solches Leben der Verfolgung auf sich zu nehmen. Dies ist nur aus einer mystischen Kraft möglich, sie brach auch stets in seinem Leben wie eine lodernde Flamme hervor. Während der Verfolgungszeiten steigerten sich die Gotteskräfte in Fox ins Unermeßliche.

Die geschichtliche Beurteilung Foxens hat zwei verschiedene Phasen durchgemacht, die sich schroff gegenüberstehen. Die Gegensätzlichkeit mag schuld daran sein, daß Fox bis heute noch nicht den von heimlichem Enthusiasmus erfüllten Biographen gefunden hat, dessen Darstellung wie ein klares Echo auf die Geistesmächtigkeit dieses Mannes antwortet.

Zunächst empfand man vor allem die fragwürdigen Züge an Fox. Der Protestantismus lehnte anfänglich das Quäkertum ab. Das rustikale Auftreten Foxens war nicht wenig daran schuld. Nach seinen Aufzeichnungen scheint er in seiner Jugend ein wenig zu heilig gewesen zu sein, wodurch er in eine kleine Selbstgerechtigkeit verfiel. Im Alter dagegen nahm seine innere Lebendigkeit zugunsten einer gewissen Langweiligkeit ab, eine leise Verbürgerlichung ließ ihn zuletzt den Ordnungsgedanken stark betonen, während er sich zuerst gegen alle Tradition gewandt hatte. Sein ausgeprägter Subjektivismus verwechselte zuweilen persönliche Einfälle mit göttlichen Offenbarungen. Es ist nicht immer klar, wie er die Stimme des Menschen von der Stimme Gottes unterschied. Dieser Unklarheit ist er sicher nicht allezeit entgangen, zumal bei ihm auch eigensinnige Züge wahrzunehmen sind. Fox verteidigte unwichtige Dinge mit einer Vehemenz, als wären sie von großer Notwendigkeit. Zahlreichen Aussagen von Fox «liegt ein eigentümliches Weltverständnis zugrunde, völlig verschieden von dem unsrigen und auch – äußerlich jedenfalls – vom Weltverständnis der späteren Quäker»[30], wie es bei einem Don Quijote des Geistes auch nicht anders sein kann.

Später, als sich «der Schatten des Institutionalismus» auf die wachsende Gesellschaft der Freunde gelegt hatte, machte die Ablehnung einer sichtlichen Anerkennung Platz. Man vergaß die übertriebenen Auswüchse der ersten Quäker und begann ihre Nächstenliebe lobend hervorzuheben. Ihre Liebestätigkeit wurde allgemein anerkannt, und man pries ihre soziale Gesinnung, ohne jedoch auf die religiösen Wurzeln zu achten, aus denen ihre vorbildlichen Taten herauswuchsen. Heute hat der Name ‚Quäker' in der Welt einen guten Klang, überall empfindet man Respekt vor ihrem Auftreten. Mit der Schätzung des Quäkertums sah man auch seine Begründer in einem andern Licht.

Beide Beurteilungen dürften nicht zu Recht bestehen. Die anfängliche Ablehnung des Quäkertums war eine offenkundige Ungerechtigkeit, und die heutige konventionelle Schätzung beruht auf Oberflächlichkeit und Mißverständnis, denen viel unverbindliche Höflichkeit zugrunde liegt und die nur entstehen konnten, weil man sich mit dem nach Gerechtigkeit schreienden Fox gar nicht mehr ernst auseinandersetzte.

Die wahre Erfassung beginnt jenseits dieser beiden Einstellungen, die so oder so dem bürgerlichen Lebensgefühl verpflichtet sind. Fox wird nur verständlich, begreift man ihn als den außergewöhnlichen Menschen, der alle Wände durchbrach, welche die Etikette zwischen den Menschen errichtet hat. Der Mann, dem die Vision vom inneren Licht zuteil geworden ist, war in jeder Beziehung eine ungewöhnliche Erscheinung, die Carlyle als «das merkwürdigste Ereignis der neuen Geschichte» empfand, so daß nach seiner Meinung nie Größeres geschah. In seinen Anfängen wurde Fox sicherlich von den ewigen Mächten bewegt, die ihn über sich selbst hinaushoben. Er war der geistgetriebene Mensch, und man wird unwillkürlich an das Wort des Paulus erinnert: «Alle, die der Geist Gottes treibt, sind Gottes Kinder.» Bei Fox ereignete sich ein Geist-Einbruch, und infolge dieses unvorstellbaren Geschehens kam endlich das Christentum wieder in eine elementare Bewegung, es hörte mit einem Schlag auf, ein stehendes Sumpfwasser zu sein. In Fox zeigte das Evangelium wieder seine umstürzende Kraft, es war zum ursprünglichen, feuerspeienden Vulkan geworden. Auch kirchliche Beurteiler müssen seufzend bezeugen, «daß Fox unter dem buntscheckigen Prophetenmantel seiner häretischen Ideen ein schweres Stück göttlicher Vollmacht trug»[31]. Dem Eindruck des Von-Gott-gesendet-Seins kann man sich schwerlich entziehen. Nach Johannes Kühn «ist Fox die religiöseste Erscheinung, die das Abendland seit Luther hervorgebracht hat»[32], und Voltaire hat ihn sogar mit Jesus verglichen. Dies geht natürlich viel zu weit; aber die Wahrnehmung drängt sich auf, daß bei Foxens Frühperiode die Tage der Apostelgeschichte wieder lebendig geworden waren. Wie die Apostel einst den ganzen Erdkreis erregten, so ging auch von Fox eine tiefschürfende Umwälzung aus.

Fox widerfuhr das Geist-Erlebnis, ähnlich wie es auch später Grundtvig erlebt hat. Freilich warf es bei dem Dänen weniger hohe Wellen als bei dem Engländer. Durch das Erlebnis des Geistes ist Fox in der Ausstrahlung Joachim von Fiore gleichzuordnen, er ist eine Frucht von seinem Baum. Wahrscheinlich hat er selbst von der Existenz des geistesmächtigen Abtes aus Kalabrien gar nichts gewußt, er kannte wohl Jakob Böhme, verfügte aber sonst nicht über große historische Kenntnisse. In dieser Hinsicht kommt es jedoch nicht auf das verbale Wissen an. Mag Fox auch nichts von seinem Vorläufer gehört haben, er ist doch ein Joachim redivivus. Wie der Verkünder des Zeitalters des Heiligen Geistes vertrat auch Fox ein ausgesprochenes Geist-Christentum, das den «Sonnenaufgang einer neuen Heilsperiode» ankündigte. Der Heilige Geist ist einem Platzregen gleich über ihn gekommen, der ihn bis ins Innerste durchdrang. Fox setzte die Linie von Joachim von Fiores Spiritualismus fort, es geht auch bei ihm in irgendeiner Weise um das dritte Zeitalter, das immer eine mystische Vorstellung ist. Aus diesem Grunde wirkt seine Erscheinung wie ein Sturm, der über die englische Christenheit hereinbrach und viele dürre Blätter von ihren Bäumen schüttelte. Es ist etwas ganz Großes um Foxens Vision vom inneren Licht, und es fehlt an geeigneten Begriffen, um davon in adäquater Form zu reden.

Die ernsthafte Prüfung von Foxens mystischem Geist-Christentum hat noch kaum begonnen, geschweige denn daß sie würdig zu Ende geführt worden wäre. Man legte es zu den Akten, bevor das Gespräch nur in Fluß gekommen war. Die Auseinandersetzung muß endlich durchgeführt werden, und zwar mit ganz anderer Unvoreingenommenheit, Aufgeschlossenheit und Gründlichkeit, als es die Christen gewöhnlich mit einem unbequemen Partner zu tun pflegen. Das ursprüngliche Quäkertum darf nicht länger als «christliches Schwärmertum» bespöttelt werden. Vielmehr kündigten sich in ihm neue Möglichkeiten an, die ganz ungewöhnliche Perspektiven eröffneten. Fox ist nicht bloß eine Ergänzung zum kirchlichen Protestantismus. Die Mystik des Quäkertums hat einen ungeahnten Tiefgang und ein weites Ausmaß. In Foxens Botschaft klopfte ein Neues an die Türe der Christenheit und begehrte stürmisch Einlaß. Wird sie ihm gar nie öffnen?

DIE FRÜCHTE

PETER POIRET

[1646–1719]

IM DIENST DER ROMANISCHEN RELIGIOSITÄT

I

Manchmal steht die landschaftliche Herkunft eines Menschen mit seinem Wesen in einer inneren Beziehung. Es ist nicht zufällig, daß Peter Poiret aus dem Elsaß stammt, dessen Eigentümlichkeit in ihm eine der edelsten Verkörperungen fand. Das von den Vogesen durchzogene Elsaß ist für die Geschichte der Mystik eine bemerkenswerte Landschaft. In diesem Gebiet predigte einst Johannes Tauler, und von ihm ist eine befruchtende Wirkung ausgegangen, die sich weit in den Protestantismus hinein erstreckte. Auch die spätmittelalterliche Gottesfreundbewegung besaß ihr Zentrum im Elsaß, weswegen Nikolaus von Flüe sich zuerst dorthin begeben wollte. Noch unmittelbar vor der Reformation malte Mathias Grünewald daselbst den Isenheimer Altar, der mehr als Kunst ist, weil er die reine Wahrheit verkörpert. Die zahlreichen symbolischen Andeutungen des Altarbildes können nur im mystischen Geist verstanden werden, und es strahlt noch heute eine Heilkraft nach allen Seiten aus. Elsässer war auch Jakob Philipp Spener, der Vater des Pietismus, der eine gewisse Empfänglichkeit für das mystische Anliegen besaß. Im abgelegenen Steintal wirkte im 18. Jahrhundert der Pfarrer Friedrich Oberlin, er übte eine sozial bahnbrechende Tätigkeit aus und stand in einer mystischen Verbindung mit seiner verstorbenen Frau, wie man dies im Protestantismus sonst nicht kennt. Seit Jahrhunderten war das Elsaß ein Grenzland zwischen der französischen und der deutschen Kultur, es empfing von beiden Seiten Einflüsse und gab die Anregungen auch nach beiden Richtungen weiter. Durch die mit der geographischen Lage gegebene Funktion wirkt auch Poiret wie eine persönliche Verkörperung der elsässischen Landschaft.

Poiret stammte aus einem einfachen, ehrenwerten und frommen Elternhaus, das sich zu der hugenottischen Kirche zählte. Für die erste Hälfte seines Lebens war diese religiöse Herkunft bestimmend. Das strenge, aber saubere Wesen der hugenottischen Einstellung prägte seinen Charakter. Eine innere Zuneigung zum calvinistischen Geist dagegen nimmt man bei Poiret nicht wahr, dies hätte auch seiner seelischen Struktur nicht entsprochen. Dem früh verwaisten Knaben gebrach es zunächst an den nötigen Hilfsmitteln zu seiner weiteren Ausbildung. Er kam zu einem Bildhauer in die Lehre, doch verfügte er über keine künstlerische Begabung. Nach einiger Zeit wechselte er seine Berufslaufbahn und begann mit dem Studium, das seinem Naturell mehr entsprach. Der junge Mann bezog die Universität Basel und studierte am Erasmischen Kollegium Theologie. Tiefere Einflüsse sind von keinem seiner Lehrer auf ihn ausgegangen, auch nicht von Johann Rudolf Wettstein, der ihn wohlwollend in seine Familie aufgenommen hat. Poiret fand unter den Dozenten keine überragende Gestalt, die ihn begeistert hätte. Er blieb innerlich unbefriedigt, was bei dem Zustand der damaligen Theologie nicht unverständlich ist.

Während der Studienjahre stürzte sich Poiret förmlich auf die damals aufkommende, noch fast unbekannte Philosophie von Descartes. Der französische Denker betrachtete die Dinge mit einem andern Blick, als man es bisher getan hatte, und diese neue Anschauung kam dem aufgeweckten Studenten überaus entgegen. Descartes war nach Kierkegaards Urteil «ein ehrwürdiger, demütiger, redlicher Denker, dessen Schriften sicherlich keiner ohne tiefste Rührung lesen kann»[1]. Die Bücher Descartes' wurden für Poirets Entwicklung bedeutsam, sie machten ihn zum Anhänger der neuen Philosophie. Poiret nahm Descartes' Auffassung mit der Bereitschaft des jungen Menschen in sich auf und wurde darob, dank seiner Aufgeschlossenheit, zu einem der frühesten Rationalisten. Die rationalistische Bewegung kam damals auf und kämpfte um ihr Daseinsrecht. Sie war noch nicht in die Hörsäle der Universitäten eingedrungen, aber sie war entschlossen, das Leben von einer neuen Seite aufzurollen. Die Vernunft schrieb sich die Aufgabe zu, «alles Geheimnisvolle, Unerklärte, Dunkle anzugreifen und so die Welt durch ihr Licht aufzuhellen»[2]. Poirets Zuwendung zum Rationalismus ist psychologisch leicht verständlich. Der junge Mensch ergreift immer gerne die Partei des Neuen, und die erstarrte Theologie mit ihren dürren Lehrstreitigkeiten konnte einen feurigen Jüngling nicht befriedigen. Er mußte nach einer philosophischen Weltanschauung Ausschau halten und fand sie in den Werken Descartes'! Den Ausgangspunkt vom Zweifel zu nehmen und die Vernunft zum Leitfaden zu wählen, leuchtete dem aufgeschlossenen Studenten ein. Durch die cartesianische Philosophie kam ein skeptisches Element in Poirets Denken hinein, doch wurde es wieder ausgeglichen durch sein persönliches Interesse an den philosophischen Fragen. Später veröffentlichte Poiret eine Schrift unter dem Titel «Vernünftige Gedanken», die einem ausgeprägten Vernunftgebrauch das Wort redet und beim Erscheinen reichen Beifall erntete, wenn sein Buch auch bereits mehr in seine Vergangenheit als in die Zukunft schaute.

Durch Descartes wurde in Poiret das philosophische Denken geweckt, was er immer freimütig bekannt hat. So leidenschaftlich er auch Descartes zugetan war, er hat dessen Gedanken doch nicht kritiklos in sich aufgenommen und konnte seiner Konstitution nach nicht bei ihnen stehenbleiben[3]. Poiret war ein zu gefühlvoller und religiöser Mensch, um bei dieser ausschließlich rationalen

Auffassung sein Genügen zu finden. Je reifer Poiret wurde, um so stärker kehrte er sich vom Rationalismus ab, und schließlich wurde aus einem der ersten Anhänger einer der ersten Kritiker von Descartes' Philosophie. Diese Leistung hebt ihn vor allem über das Tagesgeschehen hinaus. Der Rationalismus vermag nach Poiret der Fülle des Lebens nicht gerecht zu werden. Mit dieser Einsicht begann in Poiret ein Prozeß, der noch interessanter ist als seine jugendliche Zuwendung zu Descartes. Durch die sich verstärkende Abwendung von der rationalen Bewegung kam ein Bruch in sein Dasein hinein, sind doch nach Poirets neuer Wahrnehmung die Kräfte des Intellekts durch die Abkehr des Menschen von Gott «derart verderbt, krank und geschwächt worden, daß der beste und vielleicht einzige Weg zu Gott, der Quelle der Wahrheit, mehr in ihrer Ruhe als in ihrer Fähigkeit und Übung besteht»[4]. Die Vernunft kann sich nicht selbst heilen, und ihre Gedanken reichen höchstens an die Bilder Gottes und nicht an Gott selbst heran. Die des Glaubens beraubte Vernunft bringt nur ungeordnete Chimären hervor. Poiret hat zuletzt die Ratio als ein trügerisches Idol beurteilt: «Reiße nieder, Herr, reiße nieder diesen großen Götzen der menschlichen Vernunft[5].»

Später machte Poiret geltend, ohne Erleuchtung sei der Vernunftgebrauch auf religiösem Gebiet trügerisch und führe schließlich zum Atheismus. Keineswegs war Poiret ein prinzipieller Vernunftgegner, da er einen vom Glauben erleuchteten Verstand kannte. Ohne das Glaubenslicht jedoch gelangt die Philosophie nie zur vollen Erkenntnis der Ideen. «Nur der erkennt die natürlichen Dinge mit realer Wahrheit, dem sie der Urheber der Natur selbst durch lebendige und leuchtende Einwohnungen kundgetan hat[6].» Bei Poiret findet sich eine an Pascal gemahnende Betonung der Intuition, die er bewußt der Logik gegenüberstellte, und mit der Einsicht in das Irrationale umriß er eine Position, die noch heute zur Diskussion steht. Die Entdeckung der gefühlsmäßig erfaßbaren Wahrheit gehört zu Poirets bedeutsamsten Leistungen. Sie bringt die notwendige positive Ergänzung zu seiner Vernunftkritik und stellt die Wegbereitung zu seinem mystischen Verständnis dar. Die Anhänger Descartes' zählten ihn deswegen später unter die Schwärmer und nahmen ihn nicht mehr ernst.

Ins Elsaß zurückgekehrt, heiratete er die Witwe eines Bekannten. Die Ehe mit Claudia Kin war nicht glücklich, die Frau quälte ihn mit ihren Launen und Zänkereien. Vorübergehend hielt er sich in Heidelberg auf und begann eine Predigttätigkeit, wobei er aus freien Stücken und ohne Lohn die Kanzel bestieg. Er beteiligte sich nicht an den theologischen Lehrstreitigkeiten, denn nach seiner durchaus berechtigten Auffassung schadeten sie nur der Frömmigkeit, und die Zuhörer bekamen Steine statt Brot. Auch von der moralischen Verurteilung der Laster versprach sich Poiret nicht viel. Er schlug bewußt Herzenstöne an und kam damit dem Evangelium näher und brachte die Predigtbesucher zum Aufhorchen. Ihm war die Stärkung der inneren Religiosität wichtig, der gegenüber alles Äußere zurückzutreten hat.

Poiret kam auf den Gedanken, innere Werte in der Predigt zu vermitteln, weil ihm kurz zuvor einige mystische Bücher in die Hände gefallen waren. Er hatte Thomas a Kempis' «Nachfolge Christi» und Hiels «Verborgenen Ackerschatz» gelesen. Sie führten seine Wendung zur Mystik herbei, die sich damals in der Christenheit erneut zu regen begann. Sie kam seiner Abkehr vom Rationalismus und seiner Hinneigung zur Intuition entgegen. Poirets zweite Pfarrstelle bestärkte ihn in dieser Neigung, da er während jener Jahre sich stärker mit der deutschen Mystik befaßte. Das «Büchlein vom vollkommenen Leben» des unbekannten Frankfurters gefiel ihm so gut, daß er eine französische Übersetzung verfertigte. Ein noch größeres Erlebnis bedeuteten ihm die Schriften Taulers, denn sie eröffneten ihm vollends den Blick für die mystische Welt. Meister Eckhart lernte Poiret leider in seinem Leben nie kennen.

Die ersten mystischen Bücher haben das seelische Erdreich Poirets mächtig umgepflügt. Der ernste Prediger empfing durch sie weitere Lebenseindrücke. Während des Einfalls der Franzosen zog man Poiret zur Seelsorge an schwerverwundeten Soldaten heran. Sie schienen ihm gottwohlgefälliger zu sein als die gelehrten Streittheologen. Bei dieser Tätigkeit wurde er selbst von der Ruhrkrankheit ergriffen, er kämpfte beinahe eine Woche lang unter qualvollen Schmerzen um sein Leben. Poiret befand sich am äußersten Rand des Daseins. In dieser Not kam ihm sein ganzes bisheriges Leben leer und schal vor. Angesichts des nahen Todes betrachtete er all sein Tun als unnütze Possenreißerei. Er schämte sich seiner Lebensgewohnheiten und tat in seiner größten Not das Gelübde, ein anderes Leben zu beginnen, wenn ihm Gott noch einmal das Leben schenke. Poiret erlebte auf dem Krankenbett seine Erweckung, blitzartig haben ihn die Strahlen des ewigen Lichtes erleuchtet. Eine höchst reale Erfahrung und nicht bloße Lektüre mystischer Literatur bewog Poiret zur Umkehr. Er war durch die Todeszone geschritten und hatte die Hilfe des Ewigen sichtlich erfahren. Dies gibt seinen Worten zum voraus ein anderes Gewicht, man spürt den ganzen Ernst, der dahintersteht.

Poiret war nicht der Mensch, der in einer Stunde der Bedrängnis ein Gelöbnis ablegte und es wieder vergaß, wenn die Zeit der Gefahr vorbei war. Nach seiner Genesung beschäftigte er sich mit den mystischen Schriften mit viel größerem Eifer als vorher. Sie hatten ihn auf den richtigen Weg gewiesen, und er gab sich ungehemmt ihrem Einfluß hin. Zunächst erwuchsen ihm daraus Bedenken über seine Amtstätigkeit. Nicht der Pfarrerberuf an sich schien ihm verdächtig zu sein, wohl aber fragte er sich, ob er der richtige Mann hiefür sei. Auch fühlte er keine gleichgesinnte Gemeinde hinter sich stehen, und das Fehlen einer echten Gemeinschaft trieb ihn noch vollends auf den Weg des Einzelnen. Er geriet in eine Gewissensunruhe, von der er sich nicht befreien konnte und die damit endigte, daß er wie einst Sebastian Franck auf sein Amt freiwillig verzichtete. Poiret selbst hat über seine Amtsniederlegung gesagt: «Und die Betrachtung meiner Unwürdigkeit allein, und daß ich zu ungeschickt dazu wäre und die Zuhörer der heiligen Sachen sich wenig zu Nutz machten und mißbrauchten, hat mich bewogen, die Bedienung des Predigeramtes nicht wieder anzunehmen[7].» Die Austeilung der Sakramente machte ihm besondere Mühe, er fand dies schrecklich und schwer, sie drückte seelisch allzu stark auf ihn, und immer mehr empfand er sein Amt als eine Last. Schließlich dankte er Gott, daß er ihn nach zwei Jahren seufzender Bedrängnis in die Freiheit versetzte. Poiret vollzog seinen Rücktritt im stillen, er erregte kein Aufsehen damit und war entschlossen, sich künftig ganz der mystischen Schriftstellerei zu widmen. Er war ein Mann der Konsequenz, dies bewies er mit seiner Amtsniederlegung, denn er redete nicht nur davon, sondern führte auch seine Gedanken aus. Bei seinem Rücktritt vom Amte spielte der Wunsch nach Freiheit von der Bindung durch Kirche und Dogma ebenfalls eine Rolle, die kirchlichen Zeremonien begannen ihm bereits Nebensache zu werden.

Die Tätigkeit als mystischer Schriftsteller geschah bei Poiret nicht aus Gründen der Gelehrsamkeit. Er hatte auch nichts von einem Literaten an sich. Der zurückgetretene Pfarrherr verfolgte ausschließlich den Zweck, religiös suchenden Menschen den Weg des Lebens zu zeigen. Dies war das treibende Motiv, das ihn bewegte. Weder Ruhmessucht noch Gelderwerb leitete ihn bei seinem Tun. Die Mystik war ihm nicht ein Gebiet, an dem er seine wissenschaftlichen Interessen dokumentieren oder seinen persönlichen Geltungsdrang befriedigen wollte. Dazu wurde sie oft mißbraucht. Die mystische Schriftstellerei bedeutete für ihn selbst «Einübung im Christentum»; er war unablässig bestrebt, ihrer Aufforderung selbst nachzukommen. Nach einigen Jahren der religiösen Wanderschaft zog er sich in das kleine holländische Dorf Rhynsburg bei Leyden zurück. Gewiß hatte bei diesem Entschluß die Rücksicht auf seine schwächliche Konstitution mitgespielt. Poiret war kränklich, er hatte häufig Fieber, Gallenbeschwerden, Rheumatismen und andere Leiden. Allein dies gab nicht den Ausschlag. Er erstrebte ein beschauliches Leben in Rhynsburg zu führen. Lehre und Leben standen bei ihm in Übereinstimmung, er schrieb nicht über einen Gegenstand, mit dem er innerlich gar nichts zu tun hatte.

Poiret lebte in Rhynsburg ein Eremitendasein. Nicht hauste er wie die alten Väter mitten in der Wüste, aber inmitten eines Dorfes führte er ein Einsiedlerleben. Es ist erstaunlich, eine derartige Haltung noch in der beginnenden Neuzeit zu finden. Ganz abgeschieden lebte er in seinem Häuschen, beobachtete eine eigene Hausvorschrift, hielt nie Versammlungen in seiner Wohnung ab und verließ sie nur selten. Über Poirets einsiedlerische Zurückgezogenheit in Holland haben sich einige Berichte erhalten, die der Nachwelt ein Bild vermitteln. Ungeachtet seiner anachoretischen Lebensweise begehrten die Menschen ihn zu sehen. Oft aus bloßer Neugierde wünschte man mit dem Schriftsteller zu reden, dessen Bücher man schätzte, denn er galt als der beste Kenner und Ratgeber auf mystischem Gebiet. Nach einem Berichterstatter war Poiret mit einem braunen, aber gar nicht kostbaren Schlafrock und einer Samtmütze angetan. Er hatte gar nichts Gravitätisches an sich und war im Gespräch bescheiden. Poiret saß meistens mit geschlossenen Augen da und erweckte den Eindruck eines der Welt Abgestorbenen, wenn er auch nichts von einer grämlichen Melancholie an sich hatte. Mit seiner Lebenshaltung «will er nicht ein bloßer Theoreticus hierinnen sein, sondern auch ein Practicum abgeben, deswegen er denn eine so besondere, jedoch nicht in aller Konversation entfernte Lebensart erwählt und seine Zeit mit Lesen mystischer Bücher und mit tiefen Betrachtungen zubringt, wie man ihm denn dieses alsogleich an dem Gesicht absehen kann[8].»

Poiret hat nicht bloß einige Wochen lang das zurückgezogene Leben eines neuzeitlichen Eremiten geführt. Volle dreißig Jahre lebte er in der Stille, nach seinem Geständnis «wie im Paradies». Dies hält niemand durch, dem es nicht ganz ernst ist mit der mystischen Lebensführung. Dabei war es nicht Poirets Absicht, einen Kreis von Anhängern um sich zu scharen, er besaß keine Schüler und wünschte auch gar keine um sich zu sammeln. Als Anachoret war sein ganzes Interesse auf die mystische Verbundenheit mit Gott gerichtet. Nach der Schilderung eines Mennonitenlehrers war Poiret «alle Zeit bescheiden, gelinde, furchtsam, einfältig, von ordentlicher Lebensart, suchte nur die Entfernung, die Ruhe, den Frieden, beschäftigte sich einzig und allein mit seinen Vorstellungen und seiner Vollkommenheit»[9]. Das Frühjahr 1719 warf ihn aufs Krankenlager, er ergab sich ohne Widerstand dem Willen Gottes und pries noch sterbend Christus als «Alles in allem, Alles in sich, Alles auch in den umstehenden Freunden». Es war der würdige Abschluß eines der Mystik geweihten Daseins.

II

Poirets Leben war von einer imponierenden Konsequenz, und doch liegt darauf nicht der Hauptakzent. Ein derart folgerichtiges Dasein haben auch schon andere Menschen geführt, und man hat deswegen nach ihrem Ableben nicht weiter Notiz von ihnen genommen. Folgenschwerer und für den Protestantismus von weitreichender Bedeutung war Poirets schriftstellerische Tätigkeit. Er faßte sie als Dienst und Aufgabe auf. Was es heißt, einer großen Sache selbstlos zu dienen, auf jeden Geltungsdrang zu verzichten und seine Kräfte auf den Auftrag zu konzentrieren, das kann man von Poiret lernen. Ihm genügte es, ein bloßer Diener der Mystik zu sein, nie versuchte er, nur die geringste Rolle dabei zu spielen. Er löschte seine Person beinahe aus, um die Mystik zu Worte kommen zu lassen. Seine dienende Schriftstellerei entsprang nicht dem Auftrag eines Verlegers, noch hat Poiret sein Wirken je auf die Wünsche eines urteilslosen Publikums abgestellt. Er hat hierin ein selbstloses Werk verrichtet, hat uneigennützig gearbeitet und hat dadurch eine der schönsten Früchte am Baume der evangelischen Christenheit hervorgebracht.

Es ist eine Übertreibung, Poiret unter die großen Pädagogen zu zählen. Er hatte aber eine erzieherische Ader in sich; über wahre und falsche Bildung hat er nachgedacht und hat das pädagogische Problem namentlich in eine Beziehung zum Religiösen gebracht. In seiner Schrift über die «Grundsätze einer christlichen Auferziehung der Jugend» betrachtete er es als den größten Fehler, «daß man nur ihr Ingenium zu schärfen sich bemühet, das Herz mag im übrigen beschaffen sein, wie es will»[10]. Dadurch werden die Kinder «mehr zu Papageien als zu vernünftigen Kreaturen erzogen», zumal ihr Gedächtnis ohnehin mit vielen Fragen und Antworten eine unnötige Belastung erfährt. Die Verirrung einer einseitig intellektuellen Ausbildung hat Poiret frühzeitig erkannt; seither hat sie weitere Fortschritte zum Unheil der Jugend gemacht. Poiret war sich über die Grenzen aller Erziehungsmittel klar: mit allem Lehren und Lernen ist man nicht imstande, einen einzigen Funken lebendiger Gotteserkenntnis in einem Menschen zu erwecken. Doch sind Poirets Ausführungen hierüber nicht allzu bedeutsam, er läßt sich hierin nicht von entfernt mit Comenius vergleichen, denn seine erzieherischen Gedanken stammen aus der Frühzeit, und er pflegte sie nur nebenbei zu äußern. Eine pädagogische Wirksamkeit im höheren Stil dagegen übte Poiret durch seine mystische Schriftstellerei aus. Er hat mit ihr einen wegweisenden und formenden Einfluß ausgestrahlt, ist weit über den Rahmen einer Schultätigkeit hinausgegangen und hat eine ansehnliche Arbeit zur Erweckung und zum Wachstum des inneren Lebens geleistet, wodurch er zum Vorläufer der Erwachsenenbildung wurde.

Es sind nicht Poirets eigene Gedanken, die seinen Büchern die große Bedeutung verleihen. Er stellte weder ein mystisches System auf, noch ließ ihn eine visionäre Begabung unerwartete Einblicke in die jenseitige Welt tun. Beides war ihm versagt, er erhob auch nie Anspruch auf eine derartige Geltung. Es kommt im mystischen Bereich aber auch gar nicht auf das Neue an; den Wert einer Leistung darnach zu beurteilen, ist eine dekadente Erscheinung, deren sich die epigonenhaften Griechen zur Zeit des Paulus in Athen schuldig machten. Wichtig im mystischen Leben ist vor allem die Intensität, mit der ein Mensch das Göttliche ergreift, es geht um die Fähigkeit, sich dem Ewigen vorbehaltlos hinzugeben. Deswegen ist Poiret in der Geschichte der evangelischen Mystik bedeutsam. Der Elsässer war entsprechend seiner heimatlichen Herkunft der geborene Vermittler. Diese Tätigkeit ist wichtiger als sein eigenes

Schrifttum. Vermittler als Wegbereiter haben oft einen größeren Wirkungsradius denn die Selbstdenker. Sie streuen eine Saat aus, die ungeheuer viel Frucht hervorbringen kann. Jedenfalls hat Poirets editorische Arbeit eine Funktion erfüllt, die aus der Mystik der evangelischen Christenheit nicht wegzudenken ist.

Zu der geistigen Vermittlungstätigkeit war Poiret der geeignete Mann, weil er sich selbst keinem Schema verschrieben hatte. Er ist über die mannigfachen, hemmenden Vorurteile der Menschen kühn hinweggeschritten, er hat sie aufgesprengt und sich nicht mehr von ihnen knechten lassen. Nie war er ein Prinzipienreiter, der nur eine Möglichkeit kannte. Der aufgeschlossene Vermittler war auch nicht einem bestimmten mystischen System verschrieben, das die Ablehnung aller andern mystischen Erfahrungen in sich schloß. Er erkannte die Mannigfaltigkeit mystischer Aufstiege und lebte zugleich der Überzeugung, daß sie im wesentlichen zum gleichen Ziele führen. Nur sachliche Gesichtspunkte leiteten seine Arbeit: «Da hergegen, was mich betrifft, ich überall nur auf die Weisheit und Wahrheit Gottes gesehen habe; und es ist mir allezeit gleich gewesen, durch was Mittel mir Gott dieselbe hat wollen zu erkennen geben, durch eine Manns- oder Frauens-Person, durch einen Gelehrten oder Ungelehrten; durch einen Katholiken, Calvinisten oder Lutheraner, ja durch einen Juden oder Heiden; es ist mir alles eins, wann nur die Wahrheit bei ihnen ist, und so weit dieselbe bei ihnen sein wird: weiter aber nicht [11]». Poiret war über alle Unterschiede hinausgeschritten, er hatte sie als unwesentlich hinter sich gelassen, ihm kam es nur noch auf die echte, innere Verbundenheit mit Gott an. Der Elsässer war überaus tolerant, er gab die verschiedensten Wege zum Göttlichen frei und hielt sich von aller Streittheologie fern, weil es ihm um den religiösen Frieden zu tun war, dessen seine Zeit dringend bedurfte. Namentlich sein veröffentlichtes Mystikerverzeichnis mit den vielen Namen muß als eine besondere Leistung gewertet werden. Es zeigt, mit welch großer Aufmerksamkeit er allen mystischen Spuren in der Literatur nachgegangen ist und wie es ihm dadurch möglich war, ganz unbekannte Namen anzuführen [12]. Mehr als ein Werk hat Poiret «aus dem Staube an die Öffentlichkeit gezogen», einmal fand er ein wertvolles Exemplar «in einer Speicherecke unter alten Ausschußbüchern».

Poiret wurde durch den «Frankfurter» auf die deutsche Mystik aufmerksam. Doch war sie nur der Anreger, sein Interesse blieb nicht dabei stehen. Er hat sich nach mystischen Zeugnissen aus den frühchristlichen Jahrhunderten umgesehen und besonders die Homilien des Makarius geliebt. Poiret bewertete sie als das vortrefflichste «Stück aus dem Altertum», sie sind «ein Werk des Heiligen Geistes, an dem man sich nicht satt lesen kann» [13]. Die Aufmerksamkeit Poirets richtete sich auch auf Böhme, den er als «radikalen Charakter» erfaßte und dessen «zentralische Durchdringung» ihm großen Eindruck machte. Poiret ist kein ausgesprochener Anhänger Böhmes geworden, aber er hat erkannt, daß kein Leser den tiefsinnigen Schuster aus Görlitz lebendig verstehen kann, wenn er nicht von Gott berührt ist. Aus diesem Grunde habe Böhme nicht so sehr gewirkt, wie es seiner Bedeutung entsprach, zumal die Akademiker ihn gar nicht zu begreifen imstande waren.

Doch zu seiner ihm entsprechenden Lebensform gelangte Poiret erst in dem Augenblick, da er die romanische Mystik zu lesen begann. Sie beeindruckte ihn zusehends, und was an mystischem Leben in Italien, Spanien und Frankreich emporgeblüht war, das überwältigte Poiret zuletzt vollständig. Er machte sich daran, das Leben dieser Menschen zu erzählen und ihre Schriften herauszugeben. Darob wurde er für die evangelische Christenheit zum Vermittler der romanischen Mystik, denn vor ihm kannte man diese Mystiker nicht oder nur dem bloßen Namen nach. Abwegig und anrüchig, wider den guten Geschmack verstoßend war es, papistische Schriftsteller zu lesen. So etwas tat ein überzeugter Protestant schon aus Prinzip nicht. Man hatte deswegen gar keine Vorstellung von den Mystikern der südlichen Länder, und erst Poirets Vermittlertätigkeit ist es zu verdanken, daß hierin eine weitreichende Veränderung eintrat, indem er den Strom der romanischen Mystik bewußt auf die evangelischen Gefilde leitete. Die romanische Mystik hat denn auch die evangelische Christenheit sichtlich bereichert und in günstigem Sinne befruchtet.

Um dieser Vermittlung willen mußte Poiret mannigfache Angriffe über sich ergehen lassen. Man bezichtigte ihn der katholisierenden Tendenzen und schaute ihn deswegen mit scheelen Augen an, man warf ihm vor, er stehe der katholischen Religion näher als dem reformierten Christentum, man machte mit dieser Behauptung die Leute kopfscheu. Es war der naheliegendste Anwurf, der stets jenen Menschen in den Sinn kommt, die sonst nichts zu sagen wissen. Die Verdächtigung wirkt um so komischer, als man umgekehrt noch heute von römischer Seite in Poiret den «wachsamen Feind alles Katholischen» sieht, was selbstverständlich ebenfalls töricht und unbegründet ist. Unvoreingenommene Betrachtung wird feststellen, daß es Poiret um die romanische Mystik und um gar nichts anderes zu tun war. Gewiß steht die romanische Mystik ihrem Ursprung nach in einem engen Verhältnis zum Katholizismus, sie ist aber nicht mit ihm identisch. Es sind der katholischen Kirche noch eine Reihe von Dingen wichtig, von denen die romanische Mystik keine oder jedenfalls nur eine geringe Notiz nimmt. Zentrale Gedanken des Katholizismus, wie Papsttum, Messe usw., spielen bei Poiret keine Rolle, weder im bejahenden noch im verneinenden Sinne. Sie scheinen für ihn gar nicht zu existieren, und er hat nie gegen sie polemisiert. Sein Angesicht schaut deswegen gar nicht nach Rom, wie denn für den mystischen Menschen überhaupt das kirchliche Problem nicht an erster Stelle steht. Wenn Poiret schon ein gewisses Interesse am Katholizismus genommen hat, so war es der rein religiöse Katholizismus, wie er sich in den Mystikern, den Heiligen und den Mönchen manifestiert, der ihn beschäftigte. Der religiöse Katholizismus ist aber eines der allerchristlichsten Phänomene, die es gibt. Auf ihn näher einzugehen, ist für jeden Menschen förderlich. Im Grunde nahm Poiret eine überkonfessionelle Haltung ein, die mit der indifferenten Einstellung nichts zu tun hat. Berechtigt war die Klage gegen ihn, er neige zur Überkirchlichkeit. In der Tat fand er es kleinlich, ja lächerlich, daß evangelische Leser an einer Lebensbeschreibung nur deshalb Anstoß nehmen, weil sie einen katholischen Menschen darstellt. Eine derart konfessionelle Befangenheit verbaut sich den Blick für die wesentlichen Vorgänge im Dasein der Christen. Poiret bemühte sich gar nicht, in seinen Darstellungen das katholische Zeremoniell und die katholischen Ansichten abzuschwächen, nur um die Gestalten den Protestanten schmackhafter zu machen. Die Persönlichkeiten, die er geschildert hat, waren über allen Religionshaß erhaben. Er hat seinen Standpunkt deutlich mit den Worten umschrieben: «Ich wollte wohl, meine lieben Freunde, daß ihr einmal vor allemal begriffet, daß das was uns selig machen oder verdammen wird, nicht ist der Unterschied der äußerlichen Religionen, ihre Zeremonien, Meinungen und Streitigkeiten. Gott wird niemand darum lieben und selig machen, daß er römisch-katholisch, reformiert oder lutherisch gewesen: Und er wird auch niemand deshalb noch wegen des Unterschieds ihrer Meinungen und Zeremonien verdammen ... Das kann man auch von den Zeremonien und dem äußerlichen Gottesdienst unter den Christen sagen: Diese Sachen sind an sich selbst nicht bös, sondern wer glaubet, daß sie bös seien, dem werden sie bös[14]». Wer nach Poiret ein wahrer Christ sein will und Gott wahrhaftig zu dienen wünscht, der schaut auf keine Parteien und Trennungen, sondern auf die Einigkeit. Alle Zeremonien waren für Poiret nur Schatten und Abbildungen, alle Dogmen nur Theorien und Meinungen. Ihm kam es einzig und allein auf das Wesen und das Leben an, das aus Gott quillt.

Es ist unmöglich, alle Editionen zu erwähnen, die Poiret aus dieser Einstellung heraus veröffentlicht hat, ohne dabei in eine langweilig wirkende Aufzählerei zu geraten. Aber einige Werke seien angeführt, die der große Vermittler der evangelischen Christenheit geschenkt hat, damit ein Wellenspiel von unübersehbarer Tragweite eröffnend.

An der Spitze steht Antoinette Bourignon, von der Poiret bekannt hat, er wäre ohne sie in der dichtesten Finsternis geblieben. Antoinette Bourignon ist eine umstrittene Gestalt. Sie stellt an die Beurteiler nicht geringe Anforderungen, und schon zu ihren Lebzeiten schieden sich die Geister an ihr.

Die Gegner sprachen ihr nicht nur jede Originalität ab, sie bezeichneten sie auch als eine dämonische Frau, die, von grausamen Machtinstinkten geleitet, alle sich ihr anvertrauenden Menschen nur ausgenützt habe. Man sagte ihr nach, sie habe einen japanischen Rock getragen, darin lauter Dukaten eingenäht gewesen wären, und auf ihren Reisen habe sie allezeit ein paar Pistolen mit sich geführt. Wer aber streute diese Verleumdungen über die «neue Eva» aus, auf deren Verlogenheit Poiret hereingefallen sei? Es war Breckling, ein unausgeglichener, absprechender Mensch, der sowohl in der Biographie Gichtels als in derjenigen Arnolds eine unerfreuliche Rolle spielt. Man darf auf das Urteil Brecklings nicht abstellen. Adelung hat diese Schilderung in seine «Geschichte der menschlichen Narrheit» aufgenommen, und sonderbarerweise redet auch Max Wieser von dem «hysterischen, mannstollen Frauenzimmer», ohne für diese verleumdenden Bemerkungen auch nur den Versuch eines Beweises anzutreten.

Diesen Greuelmärchen gegenüber stehen die Aussagen der Freunde Antoinette Bourignons. Allen voran hat man Poiret anzuführen, er kannte diese Frau persönlich und spürte nichts von ihrer angeblichen Dämonie. Ihm fiel zuerst ihre Schrift «Das Licht in der Finsternis» in die Hände, wodurch sein Herz von der Liebe zur Wahrheit entbrannte. Nachdem er noch die Schrift «Das Grab der falschen Gottesgelehrtheit» von ihr gelesen hatte, erwachte in ihm der Wunsch, mit dieser Jungfrau einmal zu sprechen. Poiret war ihr nicht im voraus rettungslos verfallen. Die Labadisten, in deren Kreis einst Antoinette Bourignon verkehrte, haben ihn vor ihr gewarnt und gaben ihm auch eine Schrift gegen sie zu lesen. Trotzdem machte sich Poiret auf den Weg, und es gelang ihm, ihr in Hamburg zu begegnen. Beinahe ein Jahr lebte er in ihrer Nähe und entdeckte nichts von den schweren Charakterfehlern, die man ihr nachsagte. Poiret gestand, bei ihr das gefunden zu haben, was er bei den größten Doktoren der Welt vergeblich gesucht hatte, ja, er meinte sogar einmal, ohne die Begegnung mit ihr wäre es für ihn besser gewesen, nicht geboren worden zu sein. «Und der Herr kann wohl sehen, daß die Schriften der Jungfrau Bourignon etwas anderes in meinem Herzen müssen gewirket haben als des Calvini seine, daß ich also reden könne; und daß die Überzeugung, worinnen ich lebe, daß sie von dem göttlichen Geiste gelehret und regieret ward, nicht auf etwas Dunkles, Totes und Ungewisses bei mir gegründet sei. Solches ist mit lebendigen und unauslöschlichen Buchstaben durch den Finger Gottes in mein Herz gegeben»[15]. Poiret hat nicht nur aus einer persönlichen Sympathie heraus so günstig geurteilt. Comenius war ihr ebenfalls zugetan und hat ihre Belehrungen bereitwillig angenommen. Selbst auf seinem Sterbelager hat der letzte Bischof der Brüder-Unität ihren Besuch gewünscht, hat sie hernach «eine heilige Jungfrau» genannt und hinzugefügt: «Gott hat mir heute seinen Engel zugesandt.» Es ist anzunehmen, der große Pädagoge habe als Augenzeuge über einen schärferen Blick verfügt denn die späteren Verleumder. Schließlich hat sie Gottfried Arnold in seiner «Unpartheiischen Kirchen- und Ketzerhistorie» dargestellt und bei dieser Gelegenheit ausgeführt, daß von all den üblen Nachreden nichts bewiesen werden konnte. Selbstverständlich kann die Frau nicht mit einem gewöhnlichen Maßstab gemessen werden.

Antoinette Bourignon war ein außerordentliches, ungewöhnliches Mädchen. Wer ihr inneres und äußeres Leben liest, wie sie selbst es niedergeschrieben hat, dem bleibt der Eindruck einer überdurchschnittlichen Frau haften. Schon als Mädchen hat die Flämin gefragt, «wo das Land sei, da die Christen wohneten»[16]. Sie beobachtete eine übermäßige Strenge gegen sich selbst, indem sie sich von der Welt absonderte und irdische Güter verachtete. Früh wurden ihr visionäre Erlebnisse zuteil, und aus dem inneren Zusammensprechen mit Gott floß ihr die Weisheit zu. Sie hat sie nicht egoistisch für sich behalten, sondern wollte mit ihren Offenbarungen das verfallene Christentum wieder aufrichten. Für den Niedergang der Kirche machte sie die Geistlichen verantwortlich, sie wurde aus diesem Grunde von ihnen mit unauslöschlichem Haß verfolgt, mußte von Stadt zu Stadt fliehen und sich verborgen halten.

Es brauchte Mut, sich für die verfolgte und verlästerte Frau einzusetzen. Poiret tat es unentwegt. Er schrieb eine eingehende Schutzrede, die er Antoinette Bourignons Autobiographie voranstellte. Ihr Leben glich nach Poirets Darstellung demjenigen einer Heiligen. Er stellte schließlich seine ganze Arbeitskraft in den Dienst der Jungfrau, wurde ihr Sekretär und führte für sie verschiedene Besorgungen aus, überzeugt davon, daß sie die von Gott berufene Tochter und «Mutter der Gläubigen» sei. Einmal verglich er Antoinette Bourignon mit Savonarola, weil sie mit der gleichen Unerschrockenheit gegen das Verderben ihrer Zeit kämpfte wie der mutige Dominikanermönch. Die Menschen waren damals in religiöser Beziehung völlig schlaftrunken; Gott brauchte nach Poirets Dafürhalten solche Werkzeuge wie Antoinette Bourignon. Poiret sah in der Jungfrau die Reinigung und Erneuerung des evangelischen Geistes und schrieb nach ihrem Tode eine Biographie über diese «allergöttlichste und reinste Seele, die nach dem Herrn Jesus Christus auf Erden gewesen ist». Sein Gelübde, ihre Schriften herauszugeben, setzte Poiret in sechsjähriger Arbeit in die Tat um, bis sie in einer neunzehn Bände umfassenden Ausgabe vorlagen. Wahrscheinlich wurde Antoinette Bourignon zu ihren Lebzeiten überschätzt, und zwar hat gerade Poiret wesentlich zu ihrer Überbewertung beigetragen. Er war von ihrer Persönlichkeit stark eingenommen und stand ihr deshalb allzu wohlwollend gegenüber. Die mannigfachen Verleumdungen, mit denen sie überschüttet wurde, drängten ihn in eine zu ausschließlich apologetische Haltung hinein. Aber wenn er sie auch überschätzt hat, so darf doch die Jungfrau Bourignon nicht einfach als Schwärmerin und Babelstürmerin abgetan werden; sie hat unter dem Zustand der zerfallenen Christenheit ehrlich gelitten, war auf Abhilfe bedacht und verdient heute, der Vergessenheit entrissen zu werden.

Nachdem Poiret die Herausgabe ihrer Werke zu Ende geführt hatte, lernte er das Schrifttum der Madame von Guyon kennen. Im Unterschied zu seiner Beziehung zu Antoinette Bourignon hat Poiret Madame Guyon nie persönlich kennengelernt. Er hat nur einige Briefe mit ihr gewechselt, die jedoch verlorengegangen sind. An ihren Erlebnissen nahm er persönlichen Anteil, bildete doch ihr wechselvolles Schicksal damals ein beinahe europäisches Tagesgespräch. Poirets Beziehung zu Madame Guyon war keine bloße Wiederholung seiner Begegnung mit Antoinette Bourignon, bei aller Ähnlichkeit lagen die Dinge doch wesentlich anders.

Zwar handelte es sich auch bei Madame Guyon um eine verfolgte Frau, die der Mystik ergeben war. Sie aber hatte geistvolle Fürsprecher, so daß Poiret nicht einzugreifen brauchte. Noch heute ist Madame Guyon verkannt in der Christenheit. Katholische Schriftsteller beeilen sich noch immer, von ihren «Verstiegenheiten» zu reden, und distanzieren sich in aller Form von ihrer «hysterischen Demut», anstatt daß sie sich endlich auf den Mut besännen, einer durch Hofintrigen verleumdeten Frau Gerechtigkeit widerfahren zu lassen. Man kommt der äußerlich gar nicht schönen, innerlich aber leiderprobten Frau nicht nahe, betrachtet man sie als Halbheilige oder Halbnärrin. Mochten ihr auch einige Extravaganzen anhaften, dies berechtigt noch nicht dazu, ihr ganzes Werk ungeprüft abzulehnen. Wenn auch ihre Schriften um ihrer Weitschweifigkeit willen nicht mehr in allen Teilen dem neuzeitlichen Geschmack entsprechen, so gibt es doch zu denken, daß Fénelon, der mit ihr in geistlicher Freundschaft verbunden war, sie als ein Wunder von Heiligkeit verehrte und behauptete, von ihr mehr gelernt zu haben als von allen Kirchenvätern zusammen. Madame Guyon hatte einen unwiderstehlichen Drang zu schreiben, und aus ihren Schriften kann man noch immer die seltene Kunst erlernen, ohne Schwanken und ohne Auflehnung zu leiden und trotz Mißgeschick und Verkennung in süßer Hingabe zu sterben.

Poiret verfolgte nicht nur den kirchlichen Streit um die Guyonsche Mystik mit fieberhaftem Interesse, ihm hatten es vor allem ihre Ausführungen über das Gebet angetan. Die Reglementierung der Gebete, die in den romanischen Ländern im nachtridentinischen Katholizismus überhandnahm, mußte gerade die religiösesten Menschen unbefriedigt lassen. Bei Madame Guyon kam es zu einem Verständnis des inneren Gebetes, das für sie ein liebendes Achten auf die Gegenwart Gottes in der Seele war. Für sie war das Gebet ein «Sichverlieren oder Eingehen der Seele in Gott»[17]. Dadurch erlebt der Mensch das Wohnen Gottes in der Seele, jene wunderbare Vereinigung mit dem Höchsten. Das Gebet des Herzens nennt Madame Guyon auch das unaussprechliche Gebet, und ihr ganzes Bestreben ging dahin, die Menschen in die innere Stille zu führen, in der allein es lebt, die man jedoch nicht erlangt, ohne auch die äußere Stille zu lieben. Ihre Mystik zeichnet sich mehr durch die Tiefe des Gefühls als durch die Höhe der Gedanken aus.

Mit einer wahren Leidenschaft machte sich Poiret an die Edition ihrer Werke. Er unterzog sich der Verpflichtung um so lieber, als es nach ihrer kirchlichen Verurteilung niemand mehr wagte, sich ihrer anzunehmen. Für den protestantischen Poiret bestanden die katholischen Schranken und Befürchtungen nicht; durch seine Herausgebertätigkeit bekam Madame Guyon ein nachträgliches Ehrenbürgerrecht in der evangelischen Christenheit, wenn auch heute nur noch wenige von ihrer einstigen Berühmtheit wissen. An diesem Schicksal erfüllen sich ihre eigenen Worte: «Die größten Heiligen sind immer die gewesen, von denen man am wenigsten geredet hat[18].»

Poiret beschäftigte sich nicht bloß aus persönlicher Liebhaberei mit Antoinette Bourignon und Madame Guyon; seiner Vermittlungsarbeit liegen tiefere Absichten zugrunde. Mit seinen Publikationen ließ er zunächst einmal die weiblichen Vertreterinnen der Mystik zu Worte kommen. Das war ein Novum im evangelischen Raum. Im Mittelalter gab es auch Mystikerinnen auf deutschem Boden, überragende und hinreißende Frauen wie Hildegard von Bingen, Mechthild von Magdeburg und noch viele andere herrliche Gestalten. Poiret hat die prophetischen Stimmen dieser heiligen Jungfrauen überaus geschätzt. Doch verklang die weibliche Mystik, und an ihrer Stelle zerrte das Spätmittelalter die Frau als Hexe an die Öffentlichkeit, und sie mußte auf ungezählten Scheiterhaufen ihr Leben aushauchen. Während der Reformationszeit spielten die Frauen eine unbedeutende Rolle. Wohl waren die Reformatoren verheiratet, aber mit Ausnahme der persönlichkeitsstarken Katharina von Bora ist keine einzige Frau tiefer ins Bewußtsein der evangelischen Christenheit getreten. Wie ein blutleeres Schemen steht Idelette von Büren neben Calvin. Am geistigen Werk Zwinglis hat die gute Anna Reinhard kaum mitgearbeitet. Alle diese Frauen besorgten den Haushalt, zogen ihre Kinder auf, und damit hatten sie ihre Aufgabe erfüllt. Für die evangelische Christenheit war das Zurückdrängen des weiblichen Elementes nachteilig. Die theologische Doktrin entfaltete sich dadurch einseitiger, weil sie nicht durch das religiöse Gefühl in Schach gehalten wurde. In der romanischen Mystik dagegen kamen die Frauen auf ganz andere Art zu Wort. Sie fristeten kein Mauerblümchendasein; das weibliche Selbstbewußtsein war bei ihnen auf eine normale Weise erwacht, ohne daß es je an einer Hypertrophie gelitten hätte. Welch schöne Seelenfreundschaft verband Theresia von Avila mit Johannes vom Kreuz, Johanna von Chantal mit Franz von Sales, Madame Guyon mit Fénelon! Diese Frauen standen nicht mehr im Schatten ihrer geistlichen Freunde, sie verhielten sich nicht nur in empfangendem Sinne zu ihnen, sie waren ihnen geistig ebenbürtig und konnten dank der Gleichstellung ihre religiöse Anlage schöpferisch entfalten. Die Wahrnehmung von der geistigen Partnerschaft machte auf Poiret sichtlichen Eindruck. Die «Ausschließung der Weiber» schien ihm falsch zu sein, und um den Stolz der Männer als ein giftiges Geschwür auszudrücken, hat Gott «ihnen vor Augen gestellet Weiber und Jungfrauen, deren hellscheinende Lichter und ganz himmlische Gaben alle Erkenntnisse und Gaben der geschicktesten und ansehnlichsten Lehrer weit übertrafen»[19]. Poiret machte darauf aufmerksam, daß Frankreich seine Freiheit einer Jungfrau zu verdanken habe, und bezeichnete die Anführung von Paulus' Wort, «das Weib schweige in der Kirche», als einen Versuch, «die Gaben Gottes zu ersticken», weil es doch aus einer andern, von heute ganz verschiedenen Situation heraus gesprochen war. Er nannte es eine Schande, daß man eine mystische Schrift, weil sie von einer Frau geschrieben wurde, nicht anerkennen wolle. «Oftmals findet der Heilige Geist mehr Eingang im weiblichen als in dem männlichen Geschlecht, indem ihr Geist freier ist vom Geräusch menschlicher Wissenschaften, auch gelehriger und zur Frömmigkeit geneigter als der von den Gelehrten[20].» Poiret vermißte das frauliche Element in der evangelischen Christenheit, er wollte dem Mangel durch seine mannigfachen Editionen abhelfen und dachte dabei nicht daran, einen religiösen Frauenverein zu gründen; diese Komik lag ihm völlig fern. Wohl aber interessierte ihn, wie sich das Christentum in der Seele der Frau widerspiegelt. Sie ist ihrem Wesen nach geradezu prädestiniert für das Evangelium und besitzt oft eine viel tiefere Disposition für das Christliche als der Mann. Durch die weibliche Erfassung des Religiösen gewinnt die Christenheit an Wärme und Mütterlichkeit. Die Strahlenbrechung des göttlichen Geistes im weiblichen Gemüt bedeutet auch für den Protestantismus eine ungeahnte Bereicherung. Sie verdient es, in den Vordergrund gerückt zu werden, was Poiret als einer der ersten begriffen hat. Seine Einsicht hat nichts mit Weichheit oder gar Schwäche zu tun; ihn deswegen unter die sentimentalen Menschen einzureihen, ist ein groteskes Mißverständnis. Man kann und darf auf die weibliche Ausprägung des Christentums nicht verzichten, weil sonst die belebenden Gefühlskräfte gegenüber den kalten Verstandesfunktionen zu kurz kommen. Das Evangelium umfaßt sowohl das Männliche als auch das Weibliche. Poiret hat die evangelische Christenheit mit der religiösen Wirksamkeit der Frau vertraut gemacht, die im Alten Testament eine nicht geringere Rolle spielte als im Urchristentum. Er hat damit auf einen lebenswichtigen Prozeß hingewiesen, ohne den man sich heutzutage das religiöse Leben nicht mehr vorstellen kann. Nach Poiret sind auch im Protestantismus religiös selbständige Frauengestalten aufgetreten; man erinnere sich nur an Eleonore Petersen, Beata Sturmin und noch viele andere.

Die Frauen, deren Schriften Poiret so hingebungsvoll herausgab, waren vorwiegend Vertreterinnen des Quietismus. Durch diese Vermittlung hat der Elsässer die evangelische Christenheit wiederum mit einer überaus bedeutenden

Bewegung bekannt gemacht. Verständnislose Betrachtung hat den Quietismus als «ein Geschwülst am gesunden Leib der Mystik» bezeichnet[21]. Ein solch blindes Urteil verrät nur, daß die wahre Geschichte des Quietismus noch immer nicht geschrieben ist. Der Quietismus geht gemäß seinen Ursprüngen auf die spanische Mystik zurück, und seine Ahnen sind durchaus kirchlich anerkannte Heilige[22]. Michael de Molino hat ihn zu einer Lehre ausgebaut. Er hat sowohl auf das Stillewerden vor Gott als auf den Verzicht auf jeglichen Eigenwillen hingewiesen und versucht, den Menschen von seiner Aktivität zurückzurufen. Molino fiel Intrigen zum Opfer, und sein Leben endigte im Kerker zu Rom. Madame Guyon nahm seine Gedanken auf und vertrat in ihren Schriften die interesselose Liebe zu Gott. Sie lehrte die heilige Indifferenz und war bestrebt, sich ganz der göttlichen Vorsehung zu überlassen. Aber auch sie wurde mundtot gemacht, weil ihre Mystik in einem kirchlich-politischen Duell unterlag. Damit war der Quietismus zum zweiten Male in der katholischen Kirche verurteilt, er wird auch heute noch schief angesehen. Noch in der Gegenwart hält Ronald A. Knox es für ratsam, den Quietismus mit ironisch-psychologischen Bemerkungen von sich zu schieben, um keinen Verdacht auf sich zu laden. Dabei vergaß man, daß in der quietistischen Bewegung Kräfte enthalten waren, die Frankreich vielleicht vor dem Absturz in die Revolution hätten bewahren können.

Poirets freie Einstellung gegenüber dem Katholizismus dokumentierte sich am deutlichsten dadurch, daß er sich um die Verurteilung des Quietismus durch die offiziellen Organe der römischen Kirche nicht im geringsten gekümmert hat. Wäre er ein Kryptokatholik gewesen – man hat ihn diesbezüglich beschuldigt –, dann hätte er sich doch sagen müssen: Hände weg von einer Mystik, die Rom abgelehnt hat. Eine solch ängstliche Haltung fiel ihm aber nicht im Traum ein. Mit Recht hat er gegenüber der katholischen Ablehnung des Quietismus geltend gemacht: «Ich sage, wie konnte man sich darüber so aufregen, wenn man sich erinnert hätte, was in den Lebensbeschreibungen der heiligen Katharina von Genua, der heiligen Theresia, des heiligen Philipp Neri, des heiligen Franz von Assisi und Xavier und noch so vieler anderer Heiliger zu lesen ist? ... Was das Publikum und besonders die frommen Leute anbelangt, deren Kopf nicht von scholastischen Schwierigkeiten, nicht von der strengen Theologie verwirrt ist, haben darüber nach dem Herzen geurteilt: man kann mit Wahrheit sagen, daß dieses Urteil ihnen vollständig günstig gewesen ist[23].» Poiret fühlte sich zum Quietismus denkbar stark hingezogen; er kam seiner seelischen Veranlagung entgegen, und Poiret bekannte freimütig: «Ich will hier nicht diesen herrlichen und hohen Stand der Ruhe verteidigen, welcher einer von den höchsten Staffeln ist, wozu der Heilige Geist die Seelen erhebt[24].»

Poiret betrachtete es als ein großes Vorrecht der evangelischen Christenheit, daß sie sich um ihrer Freiheit willen ohne Scheu zu religiösen Anschauungen bekennen darf, die in Rom verurteilt wurden. Er hat den Quietismus in die evangelische Christenheit eingeführt, und das ist eine lobenswerte Tat. Zwar haben die Quietisten gelegentlich ihre Aussagen überspitzt formuliert, aber dies ist kein Grund dafür, ihnen gram zu sein, haben dies doch die Heiligen zuweilen auch getan. Wenn sie auch hie und da für ihre guten Empfindungen ungeeignete Begriffe gebrauchten, so hat dies nicht allzuviel zu bedeuten. Der Quietismus ist die westliche Parallelbewegung zum ostkirchlichen Hesychasmus, der auf dem Berge Athos gepflegt wird und der denn auch die heutigen Menschen wieder mehr interessiert als früher. Es ist uneinsichtig, den Hesychasmus eine tief religiöse Bewegung zu nennen und den Quietismus der Häresie zu bezichtigen, denn sie sind miteinander verwandt, der eine ist der Milchbruder vom andern. Beide vertreten ein religiöses Anliegen, das sich immer wieder zu Worte meldet; beide wollen auch den Menschen die tiefste Ruhe der Seele vermitteln, und beide streben nach der vollständigen Übergabe an Gott. Die innere Ruhe allein kann dem Menschen die vollkommene Freude vermitteln, die sich in einer stillen Heiterkeit der Seele kundgibt.

Das quietistische Ferment tat der evangelischen Christenheit besonders in ihrer reformierten Ausprägung not. Der calvinistische Protestantismus ist aktivistisch angehaucht, allzu leicht artet er in eine Betriebsamkeit aus, wofür namentlich aus den angelsächsischen Ländern viele Beispiele angeführt werden können. Der Quietismus ist ein heilsames Korrektiv, der den oft triebhaften Tätigkeitsdrang immer wieder zur Besinnung ruft, weil er sich sonst zu stark verausgabt und schließlich im Leeren endigt. Im Quietismus wiederholt sich in neuer Formulierung das Wort Jesu: «Marta, Marta, du machst dir viel Mühe und Arbeit, eines aber ist not.» Dieses Eine-Notwendige bedarf der moderne Mensch besonders dringend, der durch die Entwicklung der Geschäftskonkurrenz und der Technik ohnehin in eine Hetze gerät, deren Drangsal ihn innerlich und äußerlich vollständig ruiniert. Er muß wieder die innere Ruhe erlangen, will er nicht vorzeitig einen Nervenzusammenbruch erleiden. Wer aber vermittelt ihm diese Ruhe, wenn nicht der Quietismus? Die Yogapraxis ist eine exotische Pflanze, sie ist nicht auf unserem Boden gewachsen und wird deswegen im Abendland immer als stilwidriger Fremdkörper ein unechtes Dasein fristen. Im Gegensatz dazu ist der Quietismus mit dem Christentum eng verbunden, er ist aus der abendländischen Geistigkeit herausgewachsen und ist einem Strahl der christlichen Sonne gleich. Wenn der neuzeitliche Mensch endlich all der Hast, des Gedränges und des Rennens müde geworden ist und sich wieder nach dem innern Frieden sehnt, dann wird auch er zuletzt mit Poiret leise flüstern: «Ich habe genug mit Menschen geredet. Mich verlanget, mich Dir in Ledigkeit und Stille wieder hinzugeben, damit ich Dich hinfüro in mir tun lasse, was Dir gefällig ist. Nimm meine Seele auf in Deine heilige Ruhe und erlöse mich von der unvollkommenen, ja ganz verderbten Wirksamkeit meines Verstandes. Nimm alle meine Spekulationen hin, und gib mir an deren statt ein Tröpflein Deiner reinen Liebe[25].»

Außer der Heranziehung des weiblichen Elementes und der Einführung des Quietismus war es Poiret noch um einen dritten religiösen Wert zu tun, der für ihn entscheidend war. Der eifrige Vermittler fühlte sich besonders zu Katharina von Genua hingezogen, wie später auch Friedrich von Hügel. Nach Poiret war sie «eine von den teuersten Seelen und allervollkommensten Liebhaberinnen Gottes, die es auf Erden gab. Ihr Charakter ist eine so reine, so erhabene, so starke, so sonderbare Liebe, daß man sie nicht mit den Heiligen und Altvätern vergleichen kann[26].» Poiret gab die Werke der glühenden Italienerin unter dem adäquaten Titel «Theologie der Liebe» heraus. Mit der Überschrift deutete er sein tiefstes Anliegen an. Dieses eine Ziel war ihm wichtig, er wollte die Theologie der Liebe in die Christenheit einführen. Um dieses Thema kreisten seine Gedanken Tag und Nacht. Er hat später noch das Leben der bewunderungswürdigen Bauernmagd Armella Nicolas veröffentlicht und dafür wiederum als Überschrift «Die Schule der reinen Liebe Gottes» gewählt, womit er nochmals sein Hauptthema aufnahm. «Wanderer, steh still» möchte man angesichts von Poirets Losung einer «Theologie der Liebe» ausrufen. Auf die Idee einer Theologie der Liebe und einer Schule der reinen Liebe Gottes konnte nur ein Mann kommen, dem die ungeheure Wichtigkeit des weiblichen Elementes für die Christenheit aufgegangen war und der es nun in religiöser Beziehung fruchtbar machen wollte. Diese Theologie der Liebe war entschieden der Höhepunkt von Poirets mystischer Bestrebung. Welche Überlegenheit besitzt sie gegenüber der scholastischen Theologie, die mit zahlreichen Distinktionen das Göttliche katalogisieren will und es damit doch nur den Fangarmen der spitzfindigen Vernunft ausliefert, von denen es beinahe abgewürgt wird. Wie ganz anders kommt die Theologie der Liebe dem neuen Gebot Christi nahe, an dem jedermann seine Jünger erkennen kann! Was wäre aus der Christenheit geworden, wenn sie stets von der Schule der reinen Liebe ausgegangen und zu ihr zurückgekehrt wäre! Wahrhaftig, sie hätte den Anbruch des Gottesreiches erlebt. Die Theologie der Liebe gehört zu den größten Entwürfen der Christenheit; eine religiösere Schau ist schwerlich in ihrer Mitte entstanden, und ihre mehrdimensionale Ausarbeitung ist bis zum heutigen Tag kaum in Angriff genommen worden.

Damit niemand zu der irrigen Vorstellung verleitet werde, hinter der Theologie der Liebe stünden nur vage Gefühle und unbestimmte Sehnsüchte, war Poiret darauf bedacht, dem Aufkommen einer solchen Auffassung vorzubeugen, indem er die Werke der Angela von Foligno unter dem Titel «Theologie des Kreuzes» veröffentlichte. Die Wege der Liebe sind untrennbar mit den Wegen des Kreuzes verbunden. Das wußte die heimliche Weisheit seit Müntzers Kreuzesmystik. Das Christliche läßt sich nicht vom Kreuz ablösen. Nach Poirets Darstellung ist «Angela von Foligno nicht an einen Pfahl gebunden, um dort von wilden Tieren verschlungen zu werden, sondern an das Kreuz des Erlösers, das der Wut der Dämonen ausgesetzt ist. Qualen hat sie auszustehen, die alle natürlichen Schrecknisse übertreffen[27].»

Die «Theologie der Liebe» und die «Theologie des Kreuzes» finden ihre krönende Zusammenfassung in der «Herzenstheologie». In ihr führt Poiret aus, daß ein schlichter Mensch «durch Herzenseinfalt, Selbstverleugnung, dauernde Selbstbeobachtung und Verdrängung der Eigenliebe in immerwährendem Gebet zur Liebe Gottes und zur Sprache Gottes in seinem Leben gelangen könne»[28]. Wahrscheinlich ist der Ausdruck «Herzenstheologie» nicht sonderlich geschickt gewählt. Denn mit dem Begriff Theologie verbindet sich nun einmal die Vorstellung einer intellektuellen Verarbeitung, und darauf kam es Poiret gerade nicht an. Er hätte besser getan, von Herzensfrömmigkeit zu reden. Dem Einsiedler von Rhynsburg war es vor allem um das Herz zu tun. Dabei verstand er wie Augustin und Pascal unter ‚Herz' nicht eine gefühlige Verschwommenheit, sondern den innersten Kern und das Lebenszentrum unseres Selbst. Sein Anliegen bestand darin, daß die Seele wieder auf den Gott des Herzens hört und seinen Eingebungen Raum gibt. Poiret nannte die grünende und blühende Religiosität des Herzens zuweilen auch die «Theologie der Gegenwart Gottes», was nur ein anderer Name für die gleiche Haltung bedeutet. Es ist gewiss ein weiter Weg von der jugendlichen Begeisterung für Descartes' Schriften bis zu der einfältigen, schlichten Frömmigkeit des Herzens, aber Poiret hat ihn zurückgelegt. Mit den Richtlinien einer Herzensfrömmigkeit legte Poiret den Grundstein zu einem inneren Dom, und wer baut heute auf diesem Fundament weiter? Was ihn an der guten Armella, die in ihrer Begeisterung Bäume umarmte und mit den Tieren des Feldes wie mit ihresgleichen sprach, so stark anzog, war nichts anderes, als daß der «Grund ihres Studierens ihr Herz war: durch dieses Herz hatte sie Gott in allen Dingen gesucht, und endlich in ihr selbst gefunden»[29]. Der Mensch gelangt nicht über den Weg der Vernunft zum Ewigen, weil die Ratio ihn eher gottlos macht. In der Schule des Herzens dagegen empfängt er durch den großen Lehrmeister Christus eine ganz andere Aufgabe, was Poiret entzückte und ihn veranlaßte, in der Vorrede zur Armella-Biographie auszurufen: «Kommet her ihr Weisen dieser Welt, ihr großen Säulen der Gelehrsamkeit, große Durchsucher der Geschichten, Anmerker der Umstände, große Wort- und Splittergrübeler, große Letter- und Hülsen-Forscher: Ihr werdet hie können lernen, wie weit ihr vom rechten Weg und von der rechten Pforte abgewichen und verirret seid. Kommet auch ihr, ihr großen Gottesgelehrten, ihr Lehrer und Prälaten der christlichen Kirche, die ihr noch unlängst von den geistlichen und mystischen Dingen so viel disputiert und geschrieben habet, die ihr so viel hin und her gezogen, so viel Beratschlagungen und Intrigen gemacht, die reine Liebe Gottes, die Liebe in ihrem eigentlichsten und lautersten Sinn, diese edle Liebe, die ohne allen Eigengeruch ist, zu verurteilen und aus diesem Leben zu bannen; kommet und lernet, ja, sehet auch in einer armen, unwissenden Bauernmagd, was ihr so jämmerlich verurteilet und für ein erdichtetes Meerwunder gehalten habt![30]»

Sind sie auf den Ruf auch herbeigekommen? Welch eine naive Frage! Man kann im Leben viel erwarten, aber eines ist gewiß zu viel, daß die Gottesgelehrten und Prälaten der Kirche sollten bereit sein, die Herzenstheologie von einer simplen Bauernmagd zu lernen. Gab es doch auch damals wie zu allen Zeiten nicht wenige «harte und unbesonnene Köpfe, welche vom Wein ihrer Meinungen so gar trunken sind, daß sie alles, was sich mit ihren alten Bildern oder Glossen, die sie ihnen über den Buchstaben der Schrift gemacht haben, nicht reimet, alsofort und ohne Gnaden für Abgötterei und Widerchristentum ausrufen»[31]. Statt herbeizukommen fingen sie natürlich an zu diskutieren und zu schulmeistern, zu schimpfen und zu lästern. Jureau, den man den «Goliath der Protestanten» nannte, kämpfte gegen die Mystik mit dem Eifer des blinden Blindenführers und versuchte ihr Eindringen in die evangelische Christenheit mit allen Mitteln zu verhindern. In seiner theologischen Leidenschaft verstieg sich Jureau im Kampf gegen Poiret bis zu der Behauptung der Unvereinbarkeit von Mystik und Christentum.

Poiret trat dem ungereimten Gerede entgegen und setzte sich nachdrücklich für die Mystik ein. Sie war für ihn «die inwendigste Reformation des Grundes unserer Seele und ist das große Werk in uns und welches dasjenige, so die ganze Welt betrifft, herbeiführen muß. Welches keine Sache ist, die sich so leicht oben hin, noch mit einem äußerlich beschäftigten Geist abtun läßt»[32]. Mit der Betonung der Mystik erstrebte Poiret keine Weltverbesserung, wohl aber war es ihm um die Rettung der Christenheit zu tun, indem er ihr neue Kräfte zuführte und den religiösen Verfall hemmte. Ihm erschien die Gegenwart finster, er meinte sogar einmal, «daß niemals eine Zeit gewesen, darinnen die Christen in größerer Verderbnis gestanden und die Gottesfurcht mehr verachtet gewesen, als eben heutzutage»[33]. Vom Christentum hat sich nach seinem Dafürhalten nur der Name erhalten, alles andere ist verfallen. Die Menschen begehren nur noch über die christlichen Fragen zu diskutieren, aber den Anweisungen des Evangeliums im Leben nachzukommen, wird als eine veraltete Einstellung betrachtet. Poiret wollte diesem Zustand gegenüber nicht einfach schweigen, er hat sich gegen die religiöse Dekadenz seiner Zeit mächtig zur Wehr gesetzt. Alle seine mystischen Schriften sind nur ein einziger Versuch, den christlichen Niedergang aufzuhalten und durch eine innere Erneuerung zu überwinden.

War Poirets Bemühung vergeblich? Dies zu behaupten, hieße dem Urteil Gottes vorgreifen. Wenn auch nicht alle herbeikamen, die er rief, so anerkannte man doch seine Arbeit von verschiedenen Seiten. Seine Anhänger verehrten ihn und nannten ihn überschwenglich der Weisheit Freund, wie ihn kein Jahrhundert hervorgebracht habe. Aber auch seine Gegner bestätigten ihn als einen Mann von unstreitiger Gottesfurcht. Mögen entlarvungssüchtige Historiker heutzutage auf die «wunden Punkte in seinem Leben» hinweisen, so bleibt doch Poiret jenseits vom Lob der Freunde und vom Tadel der Feinde eine ehrwürdige Gestalt. Er hat in der Krise des europäischen Bewußtseins unermüdlich auf die christliche Seele hingewiesen – das bedeutet mehr als sie psychologisch verstehen –, und viele Menschen haben durch ihn ihr wahres Selbst gefunden. Durch die Vermittlung der romanischen Mystik hat er der evangelischen Christenheit einen einzigartigen Dienst geleistet. Von Poiret ist ein belebender und segensreicher Einfluß ausgegangen, denn er hat zur Vertiefung des Geisteslebens nicht wenig beigetragen. Gottfried Arnold hat seine Anregungen eifrig aufgenommen und ihm schon bei Lebzeiten ein ehrendes Denkmal in seiner «Unpartheiischen Kirchen- und Ketzerhistorie» gesetzt. Tersteegen erbte den größten Teil von Poirets Bibliothek und hat mit seiner Schriftstellerei dessen Arbeit weitergeführt.

Man kann viel Anerkennendes über Poiret, das «Haupt der mystischen Frömmigkeit», sagen, der sich nie in den Vordergrund stellte und es liebte, seine gewichtige Arbeit in der Stille zu tun. Doch das Zutreffendste über den Einsiedler von Rhynsburg hat Jung-Stilling formuliert, als er in aller Kürze die bleibende Bedeutung Poirets in die eine Äußerung zusammenfaßte: «Von hier ging die Kraft des Enthusiasmus über ganz Deutschland aus[34].»

GOTTFRIED ARNOLD

[1666–1714]

ANWEISUNG ZUM INNEREN LEBEN

Der Wahlspruch Gottfried Arnolds lautete: «Als die Verführer, und doch wahrhaftig.» Dieses Pauluswort weist bereits auf die Schwierigkeit hin, den Mann zu deuten; er scheint in Wirklichkeit anders gewesen zu sein, als er sich zeigte. Man muß durch das Vordergründige bei ihm hindurchschauen, um den wahren Arnold zu sehen. Seiner Rolle des Verführers wegen schmähte man Arnold zu seinen Lebzeiten, man beurteilte ihn als Ketzer, der die Fundamente des Glaubens einreiße und deswegen in keiner Christengemeinde zu dulden sei. Man schalt ihn einen Verderber, der eine destruktive Tätigkeit ausübe, und bekämpfte aus diesem Grunde seinen Einfluß mit allen Mitteln. Von außen gesehen war der Eindruck nicht ganz falsch. Arnold war ein Verführer in dem Sinne, daß er die Menschen von einem allzu bürgerlich aufgefaßten Christentum weglocken und sie auf eine unbekannte Bahn führen wollte. Doch hatte der als Verführer gescholtene Mann eine ganz lautere Seele, er war ein überaus ernsthaft mit sich ringender Mensch, der völlig dem inneren Leben verpflichtet war. Der böse Schein, hinter dem sich ein gutes Sein verbarg, verhüllte einen mystischen Christen, der nach einer hintergründigeren Interpretation verlangt.

Arnolds Leben drückt auch seinem Werk den Stempel auf. Man hat von einem dreifachen Bruch gesprochen, der sich durch seinen Lebensgang hindurchzieht[1]. Daß der Widerruf, den der spätere Arnold gegenüber seinen Anfängen hätte leisten sollen, nicht erfolgte, beweist die irrige Auffassung vom angeblich dreifachen Bruch. Von einem professoralen Standpunkt aus kommt man notwendig zu einer falschen Einschätzung dieser vielschichtigen Persönlichkeit. Was dem Betrachter von außen gesehen ein wandlungsreiches Dasein erscheint, sind dem inneren Beobachter Stufen. Arnold war ein überaus lebendiger Mensch; er verbrachte seine Jahre nicht mit einem «Gehen an Ort», er befand sich in einer geistigen Entwicklung, in der er sich doch stets treu geblieben ist. Sein seelisches Wachstum führte ihn von Stufe zu Stufe. Die Einsicht in die Notwendigkeit dieses Vorganges enthüllt den Verführer, der doch ein wahrhaftiger Mensch war.

Die erste Stufe war die Vorbereitungszeit im Leben Arnolds. Er stammte aus einer Lehrerfamilie, verlor früh seinen Vater und mußte schon mit dreizehn Jahren seinen Lebensunterhalt durch Stundengeben selbst verdienen. Trotzdem war es ihm möglich, die Universität in Wittenberg zu beziehen. Er kam mit seinen Mitstudenten in keine nähere Verbindung, weil er ein Feind ihrer Saufgelage war. An den Torheiten des studentischen Treibens beteiligte er sich nicht, statt dessen lebte er ganz seinem leidenschaftlichen Drang nach Wissen und legte sich dadurch schon früh eine außergewöhnliche Bildung zu. Mit brennendem Ehrgeiz erwarb er sich bereits nach einem einjährigen Universitätsaufenthalt die Magisterwürde. Arnold wollte seinen Kommilitonen voran sein, ein unermüdlicher Fleiß trieb ihn vorwärts.

Mitten in seinem eifrigen Studium erregten die theologischen Streitigkeiten, die damals die Fakultäten beherrschten, einen Widerwillen in ihm. Die protestantische Scholastik mit ihrem Doktrinarismus pflegte eine «Mathematik der Religion», und in der Kirche hatte eine fröstelnde Kälte überhand genommen. Obschon Arnold selbst bis dahin durch Lesen und Hören, Lernen und Nachschlagen sich das Christliche anzueignen suchte, wuchs in ihm gegen die Schultheologie eine immer stärker werdende Abneigung, die zuletzt in eine wahre Verachtung überging. Er fühlte sich in seinem tiefsten Verlangen unbefriedigt und wandte sich leidenschaftlich der aufkommenden pietistischen Bewegung zu, die für Arnolds erste Stufe charakteristisch ist. Arnold erlebte während jener Zeit eine Erweckung im Geiste des Pietismus, der damals den erneuernden Einbruch in die evangelische Christenheit bedeutete und eine viel aufgeschlossenere Lebendigkeit an den Tag legte als die Erweckungsbewegung des vergangenen Jahrhunderts.

Arnolds Wendung zum Pietismus war durch die Lektüre von Speners Schriften bedingt, die manchmal ein sichtliches Interesse an der mystischen Literatur verraten[2]. Als Arnold seine erste Hauslehrerstelle in Dresden antrat, kam er zudem in eine persönliche Beziehung mit dem viel älteren Spener, woraus sich ein freundschaftliches Verhältnis ergab. Der junge Mann besuchte getreulich Speners Erbauungsstunden, und es war zweifellos der Pietismus, der ihm die Bibel lebensmäßig nahebrachte und in ihm den Willen weckte, sich der Weltlichkeit in keiner Weise gleichzustellen. Arnolds Anfänge sind durch den Pietismus gekennzeichnet, und ohne diese Vorschule hätte er nicht sich selbst gefunden. Wenn auch Spener ihn für den Pietismus gewann, so wäre es verfehlt, nur das zu betonen, was Arnold vom Verfasser der «Pia desiderata» übernommen hat. Es bestand keine fugenlose Einheit zwischen Spener und Arnold, eine Tatsache, die durch die Charakterverschiedenheit der beiden Männer bedingt war. Während Arnold ein feuriges Temperament besaß, dem es Freude bereitete, sich weit auf die Äste hinaus zu wagen, war Spener mit seinem ängstlichen Gemüt eine vorsichtige Natur, der lieber eine behutsame Neutralitätspolitik betrieb und sich scheute, es mit jemandem zu verderben. Bei aller Freundschaft standen die beiden Männer nicht auf der gleichen Linie. Bereits der junge Arnold zeigte eine viel radikalere Entschlossenheit, mit dem Evangelium Ernst zu machen;

er verkaufte einmal in einem Anfall von geistiger Askese seine ganze Bibliothek, was bei einem wissensdurstigen Menschen keine Kleinigkeit ist. Er hat für seine pietistische Überzeugung Ungemach auf sich genommen: so strafte er mit vielen Worten an seiner ersten Erzieherstelle das weltliche Gebaren seiner unmittelbaren Umgebung, worauf ihn sein Brotherr kurzerhand vor die Türe setzte.

In dieser Zeit wandte Arnold sein ganzes Interesse dem ältesten christlichen Schrifttum zu, in das er sich mit hingebungsvoller Liebe vertiefte. Nicht allzu häufig begegnet man im Protestantismus der Neigung zur altchristlichen Literatur. Das historische Interesse wendet sich hier weit mehr dem Zeitalter der Reformation zu. Arnold war jedoch bestrebt, hinter die Reformation zu greifen und die Patristik hervorzuholen. Beinahe wie bei den Anglikanern steigerte sich die Vertiefung in die frühchristliche Literatur zu einer förmlichen Beschwörung des Geistes der alten Kirche. Das bloß äußerliche Christentum, das sich mit dem konventionellen Kirchgang begnügte, verblaßte mehr und mehr vor seinen Augen, und das verborgene Christentum begann dafür in allen Farben zu leuchten. Damit hatte Arnold den ersten Schritt zu einem inneren Christentum getan, das seinen ganzen Lebensweg bestimmte.

Arnolds Beschäftigung mit der alten Kirche zeitigte als edle Frucht das große Werk: «Wahre Abbildung der ersten Christen» (1696). Arnold hatte vorher seine Dissertation und kleinere Abhandlungen geschrieben, die nicht auf Allgemeinbeachtung Anspruch erheben können. «Die ersten Christen» sind das Werk, mit dem sich Arnold in die deutsche Literatur eingeführt hat. Das Buch zeigt bereits die typischen Eigenschaften von Arnolds Schriftstellerei: er holt weit aus, und darob ist das Buch zum stattlichen Folianten geworden. Es ist auf Grund eingehender Quellenstudien gearbeitet. Das für moderne Begriffe schwerfällige Werk ist mit sichtlicher Liebe geschrieben, ein Teil von Arnolds Seele ist in das Buch eingegangen. Arnolds Erstlingswerk ist eine Leistung, die zum Aufsehen mahnt: die unvergeßlichen, einzigartigen Tage des Urchristentums, in denen die Menschen den Himmel offen sahen, und die unmittelbar darauf folgenden Epochen werden in ihrem hellen Glanz dargestellt. Jene Zeit, in der die Christen noch ein Herz und eine Seele waren, in der die Charismen lebendig in ihrer Mitte aufblühten, wird in ihrer überströmenden Fülle und Kraft geschildert. Daß Arnold dabei einer Idealisierung der ersten Christen zum Opfer fiel, war ein naheliegender Irrtum. Die ersten Christen werden von ihm zum Vorbild aller Christen erhoben und zu einem bilderlosen Bilde zusammengefaßt, das der ganze Pietismus übernommen hat. Die ideale Zeit schränkte er nicht nur auf die Urgemeinde zu Jerusalem ein. Auch die apostolischen Väter und die älteren Patristiker rechnet Arnold durchaus zu den ersten Christen. Die alte Kirche ist für ihn die echte Kirche, weil damals noch «Christi Blut in der Brust der ersten Christen» floß. Das wahre Modell ist gefunden, weswegen auch Arnold deutlich schreibt: «So sind auch jene fein in die Übung zu bringen, damit man nicht bei der bloßen historischen Wissenschaft immer stehen bleibe, denn dies wäre nur eine Lust, nicht aber eine Klugheit[3].» Arnold huldigte nicht einer bloßen Schönfärberei der ersten Christen; das achte Buch des umfangreichen Werkes berichtet vom traurigen Verfall des Christentums. Mit Kaiser Konstantins Religionspolitik haben sich die Menschen «immer weiter von der Wahrheit in Christo entfernt»[4]. Doch das Licht überwiegt bei weitem den Schatten, und aus diesem Grunde konnte der große Wurf zu einem Erbauungsbuch werden, an dem sich ungezählte Christen stärkten.

Man hat sich angewöhnt, in Arnold einen großen Gelehrten zu sehen. Gewiß verfügte Arnold über ein ansehnliches Wissen, wie es wenige Theologen besitzen. Er hat sich nicht umsonst mit solchem Eifer schon in seinen Universitätsjahren dem Studium hingegeben. Allein es wäre verkehrt, in ihm vorwiegend den Mann der stupenden Gelehrsamkeit zu erblicken. Vor allem wollte er es in seiner Leidenschaftlichkeit gar nicht sein, und mit seiner Zuwendung zum inneren Christentum hat er auch den wissenschaftlichen Ehrgeiz als eitel erkannt, und nie mehr seither hat er den Magistertitel seinem Namen hinzugefügt. Wo Arnold gleichwohl Gelehrter blieb, stand diese Wesenseigentümlichkeit eher seiner wahren Berufung hemmend im Wege. Ganz bestimmt war die Gelehrsamkeit bei ihm nie Selbstzweck, er stand auch zum Gegenstand nicht in einem bloß wissenschaftlichen Verhältnis, welches das zu untersuchende und darzustellende Objekt lediglich ungeheuer interessant findet. Arnold wollte nicht nur wissen, wie es einst war. Er verachtete das Wissen um des Wissens willen. Wohl stellte er sich die Aufgabe der Erforschung des alten Christentums, man hat aber dieser Feststellung gleich den Nachsatz hinzuzufügen: er wollte zur Erneuerung des verdorbenen Christentums seinen Beitrag leisten. Seine Bücher richten sich nicht an Fachgelehrte, sondern an alle Christen. Die Erweckung der schlafenden Christenheit enthüllt die wahre Absicht Arnolds, und mit dieser Intention überschreitet er das Terrain des Gelehrten. Allezeit verfolgte er mit seiner Schriftstellerei einen praktischen Zweck. Bei seinen Arbeiten ging es ihm um eine Anweisung. Er wollte seinen Mitmenschen eine Anleitung geben, an die sie sich in des Lebens Wirrwarr halten könnten. Die erzieherische Tendenz ist aus jeder Zeile zu spüren und geht durch alle Schriften hindurch. Man liest seine Werke nur dann richtig, wenn man ihnen die Aufforderung entnimmt, das Gelesene ins Leben umzusetzen.

In Quedlinburg, wohin Arnold nach Aufgabe seiner zweiten Erzieherstelle übersiedelt war, begann die zweite Stufe seines Daseins, die in der Wendung zum spiritualistischen Radikalismus bestand. Mit ihr fängt eine dramatische und spannende Epoche seines Lebens an, das jetzt ein unerwartetes Gefälle bekommt. Er erkannte die allzu bürgerliche, lammfromme Lebensform des Pietismus und empfand sie als ungenügend. Quedlinburg wurde damals von einer enthusiastischen Welle überflutet, wobei sich allerlei merkwürdige Geschehnisse ereigneten: die Magd des Hofdiakonus Sprögel erlebte Entzückungen und Visionen, die freilich zuletzt mit der Geburt eines unehelichen Kindes endigten. Eine junge Witwe schwitzte jeweilen Blut und predigte in ihren Entrückungszuständen mit heftigen Gebärden Buße. Am meisten von sich reden machte der Goldschmied Kratzenstein. Er trat als Prophet auf und erging sich in leidenschaftlichen Beschimpfungen gegen die Kirche, berief sich auf seine inneren Offenbarungen, denen sich die Geistlichkeit unterwerfen müsse. Schließlich schritt die Obrigkeit ein, warf ihn ins Gefängnis, wo er vier Jahre später mit den Worten starb: «Jesus ist mein Friede.» Seine Anhänger verehrten ihn als Märtyrer. Diese Vorkommnisse sind nicht antipietistisch, sie sind eine Steigerung des pietistischen Lebensgefühles, und wenn sich Arnold an ihnen beteiligte, so bedeutet dies keinen Bruch in seinem Dasein. Wie weit er an ihnen persönlich beteiligt war, ist nicht genau festzustellen. Zweifellos wurde er von den separatistischen Strömungen stark berührt, er hat auch in Predigten dazu Stellung genommen, die er hernach unter dem Titel «Der richtigste Weg durch Christum zu Gott» dem Druck übergab. Arnold arbeitete darin stark den Unterschied heraus «zwischen totem Geschwätz und dem ewigen Wort des Vaters»[5]. Die Quedlinburger Zeit wurde zur Sturm-und-Drang-Periode in seinem Leben. Die pietistische Einstellung verschärfte sich und nahm durch das enthusiastische Element einen antibürgerlichen, überkirchlichen Charakter an. Er begnügte sich nicht mehr damit, die Frömmigkeit als eine stille Begleitmusik zum Leben aufzufassen, sie begann in heftiger Weise zu sieden und riß Arnold mit sich. Damals meldete sich in ihm das dichterische Charisma und machte sich im berüchtigten «Grablied Babels» Luft, in dem sich Arnold gegen die Kirche wandte und die Leute aufforderte, das Nest zu stürmen. Arnolds Quedlinburger Zeit enthält viel Unreifes und Unhaltbares, das zu beschönigen ein Verstoß gegen die Wahrheit wäre. Und doch kann man seinem Enthusiasmus die Achtung nicht versagen. Dem Radikalismus ist nun einmal eine Konsequenz eigen, die immer etwas Imponierendes an sich hat. Die «Entzuckmänner», wie man die Enthusiasten nannte, mögen den Eindruck einer verwilderten Mystik machen, trotzdem waren sie vom Geist bewegt. Man kann nicht allen ihren Aussagen die Berechtigung absprechen, ihre Parole, die Geistlichen müßten vom Heiligen Geist erfüllt sein, ist nicht einfach falsch, und die Anrufung des weltlichen Armes durch die ungeistigen Pastoren wirkt dagegen recht unsympathisch. In seiner zweiten Stufe durchbrach Arnold die pietistische Kruste, die sich um sein Leben gelegt hatte. Der Christ aller Zeiten muß immer wieder den Versuch unternehmen, alle Verhärtungen zu durchstoßen.

Mitten in diese bewegte Lebensphase erfolgte Arnolds Berufung zum Professor der Geschichte nach Gießen. Er hatte bei der Anfrage zunächst geschwankt, wie er sich verhalten solle, zumal er eine Scheu vor jedem öffentlichen Amte hegte. Da aber die Anfrage vom frommen Landgrafen kam, sah Arnold darin einen göttlichen Ruf, und nach einiger Überredung entschloß er sich zur Annahme. Der Dreißigjährige bestieg das Katheder in Gießen und vermochte die Studenten durch seine Vorlesungen zu fesseln. Er war ein erfolgreicher Lehrer und stand am Anfang einer glänzenden Universitätskarriere, die wohl jedem anderen Menschen Freude gemacht hätte.

Bei Arnold dagegen zogen sich innere Wolken unheimlich zusammen, und es kam zu einer unerwarteten Wendung, die deutlich zeigt, wie ernst es ihm mit seinem Radikalismus war. Er fühlte sich in seinem akademischen Beruf nicht wohl und empfand «mitten in dieser Arbeit einen gewaltigen Zug zu etwas Besserem und Hohem und einen unüberwindlichen Ekel vor allen weltlichen Händeln», die ihm das Kollegabhalten «so gar verleideten, daß er nicht mehr wohl daran denken, geschweige Andern darüber vorlesen konnte»[6]. Arnold kam in schwere innere Bedrängnisse über das hochtrabende und ruhmsüchtige Vernunftswesen, das an den Universitäten herrschte. Die gesellschaftlichen Verpflichtungen mit ihren Schmausereien standen mit seinem Gewissen im Widerspruch, und die beständige Disputiersucht schien ihm ein «saftloses Geschwätz» ohne jegliche Tiefe zu sein. Dies bedrückte ihn, und er geriet an den Rand der Melancholie, dies um so mehr, als sein Naturell zum Skrupulantismus neigte. Er weinte viel und betete, um aus dem Zwiespalt herauszukommen, der sein Herz in Stücke zu zerreißen drohte. Sein Widerwille gegen das akademische Leben nahm immer mehr überhand, und zuletzt war er der Überzeugung, die ganze Universität sei ein Babelwesen. Mit kühnem Entschluß machte er allen Bedenken ein Ende, indem er nach einer nur einjährigen Tätigkeit zum maßlosen Erstaunen seiner Kollegen den Rücktritt von seiner Professur erklärte. Er stieg vom Katheder herunter und schritt auch damit radikal über den Pietismus hinaus, der sich stets dem Bestehenden unterwarf. Wahrhaftig, man kann nicht vom Geist des Enthusiasmus ergriffen sein und dabei ruhig ein wohlbestallter Professor bleiben, der ängstlich darauf schaut, daß sich die Zahl seiner Zuhörer nicht verkleinere.

Die herausfordernde Erklärung, man könne als Christ nicht Theologieprofessor sein, muß im damaligen Deutschland ungeheures Aufsehen erregt haben, zumal da sie zweihundert Jahre vor Overbecks «Christlichkeit der heutigen Theologie» erfolgte. Arnolds Vorgehen verstieß gegen die lutherische Berufsethik, nach der ein jeder in dem Stand zu bleiben hat, darinnen er berufen wurde. Arnold dagegen bekannte sich zu einem neuen Gesetz, das in ihm lag. Seine Demission löste Unwillen aus, so daß er genötigt war, seinen Schritt in einer Schrift öffentlich zu rechtfertigen.

Arnolds Rücktritt von der Universität umfaßt mehrere Probleme, die heute noch der Erwägung wert sind. Nach ihm kann «gewißlich einer Seele kein größeres Jammerspiel vor Augen gelegt werden, als wenn sie die gemeinen hohen Schulen betrachtet»[7]. Der von der Gewalt Christi erfaßte Mensch steht angesichts des Universitätsbetriebes vor der Frage, ob er die Kraft in sich habe, die akademischen Gepflogenheiten zu sprengen, oder ob seine Religiosität von ihnen eingewickelt und damit gezähmt wird. Bis heute hat sich immer nur die letztere Befürchtung ereignet: noch nie ist es zu einer christlichen Sprengkraft auf den hohen Schulen gekommen. Natürlich muß es eine Schultheologie geben, und es wird auch immer eine geben. Aber ein Durchbruch im Geistigen ist nicht von dort zu erwarten, dazu ist die wissenschaftliche Theologie eine viel zu institutionelle und akademische Angelegenheit. Arnold hat sich in dieser Auffassung nicht getäuscht. Die entscheidenden religiösen Erkenntnisse sind im letzten Jahrhundert vorwiegend von Außenseitern zutage gefördert worden. Man denke nur an Kierkegaard und Blumhardt. Es war eine kühne, mutige Tat, daß es Arnold gewagt hat, der Wissenschaft, die sonst immer alles unter ihre Lupe nimmt, einmal selbst kritisch auf den Leib zu rücken. Welch klägliches Schauspiel von Geltungssüchtigkeit, Ehrgeizerei, Intrigen usw. kam zum Vorschein, das sich hinter ihrer Fassade abgespielt hat! Arnolds Äußerungen über das «Jammerspiel» der hohen Schulen – auch Berdjajew hat im Akademismus ein Werkzeug der Versklavung gesehen –, mußten einmal gesagt werden. Wenn man sich aber seinen Aussagen nicht völlig anschließen kann, so hat dies noch einen andern Grund.

Hat Arnold mit seinem Rücktritt von der Professur die richtige Konsequenz gezogen? Bleibt dem Christen nichts anderes übrig, als den Platz zu räumen, wenn Bedauerliches und Unerfreuliches die Oberhand gewinnen? Arnold hat die Frage in der radikalen Periode bejaht. Er hatte in sich eine starke Neigung zur Weltabgeschiedenheit, die seiner einsiedlerischen Gemütsart entsprach. Der Verfasser der «Ersten Liebe» liebte es, sich abzusondern und nichts Unreines mehr anzurühren. Er hatte den wahren Tempel ohnehin in sich selbst gefunden, und damals ging er auch so weit, das heilige Abendmahl für sich allein zu feiern. Dieser Haltung gegenüber hat nun freilich Spener mit Recht eingewendet, daß, wenn die Gutgesinnten sich dermaßen zurückziehen, alles in eine noch größere Schlechtigkeit abgleite. Es braucht eine stärkere Selbstüberwindung, um auszuharren, und außerdem verbietet das Verantwortungsgefühl dem Christen die Flucht.

Wahrscheinlich ist keine der beiden Lösungen absolut richtig. Arnold selbst hat dies gespürt und das schwere Problem in seinem Leben verschieden zu lösen versucht. Er hat später wieder ein öffentliches Amt, ein Pfarramt, angenommen und hat damit seinen Ausbruch aus der Universität abgeschwächt. Jedenfalls ist es notwendig, daß der Christ die Fragestellung in ihrer ganzen Spannung fühlt, sie lebendig verarbeitet und nicht vorschnell neutralisiert.

Nach dem Rücktritt vom Lehramt setzte sich Arnold hin und schrieb die «Unpartheiische Kirchen- und Ketzerhistorie» (1699), als deren Verfasser er vor allem im Gedächtnis der Menschheit weiterlebt. Wenn er auch auf gewisse Vorarbeiten zurückgreifen konnte, so hat er doch ein ganz außerordentliches Werk geschaffen, das seine Zeitgenossen begreiflicherweise in höchste Aufregung versetzte. Man empfand namentlich diesen Folianten als das große Verführungsbuch, es setzte den Verfasser in das Licht eines geistigen Don Juan. In Wirklichkeit aber verwandelte er die Historie aus verstaubter Langweiligkeit in lebendige Begegnung. Das Werk hat ihm zunächst deswegen die große Berühmtheit eingetragen, es gehört zu den wenigen kirchengeschichtlichen Büchern, die die Jahrhunderte überdauerten, und zwar nur deshalb, weil es aus dem Geist des Enthusiasmus heraus geschrieben worden ist, auch enthielt es Ideen und begnügte sich nicht nur mit einer Aufzählung der Geschehnisse. Bei aller Hochschätzung des Werkes darf man jedoch die Ketzergeschichte nicht isoliert betrachten, man muß sie in den Zusammenhang mit Arnolds Leben hineinstellen, weil sich nur daraus ein sinnvolles Verständnis ergibt.

Man hat schon gesagt, vor Arnold habe die Kirchengeschichtsschreibung wie der Zyklop Polyphem nur ein Auge gehabt und dieses eine zudem noch nicht auf der rechten Stelle, weil es ausschließlich zu der Partei der Sieger hinüberschielte. Arnold dagegen brachte zur Betrachtung der kirchlichen Vergangenheit endlich zwei Augen mit, dank denen er sowohl die Kirchenmänner als auch die Ketzer wahrnahm. Tatsächlich hat er mit der «Unpartheiischen Kirchen- und Ketzerhistorie» eine bestürzende Umkehrung in der Kirchengeschichtsschreibung vollzogen, indem er sie aus der konfessionalistisch-polemischen Sackgasse herausführte, darein sie durch Flacius und Baronius geraten war. Während bis zu Arnold alle kirchengeschichtlichen Werke immer vom Standpunkt der eigenen Konfession aus geschrieben wurden, hat er sich von diesem allzu engherzigen Blickfang befreit. Zudem haben die Kirchenhistoriker aller Zeiten die Geschehnisse immer vom Aspekt der Sieger aus betrachtet und die Andersdenkenden als gottlose Leute hingestellt. Doch Arnold gedachte des Pauluswortes: «Es sind nicht alle Israeliten, die von Israel sind», eine Wahrnehmung, die Arnold zum Thema seiner Kirchengeschichte gemacht hat, deren Bedeutung in diesem Zusammenhang gar nicht genug gewürdigt werden kann. Es ist eine Verkennung von Arnolds Wollen, wenn man sagt, daß er nicht halb so unparteiisch sei, wie er sich gebärde, da er einfach die Rollen vertauscht habe. Die Bezichtigung ist in dieser vereinfachten Form nicht wahr, denn Arnold ging vorsichtig zu Werke und hat sich alle Mühe gegeben, gerecht zu sein. Trotzdem war sein Werk eine umstürzende Tat, wie man sie von diesem ursprünglich pietistisch angehauchten Manne gar nicht erwartet hätte. Durch seine Wendung zum Radikalismus hat er sich in seinem Buch als bahnbrechender Geist erwiesen, hat durch Mut und Entschlossenheit eine geradezu revolutionäre Tat auf religiösem Gebiet vollbracht und durfte schließlich mit innerer Genugtuung sagen: «Ich hab's gewagt!»

Selbstverständlich hat Arnolds Werk offenkundige Mängel, die heute leicht ersichtlich sind. Doch geht es jetzt nicht um die Aufzählung seiner Fehler. Es war eine kühne und nicht alltägliche Leistung, nachzuweisen, daß gerade auf den Konzilien sich meistens zanksüchtige Leute zusammenfanden, die Kirche jedoch unter dem Kreuz am schönsten blühte. Es lohnt sich heute noch, ernsthaft über diese und ähnliche der «Unpartheiischen Kirchen- und Ketzerhistorie» zugrundeliegende Gedankengänge nachzudenken. Sie bleiben eine Errungenschaft, auch wenn man Arnolds Schema nicht einfach übernehmen kann. Es ist immer wertvoll, die Dinge einmal von einem andern Gesichtspunkt aus anzusehen, als man es gewohnt ist, und unbedingt notwendig, die ausgefahrenen Geleise zu verlassen und die Probleme neu durchzudenken, als wären sie noch gar nicht gelöst, weil sie nur dann frisch und lebendig bleiben wie am ersten Tag. Man muß die Geschehnisse von Zeit zu Zeit in eine neue Sicht rükken und darf als Christ nicht immer das nachplappern, was die Menschen vergangener Epochen vorgesagt haben. Dies gehört schon zu der neutestamentlichen Aufforderung: Denket um! Von Arnold kann man ausgezeichnet lernen, was es heißt, unabhängig und unbestechlich zu denken, es ist dies viel schwerer, denn eine logische Überlegung anzustellen. Wer einmal unvoreingenommen Arnold gelesen hat, der ist für sein ganzes Leben lang dagegen gefeit, ein kirchlicher Ölgötze zu werden. Will man Arnolds Leistung – abgesehen von dem in der «Unpartheiischen Kirchen- und Ketzerhistorie» enthaltenen großen Quellenmaterial, das heute noch wertvoll ist – auf einen kurzen Nenner bringen, so besteht er in der Befreiung von jeglichem Vorurteil. Das Vorurteil nimmt im menschlichen Leben einen breiten und zugleich verhängnisvollen Platz ein. Es verhindert die Menschen, die Dinge so zu sehen, wie sie wirklich sind. Man macht sich von ihnen ein falsches Bild und wird dadurch irregeführt. Was ist doch das Vorurteil für eine Last! Wie stark werden die Christen dadurch geknechtet! Der Mensch hat das halbe Leben damit zu tun, um sich nur ein wenig von den ihm eingeimpften und aus geistiger Trägheit mitgeschleppten Vorurteilen zu befreien. Arnold vollzieht einen kraftvollen Durchbruch durch die vorgefaßten Meinungen, er überwindet das autoritative Denken und versucht, sich der geschichtlichen Wirklichkeit neu zu stellen. Das ist eine nicht hoch genug einzuschätzende Bemühung.

Dem gewaltigen Buch liegt ein erregendes Erlebnis zugrunde: die Orthodoxie als Hüter des christlichen Schatzes vertritt nicht das wahre Christentum, dem man sich ruhig anvertrauen darf. Sie hat das Evangelium vielmehr in ein ihr genehmes System gepreßt und hat sich gar nicht den Anweisungen des Christentums entsprechend benommen. Die überraschende Wahrnehmung ließ Arnold nicht gleichgültig, und sein Antlitz entfärbte sich bei dieser fatalen Feststellung. Er mußte hierin, um der Wahrheit willen, eine Korrektur anbringen, und dies haben ihm die Menschen schwer übelgenommen. Die Orthodoxie war über ihre Demaskierung aufs höchste aufgebracht. Sie hat Arnold diese Tat nie verziehen, mochte sie noch so sehr aus einem christlichen Gefühl hervorgegangen sein. Die orthodoxen Geistlichen haben den Verfasser um dieser Enthüllung willen gehaßt, und zwar so leidenschaftlich gehaßt, daß er sich mit seiner Behauptung mehr als gerechtfertigt vorkommen mußte. Wo sie nur konnten, in Quedlinburg und später auch in Altstedt, haben sie Arnold das Leben sauer gemacht. Sie versuchten, seine Verbannung zu erreichen, indem sie ihn als politisch gefährlichen Mann und Unruhestifter verleumdeten. Von ihnen stammt das böse Geschrei von Arnold dem Verführer. Es blieb ihm nichts erspart. Arnold mußte erfahren, daß man nicht umsonst den Zorn der frommen Zionswächter reizt. Sie vergessen dann ihre Christlichkeit und kennen kein Gebot der Nächstenliebe mehr, sondern leben nur noch ungehemmt ihrem Haß. Arnold bekam ihn in seiner ganzen Dämonie zu spüren. In solcher Weise verhält sich jede Orthodoxie, mag es sich damals um eine kirchliche oder heute um die Orthodoxie einer politischen Partei handeln, das ist ganz gleich – sie wirkt sich einfach intolerant aus.

Dabei wird die Bekämpfung seitens der Orthodoxie Arnold gar nicht gerecht. Es war ihm nicht in erster Linie um die Kirchenmänner zu tun; er mußte sie nur vor den Lesern wegschieben, um freie Sicht für die Ketzer zu bekommen. Das Anliegen, das ihm auf dem Gewissen brannte, war die Rehabilitierung der angeblichen Häretiker. Arnold hatte die Erfahrung gemacht, daß die siegreichen Orthodoxen aller Jahrhunderte näher betrachtet gar nicht so fromm waren, wie sie sich gebärdeten, und anderseits waren die verlästerten Ketzer wiederum nicht so gottlos, wie man sie verschrien hat, im Gegenteil, sie waren oft von einer nicht zu verkennenden Gottseligkeit erfüllt. Die Christenheit hat sich der Ketzer wegen eine schwere Schuld aufgeladen, indem sie Unschuldige verfolgte und nicht aufhörte, sie zu verfolgen. Der Verfolgungsgeist geht durch alle Zeiten, er nimmt in der Gegenwart nur eine mehr politische Färbung an. Was ist es doch für eine tragische, unerklärliche Sache um dieses Gehetztsein, das so viele Christen auf sich nehmen mußten. Ist es nicht eine christliche Pflicht, sich dieser Verfolgten anzunehmen und für all diese Stummen den Mund aufzutun, wie es in den Sprüchen Salomons einmal heißt? Gewiß haben sich die Häretiker gegenüber der Einheit der Kirche vergangen, aber der Ernst ihres religiösen Ringens, dem sie oft ihr ganzes Leben zum Opfer gebracht haben, kann nicht bezweifelt werden. Nicht Auflehnung war ihr primäres Ziel, sie haben über eine religiöse Angelegenheit andere Gedanken gehabt als die Mehrheit, und das ist doch kein Verbrechen. Die Christenheit muß dazu kommen, den religiös anders denkenden Menschen gelten zu lassen, sofern er es ehrlich und ernst meint, weil die Liebe diese Haltung fordert und man dadurch keineswegs in den Relativismus versinkt. Der verfemte und nicht der sich empörende Ketzer interessierte Arnold. Weniger der religiöse Rebell als der um seiner inneren Frömmigkeit willen verfolgte Christ beschäftigte ihn. Es ist kein destruktives Ziel, das Arnold in seiner Ketzergeschichte verfolgte. Im Gegenteil. «Es geht ein einziger großer Schrei durch dieses Buch hindurch, daß man doch die eigentliche Mutter oder Braut Jesu Christi wieder sehen möchte[8].» Dem arg umkämpften Buch wohnt mit seiner Suche nach dem wahren Christen eine unverkennbare mystische Tendenz inne. Sie ist bei genauer Lektüre gar nicht zu übersehen.

Die Richtigkeit der Interpretation erweist sich, wenn man die der Ketzergeschichte folgenden Werke liest. Die Quedlinburger Zeit Arnolds war überaus fruchtbar. Im Innersten aufgewühlt, schuf er ein Werk nach dem andern. Über seiner Bemühung, den Leser zu den religiös wertvollen Gütern hinzuführen, wurde er zu einem Entdecker. Er hat in seinen Büchern eine Anweisung zum inneren Leben im großen Stil gegeben, sie alle sind irgendwie Fortsetzungen zu seinem Hauptwerk.

Arnold versuchte, das alte Mönchtum für die evangelische Christenheit zu erschließen. Der Berg von Vorurteilen, der innerhalb des Protestantismus gegen das monastische Leben bestand, nahm noch undurchsichtigere Formen an als beim Ketzerbegriff. Er schien unübersteigbar zu sein, war doch das Schreckgespenst vom Klosterdasein mit Luthers Kampf gegen die Möncherei unablösbar verknüpft. Daß der Reformator am Ende seines Lebens wieder anders urteilte und nicht mehr wünschte, daß die Nonnen dem Frieden des Klosters entrissen und dem Strudel der Welt preisgegeben werden, nachdem er gesehen hatte, welchen Lebenstragödien sie ausgesetzt waren, hat die zerstörende Wirkung seines früheren Angriffes nicht mehr aufzuhalten vermocht. Die würdige Einsicht kam zu spät und wurde zu wenig bekannt. Die Klöster waren aufgehoben, Fürsten und Städte hatten sich bereits hohnlachend in die Beute geteilt. Das monastische Leben blieb fortan dem Blick des evangelischen Volkes entrückt, es konnte sich keine rechte Vorstellung mehr davon machen. Einzig einige üble Bilder von entarteten, dickbäuchigen Mönchen, die sich im Weinkeller gütlich tun, blieben davon noch übrig und beschmutzten die Phantasie des evangelischen Christen. Der wirkliche Mönch war für den Protestanten fortan ein unbekanntes Wesen geworden, wie der Mann im Mond.

Es war Arnold, der auch diese hohe Mauer von Vorurteilen in seinem Werk «Das Leben der Alt-Väter» zu beseitigen versuchte. Arnold erklärt gleich zu

Beginn, er habe in diesem Buch nicht seltsame Historien zum Zeitvertreib zusammengetragen. Er hält zur Lektüre den «Geist der Prüfung» für unumgänglich nötig und faßt das Buch ausdrücklich als «Ergänzung zur Unpartheiischen Kirchen- und Ketzerhistorie» auf[9]. Das Buch ist keine eigene Gestaltung, sondern eine Übersetzung der alten Lebensbeschreibungen von Athanasius, Hieronymus, Rufinus usw. Auch der denkwürdigen Weisheit der Wüstenväter schenkt er die nötige Aufmerksamkeit, und im dritten Teil werden die Lebensbeschreibungen von Tauler, Ruysbroeck usw. angeführt. Mit kühner Gebärde beschwor Arnold die glühende Welt des Mönchtums, und zwar nur deshalb, weil er den mystischen Gehalt spürte, der in ihr verborgen war. Er legte dabei bewußt die konfessionellen Scheuklappen ab und vollbrachte dadurch eine Tat, zu der nur ein Mensch fähig war, der auf religiösem Gebiet über die denkbar größte Aufgeschlossenheit verfügte. Es war Arnold einzig und allein um das rein Religiöse zu tun und gar nicht um das Konfessionelle, das oft dem Christlichen hindernd im Wege steht. Allerdings muß man bei dieser Bemühung Arnolds hinzufügen, daß sein Werk von der evangelischen Christenheit nicht aufgenommen und geistig verarbeitet wurde, weil es zu sehr der bürgerlichen Lebensweise der neuzeitlichen Christen widersprach. Das «Leben der Alt-Väter» vermochte keine neue Epoche in der Beurteilung des Mönchtums auf evangelischer Seite einzuleiten – dieses Geschehen steht immer noch aus. Es blieb überwiegend bei der verständnislosen Ablehnung bis zum heutigen Tag, trotz den schüchternen Anfängen eines evangelischen Mönchtums in der Gegenwart. Die stete Verneinung ist um so mehr zu bedauern, als doch gerade im alten Mönchtum starke religiöse Kräfte schlummern. Die evangelische Mystik dagegen schließt das Glutgebet der Wüstenväter ein und nicht aus, ihre breite Basis umfaßt auch diesen Bereich des christlichen Lebens. In ihr wird endlich die Sehnsucht wieder ihre Erfüllung finden: Gebt uns beschauliche Menschen, die über der Hetze des Alltags stehen und die mit ihrem Blick in die Ewigkeit auch dem seelisch Bedrängten zu helfen wissen!

Ein gleichwertiges Buch war «Das Leben der Gläubigen», das Arnold im folgenden Jahre schrieb. Es ist eine Fortsetzung der «Alt-Väter», indem er das Thema im nachreformatorischen Geschichtsraum weiterführt, ohne jedoch auf die konfessionelle Verschiedenheit Rücksicht zu nehmen. Der Titel ist kein überaus glücklicher Fund. Wer nur flüchtig hinschaut, wird es als eine Sammlung von Biographien empfinden, worin auch Luther und Bunyan ihren Platz haben. Diese Wahrnehmung aber trifft nicht das Wesentliche des Buches. Nach der Einleitung beginnt Arnold mit dem Leben von Bruder Klaus, es folgen hierauf die Lebensbeschreibungen von Theresia von Avila, Angela de Foligno, Katharina von Genua und noch etlicher anderer Gestalten. Im Grunde hat Arnold das Thema Poirets in deutscher Übertragung aufgenommen. Arnolds

Blick ist auf den Heiligen ausgerichtet: «Es ist jederzeit der Mühe wohl wert gewesen, daß man das Leben der Heiligen beschrieben, damit sie ein Spiegel und Exempel, und wie ein Gewürze des menschlichen Lebens auf Erden sein mögen. Denn dadurch leben sie einigermaßen noch immer bei uns nach dem Tod, und bringen und reizen viele von denen, welche lebendig tot sind, zum wahren Leben[10].» Das Kriterium, das Arnold bei der Auswahl der Gestalten leitete, war die vorbildliche Verbundenheit mit Gott, sie ist denn auch bei der Hagiographie von entscheidender Bedeutung. Denn Leben entzündet sich immer nur an Leben, und darum kommt der Heiligenwelt das große Gewicht zu. Auch hierin hat Arnold einen erneuten Beweis seiner Überwindung des Vorurteils gegeben und mit seinem Hinweis auf den Heiligen eine Fährte beschritten, die wiederum für die evangelische Mystik bedeutsam geworden ist. Tersteegen hat sie aufgenommen, und heute ist das hagiographische Interesse in sichtlichem Wachstum begriffen.

«Das Geheimnis der göttlichen Sophia» (1700) ist der Höhepunkt der zweiten Stufe. Es ist bei weitem nicht so bekannt wie die «Kirchen- und Ketzerhistorie» und ist ihr doch ebenbürtig. Obwohl von diesem Buche aus Arnolds frühere und auch die späteren Jahre erhellt werden, kann es seinem Inhalt nach nur von einem kleinen Kreis verstanden werden. In ihm liegt Arnolds Mystik am konzentriertesten vor, es ist ein Werk, dessen Tiefe, Ungewöhnlichkeit und Hintergründigkeit man nicht genug preisen kann. Die sophianische Mystik ist bereits bei Böhme und Gichtel mit Macht durchgebrochen. Arnold begründet sie jedoch nicht mit den Ausführungen dieser Männer und auch nicht mit denen der Kirchenväter, obwohl sie ihm nicht unbekannt waren. Vielmehr stellt er als evangelischer Christ allein auf die Bibel ab, und zwar auf das Buch der «Weisheit Salomons», wo namentlich im siebten Kapitel lichtvolle Gedanken über die sophianische Mystik stehen: «Sie ist nur eines und vermag doch alles; sie bleibt, was sie ist, und erneuert doch alle Dinge.» Nach dem alttestamentlichen Buch ist die ewige Weisheit die Werkmeisterin aller Dinge, ein lauterer Ausfluß der Herrlichkeit des Allerhöchsten und ein Abglanz des göttlichen Lichtes. Die Vorstellung von der göttlichen Sophia, die den Menschen durch das verworrene Leben begleitet, rückt Arnold in den Mittelpunkt seiner Ausführungen.

Den spekulativen Charakter der Sophienlehre konnte und wollte auch Arnold nicht vermeiden. Die ewige Weisheit ist ein geistlich selbständiges und himmlisches Wesen, die reine Jungfrau, welche Adam verlor, als er sich in seiner Begierde von Gott abkehrte; so ging er der weiblichen Eigenschaften verlustig und behielt nur die männlichen, was ihn zu dem einseitigen Geschöpf prägte, das den Ganzheitscharakter preisgegeben hatte. Arnold legte jedoch den Hauptakzent nicht auf die spekulative Ausgestaltung. Er war an der Zucht der Sophia interessiert, und wer ihren einzigen Weg zur Erkenntnis Gottes beschreitet, wird inne werden, wie «bald in der Praxis und Erfahrung die Skrupel nacheinander verschwinden und das Gemüt in eine freudige Gewißheit gesetzt wird»[11]. Arnold hatte einen offenkundigen Sinn für das Geheimnis: «Vor allen Dingen wisse und glaube, o Mensch, daß diese edle Sophia nicht ferne von dir, sondern fast näher als du dir selbst bist, sein wolle und könne, wo du sie nicht vertreibst[12].» Er beschreibt sie weiter «als ein sanfter und lieblicher Hauch und Einspruch in die Seele, der ihr unversehens und ungesucht geschicket, wenn sie etwa inwendig stille ist. Ja es ist eine so subtile und gelinde Einrede, daß sie auch mit dem geringsten Ausdruck der groben Natur in Worten und Werken, ja auch durch Gedanken, die sonst an sich nicht bös sein möchten, kann gedämpfet werden[13].» Arnold warnt deutlich davor, die Sophia in Buchstaben zu suchen, man solle überhaupt nicht außer sich nach ihr gaffen, sondern in den inwendigen Grund in sie einsinken, weil es nur dann zu dem Kuß der Seele komme. «Wo er aber weiterhin nicht ganz ungemein und heroische Proben seiner Abgeschiedenheit von allen Kreaturen, und sonderlich von seiner Eigenliebe ablegen würde, sollte er keine fernere und höhere Stufen ihrer Herrlichkeit erfahren können[14].»

Arnold weiß, daß in der Gottheit kein Geschlecht ist, aber in der Menschwerdung zeigte Gott sich im Sohn als Mann, und nach der gleichen Ökonomie ist die Sophia eine Jungfrau, Braut, Mutter. Die Ankunft der Sophia und ihre Gegenwart ist eine inwendige, geistliche Erscheinung. Wenn die beständige Anwesenheit der göttlichen Sophia vor allem sich in täglichen, geheimen Unterweisungen, Ratschlägen und Führungen kundgibt, so entwickelt sich zwischen der Seele und der Sophia doch ein inniges Liebesverhältnis. Die Weisheit behandelt ihren Liebhaber nicht mehr als Fremdling, sie läßt die wohlgeläuterten Geister in ihr geheimes Zimmer ein, läßt sie darin mehr erfahren, als sie außerhalb entdecken können. Wenn Arnold von geheimen Liebesblicken und Küssen redet, so sind dies doch Bilder, die niemand im wörtlichen Sinn verstehen wird. Bei aller Inbrunst vergißt Arnold nicht, daß die echte Schilderung dieses Vorganges der irdischen Feder versagt bleibt. Nur Engel könnten davon würdig reden.

Der Untertitel des Buches vom «Geheimnis der göttlichen Sophia» heißt: «Beschrieben und besungen von Gottfried Arnold.» Das Buch will keine gelehrte Abhandlung sein, obschon es erstmals in der Geschichte dieses Thema systematisch zusammenfaßt und beschrieben hat. Was sich bei Böhme und Gichtel an zahlreichen Stellen zerstreut findet, das hat Arnold gesammelt und zu einer mächtigen Tradition zusammengefügt. Wer jedoch hier allzu täppisch und massiv zugreifen wollte, dem müßte man auf die Finger klopfen und sagen: Hände weg! Nach dem Untertitel hat Arnold das «Geheimnis der göttlichen Sophia» nicht nur beschrieben, sondern auch besungen. In seinem tiefsten Wesen ist das Buch ein Gesang, der mit dem mystischen Gesang des Erhabenen verglichen werden darf. Eine Melodie vom Engelsgesang auf Bethlehems Fluren ist in Arnolds Werk eingegangen und hat die unnachahmliche Süßigkeit seiner Ausführungen bewirkt. Es ist eines der merkwürdigsten Bücher, die im evangelischen Geschichtsraum geschrieben worden sind; unter dem Wust der langweiligen Predigtliteratur blüht es wie eine Blume aus dem Paradiese.

Arnolds Sophienlehre ist das Mißgeschick widerfahren, daß sie innerhalb der evangelischen Christenheit überhaupt nicht begriffen wurde. Die meisten Verehrer Arnolds standen seinen Ausführungen verständnislos gegenüber. Sie wußten in ihrer Hilflosigkeit gar nichts damit anzufangen. Nach ihrem Dafürhalten ist Arnold mit seiner mystisch-sinnlichen Schwärmerei an den gefährlichsten Abgrund geraten. Dibelius seufzt über die sophianische Mystik: «Man schwankt bei der Lektüre des Buches zwischen Bewunderung und Unwillen hin und her. Ausbleiben kann der Unwille nicht; denn hier ist, wenn irgendwo in einer mystischen Schrift, eine Probe davon gegeben, wie mit der Andacht die Wollust sich eint und die Sinnlichkeit mit tief religiösem Gefühl sich verbindet. Mit der himmlischen Sophia wird geistliche Buhlerei getrieben[15].» Ist die sophianische Mystik wirklich ein gefährlicher Lockruf, der den Menschen schlecht bekommt? Zeigt sich in diesem Buch Arnold als der schlimmste Verführer? Die Frage ist aufzuwerfen, weil alles geprüft und nichts unbesehen hingenommen werden soll. Wer jedoch etwas von einem «Lied im höheren Chor» versteht, wird sie mit einem entschiedenen Nein beantworten. Den ablehnenden Urteilen fehlt es am nötigen Sensorium für das göttliche Mysterium. Sie urteilen über etwas, das sie selbst nicht erfahren haben, und reden wie der Blinde von der Farbe. Warum sich nicht der Bewunderung des Gesanges hingeben, der im «Geheimnis der göttlichen Sophia» angestimmt wird, und den aufkeimenden Unwillen niederringen, weil er aus dem Unverständnis stammt? Die Wonnegefühle haben doch mit Buhlerei nichts zu tun. Sie sind rein symbolisch zu verstehen, denn die sophianische Mystik ist eine glühende Angelegenheit, worin gerade die metaphysische Schönheit verborgen liegt. Arnolds Betrachtungen gehen in jene Richtung, die Paulus eine Geistlichkeit der Engel nannte, dies aber ist eine himmlische Sache und ist nicht für jedermann, wohl aber für feine und zarte Seelen bestimmt.

An glutvoller Kraft ist mit dem «Geheimnis der göttlichen Sophia» einzig noch Arnolds Lyrik zu vergleichen. Er hat die Gedichte unter dem Titel «Göttliche Liebesfunken» publiziert, und dies mit Recht, denn in ihnen lebt eine ungebändigte Sehnsucht. Einige Lieder wird die Christenheit nie mehr vergessen:

Herr, zermalme, brich und reiße
Die verboste Macht entzwei.

Arnolds Verse zeugen von einem Menschen, der aus seiner Ichbefangenheit heraus will. Der Raum verbietet es, viele Proben von Arnolds Lyrik anzuführen. Ein Gedicht aber sei seiner verströmenden Poesie wegen erwähnt, es trägt die Überschrift «Die Seele erquicket sich an Jesu»:

So spielen die lieblichen Buhlen zusammen,
Und mehren im Spielen die himmlischen Flammen,
Das eine vermehret des anderen Lust
Und beiden ist nichts als die Liebe bewußt.
Sie kämpfen in Lieben, sie geben sich eigen
Die Vielheit muß endlich dem Einen hinweichen.
Er singet, sie spielet; er küsset, sie hertzet
Er lehret, sie höret; er lachet, sie schertzet
Er saget: wie bist du mir ewig erkoren!
Er rufet: du bist mir zur Freude geboren![16]

Unmöglich kann man diesem Gedicht von einem staatskirchlich-bürgerlichen Standpunkt aus gerecht werden. Dieser Maßstab ist auch nicht angebracht zur Beurteilung einer christlichen Existenz, die dem Enthusiasmus verpflichtet ist. Das Korrekte und Schickliche ist nie das Ideal des Dichters, und Arnold war ein Dichter, wenn er auch nicht darauf Anspruch erhob. Er beteuert, daß ihm die Verse jeweils bei einem Spaziergang durch Feld und Wald, angeregt durch die lieblichen Natureindrücke, wie von selbst eingefallen seien und er nicht lange daran gefeilt habe. Der feurige Mann hatte als Ausgleich eine sichtliche Vorliebe für idyllische Zustände, er war auch ein Liebhaber des ländlichen Lebens. Die Poesie hatte für ihn eine Bedeutung, seine Verse sprechen ergreifend von seinem religiösen Ringen. Das Dichterische war ihm so wenig wie das Historische je Selbstzweck. Arnold sang, weil er singen mußte und ihn Gott mit Strömen «empfindlicher Süßigkeit» beglückte. Er war in der Liebesfreude des Hohenliedes beheimatet und gab sich dem Seligkeitsgefühl vorbehaltlos hin. Man kann dagegen einwenden, daß das Spiel zu brünstig sei und zu wenig die ehrfürchtige Distanz wahre. Dem Einwand fehlt nicht jede Berechtigung. Doch darf man auf diesem Gebiet auch wiederum nicht zu prüde sein. Die erotischen Worte sind Vergleiche und Analogien. Das Religiöse und das Erotische gründen in einer verwandten Wurzel. Arnold konnte sich denn auch für seine Bildersprache auf eine lange Tradition der Mystik berufen, wo Ähnliches ähnlich gesagt wird. Wenn die sinnlichen Farben vielleicht zu stark aufgetragen sind, so spürt man doch, mit welcher Inbrunst und Hingabe er das Göttliche umfangen hat. So liebt es nur ein Mensch, dem es sein Ein und Alles bedeutet. Das Himmlische knistert wirklich in den «Liebesfunken».

Am Ende der Quedlinburger Zeit erklomm Arnold noch eine dritte Stufe, die eine leichte Ablösung vom radikalen Spiritualismus bewirkte. Seeberg bezeichnete sie als eine Rückentwicklung, die angeblich das eigentliche Problem von Arnolds Leben enthalte. Doch steht diese Betrachtung auf tönernen Füßen. Arnold hat nicht schlapp gemacht, das Enthusiastische ist nie in ihm erloschen. Er hat nie einen Widerruf geleistet und keines seiner Werke je verleugnet, sondern hat sie alle mitgenommen in seine letzte Stufe, in der er eine wirkliche Abgeklärtheit, Reife und Überlegenheit erlangte. Alles ungestüme Wesen legte er ab, und der Frieden wurde ihm zuteil:

Endlich wird das Seufzen still
Und das Herze ruhig werden.

Arnold erkannte, daß der Mensch Babel in sich trägt und es nicht in äußerlichen Einrichtungen zu stürmen braucht. An Stelle aller Übersteigerungen trat eine wohltuende Milde. Das ist doch nicht Abfall, sondern viel eher Gipfelpunkt. Es haben auch viele Heilige in ihren Anfängen eine ungemein scharfe Askese betätigt und sind in ihrem Alter über diese heilige Raserei hinausgewachsen. In seiner dritten Stufe der Abklärung hat Arnold das Innerliche wirklich als etwas Innerliches betrachtet und es nicht mehr als ein äußerliches Faktum hingenommen. Erst in der letzten Phase wird er zum überlegenen Lehrer, welcher der Christenheit die wahre Anweisung zum inneren Leben erteilte.

Die erste Wendung zur Abklärung vollzog Arnold, indem er sich mit Anna Maria Sprögel, der Tochter seines besten Freundes, verheiratete. Die Eheschließung gab viel zu reden, und Gichtel war es, der sich am meisten darüber aufgehalten hat. Er war verärgert darüber und empfand Arnolds Vermählung als eine Niederlage. Gichtel glaubte, Arnold sei durch den zu freien Umgang mit Weibsleuten gefangengenommen worden und habe durch seine fleischliche Heirat sein Zeugnis der himmlischen Sophia geschwächt: «Der Mann schreibet viel Lektiones andern vor, und tuts selber nicht, machets wie die kleinen Kinder, welche ihr Hemdlein aufheben, und vor die Augen halten, daß man sie nicht sehen soll, decken damit ihre Scham auf. Ich liebe den Mann, und suche seine Scham zuzudecken, die er selbst entblößet, und enthalte mich nach Möglichkeit des Richtens, aber ich bitte Gott, daß sein Fall nicht andern zum Strick diene[17].»

Diese Auffassung entspricht Gichtel und nicht Arnold, der in seinem Werk über die göttliche Sophia sich in keiner Verwerfung der Ehe gefiel. Er hat in der göttlichen Anordnung der Ehe wohl tiefer gesehen als Gichtel, der sie als eine bloße Konzession an das Fleisch bewertete, eine Anschauung, die einen geistigen Menschen niemals befriedigen kann. Die Ehe ist eine Schöpfungsordnung Gottes, und das Eintreten in den Ehestand schließt nicht automatisch eine Untreue gegen die himmlische Sophia in sich, sonst hätte Arnold nicht seinem geliebten Töchterchen den Namen Sophia gegeben! Der Verfasser des «Geheimnisses der göttlichen Sophia» hat eine vorbildliche Ehe geführt, die seines

Buches würdig war. Er ist weder einem Ansturm der Sinnlichkeit zum Opfer gefallen, noch hat er in seiner Ehe den «alten, verstellten Balg gekrauet». Arnold hat ein religiös ernst gesinntes Mädchen geheiratet, und die wenigen Briefe an seine Frau weisen auf eine weiche, hingebende Zärtlichkeit hin. Seine Lebensgefährtin ist ihm treu und helfend zur Seite gestanden, er hat gerade durch sie Gottes Barmherzigkeit erfahren und hat mit ihr in einer seelischen Gemeinschaft gelebt. Der Ehestand hat Arnold neue Einsichten geschenkt: «Die leiblichen Trübsale der Verheirateten (er verlor beide Kinder) sind mir sehr heilsam gewesen und sind es noch, ungeachtet meinem Fleische oft davor geschauert hat, so daß ich gerne damit verschont geblieben wäre, wenn es bei mir gestanden hätte. Aber ich habe viel müssen im Ehestand erfahren, welches wohl sonst nicht geschehen wäre[18].»

Durch die Eheschließung hat Arnold auch ein neues Verhältnis zur Kirche gewonnen. Während seiner radikalen Phase ist er der Kirche ferngestanden, und man hat ihm oft sein seltenes Kirchengehen vorgeworfen. Arnold nahm das Recht der Gewissensfreiheit für sich in Anspruch und rechtfertigte sich damit, daß der wahre Gottesdienst «geistlich, innerlich und also frei, an keinen Ort, Zeit oder andere Umstände gebunden sei»[19]. Auch enthielt er sich jahrelang der Teilnahme am öffentlichen Abendmahl, denn es kam ihm auf «das innerliche, stets währende Abendmahl des inwohnenden Immanuels an»[20]. Arnold war in seinem Spiritualismus über die Mauerkirchen hinausgewachsen. Es wäre aber ein Mißverständnis, wollte man ihn deswegen zu einem Sektierer stempeln. Er hatte in dieser Hinsicht wenig Sympathien und meinte einmal, Gott habe es so gewirket, daß sich sein Gewissen in gar keiner Sekte, sie scheine so gut als sie wolle, befriedigen könne und er darin mehr Ekel als Anziehung verspüre. Auf der dritten Stufe gewann er ein näheres Verhältnis zur Kirche, indem er die Hofpredigerstelle der Herzogin-Witwe von Sachsen-Eisenach in Altstedt annahm. Arnold hat das Amt ernst genommen und es nicht nur als Brotkorb betrachtet. Man sieht dies aus seinen Predigten, die unter dem Titel erschienen sind: «Die Verklärung Jesu Christi in der Seele». Für das heutige Empfinden sind diese Predigten zu langfädig, doch erschöpfen sie sich nie in moralischen Plattheiten. Arnold hat auf der Kanzel seine Anweisung zum inneren Leben nicht vergessen, er hat den mystischen Reichtum in sein Pfarramt mitgenommen.

Mit dem Schritt zur Kirche ist Arnold keineswegs einer jener engherzigen Kirchenmänner geworden, die sich oft päpstlicher als der Papst gebärden. Luther gegenüber nahm er weiterhin eine freie Stellung ein. Er liebte den jungen Luther und bedauerte seine spätere Entwicklung, wie er sich ausdrückt, weil «Lutherus selbst nach der Zeit durch das elende Gezänke und andere Versuchungen von seiner Liebe und Kraft ziemlich abgekommen ist»[21]. Jedenfalls ließ Arnold sich nicht einschüchtern, als man ihn des nicht einwandfreien Luthertums bezichtigte. Mutig hat er sich auch geweigert, den für die Geistlichen vorgeschriebenen Eid auf die lutherischen Bekenntnisschriften abzulegen, womit er bewies, daß er auch bei seinem Stufenaufstieg kein anderer geworden war. Nach seinem Dafürhalten ist der Christ auf das Evangelium und nicht auf ein Dokument des konfessionellen Kampfes verpflichtet. Gerade diese Haltung Arnolds verdient alle Beachtung, man wird in der Folge nicht mehr von einem ‚Schwachwerden' reden. Der Pastor und Inspektor von Perleburg ist sich innerlich allezeit treu geblieben. Immer stärker begriff er die soziologische Notwendigkeit der Kirche, ohne die die Christenheit nicht bestehen kann. Wer wollte ihm dies zum Vorwurf machen?

Daß die dritte Stufe keinen Bruch im Leben Arnolds bedeutet, sondern in innerer Kontinuität mit seinen mystischen Bestrebungen steht, zeigt sich darin, daß er in seiner neuen Stellung die «Historie und Beschreibung der mystischen Theologie» schrieb. Das Buch erschien zuerst in lateinischer, hernach in deutscher Sprache. Er teilte darin den Entschluß mit, sich fortan nicht mehr mit dem bloß äußeren, historischen Wissen zu begnügen, als der Schale, wie er sagte, sondern stets zum Kern vorzudringen und nach den inwendigen Kräften zu fragen. Die geheime Gottesgelehrtheit rückt er bewußt in den Gegensatz zu der fleischlichen Schultheologie, die sich dem Buchstaben ergibt und sich in Zanksucht gefällt, als bestünde das ganze Christentum im Disputieren. Die Gegenüberstellung beruht nicht etwa auf einem Trugschluß. Die Schultheologie begnügt sich nach Arnold mit Vernunftschlüssen, Wortkriegen und endigt im Formalismus, während die mystische Theologie der nach Gott hungernden Seele Kräfte vermittelt; sie führt ein wirkliches Gespräch mit Gott und empfängt auch von ihm eine geheime Lehre verborgener Dinge. Er verwahrt sich dagegen, daß man unter Mystik nur verblümte Redensarten, Wortspiele und Allegorien verstehe. Sie ist keine Einbildung müßiger Köpfe. Allerdings sind nicht alle Menschen geschickt zur mystischen Theologie, weil nicht alle Herzen bereit sind zur Vereinigung mit Gott. Arnold erneuert die alte Unterscheidung von den drei Wegen: die Reinigung, die Erleuchtung und die Vereinigung. Dabei gehört zu einer wirklichen Erleuchtung auch die notwendige Praxis. Er redet der Beschauung Gottes das Wort, die zu der innigsten und wesentlichsten Vereinigung der Seele mit Gott führt. Diese verborgene Weisheit ist ein Geheimnis, zu dem nur jener Christ kommt, der sich über alle Natur und alle Vernunftschlüsse hinweg aufgeschwungen hat und dessen Gemüt vom Geist durchleuchtet ist. Arnold führt in seiner «Mystischen Theologie» höchst tiefsinnige Einsichten aus, die dem Leser ein substantielles Leben vermitteln. Er ist nicht unkritisch, Arnold weiß, daß «in manchen mystischen Schriften viel Unlauteres, Menschliches und Unnützes steht»[22]. Aber er wehrt sich dagegen, daß die mystische Theologie erst durch die platonische Schule ins Christentum eingedrungen sei, wenn er sich auch selbst viel auf Dionysios Areopagita stützt, so ist sie nach ihm bereits in der Bibel enthalten. Es geht Arnold nicht um einzelne Mystiker, sondern immer um die mystische Theologie, die er in fast zu zahlreichen Zitaten zu Worte kommen läßt, so daß die eigenen Ausführungen beinahe von ihnen erdrückt werden. Seine Sorge war, daß «nachdem durch Satans List sowohl Lutherus als die übrigen Protestanten in sehr heftige Streitigkeiten gerieten, wurde über diesen der wahren Herzenstheologie fast ganz vergessen»[23]. Diesem betrüblichen Zustand will er abhelfen, und deswegen singt er das Lob der mystischen Theologie, die weder zanket um Worte noch unnütze Fragen aufwirft, die niemand zum Ketzer macht und kein Gewissen kränket, die freilich auch weder Einkünfte noch Ehrenstellen einbringt, sondern eher von allen verfolget wird. Natürlich würde man heute eine Geschichte der mystischen Theologie ganz anders gestalten, trotzdem kann man diesen erstmaligen Versuch nicht genug loben.

Im Dienste der Mystik stand auch Arnolds Herausgebertätigkeit. Er erwarb sich das Verdienst, vergrabene und längst vergessene Bücher ans Licht gezogen zu haben. «Es war bis dahin in Deutschland nicht dagewesen, daß ein theologisch Gebildeter die Schriften papistischer Mystiker ins Deutsche übersetzte, um sie den gemeinen Leuten zugänglich zu machen[24].» Einzig Poiret hatte es auf französischem Gebiet getan, und Arnold tat es ihm auf deutschem Sprachgebiet nach, womit er eine erneute Anweisung zum inneren Leben gab. Ihm war allein die Wahrheit wichtig, ungeachtet wer von ihr zeugte und wo sie ausgesagt wurde.

Angelus Silesius' «Cherubinischer Wandersmann» hatte bei seiner Veröffentlichung keine sonderliche Beachtung gefunden. Er konnte nicht die gebührende Aufmerksamkeit finden, weil die Konversion des Verfassers der Ausbreitung hemmend im Wege stand. Die Katholiken hatten an dieser offensichtlich von Böhme beeinflußten Mystik nur eine halbe Freude, sie ließen das Buch wohl passieren, weil sie den eifrigen Neophyten nicht vor den Kopf zu stoßen begehrten, aber sie nahmen sich der Dichtung nicht stärker an. Die Protestanten jedoch wollten von diesem Apostaten nichts mehr wissen und ignorierten das Buch. So hatte sich eine zweifache Mauer um das Werk des mystischen Dichters gelegt. Niemand sprach vom «Cherubinischen Wandersmann», er führte ein vollständig unbekanntes Dasein. Arnold war der erste Mann, der diese Mauer durchbrach und den «Cherubinischen Wandersmann» aus seinem Versteck hervorholte. Er gab das Werk neu heraus, und seiner Edition ist es zu verdanken, daß das kostbare Buch endlich die verdiente Aufmerksamkeit fand. Seit Arnolds Tagen ist die Mystik des Angelus Silesius nicht mehr aus dem Bewußtsein der deutschen Christenheit verschwunden. Ebenso hat Arnold «Johannes Ruysbrocks geistreiche Schriften» veröffentlicht und damit den Zugang zu dem niederländischen Mystiker erschlossen.

Arnold fühlte sich verpflichtet, ein geistiger Vermittler zu sein, und versuchte seine evangelischen Glaubensbrüder auch mit der romanischen Mystik vertraut zu machen. Sie ist eine tiefreligiöse Erscheinung des nachreformatorischen Katholizismus und birgt wertvollste Güter in sich. Freilich war ihrem Urheber Michael de Molino ein überaus schweres Schicksal beschieden. Nachdem der Spanier zuerst in Rom beinahe vergöttert wurde, fiel er plötzlich in Ungnade. Es wurde ihm der Prozeß gemacht, und er verschwand für immer in den Kerkern der Inquisition. Daß Molino ein schändliches Doppelleben geführt haben soll, dürfte eine krasse Verleumdung sein, zumal da er sich bei der Prozeßverhandlung würdig benommen hat und sich mit den Worten von seinem geistlichen Begleiter verabschiedete: «Wir sehen uns wieder am Tage des Gerichts, und dann wird es sich zeigen, ob die Wahrheit auf meiner oder auf eurer Seite gewesen ist[25].» Jedenfalls spricht zu seinen Gunsten, daß bis heute die Prozeßakten in Rom nicht freigegeben wurden. Arnold nahm an diesem Geschehen lebhaften Anteil und übersetzte Molinos «Geistlichen Wegweiser» ins Deutsche. Er schrieb eine lange Einleitung dazu, und das gleiche tat er mit den Schriften der Madame Guyon. Der Quietismus umfaßt nicht die ganze Fülle des Evangeliums, aber er enthält ein echt christliches Weizenkorn und ist ein würdiger Nachfahr der mittelalterlichen Mystik. Arnold hat auch für den Quietismus in Deutschland eine Bresche geschlagen, weil diese Religiosität wirklich imstande ist, dem Menschen die wahre Ruhe der Seele zu vermitteln und ihm eine Anleitung zum inneren Gebet zu geben.

Auch gegenüber Arnold wurde die Echtheit seiner mystischen Bemühung angezweifelt. Bereits sein Zeitgenosse Breckling hat die arrogante Äußerung getan: «Er unternimmt von Dingen zu judicieren, die er nicht versteht. Historice kann er wohl von mysticis schreiben, wie Poiret, aber Mystiker ist er ebensowenig wie dieser; denn er ist noch nicht zwanzig Jahre in der Wüste gewesen[26].» Seither ist die Frage nicht mehr verstummt, sie wurde immer wieder aufgeworfen. Zu Unrecht! Brecklings hochmütige Worte verraten jene Absprecherei und Richterei, die zu den unangenehmsten Eigentümlichkeiten der frommen Kreise gehören, und zudem war niemand weniger berechtigt, ein solches Urteil zu fällen, als er. Paulus ist auch nicht zwanzig Jahre in der Wüste gewesen und wurde doch bis in den dritten Himmel verzückt. Arnold kannte die innere Wüste, und wie lange er dort geweilt hat, steht keinem an zu beurteilen. Wenn man aus seinem Sehnsuchtsverlangen und seiner Verzweiflung, er habe noch nicht jene innere Meeresstille erreicht, die er gerne erreichen möchte, schließen will, er habe selbst seinen Mangel eingestanden, so schmilzt die ganze Geschichte der Mystik auf wenige Seiten zusammen, denn solche Aussagen haben viele getan. Das paulinische Gefühl, es noch nicht ergriffen zu haben, ihm aber leidenschaftlich nachzujagen, damit man es ergreifen möge, ist gerade ein echt mystisches Bewußtsein, von dem viele Gottesfreunde innerlich erfaßt wurden. Arnold hat nicht nur ein hervorragendes Verständnis für die Mystik bewiesen, er hat durchaus die Sprache der Mystiker gesprochen. Aus seinem Munde stammt das geheimnisvolle Wort: «Ich esse Gott in allen Bissen Brot[27].» Über ein solches Wort allein ließe sich ein ganzes Kapitel schreiben. Welch ein Himmel und Erde verbindendes Lebensgefühl bekundet sich in dieser schlichten Äußerung! Wer in jedem Stücklein Brot Gott zu sich nimmt, der ist doch wohl im Lande der Mystiker angelangt. In der Weise kann nur ein Mystiker empfinden. An diesem Bekenntnis werden alle Verdächtigungen zuschanden. Arnold gehört zu der Schar der auserwählten Seelen, die im Heiligtum der Mystik gelebt haben. Entsprechend dieser Auffassung hat Arnold auch betont, daß, «wo Gottes Wort rein ist, da muß man auch heilig leben», und hob damit den Trennungsstrich zu der damaligen Orthodoxie nochmals deutlich hervor. In seinem Buch «Abbildung des inwendigen Christentums» legte er alle ungestüme Draufgängerei ab. Gemäß der Abklärung der dritten Stufe lautete sein Bekenntnis: «Gott pflegt nach und nach den an sich selbst rechtmäßigen Eifer über das gemeine Elend in heilige Ordnung und Temperatur zu bringen, und seine genaue Zucht treibt sodann mit großer Macht zu weiser Unterscheidung und Diskretion wie auch zu dem ganzen Sinn Christi in göttlicher Geduld und Langmütigkeit[28].»

Den ergreifendsten Beweis seiner christlichen Reife hat Arnold in seinem Sterben gegeben. Er hat sich durch seine intensive geistige Arbeit vorzeitig aufgerieben, obwohl er erst in der zweiten Hälfte der Vierzigerjahre stand. Eine skorbutische Krankheit zehrte an seinen Kräften, doch verrichtete er bis zuletzt unter äußerster Anstrengung seine amtlichen Funktionen, wenn er auch schließlich so schwach wurde, daß der Gemeindevorsteher dem Küster befahl, sich auf der Kanzel unmittelbar hinter Arnold aufzustellen, damit er ihn gleich auffangen könne, falls er hinsinke. Während der Pfingstpredigt drangen unter lautem Trommelschlag preußische Werber in die Kirche ein und rissen einige Jünglinge aus der Zahl der Kommunikanten vom Altar weg in den Kriegsdienst. Die brutale Gewaltanwendung an heiliger Stätte empörte den kranken Arnold so sehr, daß diese Aufregung sein Ende herbeiführte.

Drei Tage verbrachte er noch im Lehnstuhl sitzend, unter kindlichem Umgang mit Gott und in seligen Meditationen. So oft ihn jemand etwas fragte, antwortete er überaus freundlich, aber kurz, als einer, dem man es anmerkte, daß er es mit wichtigeren Dingen zu tun habe. Zu seiner Gattin sagte er, er wüßte es nun gewiß, es sei Gottes Wille, daß er nicht länger hier bleibe, und dieses vorherige Wissen der Todesstunde ist immer ein außerordentliches Zeichen. Zuweilen bedrohte ihn die Angst, seine Frau mußte ihm dann auf die

Knie helfen, weil er nicht auf dem Rücken liegend beten wollte, eine Gebetshaltung, bei der er den nötigen Respekt vermißte. Von seinen Lippen kamen noch die denkwürdigen Worte: «Die Gerichte der letzten Zeit werden unerträglich sein», die wie eine apokalyptische Weissagung anmuten. Arnold selbst hatte es nie erwartet, daß er so ruhig auf dem Sterbelager dem Übergang in die jenseitige Welt entgegensehe. «Wie wohl, wie wohl, ach wie wohl ist mir!» sagte er und bemerkte hierauf zu seiner Gattin noch: «Siehst du nicht die Engel? Ach wie schön!» Dermaßen real und gegenwärtig erlebte Arnold die Boten Gottes, eine mystischere Atmosphäre ist gar nicht mehr möglich. Wer müßte bei dieser beinahe greifbaren Engelbegegnung nicht an die wundervolle Arie Johann Sebastian Bachs denken: «Bleibt, ihr Engel, bleibt bei mir.» Bei Arnold sind die Engel bis zum letzten Augenblick geblieben, sie haben sein Lager umstanden. Das Engel-Erlebnis angesichts des Todes zeigt deutlicher als alle seine verdienstlichen Schriften, wie sehr dieser Mann in einer beständigen Verbundenheit mit der unsichtbaren Welt gelebt hat. In etwas anderem besteht das mystische Leben nicht. Still lag Arnold da, man glaubte bereits, er sei entschlafen, als er sich plötzlich ganz allein in seinem Bette aufrichtete und mit lauter Stimme rief: «Frisch auf! frisch auf! Die Wagen her und fort!» Auch mit diesen letzten Worten nahm er noch einen mystischen Gedanken auf, indem er den Wagen des Elias bestieg, der seine Seele vor Gottes Thron führte.

Bei Arnolds Bestattung wurde eine Grabrede gehalten, schön und rühmend, wie es so Sitte ist. Der Kollege erwähnte lobend Arnolds erleuchteten Verstand, die barmherzige Schärfe seines Wesens, die unverdrossene Arbeitsamkeit und seine kluge Einfalt[29]. Das alles war recht und gut, besagt aber doch noch zu wenig über den vielgeschmähten Verführer, der ein glühender Liebhaber der göttlichen Sophia war und dank dieser verborgenen Beziehung das Christentum vom innersten Heiligtum aus betrachtete.

Von Arnolds Persönlichkeit dürfen noch andere Verdienste erwähnt werden. Das geistliche Amt bringt gerne eine gewisse Uniformität mit sich. Es liegt im Beruf beschlossen, daß die überlieferten Worte zu Formeln werden, wodurch ein Diener des Wortes dem andern gleich wird. Arnold hat sich nie in dieses Schema eingefügt, er ist stets seine eigenen Wege gegangen, ohne zum Sonderling zu werden. Er hat sich nicht damit begnügt, einfach die Sätze nachzusagen, die man ihm in jungen Jahren vorgesagt hat. Sein Naturell drängte ihn, selbständig und unabhängig zu denken. Was hat dieser Mann im Laufe der Zeit alles in sich aufgenommen! Wo hat er überall gebohrt! Wie neuartig hat er die ältesten Dinge angeschaut! Nie war es ihm dabei um bloße Kuriositäten oder gar um Geltung zu tun. Er suchte und klopfte an, weil er von einem inneren Drang vorwärtsgetrieben wurde. Was von den Vorfahren Großes erzählt wird, er selbst wollte es auch erleben. Durch dieses unablässige Lechzen nach frischem Wasser ist er eine der urwüchsigsten Gestalten des Luthertums geworden. Alles, was er tat, war außergewöhnlich und überragte das Durchschnittschristentum bei weitem. Die psychologische Bemerkung, Arnold sei «kein glücklicher Mensch gewesen», ist doch Unsinn[30]. Was heißt denn schon ‚glücklich sein'? Das ist doch der Wunsch des Kleinbürgers. Arnold besaß jedenfalls eine produktive Schaffenskraft, und das ist immer eine Bevorzugung, die alle Behaglichkeit aufwiegt. Er war ein Mensch der religiösen Leidenschaft, der kein lahmherziges Christentum vertrat, er hat in jedes seiner Werke seine ganze Seele hineingelegt. Seine sophianische Mystik war stets theoretisch und praktisch zugleich, darin ihre Echtheit beweisend.

Für das außergewöhnliche Bewußtsein, das die breite Straße zu wandeln beliebt, war Arnold ein Verführer. Er war es schon zu seinen Lebzeiten und ist es im Grunde bis zum heutigen Tag geblieben. Noch immer macht man einen weiten Bogen um seine Schriften. Ihn hat damals der Argwohn nicht irritiert, er nahm ihn auf und sagte bewußt: «Als die Verführer, und doch wahrhaftig.» In der Losung hat sich das Schicksal des unkirchlichen Christen angekündigt. Man kann seit der werdenden Neuzeit nicht mehr auf direkte Weise Christ sein. Es wirkt als Aushängeschild nur unglaubwürdig. Der Christ muß beinahe eine Maske tragen. Arnold tat dies. Ohne sich darüber aufzuhalten, nahm er das Odium des Verführers auf sich. Im Kern aber war er ein lauterer Christ, wie man nicht christlicher sein kann. Bei Arnold ist alles echt, da findet sich keine Staffage. Er gehört zu den Christen, die sich mit keiner Äußerlichkeit zufriedengeben, die ganz nach innen gerichtet sind und das Göttliche unmittelbar zu erleben wünschen. In ihm hat der mystische Geist ein würdiges Gefäß gefunden, und Johann Reitz war gut beraten, ihm in seiner «Historie der Wiedergeborenen» einen würdigen Platz einzuräumen.

Es wäre noch viel über diesen Mann zu sagen, und dabei würde man die unergründliche Tiefe dieses Menschen doch nie ausloten. Zum Abschluß genügt es, eines seiner Gedichte für ihn sprechen zu lassen, eines aus den «Liebesfunken», deren Flammen den Leser in ihren Brand hineinziehen. Es ist dichterisch nicht vom höchsten Rang, es gleicht dafür aber einer geheimnisvollen Selbstporträtierung und ist voll von helldunklen Zwischentönen:

Ich lebe noch in dieser Welt,
  Und bin doch schon zum Himmel aufgehoben.
Ich trag ein Joch, das mir gefällt,
  Ich bin ein Engel, und kann Gott doch loben,
Ich heiß ein mangelhaftes Kind,
  Und bin doch wert, denselben zu umfangen,
An dem man nichts als Heiligs findt:
  Ich hab ihn schon, und muß ihn doch verlangen,

Sein Kreuz wird leicht, und doch auch schwer,
Nachdem ich so genau mit ihm vereinet;
Mein Herz ist voll, und dennoch leer:
Voll Liebe, leer von dem, was ich beweinet.
Ich bin ein Wunder-Mensch vor andrer Menschen Augen,
Und weiß nicht, ob ich noch werd unter Menschen taugen.
Des Kreuzes Kraft hat mich zum Toren längst gemacht;
Mich wundert, daß man mich nicht ins Gesicht verlacht.[31]

GERHARD TERSTEEGEN

[1697–1769]

VON DER DREIFACHEN GEGENWART GOTTES

In einem Brief schrieb Gerhard Tersteegen einmal: «Die Kinder Gottes haben dreierlei Geburtstage. Durch den ersten, natürlichen, kommen sie aus dem finsteren Gefängnis von ihrer Mutter Leib zu dem Lichte dieser unteren Welt; da weinet das Kind billig, die Verwandten aber freuen sich. Durch den zweiten Gnadengeburtstag, nämlich die Wiedergeburt, werden sie stufenweise aus dem engen, finsteren Naturstand ins Licht der Gnade versetzt. Da weinet auch mehrenteils das Kind; aber es freuen sich gewiß die Engel im Himmel, sobald nur ein Sünder Buße tut. Dasjenige, was wir den Tod nennen, das nannten und feierten die ersten Christen als einen Geburtstag der Märtyrer und Heiligen. Dieser dritte Geburtstag, der leibliche Tod nämlich, erlöset Gottes Kinder aus dieser bangen Welt, aus dem engen Gefängnis dieses Leibes der Demütigung, und aus allem Druck und Seelengefahr, da sie recht fröhlich ausgeboren und versetzet werden in die Weite der lieben, süßen Ewigkeit. Zwar geht's auch bei dieser letzten Geburt oft sehr unansehnlich und bedrängt her, daß das Gnadenkind wohl gar auch ächzen und weinen muß, bis es durchkommt; aber alles zu seinem Besten [1].»

Tersteegens Äußerung scheint auf den ersten Blick naiv zu sein. Der heutige Leser findet sie geradezu einfältig; aber diese Einfalt ist wie die Einfalt des Evangeliums, sie ist viel tiefsinniger als alles geistreiche Gerede. In der Briefaussage hat Tersteegen die drei Stationen seiner inneren Biographie markiert, die zu beschreiben er immer mit den Worten abgelehnt hat: «Ach Gott, wie so mager, wie so vermischt, oder wohl gar hie und da anstößig würde das heraus kommen [2].» Der Hinweis auf die dreierlei Geburtstage deutet das Schema an, nach dem er in der Ewigkeit bereit war, zum ewigen Lobe Gottes sein Leben zu erzählen. Doch darf man sich diesem inneren Lebensgang weder in frommer Zudringlichkeit noch mit einer analysierenden Kritik nähern. Beide Versuche verfehlen den Zugang zu ihm. Der hagere Tersteegen in seinem braunen Rock und mit dem totenblassen Antlitz war bei aller Bescheidenheit eine subtile Gestalt, die ihr Inneres nur einer liebenden, ehrfürchtigen Einstellung erschließt.

I

Den ersten Geburtstag nennt Tersteegen den natürlichen, durch den die Kinder Gottes «aus dem finsteren Gefängnis von ihrer Mutter Leib zu dem Licht dieser unteren Welt kommen; da weinet das Kind billig, die Verwandten aber freuen sich». Mit diesem Geburtstag begann das äußere Dasein Tersteegens, das man in zwei Phasen einteilen kann.

Der frühe Tod seines Vaters erlaubte es Tersteegens Mutter nicht, den Sohn studieren zu lassen, wozu der begabte Knabe geeignet gewesen wäre. Statt dessen wurde er in die Lehre zu einem Kaufmann gegeben, der ihn streng hielt. Noch während der Lehrzeit geriet der Jüngling unter religiöse Einflüsse, die eine zunehmende Macht über ihn gewannen. Mit der Zeit empfand er die Kundenbedienung im Kaufladen als eine allzu zerstreuende Ablenkung, er gab deshalb in jungen Jahren schon seinen selbständigen Kaufmannsberuf auf und erlernte das Bandweben, wie einst Spinoza den Beruf des Brillenschleifers ergriff. Die Tätigkeit des Bandwebens erlaubte es Tersteegen, in einer viel größeren Zurückgezogenheit zu leben, was der ersten Periode seines Lebens das charakteristische Gepräge gab. Der junge Mann suchte die Einsamkeit, und seufzend klagte er: «Ach Gott! Wie wenig Einsiedler hast du zu dieser Zeit[3].» Er selbst wollte zu ihnen gehören; fernab von allem lärmigen, sinnenverwirrenden Getriebe lebte er inmitten der protestantischen Welt das Leben eines Einsiedlers. Er wohnte zunächst still in einer Kammer und später in einem Häuschen, arbeitete mit seinen Händen, um seinen Unterhalt zu verdienen, und begehrte ein verborgenes Leben in Gott zu führen. Nach Tersteegen ist die Einsamkeit die Schule der Gottseligkeit, und zeitlebens blieb er der Auffassung zugetan: «Wer Einsamkeit mit Gott sagt, der sagt: gründlicher Ausgang aus sich selbst und dem Geschaffenen[4].» Er beobachtete eine streng asketische Lebensweise, die den Kontakt mit den Menschen auf ein Minimum einschränkte. In der Verleugnung der Sinnlichkeit lebte er wie ein altchristlicher Eremit, er nahm auch während des Tages nur einmal die allernotwendigste Nahrung zu sich und verschmähte jegliches Genußmittel. Abends ging er heimlich in die Häuser der Armen und verschenkte, was er entbehren konnte. Auch sein mütterliches Erbteil gab er auf diese Weise hin und geriet darob selbst in bittere Bedrängnis. Seine Verwandten brachen denn auch fast alle Beziehungen zu ihm ab, denn sie schämten sich seiner als eines christlichen Narren. Tersteegen wollte bewußt ein armes Leben in der Nachfolge Jesu führen; mit seiner außerordentlichen Liebe zur Einsamkeit überschritt er die Lebenshaltung der Frommen bei weitem. Dabei versicherte er: «Ich kann nicht aussprechen, wie vergnügt ich da gewesen, als ich allein wohnte, ich dachte oft, kein König in der Welt könnte so zufrieden leben, als ich damals lebte[5].» Später ist er von der allzu harten Mortifikation abgekommen, weil dadurch die menschliche Natur nur in Aufruhr gebracht werde. Statt des äußeren Fastens riet er zur immerwährenden Mäßigkeit im Essen. Trotzdem dankte er «Gott, der mir ein Kämmerlein gegeben, worin noch nie eine Kreatur mit eingegangen»[6].

Die Periode der radikalen Abgeschiedenheit fand durch eine Zuwendung zu den Menschen ihr Ende, womit die zweite Epoche in seinem äußern Leben eröffnet wurde. Tersteegen nahm einen Stubengesellen zu sich, obwohl es ihn hart ankam, auf die geliebte Einsamkeit zu verzichten. Auf Zureden hin lokkerte er auch ein wenig seine strenge Lebensweise, trotzdem behielt er aber eine klösterliche Regelung seiner Tagesordnung bei. Das Bandweben gab er nach einigen Jahren wieder auf, und er begann eine naturärztliche Tätigkeit auszuüben; es ist jedoch nicht feststellbar, woher er seine medizinischen Kenntnisse erhalten hat. Er verfertigte die Medikamente selbst und gab sie auch gewöhnlich unentgeltlich ab. Er selbst bemerkte dazu: «Die Medizin gibt viel Nachdenken, viel Verdruß und viele Verantwortung; ich brauche nur ein paar Sorten Pillen, einige Pulver und Essenzen, alle von einfacher Composition. Außerordentliche geheime und chemisch ungewisse Seltsamkeiten macht Gott zuschanden und segnet verachtete Kräuterchen. Traue dem Laboranten nicht; forsche nicht täglich im alchymistischen Irrgarten und suche beileibe kein Gold[7].» Offenbar war Tersteegen von der eigenartigen Verkettung von Seele und Leib durchdrungen, die man nicht getrennt behandeln darf. Seinen eigenen Unterhalt fristete er durch Zuwendungen reicher Freunde, er nahm aber nur wenig an und lehnte größere Legate stets dankend ab. Schließlich begann er auch in Privatversammlungen zu reden. Da er in Sprache und Gebärden alles Erkünstelte, Verschrobene und Prunkende vermied, fühlten sich die Menschen sehr angesprochen. Sie spürten einen hohen, göttlichen Geist aus ihm reden und mit einer solchen Macht auf sie einwirken, daß sie jedesmal hingerissen und erleuchtet waren und sich über sich selbst hinausgehoben vorkamen. Seine Reden wurden nachgeschrieben und nach seinem Tode unter dem allzu bescheidenen Titel «Geistliche Brosamen, die von des Herrn Tische fielen» herausgegeben. Bei ihrer Lektüre versteht man ohne weiteres, daß die Menschen in Scharen herbeiströmten. Die Zuhörer trugen Leitern herbei und stellten sie an die Fenster, um den von Herzen kommenden und zu Herzen gehenden Worten lauschen zu können. Der Andrang nahm ein solches Ausmaß an, daß dadurch der Neid der Pastoren geweckt wurde, die ein polizeiliches Verbot erwirkten.

Zehn Jahre lang blieben Tersteegens Versammlungen auf Betreiben der Geistlichkeit von der Obrigkeit verboten. Ein Theologieprofessor aus Duisburg nannte Tersteegen sogar den größten lebenden Ketzer. Zu diesem Urteil mochte seine Zurückhaltung gegenüber der Kirche beigetragen haben, zumal er sich aus Gewissensgründen zeitlebens vom Abendmahl fernhielt[8]. Zum Verbot selbst erinnerte Tersteegen daran, daß die «echte Kirche keine Gewalt kennt». Tersteegen besuchte auch zuweilen die benachbarten Gebiete, wo er von vielen Menschen um seelische Hilfe angegangen wurde. Oft war er vom Morgen bis zum Abend von Menschen umringt, die mit ihm zu sprechen wünschten. Manche mußten fünf- bis sechsmal umkehren, ehe sie nur eine Viertelstunde mit ihm allein reden konnten. Tersteegen hat unter dem Menschenandrang gelitten und ihn als eine Schicksalslast empfunden: «Ich habe immer gesucht, und suche noch zu schweigen, unbekannt, vergessen und stille zu sein, und muß doch öfters zu meiner Demütigung in das Gegenteil hinein, so gebrechlich auch mein Tun sein mag[9].»

Doch stehen die beiden Phasen der Einsamkeit und der Zuwendung zu den Menschen nicht unverbunden nebeneinander. Zwischen ihnen existiert ein wechselartiges Verhältnis. Das Stadium der Abgeschiedenheit ist unbedingt nötig, soll in der Periode der Wirksamkeit eine wirkliche Kraft zum Vorschein kommen. Tersteegen hat dies selbst deutlich betont: «Unser Jesus hat dreißig Jahre geschwiegen, und sich verborgen, damit er uns die Liebe zum Leben der wahren Abgeschiedenheit einflößen möchte, und im offenbaren Leben hat er kaum vier Jahre zugebracht. Ach, denke ich öfters, könnten wir Erweckte nur vier Probejahre in stillem Streben und Beten aushalten, ehe wir uns hervortäten, so möchten unsere folgende Wirksamkeiten noch ein wenig lauterer und dem Reiche Gottes in und außer uns unschädlicher sein![10]»

Nach Tersteegen weint das Kind bei seinem ersten Geburtstag, und daß im Leben dieses Menschen auch leise Tränen geflossen sind, wer wollte es im Ernste bezweifeln? Sind die Tränen in Tersteegens äußerem Dasein durch die Erfahrung bedingt, daß in seinem Leben etwas fehlt, eine Angelegenheit zu kurz gekommen ist, was man bei aller Liebe zu ihm nicht übersehen darf? Zwar sang Tersteegen:

Komm, laß uns gehn, mein Freund, hinaus aufs Feld;
Laß uns besehn des Frühlings Pracht und Freude:
Schau da dein Werk! die Erd im neuen Kleide:
Es grünt, es blüht, dir jauchzet alle Welt.[11]

Bei aller Aufmunterung aber ist Tersteegen doch nur zaghaft hinausgegangen. Sein Gedicht «Einsame Sommerlust», in dem er von «süßen Schatten und bunten Wiesen» zu jubeln weiß, schließt er mit dem Blick auf Christus ab:

Was hier grünet und sich reget
Hat mein Freund hervorgebracht
Doch was Erd' und Himmel heget
Wird bei seiner Schönheit Nacht.[12]

Trotz der Naturliebe sprach Tersteegen immer wieder von der «beschwerlichen und gefährlichen Weltwüste», die es zu durchqueren gelte. Dieses Empfinden läßt sich nicht nur aus den Lasten des Siebenjährigen Krieges erklären, bei dem er den Eindruck hatte, «daß beide, Fromme und Unfromme nur aufs

Äußere sehen». Tersteegen hat die altchristliche Einschätzung von der «miserablen Welt» übernommen, die eine vergiftende Kraft in sich berge und dem Menschen durch das bloße Ansehen schade. Da er mit vorsichtigem Blick die Schattenbilder der sichtbaren Welt samt ihren eingebildeten Ergötzlichkeiten betrachtete, ist seine Existenz von einem merkwürdig verhaltenen Saitenspiel erfüllt; er hat sein von heiliger Wehmut durchzogenes Lebensgefühl in den «Christlichen Herbstgedanken» deutlich ausgesprochen und hat unmißverständlich gesagt, was die kahlen Bäume die menschliche Seele lehren. Tersteegen hat nicht die ganze reiche Fülle dieses Erdenlebens in sich aufgenommen. Über die eheliche Lebensgemeinschaft besaß er nach eigenem Geständnis keine besondere Einsichten, da er selbst nie von dem holden Gefühl der Liebe zu einem Mädchen ergriffen wurde, obwohl Fleisch und Blut auch ihm zu schaffen machten. Auch von den himmlischen Tönen der Musik wurde er kaum berührt, und ebensowenig entdeckte er bei seinen Reisen nach Holland ein Bild von Rembrandt, dessen unergründliche und mystische Tiefe ihn gewiß gefesselt hätte. Im abgedämpften Lebenslauf Tersteegens meldet sich auch der Reichtum der christlichen Kultur kaum zu Wort, und es ist deshalb nicht angebracht, künstlich eine sensationelle Spannung in sein Dasein hineinzulegen, die gar nicht vorhanden war. Dies alles und noch vieles andere spielte in seiner Biographie keine Rolle, weil er entsprechend seiner asketischen Lebenshaltung diese Welt als eine Verführung empfand und ihre Helligkeit stets nur als «das Licht der unteren Welt» bewertete, anstatt die Schönheit des Kosmos in Gott zu lieben.

«Die Verwandten freuen sich jedoch über den ersten Geburtstag», schreibt Tersteegen, und zu den sinnbildlich verstandenen Verwandten darf sich auch der Liebhaber Tersteegens zählen. Es liegt eine unnachahmliche Atmosphäre und eine herbstliche Abendstimmung über seinem Leben, das nach der Regel verlief: «Von Außen eng, von Innen weit[13].» Ein stilles Licht leuchtet über dem scheinbar unbewegten Sein, das aber bei aller gewollten Beschränkung dennoch von einer tiefen Freude durchzogen ist. Gerade das Schlichte, das Ruhige und Einfältige verleiht dem äußerlich so gar nicht auffallenden Mann einen Glanz, der allen Prunk und alle Effekthascherei bei weitem überstrahlt. Tersteegen besaß sowohl die innere Schönheit als auch das Feststehende im Leben, und beides erweckt ein beglückendes Dankesgefühl im Menschen. Diese verborgene Leuchtkraft ist um so erstaunlicher, als sie von einem Manne kam, der die schwächlichste Konstitution besaß und der immer wieder fürchten mußte, seine leibliche Hütte werde demnächst einfallen. Tersteegen verbreitete einen einzigartigen Lichtstrahl, ein Glanz ging von ihm aus, der auch das heutige Dunkel noch zu erhellen vermag.

II

Im erwähnten Brief führt Tersteegen aus: «Durch den zweiten Geburtstag, nämlich die Wiedergeburt, werden die Kinder Gottes stufenweise aus dem engen, finsteren Naturstand ins Licht der Gnade versetzt. Da weint auch mehrenteils das Kind; aber es freuen sich gewiß die Engel im Himmel.» Diese Äußerung weist auf die erlösende Wiedergeburt hin, die sein Leben von innen erhellt und in eine neue Beleuchtung rückt. Freilich sei bei dieser Gelegenheit an eine Tagebuchnotiz Franz Kafkas erinnert: «Man kann die Erlösung nicht schreiben, nur leben[14].» Die einsichtsvolle Bemerkung deutet die beinahe unüberwindbaren Schwierigkeiten an, mit der jede Tersteegen-Biographie zu kämpfen hat, die nicht im bloß pragmatischen Bereich verbleiben will. Sie müht sich mit etwas Unmöglichem ab, indem sie mit Worten einen inneren Vorgang schildern will, der sich aller Wortkunst entzieht. Tersteegen selbst wußte um die Unanschaulichkeit genau Bescheid: «Doch stille, Mund und Feder! Dies muß mehr erfahren als gesprochen werden[15].» Er war durch seinen zweiten Geburtstag in das Licht der Gnade versetzt, er war ein erlöster Mensch, dessen Wiedergeburt sich in allen seinen Lebensäußerungen auswirkte. Diese wundersame Gotteskindschaft ist aber keine literarische Angelegenheit, die man gleich einem erotischen Erlebnis mit romanhafter Leidenschaftlichkeit darstellen kann. Wer es trotzdem versuchen wollte, würde bei dem äußerst fragwürdigen Tun nur scheitern, denn das erlöste Sein gehört einer verborgenen Sphäre an.

Nach Tersteegen wird der Mensch in der Wiedergeburt «stufenweise aus dem engen, finsteren Naturstand ins Licht der Gnade versetzt». Der Mann aus Mülheim konnte rangmäßig denken, er besaß eine Kenntnis von dem, was Augustin den «Stufengesang» nannte, und stand allen modernen Nivellierungstendenzen fern. Für ihn hatte «jede christliche Wahrheit ihre Stufen und ihr Alter, worin sie erst gebührend verstanden wird»[16]. Auch die Erleuchtung vollzieht sich stufenweise. Eine in einem Tag sich ereignende Umwandlung ist gewöhnlich nur ein Strohfeuer. Dem Entschluß hat eine langsame Realisierung zu folgen. «Wir sollen nicht auf die albernen Gedanken kommen, als wenn man so auf einmal zur völligen Wiedergeburt gelange und gleichsam so mit einem Sprunge wieder ins Paradies kommen könne: keineswegs. Das hin und her sich schwenkende Cherubsschwert hat vieles abzuhauen und abzuschneiden, das in Gottes Reich nimmer eingehen kann: dies geschieht nicht so in einem Tage, ja auch gewöhnlicherweise nicht in einem Jahre[17].»

Tersteegens Weg zur Wahrheit begann mit einem Kolikanfall, den der Jüngling im Wald von Duisburg erlebte und der ihm die klägliche Hilflosigkeit des Menschen überwältigend zum Bewußtsein brachte. Nach überstandenen Schmerzen strebte er bewußt dem Göttlichen zu. Es wurde aber deswegen in seinem Innern nicht mit einem Schlag licht. Auch Tersteegen mußte durch schwere innere Anfechtungen hindurchgehen, und in diesen Jahren der seelischen Dunkelheit hat er am eigenen Leib erfahren, was Kummer und Furcht ist. Angstgefühle haben ihn zuweilen schwer gepeinigt. Nach der alten Lebensbeschreibung «geriet er durch Nachsinnen über die mancherlei Sekten in der Christenheit einmal in eine so schwere Versuchung, daß er fast zweifelte, ob ein Gott sei»[18]. Er befand sich während seiner abgeschiedenen Lebensführung jahrelang in einer andauernden Finsternis, bis es zu jener geheimnisschweren Verschreibung an Jesus mit der Bluttinte kam, die eine entscheidende Wendung in seinem Leben bedeutete. Für Tersteegen war – hierin ähnlich wie bei Böhme – Jesus «unsere Verbergung vor allen Ungewittern», und er hat stets die Parole ausgegeben: «Lasset uns doch unser Christentum nicht ohne Christus führen.» Seine brennende Jesusliebe wurzelt im Glauben «Christus in uns». Seit dem abendlichen Verschreibungserlebnis waren die Prüfungsjahre überwunden, und ein festes Vertrauen zog in seine Seele ein, eine Zuversicht, die sein Inneres erleuchtete und die ihn auch nie mehr verließ. Wenn Rilke aus seinem Ästhetizismus heraus sagte, daß es der Fehler aller Religionen sei, den Menschen zu trösten, und das Nichtgetröstetsein als die richtige Haltung hinstellte, so war Tersteegen der gegenteiligen Auffassung, nach der der Christ das jammernde Elend nicht behalten dürfe und seine Aufgabe darin bestehe: «Man muß Gott nicht suchen, sondern nur finden[19].» Der Bandweber war der von Gott getröstete Mensch schlechthin; was auch über ihn hereinbrach, nichts vermochte seine Verbindung mit dem Ewigen zu erschüttern, und diese Verwurzelung im überzeitlichen Erdreich macht ihn so anziehend. Tersteegen selbst hat sich nicht mit einem billigen Ersatzmittel beruhigt, sondern auf der Stufenleiter nach oben wurde ihm ein ganz realer, unauslöschlicher Eindruck von Gott zuteil. Darin besteht der tiefe Unterschied, ob ein Mensch sich eine Gottesidee ausdenkt oder ob Gott selbst sich seiner Seele einpräge.

«Durch eine Mitteilung Gottes in seinem Inwendigen, die er mit Worten nicht ausdrücken konnte», erlebte Tersteegen seinen zweiten Geburtstag[20]. Seine Wiedergeburt besteht in einer entschlossenen Wendung nach innen. An diesem Tag ist er in die innere Welt eingetreten, die ihm fortan die Gewißheit schenkte: «Inwendig, inwendig ist alles zu suchen und zu finden, was uns gründlich heiligen und glückselig machen kann[21].» Gottes Licht kommt nicht von außen herein, es meldet sich im Seelengrund. Der Zug zum Innern ist eine Sehnsucht nach dem Verborgenen, und das Inwendige ist unbekannter, als man denkt. Zur Erfassung des Inwendigen bedarf es vor allem der Stille. Stets stiller zu werden war Tersteegens Bestreben, und die «innige Stille» war ihm ein überaus erwünschter Zustand. «Still dann mit Affekten, Gedanken, Willen und eigenem Wirken. Dies Stillsein ist kein Müßiggang[22].» Das Stillewerden hielt er für die Voraussetzung, um Gott nahezukommen. Stille ist ein Lieblingswort von Tersteegen, und die unmittelbare Stimme Gottes kann nur in der tiefsten Stille gehört werden. In ihr allein kann der Mensch aus sich selbst ausgehen und in Gott einkehren. Tersteegen gebraucht für diesen seelisch-geistigen Vorgang auch das Wort «sich in Gott einsenken», ein Begriff, der seinem mystischen Lebensgefühl unüberhörbaren Ausdruck gegeben hat. «Darum ist nichts Besseres als nur bilderlos und willenlos in den Schoß der Liebe eingesunken bleiben[23].»

Durch das mystische Glaubenseinsinken findet der Mensch den Geist der Kindschaft. Tersteegen hielt dafür, daß der Mensch ein Kind, ein unschuldiges Kind werden müsse, das sich, ohne sich eigene Gedanken zu machen, Gott überläßt. Er selbst gehörte zu den wenigen Menschen, die das Kinderland nie verlassen oder auf dem kürzesten Weg wieder dorthin zurückgekehrt sind. Er ist auch in dieser Hinsicht eine singuläre Erscheinung im Aufklärungsjahrhundert. «Durch Leiden und Einkehren werden wir zu unschuldigen Kindern gemacht. Vernunft und Eigenwille stehen dem Kindergrund ganz entgegen[24].» Es gibt kein besseres Mittel zur Wiedervereinigung mit Gott als die Rückkehr ins einfältige Kinderwesen. «Die Menschheit wird nur im Stande der geistlichen Kindheit mit Gott vereinigt[25].» Tersteegen hat über dieses Thema die ganze Lehre der Therese von Lisieux vorweggenommen, was nur möglich war, weil diese Auffassung mit dem Evangelium selbst gegeben ist. «Das süße Kleinsein ist der nächste Weg zu den höchsten Ständen der Vereinigung mit Gott[26].» Willenlos und bilderlos zu werden ist nicht leicht, und doch führt kein anderer Weg zur Ruhe und Vereinigung mit Gott. Als Hilfe hiezu pries Tersteegen das der Stille verwandte Schweigen – «daß wir und alles schweigen möchten, so würden wir hören, was Gott der Herr redet in seinem Grunde» – und die Herzensdemut, durch die der Mensch leicht allen Versuchungen des Teufels entfliehen kann. Nicht weniger bekömmlich ist dem Christen hiefür das Leiden, namentlich wenn er liebend leidet. Tersteegen lebte in der innigen Gottverbundenheit, die er auch mitten im Verkehr mit den Menschen festzuhalten vermochte und aus der er sich nie herauslocken ließ. Es gibt darüber eine kleine, aber nicht unbedeutende Anekdote. Ein Mann gestand einmal Tersteegen, er habe während des Gesprächs mit ihm den seltsamen Eindruck, er sei wohl hier anwesend, sei aber gleichzeitig auch anderswo. Tersteegen hat die merkwürdige Wahrnehmung nicht verneint, sondern die Antwort gegeben: «Ja, ich sitze und rede mit dir, aber in meinem Innern ist so ein immerwährendes Beugen und Anbeten[27].» Das ist Tersteegensche Art: äußerlich gegenwärtig und zugleich innerlich in Gott versunken zu sein; beides zur selben Zeit – ein unergründliches Geheimnis!

Tersteegen hat die beständige Gottverbundenheit durch eigene Erfahrung erlebt. Jede Zeile dieses Menschen erweckt den Eindruck des Selbsterlebten:

«Die wahre Innigkeit ist die Kinderschule, worin man alle Weisheit lernt.» Nicht nur die Kinderschule allein hat ihm geholfen, sich in Gott einzusenken, er forschte auch in mystischen Büchern, und sie bestätigten ihn in seiner Gottnähe. Die ernsthafte Lektüre war keine persönliche Liebhaberei Tersteegens, gehört sie doch zu einem jeden Christenleben, das in größere Tiefen vordringen will. Tersteegen war kein wahlloser Leser, er war auf solche Bücher bedacht, «die das Herz nähren und stärken können, ohne viel Bilder in den Kopf zu bringen; doch auch nicht zu viel auf einmal, sondern mäßiglich, einfältig und sanft»[28]. Seine Lektüre bestand hauptsächlich aus mystischer Literatur. Ein feiner Spürsinn führte ihn auf nicht alltägliche Autoren. Hinzu kam noch der Umstand, daß ihm die Bibliothek Poirets mit ihren vorzüglichen Schätzen zur Verfügung stand, die gar viele mystische Schriftsteller enthielt. Selbstverständlich kannte er Thomas a Kempis' «Nachfolge Christi», und vor allem schätzte er Gottfried Arnolds Bücher, die ihm mannigfache und wertvolle Hinweise vermittelten. Durch ihn lernte er die mystische Theologie als das inwendige Leben verstehen. Tersteegen kamen die Schriften des Johannes von Bernières-Louvigny in die Hände, von denen er einen Auszug unter dem Titel «Das verborgene Leben mit Christo in Gott» herausgab. Bernières-Louvigny hatte ihn gelehrt, daß man aus sich selbst ausgehen muß, wenn man in Gott einkehren will. Bald darnach begann er auch die Bücher der Madame Guyon zu lesen, deren Name in seinen Briefen öfters vorkommt und die er auch in Deutschland bekannt zu machen versuchte.

Beide, Bernières-Louvigny und Madame Guyon, waren Vertreter des französischen Quietismus. Als man Tersteegens Zusammenhang mit ihnen entdeckte, gab dies natürlich viel zu reden. Noch in unserem Jahrhundert scheute man sich nicht, deswegen Tersteegen als einen «heidnischen Mystiker» in Verruf zu bringen! Andere Darsteller wiederum nahmen sich des Mannes aus Mülheim in apologetischer Weise an, stellten mit Genugtuung fest, daß er in seiner Mystik nicht ganz konsequent sei und man jedenfalls eine Unterscheidungslinie ziehen müsse zwischen Tersteegens Glauben und seiner Mystik. Aber dies ist natürlich alles mehr oder weniger Unfug, hervorgegangen aus vorgefaßten Meinungen, denen Tersteegen völlig fernstand. Wer nicht die innere Freiheit hat, die romanische Mystik als eine der tiefsten Wesensoffenbarungen des christlichen Geistes vorbehaltlos anzuerkennen, der lasse am besten Tersteegen unangetastet. Man muß unwillkürlich an Tersteegens Zeitgenossen Johann Sebastian Bach denken, dem man auch aus dogmatischem Vorurteil heraus das mystische Lebensgefühl absprechen wollte, während es uns doch aus seiner Musik hörbar entgegenklingt – man denke nur an die Brautmystik des Hohenliedes in der Kantate «Wachet auf» –, und auch Albert Schweitzer stellte in seiner Monographie über den Künstler ganz schlicht fest: «Seinem innersten Wesen nach ist Bach eine Erscheinung in der Geschichte der deutschen Mystik.» Sich bilderlos und willenlos Gottes Liebe zu überlassen, dies hat Tersteegen vom Quietismus übernommen. Die Willenlosigkeit in allen Dingen ist nach der quietistischen Auffassung der kürzeste Weg zum beständigen Frieden der Seele. Die heilige Gleichgültigkeit ist jene Gelassenheit vor Gott, aus der Tersteegen bekannte: «Eine innige Seele tut genug, wenn sie gar nichts tut. Ein stilles Niedersinken, eine stumme Einwilligung, ein einfältiges Zusehen ist schon Arbeit genug für eine Seele, in der Gott wirkt, und es würde schon zu viel getan sein, wenn sie zu aufmerksam auf das achten wollte, was sie tut. Ehrfurcht für die Hände Gottes läßt uns die Hände unseres Eigenwillens und unserer Eigenliebe in den Schoß legen, damit er Raum finde[29].» Der Bandweber aus Mülheim ist vom Quietismus stark beeinflußt, und das romanische Element hat sich mit seiner evangelischen Frömmigkeit vorbildlich vereinigt, wodurch er über den landläufigen Pietismus hinausgehoben wurde. Tersteegen ist ein evangelischer Quietist, es besteht nicht der geringste Anlaß, sich dieser Feststellung irgendwie zu schämen, weil darin gerade das kostbare Charisma seiner Persönlichkeit besteht.

Tersteegen war von Herzen der Mystik zugetan, deren Wesen er nicht in Gesichten und Offenbarungen sah. Visionen und Ekstasen nimmt man bei ihm selbst nicht wahr, und dabei sind alle seine Aussagen bis zum Rand mit mystischen Erfahrungen angefüllt, so daß der Leser fortwährend den mystischen Flügelschlag spürt. Nach Tersteegen weiß überhaupt niemand zu sagen, was die heimliche Weisheit ist, es sei denn, er befinde sich selbst auf dem Weg zur Wahrheit, die im Verborgenen liegt. Mystiker bilden keine Sekte, sie finden sich in allen Kirchen zerstreut, sie werden auch nicht leicht Separatisten, denn sie haben nach Tersteegen Wichtigeres zu tun. «Auf einem einzigen Blättchen der wahren mystischen Schriften ist mehr göttliche Salbung, Licht, Rat, Trost und Frieden für ein gottsuchendes Gemüt zu finden als manchmal in zehn und mehreren Folianten der kraft- und saftlosen Schultheologie», schrieb Tersteegen[30] und verriet damit deutlich sein Wissen um die Weisheit im Verborgenen. Auf dieses einzige Blättchen der wahren mystischen Schriften kommt es an, es ist von größter Kostbarkeit, weil Tiefe und Erleuchtung in ihm enthalten ist, mögen dies nun auch etliche gelehrte Schultheologen nicht begreifen. Trotz der schwächlichen Konstitution Tersteegens lebte in ihm eine überragende Geistigkeit, an ihm hat sich erneut Gottes Kraft bewahrheitet, die in den Schwachen mächtig ist. Tersteegen gehörte zur Welt der Mystik, ihn hievon abzulösen, würde ihn bis ins Letzte hinein verfälschen. Er hat die Mystik auf eine demütige und hoheitsvolle Art vertreten, und es ist endlich an der Zeit, daß die evangelische Christenheit ihre großen Mystiker vorbehaltlos anerkennt, dieweil deren Licht ihr besonders not tut.

Statt weiter den Vorurteilen einer dogmatischen Theologie gegen die Mystik entgegenzutreten, ist es sinnvoller, ein wenig über Tersteegens Äußerung nachzudenken, wonach «überall großer Hunger unter den Menschen ist und doch gibt ihnen niemand Speise. Die gewöhnliche Nahrung, welche ihnen gereicht wird, genügt nicht mehr[31].» Diese Erfassung der Situation besitzt heutzutage nicht weniger als damals ihre Gültigkeit. Sie spricht von einer zunächst unliebsamen Angelegenheit, die aber doch ein ernsthaftes Nachdenken erheischt. Unter der üblichen Speise ist die traditionelle Verkündigung der Kirche zu verstehen. Sie mag gut gemeint sein, ist aber nicht mehr ausreichend. Schon zu Tersteegens Zeiten, und in der Gegenwart erst recht, vermochte sie die Menschen nicht zu befriedigen, weil sie zwar noch die biblischen Worte verwendet, diese aber sind zu bloßen Formeln herabgesunken, hinter denen keine Kraft mehr ist. Es sind ausgelaugte Begriffe, die den Anschein erwecken, es würde das gleiche ausgesagt wie in der Heiligen Schrift, und doch besteht der entscheidende Unterschied darin, daß in ihnen keine ursprüngliche Substanz mehr enthalten ist. Bei Tersteegen dagegen waren nicht nur leere Hülsen vorhanden, er besaß wieder ein durchschlagendes, die Menschen erweckendes Wort. Auch er gebrauchte manchmal die überlieferte Terminologie, was durchaus in Ordnung ist und den Zuhörern das Gefühl einer gewissen Vertrautheit gab, aber es finden sich bei ihm in aller Einfalt doch immer wieder neue Formulierungen, die die christliche Wahrheit in frischem Glanz darboten. Sie reichten denn auch über die gewöhnliche Nahrung weit hinaus, weil sie ihre Kraft aus den Wurzeln der Mystik zogen. Tersteegen war vom Bewußtsein erfüllt, daß die alten Anschläge ganz und gar nicht mehr genügen, man muß in neuen Zungen reden, will man den religiösen Hunger der Menschen stillen.

Tersteegens neues Wort enthält die Botschaft vom Leben in der Gegenwart Gottes. Er sprach von ihr feierlich und doch gar nicht steif. Es war ihm gegeben, alle Selbstverständlichkeit und Verstaubtheit wegzublasen, so daß ein gelinder Schrecken und ein seliger Jubel zugleich seine Zuhörer erfüllten. Die wesentliche Gegenwart Gottes ist das Zentrum seiner Ausführungen, womit man in Tersteegens Heiligtum tritt. Die Gottnähe, diese immer wiederkehrende Melodie Tersteegens, verleiht seiner Wiedergeburt die unbeschreibliche Helle; es ist im buchstäblichen Sinn des Wortes, als ginge die Sonne auf. «Vereinigt euch mit Gott, als mit etwas, das ihr nicht erst suchen wollet, sondern das schon da ist»[32], schrieb Tersteegen und sprach von der «so innig nahen Gegenwart unseres Gottes». «Gott ist auf eine uns unbegreifliche Weise uns wesentlich gegenwärtig; er erfüllet Himmel und Erde; in ihm leben wir, bewegen wir uns, und sind wir, keine Kreatur ist vor ihm verborgen; er ist nahe auch unseren heimlichsten Gedanken, Neigungen, Begierden und Absichten, all unser Innerstes liegt bloß in seiner Gegenwart[33].» Das Bewußtwerden des gegenwärtigen Gottes war sein innerstes Anliegen. Durch nichts darf sich der Mensch die Nähe Gottes nehmen lassen. An Gott und seine Gegenwart zu denken, war die Hauptbeschäftigung seines Herzens. «Gott ist uns weit mehr gegenwärtig, als das Licht; in ihm leben wir, bewegen wir uns, und sind wir. Er durchdringet uns; er erfüllet uns; er ist uns näher, als wir uns selber sind; dieses einfältig zu glauben und sich dessen einfältig, so gut man kann, zu erinnern, das ist beten[34].» Tersteegen ist der Mensch, der tatsächlich in der Anwesenheit Gottes gelebt hat, und daraus allein ist der Eindruck hervorgegangen, man stehe einem Heiligen gegenüber. Das Göttliche war bei ihm nicht eine Idee oder Konstruktion, es war Realität und Gegenwart. Die gegenwärtige Wirklichkeit Gottes ist für den Bandweber das Erlebnis, der Inhalt und der Jubel seines Lebens: Nun ist er da! Wir können ihn jetzt gegenwärtig spüren. Alle Tage und jede Stunde schauet Gott in den Menschen hinein. Tersteegens ganze Existenz ist von der Nähe Gottes bestimmt. Man muß Gott nicht suchen gehen, er ist nicht jenseits des Meeres, er ist in uns. «Unsere Gedanken und Worte sind alle viel zu klein und zu schwach, um das Innige seiner Gegenwart im Innern unseres Wesens ausdrücken und fassen zu können. Er ist uns so nahe, wie ein Freund, der in unserem Hause wohnen, Umgang mit uns pflegen und sich mit uns auf eine unaussprechliche Weise zu unserer Glückseligkeit vereinigen will. Er ist uns näher, als wir uns selbst[35].» Der Mensch braucht nur in sich hinein zu horchen, und dann spürt er die innewohnende Gegenwart. Aus der Gewißheit der beständigen unsichtbaren Anwesenheit Gottes heraus lebte Tersteegen, und in dieser unmittelbaren Nähe Gottes vollzog sich sein christliches Dasein.

Überaus innige Worte standen Tersteegen zur Verfügung, wenn er vom gegenwärtigen Gott sprach. Im bekannten Gedicht «Gott ist gegenwärtig» hat er seiner Gewißheit liedhaften Ausdruck gegeben. Am lichtvollsten hat er einmal von der dreifachen Gegenwart Gottes in der Vorrede zur «Kleinen Perlenschnur» gesprochen. Diese Einleitung führt in die innerste Kammer seines Seins:

«Die Heilige Schrift redet erstlich von der Allgegenwart Gottes; davon heißt es: Bin ich nicht ein Gott, der nahe ist, spricht der Herr, und nicht ein Gott, der ferne ist? Bin ichs nicht, der Himmel und Erde füllet? Wo soll ich hinfliehen vor deinem Angesicht? In ihm leben wir, bewegen wir uns, und sind wir. Er gibt jedermann Leben und Odem allenthalben. Diese Allgegenwart Gottes macht an und für sich selbst niemand selig, so wichtig diese große Wahrheit auch ist; sondern je nachdem ein Mensch beschaffen ist. Wer böse ist, Böses tut, Böses redet, denket, wünschet, der sündiget in der Gegenwart Gottes. Mein Gott, wie so greulich und abscheulich ist das! Wer gut ist, Gutes tut, Gutes redet, denket, begehret, solches weiß, solches siehet Gott den Augenblick aufs gewisseste. Mein Gott, wie so reizend, wie so tröstlich ist dieses!

Die zweite Art der Gegenwart Gottes, wovon die Schrift redet, ist die günstige oder Gnaden-Gegenwart Gottes. Davon heißt es: Das Himmelreich ist nahe herbei gekommen, ja, es ist inwendig in euch. Siehe, ich stehe an der Tür und klopfe an. Suchet den Herrn, weil er zu finden ist; rufet ihn an, weil er nahe ist. Siehe, ich bin bei euch alle Tage, bis an der Welt Ende. Kraft der Menschwerdung, Todes und Verklärung Jesu Christi, ist uns Gott nun ein Immanuel, ein Gott mit uns und in uns geworden. Dies ist der Kern des wahren Evangeliums, der doch, ach Schade, so wenig von Herzen geglaubt und gründlich erfahren wird. An diese, mit der vorigen verbundenen Art der göttlichen Gegenwart müssen wir vornehmlich denken, wann diese liebe Seelen uns so vielfältig erinnern, daß kein Selbst-Wirken und kein Kopf-Wirken uns könne fromm machen; Gott sei uns im Grunde der Seelen wesentlich gegenwärtig; zu diesem innigst nahen Gott müssen wir nur hinzunahen, und ihm uns ganz übergeben...

Die dritte Art der Gegenwart Gottes ist die inwohnende Gegenwart Gottes, welche eine Folge und Frucht der vorigen zweiten Art ist. Davon spricht der Herr: Ich und der Vater wollen zu dem kommen, der mich liebet, und Wohnung bei ihm machen. Ich will in ihm wohnen und in ihnen wandeln. Ich in ihnen und sie in uns, auf daß sie vollendet seien in Eines. Wie der Apostel spricht: Ihr seid der Tempel des lebendigen Gottes. O wie so wenig werden die hohen Absichten Gottes über uns erkannt! Wie so selten werden sie gebührend geschätzet! Dieses so man auch mit Nachdruck den Stand der Vereinigung nennet, ist das Ziel und Endzweck aller dergleichen geistlichen Schreiber, gleichwie es auch das Ziel und Endzweck der ganzen Heiligen Schrift, ja, unserer Schöpfung und Erlösung ist[36].»

Es ist eine Eigentümlichkeit von Tersteegens Ausführungen, daß sie in sich die größte Klarheit widerspiegeln und gar keiner erläuternden Kommentare bedürfen. Auch was er über die dreifache Gegenwart Gottes geschrieben hat, besitzt diese in sich leuchtende Verständlichkeit. Niemals darf sie zu einer ganzen Theologie der Mystik ausgewalzt werden. Dies wäre gegen Tersteegens Sinn und Geist. Dagegen steht die dreifache Gegenwart Gottes mit dem immerwährenden Gebet in einem unauflöslichen Zusammenhang. Das innere Gebet ist doch das stille Hinzunahen der Seele zu Gott und das Bleiben vor seinem Angesicht. Der Mensch hat sich stets der Nähe Gottes zu erinnern, indem er sich ganz bewußt wird, daß die christliche Existenz vor allem darin besteht: den allgegenwärtigen Gott ansehen und sich von ihm besehen zu lassen.

Wie Tersteegen von der Nähe Gottes sprechen konnte, ist ein nicht nachzuahmendes Charisma. Und doch können wir von seinem Zeugnis Unermeßliches lernen. Martin Buber bezeichnete einmal die Verfinsterung des Himmelslichtes als den Charakter der Weltstunde, in der wir leben. Das moderne Leben mit seiner gottlosen Vertechnisierung der Welt, mit seiner gnadenlosen Kunst und seiner pseudoreligiösen Tiefenpsychologie ist in eine beinahe undurchdringliche Dunkelheit eingehüllt. Die bestürzende Gottesferne des heutigen Menschen ist erschreckend. Das menschliche Dasein scheint in eine Hoffnungslosigkeit ohnegleichen abzugleiten. Im Roman, auf der Bühne, im Rundfunk, überall wird die quälende Situation des glaubenslosen Menschen immer wieder geschildert. Die bedrückende Gottesfinsternis der modernen Zeit wird aber nicht dadurch überwunden, daß man sie endlos als interessantes Problem zur Diskussion stellt. Theologische Vorträge und kirchliche Aktionen haben sich bei allem redlichen Eifer als unzulänglich erwiesen, weil nie eine bloße Behauptung einer realen Not überlegen ist. Die Glaubensfinsternis löst sich einzig durch eine ganz konkret erlebte Nähe Gottes auf, wie sich Tersteegen ausdrückte: «Der Glaube der inwendigen Nahheit unseres Gottes in dem holdseligen Namen Jesus Immanuel hilft durch alles hindurch. Dies ist die wahre Schechina des Volkes Gottes[37].» Nur Menschen, die in der Gegenwart Gottes leben und die die Fähigkeit besitzen, sie ohne jede Künstlichkeit spürbar auszustrahlen, vermögen das moderne Dunkel zu erhellen. An dieser unscheinbaren Stelle liegt die Entscheidung. Versagen die Christen hier weiterhin, dann haben sie das Ringen im Geisteskampf der Gegenwart verloren, mögen sie noch so viele politische Machtpositionen in den Händen behalten. Es bedarf in aller Stille einer neuen «Einübung in die Gegenwart Gottes», das hat Tersteegen klar erkannt: «Es ist so, wie du in deinem letzten Brief sagtest: die Verborgenheit von Gottes Gegenwart wird von Wenigen wahrhaft geglaubt. Aber weißt du auch wohl, daß, wenn jeder sie wahrhaft glaubte, die ganze Welt alsdann voller Heiliger und die Erde ein wahres Paradies sein würde? Denn Gottes Gegenwart ist der Tod alles Übels und die Quelle alles Guten[38].»

In der Gewißheit, beständig in Gottes Gegenwart zu leben, besteht Tersteegens Wiedergeburt, die er in seinen Schriften mannigfach bezeugt hat. Der ehemalige Bandweber war ein überaus fleißiger Schriftsteller geworden. Er verbrachte viele Stunden an seinem Schreibtisch und hat ein ansehnliches Gesamtwerk hinterlassen, das keineswegs aus bloßen Übersetzungen besteht, so oft er sich auch selbstlos in den Dienst anderer Schriftsteller gestellt hat. Mit Tersteegens Schriften hat es seine eigene Bewandtnis. Für ihn war schreiben «eine Form des Gebetes», und mit dieser ungebräuchlichen, von Kafka stammenden Formulierung ist die seltene Höhe dieser Wirksamkeit wenigstens notdürftig angedeutet. Schreiben als eine neue Art von Beten verstanden, ist grundsätzlich geschieden von jeder Schriftstellerei, die aus einem bloß ehrgeizigen Geltungsdrang hervorgeht, und ist wie ein fernes, abgeschwächtes Echo auf Hamanns höhere Formulierung: «Gott ein Schriftsteller!» Tersteegens Schreibweise bedeutet nicht nur subjektiv eine grundsätzlich verschiedene Einstellung, sondern hat auch objektiv ein gänzlich neues Ergebnis zur Folge. Des Bandwebers gebetetes

Schrifttum ist von einer Weihe, die ihm beinahe den Charakter eines Mysterienspieles verleiht; jedenfalls kann man es nicht ohne ein Gefühl der Ehrfurcht in die Hände nehmen.

Wohl am bekanntesten ist Tersteegens Gedichtsammlung, die er unter dem Titel «Geistliches Blumengärtlein inniger Seelen» herausgegeben hat. Über die Entstehung dieses Buches schreibt er in der Vorrede: «Es sind mir diese Schlußreime mehrerenteils unvermutet und zufälligerweise, innerhalb weniger Zeit, nun und dann eines, gegeben worden; die ich dann auch, ohne viel auf Kunst und Zierlichkeit zu denken, so, wie sie mir in Gedanken kamen, aufs Papier gesetzet[39].» Diese Worte haben zur Unterschätzung von Tersteegens dichterischer Bedeutung Anlaß gegeben. Tatsächlich finden sich im «Blumengärtlein» auch einige mißglückte Gedichte, denen man die unabsichtliche Entstehung allzu deutlich anmerkt. In den kurzen Schlußreimen hat sich Tersteegen öfters an das Vorbild Angelus Silesius' angelehnt:

> Gott ist ein stiller Geist, der überall zugegen;
> Drum, wer ihm nahen will, darf sich nicht viel bewegen:
> Verlier, was bildlich ist, und brauch nicht viel Gewalt;
> Kehr sanft in stillem Geist: ich weiß, du findst ihn bald.[40]

Wer die Gedichtsammlung Tersteegens unvoreingenommen auf sich wirken läßt, der empfindet ihn als einen wirklichen Dichter. Er hat nichts gemein mit einem Kaffeehausliteraten, einem Wortklingler und erst recht nicht mit einem Zyniker, wie sie heutzutage dutzendweise herumlaufen. Tersteegen ist vielmehr ein begnadeter Poet, der die Menschen den Atem Gottes spüren ließ. Es stehen etliche prächtige Blumen mit gar köstlichem Duft in Tersteegens Garten. Statt einiger der lieblich aufblühenden Gedichte Tersteegens sei hier nur eine einzige Strophe aus dem herrlichen «Stand der Beschaulichkeit» erwähnt:

> Es ist ein wunderbarer Stand,
> Es fällt mir alles aus der Hand,
> Ich kann an nichtes denken;
> Die Augen sinken sanfte zu,
> Mein Geist in höchst vergnügter Ruh
> Sich einwärts muß ersenken.[41]

Es ist religiöse Dichtung, die das Lob Gottes singt und nur auf diesen Ton abgestimmt ist. Tersteegen war ein christlicher Dichter, seine Lyrik stieg wie ein Lerchengesang zum Himmel auf. Er empfand, ein Poet müsse ein treuer Bundesgenosse des Heiligen sein, er müsse die Kunst wirklich noch als ein Knien vor Gottes Altar verstehen. Der Dichter bedeutete ihm ein Bote Gottes, ein musischer Mensch, der seiner Schalmei die herrlichsten Töne entlockt. Tersteegen hatte ein dichterisches Charisma, und seine Liedschöpfung ist reine

Kunst, die wie alle echte Kunst ein Abglanz von Gottes Schönheit ist. Derjenige, dem Schönheit noch eine metaphysische Kategorie ist, die von ihrem Diener Liebe und Zucht fordert, der wird sich an Tersteegens Liedern erfreuen. Der Verfasser des «Blumengärtleins» verdient als Dichter eine Huldigung, weil er mit seinen Versen die Menschen vor die Tore des Himmelreiches geführt hat.

Tersteegen hat ferner einen großen Teil seiner Zeit dem Briefschreiben geopfert. Noch sind lange nicht alle seine Briefe veröffentlicht, und die bisherigen Editionen weisen starke Mängel auf, da sie nicht chronologisch geordnet und nicht mit Adressaten und Jahreszahl versehen sind. Natürlich hat Tersteegen nie an eine posthume Herausgabe seiner Briefe gedacht. Ihm, der in stiller Zurückgezogenheit lebte, lag nichts daran, sich im Ruhme öffentlicher Anerkennung zu sonnen. Es sind keine Kunstbriefe, sondern sie besitzen eine Unmittelbarkeit, die mit dem Leben in der Gegenwart Gottes wesensnotwendig verbunden ist. Nicht alle Probleme des Lebens werden in Tersteegens Briefen berührt, weil sie sich vorwiegend mit dem Seelenleben des Empfängers beschäftigen. Dessen ungeachtet gehören sie zum Schönsten, was man von ihm lesen kann. Voller tröstlicher Elemente sind sie eine andere Form von Gebet, sie führen denn auch den heutigen Leser noch in die Nähe Gottes und strahlen eine geradezu mütterliche Kraft aus.

Die Bedeutung von Tersteegens Briefen besteht in ihrem seelsorgerlichen Wert. Das Thema «Tersteegen als Seelsorger» sagt jedoch zu wenig aus. Er hat nicht nur bei einem unglücklichen Ereignis einem Menschen einige aufmunternde Worte zugesprochen und ihn dann möglichst bald wieder in die Oberflächlichkeit des normalen Durchschnittsmenschen zurückgleiten lassen. Das Wort «Seelsorger» hat heutzutage viel von seinem ursprünglichen Klang eingebüßt, da es sich in eine Amtsfunktion verwandelt hat, während bei Tersteegen noch eine echte, in einem Charisma begründete Seelenführung vorlag. Zwar bemerkte er in einem Brief, er sei kein Seelenführer, denn dazu sei er viel zu gering. Er pflege einfach seine Gedanken dem Briefempfänger mitzuteilen, ohne im mindesten zu verlangen, daß er sie auch annehme und befolge. Stets hat er den Grundsatz vertreten, ein Mensch solle nie über das Gewissen eines andern herrschen. Nicht nur Bescheidenheit bewog ihn zu dieser Ansicht, es entsprach auch seinem evangelischen Lebensgefühl, das letztlich einen absoluten Gehorsam nur gegenüber Gott kennt. Aber gerade weil Tersteegen kein Seelenführer sein wollte, war er es in Wirklichkeit in einem um so stärkeren Maße. «Er, der in der Stille wirken will, zieht Tausende aus nah und fern an; er, der selbst schwach und elend ist, hilft Tausenden in körperlichem Leid; er, der in Demut sich nicht berufen fühlt, ist der religiöse Erzieher, der in Gott, durch Gott, für Gott in reichem Segen wirkt[42].» Bei Tersteegen liegt eine charismatische Seelenführung vor, die füglich an die Seite der russischen Starzen gestellt werden darf. Er war der begnadete Seelenführer, der Zeit hatte für seine sich ihm anvertrauenden Seelen. Er bewahrte selbstverständlich auch die unumgängliche Verschwiegenheit, und es kam mehr als einmal vor, daß ihm die Menschen ungefragt ihre Sünden beichteten. Von den sich an ihn wendenden Menschen erwartete er aber, daß sie nicht nur begehrten, mit ihm über ihre nicht zu ändernden Charaktereigenheiten zu diskutieren, was gar keinen sonderlichen Wert hat. Natürlich gab es zwischen ihnen ein Gespräch mit Rede und Gegenrede, aber Tersteegen behielt die Leitung in der Hand. Es war bei ihm nicht nur wichtig, was er Erhellendes zu den angefochtenen Seelen sagte, sondern auch, wie er es ihnen beibrachte. Er besaß die hervorragende Gabe, den deprimierten Menschen aufzuhelfen: «Komm, bedrückte Seele! Gib mir die Hand; ich weiß Rat für allen deinen Jammer. Komm mit mir im Geiste hinab zu Bethlehem, in den Stall, zum Kindlein Jesu! Wir wollen miteinander vor ihm niederfallen; und sage ihm dann kindlich und offenherzig eben das, was du mir geschrieben hast, und auch, was du nicht schreiben oder sagen kannst[43].»

Vorbildlich an Tersteegens Seelenführung war, daß er nicht nach einem starren System vorging. Nach einem Schema zu handeln, steht bereits mit der Lebendigkeit der Seele im Widerspruch. «Übrigens hab' ich allewege geglaubt, daß man von den besondern Führungen Gottes kein allgemeines System oder gleichsam eine Reisebeschreibung machen könne[44].» Nie trachtete er darnach, einen Menschen in die Hand zu bekommen. Selbst die kleinsten Machtgelüste waren ihm fremd. Sein einziges Bestreben bestand darin, eine Seele wirklich ihrer ewigen Bestimmung entgegenzuführen. «Darum ist meine Weise, daß ich die Seelen sehr der freien Leitung der Gnade überlasse, und sie auf nichts führe, als worauf ich merke, daß Gott sie führen will nach meiner Prüfung. Ich sehe Gott nur zu erinnern, wo sie auf etwas Schädliches geraten wollen. Ich habe Umgang mit Seelen, die herzlich und innig vor Gott suchen zu wandeln, denen ich nie ein Wort von Büchern gesagt, die ich selbst habe drucken lassen, weil ich's ihnen nicht dienlich achte. Gott muß überall Meister, und wir seine Schüler bleiben, die sich fein bei der aufgegebenen Lektion halten[45].» Tersteegen nahm zart und priesterlich zugleich die Seele des andern Menschen in seine Seele auf und versuchte sie der Gegenwart Gottes entgegenzulenken. Es war eine Seelenführung aus der Vergebung heraus, wobei Tersteegen keineswegs mit den Menschen nur säuselte, sondern ihnen ehrlich sagte, was er von ihnen dachte: «Du flatterst zu viel in deinen Gedanken herum ... Die Tür ist offen; das Innere gehet hinaus und das Äußere gehet herein, daher kommt Versuchung[46].» Nie aber wurde er barsch und unwillig, er blieb immer mütterlich und gab seine Anweisungen in sanftem Geist: «Nun liebes Kind, plage dich doch nicht so vergeblich mit dir selbst; verderbe die Zeit nicht mit zweifelnden Gedanken nachzuhängen; vergiß dein Elend, und leg' es, gleich wie in einem

Bündelchen, vor Jesus hin, ohne das Bündelchen offen zu machen[47].» Den Zweifler ermahnte er, die eigenen Skrupel nicht allzu sorgfältig zu beantworten: «Wehren Sie sich gar nicht dawider, und untersuchen Sie nicht einmal, wie weit dieser oder jener Zweifel begründet sei. Durch ein solches Untersuchen würden Sie einer nicht wichtigen Sache einiges Gewicht geben. Der Glaube liegt im Grunde; wir haben's, wir wissen's schon; und haben längst geglaubt[48].» Auch spielte sich Tersteegen nie als eine undiskutierbare Autorität auf. Der Demut eingedenk bleibend bemerkte er: «Ich gebe mein Schreiben und Reden gar nicht für Worte Gottes aus[49].» Gerade darum waren sie von um so größerer Wirkung. Engelbert Evertsen, der Tersteegen fast ein Vierteljahrhundert nahestand und mit ihm in vertraulicher Freundschaft verbunden war, bezeugt einmal: «Wie oft bin ich bedrängt und bedrückt zu ihm gekommen, da sein bloßes Ansehen mich schon wieder ermunterte. Wenn ich vorher vieles zu sagen und zu klagen hatte, so fielen mir oft die Lasten dergestalt weg, daß ich sie nicht einmal brauchte zu sagen und in einen stillen und inneren Frieden gezogen ward[50].» Welch strahlendes Licht fällt durch dieses Bekenntnis auf Tersteegen. Größer konnte das Fluidum gar nicht sein, als daß sich in Tersteegens Anwesenheit die Sorgen verflüchtigten. Wie groß ist doch der Unterschied zu der psychoanalytischen Behandlung, die oft jahrelang dauert, während es bei Tersteegen nicht einmal eines Wortes bedurfte, weil die göttliche Gegenwart dermaßen stark war, daß der bloße Anblick seiner Persönlichkeit allein schon genügte.

Schließlich meldete sich Tersteegens Mystik besonders intensiv in seinen Prosaschriften zu Wort, die wichtigsten davon sind unter dem Titel «Weg der Wahrheit» zusammengefaßt. Es sind verschiedene Traktate, in denen er sich mit mehreren Fragen auseinandersetzt. Das Warnungsschreiben gegen die Leichtsinnigkeit ist so eindringlich dargeboten, daß das falsche Bild vom weichen Tersteegen sich vollständig verflüchtigt. Er dachte groß vom Christsein und wollte auch durch seine Person dieser seinen hohen Meinung Gestalt geben. Für ihn war der «Bruch des Christenvolkes» keine Angelegenheit, über die er gedankenlos hinwegsah. Im «Weg der Wahrheit» setzt sich Tersteegen wesentlich gegen zwei Fronten zur Wehr.

Er nahm eindeutig Stellung gegen den damals mächtig aufstrebenden Rationalismus. Nicht, daß er die Vernunft blind verworfen hätte, aber er unterschied zweierlei Gedanken im Menschen: Gedanken des Kopfes und Gedanken des Herzens. Damit war ein anderes Vernunftverständnis gegeben, als es zu jener Zeit an der Tagesordnung war. «Denn nicht im Kopf, sondern im Herzen entdeckt sich der reine und wahre Verstand, um Gott und göttliche Dinge zu erkennen; daselbst ist das Auge des Verstandes, das uns von Gott geoffenbart werden muß[51].» Tersteegen zog nicht geharnischt gegen die Vernunftchristen zu Felde, wußte er doch Bescheid um die eigene spöttische, listige Vernunft in sich, die er einen betrügerischen Advokaten nannte. «Daß eure Vernunft viel Einwendens hat, ist nicht zu verwundern; sie ist des Mitratens so gewohnt, daß sie sich einbildet, die Seele sei verpflichtet, ihr von allem, was sie vornimmt, Red' und Antwort zu geben. Laßt sie draußen stehen und murren![52]» Das ist ein großartiger, heute noch zu beherzigender Ratschlag. Nach Tersteegen muß man mit den Personen, die viel vom Baume der Erkenntnis gegessen haben, große Geduld haben: «Es muß ein gewaltiger Wind kommen, der ihr Gebäude übern Haufen wirft, da werden sie schon mit herbeikriechen. Man muß sie der Erbarmung Gottes empfehlen, sich nicht zuviel mit ihnen in ihr Elend einlassen[53].» Gegen die mythologiefeindlichen Denker der Aufklärung bemerkte Tersteegen voll Gelassenheit: «Daß die äußeren Dinge und Mittel nur Bilder und nicht das Wesen selbst sind, das wissen wir auch wohl. Wer weiß aber, ob diejenigen, die alles gleich ohne Bilder haben wollen, nicht mit andern Bildern spielen, die wohl weniger Wesen haben? Gott ist selbst bildlich geworden, um uns geistlich zu machen[54].» Wohl am schärfsten gegen den Rationalismus hat er sich in einer Abhandlung «Über die Werke Friedrichs des Großen» geäußert und hat mit seltener Klarheit die dürftige Geisteshaltung des heute noch überschätzten Königs aufgezeigt.

Die andere Front richtete sich gegen die damalige Orthodoxie. Sie entlockte Tersteegens Feder die Klage über «den kläglichen Mißbrauch der öfters unbehutsam genug vorgetragenen Lehre der Rechtfertigung in der protestantischen Kirche»[55]. Für ihn muß die Rechtfertigung die Heiligung nach sich ziehen, ansonst nicht von einem mystischen Leben die Rede sein kann. Deswegen dürfen Glaube und Werk nicht länger auseinandergerissen werden, wie dies in der Reformationszeit geschah. Tersteegen arbeitete bewußt auf eine Ehrenrettung des Jakobus hin. «Freilich, den Himmel damit zu verdienen, helfen gewiß die Werke nicht: Glauben und Werke aber gehören zusammen und folgen einander auf dem Fuße nach, oder man glaubet das nicht, was man sagt[56].» Es wäre vielleicht die unselige Spaltung nicht zu einem Dauerzustand geworden, wenn die Christen stets bei der Schrift geblieben wären und sich nicht allzu stark an theologische Bücher gebunden hätten: «Ich verdenke es deswegen manchen protestantischen Theologen, welche doch so große Verfechter der Autorität der Heiligen Schrift sein wollen, daß sie ihren Libris Symbolicis (die ich sonst ihren gebührenden Wert behalten lasse) fast oder gar eine göttliche Eingebung und Unfehlbarkeit zuschreiben, und noch mehr, wenn unwiedergeborene Prediger prätentieren, man solle all ihr leeres Geschwätz auf der Kanzel für reines und unfehlbares Wort Gottes respektieren und annehmen[57].» Der große Laientheologe aus Mülheim hat in der Reformation nicht die abschließende Offenbarung gesehen; in ihr ist es wegen der vielen Sünden «nicht zum gewünschten Durchbruch gekommen». Aus dieser Auffassung ist auch Tersteegens Einstellung zur Kirche zu begreifen. Er war alles andere denn ein «Stürmer des äußeren Babel», wie viele Separatisten in jenen Jahren, aber er konnte das Verderben der Kirche unmöglich übersehen, zumal der Abfall beinahe unheilbare Formen angenommen hatte.

Den Höhepunkt von Tersteegens Prosaschriften stellen unstreitig die «Auserlesenen Lebensbeschreibungen heiliger Seelen» dar, mit deren Niederschrift er früh begann und die ihn viele Jahre beschäftigten. Tersteegen hat sich die Sache nicht leicht gemacht, er war bestrebt, sowohl «das Gewisse von dem Ungewissen, wie auch das Erbauliche von dem Unerbaulichen, nach göttlichem Willen zu unterscheiden»[58]. Er hat dafür viele seltene Bücher gelesen, die so selten waren, daß man sogar «in großen Städten, und sonst genug angefüllten Buchläden, kaum ein einziges derselben erfragen kann. Mystica sunt, ist die kahle Antwort, die man mit heraus trägt[59].» Er hat im Vorwort zu jeder Darstellung die Quellen angegeben, aus denen er das Material bezog.

Trotzdem wird das dreibändige Werk von den meisten Tersteegen-Biographen nur kurz und in bedauerndem Ton erwähnt. Man hat sich daran gestoßen, er habe in diesen Lebensbildern nur weltflüchtig gesinnte Männer und Frauen dargestellt, von denen viele dem Zeitalter der Gegenreformation angehörten. Deswegen beschuldigte man ihn einer katholisierenden Tendenz, doch hat er sich über den lächerlichen Vorwurf mit der souveränen Bemerkung hinweggesetzt: «Dergleichen Leute hören keine Gegengründe an. Man muß mit ihnen Geduld haben[60].» Wer die drei Bände unvoreingenommen liest, wird sofort spüren, daß es nicht Tersteegens Aufgabe war, über Religionsstreitigkeiten zu handeln. Diese Fragestellung lag ihm völlig fern, dagegen gab ihm die Wahrnehmung zu denken, «daß dergleichen ausleuchtende Exempel heiliger Seelen unter den Protestanten wenig bekannt» sind[61]. Von ganzem Herzen hoffte er, Gott selber werde «die Schuppen der Vorurteile» von den Augen wegnehmen: «Dies allein bezeuge ich hiemit nochmalen, daß bei Herausgebung dieser Lebensbeschreibung nichts weniger mein Sinn sei, als jemanden Anlaß zu geben zur römisch-katholischen Religion überzutreten, da ich ja selbst ein Protestant bin und bleibe. Ich preise die Heiligkeit dieser Seelen an, nicht ihre Namensreligion ... Daß aber die römisch-katholische Kirche so manche teure innige Seelen in ihrem Bezirk gehabt habe, darüber kann ich weder böse noch neidisch werden, sondern davor liebet und lobet meine Seele den Herrn, und vereiniget sich mit ihnen und mit allem dem Guten, so ihnen von Gott geschenket worden, von Herzen, und eigne mir das alles im einfältigen Glauben so zu, als wenn ich mit ihnen in einerlei Orden und Religion gehörete[62].» In dieser wahrhaft christlichen Sicht ist die konfessionelle Froschperspektive im Geiste des Evangeliums überwunden. Anstatt sich auf das völlig unfruchtbare Gebiet der konfessionellen Kontroverse verlocken zu lassen, hielt der stille Mann an seiner Überzeugung fest, daß in den Augen Gottes nur zwei Parteien auf Erden seien, die Kinder der Welt und die Kinder Gottes. Diese Scheidung geht quer durch alle Kirchen hindurch, und darum kam es Tersteegen bei seinen «Lebensbeschreibungen» gar nicht darauf an, ob eine Gestalt katholisch oder protestantisch sei. Ihm war allein das christliche Leben wichtig, und er wußte von seinen auserlesenen Seelen, daß sie besser evangelisch sind als die meisten unter den Protestanten.

Tersteegen ließ sich bei seinem Werk von dem einen Motiv leiten, «daß die Vorstellung der Exempel frommer und heiliger Menschen zur Auferbauung der Gemeinde Christi ein Großes beitrage, daß sie kräftiger und lieblicher eindringe als ein bloßer Lehrvortrag, solches ist von andern vielfältig bezeuget, und auch sonst durch die Erfahrung bestätigt worden[63].» Abstrakte Theorien haben eine geringe Wirkung. Die Menschen müssen plastisch und genau anschauen können, was sie tun sollten, damit sie es nie mehr vergessen. Aus diesem Grunde wollte Tersteegen die heilsamen Wahrheiten an lebendigen Vorbildern darstellen, weil daraus ein Ansporn zur Heiligung und Vereinigung mit Gott hervorgehen kann. Es ist auch gar nicht wahr, daß die heiligen Seelen ausschließlich der Zeit der Gegenreformation angehören, beinahe die Hälfte stammt aus dem Mittelalter, aus der Zeit der noch ungeteilten Christenheit. Von der oft allzu äußerlich aufgefaßten Kirchengeschichtsschreibung versuchte Tersteegen zur Geschichte der christlichen Frömmigkeit vorzudringen, eine Bemühung, die alle Anerkennung verdient. Das verborgene Leben mit Gott, den Weg des inneren Christentums wünschte er in den Vordergrund zu rücken, und um dieses Anliegens willen darf der Verfasser der «Auserlesenen Lebensbeschreibungen» nicht scheel angesehen werden. Man kann ihn nicht bejahen und sein größtes Werk dabei ablehnen, ohne sich in einen Widerspruch zu verwickeln. Um zu diesen Mystikern vorzudringen, mußte er unbekannte Pfade wandeln, Wege, die sowohl von Protestanten als von Katholiken wenig begangen wurden. Tersteegens Werk gibt Zeugnis von christlichen Persönlichkeiten, von denen man bis dahin kaum etwas gehört hat, deren Leben aber eindrucksvoll und staunenswert ist.

Mit den «Auserlesenen Lebensbeschreibungen» hat Testeegen ein Thema aufgenommen, das bereits Peter Poiret und Gottfried Arnold stark beschäftigt hat: die Wiederentdeckung der Heiligen für die evangelische Christenheit! Das ist ein Unternehmen, dessen Tragweite gar nicht überschätzt werden kann. Tersteegen hat die Heiligen aus der konfessionellen Diskussion herausgenommen und sie in den christlichen Raum hineingestellt, dem sie auch allein angehören. Die Heiligen haben in der Nähe Gottes gelebt, und deswegen kann die Christenheit auch nie auf sie verzichten, wenn sie nicht in eine noch größere religiöse Verarmung absinken will. Tersteegen beruft sich auf die Klage des Psalmisten: «Hilf Herr, die Heiligen haben abgenommen!» Die Finsternis unserer Zeit besteht unter anderem darin, daß es in ihr wohl noch brave Leute und fromme Christen gibt, aber keine Heiligen mehr. Es ist eine Lebensfrage für die heutige Christenheit, ob wieder Heilige in ihr auftreten – nicht mit dem traditionellen Heiligenschein über dem Haupte –, die aber die Unheiligkeit unseres Chaos auf sich nehmen und mit ihren mystischen Kräften das gegenwärtige Dunkel durchleuchten. Dieses Problem kann freilich nicht durch einen Zeitungsaufsatz entschieden werden, da es sich ganz an der inneren Front abspielt. Ohne eine neue Beziehung zur Erscheinung des Heiligen gibt es keine Genesung aus der gegenwärtigen Paralyse des christlichen Lebens.

Ob man Tersteegens Entsinken, seine Gottnähe oder seine Schriften erwähnt, es bleibt naheliegend, daß auch bei all diesen Vorgängen das Kind mehrenteils geweint hat. Das Schluchzen Tersteegens wird aber übertönt von einer hellklingenden Freude. Es ist nicht bloß die Freude der Verwandten, wie beim ersten Geburtstag, sondern über diese Wiedergeburt freuten sich vor allem die Engel im Himmel, wie Tersteegen im erwähnten Brief schreibt. Es liegt ein himmlischer Glanz über Tersteegens zweiter Phase. Seine Welt ist eine Welt, die es noch mit den Engeln zu tun hat, und selbst mit seinen letzten Worten sprach er von den heiligen Engeln, die sich nicht scheuen werden, seinen armen Lazarus in Abrahams Schoß zu tragen. In Tersteegens Umgebung musizieren die Engel nicht anders als auf Grünewalds Weihnachtsbild, man hört sie förmlich jubilieren, hört ihren melodiösen Gesang zu Gottes Thron aufsteigen.

III

«Der dritte Geburtstag, der leibliche Tod nämlich, erlöset Gottes Kinder aus dieser bangen Welt, aus dem engen Gefängnis dieses Leibes der Demütigung, und aus allem Druck und Seelengefahr, da sie recht fröhlich ausgeboren und versetzet werden in die Weite der lieben, süßen Ewigkeit. Zwar geht's auch bei dieser letzten Geburt oft sehr unansehnlich und bedrängt her, daß das Gnadenkind wohl gar auch ächzen und weinen muß, bis es durchkommt, aber alles zu seinem Besten.» Auch diese Erfahrung blieb Tersteegen nicht erspart. Seine Worte muten wie eine Prophezeiung seines eigenen Endes an. Der Mann von Mülheim besaß von jeher eine schwächliche Gesundheit. In seinen Briefen erwähnt er immer wieder, wie matt er sei, in welchen Erschöpfungszuständen er sich befinde, die ihm manchmal kaum gestatten, einen Brief zu schreiben. Herzklopfen, Kopfschmerzen und ein Gichtleiden verursachten ihm Fieber und Ohnmachten, im Alter kam eine Wassersucht dazu, die ihn Tag und Nacht an den Lehnstuhl fesselte. Trotz all diesen Gebrechen erreichte er ein Alter von zweiundsiebzig Jahren.

Tersteegen verzagte nicht inmitten aller leiblichen Bedrängnisse. Er blieb immer der gleiche innerlich gefaßte Mensch, der sich der Nähe Gottes tröstete und aus ihr heraus alle Dinge in einem milden Licht beurteilte. Kurz vor seinem Hinscheiden schrieb er noch einige Erläuterungen zu seinem Testament, in denen er ausdrücklich betonte: «Alles, was ich je öffentlich gesprochen, oder in gedruckten Schriften von Gott und seiner Wahrheit bezeuget habe, solches bekenne ich noch als Wahrheit nach der Heiligen Schrift[64].» Er bat alle, die er wissend und unwissend beleidigt habe, um Vergebung und versicherte, auch seinen Beleidigern von Herzen verziehen zu haben. Es war die Zeit gekommen, wo sich die «Abendgedanken einer gottseligen Seele» einstellten:

Müder Geist, nun kehr zur Ruh
Und vergiß der Bilder alle;
Schleuß die Augen sachte zu;
Was nicht Gott ist, dir entfalle:
Schweig dem Herrn, halt ihm still,
Daß er wirke, was er will.[65]

Seine Sterbensgedanken kreisten um das ewige Leben, das für ihn außer aller Diskussion stand; er hatte seinen ganzen Erdenwandel nur als eine Pilgerschaft zu ihm aufgefaßt. Was Ewigkeit ist, davon hatte Tersteegen ein selten starkes Bewußtsein, sie hatte für ihn nichts Erschreckendes und seine Seele Beängstigendes an sich. Er nannte sie die große, die stille und die frohe Ewigkeit, aus der ihm seine wundersame Festigkeit erwuchs. Tersteegen hatte eine unaussprechliche Sehnsucht nach ihr. Endlich war auch diese unansehnliche Geburt zu Ende, und er durfte in die «liebe, süße Ewigkeit» eingehen. «Die Umstehenden meinten, eine Menge Engel um sich zu haben, die seine Seele mit Freuden aufnahmen und in das ewige Reich der Wonne, Friede und Herrlichkeit triumphierend einführten[66].» Es war wirklich «alles zu seinem Besten» geschehen, wie Tersteegen in einem Briefe vermerkte, eine Äußerung, die wie ein kleines Echo auf den großen Schöpfungsbericht ist: Und es war alles sehr gut.

*

Es würde nicht im Sinne Tersteegens sein, wollte man das, was innerhalb dieser dreierlei Geburtstage geschehen ist, übersteigern. Allzu deutlich wußte er darüber Bescheid, was für ein seltsames «Gemächte» er war. Er hätte keinen Gefallen daran gefunden, wenn man ihn «die liebenswürdigste, menschlich schönste und christlichste Erscheinung in den Reihen der Pietisten» genannt hätte[67]. Obschon sich Tersteegen über seine eigenen Grenzen klar war, so ging doch von ihm eine undefinierbare Ausstrahlung aus, die den Menschen in seiner Nähe still und froh machte. Weshalb nur? Die Frage ist kaum mit Worten zu beantworten, und das Geheimnis kann nur angedeutet werden: Das Bild Christi lebte in ihm, es strahlte aus seiner Persönlichkeit heraus und leuchtete gar hell auf seinem Antlitz wie der reine Glanz Gottes.

Die einzigartige, unnachahmliche Wirkung Tersteegens sei mit einer kleinen Anekdote umrissen: Tersteegen lag bereits mehr als vierzig Jahre im Grab, als Europa in die napoleonischen Wirren verstrickt wurde. Nachdem der Usurpator endlich besiegt war, marschierten eines Tages russische Truppen durch das Ruhrgebiet. In Mülheim erkundigten sich einige russische Krieger nach Tersteegens Grabstätte, denn sie wollten dort ihre Gebete verrichten. Der Ruf dieses Mannes war nicht nur nach Holland und Schweden, nach der Schweiz und Nordamerika gedrungen, sondern er war auch im fernen Rußland nicht unbekannt, und bärtige Soldaten gedachten seiner inmitten des Krieges. Die russischen Soldaten sind indirekt eine Aufforderung an den heutigen Menschen, daß auch er wieder im Geiste den heiligen Tersteegen aufsuche, um von ihm das Wort von der dreifachen Gegenwart Gottes erneut zu vernehmen, die allein seine unglückliche seelische Zerrissenheit heilen kann.

FRIEDRICH CHRISTOPH OETINGER

[1702–1782]

VON DER HEILIGEN THEOSOPHIE

Auf einem Spaziergang im Waldgebirge bei Murrhardt verirrte sich einmal Friedrich Christoph Oetinger und sah sich genötigt, der hereinbrechenden Nacht wegen in einem einsamen Bauernhof um ein Nachtlager zu bitten. Die Bäuerin hielt den schlecht gekleideten Oetinger für einen Bettler, sie erklärte ihm, erst vor kurzem von umherziehenden Strolchen bestohlen worden zu sein, und aus diesem Grunde beherberge ihr Mann keine Vagabunden mehr. Oetinger, ohne den Irrtum aufzuklären, wiederholte flehentlich seine Bitte, und schließlich gab ihm die Bauersfrau den Rest ihres Abendessens und bereitete ihm zugleich mit einem Sack ein Nachtlager auf der Bank. Im Gespräch mit dem Bauern erkundigte sich Oetinger nach den Predigten des Dorfpfarrers, damit der Gastgeber ihm sage, was er an der Sonntagsverkündigung nicht begreife. Während der Unterhaltung erkannte der Bauer zu seinem Schrecken plötzlich an den staunenswerten Äußerungen des vermeintlichen Bettlers den eigenen Prälaten.

Das Vorkommnis ist symbolisch für das Verhalten der Christenheit zu Oetinger. Gleich den Bauersleuten war die Christenheit zunächst auch nicht bereit, Oetinger bei sich aufzunehmen, weil sie seine Wahrheit unter der barocken Einkleidung nicht begriff. Zuletzt aber erahnte sie doch in diesem Außenseiter den universalen Christen mit dem Blick hinter die Dinge. Zwar hat der Erkennungsprozeß erst begonnen, er ist auch noch lange nicht zu Ende. Immer noch stehen ihm etliche Schwierigkeiten entgegen, vor allem fehlt eine auf der Höhe der Zeit stehende Biographie. Dem Mangel ist nicht leicht abzuhelfen, da bereits C.F.D. Schubart gestanden hat: «Ich wollte schon lange sein Leben schreiben, aber wenn ich an des Mannes Größe hinaufsah, so entsank mir die Feder. Tief und scharf müßte sein Biograph blicken ins Ganze, über das sich nur Eine, aber ungeheure Riesen-Idee hinstreckt[1].» Die Worte des Zeitgenossen umreißen die Aufgabe einer neuen Oetinger-Sicht, wenn sie auch bis heute unausgeführt geblieben ist.

Oetinger hat im Alter eine Selbstbiographie geschrieben, die nebst seinen Werken und Briefen den besten Aufschluß über seinen Lebensrhythmus und seine Persönlichkeit gibt. Er erzählt darin verschiedene, scheinbar nebensächliche Erlebnisse, in Wirklichkeit aber enthüllen sie, daß das lebendige Verständnis für Oetinger nur aus seinem konkreten Dasein herauswächst und nichts mit einem abstrakten Prinzip zu tun hat. Nach Oetingers Aufzeichnungen hat man ihn als kleines Kind «das einfältige Friederlein» genannt, weil er die Gewohnheit hatte, lange Zeit «in eine Ecke zu schauen»[2]. Die altkluge Jungfer, die das einfältige Friederlein auf den Armen herumtrug, verstand die sinnige Gemütsbegabung des Kindes nicht. Sie hat, ihrer eigenen Unfähigkeit gemäß, das erste Anzeichen eines besinnlichen Naturells der Veranlagung eines kleinen Dummrians gleichgestellt. Im übertragenen Sinne hat Oetinger auch später oft lange in eine Ecke geschaut und hat dabei die hintergründigsten Dinge wahrgenommen, die den übrigen Menschen verborgen blieben. Ob diesem in einen Winkel ausgerichteten Blick wurde Oetinger in den Augen der Welt zu jenem rätselhaften Einfältigen, über den man gerne den Kopf schüttelte und der doch eine der wesentlichsten Kategorien des Neuen Testamentes realisierte.

Das einfältige Friederlein erzählt noch eine kleine Begebenheit, die ihn ganz nah an Gott heranführte. Gemäß frommer Familiensitte mußte der Knabe jeden Abend vor dem Einschlafen einen ganzen Kranz von Liedern beten. Das siebenjährige Kind, ob der langweiligen Aufsagerei ungeduldig geworden, dachte bei sich, «wenn ich nur wüßte, was ich betete. Ich kam an das Lied ‚Schwing dich auf zu deinem Gott, du betrübte Seele'. Nichts von Betrübnis wissend, wurde ich heftig angetrieben, zu verstehen, was es sei, ‚sich zu Gott aufschwingen'. Ich bemühte mich inwendig darum vor Gott, und siehe, da empfand ich mich aufgeschwungen in Gott. Ich betete mein Lied ganz aus; da war kein Wort, welches nicht ein distinktes Licht in meiner Seele zurückließ. In meinem Leben habe ich nichts Fröhlicheres empfunden[3].» Das frühe Erlebnis scheint kindlichen Charakters zu sein, und doch ist in der ungewöhnlich religiösen Erfahrung bereits der spätere Oetinger vorgebildet. Mit intuitivem Gefühl hat der Knabe begriffen, daß Beten nicht einem gedankenlosen Aufsagen von Versen gleichkommt, daß es überhaupt nichts mit einem Litaneiton zu tun hat, sondern in einem inneren, furchtlosen Sichaufschwingen zu Gott besteht. Das echte Gebet ist immer ein seelischer Aufschwung zu Gott, alle Schwerkraft fällt zurück und ein Überschwang an Freude erfaßt den Menschen. Der junge Oetinger hat fortan alle Angst verloren, weil er sich Gott näherte, und «wenn ein heftiges Donnerwetter mit Schlägen und Blitzen kam, davor sich mein Vater hinter dem Umhang des Bettes verbarg, dachte ich getrost: ich fürchte mich nicht, weil ich weiß, wie man zu Gott betet[4].» Auf eine unmittelbare Art war er inne geworden, wie der im Gebet aus sich heraustretende und in eine höhere Bewußtseinssphäre eintretende Mensch alle Angst hinter sich läßt. An Stelle des Furchtgefühls war die Fröhlichkeit in ihm aufgeblüht, und selbst als Mann hat Oetinger seine Glaubensüberzeugung in die Worte gekleidet: «Der Mensch ist zur Freude, nicht zum Leiden geschaffen[5].» Das beschwingte Lebensgefühl ist bei Oetinger durch alle Widerwärtigkeiten hindurch immer wieder zu spüren;

nichts Trockenes, Versteinertes war vorhanden, und auch in geistiger Beziehung verbarg er sich nie hinter einem Vorhang. Heimlich vibrierte das mystische Leben bei ihm schon in früher Kindheit und hat, trotz tiefgehender Wandlungen, bis zu seinem eindrucksvollen Tod angedauert. Oetinger war der Mensch, der sich zu Gott aufgeschwungen hatte, der über alle Niederungen des Daseins hinausgeschritten war und dank dieser Begnadung denn auch «den himmlischen Kuß» empfangen hatte, ein unbeschreibliches, unvorstellbares und doch höchst reales Erlebnis.

Oetinger schwankte während seiner reiferen Jugendzeit, ob er den Beruf eines Politikers oder den eines Geistlichen erwählen solle. Seine Mutter schürte ehrgeizige Pläne für ihn. Endlich kam er durch nähere Berührung mit den religiösen Schriften aus der ambivalenten Einstellung heraus, in der er die gleiche Neigung zur Welt wie zu Gott in sich gespürt hatte. Er entschied sich zugunsten der Theologie, und von dieser Stunde an legte er konsequenterweise seine auffallende Kleidung ab, mied die vornehme Gesellschaft, redete wenig und las eifrig in der Bibel. In jener Zeit lernte er auch den Kreis der Inspirierten kennen, eine religiöse Strömung, die damals im Schwabenland nicht wenig von sich reden machte und die ihm das Geständnis abnötigte: «Diese Leute leiden Bande, Gefängnis und Streiche um ihres Bekenntnisses willen, unsere Pfarrer aber leiden nichts[6].» Die Gespräche mit den Inspirierten brachten ihm das Ungenügende der traditionell bürgerlichen Kirchlichkeit zum Bewußtsein; der zu Gott aufgeschwungene Mensch hat schon früh die allzu wohltemperierte Frömmigkeit überschritten. Zunächst steigerte diese Erfahrung den religiösen Wissenstrieb, der Oetinger durch sein ganzes Leben hindurch begleitete. Der Drang, möglichst viel zu erkennen, war in Oetinger intensiv vorhanden, ohne daß man deswegen von einer faustischen Natur reden muß. Nicht eine zusammenhanglose Vielwisserei war dem lebendigen studiosus theologiae wichtig, vielmehr war es ihm um jene Erkenntnis zu tun, die den Menschen innerlich fördert. Mit diesem heilsamen Wissen begehrte er dem Geheimnis des Lebens auf die Spur zu kommen. Durch das unstillbare Wissensbedürfnis fiel der Jüngling aus der Reihe der gewöhnlichen Studenten heraus, die oft nicht das geringste Verlangen nach den geistigen Werten außerhalb ihres Fachgebietes kennen. Der Wissensdrang eines Menschen birgt aber neben dem Vorzug auch sichtliche Nachteile in sich. Nach Oetingers späterer Erkenntnis wird der Mensch dadurch leicht zersplittert, er kommt vom Hundertsten ins Tausendste und schaut nicht mehr «lange Zeit in eine Ecke» hinein. Namentlich ist der ungezügelte Wissenstrieb dem mystischen Leben nicht förderlich. Auch das einfältige Friederlein wäre mit seinen ausgedehnten wissenschaftlichen Studien beinahe um das Erstgeburtsrecht der inneren Sammlung gekommen, wenn ihn nicht das In-Gott-Aufgeschwungensein davor bewahrt hätte.

Die große Stunde in Oetingers Leben entsprang einer kleinen Zufälligkeit. Ist es aber nicht so, daß in geistiger Beziehung oft das Kleinste zugleich auch das Größte ist? «Durch Gottes Schickung geschah es, daß ich zur Recreation oft bei der Pulvermühle zu Tübingen vorbeiging. Da traf ich den Pulvermüller als den größten Phantasten, der sich eine tiefe Grube in den Boden gegraben, um da verwahrt zu sein, wenn Babel nach seiner Rechnung zu Haufen fallen würde. Dieser trug mir seine Träume vor, ich verlachte ihn, doch mit Modestie. Er sprach: Ihr Kandidaten seid gezwungene Leute; ihr dürft nicht nach der Freiheit in Christo studieren, ihr müßt studieren, wozu man euch zwingt. Ich dachte: es ist fast wahr, aber wir haben doch Freiheit. Er sprach: Ist euch doch verboten, in dem allervortrefflichsten Buche nach der Bibel zu lesen! Ich sprach: Wie so? Er bat mich in seine Stube, zeigte mir Jakob Böhme und sagte: Da ist die rechte Theologie[7].» Oetinger las ein wenig in dem Buche, stieß sich natürlich an der seltsamen Terminologie und ging unter einigen spöttischen Bemerkungen von dem Manne weg. In der Jugend macht sich der Mensch nur zu gerne lustig über das, was er nicht versteht. Der flüchtige Eindruck arbeitete in ihm jedoch weiter, in seinem Wissensdrang wünschte er den schlesischen Mystiker doch näher kennenzulernen, und nach einigen Tagen kehrte er zum Pulvermüller zurück, das Buch von ihm zum Ausleihen erbittend. Alle Vorurteile von sich schiebend, las er in Böhmes Schriften, und mitten in der Lektüre durchfuhr ihn plötzlich ein jäher Schrecken: «Du hast Jakob Böhme für einen Phantasten gehalten», während ihm jetzt aus diesen Blättern gar hell die lautere Wahrheit entgegenleuchtete. Der leichtfertig Verspottete glänzte vor seinen Augen wie eine Offenbarung Gottes! In der Damaskusstunde seines Lebens, da ihm die Augen geöffnet wurden, erkannte er in dem bis dahin Verachteten plötzlich den Erwählten Gottes, vor dem er sich beugen mußte.

Eine umwälzende Erschütterung folgte dem Böhme-Erlebnis, eine geistige Bewegung erfaßte Oetinger und gab ihm einen unübersehbaren Stoß. Keineswegs wurde er darob zum bloßen «Nachäffer Jakob Böhmes», dazu war Oetinger eine viel zu selbständige Natur. Bei aller wachsenden Liebe zum schlesischen Mystiker sah er Böhmes Grenzen, namentlich was die Formulierung der Erkenntnisse anlangt, und gelegentlich wies er auch auf Fehler hin. Zwischen Böhme und Oetinger gibt es eindeutige Unterschiede, der Theologe hat nicht alle Ansichten des Schusters übernommen. Bedeutsamer als die geringfügigen Differenzen ist aber Oetingers Einsicht, daß in dem verlachten Phantasten der Christenheit eine der allergrößten Offenbarungen geschenkt worden ist. «Dies ist, warum Jakob Böhme als ein Prophet in unsere philosophische Welt als ein Elias gesandt worden. Löset auf, ihr Weltweisen, das große Rätsel Simons, daß aus dem Schärfsten das Süßeste werden muß[8].» Arndt war in den Augen Oetingers nur der Herold, von Böhme dagegen ist eine neue Epoche der Erkenntnis zu datieren. Nach dem Urteil dieses wissensdurstigen Mannes ist «nach der Bibel kein Buch so wichtig» wie die Schriften des Philosophus teutonicus[9]. Der junge Kandidat warf sich mit Leidenschaft in ein vertieftes Böhme-Studium; er ist ihm auf den Grund gegangen und hat ihn ganz in sich aufgenommen. Ohne Böhme hätte Oetinger sich selbst nicht gefunden. Der Mann von Görlitz hat ihm geholfen, sein Selbst zu entdecken. Oetinger zögerte nicht, aus dem großen Impuls seines Lebens alle Konsequenzen zu ziehen, deren wichtigste zunächst in der Befreiung aus den Fangarmen des Rationalismus bestand, was zu jener Zeit mehr bedeutete als heutzutage. Die Denkweise der Aufklärung fegte im Jahrhundert Oetingers wie ein heißer Wüstenwind über das Abendland hinweg, er dörrte alles religiöse Leben aus. Oetinger gehört mit Hamann zu den wenigen, die den Trugschluß einer banausischen Vernünftelei bis in die letzte Tiefe durchschaut haben.

Jakob Spener sprach mehrmals den Wunsch aus, daß doch einer käme und die oft skurrile Schreibweise Böhmes in einer verständlichen Form ausdrücken würde. Der Schwabe, der stets bereitwillig seine Dankesschuld gegenüber Böhme anerkannte, ist in einer kleinen Schrift «Inbegriff der Grundweisheit» der Anregung Speners nachgekommen, sintemal er in sich den Auftrag fühlte, die Theologie dieses Mannes ins reine zu bringen. Oetinger bezeichnete die Lektüre Böhmes als «Perlenfischerei», zu der es «mehr Fleiß bedarf als zur täglichen Nahrung des Brotes»[10]. Man muß Böhme lieben, um ihn zu verstehen, muß völlig frei sein vom Laster der gehässigen Ketzermacherei, muß untertauchen in dieser tiefen See, denn Böhme duldet kein Nebenhergehen, er verlangt die Ganzheit, und nur sie berechtigt zur Mitsprache an der Diskussion über den Schlesier. Wenige verstehen den erleuchteten Schuster, und Oetinger ist unermüdlich der Verkennung Böhmes entgegengetreten: «Man lese seine Gebete; es waren Worte, die die Anfänger nicht tragen können; Worte aus dem Blitz der Erleuchtung führt Böhme[11].» Der Durchschnittsmensch aber liebt den «Blitz der Erleuchtung» nicht, er erschreckt ihn, er wirft ihn zu Boden. Oetinger dagegen hält ihm stand; er versucht die eigenwillige Terminologie so verständlich wie möglich zu machen und führt die Fülle der Ideen und Potenzen von Böhme auf wenige Grundgedanken zurück: «Alles Himmlische, alles Unsichtbare hat seine Gestalt, Form und Figur, wie das Irdische. Das ist die Summe von Jakob Böhme, darum hat ihn Gott uns gesandt[12].» Dies war keine persönliche Schrulle Oetingers. Böhme war für ihn eine Offenbarungsquelle, die er der Kirche zugänglich machen wollte. Mit dem unentwegten Eintreten für Böhme ist es Oetinger gelungen, dem schlesischen Mystiker ein Heimatrecht in der evangelischen Christenheit zu verschaffen. Der württembergische Prälat hat den vom Oberpastor Richter ausgestoßenen Böhme gleichsam in die Kirche zurückgeholt und unmißverständlich erklärt: Er gehört zu uns, auf dieses auserwählte Rüstzeug Gottes können und dürfen wir nicht verzichten, wenn wir nicht unser Bestes verlieren wollen! Diese Heimholung Böhmes allein ist schon eine anerkennenswerte Tat.

Oetingers Studien trugen noch eine zweite Frucht. Der durch die Universitäten hindurchgegangene Theologe hat den Wert logischer Disziplin stets dankbar in sich aufgenommen; hat aber zu jenem Zeitpunkt erkannt, daß das rationale Denken nicht die letzte Wahrheit enthält. Der Verfasser der «Morgenröte» hatte ihn auf ein neues Denken aufmerksam gemacht, das aus der Zentralschau hervorgeht und das Oetinger von dieser Stunde an fieberhaft zu beschäftigen begann. Er unternahm große Reisen nur mit dem einen Ziel, Menschen kennenzulernen, die infolge ihrer Gesichte und göttlichen Eingebung anders dachten als die übrigen Leute. Oetinger war mächtig beeindruckt von der Begegnung mit Markus Völker, dem Bauern, der die visionär-intuitive Schau der Dinge besaß. Oetinger stand ihm nicht völlig unkritisch gegenüber. Es entging seinem Scharfsinn nicht, daß sich bei derartigen, jenseits aller natürlichen Logik vorkommenden Erleuchtungen auch Menschliches einmischen kann und daß die Offenbarungen mannigfachen Illusionen unterworfen sind. Trotzdem waren sie für ihn eine Bestätigung der überlegenen Wahrheit. Nach Oetinger kann ein Mägdlein, das nicht studiert hat, in die Tiefe sehen, ohne die Fähigkeit zu besitzen, zu sagen, wie das zugeht. Es ist imstande, auf einen Schlag unzählig vieles in einer zusammenfallenden Einheitsempfindung zu schauen. Auch machte es Oetinger nicht im geringsten irre, daß die Christen die Bedeutung der unmittelbaren Erkenntnis gar nicht erfassen und sogar die Frommen sie als eine Phantasterei geringschätzen. Einem glühenden Sonnenball gleich ging ihm selbst die Zentralerkenntnis auf, unter der er ein kleines All verstand, «ein All in Eins, wie wenn ein Spiegel in tausend Stücke zerbrochen ist, ein jedes Teil wieder ein ganzes Zentrum macht»[13]. Die Zentralerkenntnis ist ein mystisches und kein intellektuelles Problem, sie kann mit akademischen Begriffen gar nicht adäquat umschrieben werden. Es geht um ein anderes Denken, um Ergebnisse des Glaubens, während die Wissenschaft sich nur mit sichtbaren Dingen beschäftigt, mit Dingen, die man von außen betrachten, erforschen und registrieren kann. Dem analysierenden Erkennen haftet stets eine sichtbare Kälte an, die mit dem Wort «wissenschaftliche Objektivität» bemäntelt wird. Das mystische Erkennen dagegen ist nicht von der Wissenschaft erdacht, es will in das Innere eindringen und durch das Erfassen der Erkenntnis eine Änderung der Person herbeiführen. «Die Zentralerkenntnis geschieht durch eine Vergestaltung, Überformung, Salbung und Verwandlung der Natur des Erkennenden in die Natur des Erkannten, und eben das geschieht in der Liebe auch[14].» In dieser Formulierung ist die Eigenart des mystischen Denkens ausgezeichnet umschrieben. Oetinger war fortan bestrebt, das Leben zentral zu erfassen, und deswegen war ihm das über alle Vernunft hinausgehende Unmittelbare bedeutsam geworden. Die Zentralerkenntnis wird nicht «durch Forschen oder eigene Vorbereitung erlangt, sondern allein durch Einsinken in den Tod Jesu Christi[15].» Sie ist ein passives und kein aktives Geschehen, der Christ kann sie nur empfangen und sie sich selber nicht geben. Ihr Geschenkcharakter ist offensichtlich. Darum kann sie auch nicht auf der Schule gelehrt werden. Der zu Gott aufgeschwungene Mensch bekommt das mystische Denken von oben. Nach Oetinger sind «der Rechnungsverstand und der Zentralverstand schwer zu vereinigen»[16]. Zwischen ihnen besteht ein Abgrund. Es ist unmöglich, beides zugleich haben zu wollen. Der Mensch muß seine Wahl treffen, jedenfalls war Oetinger seit dem Böhme-Erlebnis ein Mann der Intuition, der Erleuchtung und der inneren Schau; seine Ausführungen über dieses Thema markieren eines seiner wesentlichsten Probleme. Mochte nun Oetinger im mündlichen Verkehr auch gemütlich den schwäbischen Dialekt sprechen, er besaß gleichwohl tiefe Einsichten und reiht sich würdig unter die Dichter und Denker.

Die Böhme-Lektüre erwies sich in Oetingers Leben als überaus fruchtbar. Sie machte ihn aufgeschlossen, und er stieß in neue Dimensionen vor. Selbstverständlich identifizierte er sich nicht mit Böhme, von dem er wohl sehr begeistert war, dem er aber nicht unkritisch gegenüberstand. Oetinger baute auf breiter Basis. Das Böhme-Studium veranlaßte ihn, auch andere Mystiker zu lesen. Es ist nie gleichgültig, ob ein Mensch mit der Welt der Mystik auch in Berührung kommt. Dadurch gerät er in die denkbar stärkste Sphäre des Religiösen, die ihm den Blick für das Ewige öffnet und zugleich von der zweideutigen Aktualität der Zeitlichkeit befreit. Oetingers unermüdlich suchender Geist wandte sich Bernhard von Clairvaux, Ruysbroeck, Tauler zu, die ihm ganz vertraut wurden. Er machte sich auch mit der Mystik der zweiten Reformation bekannt, die gewöhnlich außer dem Gesichtskreis des Protestantismus bleibt. Der württembergische Prälat war nie ein Parteimann, auch in konfessioneller Hinsicht nicht, zumal die lebendigen Probleme dort anfangen, wo sie bei den Parteimenschen aufhören. Dank dieser Aufgeschlossenheit traten auch die romanischen Mystiker in das Leben Oetingers ein und halfen dem jungen Schwaben zu einer Vertiefung und Bereicherung seines Seelenlebens, genau so, wie sie einst Poiret, Arnold und Tersteegen geholfen haben. Oetinger scheute sich nicht, unter dem Titel «Die unerforschlichen Wege der Herunterlassung Gottes» drei aus dem Französischen übersetzte Lebensläufe von katholischen Frommen herauszugeben. Nicht nur die Karmelitin Thérèse von Bordeaux hat ihn nachhaltig beeindruckt; er wagte sich später auch an Ignatius von Loyola heran, obschon gegen den Gründer der Gesellschaft Jesu in protestantischen Kreisen beinahe unübersteigbare Vorurteile bestanden. Oetinger widersprach der voreingenommenen Ablehnung und gestand offen, daß «er sich wundern müsse über die luminösen Züge, die er bei Ignatius gefunden habe, und daß er wünsche, ebenso einfältig auf Jesu Sache gerichtet zu sein, wie jener es gewesen war»[17]. Mit seiner vorurteilslosen Anerkennung war Oetinger seiner Zeit weit vorausgeeilt, ist doch die gerechte Beurteilung Ignatius' noch heute im Protestantismus nicht durchgedrungen. Dabei war Oetinger gegenüber den Mystikern nicht blind. Er hat nicht alles für gut befunden, was sie gesagt haben. Das schwäbische Naturell ist mit einer kritischen Ader begabt, und auch Oetinger sind die Mängel der Mystiker nicht entgangen. In aller Freude an ihnen bedauerte er, daß der Chiliasmus bei ihnen nicht genügend zur Geltung kam. Er tadelte sie auch dafür, daß sie «das Reich Gottes aus Mißverstand des Wortes ‚es ist inwendig in euch' allein in die Seele» verlegt haben[18].

Am kühnsten und das übliche Verhalten am weitesten hinter sich lassend war Oetingers Bemühung um die Kabbala, deren Lehre von den Ausgängen der Gottheit ihn brennend interessierte. Von ihr macht sich der Durchschnittschrist die Vorstellung einer krausen Spintisiererei, in deren Bizarrerie sich niemand zurechtfinde, wenn er überhaupt von der Existenz der jüdischen Mystik Notiz nimmt. Wiederum kümmerte sich Oetinger nicht um diese Ignoranz, er wandte sich schon frühzeitig dem jüdischen Schrifttum zu und war deswegen auch frei von jedem verabscheuungswürdigen Antisemitismus. «Nichts Lieberes höre ich, als von den Juden», sprach Oetinger und nahm persönlich die Verbindung mit den Rabbinern auf. Man hat vom Judentum einen falschen Eindruck, wenn man nur auf die orthodoxe Gesetzesbeobachtung und das Talmudstudium hinweist. Es gibt in ihm auch die mystische Strömung der Kabbala, die ihren unergründlichen Niederschlag im «Sohar» gefunden hat und die nach langem unterirdischem Dasein im Chassidismus in veränderter Form an die Oberfläche gekommen ist. Die jüdische Geheimlehre ist eine überaus tiefsinnige Mystik; der heutige Leser erhält durch Gersholm Scholems klare Darstellung «Die jüdische Mystik» ein gutes Bild von ihr. Die Kabbala beschäftigt sich mit ähnlichen Problemen wie die jüdische Religionsphilosophie, aber sie vermag sie lichtvoller zu bewältigen. Oetinger war nicht der erste evangelische Christ, dem die Tiefe und die Herrlichkeit der jüdischen Mystik aufgegangen ist. Schon Pico della Mirandola und Reuchlin besaßen eine Ahnung davon, und der schlesische Mystiker Knorr von Rosenroth hat den Schätzen der jüdischen Mystik, die er als eine Uroffenbarung begriff, eifrig nachgegraben und sie in einem Band «Entblößte Kabbala» herausgegeben. Knorr von Rosenroths Buch war bereits zu Oetingers Zeiten eine Rarität, aber in Frankfurt stellte man ihm ein Exemplar zur Verfügung. Nun las er das kabbalistische Schrifttum aus Herzenslust. Freilich sagte in Frankfurt der Rabbiner Koppel Hecht zu ihm, die Christen hätten ein Buch, das noch viel deutlicher von der Kabbala rede als der Sohar. Die Äußerung erregte Oetingers ganze Neugierde, und auf die Frage, welches dieses Buch sei, bekam er die überraschende Antwort: Jakob Böhme! Der Rabbiner vermochte ihm auch sofort die Übereinstimmung von Böhmes Redensarten mit der Kabbala nachzuweisen. Für Oetinger war der Brückenschlag von der Kabbala zu Böhme eine beseligende und beglückende Einsicht. Seine Bemühungen liefen nicht wie divergierende Strahlen auseinander, sie fanden sich durch die Zentralerkenntnis immer wieder zu einer Einheit zusammen. Nun machte er sich frohgemut an die Ausarbeitung seines Werkes «Die Lehrtafeln der Prinzessin Antonia», mit dem er eine ungewöhnliche Einführung in die Kabbala schuf. In diesem außerordentlichen Buch leuchtet die Schechina auf, jener herrliche Glanz Gottes, der über den Menschen schwebte und der erst von ihnen gewichen ist, als sie ins Verderben schritten[19]. «Die Lehrtafeln» übersehen nicht den Unterschied zwischen jüdischer und christlicher Metaphysik; dennoch wölbt sich über beide der gleiche Himmel, und Oetinger entwickelt den kühnen Versuch einer christlichen Kabbala, die Ernst Benz neulich ein «Stiefkind der Theologie» genannt hat. Wer von der religiösen Kraft der jüdischen Mystik einmal richtig ergriffen wurde, der möchte sie auch als Christ nicht mehr missen, ganz abgesehen von der erneuten Bestätigung der inneren Zusammengehörigkeit vom Alten und Neuen Bund.

Während seiner Sturm- und Drangperiode, in der sich Oetinger zu den religiösen Außenseitern hingezogen fühlte, lernte er auch Graf Zinzendorf kennen. Die quecksilbrige Persönlichkeit des Grafen überwältigte Oetinger zunächst, er kam sich selbst wie dürres Holz gegenüber einem grünenden Weidenbaum vor. Mehrfach hielt sich Oetinger während längerer Zeit in der Brüdergemeinde auf, und Zinzendorf, der ihn für seine Sache gewinnen wollte, brachte den Schwaben darob in eine innere Bedrängnis. In seiner damaligen Gemütsverfassung wußte er zunächst nicht, sollte er nun mit dem Grafen zusammenarbeiten oder sich in den Dienst seiner Heimatkirche stellen. Trotz anfänglicher Zuneigung meldeten sich in Oetinger immer mehr Bedenken gegen Zinzendorf, und er mußte schließlich von Herrnhut «inwendig gedrungen hinweg gehen, weil ich die Wahrheit nicht kann vermischt sehen». Der kritische Süddeutsche konnte die Zinzendorfsche Geschlechtsmetaphysik nicht annehmen, nach der das weibliche Geschlecht das Urgeschöpf und das männliche nur eine Nachbildung sei, weil sonst Christus nicht als Bräutigam die Seelen im Paradies ehelichen könne. Überhaupt schien ihm die eheliche Beiwohnung vom Grafen überschätzt zu werden, der die Frauen anwies, während der Vereinigung im Ehemann bloß ein Werkzeug des Heilandes zu sehen[20]. Oetingers innere Widerstände sind begreiflich, wenn auch Zinzendorfs Geschlechtsmetaphysik einen der wenigen Versuche darstellt, innerhalb der evangelischen Christenheit die übliche Auffassung von der ehelichen Vereinigung zu überwinden, die es mit schlechtem Gewissen dahingestellt sein ließ, wie Gott darüber denke. Freilich bleiben Oetingers eigene «freimütige Gedanken von der ehelichen Liebe» noch hinter Zinzendorf zurück. Der entscheidende Einwand aber richtet sich gegen Zinzendorfs Bibelauffassung: «Beim Grafen hatte ich freilich gesehen, daß er aus der Heiligen Schrift nur ein Spruchkästlein gemacht, und auch gar nicht darauf gedrungen, nach Erforderung der jetzigen Zeit überzeugend zu reden, sondern nach den Absichten alles so eingerichtet, daß er möchte leicht und geschwinde Eingang und Succes haben bei den Seelen[21].» Gewiß ist Oetinger auch mit diesem Argument dem Grafen nicht gerecht geworden, doch hat er eine der schwachen Seiten Zinzendorfs namhaft gemacht: die Verwendung der Bibel als Spruchkästlein. Mit dem bekannten Losungsbüchlein hat Zinzendorf sogar diesen Gebrauch der Bibel zum Prinzip erhoben, wodurch die Heilige Schrift in lauter einzelne Bestandteile aufgelöst wurde und das zusammenhaltende geistige Band gänzlich verlorenging. Oetinger hat sich dieser Atomisierung der Bibel bewußt entgegengestellt, denn sie stand dadurch im schärfsten Widerspruch zur Zentralerkenntnis. Schließlich kam es zum Bruch zwischen Oetinger und Zinzendorf: aus dem einstigen Freund war ein eindeutiger Gegner geworden.

Nach jahrelangem Ringen entschloß sich Oetinger, sich doch der württembergischen Landeskirche zur Verfügung zu stellen, ungeachtet der Gebrechen, die ihr anhafteten. Im Laufe seines langen Lebens versah Oetinger in verschiedenen Ortschaften das Pfarramt. Seiner Begabung nach hatte er nichts gemein mit jenen Pastoren, wie sie in der Literatur des 19. Jahrhunderts verulkt wurden. Er selbst schrieb einmal: «Mich irrt nichts, ich kann alles kombinieren, ich bin kein Theologe von einem einigen Leist»[22], und es wird immer erstaunlich bleiben, was er aus seinem Beruf gemacht hat. Wie stark war er sich des Vorrechtes bewußt, allsonntäglich vor einem Kreis in sich gesammelter Menschen über die höchsten Fragen des Lebens sprechen zu dürfen, und wie hat er seinen Beruf stets mit einer menschlichen Christlichkeit und nicht mit einer kaltschnäuzigen Amtsmiene ausgeübt! Bei Oetinger nahm der Beruf des Pfarrers ganz neue Dimensionen an, er entdeckte in ihm unausgeschöpfte Möglichkeiten, und durch seine Tätigkeit ist das Pfarrersein erneut geadelt worden.

An seiner ersten Pfarrstelle verheiratete sich Oetinger mit Christiane Dorothea Linsenmann. Er nannte sie eine «Taube», und das vom Irdischen losgelöste, hauchzarte Wesen war eine gute Ergänzung zu ihm. Das ätherische Geschöpf wurde später von den Frommen übel verleumdet, doch hat Oetinger die frechen Nachreden mit den Worten zurückgewiesen: «Sie ist so grad und einfältig, so unerfahren im Bösen, daß ihre Fehler besser, als der bösen Pietisten Tugenden sind[23].»

Oetinger, der sich mit Leib und Seele seinem Beruf hingab, war ein ernster Pfarrer. Jede Schönrednerei lag ihm fern, nie gab er sich auch dazu her, der Lakai der bürgerlichen Gesellschaft zu sein. Man kennt Oetinger nicht richtig, wenn man nicht auch seine schwerwiegenden Predigten liest, mit denen er manchmal den Unwillen seiner Zuhörer erregte. Der Theosoph scheute sich nicht, die Gebrechen der Kirche beim Namen zu nennen: «Ich bin ein Arzt, eine Magd, ein Schuldiener, weil die Frau, die Kirche, krank ist[24].» Der scharfsichtige Oetinger litt unter der Krankheit der evangelischen Kirche, er nannte das Fieber den «langgewohnten Mißbrauch der Rechtfertigungslehre»[25]. Die Leute wollen nur hören, daß Jesus mit seinem Tod alles für sie bezahlt habe, daß sie deswegen ohne Sinnesänderung und ohne Heiligung weiterleben können. Dagegen empörte sich das christliche Gewissen Oetingers, und er predigte mit heiligem Zorn die Gebote Gottes. Dröhnende Donnerworte richtete er gegen die frommen Kirchenchristen, die «auf der Hefe der Rechtfertigungslehre liegen bleiben» und jedes Heiligkeitsstreben mit dem verächtlichen Namen «gesetzliche Selbstgerechtigkeit» weit von sich stoßen. Die diesem Ansinnen entsprechenden Geistlichen seiner Zeit verglich er in seinen Predigten nicht ungern mit den Pharisäern der Evangelien. Auch den Gemeinschaftsleuten las Oetinger gelegentlich unverblümt den Text und sah über alle Sekten hinaus, ohne sich an einer zu versündigen. Die geistvollen Predigten führten auch zuweilen Plato und Konfuzius an, was ihm den Übernamen eines «Märleinpredigers» eintrug. Der engstirnige Vorwurf irritierte Oetinger ganz und gar nicht. Hätte die Christenheit doch mehr solcher Märleinprediger, die auf den Kanzeln den Bogen so weit spannen, daß auch die außerchristlichen Religionen zu einer Vorhalle des Göttlichen werden. Um seines universalen Blickes willen kann Oetinger nicht in die Front der landläufigen Frommen eingeordnet werden: «Wenn wir rechten Ernst auf Jesum wenden, werden wir bald erfahren, wie wir gehaßt, verspottet, verhöhnt werden von der Welt, und zwar nicht von der groben Welt der Hurer und Mörder, sondern von der andächtigen, auch gar von der pietistischen Welt; denn diese selbst hassen sich untereinander wegen zerteilter Meinungen[26].» Oetinger hätte nicht dieses Zeugnis voll Geist und Kraft zu verkündigen vermocht, wenn er nicht stets bestrebt gewesen wäre, selbst zu leben, was er andern predigte: «Mein Kampf ist, alle Tage vor Gott stehen; gern tun vor Gott, was ich ungern tue; nicht große Dinge begehren, aber was Gottes würdig ist, nicht verachten[27].»

Während seiner pfarramtlichen Tätigkeit in Walddorf hat sich Oetinger auch mit Studien über die Chemie abgegeben. Ein bekanntes Gemälde zeigt ihn vor einem Bücherschrank stehend, umgeben von Phiolen und einem Globus. Oetinger war zu sehr ein Mensch der Zentralerkenntnis, um sich bloßen persönlichen Liebhabereien auszuliefern. Chemie und Theologie sind nach seinem Geständnis ein und nicht zwei Dinge, und Chemie ohne Betrachtung der Werke Gottes wertete er als bloße «Küchenarbeit»[28]. Zu den chemischen Experimenten brauchte es damals einen gewissen Mut, da sie der goldmachenden Absichten wegen in Verruf geraten waren. Von diesen Tendenzen distanzierte sich Oetinger bewußt: «Ich suche Einfalt in allem. Einfalt in der Wahrheit, Wahrheit in der Einfalt, Geduld in der Wahrheit, Standhaftigkeit in der Geduld. Alle diese Gesichtspunkte haben mich auf den Stein der Weisen geführt. Gott ist mein Gold. Er wohnt in mir und ich schmecke seine ewige Güte[29].» Wenn Oetinger mit Melissenblättern experimentierte, so wollte er das Geheimnis des Lebensprozesses belauschen. Ein letzter Abglanz einer vergeistigten Alchemie liegt auf dem Antlitz Oetingers. «Die Retorten, mit denen er hantiert, sind ihm nur andere Abendmahlskelche. Hier wie dort geschehen göttliche Wandlungen[30].» Einzig gegen die Vergrößerungsgläser hegte Oetinger eine sonderbare Abneigung; sie widersprachen seinem Bedürfnis, vor dem Geheimnis in Ehrfurcht stillezustehen.

Am weitesten aber entfernte sich Oetinger von den landesüblichen Gepflogenheiten durch seine Beziehung zu den Toten. Nach dem schwäbischen Prälaten ist die Luft voller Geister, und entsprechend dieser Überzeugung hat er höchst merkwürdige Dinge erlebt. Es geschah, daß er zuweilen leeren Kirchenstühlen predigen mußte, doch machte ihn Rektor Schill darauf aufmerksam, daß kein Wort auf die Erde falle, denn es gebe in der Kirche genug unsichtbare Zuhörer. Ob der originelle Geisterseher Oetinger gelegentlich um Mitternacht aufgestanden ist und furchtlos auf dem Friedhof den Abgeschiedenen gepredigt hat, kann nicht mehr mit Bestimmtheit ausgemacht werden. Tatsache aber ist, daß man noch lange eine Eiche zeigte, auf der er sich für diesen Zweck ein Känzelchen errichtet hatte. Darüber mitleidig zu lächeln, wäre verständnislos, denn Oetinger stand in Kontakt mit der Geisterwelt; er wußte um den geheimnisvollen «Chor der Toten», von dem später C.F. Meyer sang, und für ihn gab es eine Verbundenheit zwischen den Lebenden und den Toten, ohne daß er deswegen in den Sumpf spiritistischer Geisterbeschwörungen abgeglitten wäre. Er predigte auch seiner Gemeinde, daß die Menschen von ihren in die Ewigkeit mitgenommenen Neigungen heftig gequält werden und in diesem Zustand die Zukunft des Gerichtes erwarten. Im übrigen stand Oetinger mit dieser Einsicht nicht allein, da die Gabe, mit den Entschlafenen umzugehen, auch dem vorbildlichen Christen Friedrich Oberlin gegeben war, der in einer überrationalen Verbindung mit seiner verstorbenen Frau stand. Man wird dem elsässischen Pfarrer nicht gerecht, wenn man nur seine soziale Leistung hervorhebt und seine mystische Einstellung übergeht. Beide gehören zusammen und machen erst die wahre Größe Oberlins aus. Wie er hat auch Oetinger das Gebet für die Toten nicht verworfen. Der mystisch empfindende Christ bleibt mit den Verstorbenen viel tiefer verbunden, als es der Skeptiker begreifen kann. Die Geisterwelt ist nicht verschlossen, und auch die evangelische Christenheit sollte, belehrt durch

Oetinger und Oberlin, der inneren Nähe der Entschlafenen ihre Aufmerksamkeit schenken.

Es ist ganz klar: Oetingers ungewöhnliche Auffassung von der Pfarrtätigkeit rief bei seinen Gemeindegliedern verschiedene Reaktionen hervor. Sie fiel allzu stark aus dem spießigen Schema heraus, das sich die Menschen von einem Seelsorger gemacht hatten und das sie nicht gerne preisgaben, um nicht in ihrer Bequemlichkeit gestört zu werden. Es war nicht jedermanns Sache, sich einen mit Retorten hantierenden und zu Mitternachtszeiten predigenden Pfarrer vorzustellen. Oetinger begegnete mannigfachem Unverständnis, Argwohn und Ablehnung, unter denen er zuweilen nicht wenig zu leiden hatte. Deswegen aber von einer ersten und gar zweiten Tragödie seines Lebens zu reden, ist verfehlt[31]. Mißverstandenwerden gehört nun einmal zum christlichen Dasein, es läßt sich nie ganz vermeiden. Der Unverstand der Massen hat den kontemplativen Oetinger in seiner seligen Schau nicht allzusehr gestört. Wenn die Leute auch den hintergründigen Oetinger zuweilen mit einer fast scheuen Angst betrachteten, so hat das schwäbische Volk ihn doch wiederum tief verehrt, weil es seine geistige Kraft und seine gesegnete Wirksamkeit gespürt hat. Nur daraus lassen sich die mannigfachen köstlichen Anekdoten erklären, die man in der württembergischen Landschaft schon zu seinen Lebzeiten von ihm erzählte und die sich nach seinem Tode zu wahren Legenden verdichteten. Der in Gott aufgeschwungene Oetinger strömte eine magische Kraft aus, das spürten all die Menschen, die ihm näherstanden. Für Oetinger hieß denn auch beten soviel wie mit Gott wirken. Er sprach im Gebet mit Gott wie eine alttestamentliche Gestalt, er wußte genau: jetzt bin ich noch nicht erhöht worden und muß weiter mit dem Allmächtigen ringen, bis er plötzlich die Gewißheit empfing: nun ist die Sache in Ordnung. Selbst die Tiere spürten Oetingers besondere Kräfte. Wilde Pferde, die nicht einmal eine Besattelung duldeten, trugen Oetinger auf langen Ritten durch die Gegend. Ehmann hat alle diese Überlieferungen gesammelt, die sich zu einem eindrucksvollen Bild runden. Es wäre uneinsichtig, sie als bloße ausschmückende Phantasien des Volkes auf die Seite zu schieben. Durch eine solche literarische Bewertung wird die Legendenkraft in der Christenheit zersetzt. Es kommt doch darauf an, von wem die Legenden erzählen. Sie wachsen und erblühen immer nur aus Persönlichkeiten, die von einer außerordentlichen religiösen Kraft umgeben sind und im Gedächtnis des Volkes als Wundertäter weiterleben. Zu ihnen gehörte der «Magus des Südens», er hat mit mystischem Blick in die Richtung des evangelischen Heiligen geschaut.

Sowohl Ablehnung als Anerkennung hinderten Oetinger nicht daran, während seines Pfarramtes ein bedeutsames schriftstellerisches Werk zu schaffen, das der Form nach nicht leicht zugänglich ist. Er tauchte fleißig den Gänsekiel in das Tintenfaß und schrieb jene Schriften, um derentwillen man sich heute noch mit dem schwäbischen Prälaten beschäftigt. Bei Oetinger brach mit Gewalt wieder das denkerische Element in die Mystik ein. Es gehört auch unbedingt zu ihr, denn sonst bestünde die Gefahr, daß das mystische Anliegen der Gefühlssphäre gleichgesetzt würde.

Oetinger hat sich seit seiner Jugendzeit mit der Philosophie beschäftigt. Er hat nicht nur ein wenig an ihrem Becher genippt, er hat eifrig nach der Perle gesucht, denn die Auseinandersetzung mit der Philosophie entsprach seinem Lebensbedürfnis. Nach ihm können die Christen in unserer Zeit der Philosophie nicht entbehren, wenn sie nicht ein Ghettoschicksal erleiden wollen. Freimütig erklärte Oetinger: «Ich verwerfe keine Philosophie: sie ist ein eigenes, großes Metier, sie dient, die Wunder-Szene, die Gott in dieser Welt durch Widerspiele regiert, auszuwickeln[32].» Bei Oetinger gab es keine Spaltung zwischen dem Gott Abrahams, Isaaks, Jakobs und dem Gott der Philosophen, wie sie Pascal in seinem berühmten Memorial in gegensätzlicher Weise formuliert hatte. Für Oetinger war der Gott Jesu Christi auch der Gott der Philosophen, und so muß es auch sein, will man nicht zu einer doppelten Wahrheit gelangen. Der schwäbische Prälat befand sich in einem beständigen Gespräch mit der Philosophie. Er hat sich auch hierin nie hinter dem Bettvorhang verkrochen, hat sich stets mutig den Problemen seines Jahrhunderts gestellt, wie es einem zu Gott aufgeschwungenen Manne entspricht. Die Mystik darf sich nicht auf eine sturmsichere Festung zurückziehen wollen, um sich daselbst ungestört ihres Lebens zu freuen. Das käme einer Selbsttäuschung gleich, und Oetinger hat eine solche Illusion nicht geteilt. Wenn auch nach ihm wir Menschen «nicht den tausendsten Teil in einer einigen Sache dieser Erde verstehen»[33], so hat er deswegen mit seinem Denken nicht vorzeitig kapituliert. Er war ein leidenschaftlicher Denker, es war ihm ein Bedürfnis, über seine religiöse Einstellung Auskunft zu geben und den gedanklichen Auseinandersetzungen nicht auszuweichen. In jungen Jahren war er Leibnizens Philosophie zugetan, die damals in Deutschland stark beachtet wurde; erst später und nach vielen Kämpfen hat er sich von ihr gelöst. Gegen die Wolffsche Philosophie hat er eingewendet: «Wie man durchs Gesetz dem Gesetz sterben muß, so muß man ja auch durch Vernunft der Vernunft absterben[34].» Statt der Leibnizschen Philosophie nahm Oetinger die Grundbegriffe der Newtonschen Philosophie an, die durch ihre Physik die Vernunft demütigt und Gott substantialiter in jedem Atom gegenwärtig sieht. Nie hat sich Oetinger in die Sackgasse eines Widerstreites zwischen christlichem Glauben und Philosophie verrannt, dies um so weniger, als nach seinem Dafürhalten auch der Heiligen Schrift eine Philosophie zugrunde liegt. Er hat auch den Rückgriff auf die Philosophie der Alten getan, was in jener Zeit wiederum eine bemerkenswerte Leistung war. «Das ist der Brunnen, aus welchem Plato seine höchste Erleuchtung geschöpft hat. Wir sind gegenüber Plato ganz klein[35].» Auch bei Oetinger leuchtet, wie bei Hamann, das große Ziel einer christlichen Philosophie auf, ein wahrhaft ernstes Anliegen eines jeden denkenden religiösen Menschen.

Die Hauptleistung auf philosophischem Gebiet ist Oetingers Argumentation gegen den Idealismus. Dabei darf man nicht an den deutschen Idealismus denken, der zu jener Zeit noch gar nicht auf dem Plan war. Der Idealismus schien ihm auf eine Entleerung hinauszulaufen. Die Abstraktion, die mit dem idealistischen Denken verbunden ist, lehnte Oetinger ab. Er ist einer der ersten Gegner des Idealismus innerhalb der Theologie, er nannte ihn «einen pferdescheuen Schrecken vor dem Materialismus»[36]. Das idealistische System ist eine einseitige Auffassung und enthält nur einen Teil der Wahrheit. Natürlich war Oetinger alles andere als ein Materialist, und mit dem dialektischen Materialismus des Marxismus hätte er erst recht nichts anfangen können. Aber er wagte es bereits, das berechtigte Wahrheitselement des Materialismus mit großem Freimut anzuerkennen, wie es später Lange in seiner «Geschichte des Materialismus» getan hat. Oetingers Denken blieb nie bei einer Negation stehen. Die Verneinung war ihm immer nur Vorstufe für eine neue Position. Nach Oetingers tiefsinniger Erkenntnis dürfen Idealismus und Materialismus nicht auseinandergerissen und in einen absoluten Gegensatz gerückt werden, weil erst beide miteinander die ganze Wahrheit ausmachen. Sie gehören zusammen, wie Gott auch Licht und Finsternis zugleich hervorgebracht hat, so daß keines ohne das andere modifiziert werden kann. Mit der Betonung des polaren Denkens hat Oetinger bedeutsame Einsichten der romantischen Naturphilosophie vorweggenommen.

Oetingers Auseinandersetzung mit der Philosophie bleibt unverständlich, betrachtet man sie losgelöst von seiner denkerischen Bemühung um die Heilige Schrift. Das Bibelstudium stand ohnehin im Mittelpunkt der evangelischen Christenheit. Das Buch der Bücher war Oetinger von Jugend an nahegebracht worden; die Lektüre war ihm keine saure Pflicht, im Gegenteil, er sann eifrig über sie nach, er kannte kein Ausruhen, denn das neue Element, das hinzukam, die Zentralerkenntnis, verwandelte das alte, ehrwürdige Buch in ein neues, geradezu erregendes Werk. Alles Suchen und Forschen war bei Oetinger dem einen Ziel unterstellt, dem er dienen wollte, und das war das innere tiefere Eindringen in die Bibel, deren Redeweise so auffällig abstìcht von den Redeweisen aller anderen Bücher. Die Bemühung um die Heilige Schrift stand beim reifen Oetinger im Vordergrund, von ihr bekam er die Einsicht: «Immer einerlei unter verschiedenen Abwechslungen sagen, ist der apostolischen Weise gemäß[37].» Der besonnene Oetinger stand nicht in einem gelehrten, philologischen Verhältnis zur Bibel, da man mit Maikäfervorstellungen nicht den Schriftsinn erschöpft, wie er sich einmal humoristisch ausdrückte. Die Bibel war ihm das Leben selbst, sie hatte es mit seiner persönlichen Existenz zu tun, und die toten Buchstaben wurden zum lebendigen Geist. Bei seiner Exegese diente ihm das Wort «Sehet die Lilien an» als Leitfaden; er wollte also sich die Dinge genau anschauen, wollte auf eine tätige, lebendige Weise Kenntnis nehmen von ihnen und nicht blind an ihnen vorbeistürmen. Er brauchte das ewige Buch, um sich selbst, die Welt und das Leben besser zu verstehen. Darum meditierte er über sie, bohrte sich geradezu in sie hinein und scheute keine Mühe, tiefer und tiefer in ihr Urgebirge einzudringen. Bengel war ihm hierin Vorbild, Lehrer und väterlich-majestätischer Freund. Aber Oetingers Bibelbemühung unterscheidet sich doch von Bengels apokalyptischer Schriftdeutung durch einen ganz andern Akzent. Sie war genialer und weniger biblizistisch, wenn auch die beiden württembergischen Väter durchaus nahe zusammengehören. Ein ungewöhnlicher Wurf war Oetingers «Biblisches Wörterbuch», das man noch in der Gegenwart mit größtem Gewinn zur Hand nimmt. Es ist kein bloßes Nachschlagewerk, sondern ein wirklich pneumatischer Versuch, die biblischen Grundbegriffe neu zu deuten und sich ihrer von innen her zu bemächtigen. Wer zur Bibel ein lebendiges und kein gewohnheitsmäßiges Verhältnis bekommen will, der vertraue sich Oetinger an, denn nach ihm geht die Offenbarung auch nach Abschluß der Kanonsbildung des Neuen Testamentes weiter.

Oetinger lag eine Schriftphilosophie am Herzen, und deswegen lehnte er all jene Bestrebungen ab, aus der Bibel ein Spruchkästlein zu machen. Die Heilige Schrift ist ein Ganzes, ist deshalb nur aus dem Geist der Ganzheit verständlich, das war Oetingers These, die er all jenen zurief, die die Bibel in lauter Verslein auflösten und damit ihren atmenden Leib in tausend Teile zerstückten. Schon der Titel seines Buches, «Etwas Ganzes vom Evangelium», umreißt programmatisch sein Anliegen, nach welchem die Schrift eine einzige, alle Stimmen umfassende Symphonie ist. Vielleicht ist Oetinger hierin zu weit gegangen und hat den Unterschied der einzelnen biblischen Schriften zu wenig gesehen, den hernach die wissenschaftliche Forschung betonte. Zwar wußte er, «Gott redet in Jesaja ganz anders als in Mose»[38]. Der Individualcharakter der biblischen Bücher hebt jedoch Oetingers Erkenntnis von der Ganzheit der Heiligen Schrift nicht auf. Er war hierin durchaus auf einer richtigen Spur. Die einzelnen Bibelworte wie Rosinen aus einem Kuchen herauszuklauben, entspricht Kinderart, denn die biblische Botschaft will aus dem Ganzen heraus verstanden sein, und das Ganze ist in jedem Teil enthalten. Wie könnte es auch beim Göttlichen anders sein? Die Ganzheitsschau ergibt einen viel sinnvolleren Blick in das biblische Geschehen und entspricht vor allem ihrem inneren Gehalt, der das Stückwerkwissen intuitiv überwunden hat.

Mit der Ganzheitserkenntnis verband sich bei Oetinger die Einsicht vom organischen Charakter der Bibel. Das Aufklärungszeitalter neigte seit Descartes zur mechanistischen Betrachtungsweise des Lebens, die sich in zunehmendem Maße durchsetzte. Oetinger lehnte sich gegen sie mit Vehemenz auf: «Die heutigen Begriffe sehen viel den Uhrwerken und Maschinen gleich, und wenn man die Welt ansieht, so kommt sie uns vor, als ein Uhrwerk; darum werden auch unsere Begriffe also. Aber die Erleuchtung aus göttlicher Offenbarung lehrt uns etwas mehreres, nämlich wie unzählig viel Freiheit, Contingenz, Sympathie in die Ferne, Transformabilität, da der Wind bläset, wo er will, aus der unsichtbaren Welt in die sichtbare komme[39].» Was Oetinger das Maschinendenken nannte, verbannte er aus seinem Schriftstudium und setzte ihm den Begriff des Organischen entgegen. Das Organische im Gegensatz zur mechanistischen Denkweise spielte bei Oetinger eine gewichtige Rolle, wenn er es auch nicht wie in unserer Zeit der Philosoph Hans Driesch zu einer «Philosophie des Organischen» ausbaute. Die Bibel ist kein Mechanismus, sie ist auch nicht künstlich zusammengestellt worden, vielmehr bilden Altes und Neues Testament zusammen einen Organismus, jeder Teil ist innerlich mit dem Ganzen verbunden. Alles Göttliche wächst und blüht stetig, ohne den geringsten Lärm zu machen. Das Organische zeugt vom göttlichen Leben, und deswegen sprach Oetinger auch gerne von der «Circular»-Bewegung, die durch den Umlauf das Eigenste vom Zentrum ausstrahlt. Um dieser organischen Sicht willen liebte Oetinger den Jakobusbrief, besonders das nach dem Grundtext überlieferte Wort vom «Rad der Natur», das auf ein abgründiges Geheimnis hinweist. Der Apostel Jakobus spricht aus den tiefsten Ursprüngen heraus, er hat Himmel, Hölle und Erde als die Anfänge der Natur gesehen. Sie stehen hoch über unserm Begreifen, doch ist die Frage, ob man das Leben mechanisch, einem Uhrwerk gleich, verstehe oder organisch, wie es sich im Wachstum der Pflanze vollzieht, von fundamentaler Bedeutung. Durch das organische Denken ist Oetinger zu der Auffassung vom Parallelismus von Natur und Gnade gekommen, die in einem geheimen Rapport der Ähnlichkeit und Unähnlichkeit stehen, eine Überzeugung, die er seine Religion nennt[40].

Mit all diesen Bemühungen war Oetinger auf dem Weg zu einem ehrfürchtigen und unbefangenen Verständnis des heiligen Buches, das wieder die darin enthaltenen Kräfte freilegte. Es ist sowohl der kritischen Bibelarbeit überlegen, die oft in einem Trümmerfeld endigt, als auch dem traditionellen Biblizismus, der nur mit andern Worten die Aussagen der Heiligen Schrift wiederholt. Dank der aufgeschlossenen Zentralerkenntnis nahm er in der Bibel viel Sinnbildliches wahr, das durch wesentliche Figuren erklärt werden müsse; allerdings hütete er sich auch wiederum davor, alles symbolisch aufzufassen. Er ist vor dem Mythischen in der Bibel nicht zurückgewichen, hat aber auch zu keiner sinnbildlichen Erklärung Zuflucht genommen, wo die geschichtliche ausreichte. Aus dem bloß äußerlichen Autoritätsglauben an die Heilige Schrift war er wieder zur Seele der Bibel vorgedrungen, mit der er sich in ein ununterbrochenes Gespräch eingelassen hat. Das Hohe, Erstaunliche und Unbegreifliche der biblischen Worte führte Oetinger auf die Fährte der Erschließung der Heiligen Schrift von innen; er bemühte sich, in ihre geheimsten Schatzkammern zu dringen und hat als einer der ersten evangelischen Christen die Kosmologie des Paulus wieder geahnt. Der württembergische Prälat hat die innere Ordnung der Bibel erlauscht und ist zum Walten der Urkräfte vorgestoßen.

Die Auseinandersetzung mit der Philosophie und das vertiefte Eindringen in den inneren Reichtum der Bibel ergeben zusammen Oetingers Theosophie. Sie ist die «ungeheure Riesenidee», die der «ins Ganze schauende Biograph» überblicken muß, von der Schubart sprach und die eine der schönsten Früchte am Baume der evangelischen Mystik darstellt. Bei Böhme war die Theosophie aufgebrochen, Gichtel hat sie aufgenommen, und dann versickerte sie für längere Zeit, bis sie in Oetingers Werk wieder an die Oberfläche kam und nun wie ein Rosenstrauch zur Maienzeit blühte. Er gebrauchte zuweilen den Begriff «heilige Philosophie», eine dem durchschnittlichen evangelischen Theologen höchst befremdliche Formulierung, zumal schon die Meinung geäußert wurde, daß jede Religionsphilosophie eine antichristliche Konzeption darstelle. Der Begriff «philosophia sacra» bedeutet Oetinger eine feierlich vorgetragene Lobpreisung der Theosophie, ein wiedergeborenes Wissen, ein innerlich bebendes Begreifen der Welt aus Gott! Für Oetinger war die Theosophie eine heilige Angelegenheit; er sah in ihr die Überwindung des oft feindseligen Verhältnisses zwischen Philosophie und Theologie. Die heilige Theosophie hat allen Rationalismus endgültig hinter sich gebracht, sie entfaltet Oetingers Mystik am tiefsten, nicht etwa als abstrakte Theorie, sondern als urreligiöse Schau, als unmittelbare Verbindung Gottes mit der Welt; was nur der vom Transzendenten ergriffene Mensch begreifen kann.

Der abgeklärte Oetinger liebte es, die heilige Theosophie an Hand der Salomonischen Schriften aufzurollen. Sie haben ihm den inneren Frieden vermittelt, sie führen den Menschen zur allgegenwärtigen Weisheit, vorausgesetzt, man versteht sie nicht als hausbackene Sittenlehre, zumal «die Sprüche Salomons und Jesu Gnade in eins kommen müssen»[41]. Salomons Weisheit hat Oetinger den sensus communis entnommen, wie er den Wahrheitssinn und das Urempfinden für Recht und Unrecht nennt. Die Weisheit ruft mit lauter Stimme auf der Gasse und vor den Türen, am Wege, an den Toren der Stadt, überall, sogar auf den Universitäten. Jedenfalls hat der äußerlich bieder aussehende Pfarrer diese rufende Weisheit so deutlich gehört, daß er ihren Klang nicht mehr aus den Ohren brachte. Der sensus communis wurde für ihn zum Einmaleins des Herzens, zum Nährboden, worin die göttlichen Kräfte durch das göttliche Wort gepflanzt werden. Er ist ein Fühlungswerkzeug – das Fühlen ist dem Menschen angeboren im Unterschied zur Erkenntnis –, er gesellt das Herz zu den Verstandeskräften, mit Oetingers Worten ausgedrückt, er «ist das Verborgene des Menschen, ein stilles Gefühl»[42]. Gott hat wunderbarerweise die verborgene Ewigkeit dem Menschen direkt ins Herz gegeben, deshalb sprachen Oetinger und Pascal von den unausdenklichen Fähigkeiten des Herzens. Das Herz ist eine kleine Welt, Himmel und Erde haben da ihren Eingang und Ausgang, «alle Gänge der sichtbaren und unsichtbaren Welt laufen da zusammen»[43]. Das Ewige im menschlichen Herzen aber ist gefangen, ist zugedeckt von einer Menge Phantasien. Wenn auch der lautere Brunnen der Wahrheit mit Kot zugedeckt ist, lebt doch im Herzen eine unbestechliche Vorempfindung für das Richtige, und das ist der sensus communis, der einer modifizierten Sophienlehre nicht unähnlich ist. Was Oetinger so eindringlich als die rufende Weisheit auf der Gasse rühmte, das ist tatsächlich Wahrheit, unermeßlich tiefe Wahrheit. Die heilige Theosophie stößt mit ihrem inneren Sinn für Gott überall ins mystische Leben vor.

Der oberste Gesichtspunkt von Oetingers Theosophie ist die Idee des Lebens. Das Wort Leben war bei ihm kein biologischer Begriff, und mit dem modernen Vitalismus hat es nichts zu tun. Es ist jenes Leben gemeint, das nach dem johanneischen Prolog das Licht des Menschen ist. Gott ist der Urquell, aus ihm strömt alles Leben, das sich aus heiliger Liebe dem Menschen mitteilen will. Die Schöpfung steht in unablässiger Verbindung mit Gott, sie wird von ihm andauernd mit neuen Kräften durchflutet. Das Anliegen des schwäbischen Prälaten war es, diesem göttlichen Lebensprozeß so nahe wie möglich zu kommen. «Meine Theologie geht aus dem Leben», erklärte er kurz und bündig[44]. Das Leben in seiner unableitbaren und ursprünglichen Erscheinung fesselte ihn. Der Kreis wurde ihm zum Symbol des Lebens, das beides umfaßt: einen Streit und ein Band der Kräfte, Zwiespalt und Versöhnung, Vielheit und Einheit, kurz, es ist Bewegung: durch Gegensätze zur Vereinigung. Diesem Christen des heiligen Lebens war wie dem Baalschem die ganze Natur voller Kräfte. «Das Leben Gottes ist durch Alles; auch das unordentlichste, verfälschte Leben lebt und bewegt sich und ist und bleibt der Wurzel nach in Gott[45].» Wie die großen Mystiker nahm auch Oetinger die Allgegenwart Gottes im Leben aller Dinge wahr. Aus Tieren und Pflanzen erblickte er das göttliche Leben, ja sogar im Stein sah er den Abglanz des Lichtes, das die Welt erschuf. Die ganze Erde überströmt von Gottes Herrlichkeit. Die Theosophie des Lebens verkündet die Nähe Gottes, und diese Unmittelbarkeit Gottes verleiht ihr die starke religiöse Kraft. Wir sind vom Göttlichen umgeben, gehalten und fallen gar nicht aus ihm heraus. Bei aller Intensität, mit der er die Gegenwart Gottes in der Natur erlebte, ist Oetinger nie in den Pantheismus abgeglitten. Er vermengte nicht Gott und die Geschöpfe miteinander, die göttliche Innerweltlichkeit ist nur ein kleiner Teil seiner Überweltlichkeit: «Man muß das Universum nicht so weit außer Gott setzen als die Erde vom Himmel. Das Universum ist ein Gott. Gott ist dessen Zentrum, aber nicht physicum. Er gehört nicht zum Gebiet der Natur, sondern bleibt und wohnt in sich selbst, ob er schon die Natur überall durchdringt[46].» Die Theosophie aus der Idee des Lebens dringt zu einer wesentlichen Schau vor; es ist alles viel tiefer, gotterfüllter erlebt als in der modernen Lebensphilosophie. Am nächsten steht ihr noch Albert Schweitzers philosophische Parole «Ehrfurcht vor dem Leben»; doch ist Oetingers «Theologia ex idea vitae deducta» wesentlich religiöser begründet, und die Ehrfurchtsphilosophie des Urwalddoktors würde durch Oetinger eine ihr nottuende Vertiefung erfahren.

Oetingers Theosophie des Lebens erschloß eine neue Schätzung der Materie. Das materielle Sein wurde in der Christenheit jahrhundertelang als ein tief unter dem Geist stehendes Phänomen geringgeachtet. Die kritische Beurteilung des Idealismus hatte Oetinger jedoch von diesem Irrtum befreit. Die Materie bildet einen notwendigen Bestandteil des Lebens. Oetinger beklagt sich darüber, daß man um der philosophischen Übersinnlichkeit willen das Bildliche und das Sinnliche aus Jesu Worten ausscheiden wolle, während doch das göttliche Wort nie ohne Bilder, und die ganze heilige Offenbarung in sinnliche Begriffe gekleidet sei. Der Kampf des Schwaben richtet sich auch hierin gegen die Aufklärung, die mit der Austilgung aller Sinnlichkeit aus der Schrift nur ins Leere geraten ist. Die Philosophen wollen hierin überklug sein und machen auf diesem Weg Gott zu einer leeren Allegorie, ja, zu einem Nichts. Dieses Vorgehen forderte Oetingers ganzen Zorn heraus, und, überzeugt davon, daß das Leben ein Ganzes ist, welches das Geistige und das Sinnliche umfaßt, brandmarkte er diese verdünnenden Verflüchtigungstendenzen. Leidenschaftlich betonte Oetinger die sinnlichen Vorstellungen der Heiligen Schrift: «Die massiv klingenden Ausdrücke sind das Herrlichste der Schrift: Essen und Trinken mit Christo an seinem Tisch, vom Gewächse des Weinstockes trinken, körperlich, sitzen auf Stühlen, die Nationen wie Töpfe zerschmeißen – das sind den philosophischen Idealisten, denen, die die leiblichen Dinge nur für Scheindinge halten, unsinnige Vorgebungen, wodurch man, wie Semler sagt, seinen Kopf zu aller Vernunft unbrauchbar macht[47].» Die urkräftigen Worte bedeuten keine unstatthafte Verlängerung des Diesseits ins Jenseits. Anstatt sich darüber zu entsetzen, freue man sich an der elementaren, plastischen Kraft dieser religiösen Vorstellungswelt. Das echte Empfinden, das sich darin ausspricht, ist aus einer Urwüchsigkeit sondergleichen hervorgegangen. Nach Oetingers urtümlicher Auffassung ist im Himmel eine ganze Welt enthalten, auf der neuen Erde sind Gärten, Paradies, Früchte, Weinstöcke, Bäume, Kristalle, Ströme, Edelsteine. Über alle Maßen liebte Oetinger die sinnlichen Ausdrücke der Bibel, er empfand sie als das Kräftigste in der Schrift. Körperlichkeit bedeutet dem schwäbischen Prälaten eine hohe Eigenschaft, diese Einsicht hat er dem Neuen Testament entnommen. Oetingers Position bildet hierin den äußersten Gegenpol zu den heutigen Bestrebungen der Entmythologisierung der Bibel, die in blutiger Ironie das Abstrakte mit dem Geist verwechseln und nur den alten Sauerteig des Rationalismus in neuer Drapierung auftischen. Oetinger, ländlich unverdorben wie er war, gelangte dagegen zu einem kraftvollen Realismus. Nicht aller Realismus ist sich gleich. Es gibt einen zynischen Realismus, der wähnt, nur das Gemeine sei das Reale. Das ist ein Irrtum vieler moderner Schriftsteller, die bloß ihr eigenes Ich mit der vermeintlichen Wirklichkeit identifizieren. Doch gibt es auch einen göttlichen Realismus, der allein den naturalistischen Realismus aus dem Felde zu schlagen vermag und der in seiner Urgewalt bei Oetinger aufgebrochen ist.

Aus dieser Einsicht ergibt sich eine bedeutsame Schlußfolgerung: die Rehabilitierung des Leibes! Der Körper wurde als «Bruder Esel» und als «Madensack» in der Christenheit dermaßen verlästert, daß man sich beinahe schämte, mit ihm behaftet zu sein. Die Identifizierung von Leib und Bösem ist jedoch Manichäismus, dessen feines Gift tief in die Christenheit eingedrungen ist. Mit dem Schöpfungsglauben steht diese Auffassung im Widerspruch, da auch Paulus den Leib als einen Tempel des Heiligen Geistes bewertete. Voll Kühnheit behauptete Oetinger, «alles Geistliche ist zugleich auch leiblich». Er wunderte sich am meisten über die Leiblichkeit, mit der die himmlischen Dinge umgeben sind, er war hierin wie Böhme gesinnt. Für die heilige Theosophie war die Leiblichkeit eine Vollkommenheit, nach ihr kann keine Seele ohne Leib sein, und alle biblischen Wahrheiten zeugen von einer großartigen Geistleiblichkeit. Gott selbst hat sich im Fleisch geoffenbart und hat es dadurch endgültig gerechtfertigt und geheiligt. «Leiblichkeit ist das Ende der Werke Gottes»[48], verkündet Oetinger und hat damit eine der herrlichsten Wahrheiten zum Ausdruck gebracht. Gegenüber den bloßen Geisterern hat er damit eine religiös viel wuchtigere Position vertreten. Wer Geist und Leib nur in einen Gegensatz setzt, gelangt nie zur Harmonie, die eine Voraussetzung des inneren Friedens ist. Auch hierin hat der Schwabe ein Anliegen angedeutet, das dem heutigen Menschen überaus wichtig geworden ist, der die vom Schöpfer angeordneten Funktionen des Leibes mit gutem Gewissen zu verrichten wünscht. Es liegt in der Konsequenz von Oetingers Theosophie, daß der Christ nicht mehr auf das Recht der Leiblichkeit verzichten muß, sie erfährt bei ihm ihre tiefste Erfüllung.

In den älteren Jahren wurde Oetinger auf Swedenborg aufmerksam, und es lag in seiner theosophischen Linie, sich mit dem Schweden eingehend zu beschäftigen. Die aufgeschlossene Weise, wie er dem Geisterseher begegnet ist, zeugt wiederum von Oetingers Vorurteilslosigkeit, denn damals wichen die meisten Theologen dem Schweden aus. Von Swedenborgs Buch «Arcana coelestia» war Oetinger ganz ergriffen, und voller Begeisterung rief er aus: «O welch ein Buch ist dies!» Er stellte sich die Aufgabe, die Botschaft des nordischen Sehers in seinem Werk «Die irdische und himmlische Philosophie» seinen Zeitgenossen zugänglich zu machen. Er schrieb das Buch aus einem tiefen Verantwortungsbewußtsein heraus, «vor den Pforten der Ewigkeit in der Persuasion des Todes»[49]. Oetinger hat sich viel ernster mit dem Schweden auseinandergesetzt, als es Kant in seinen «Träumen eines Geistersehers» getan hat, der durch seine rationalistischen Voraussetzungen dem Thema gar nicht gerecht werden konnte und deswegen zur Verspottung seine Zuflucht nehmen mußte[50]. Den Schwaben fesselte zunächst der Gedanke, wie ein Bergmann und berühmter Philosoph dazukommt, himmlische Nachrichten von Gott zu verkündigen. Dabei stand er dem schwedischen Seher nicht unkritisch gegenüber, er hat die eigentümliche Kühle von Swedenborgs Engelsgesprächen gespürt, und nach ihm waren dessen Visionen Träume, denen viel Eigenes beigemischt war, wie dies gewöhnlich bei unaussprechlichen Dingen geschieht. Sie aber einfach als Phantasie zu bezeichnen, dünkte ihn wiederum vorschnell geurteilt. In Swedenborgs Visionen sind Wahrheiten enthalten, dies hat später auch Joseph Görres anerkannt. Bei allem Einsatz für den nordischen Seher war Oetinger sich durchaus klar, daß Swedenborgs System und seine Arbeit nicht übereinstimmten. Swedenborgs Behauptung, die zweite Zukunft Jesu geschehe nicht in Person, sondern im Wort, teilte Oetinger nicht, und nach seinem Dafürhalten verwandelte der Schwede die Stadt Gottes in ein Spiel der Gedanken. Oetinger vermißte den Sinn für die himmlischen Realitäten, und dieser Mangel hat Oetinger zuletzt beinahe zu einem Widersacher des Geistersehers gemacht.

Wie ein erratischer Block im Flachland seiner Zeit liegt Oetingers Theosophie. Sie überragte das Denken seiner kirchlichen Zeitgenossen um Turmeshöhe. Ist es dabei zu verwundern, daß die heilige Theosophie ihnen nicht verständlich war? Man witterte hinter der philosophia sacra eine Beschäftigung mit den geheimen Wissenschaften, man war verwirrt und glaubte, das Böse in seinen vielen Abarten bedränge Oetinger, der dadurch vollends in Verdacht fiel. Wenn die früheren Mystiker Verfolgungen über sich ergehen lassen mußten, wie sollte Oetinger davon unbehelligt bleiben? Nannte man ihn doch zu Lebzeiten in kirchlichen Kreisen «Fanatiker», «Phantast», «verworrener Kopf», «General der Schwärmer», «Narr» usw. Bedauerlich ist es, daß die Kirche Oetinger auf die Seite stellte und sein Anliegen der Theosophie gar nicht ernst genommen hat. Rocholl, Hamberger, Auberle gehören zu den wenigen, die überhaupt darauf eingegangen sind. Die Theosophie war wegen des Unverständnisses der Theologen genötigt, sich außerhalb der Kirche anzusiedeln. Die moderne Anthroposophie zeigt schon in ihrem Namen die Wendung von Gott zum Menschen, die sie vollzogen hat. Dabei besteht das einsichtige Urteil durchaus zu Recht: «Die ganze Anthroposophie und Christengemeinschaft hätte unserer Kirche erspart bleiben können, wenn die christliche Theologie die Kraft und Bereitschaft aufgebracht hätte, in diesen Bahnen Oetingers produktiv weiter vorwärtszuschreiten[51].»

Doch ließ sich Oetinger durch seine Gegner nicht irre machen, er bemerkte nur lächelnd dazu: «Laßt alle Orthodoxen griesgramen!» Das ist ein gutes Wort! Frei von Gehässigkeit rät es, den Tatbestand unübertrefflich wiedergebend, sich nicht daran zu kehren. Oetingers Tätigkeit war auch dem Konsistorium ein Dorn im Auge, es wäre gerne gegen den außerordentlichen Mann vorgegangen, wagte es aber nicht, denn der Prälat genoß ein zu großes Ansehen im ganzen Lande. Immerhin wurde Oetinger mehr als einmal vorgeladen; man machte ihm ernste Vorhaltungen und beschlagnahmte sein Buch über Swedenborg, das die Christenheit nur verwirre. Das Konsistorium brachte ihm kein Vertrauen entgegen und verbot ihm kurzerhand, je wieder ein Wort in- oder außerhalb des Landes drucken zu lassen. Oetinger fühlte sich der Wahrheit verpflichtet; er fand, daß man den Geist nicht dämpfen soll, und demzufolge schenkte er dem Verbot keine Beachtung. Er war nicht der Mann, der sich einschüchtern oder gar von seinem Weg abdrängen ließ. Dazu war er viel zu stark vom mystischen Leben durchdrungen. Der Prälat hat den salbungsvollen Konsistorialräten tapfer erwidert und ist nie einen Fingerbreit zurückgewichen. Oetinger hatte den Mut, die orthodoxe Auffassung des Christentums zu überschreiten, er nahm die Verurteilung, ein Ketzer zu sein, auf sich, ohne je den Gekränkten zu spielen. Die kirchlichen Zeitgenossen haben ihn so wenig erkannt wie die Bauersleute, bei denen er um ein Obdach für die Nacht bat.

Nachdem Oetinger seine Arbeit getan hatte, bekam er im Alter eine schwere Zunge, das Reden wurde ihm mühsam, er sprach kaum mehr und versank schließlich in ein tiefes Schweigen. Man behauptete, er habe seine klare Besinnung verloren. Aber diese Aussage entspricht nicht der Wahrheit. Oetinger ist mit zunehmendem Alter nicht geistig zerfallen, der scharfe Blick blieb ihm bis zuletzt, aber er zog sich immer mehr in ein unergründliches Nicht-mehr-Reden zurück. Von seiner Frau mehrfach befragt, warum er auch so geworden sei, gab er endlich die Antwort: «Ich habe Gott lange genug darum gebeten[52].» Ein Augenzeuge berichtet über die letzte Zeit: «Wer ihm in die Augen gesehen, oder wer ihn beten gehört hat, wird nicht behaupten, daß er kindisch war. Äußerlich schien er erstorben, aber innerlich war er voll Leben. Von der Welt wußte er nichts mehr, auch tat er selten den Mund auf; und niemals kam ein Wort über seine Lippen, das von Dingen des alltäglichen Lebens gehandelt hätte[53].» Die Liebe zu Gott blieb bis zuletzt in seiner Seele lebendig; dagegen war sein faustischer Drang, vieles zu wissen, gänzlich von ihm gewichen. Sein

Geist konzentrierte sich ausschließlich auf das Wesentliche. Das Gespräch mit den Menschen hörte auf, und er redete ununterbrochen mit dem Ewigen. Gibt es etwas Wunderbareres als das geheimnisvolle Eingehen in das Schweigen? Jedenfalls ist es das genaue Gegenteil von jedem hungrigen Lechzen nach Ruhm, das so viele Menschen verzehrt hat. Stärker über das Irdische hinausschreiten kann man nicht, als es Oetinger in seinem Schweigen getan hat, das beinahe noch grandioser ist als seine tiefsinnigen Werke. Man begegnet selten diesem Vorgang des Verstummens, und es wäre vermessen, diese höchste Weisheit zu kommentieren. Nur noch den Kindern lächelte Oetinger jeweilen vom Fenster aus zu, wenn sie auf der Straße spielten; er ging auch zuweilen zu ihnen hinunter, setzte sich auf den Boden und spielte mit ihnen, oder er begleitete sie in den nahen Wald und jauchzte vor Freude, wenn die Kinder über die schönen Blumen und die Erdbeeren jubelten. Der beinahe stumm gewordene Greis hatte den Zustand der höchsten Einfalt erreicht. Am Ende seines Lebens war er wieder «das einfältige Friederlein» geworden, das erneut in eine Ecke hineinstarrte. Sein Wunsch war: «Ich will als ein kleines Kindlein, doch nicht ohne Verständnis der Geheimnisse Gottes und Christi in die seligen Wohnungen eintreten»[54], was denn auch dem Achtzigjährigen erfüllt wurde.

Nach der Bestattung Oetingers in der Kirche blickte sein erwachsener Sohn bis zur Mitternacht vom Fenster des Pfarrhauses in die dunkle Landschaft hinaus. Da «sah er plötzlich die Kirche hell erleuchtet, und ein klares Licht, glänzend wie ein Morgenstern, erhob sich aus der Kirche, bis es, langsam in die Höhe schwebend, endlich am Firmament seinen Augen entschwand»[55]. Was sagt die Begebenheit anderes, als daß Oetinger von einem Engel in die obere Welt geführt wurde, die für ihn zeitlebens eine größere Realität besaß als die ihn umgebenden Dinge.

Über die Bedeutung Oetingers ist sich die evangelische Christenheit immer noch nicht restlos klar geworden. Hegel und namentlich Schelling haben zahlreiche Anregungen von dem «Magus des Südens» aufgenommen, freilich ohne seinen Namen zu nennen[56]. Noch immer besitzt das Urteil Schubarts seine Gültigkeit: «Unter uns ist er jetzt ein Vogel aus der fremden Himmelszone, der sich nach Norden verflogen hat, und weder Luft, Nahrung, noch Gesellschaft für sich findet[57].» Warum der zu den tiefsten und geheimsten Quellen allen Seins hinabgestiegene Mann so selten verstanden wird, ist in seiner einzigartigen Mischung von Einfalt und Tiefsinn begründet. Es gibt viele einfältige Personen, die gar nichts Tiefes an sich haben, und es gibt zahlreiche grübelnde Denker ohne die geringste Einfalt. Oetinger besaß gleichzeitig sowohl die Taubeneinfalt als die Schlangenklugheit in sich; ihre wunderbare Vereinigung ist das eigentliche Mysterium dieses Mannes. Es ist den meisten Menschen völlig fremd, und doch ist mit dieser tiefsinnigen Einfalt der heilige Theosoph dem

Evangelium am nächsten gekommen. Der einfältige Tiefsinn ging der Christenheit frühzeitig verloren, und der schwäbische Prälat gehört zu den wenigen Christen, die sie für ihre Person wieder zurückgewonnen haben.

Unter dem Eindruck der einfachen und doch starken Geistesmächtigkeit schrieb Ph. M. Hahn noch zu Lebzeiten des Theosophen in sein Tagebuch: «Oetinger ist ein Prophet und kein Lehrer[58].» Es geziemt sich, mit dem Wort ‚Prophet' sparsam umzugehen und es nicht auf jeden astrologischen Sprudler anzuwenden. Oetinger aber war in gewisser Hinsicht eine prophetische Erscheinung, er besaß die Fähigkeit, «den Dingen ins Herz zu sehen». Mit seinem sensus communis hat er deutlich gefühlt, was kommen wird: «Es ist Zeit, ungewohnte Dinge zu schreiben, denn es ist nahe an einer Revolution[59].» Noch deutlicher hat er sich in einem Brief geäußert: «Es ist alles in Gärung. Es muß so sein. Die Zornschalen sind nahe. Es wird eine große Zerstörung auf Erden geben[60].» Zwanzig Jahre später brach die Französische Revolution aus und leitete jenes Zeitalter der permanenten Unruhe ein, das bis in die Gegenwart dauert. Seine Weissagung, daß «die Zeit eilt und alle Welt sieht, daß große Dinge, große Revolutionen im Anzug sind»[61], gilt heute noch mehr als zu seiner Zeit. Wer in ihr bestehen will, der muß nach jener Ewigkeit Ausschau halten, in der Oetinger gegründet war. Seine prophetischen Äußerungen sind zwar vereinzelter Art, man darf sie nicht überbetonen, und doch hängen sie mit seiner theosophischen Haltung zusammen, nach der die Welt eilend und wartend der «güldenen Zeit» entgegengeht. Sein ungewöhnliches Lebenswerk rechtfertigt die Charakterisierung, die Richard Rothe dahin zusammenfaßte: «Oetinger steht in seiner Zeit als eine ahnungsreiche, prophetische Erscheinung da, beschienen von den ersten Strahlen der eben erst am Horizont auftauchenden Sonne eines neuen Tages. Er steht noch mitten in Dämmerung und Nebel; aber der feinere Sinn wird bald inne, daß dieses Helldunkel das der Morgendämmerung ist[62].»

MICHAEL HAHN

[1758–1819]

DAS ERLEBNIS DER ZENTRALSCHAU

Von Michael Hahn gibt es ein Gemälde, das ein gewisses Befremden und eine Überraschung zugleich hervorruft. Der ganze Fragenkomplex, was Physiognomik ist, was hinter dieser Kunst steht und was mehr ist als alle Physiognomie, wird dadurch wachgerufen. Das Gemälde zeigt das runde Gesicht eines Menschen von pyknischer Struktur, das Doppelkinn verrät eine Gemütlichkeit, und die weiße Zipfelmütze weist auf einen Müller hin, dem die Beschaulichkeit das Höchste bedeutet. Niemand würde bei der Betrachtung dieses Antlitzes zunächst auf einen Mystiker schließen. Wer sich jedoch länger Hahns Gesichtszüge vergegenwärtigt, dem blicken aus hellen Augen Wärme und Lauterkeit entgegen, wie sie nur ein reines Kindergesicht auszustrahlen vermag. Hahn war wirklich unverdorben, seine Arglosigkeit gleicht einem Widerhall aus dem Paradies. Er war schlicht, trug stets nur einen Leinenkittel und übte trotzdem auf viele Menschen eine unwiderstehliche Anziehungskraft aus. Es steckt viel mehr in Hahn, als man gemeinhin vermutet; die Bezeichnung «ein Original der schwäbischen Geistesgeschichte» erschöpft ihn nicht von entfernt. Diese urwüchsige Gestalt wurzelt in einer Tiefe, die der bloß historischen Betrachtung unzugänglich bleibt. Selbstverständlich hat auch er Anregungen empfangen, aber im wesentlichen wurde er aus übernatürlichen Quellen gespeist. Er ist nicht aus dem Pietismus abzuleiten, der in Württemberg sich als eine überaus befruchtende Bewegung erwiesen hat und dessen Frömmigkeitsgehalt offenbar der gemütstiefen Veranlagung der Schwaben entgegenkam. Hahn ist durch eigene Erlebnisse zu seinen Einsichten geführt worden; er war ein gottunmittelbarer Mensch, dem die mystischen Erkenntnisse auf direktem Weg geschenkt wurden.

Aus Demut war er nie dazu zu bewegen, seine Autobiographie zu schreiben, dafür erzählte er aber in Gesprächen und Briefen öfters von der nicht alltäglichen Führung seines Daseins. Eine alte, anonym erschienene Lebensbeschreibung berichtet Genaues über den Gang seines Lebens. Man tastet nicht im Dunkeln, wenn man Hahns Werdegang schildert, obschon er nicht zu einem dramatischen Kunstwerk moduliert werden kann.

Hahn wurde in einem kleinen, weltabgelegenen Dorf geboren, in welchem die Einwohner noch ein überaus bescheidenes Dasein führten. Ein Hauch dieser Anspruchslosigkeit ist ihm zeitlebens geblieben. Nach dem frühen Tod seiner

Mutter bekam er eine zweite, verständnislose Mutter, von der die alte Lebensbeschreibung taktvoll sagt, «wie diese ihn erzog, wird mit Stillschweigen übergangen». Der Vater war ein begüterter, frommer Mann, war erfüllt vom Bewußtsein der väterlichen Autorität und wollte denn auch den Lebensweg seines Sohnes bestimmen. Die Anschauung vom unbedingten Gehorsam gegenüber der elterlichen Gewalt entsprach der Vorstellungswelt der damaligen Zeit, nicht aber der ungewöhnlichen Veranlagung des Sohnes. Im Leben Hahns kam es deswegen zu einer ergreifenden Vater-Sohn-Tragödie; offensichtlich spielte das dornige Generationenproblem schon zu jener Zeit eine Rolle, wenn es auch durch Hahns mystischen Weg später eine andere Aufhellung erfuhr als in unserer ratlosen Gegenwart.

Anstatt die Schule zu besuchen, mußte der Knabe meistens das Vieh hüten, so daß sein Unterricht äußerst lückenhaft blieb. Er war sich selbst überlassen, machte sich seine eigenen Gedanken und stellte sich beispielsweise vor, alle biblischen Orte befänden sich in unmittelbarer Nähe seines Heimatdorfes. Schließlich steckte der Vater den heranwachsenden Sohn kurzerhand in eine Metzgerlehre, um in Zukunft den Lohn bei der Hausschlachtung einsparen zu können. Man stelle sich den jungen Hahn beim Herausnehmen der Eingeweide der Tiere vor! Mit dem Schuhmacherberuf konnte Böhme die mystische Kontemplation verbinden – mit dem blutigen Metzgerberuf war dies kaum vereinbar. Hahn litt schwer unter seiner Lehrzeit, und nach ihrer Beendigung weigerte er sich entschieden, den Beruf weiter auszuüben. Er kehrte auf das väterliche Bauerngut zurück und half in der Landwirtschaft mit.

Hahn war von wohlgebildeter Gestalt und blühendem Aussehen, er verfügte über eine schöne Singstimme und konnte mit Leichtigkeit eine ganze Gesellschaft unterhalten. Er hatte das Zeug zum Anführer der Dorfjugend, fühlte aber bereits in den Pubertätsjahren ein kräftiges Gotteswirken in sich, das ihn zu Höherem hinzog. «Von meiner zarten Jugend an mußte ich über alles nachdenken. Ein feuriges, oft quälendes Gottsuchen war in mir; denn ich wollte wissen, wie Gott, wo Gott, was Gott und wer Gott sei[1].» Schon im jungen Hahn machte sich ein grüblerisches Element geltend, es drängte ihn, über den Ursprung aller Dinge nachzusinnen. Während einer Karfreitagspredigt kam beim Singen des Liedes «Der am Kreuz ist meine Liebe» eine erste Erweckung über den Siebzehnjährigen. Von diesem Zeitpunkt an konzentrierte sich sein Interesse ausschließlich auf das Religiöse, und er beteiligte sich fortan an keiner dörflichen Lustbarkeit mehr. Ein jahrelanger Bußkampf begann in seiner Seele, schwermütige Gedanken brachten ihn an den Rand der Verzweiflung, und er glaubte zu den Verdammten zu gehören. Jedes Tierlein schien ihm glücklicher zu sein, als er es war. Drei volle Jahre dauerte die innere Finsternis, während der er sich unablässig mit religiösen Fragen abquälte. Namentlich bedrängte ihn das Gottesproblem, vermochte er sich doch Gott nicht anders als in menschenähnlicher Gestalt zu denken, und mit dieser Vorstellung brachte er Gottes Allgegenwart nicht zusammen. Infolgedessen beschlichen ihn Zweifel gegenüber allen Offenbarungswahrheiten, Unsicherheit befiel ihn und versetzte den schwerblütigen jungen Mann in mannigfache Anfechtungen.

Da kam im zwanzigsten Lebensjahr unerwartet die große Wende über Hahn. Eruptiv und elementar brach sie über ihn herein, er konnte sich ihrer nicht erwehren. Während der Sommerszeit häufelte Hahn auf dem Acker die Gerste. Mitten in dieser Feldarbeit wurde dem jungen, stämmig gebauten Bauernburschen, wie einst Gideon im Alten Bund, eine ekstatische Erleuchtung zuteil. Nachdem er sich vom ersten Schreck erholt hatte, eilte er nach Hause, doch das Gesicht dauerte drei Stunden. «In dieser Zeit hätte nicht viel gefehlt, seine Seele wäre aus dem Leibe gefahren; denn er habe geglaubt, die ganze Welt sei lauter Paradies und voll heiligen Geistes. Weil es endlich gar so weit kam, daß es ihn von dem Stuhl, auf dem er saß, aufhob, so bat er den lieben Heiland, er möge ihm diese Gnade ausgedehnter, aber auch anhaltender widerfahren lassen. Nun zog sich das Gesicht wieder zurück und verbarg sich. Nach dieser Begnadung oder göttlichen Erleuchtung fing bei ihm, dem nun ganz in Gott Verliebten und Ersunkenen, freilich ein seligeres Leben an[2].» Bei aller Unbeholfenheit der Ausdrucksweise sind dies doch höchst seltsame Worte. Wem die Welt plötzlich als ein Paradies erscheint, voll heiligen Geistes, der muß von einem ungewöhnlichen Hochgefühl über sich hinausgehoben sein. Dem im Seligkeitsgefühl Entsunkenen widerfuhr sogar eine Levitation, wie sie Theresia von Avila und Josef von Copertino erlebt haben. Auch Hahn wurde vom Stuhl, auf dem er saß, in die Höhe gehoben, ein Zeichen, daß er sichtbar dem Himmel näher kam. Nicht nur einmal geriet Hahn in den Zustand unbegreiflicher Seligkeit. Mehrfach wurde er von wunderbaren Ekstasen heimgesucht, und man tut gut daran, alle Berichte darüber genau zu lesen. «Als die Erleuchtung einige Zeit hernach wieder kam, dauerte es bei sieben Wochen fast ununterbrochen; und so kam es hernach oft wieder. Hieraus ist nun klar, daß ich Gott gefunden hatte und daß meine Fragen beantwortet wurden; denn ich sah in die innerste Geburt und allen Dingen ins Herz und mir war, als wäre auf einmal die Erde zum Himmel geworden und als ob ich die Allenthalbenheit Gottes schaute. Mein Herz war gleich der ausgedehnten Ewigkeit, darinnen sich Gott offenbart[3].» Unerklärlich bleibt es, daß der ehemalige Metzgerbursche ohne alles Zutun ins helle Licht Gottes entrückt wurde. Was dem grüblerisch veranlagten Hahn widerfuhr, war nichts Geringeres als das Erlebnis der Zentralschau. Ohne von Böhme nur ein Wörtchen zu kennen, wurde ihm das gleiche wundersame, mystische Erlebnis zuteil, das den erleuchteten Schuster entrückt hatte. Die Zentralschau ist ein unergründliches Mysterium, das aller rationalen Ausdeutung widersteht. Es war aber die entscheidende Stunde im Dasein Hahns, aus der sich alles weitere ergab, und ohne ihre Beachtung bleibt alles unverständlich. Der Mann mit der weißen Zipfelmütze gehört zu den Visionären des Protestantismus. Fasse dies, wer es fassen kann!

Hahn selbst war sich über die enorme Bedeutung der Zentralschau sofort klar. Allen Dingen ins Herz zu schauen und zu erleben, «als wäre auf einmal die Erde zum Himmel geworden», ist gewiß außerordentlich, und kaum je hat ein Mensch Größeres erfahren. Der junge Schwabe hat fortan von dieser ekstatischen Schau her Gott, Mensch und Welt betrachtet, er ist immer wieder auf das einzigartige Erleben zurückgekommen und hat verschiedentlich versucht, das Ereignis zu schildern: «Nie habe ich den Herrn oder einen seiner Gottesgesandten persönlich gesehen oder gesprochen; auch hatte ich nie ein solches Gesicht oder eine Traumvision oder Offenbarung; sondern was ich erkenne und weiß, ist mir mitgeteilt worden, nicht schlafend, sondern wach, nicht entzückt, sondern im Leibe gegenwärtig, wissend, wo ich gewesen, also bloß zentralisch und von innen heraus erleuchtet, daß gleichsam aus der schwarzdicken, mitternächtigen Wolke meiner verdorbenen Menschennatur von innen zuerst ein elektrisches Feuerlicht zu sehen war, und in demselben eine Geburtsquelle, ein vierfaches Rad, wovon das eine nicht anders erschien, als wenn es aus einem Lebewesen bestände. In diesem wunderbaren Rad erblickte ich das Original der Menschheit, und also die Herrlichkeit des Herrn und noch tiefer die Kräfte der Aktion und Reaktion. Hier erkannte ich also den Ursprung und Anfang aller Kreatur, und aus dem Zentrum, darein mein Geist versetzt war, sah ich die auseinander sich windenden und sich entwickelnden Schöpfungsstufen und Abstufungen aller Welten und Geschöpfsgattungen[4].» Man spürt es den stammelnden Worten an, wie sehr Hahn das Unaussprechliche auszusprechen bemüht ist und es doch nicht ganz kann, weil es unmöglich ist, und er sich dabei sogar in Widersprüche verwickelt. Natürlich war er entzückt, sonst hätte er gar nicht ins Innere der Natur einzudringen vermocht, wo er die göttlichen Kräfte auf- und niedersteigen sah, wie die Dinge auf geheimnisvolle Weise vom Schauplatz dieser Welt abtreten und zum Ewigen zurückkehren. Er besaß den hindurchschauenden Blick, der ihm gestattete, im großen Buch der Natur zu lesen wie in einer Fibel.

Da das Erlebnis der Zentralschau eine so wunderbare, ja unfaßliche Angelegenheit ist, daß sie alles Begreifen übersteigt, dient es zum Verständnis Hahns, wenn man mehrere und nicht nur eine Schilderung dieses ekstatischen Vorganges anführt. Ihn selbst hat sie unablässig beschäftigt, er hat sich darüber auch mehrfach geäußert: «Ich war im Geist – das heißt: ich war oder mein Geist war in seinen Ursprung versetzt, ich war in dem Zentro der Kugel oder des Geburtsrads der Ewigkeit, und konnte der Kreatur ins Herz sehen aus dem Ursprung; ich sah, wie sich ein Leben aus dem andern entwickelt, und blieb in dem einfachen Leben und Wesen der Herrlichkeit im Geist; mein Erkennen war ein Erkanntwerden, denn das was ich erkannte, wurde mir wesentlich mitgeteilt, und ich bin im Geiste eben dasselbe worden, und habe also erkannt, wie daß auf diese Weise alles also werden soll, bis Gott Alles in Allem sein kann und sein wird ... Ich für meinen Teil darf es vor Gott Ihm zum Preis sagen, daß Er auch gegen mich unwürdigen Armen wie überflossen ist in aller Weisheit und Verstand, da Er den heiligen Geist mitteilte, und somit den Verstand in alles sein teures Gottes-Wort schenkte, daß mein Seelen-Aug in einer Wahrheit alle und wieder alle in Eines erblickte; daß ich sagen müßte: Abba, halt doch inne, ich werde sonst überschüttet, und kanns nicht alles nehmen und einfassen! Ein überraschender, stromartiger Erguß deines Gottes-Lichtes ist mir etwas ganz Neues; es bewegt meine ganze Natur! ... ich suchte eigentlich einfältiglich nur Gott in Christo, und fand einen überfließenden Reichtum der Herrlichkeit, von dem mein Seelengut freilich ewig leben wird[5].»

Die Zentralschau war sowohl für Hahns Naturerfassung als namentlich auch für seine Erkenntnisweise von unübersehbarer Tragweite. Er unterschied zweierlei Arten von Erkenntnis, eine mittelbare, die durch das Aufnehmen von Aussagen früherer Christen geschehe, und eine unmittelbare, die durch eine Erleuchtung sich vollziehe. An sich ist die Erleuchtungserkenntnis mannigfachen Täuschungen unterworfen, das wußte auch Hahn, doch hebt dieser Gefahrenherd keineswegs ihre gewaltigen Werte auf. Die unmittelbare Erkenntnis durch Erleuchtung unterscheidet sich von dem gewöhnlichen Erkennen dadurch, daß sie Weisheit und nicht nur Wissen vermittelt. Im Erleuchtungsvorgang findet eine Lebensberührung des Erkennenwollenden mit dem Gegenstand statt, dem in seiner Innigkeit nur der Vergleich mit der ehelichen Verbindung zwischen Mann und Frau entspricht. Durch die Zentralschau vollzieht sich eine Verwandlung des Erkennenden in das Erkannte, wie dies bereits Oetinger betont hatte. Hahns Erleuchtung darf nicht mit den Erscheinungen des Somnambulismus in Zusammenhang gebracht werden. Sie geht auch nicht aus einer üppigen Phantasietätigkeit hervor, vielmehr ist die unmittelbare Erkenntnis mit der Intuition zu vergleichen, obschon sie noch über sie hinausgeht. In der Erleuchtung konzentriert sich der Geist unübertrefflich, alles wird in einem einzigen Brennpunkt gesammelt.

Es war ein beseligendes Erlebnis, das dem zwanzigjährigen Hahn auf freiem Felde widerfuhr. So unendlich es ihn auch beglückte, es enthob ihn nicht mit einem Schlag aller irdischen Schwierigkeiten. Die echten Ekstasen entführen den Menschen nicht in eine imaginäre Welt, die mit der Alltäglichkeit nichts zu tun hat, sondern sie schenken ihm ein vertieftes, bis dahin unbekanntes Daseinsverständnis. Hahn spürte die hohe Verpflichtung, die ihm damit auferlegt wurde, er hatte sich der Erwählung würdig zu zeigen und befliß sich eines noch viel ernsteren Lebenswandels als bisher. Der Erleuchtete lebte fortan in einem kleinen Zimmer im Hause des Vaters ein zurückgezogenes, introvertiertes Leben. Von einer geradezu asketischen Daseinsführung muß man reden, wie man ihr nicht allzuoft innerhalb der evangelischen Christenheit begegnet. Hahn erstrebte zunächst eine bewußte Verleugnung aller Sinnlichkeit. Auch kleidete er sich absichtlich schlecht und trug nur das von seinen Brüdern abgelegte Gewand. Er verschmähte nicht, die für die Schweine bestimmten Kartoffeln zu essen. Zwanzig Jahre lang trank er weder Wein noch Most, weder Tee noch Kaffee, sondern bloß Milch und Wasser. In der erstrebten Abkürzung des Schlafes brachte er es dahin, daß er mit vier Stunden auskam. Über dem Gebet vergaß er alles, war beim Aufstehen aus der Versunkenheit oft ganz erstarrt, so daß ihn die Füße kaum tragen konnten. «Auch scheute er sich nicht, überall eine Kapelle zu machen, darin er Gott im Geiste und in der Wahrheit anbetete. Er fiel auf seine Knie im Stall zwischen den Pferden, auf dem Feld, in der Scheune, Kurz, seine Einfalt scheute keinen Ort, sondern wo und wann er sich angetrieben fühlte zu beten, tat er es»[6], obwohl er sonst bemüht war, allein zu beten, und es nicht ertrug, wenn man seiner vertrauten Unterredung mit Gott zuhörte.

Die stärkste Askese betätigte Hahn in der strengen Bewahrung der Keuschheit. Der junge Mann lehnte eine Verbindung mit einer reichen Erbtochter strikte ab, obwohl sie eine tiefe Neigung zu ihm gefaßt hatte und jahrelang auf den hübschen Burschen wartete. Hahn verheiratete sich nie, ohne aus der Ehelosigkeit ein Gesetz zu machen. In aller Enthaltsamkeit von der Ehe wußte er, daß auch ein Mensch im Ehestand die wahre Unschuld bewahren kann. Er hat die Ehe nicht verworfen, wie hätte er dies auch tun können, ohne gegen die Schöpfungsordnung zu verstoßen. Nicht ein einziges unzartes Wort gegen die Ehe findet sich bei ihm, er hat vielen Menschen zum Ehestand geraten und den mäßigen Ehestandsgebrauch für gefordert betrachtet. Aber das Problem hatte für ihn auch einen theosophischen Aspekt: die himmlische Jungfrau Sophia ist die wahre Ergänzung des Menschen, und nicht die irdische Eva. Aus diesem Grunde blieb er, wie Gichtel, ehelos. Es ist unrichtig, ihn deswegen einen homo frigidus zu schelten. Die Enthaltsamkeit auf geschlechtlichem Gebiete hat ihre Berechtigung, und Hahn hielt sie für eine gute Vorbedingung zur Erlangung höherer Erkenntnisse. «Jungfrauerde» ist nach ihm die Wohnung für den Geist! Jesu Wort von den Verschnittenen um des Himmelreichs willen, über das so viele Christen gedankenlos hinweggehen, hat Hahn immer wieder beschäftigt.

Das Erlebnis der Zentralschau war unstreitig stark und von nachhaltendem Eindruck auf ihn. Die sich daraus ergebende Lebensführung war nicht weniger imposant, er fühlte sich fortan bei der Hand genommen und beschritt nun unbeirrt den Weg der Heiligkeit. Wo immer das Christentum nicht zur bloßen theologischen Diskussion mißbraucht, sondern als eine existentielle Angelegenheit ernst genommen wird, nähert sich der Mensch der hagiologischen Sphäre. Man kann das Leben Hahns nicht verfolgen, ohne nicht gelegentlich an Katharina von Siena oder an den Pfarrer von Ars erinnert zu werden; es mutet manchmal wie eine mittelalterliche Heiligenbiographie an. Historiker haben denn schon geseufzt, er «streife in einzelnen Punkten, etwa in der Art der mittelalterlichen Mystiker, geradezu ans Mönchische»[7]. Die Äußerung war im bedauernden Sinn gemeint, tiefer gesehen jedoch ist sie ein unfreiwilliges Zeugnis für den protestantischen Heiligen, der in Hahn verborgen war, das Wort im Sinne der realen Gottnähe und nicht der moralischen Tugendhaftigkeit verstanden. Der schwäbische Bauernsohn gehört, von der Welt aus betrachtet, zu den christlichen Narren. In völliger Herzensdemut achtete er seine Mitmenschen stets höher als sich selbst und pries überraschenderweise wieder den Geist der Armut: «Die Armen, welche Gott lieben, seien am glücklichsten, wenn sie auch nicht wissen, wo sie den Kreuzer zum Nachtessen auftreiben sollen[8].» Diese Einsichten verbieten es, in der Zentralschau eine bloße Chimäre zu sehen. Sie führt den Menschen zur Heiligkeit und damit über sich selbst hinaus in das unergründliche Geheimnis Gottes.

Hahns Leben wurde durch höhere Kräfte geformt, sie gaben ihm das Bewußtsein, einen Auftrag erhalten zu haben, den er zu erfüllen entschlossen war. Er hatte seinen Mitmenschen eine Mitteilung zu machen, die ihm eine Gotteskraft und nicht eine bloße Lehre bedeutete. Sie war ihm selbst auf eine intuitive Weise geschenkt worden, doch hatte ihn das Sendungsbewußtsein weder zur Überheblichkeit verführt noch seine Herzensdemut verdorben. Hahn lehnte es stets ab, als Prophet angestaunt zu werden. Es drängte ihn aber zur öffentlichen Wirksamkeit, er trat aus der Zurückgezogenheit heraus und nahm an Erbauungsstunden teil. Die pneumatischen Worte Hahns beeindruckten die Leute tief, sie strömten scharenweise in die Versammlungen, wenn schon Hahn nichts unternahm, sie oder gar seinen Namen bekanntzumachen. In den Zusammenkünften sprach er mit schlichten, echten Worten von dem, was er erlebt hatte und wie sich ihm das Verständnis der Bibel erschloß.

Es wäre abwegig zu glauben, daß sein Leben nun in voller Harmonie verlaufen wäre. Sein heiligmäßiger Lebenswandel und sein öffentliches Auftreten reizten zum Widerspruch. Zunächst spitzte sich im eigenen Hause das Vater-Sohn-Verhältnis dramatisch zu. Es war ein ungleicher Kampf. Alle äußere Macht war auf der Seite des Vaters, während der Sohn die Ohnmacht des Evangeliums vertrat, die im Unterliegen siegt. Dem Vater war das eingezogene Wesen des Sohnes ein Vorwurf; dessen sonderlinghaftes Benehmen schien ihm das ganze Haus der Lächerlichkeit preiszugeben. Er nahm am eigenwilligen Wesen des Sohnes schweren Anstoß, und sein Sinnen und Trachten ging darauf aus, den Willen Michaels zu brechen. Er tat dies auf höchst unvornehme Weise, indem er sich nicht schämte, den eigenen Sohn körperlich zu züchtigen. Immer wieder kam es zu schweren Zusammenstößen, in deren Verlauf er seinen Sohn schlug. Was aber tat der Sohn? Aus Gehorsamsgründen ertrug er zunächst die unwürdige Behandlung, er sah darin ein ihm von Gott auferlegtes Leiden. Als der Vater dem Zwanzigjährigen wieder einmal so stark zusetzte, daß die Nachbarn siebzig Schläge zählten und das Opfer den Hals nicht mehr bewegen konnte, flüchtete Hahn schließlich aus dem elterlichen Hause und suchte Schutz bei seinem Großvater. Michael nahm hierauf eine Stelle als Bauernknecht bei einem wohlhabenden Herrn an, der ihn für den Separatismus gewinnen wollte. Obgleich er das Ansinnen ablehnte, war sein Meister doch sehr für ihn eingenommen und brachte schließlich eine Versöhnung zwischen Vater und Sohn zustande. Nach Hause zurückgekehrt, fand er seine Stiefmutter auf dem Sterbelager. Beide, Vater und Mutter, baten ihn für die unmenschliche Behandlung um Verzeihung, worauf der Sohn erwiderte: «O Vater, es soll euch alles verziehen sein; es hat mir nichts geschadet, sondern mich nur näher zu Gott getrieben[9].» Die dritte Frau heiratete den Vater nur unter der Bedingung, daß er Michael die Freiheit einräume, ungehindert nach seinem inneren Drang Gott zu dienen.

Der häusliche Frieden war damit hergestellt, doch Hahns Leidenszeit war noch nicht zu Ende. Die öffentliche Tätigkeit erregte den Widerwillen der kirchlichen Behörden. Hahn wurde mehrfach von Geistlichen verhört, die ihn der Schwärmerei und der Phantasterei bezichtigten. Auch die weltlichen Behörden zogen ihn zur Rechenschaft, er mußte ihnen über sein Tun Red und Antwort stehen. Es war für ihn unangenehm, immer wieder auf die Amtsstellen zitiert zu werden, wennschon sich die weltlichen Behörden jedesmal davon überzeugten, daß er ein Mann des Friedens war. Die tiefe Frömmigkeit Hahns beeindruckte schließlich auch die Kirchenmänner, er überwand sie innerlich, wie er den Vater überwunden hatte. Konsistorialrat Rieger wurde ihm freundlich gesinnt und gab ihm sogar den Rat, Theologie zu studieren, damit er in den Dienst der Kirche treten könne. Hahn lehnte den Vorschlag ab mit der Begründung, seine Wirksamkeit bleibe dann auf eine Gemeinde beschränkt, während er jetzt vielen Menschen aus verschiedenen Gegenden dienen könne. Obgleich man ihm nichts anhaben konnte, war der Spott, die Verleumdung und die Verfolgung für ihn gar nicht leicht zu ertragen. Mehrfach dachte er daran, sich ganz zurückzuziehen und in aller Verborgenheit ein stilles Leben zu führen.

Die mannigfachen Leiden, die er durch das Verhalten des Vaters und der Behörden zu erdulden hatte, verursachten ihm eine Angst, mit der er immer wieder zu kämpfen hatte. Nach eigenem Geständnis begleitete ihn durch sein ganzes Leben hindurch eine demütigende Angst und Furcht. In einer Biographie über Spener las Hahn einst, daß dem Vater des Pietismus nur drei unruhige Nächte bewußt seien, worauf Hahn, in Nachdenken versunken, bemerkte: «Wegen meines hitzigen Temperamentes weiß ich mich kaum drei ganz ruhiger Nächte in bald achtundfünfzig Jahren zu erinnern[10].» Offensichtlich kannte Hahn das Problem der Angst aus eigener Erfahrung, was bei einem Menschen, der erlebt hat, «als wäre auf einmal die Erde zum Himmel geworden», um so verwunderlicher ist. Hahns Ringen mit der Angst ist weder Schwäche noch Unsicherheit. Wohl heißt es im Neuen Testament, daß die Liebe die Angst austreibe, aber es heißt auch: In der Welt habt ihr Angst, und in Gethsemane fiel der Angstschweiß Jesu wie Blutstropfen auf die Erde. Auch Böhme kannte die Angst, und nicht weniger hat Kierkegaard um sie gewußt. Bei Hahn ist die Angst ein Zeichen dafür, daß er von realen Mächten bedroht war, und sie hat ihn gelehrt, je und je beim göttlichen Wort Zuflucht zu suchen. Der schwäbische Bauernbursche steht dem heutigen Menschen nicht so fern, wie es auf den ersten Blick erscheint; die Angst verbindet sie miteinander, zumal sie in der modernen Zeit unheimliche Dimensionen angenommen hat. Ein Unterschied besteht höchstens darin, daß die Gegenwart die Kräfte nicht kennt, mit denen man gegen die Dämonen ankämpfen muß.

Nachdem alle Anfeindungen zusammengebrochen waren, entwickelte sich Hahns Leben in ruhigen Bahnen. Mehrfach reiste er nun ins Elsaß und nach Zürich, wo er Lavater besuchte. Er hoffte, daß man durch seine Abwesenheit seinen Namen in der Heimat vergesse, was jedoch nicht der Fall war. Heimgekehrt erlernte er Wanduhren anzufertigen und verdiente damit das tägliche Brot. Nach dem Tode seines Vaters siedelte er nach Sindlingen über, wo die Herzogin Franziska ihre schützende Hand über ihn hielt. Er bewohnte dort ein kleines Häuschen, das er mit zwei Gesinnungsgenossen teilte, dem tiefgrübelnden Anton Egeler und dem tatkräftigen Johann Schnaitmann. Bei allem Ernst hatte Hahn einen Sinn für Humor, er war eine anziehende Persönlichkeit; Natürlichkeit und Würde waren bei ihm harmonisch verbunden. Seinem offenen Wesen war jegliche seufzende Andächtelei fremd. Hahns geistlicher Ruf verbreitete sich, und die verschiedensten Leute begannen, ihn in seinem Häuschen aufzusuchen. Die Menschen spürten, daß hier ein Gottesbrünnlein sprudelte, und begehrten aus dieser Quelle zu trinken. Fast täglich kamen Besucher, die er seelsorgerlich betreute. Hahn war in aller Einfachheit ein begnadeter Seelsorger, der seine Nebenmenschen zum voraus als Miterlöste betrachtete. Er hatte den Grundsatz, keinen Menschen von sich weggehen zu lassen, ohne ihm einen Eindruck von Gott und dem Gewissen beigebracht zu haben. Stets behandelte er die Menschen nachsichtig und schonend, nie beschämte oder verurteilte er jemanden. Seiner brüderlichen Liebe wegen faßte beinahe jeder Besucher ein Zutrauen zu ihm. «Wer einmal seinen Umgang genossen hatte, kam wieder und brachte noch andere mit. Personen aus allen Ständen, Hohe und Niedere, Gelehrte und Ungelehrte aus der Nähe und Ferne suchten seinen Umgang, daß sogar aus anderen Ländern, aus Rußland, Preußen, Frankreich und Amerika Leute ihm zuliebe herreisten[11].» Hahn war ein württembergischer Staretz, seine Arbeit wirkte sich wie eine Hütte Gottes unter den Menschen aus.

Viel Zeit widmete Hahn auch der beständig zunehmenden Korrespondenz, die sich weit über die Grenzen des Vaterlandes ausdehnte. Einem allzu eifrigen Verehrer schrieb er einmal: «Du wünschest manchmal eine halbe Stunde mit mir zu reden – und warum mit mir und nicht mit Gott?[12]» In den seelsorgerlichen Briefen traf er den richtigen Ton, nie hätte er sich je über den Briefempfänger gestellt, immer setzte er sich neben den Adressaten auf die gleiche Bank: «Ich gedenke, bedachtsam zu Werke zu gehen, daß ich nichts verderbe; ich weiß, wen ich vor mir habe. Ich habe es nicht vergessen, daß auch ich Ermahnungen nötig habe und daß der, welcher sich fühlt, zärtlich und billig behandelt sein muß, wenn er ermahnt werden soll[13].»

Der kräftig gebaute Hahn hatte stets mit mannigfachen Krankheiten zu kämpfen. Dem noch nicht Fünfzigjährigen bereitete die Brustwassersucht viele Unannehmlichkeiten, sie hinderte ihn auch beim Sprechen in den überfüllten Versammlungen. Nervenfieber und Rheuma untergruben seine Kräfte, so daß er in den letzten Lebensjahren genötigt war, ein immer stilleres Dasein zu führen. Zu Beginn des Jahres 1819 erkrankte Hahn erneut, und nach einem Gebet sagte er zu seinen Hausgenossen: «Jetzt weiß ich gewiß, daß in den nächsten vierzehn Tagen mein Wunsch erfüllt wird[14].» Wie vielen Heiligen war auch ihm die Stunde des Todes vorher geoffenbart worden, worüber er in ein tiefes Nachdenken versank. Innerlich wartend und eilend harrte er seines Abscheidens und legte trotz aller Atemnot doch eine ungewöhnliche Heiterkeit an den Tag, bis er ohne Todeskampf für immer einschlief. Am Bestattungstag brach, eine Viertelstunde bevor der Sarg vor das Haus gestellt wurde, die Sonne durch das Gewölk, und es bildete sich ein schöner Regenbogen, der so lange zu sehen war, bis die Leiche ins Grab gesenkt war und die Trauergemeinde endlich den Friedhof verlassen hatte. Die Teilnehmer deuteten den bunten Regenbogen als ein bestätigendes Gnadenzeichen, das der Himmel über Hahns Leben gesprochen habe.

Von gleicher Bedeutung wie sein heiligmäßiges Leben ist Hahns schriftstellerisches Werk. In ihm lebte ein starker Drang, niederzuschreiben, was er empfand, und er griff auch oft zur Feder. Er war zwar ein Autodidakt, dem jegliche höhere Schulbildung fehlte und der kaum eine Vorstellung von seinen Zeitgenossen Goethe und Schiller, Mozart und Haydn, Schelling und Hegel hatte.

Trotzdem flog der Gänsekiel fleißig über das Papier. Gleich nach dem ersten Erlebnis der Zentralschau schrieb er in seiner Kammer das Geschaute so eifrig nieder, bis ihm die Hand starr wurde – um die Aufzeichnungen dann aus unerklärlichen Gründen wieder zu verbrennen. Wahrscheinlich mußte damals auch Hahn die Erfahrung machen, daß man die ekstatischen Erlebnisse der Seele nicht ohne weiteres mit den gewöhnlichen Worten wiedergeben kann. Sie bedürfen einer Übersetzung in eine Bildersprache, die kaum einmal der alle Seelendämme überflutenden, göttlichen Schau adäquat ist. Später vernichtete Hahn seine Aufzeichnungen nicht mehr; sie umfassen gegen die zwölftausend Druckseiten. Die literarische Form seiner Schriften kann den heutigen Leser nicht befriedigen. Hahn fehlte der Sinn für das Künstlerische, und seine asketische Einstellung hatte ihm den Zugang zu den kulturellen Fragen verbaut. Es wirkte sich nachteilig aus, daß der junge Hahn, statt die Schule zu besuchen, das Vieh hüten mußte. Wie aber die Predigten Christoph Blumhardts trotz des unästhetischen Stiles eine ungewöhnliche Kraft und eine religiöse Tiefe aufweisen, so ist dies auch bei den Schriften Hahns der Fall. Man muß durch die sprachliche Unzulänglichkeit hindurch auf die Intention achten, und dann nimmt man in der allzu breiten Redseligkeit doch den verborgenen Schwung wahr, der von der Größe der Gedanken herrührt.

Hahn schrieb seine Gedanken oft in der Form von Liedern nieder, deren er gar viele verfaßt hat. Dichterisch betrachtet, sind die Verse nicht wertvoll. Trotz seiner Zentralschau war er kein Dichter, dies darf man ruhig sagen, ohne ihm Unrecht zu tun. Einige Lieder fanden sogar in kirchlichen Gesangbüchern Aufnahme. Mit spielerischer Leichtigkeit hat er fromme Reimereien hervorgesprudelt, hat nie an ihnen gefeilt, und infolgedessen sind sie voller Sprachhärten und Flickwörter. Das lyrische Element fehlt diesen seitenlangen Liedern völlig, die alle das gleiche Metrum aufweisen. Wer dichterische Ansprüche erhebt, wird sich an diesen Versen stoßen, und für das moderne Stilempfinden erschweren sie eher den Zugang zu Hahn, anstatt ihn zu erleichtern. Trotzdem wurden sie mit Inbrunst von vielen Menschen gesungen, die mehr auf den Inhalt als auf die Form achteten. Für das Studium von Hahns Ideen sind sie jedoch nicht unwichtig.

Viele seiner Gedanken schrieb Hahn in der Form von Bibelauslegungen und in zahlreichen Briefen nieder. Sie sind leichter zu lesen als die Lieder, wenn auch bei ihnen eine gewisse Weitschweifigkeit und Wiederholung sich störend auswirkt. Über die Mängel seiner Schriftstellerei war Hahn sich selbst klar: «Ich begehre nichts mit Denken zu erzwingen; wie es kommt, so schreibe ich, so schnell ich kann, es taugen deshalb meine Schriften für jetzt nicht Jedermann [15].» Hahns Sprache entbehrt der einleuchtenden Formulierung, er verfügt über keine gewaltige Ausdruckskraft, und ehrlich gesteht er auch: «Ich lalle und stammle noch von den göttlichen Geheimnissen[16].» Der lallende Ton ist manchmal nur zu deutlich zu spüren und setzt die Ungeduld des heutigen Lesers auf eine harte Probe. Und trotzdem darf man Hahns Schriften nicht ungelesen in die Rumpelkammer werfen. Wem es um die Sache zu tun ist, der wird zuletzt unfehlbar von ihrem verborgenen Tiefsinn ergriffen werden. «Was sich mir spiegelhaft zeigt, das suche ich wurzelhaft vom Herrn zu empfangen», schreibt Hahn und fügt hinzu, «was andere partikulär in sich haben, das habe ich ganz»[17], eine Äußerung, die natürlich von seiner Zentralschau her zu interpretieren ist. Nach Hahns Überzeugung meldet sich in seinen oft unbeholfenen Ausführungen ein göttliches Anliegen zu Worte, und dies ist im Ernste nicht zu bestreiten. Doch verlangte er nicht ungeprüfte Annahme, und nie gab er seine persönlichen Meinungen für Offenbarungswahrheiten aus. Blinde Anhänger gefielen ihm nicht, und gedankenlose Nachbeter waren dem originellen Schwaben unerwünscht. Immer wieder betonte er: «Ihr dürft, was ich euch schreibe, nicht als bares Gold nehmen, als ob es ganz bestimmt also sei», er schreibe das nieder, was er in dieser Stunde erkenne und was ihm gegeben werde.

Was Hahn in seinen Schriften aufzeichnete, kann nur mit dem Wort ‚Theosophie' charakterisiert werden. Dem ehemaligen Metzgerlehrling ging es um nichts Geringeres als um eine theosophische Mystik. Deswegen unehrerbietig von einem «bunten Gemisch aus der theosophischen Literatur seiner Zeit» zu reden, ist unangebracht[18]. Hahns Theosophie ist durchaus würdig, nahe an die Seite von Oetinger gestellt zu werden. Das Prinzip von Hahns Theosophie kann mit dem Hebräerbrief wiedergegeben werden: «Durch den Glauben erkennen wir.» Der Glaube wurde zu einem Erkenntnisaxiom erhoben, eine lebendige Glaubenserkenntnis erfüllte ihn, die ausdrücklich nicht beim Buchstaben der Bibel stehenbleiben wollte, sondern sich um den tieferen Sinn der Worte bemühte. Er machte auch von der Analogie Gebrauch, und in der Schriftauslegung bevorzugte er die mystisch-allegorische Methode. Hahn hat seine Theosophie nicht zusammenhängend dargestellt, weil er keinen Sinn für Systematik besaß und «nicht nach Art der Gelehrten schreiben kann, und seine Sache nicht nach der Ordnung, wie es sein sollte, aufeinander folgt ... Ganz und gar nicht will ich mich zerquälen mit Einteilungen in Fächer und Rubriken, denn da müßte die Sache in meiner Gewalt sein, und ich müßte sie heben und halten, und damit nach Belieben schalten und walten können ... Das ist die Weise der Vernunftgelehrten, aber nicht die meine; sondern wie mich der Geist Gottes erinnert an Etwas, das er mir längst gegeben, liebt und lebendig gemacht hat ... so gebe ich es wieder, und so will er's haben und dabei bleibt es mir wohl ... Was also zusammengehört, mag ein Anderer zusammentragen[19].» Nur einmal hat er einen systematischen Versuch unternommen, seine Anschauung in siebzehn Briefen zu entwickeln, die den Titel tragen «System meiner Gedanken». Wie der Versuch zeigt, liegt seinen Ausführungen durchaus eine einheitliche Auffassung zugrunde. Die Einheit tritt in W.F.Strohs Buch über Hahn leuchtend hervor, das nichts anderes unternimmt, als im Steinbruch seiner theosophischen Ideen Ordnung zu schaffen. Stroh war kein Kritiker, sondern ein Lauschender, er ließ Hahn reden und fügte nichts von sich hinzu. Er hat aber den inneren Zusammenhang von Hahns Ausführungen vortrefflich dargestellt, und nur Gottlob Langs Monographie ist ihm hierin ebenbürtig.

Hahns Ausgangspunkt bildet die Offenbarung der Herrlichkeit Gottes, wie sie sich in den Kreaturen spiegelt. Namentlich im Urzustand des Menschen nahm er die geschöpfliche Herrlichkeit wahr, und darüber wußte Hahn viel zu sagen, weil er die menschliche Seele als ein Abbild der göttlichen Herrlichkeit betrachtete. Gott sitzt in der Seele des Menschen auf seinem Thron, verkündet Hahn, wie es denn auch die Mystiker aller Zeiten getan haben. Hahns Lehre ist eine großartige Deutung des ersten Blattes der Bibel, in das sich der Tiefsinn der Theosophen stets mit Vorliebe versenkt hat. Immer wieder war Hahn erneut erstaunt über die Erschaffung des Menschen durch Gott, und über die Paradieseswelt schrieb er die kühnen Worte: «Hätte ich nicht selber sie gesehen, ich wollte nicht davon schreiben[20].» Der Mensch wurde nicht in seiner heutigen, durch eine zerstörte Gottesharmonie gekennzeichneten Art erschaffen. Er war vollkommen, und sowohl die Fortpflanzung als die Ernährung vollzog sich anders als gegenwärtig. In Adam waren die männlichen und weiblichen Kräfte vorhanden, er besaß eine «Doppeltinktur». Er war mit der ewigen Weisheit vermählt, die Hahn die «himmlische herrliche Jungfrau Sophia» nannte und die der Glanz vom göttlichen Licht war. Auch Hahn kannte die sophianische Mystik, wie sie Böhme, Gichtel und Arnold vertraten.

Da der Mensch aber nicht im Zustand der Gottesgemeinschaft verblieb, erlitt er den Verlust der Herrlichkeit. Der Sturz des Menschen war eine Katastrophe, es war der Fall eines Giganten. Er ging des geist-leiblichen Fluidums verlustig und zog sich einen kläglichen Demütigungsleib zu. Der Apfelbiß war nicht der erste Fall Adams, der Mensch sank stufenweise tiefer und tiefer, so daß ihn seither eine sichtliche Trauer durch das Leben begleitet. Die Versuchbarkeit des Menschen hängt mit seiner sinnlichen Natur zusammen, die ihn daran hindert, entsprechend seiner Bestimmung die Kreatur zu Gott emporzuführen. Die erste Stufe seines Niederganges war seine Vergaffung in die Kreatur. Er begehrte eine ihm entsprechende Gehilfin, und mit diesem Wunsch entwich die himmlische Sophia von ihm. Die verkehrte Lust brachte das Bild Gottes in ihm zum Erlöschen, es kam zur Entstehung der tierischen Leiblichkeit, womit nicht eine Verachtung des Körpers verbunden ist, den Hahn vielmehr als einen «lebendigen Altar» pries. Die zweite Stufe des Falles bestand in einem vierzigstündigen Schlaf, in welchem es zur Scheidung von Mann und Frau in Adam kam. Die Trennung des Geschlechtlichen bedeutet jedoch nicht eine Abwertung der Frau. Für Adam war die Erschaffung des Weibes eine Wohltat, er brauchte eine Gehilfin, sollte sein Fall nicht ärger werden. Die dritte Stufe des Sturzes war die Übertretung des Gebotes, wodurch der Mensch den Stand der Unschuld verlor und die Herrschaft der Sünde vollendet wurde. Hahn betrachtete die Sünde als ein physisches Übel, das das Verderben der Natur und den Tod zur Folge hat. Fortan war die seufzende Kreatur durch den über ihr liegenden Fluch gekennzeichnet. Das Ende war die Vertreibung aus dem Paradies, und seither empfindet der Mensch das Leben als eine Qual. Nach Hahn ist ein Leben ohne Lebenslicht kein echtes Leben, sondern ein sich selbst quälendes Feuerrad, das mit allen Gütern der Welt nicht zum Stillstand zu bringen ist.

Hahns Gedanken kreisten jedoch vor allem um die Wiederherstellung der Herrlichkeit, die sich durch das königliche Hohepriestertum Christi nach dem göttlichen Lebensplan vollzieht. Christus steht bei Hahn durchaus im Mittelpunkt seiner Theosophie; er war ein christozentrischer Mystiker, wenn er auch die irdische Gestalt Jesu nicht stark betonte und sogar meinte, er wünsche nicht einmal besonders, den Menschensohn von Angesicht gesehen zu haben. Der «Christus für uns» nützt nichts, wenn nicht der «Christus in uns» Gestalt gewinnt, dessen Heil der Mensch «geburtsmäßig» und nicht durch bloß äußere Zurechnung erleben muß. Die zweite Schöpfung, die durch die Fleischwerdung geschah, wurde durch das Versöhnungsopfer erst möglich. «Darum sind es kurzsichtige Begriffe, wenn man nur das, was Jesus in seiner Person für uns getan, als sein Verdienst betrachtet, und nicht auch das, was er in unserer Person und durch uns tut und macht[21].» Hahns Schau schreibt Christi Versöhnungstat eine Wirkung zu, die dem ganzen Universum zukommt, und diese kosmische Sicht ist das Mächtige daran. Sie ist in einem kleinen Stübchen entstanden, aber es haftet ihr gar nichts Kleinliches an, da sie sich vielmehr zum Größten und Weitesten erhebt.

Die Geistesmitteilung schließt die Wiedergeburt des Menschen in sich, die der Hoffnung auf die Erneuerung des Alls in verklärter Geistleiblichkeit gleichgesetzt werden kann. Es ist der Wille Gottes, alles was unsichtbar und geistlich ist, auch leiblich darzustellen. Hahn war der Ansicht: «Ein erleuchteter Mensch ist auch ein Priester der Natur; er kennt Segen und Fluch, und weiß, wie auch die Natur vom Fluche zu befreien ist[22].» Allerdings unterschied sich Hahns Wiedergeburtslehre von der offiziellen Kirchenlehre des Protestantismus. Er anerkannte die Rechtfertigungslehre durchaus, die bei Luther das erste und das letzte Wort behält. Als evangelischem Christen war sie ihm auch wichtig; aber sie genügte ihm nicht. Gleich den Mystikern des Reformationszeitalters sah er den bedauernswerten Mißbrauch, der mit ihr getrieben worden war. Die Rechtfertigungslehre war in der evangelischen Christenheit zu einem sanften Ruhekissen entartet. Hahn nannte die Christen, die nur Trost in der Bibel suchen, kurzerhand «Bibeldiebe». Es ist nicht richtig, einseitig von dem Versöhnungswerk zu reden und gar nicht auf jene Veränderung hinzuweisen, die wesensnotwendig aus ihr hervorgehen muß. Die Menschen, die stets von der Vergebung und nicht auch von der Befreiung von der Sünde sprechen, bezeichnete Hahn als «Pflasterstreicher». «Träumer sind es, sich einzubilden, Vergebung der Sünden zu haben, ohne in der Lichtgemeinschaft mit Gott durch Christus zu stehen[23].» Dieser Verblendung wollte Hahn steuern; er ergänzte deshalb die Rechtfertigungslehre durch die Heiligung, denn erst durch sie wird der Mensch der göttlichen Natur teilhaftig. Rechtfertigung und Heiligung gehören nach Hahn zusammen, sie lassen sich nicht trennen, und ihre Verbundenheit brachte er in seiner Lebensführung auf eine eindrucksvolle Weise zur Geltung. Die Heiligung verstand er als einen organischen Wachstumsprozeß, den er auch zuweilen mit einem chemischen Läuterungsprozeß verglich. Hahn hielt die Zucht auf dem Weg zur Vollkommenheit für unumgänglich, er betrachtete sie nicht als eine Vernichtung des natürlichen Lebens, zumal er wußte, daß «die sinnlichen Dinge sich nie so empören, als wenn man am meisten dawider streitet»[24]. Die Heiligung verlangt die vollständige Herrschaft des Geistesmenschen über das Naturleben, sie durchleuchtet die Seele bis ins Innerste. Mit dem Heiligkeitsstreben ist Hahn gewiß nicht vom evangelischen Christentum abgefallen, sondern hat nur eine notwendige Korrektur angebracht, die seiner hagiologischen Bemühung entsprach.

Den Abschluß von Hahns Theosophie bilden seine Ausführungen über die letzten Dinge. Er hat sich hierin eine bewußte Zurückhaltung auferlegt: «Voreilig mag ich nicht sein, mit allerlei unzeitigen Deutungen; denn das ist nie die Sache echter Weisheitssöhne gewesen, welche gewohnt sind, eine Sache reif zu überlegen[25].» Die endgeschichtlichen Fragen haben ihn unaufhörlich beschäftigt, und er ist hierin zu kühnen Gedanken gekommen. Gottes Erbarmen auf eine Frist von sechstausend Jahren festzusetzen, erschien ihm eine unstatthafte Einschränkung zu sein. Es gibt nach ihm mehrere Ewigkeiten, von denen die eine der andern Platz macht. Hahn hat sich auch freudig zum Glauben an das Tausendjährige Reich bekannt. Er gehört zu den glühenden Chiliasten der Christenheit; die Erwartung des Reiches war für ihn eine unumstößliche Glaubenshaltung.

In Hahns Eschatologie spielt die Auffassung vom Bösen eine nicht unwesentliche Rolle. Die Finsterniswelt ist ihm nicht unabhängig von Gott; etwas von Gott ist auch im Bösen lebendig, sonst könnte es gar nicht leben. Aber das Böse hat nicht an Gottes Herrlichkeit teil, weil es dessen Feind ist. Es gibt kein selbständiges Böses, es wird von Gott geleitet und muß als Vollstrecker von Gottes Zorn dienen. Hahn kannte wohl einen Zorn Gottes in den Kreaturen, aber keinen Zorn in Gott selbst. Der mit dem Erlebnis der Zentralschau begnadete Mann vertrat nicht eine harmlose Theosophie, er wußte um unheimliche Abgründe, und auch sein Geist vermochte sie nicht zu erklären.

Den Höhepunkt von Hahns Sicht der letzten Dinge erläutern seine Darlegungen über die Wiederbringung aller Dinge[26]. Er konnte sich nicht mit der unbegreiflichen Bereitschaft der Christenheit abfinden, die ohne weiteres gewillt ist, die Hälfte der Menschheit der Hölle zu überlassen! Diese Einstellung verrät in den meisten Fällen eine mit der christlichen Liebe nicht zu vereinbarende seelische Gleichgültigkeit. Dem Seligkeitsegoismus gegenüber argumentierte Hahn: «Bedenken Sie nur, daß Ewigkeit nicht Unendlichkeit heiße, so werden Sie finden, daß man die Wiederbringung aller Dinge sogar mit den Texten beweisen kann, mit welchen man dawider gestritten hat»[27], namentlich wenn man das biblische Wort ‚alle' ernst nimmt. Hahns Endsatz lautet: Gott rettet noch alle. Zuletzt auch den Teufel, wenn es auch bei Satan schwerhalten wird. «Erst dann ist die Seligkeit völlig, wenn die arme Kreatur im Ganzen zusammen mitselig ist im vollkommenen Sinn[28].» Die Gottlosen erleben in der jenseitigen Welt noch ein allmähliches Wachstum. Er berief sich stets auf die Worte der Bibel, die für die Wiederbringung aller Dinge sprechen. Der ehemalige Metzgerbursche wußte auch alle christlichen Lehrer von Origenes über Petersen bis zu Oetinger zu nennen, die für diese Auffassung eingetreten sind. Nach Hahns Dafürhalten kann ein Christ nicht die Liebe Gottes in seinem Herzen empfinden und den Gedanken einer unendlichen Höllenstrafe nur einen Tag ertragen.

Gegen Hahns Wiederbringungslehre wurde schon eingewendet, nur sein subjektives Gefühl fordere die Apokatastasis. Doch ist dies kein ernsthaftes Gegenargument, dieweil das religiöse Gefühl in dieser Frage doch auch ein Wort mitzureden hat. Man möchte angesichts von Hahns Eintreten für die endliche Seligkeit aller Menschen begeistert ausrufen: Endlich, endlich einmal funktionierte das christliche Gefühl in richtiger Weise! Hahn wäre in seiner Seligkeitshoffnung gekränkt gewesen, wenn sein Mitmensch, der eine kurze Zeit gesündigt hat, unendlich gestraft worden wäre. «Ich gestehe, daß ein untröstliches Leidwesen mich Tag und Nacht quälen würde, wenn ich nicht hoffen könnte, daß endlich nach vielen ausgestandenen Gerichten noch allen könnte geholfen werden[29].» Wer an eine Verdammnis ohne Ende glaubt, kann nicht ruhig sein, oder er hat keinen Funken von Gottes Liebe gespürt. Die Wiederbringungshoffnung erfreute Hahn gerade im Hinblick auf seine ungläubigen Mitmenschen, und wieviel christlicher ist diese Freude als die Genugtuung über die Qualen der Verdammten. Die endliche Seligkeit aller Menschen ist keine bloße Sentimentalität; Hahns universale Hoffnung verdient restlose Anerkennung. Natürlich kann die Lehre von der Wiederbringung aller Dinge zum Leichtsinn verführen.

Man darf sie deswegen nach Bengel nicht zu laut verkünden, um nicht aus Gottes Schule zu schwatzen. Hahns Ausführungen hierüber zeugen von einem ergreifenden Ringen, und er hat vieles vorweggenommen, was in unserer Zeit Berdjajew gesagt hat, der sich ebenfalls berufen fühlte, mit allen Kräften für die Befreiung von der Hölle einzutreten.

Im vorliegenden Zusammenhang konnte Hahns System nur notdürftig skizziert werden. Aber die wenigen Andeutungen enthüllen einen Mann, der vom theosophischen Geist ergriffen war. Das Erlebnis der Zentralschau machte sich in ihm erhellend geltend. Selbstverständlich sagte auch Hahn Dinge, bei denen man sich fragt: Woher weiß er das? Wurde ihm das wirklich geoffenbart? Sind dies nicht nur Erzeugnisse seiner Phantasie? Es wäre unkritisch, diese Möglichkeit zum voraus von der Hand zu weisen. Hahn selbst legt dem Leser zuweilen die Aufforderung zur Prüfung nahe: «Unlängst saß ich im Walde neben einer Staude, die ein wenig grünte, und als sie mir ein wenig Ungelegenheit machen wollte, hatte ich im Sinne, sie auszureißen, ich hatte aber Warnung von innen. Ei, dachte ich, hat sie etwa auch Empfindung vom Verderben? Bald war ich vom Ja überzeugt. Schnell drangen, ohne Zwang, meine Gedanken weiter. Hat etwa der Erdkörper auch eine Empfindung, so ihm eine Pflanze entrissen wird? Ja, war es in mir, die Erde hat General- und die Pflanze Spezial-Empfindungen... Es gibt auch Offenbarungen Gottes (verstehe in der Natur), wodurch du schon viele Staffeln höher bis, als vom Stauden bis zum Universum[30].» Diese hellsichtigen Worte Hahns sind der Diskussion unterstellt, aber wie man auch über sie denken mag, sie verraten ein grübelndes Bauerngemüt, das über viele Dinge nachsinnen mußte. Der Drang, die Erscheinungen des Lebens meditierend zu begleiten, ist ein Vorrecht des Menschen, das ihn von der stummen Kreatur unterscheidet. Erfreulicherweise gibt es im Volke immer wieder Männer, die auf eine derart tiefsinnige Art dem Leben und der Welt auf den Grund zu kommen trachten. Dies bewahrt ein Volk vor der Vermassung und trägt zu seiner religiösen Verankerung wesentlich bei.

Unabgeklärt ist noch Hahns Verhältnis zu Böhme. Man kann Hahn nicht lesen, ohne nicht öfters an den schlesischen Theosophen erinnert zu werden. Über seine Beziehung zu Böhme befragt, gab Hahn in einem Brief die Auskunft: «Sie fragten mich ferner, was von Jakob Böhme zu halten sei? Ich sage: recht viel ist von ihm zu halten. Diesen treuen Gottesmann lernte ich, Gott sei Dank, nicht eher kennen, als es für mich gut war. Denn ich sollte vor meiner zentralischen Erleuchtung mit keinem Menschen von der Art bekannt sein, auf daß nichts Verhinderliches von seinem System durch meine Vernunftbegriffe möchte den Geist drein getragen und vermengt werden, weil ich das System meiner Erkenntnis sollte unmittelbar von Gottes Geist haben, wie er, Böhme, das seine. Und ob wir öfters einerlei Worte haben, so haben wir doch nicht einerlei Verstand und Sinn. Oft aber haben wir auch Verschiedenheit in Wörtern und doch einerlei Sinn und Verstand. Das tut aber nichts ... Ich halte diesen Mann hoch und teuer in dem, was er aus der zentralischen Schau geschrieben hat, glaube aber doch lange nicht alles, denn er hat auch vieles nicht aus der Zentralschau, sondern aus Vernunftschlüssen geschrieben, so wie auch ich dergleichen schon getan habe[31].» Hahns Erklärung ist keine Selbsttäuschung. Tatsächlich hat er das Erlebnis der Zentralschau zu einem Zeitpunkt erfahren, da er noch keine Zeile von Böhme kannte. Da beiden Menschen die Schau beschieden war, ergab sich aus dem ähnlichen Erleben eine weitgehende Übereinstimmung. Hahn hat von Böhme auch gelegentlich die Terminologie übernommen: Tinktur, Quintessenz, drei Welten usw.; aber von einer völligen Abhängigkeit darf doch nicht gesprochen werden. Die beiden Männer denken in gewissen Fragen auch wiederum verschieden. Vom Tausendjährigen Reich ist bei Böhme wenig zu finden, der freimütig gesteht: «Ist mir auch nicht genug erkannt, wie es sich damit bewandt sein mag[32].» Im übrigen kannte Hahn nicht nur Böhme. Er hat auch von Arnold, Tersteegen, Oetinger, Ph. M. Hahn mannigfache Anregungen empfangen, die er stets dankbar anerkannte. Er hat alle diese Mystiker gelesen, wenn auch nicht systematisch studiert. Andere Theosophen kannte er kaum. Aufs Ganze gesehen, ist Hahn ein anschauliches Beispiel dafür, daß der Mensch das mystische Leben nicht aus den Büchern erwerben kann. Es wird dem Christen allein von Gott geschenkt, vorausgesetzt, er hungert und dürstet darnach.

Leben und Werk Hahns erwiesen sich als gemeinschaftsbildend. Diese Auswirkung ist um so überraschender, als sie nicht in seiner ursprünglichen Intention lag. Trotzdem muß, wer von Hahn redet, auch die Gemeinschaft erwähnen, die sich um seine Persönlichkeit gruppiert hat.

Nach dem Edikt von 1743 waren Laienpredigten nicht erlaubt. Hahn aber beteiligte sich trotzdem an den Versammlungen. Er hielt sich hierin an einen Ausspruch Bengels, der die Privatversammlungen guthieß, weil doch nicht jeder für sich allein fromm bleiben könne. Der ehrwürdige Bibelforscher verglich das Versammlungsverbot mit dem Verhalten von Leuten, die übers Feld gehen und dem Befehl gehorchen, ja nicht miteinander, sondern einen Büchsenschuß weit entfernt hintereinander herzugehen. Die Aussprache unter Laien zu verbieten, lief, christlich betrachtet, auf eine Leugnung der unmittelbaren Einwirkung des Geistes auf die Ungelehrten hinaus. Die Folge davon ist eine Klerikalisierung des Christentums. Es gibt auch erleuchtete Laien. Vom Gedanken des allgemeinen Priestertums aus kann den Laien das Recht nicht abgesprochen werden, zusammenzukommen und miteinander über die Heilige Schrift zu reden. Nach der evangelischen Freiheit darf sich jeder auf die Weise erbauen, die ihm am meisten entgegenkommt. Es paßt in die württembergische Landschaft, daß Christen in niedrigen Bauernstuben beieinandersitzen und ihre religiösen Gedanken austauschen. «Am alleredelsten dünkén mich die Gemeinden, in denen das Reden an gar Niemand gebunden ist, wo jeder reden kann, der einen Aufschluß bekommt, wo jeder fragen darf und wo alle antworten können, wenn ihnen Licht geschenkt ist[33].» Die Stubenversammlungen gehören zum Schwabenland: Ernstgesinnte, bäurische Gestalten sitzen gebeugt über der Bibel und versuchen das göttliche Wort zu verstehen. In Hahns Versammlungen wurde nicht bloß geschwatzt und unverbindlich geplaudert, aus dem bewegten Suchen gingen auch Früchte hervor. Wo in der evangelischen Christenheit die Bibel wirklich lebendig geworden war, geschah es fast immer auf diesem Weg. Dadurch wurden die Christen zu Bibelchristen, die sich täglich am göttlichen Wort orientierten.

Aus den Versammlungen entstand im Laufe der Zeit die Hahnsche Gemeinschaft, die zunächst eine lose Vereinigung war und auch später bewußt alle Propaganda unterließ. Die Gründung einer Gemeinde nach dem Muster der ersten Christengemeinde hat Hahn lebhaft interessiert, und er war auch zum Vorsteher der Gemeinde Korntal ausersehen, doch dieser Plan wurde durch seinen Tod durchkreuzt. Nach dem Ableben Hahns war die Gemeinschaft gegen ihre ursprüngliche Absicht genötigt, sich eine eigene Verfassung zu geben und bestimmte Formen anzunehmen. Doch vermied sie alles Fanatische und Einseitige, alles Parteimäßige und Sektenhafte, weil Hahn einmal die Äußerung getan hatte: «Soviel gestehe ich ein, daß, wenn ich heute anfinge eine Gemeinde zu bilden, und ich wüßte ihr die beste Verfassung und Einrichtung zu geben, und würde auch die edelsten Menschen meines Bedünkens dazu auswählen, so würde es in kurzer Zeit auch ein kleines Babel sein, und ich würde nur ein kleines Gäßlein im größeren Babel bauen mit besonderen Formen und Zeremonien, und wozu soll ich das?[34]» Hahn wünschte auch nicht, daß sich jemand nach ihm nenne, und er begehrte keine besonderen Einrichtungen zu gründen. Bis zum heutigen Tag bildet die Hahnsche Gemeinschaft auch keine Prediger aus; bei den Zusammenkünften lesen die Teilnehmer einfach die Schriften Hahns oder eine Predigt von Oetinger. Im Laufe der Zeit hat die Hahnsche Gemeinschaft eine Anzahl kraftvoller Menschen hervorgebracht, die das Hahnsche Erbe treu bewahrten.

Die Hahnsche Gemeinschaft steht nicht im Gegensatz zur Kirche. Hahn war sich über die Schäden der Kirche im Zeitalter der Aufklärung klar, zumal der rationalistische Geist dem Mysterium des Christentums fremd gegenüberstand und für das theosophische Anliegen ohnehin kein Verständnis aufbrachte. Er aber betrachtete es nicht als seine Aufgabe, die Schwächen der Kirche ans Tageslicht zu zerren: «Ich finde kein Vergnügen daran, wenn ich die Blößen und Gebrechen meiner Mutterkirche beschreiben sollte. Genug, sie ist Mutter und hat auch noch geistliche Glieder[35].» Mit dieser vornehmen Haltung erwies sich

Hahn als ein Mann des Friedens. Er war kein Kirchenstürmer, und doch befremdete es ihn, daß man in der Kirche immer von Bekehrung predigt, und wenn sich endlich jemand bekehrt, dann ist man schnell bereit, ihn zu verfolgen. Hahn ging nicht oft zur Kirche, aber er hat das Abendmahl nur in der Kirche genommen. Gegenüber der äußerlichen Kirchlichkeit hegte er gewisse Vorbehalte, er forderte seine Zuhörer auf, innerlich aus dem Babel auszugehen. Nach seiner Überzeugung sind in allen Kirchen wahre Glieder des Leibes Christi vorhanden. Sein Wunsch war, innerhalb der evangelischen Kirche zu bleiben, und seine Gemeinschaft hat sich denn auch nie von ihr getrennt. In einem Gespräch bemerkte Hahn: «Ich lasse mich nicht hineinbannen, aber es wäre mir leid, wenn man mich hinausbannen würde[36].»

Mit der Zugehörigkeit zur Kirche verzichtete Hahn jedoch nicht auf jede Kritik. Solange noch etwas in der Christenheit zu verbessern ist, darf auch das Protestieren nicht abgeschafft werden. Als «Milch» für Anfänger bezeichnete er die Bekenntnisschriften des Luthertums, legte aber doch Gewicht darauf, ein Protestant zu sein. Mehrfach hat er sein evangelisches Lebensgefühl nachdrücklich bezeugt: «Alles, was päpstelt, ist nicht echt protestantisch, und es läßt sich auch auf der Welt nichts weniger tun, als über menschliche Gewissen herrschen. Nein, wir haben dies auch nie getan und wollen es auch ferner nicht tun[37].» Das Anliegen der Freiheit, das dem Menschen gestattet, eine Aussage auch kritisch zu prüfen, betrachtete Hahn als einen der großen Vorzüge der evangelischen Christenheit. «Freiheit zu denken, zu glauben und zu reden ist protestantischer Vorteil allein[38].» Um dieser Freiheit willen hielt er es auch für erlaubt, Luthers Standpunkt gelegentlich zu überschreiten. Er fand dies in Ordnung und tat es mit dem besten Gewissen der Welt. «Wir, die wir im Lichte der Reformation fortwandeln und den reinen Protestantismus zu erlangen trachten, werden zwar ausgeschrien, als ob wir nicht bei Luthers Lehre blieben – als ob Luther in dreihundert Jahren um kein Haar weiter vorgerückt sei[39].» Bei Anlaß des Reformationsjubiläums von 1817 ging es Hahn weniger darum, die glorreichen Taten der Vergangenheit zu verherrlichen, als um einen Blick in die Zukunft, in der die Reformation erneuert werden sollte. Der Grundsatz der Glaubens- und Gewissensfreiheit ist in der evangelischen Kirche noch immer nicht konsequent durchgeführt worden, und durch die einseitige Betonung der Amtsgewalt wird wieder eine Herrschgewalt über die Lehre ausgeübt. Hahn scheute sich nicht zu rügen, daß in der Reformation einiges übertrieben und anderes im ersten Eifer zu unbedacht weggeworfen wurde. Mit dieser Einsicht hat er dem echt protestantischen Lebensgefühl Ausdruck gegeben, das nicht aus Luthers Worten wieder eine unantastbare Tradition machen will, sondern in seinem Geiste weiterzuarbeiten bestrebt ist. Hahn lag jede Engherzigkeit ferne, und die Bemühung, innerhalb der Christenheit alle Meinungen gleichzuschalten, hielt er für falsch: «Als ich einmal durch den Wald ging, sah ich allerlei Vögel in verschiedenen Farben. Als ich auf ihren Gesang merkte, hatten sie auch verschiedene Stimmen. Und so betrachtete ich auch das Gewächs der Erde; es war ebenso verschieden in Farbe und Geruch. Wenn aber Sie der Schöpfer gewesen wären, Sie hätten alles einfarbig gemacht, und ein Vogel hätte müssen sein und pfeifen wie der andere[40].»

Die Dialektik zwischen Gemeinschaft und Kirche war nur auf dem mystischen Untergrund möglich, auf dem Hahn stand. Die Konzentration auf das Allerinnerste des Seelengrundes war ihm bedeutsam, weil man nur dort die beständige Nähe Gottes erlebt. Die große Gefahr für den Menschen sah Hahn in der «Auskehr», er verliert sich in einer Vielgeschäftigkeit und findet den Weg nicht mehr zurück. In der Betonung der Einkehr kommt Hahns theosophische Mystik am klarsten zum Vorschein. Sie verleiht auch seiner Gemeinschaft einen mystischen Charakter, über deren Bedeutung für die evangelische Christenheit Paul Otto das Zutreffendste gesagt hat, indem er trotz gewissen Ähnlichkeiten mit dem Pietismus es ablehnte, sie von dorther zu verstehen. «Die tiefste Wurzel liegt anderswo, nämlich im frühchristlichen Ordensgedanken. In ihren Anfängen jedenfalls war sie nicht anders als wiedererneuertes Ordensleben im evangelischen Gewand. Dies nachzuweisen ist nicht schwer; denn alles, was das ursprünglich monastische Leben angestrebt und verwirklicht hat, ist mit ihr nach einem Sprung über Jahrhunderte hinweg auf einen Schlag wieder da, ohne daß ein Mensch hätte erklären können, wie dies zugegangen ist: Der Sinn für heiliges Leben, die Forderung nach persönlicher Heiligkeit, die Übung christlicher Askese, der Gehorsam gegen die Älteren, der Opfergedanke im Sinn des die Ausnahme-Machens usw.[41].» Das ist die allein richtige Kategorie, die auf die Hahnsche Gemeinschaft anzuwenden ist und ihr auch die innere Aktualität in der heutigen Zeit verleiht. Der Ordensgedanke darf nicht zum voraus als katholisch diskreditiert werden. Er hat im Katholizismus nur die reichhaltigste Ausprägung gefunden, hat aber in der gesamten Christenheit eine Funktion auszuüben und gehört zum Nährboden der Mystik. Die Ordensidee besagt zunächst, daß man sich zu einer Ordnung bekennt. Dies ist in der heutigen, chaotischen Zeit, in der wieder ein jeder tut, was ihm gefällt, überaus wichtig, und um dieses neue, mystisch verankerte Ordensverhältnis ringen in der Gegenwart die besten Söhne des Christentums. Es ist dies eine der wenigen Verheißungen der Nachkriegszeit. In der schweren Krisis des Christentums in der modernen Zeit liegt eine der Rettungsmöglichkeiten im Gedanken der Bruderschaften und Ordensgemeinschaften. Die Hahnsche Gemeinschaft als Orden innerhalb des Protestantismus verstanden, ist ein erster Versuch dazu, der in der veränderten Situation der Jetztzeit in anderer Form wieder aufgenommen werden muß.

DIE HERBSTBLÄTTER

NOVALIS

[1772–1801]

DIE WUNDERWELT IST AUFGETAN

I

Mit Novalis ist die evangelische Mystik in den Herbst eingetreten. Die Blütezeit ist längst vorbei, und die Früchte sind geerntet. Doch auch der Herbst hat seine Schönheiten. Die Blätter verfärben sich und leuchten in einer zauberhaften Glut auf. Gerade in Novalis erlangt die heimliche Weisheit eine Farbenintensität, an der man sich nicht sattsehen kann. Wie ein Kerzenlicht vor dem Erlöschen noch einmal strahlend aufflammt, so ist in Novalis' herbstlicher Landschaft eines der herrlichsten Kapitel in der Geschichte der Mystik aufgebrochen.

Über Novalis' Persönlichkeit haben sich einige Schilderungen erhalten. Sein Vorgesetzter Just beschreibt ihn mit den Worten: «Seine Gestalt war lang, gut gebaut, hager; sein Auge verriet Geist, sein Mund Freundlichkeit. Sein Äußeres war einfach und schlicht, aller Putz war ihm widernatürlich. Er lebte, wie er selbst sagte, gerne im Lande der Sinne, nicht in dem der Sinnlichkeit; denn sein innerer Sinn war der Führer des Äußern. Und so schuf er sich in der sichtbaren Welt eine unsichtbare. Dies war das Land seiner Sehnsucht. Dahin ist er heimgekehrt, früh vollendet[1].» Eine aufschlußreiche Charakterisierung floß aus der Feder Henrik Steffens, der ebenfalls versuchte, seinen Eindruck festzuhalten: «Aber vor allem lag in seinen tiefen Augen eine ätherische Glut. Er war ganz Dichter. Das ganze Dasein löste sich für ihn in eine tiefe Mythe auf. Gestalten waren ihm beweglich wie die Worte, und die sinnliche Wirklichkeit blickte aus der mythischen Welt, in welcher er lebte, bald dunkler, bald klarer hervor. Man kann ihn nicht einen Mystiker im gewöhnlichen Sinn nennen, denn diese suchen hinter der Sinnlichkeit, von welcher sie sich gefangen fühlen, ein tieferes Geheimnis, in welchem ihre Freiheit und geistige Wirklichkeit verborgen liegt. Ihm war diese geheime Stätte die ursprüngliche Heimat; von dieser aus blickte er in die sinnliche Welt und ihre Verhältnisse hinein[2].» Beide Urteile deuten das eigentümliche Wesen Novalis' an, das der Umgebung sofort auffiel. Die Andersartigkeit des Dichters spiegelte sich besonders in seinem Antlitz wider, von dem das Fluidum höherer Welten ausging. Schlegel faßte es in die Worte zusammen: «Sein Gesicht ist länger geworden und windet sich gleichsam aus dem Lager des Irdischen empor wie die Braut aus Korinth; dabei hat er ganz die Augen eines Geistersehers, die farblos geradeaus leuchten[3].»

Der einzigartige Eindruck, von dem alle seine Freunde sprachen, ist offenbar nicht leicht in Worte zu kleiden. Das Ungewöhnliche schimmert auch durch das Bildnis hindurch, das ein fast kindliches Antlitz zeigt. Völlig unmöglich ist es indessen, dieses Haupt mit den langen Haaren und dem offenen, lauteren Blick je wieder zu vergessen. Die Äußerungen der Bekannten stimmen mit dem seltsamen Gemälde überein, und aus beiden Aussagen sind zwei Hinweise zu entnehmen, die näher an das Geheimnis dieses Dichters heranführen.

Die Charakterisierungsversuche seiner Persönlichkeit haben übereinstimmend hervorgehoben: «So war er doch fröhlich wie ein Kind[4].» Nach ihrer aller Urteil schaute er mit dem frischen, erstaunten und fragenden Blick der Kinder in die Welt hinein. Diese Wahrnehmung nähert sich der Erkenntnis, zu der sich Novalis selbst bekannte: «Gotteskinder, göttliche Keime sind wir. Einst werden wir sein, was unser Vater ist[5].» Novalis hatte in seltenem Maße den echten Kindersinn in sich bewahrt; er besaß das unverdorbene Zutrauen eines Kindes, das noch nicht vom Baume der Erkenntnis gegessen hatte. Der Dichter gehörte dem Kinderland an; kindlich berührte er den Saum der himmlischen Mächte und flehte sie an, ihn zu ihrem Kinde zu machen. Kinder sind nach Novalis noch ein Bestandteil der unentdeckten Erde, was für niemand mehr gilt als für ihn selbst. «Fein kindlich, das ist das Beste», war seine Direktive. Novalis erweckte oft den Eindruck, nicht ein erwachsener Mensch zu sein, und tatsächlich hatte er nur wenig mit der Welt der Erwachsenen zu tun, in der so viel Hinterlist, Schlauheit und Verderbnis herrscht. Er ist entsprechend Jesu Aufforderung wieder ein Kind geworden und gehört zu den wenigen Kindern der Weltgeschichte, die schon in diesem Leben im Reiche Gottes wohnen. Zeit seines Lebens war ihm die Unschuld eines Kindes eigen; und was er über Wollust, Sünde usw. gesagt hat, das ist ungeachtet aller Tiefsinnigkeit doch aus einer großen Arglosigkeit heraus gesprochen. Novalis war eine absolut reine Gestalt, so rein, wie nur ein Kind sein kann, dem nicht der geringste Schmutz der Welt anhaftet, und das ist das Überwältigende an seiner unfaßlichen Erscheinung. Das evangeliumsgemäße Kindsein wiegt viel, und ihm gegenüber hat es wenig zu bedeuten, daß Novalis gelegentlich Dinge äußerte, über die der mit dem dogmatischen Ellenstab messende Mensch zuweilen unwillig wird[6]. Der Ellenstab der Dogmatik muß angesichts dieser außerordentlichen Persönlichkeit ohnehin schnell in die Schublade gelegt werden, wenn man nicht zu denen gehören will, die Augen haben und doch nicht sehen. Novalis war ein Kind, er war das große Kind des Himmels, das dem aus der Gottesgemeinschaft herausgefallenen Menschen des Aufklärungszeitalters einige Worte zu sagen hatte, die ihm bitter not taten.

Nach einer Äußerung Ludwig Tiecks «kam der Umriß und der Ausdruck von Novalis' Gesicht sehr dem Evangelisten Johannes nahe, wie wir ihn auf der herrlichen großen Tafel von Dürer sehen, die München aufbewahrt[7].» Tieck hat eine zweite Einsicht ausgesprochen, die der Eigenart Novalis' nahekommt. Novalis war eine Johannes-Figur; er ist, sinnbildlich verstanden, wie der Lieblingsjünger an des Herrn Brust gelegen. Die Vorstellungswelt Novalis' lebt aus dem vierten Evangelium, dessen tiefsinnige Gnosis ganz der Mystik verpflichtet ist. Das Wort ‚Gnosis' ist christlichen Ursprungs und wird im Evangelium selbst öfters verwendet. Das Johannes-Evangelium ist aus einer nicht mehr zu überbietenden Christus-Verherrlichung heraus entstanden, aber auf einem überirdischen Hintergrund, der mit allen Worten nur notdürftig angedeutet werden kann. Seltsame Metamorphosen finden in der johanneischen Welt statt, Wasser wird in Wein verwandelt, und Christus schreitet durch geschlossene Türen hindurch. Die Reden des Herrn sind die unergründlichsten Monologe der Weltgeschichte, die wie eine Sonne um sich selbst kreisen. Begreiflicherweise sprach die Wissenschaft von dem «phantastischen Grundcharakter des Buches», das sich ihren Begriffen gegenüber als unzugänglich erwies. ‚Phantastisch' ist selbstverständlich unrichtig, denn es ist eine Wirklichkeit im Johannes-Evangelium geschildert, eine metaphysische Realität mit ganz andern Dimensionen. Einer verwandten und zum Verwechseln ähnlichen Atmosphäre begegnet man bei Novalis. Sowohl im Johannes-Evangelium als auch bei Novalis wird man mächtig in den Bann gezogen, man kommt von ihrem Fluidum nicht mehr los und kann es doch nicht mit irgendwelchen Worten endgültig wiedergeben. Von Zeit zu Zeit gab es aber immer wieder Menschen, die imstande waren, das überwirkliche Sein der Christus-Realität glaubhaft heraufzubeschwören. Johannes gehörte zu ihnen und Novalis ebenfalls. Er mutet wie der wiedergekommene Johannes an; kein Wunder, daß es Leute gab, die vom «heiligen Novalis» sprachen.

Sein tiefstes Wesen erfaßt man freilich erst dann, wenn man die beiden Eindrücke von Kind und Johannes zusammenfassend in eine Wesensbestimmung verschmilzt, wie er das in seinen nachgelassenen Notizen zu den «Lehrlingen zu Sais» selbst getan hat: «Das Kind und sein Johannes[8].» Dadurch werden nicht zwei Begriffe vermengt, die nichts miteinander zu tun haben, sondern zwei aufeinander bezogene Welten ins richtige Verhältnis zueinander gesetzt. Gebraucht doch Johannes in seinen Briefen die Anrede «meine Kindlein», und die johanneische Welt hat es offensichtlich mit den wiedergeborenen Kindern zu tun. Das Kind, das wahre, unvergleichliche Kind, mit diesem Wort ist natürlich im tiefsten Sinne das Christuskind in Bethlehems Stall gemeint, und Novalis ist sein Johannes, der davon kündet und darauf hinweist. Durch die Verbindung von Kind und Johannes wurde Friedrich von Hardenberg erst zum Novalis, das will auf deutsch besagen zum Erneuerer, dessen Weissagung auf das Zukünftige ein nicht auszulesendes Fragment blieb. Novalis war durch die

«Spitzbogen der reinen Vernunft» hindurchgeschritten, er besaß jenes Leben, dessen Geheimnis darin besteht, daß es nicht begriffen werden kann. Er gehört zu den religiösen Dichtern, deren Tätigkeit «ein Priesterdienst ist, fast wie der vestalische. Wir sind mit nichts als mit der Erhaltung einer heiligen und geheimnisvollen Flamme beschäftigt[9].» Über die Richtung seines Lebensweges hat Novalis selbst keinen Zweifel gelassen: «Wir träumen von Reisen durch das Weltall: ist denn das Weltall nicht in uns? Die Tiefen unseres Geistes kennen wir nicht. Nach innen geht der geheimnisvolle Weg. In uns oder nirgends ist die Ewigkeit mit ihren Welten, die Vergangenheit und Zukunft[10].» Mit der berühmten Formulierung vom geheimnisvollen Weg nach innen ist Novalis wieder in das Reich des Mystikers eingedrungen. Darin und in nichts anderem besteht das mystische Anliegen. Der Johannes des ewigen Kindes hat es nur in neuzeitlicher Sprache verkündet, in einer Terminologie, die den Zeitgenossen neuartig und doch verständlich war: «Wo gehen wir denn hin? Immer nach Hause[11].»

Mit der johanneischen Bestimmung ist Novalis wieder bei der magischen Lebensauffassung angelangt, die im tiefsten Gegensatz zu dem rationalistischen Weltverständnis steht. Was Novalis mit der Bezeichnung «magische Weltanschauung» verbindet, ist nichts anderes als der Sinn für das Wunder. Für ihn war das Dasein wieder ein einziges Wunder, das er mit den weitgeöffneten Kinderaugen anschaute, ähnlich wie es der Maler Caspar David Friedrich getan hat. Novalis' Verständnis für das Magische und für das Wunderbare offenbarte sich die Welt wieder als das unerklärliche Wunder. «Wir müssen Magier zu werden suchen, um recht moralisch sein zu können[12].» Die weiße Magie beschäftigte des Jünglings Herz, er hatte nichts zu tun mit der schwarzen Magie, den dunklen, selbstzerstörenden Gewalten, denn er gehörte dem hellen Reich des Lichtes an. Der Dichter zählt zu jenen Magiern, die nach dem Matthäus-Evangelium das neugeborene Kind in der Krippe aufsuchten, um ihm zu huldigen. Auch Novalis hat den Stern gesehen und hat sich aufgemacht, das Kind im Stalle zu Bethlehem anzubeten. Dieser christliche Magier meinte: «Ehemals war alles Geistererscheinung. Jetzt sehen wir nichts als tote Wiederholung, die wir nicht verstehen. Die Bedeutung der Hieroglyphe fehlt. Wir leben noch von der Frucht besserer Zeiten[13].» Solche und ähnliche Äußerungen finden sich in Novalis' Ausführungen auf Schritt und Tritt: «Es liegt nur an der Schwäche unserer Organe und der Selbstberührung, daß wir uns nicht in einer Feenwelt erblicken. Alle Märchen sind nur Träume von jener heimatlichen Welt, die überall und nirgends ist[14].» Letztere Formulierung ist fragwürdig, denn sie zollt der geistreichen Umgebung Tribut, in der Novalis zuweilen lebte. Die heimatliche Welt ist nicht «nirgends», sondern durchaus in uns, wie der Dichter dies mehrfach gesagt hat. Wohl seufzt der johanneische Jüngling: «Die Zeit ist nicht mehr, wo der Geist Gottes verständlich war. Der Sinn der Welt ist verlorengegangen. Wir sind beim Buchstaben stehengeblieben. Wir haben das Erscheinende über der Erscheinung verloren[15].»

Doch gilt die schmerzliche Klage für seine Zeitgenossen und nicht für ihn. Um die Bedeutung Novalis' in ihrer Tiefe zu erfassen, sei an jene ergreifende Erzählung Kafkas erinnert, die von einem Manne handelt, der den Türhüter «um Eintritt in das Gesetz bittet», der ihm bis zu seinem Ende nicht gewährt wird[16]. In Kafkas Gleichnis ist die tragische Lebenssituation des neuzeitlichen Menschen qualvoll dargestellt. Durch sein verblendetes Verhalten hat der moderne Mensch den Zugang zum Göttlichen verloren. Bei Novalis dagegen hat sich die Wunderwelt plötzlich wieder aufgetan – das ist das Unvergleichliche, das Strahlende und Frohlockende dieses Mannes. Das Leben dieses durchgehend symbolisch zu verstehenden Mystikers bestand darin, daß sich ihm die Türen des Schlosses wieder geöffnet hatten. «Novalis strebt nicht, er ist, er besitzt[17].» Von dieser Einsicht hängt das ganze tiefere Verständnis dieses Johannes und seines Kindes ab. Es geht um ein Sein, das Göttliche ist da und ist nicht bloße Sehnsucht. Durch die Gegenwart des Ewigen wurde er aus seiner Zeit herausgehoben und verwandelt in jenen Boten, der den neuzeitlichen Menschen das Wort vom wiederzugewinnenden Paradiese sagte. Dem sich davon selbst ausschließenden Menschen kündet Novalis die Zeit an, in der sich die verschlossenen Pforten wieder auftun werden:

Wenn nicht mehr Zahlen und Figuren
Sind Schlüssel aller Kreaturen,
Wenn die, so singen oder küssen,
Mehr als die Tiefgelehrten wissen,
Wenn sich die Welt ins freie Leben
Und in die Welt wird zurückbegeben,
Wenn dann sich wieder Licht und Schatten
Zu echter Klarheit werden gatten
Und man in Märchen und Gedichten
Erkennt die wahren Weltgeschichten,
Dann fliegt vor *einem* geheimen Wort
Das ganze verkehrte Wesen fort.[18]

II

Novalis, als Magier und vierter der drei Könige auf dem Wege nach Bethlehem, besaß den geöffneten Blick. Er sah, was andere Menschen nicht sahen. Woher hatte er diesen seltsamen Blick, der Dinge wahrnahm, die dem Bewußtsein der übrigen Menschheit längstens entschwunden sind?

Das ungewöhnliche Charisma verdankt er dem entscheidenden Erlebnis seines Daseins: der Beziehung zu Sophie von Kühn. Novalis selbst mahnt zu zarter Verhaltenheit, darüber zu sprechen: «Scham ist wohl ein Gefühl der Profanation. Freundschaft, Liebe und Pietät sollten geheimnisvoll behandelt werden. Man sollte nur in seltenen, vertrauten Momenten davon reden, sich stillschweigend darüber einverstehen. Vieles ist zu zart, um gedacht, noch mehreres, um besprochen zu werden[19].» Aber das Erlebnis war zu tiefgreifend, um schonend übergangen zu werden. Es enthält den Schlüssel zu Novalis' Wunderwelt.

In einer Dienstangelegenheit ritt Novalis einst von Tennstedt nach dem zwei Stunden entfernt gelegenen Schloß Grüningen, dessen gelbes Mauerwerk er schon von weitem durch das Blättergrün hindurchschimmern sah. Das zwölfjährige Mädchen Sophie wohnte dort; Novalis sah es, und im selben Augenblick war auch sein Schicksal entschieden. Was er über die «kirschroten Lippen» und die «brandrabenschwarzen Augen» des Kindes sagte, ist unwichtig, es bleibt am Äußern hängen und deutet nicht den inneren Eindruck an, der ihn zunächst zum Verstummen brachte. Novalis ritt fortan öfters zu der blutjungen Sophie hinüber, und ein halbes Jahr später fand, trotz dem Widerstand seiner Eltern, die Verlobung statt. Er war damals dreiundzwanzig und seine Braut dreizehn Jahre alt. Mit andern Worten: Sophie war noch ein Kind, das aber für Novalis, der selbst dem Kinderland angehörte, die seelisch entsprechende Partnerin war.

Wer war denn dieses junge Mädchen, das den Dichter so stark zu fesseln und zu beeinflussen wußte? Dies weiß man leider nicht, lautet die einzig ehrliche Antwort, die es darauf gibt. Sophie von Kühn ist und bleibt ein Geheimnis. Sie besaß ein Wesen, das weit über ihre Kindlichkeit hinausging. Alle Menschen, die ihr begegnet sind, waren von ihr sofort eingenommen. Novalis' Vater und auch Schlegel standen überwältigt vor der jungen Braut. Nach Tieck kann keine Beschreibung die himmlische Anmut des graziösen Wesens schildern. Sogar Goethe prägte nach einem Besuch bei ihr das Wort von der «Majestät des Kindes». Ein ungebräuchlicher Ausdruck, denn ein Kind ist doch sonst alles andere als majestätisch. Und doch muß Sophie trotz ihrer Jugendlichkeit diesen erhabenen Eindruck erweckt haben, sonst hätte Goethe nicht diese Bezeichnung angewendet. Sie erklärt aber das Wesen des holden Mädchens nicht, das zuweilen, wie viele Kinder, unbewußt Worte sprach, von deren Tragweite es keine Ahnung hatte. Selbst Novalis gelang es nicht, seine Eindrücke und Beobachtungen über Sophie in Worte zu fassen. Seine Ausführungen sind widerspruchsvoll, ein Beweis, daß sich ihr Wesen allen Begriffen entzog. Offenbar gehört der geheimnisvolle Schleier zu ihrer Gestalt.

Es ist auch wahrscheinlich gar nicht bedeutsam, wer Sophie war. Entscheidend war vielmehr die Wirkung, die sie in Novalis' Innerm auslöste. Es war nicht eine der üblichen Liebeständeleien des Rokokozeitalters, die dem flatterhaften Sinn des Jünglings nicht ganz unbekannt geblieben waren. Das Erlebnis reichte in tiefere Schichten hinab. Durch Sophie war die Liebe in sein Dasein eingetreten, wie sie einst durch Julia in Romeos Leben eingebrochen war, und das innige, tiefe Erleben pflügte sein ganzes Sein um. Selbstverständlich war es auch das süße Gefühl für ein knospendes Mädchentum, das Novalis' Herz freudiger schlagen ließ. Aber es bedeutete ihm nicht nur eine seelische Erregung, sondern die Liebe enthüllte sich hier als eine reale Macht, die alles zur Verwandlung brachte. Das Erlebnis der Liebe als die Macht eines Gottes widerfuhr Novalis, und durch das bebende Ereignis wurde der Dichter in ihm entbunden, und zwar der religiöse Dichter, der ein Bürger zweier Welten ist. Die erste, große Erfahrung seines Lebens schenkte ihm das Geheimnis der Wechselwirkung. Der Liebe Reich wurde ihm aufgetan, und damit fing die Fabel zu spinnen an. Von theologischer Seite hat man sich darüber aufgehalten, daß dadurch bei Novalis das Religiöse zu einer Liebeslehre wurde. Der Einwand verrät die typische Verständnislosigkeit für Novalis' Wunderwelt. Gewiß hat er das Religiöse erotisiert und das Erotische christianisiert. Aber darin bestand doch gerade das Vorbildliche seines Tuns: er hob das Geschlechtliche des Menschen ins Geistige; ohne diese Sublimierung bleibt die Liebe zwischen Mann und Frau eine bloße Brunst, die eines ernsten Menschen unwürdig ist. Novalis erlebte das Erotische als ewiges Gleichnis, die Umarmung der Liebe wurde für ihn eine heilige Handlung, dem Abendmahl vergleichbar. Die Liebe führte ihn zum Urgrund der Welt, sie machte ihm den Endzweck der Weltgeschichte klar[20]. Wiederum wird die johanneische Atmosphäre Ereignis: «Wer in der Liebe bleibet, der bleibet in Gott und Gott in ihm.»

Die Zeit der ersten Liebe dauerte nicht allzu lange in ihrem ungestörten Glück. Das herbstliche Lebensgefühl machte sich nur zu rasch geltend. Nach einem halben Jahr erkrankte Sophie schwer, sie mußte sich einer Operation unterziehen, die jedoch nicht den erhofften Erfolg brachte. Der an ihr Krankenlager eilende Novalis war von der Gefaßtheit, mit der sie ihr Leiden ertrug, stark beeindruckt. Er hoffte glühend auf ihre Genesung, obschon die Krankheit unvermindert weiterdauerte. Zwei Tage nach ihrem fünfzehnten Geburtstag starb Sophie.

Der Tod der Geliebten war das zweite, vielleicht noch folgenschwerere Erlebnis in Novalis' Dasein. Liebe und Tod scheinen sich kontrapunktisch zu verhalten, und doch gesteht Novalis: «Im Tode ist die Liebe am süßesten; für den Liebenden ist der Tod eine Brautnacht – ein Geheimnis süßer Mysterien[21].» Zwischen Liebe und Tod besteht ein tiefer Gegensatz und zugleich eine nahe Berührung. Welcher Mensch hätte nicht schon gewünscht, im Liebeskuß zu sterben? Zunächst war Novalis durch Sophies Tod inmitten der Brautzeit in seinen Grundfesten erschüttert, sein Lebenswille zerbrach, und er faßte den Entschluß, der Geliebten aus Treue nachzusterben, nicht durch einen gewaltsamen Tod, indem er selbst Hand an sich legte, sondern durch reine Sehnsucht. Tagelang schloß er sich ein und begehrte niemanden zu sehen. Erst einige Wochen nach Sophies Tod fühlte Novalis sich innerlich stark genug, ihr Grab zu besuchen, das an einem freundlichen, abgelegenen Platz lag. Der Besuch eines frischen Grabes, das die Überreste eines geliebten Menschen in sich birgt, ist immer schwer. Der herbe Verlust, den man erlitten hat, kommt einem angesichts dieses Häufleins Erde noch einmal drückend zum Bewußtsein. Auch Novalis ging mit ängstlichem Gefühl zur letzten Ruhestätte der Geliebten, und da widerfuhr ihm ein ganz merkwürdiges Erlebnis. Eine mystische Berührung wurde ihm geschenkt, so daß ihm fortan das Grab zu einem Heiligtum, ja, beinahe zum Mittelpunkt der Welt wurde. Novalis hat das kaum zu fassende Erlebnis in seinem Tagebuch geschildert: «Abends ging ich zu Sophien. Dort war ich unbeschreiblich freudig. Aufblitzende Enthusiasmusmomente. Das Grab blies ich wie Staub vor mir hin. Jahrhunderte waren wie Momente, ihre Nähe war fühlbar, ich glaubte, sie sollte immer vortreten[22].» Die Schilderung umreißt Novalis' Graberlebnis, das von grundlegender Bedeutung ist. Natürlich kann man das Erlebnis eine halluzinatorische Täuschung nennen. Die Mehrzahl der heutigen Psychologen dürften es sogar tun. Mit dem Hinweis auf überreizte Nerven ist jedoch nichts gewonnen, sondern das Ganze ist in eine platte Banalität abgeschoben. Novalis hat am Grab eine Erleuchtung erlebt, die ihm die Dinge in einem neuen Licht enthüllte; sonst wäre er am Erdhügel, der doch eine Stätte der Trauer ist, nicht «so unbeschreiblich freudig» geworden, wie man es nur in einer enthusiastischen Stunde ist. «Das Grab blies ich wie Staub vor mir hin» sagte er, und in diesem Moment gingen ihm die Augen auf. Von daher datiert der magische Blick, dank dem er in unbekannte Tiefen und Fernen schaute. «Ein einziger Augenblick, wo Gott sich mir gegeben, wiegt jahrelange Leiden auf», schreibt er[23]. Es ist ein verkehrtes Unterfangen, die Grabvision rational verständlich zu machen. Sie war ein mystisches Erlebnis, das für Novalis eine zweifache Bedeutung hatte.

Einmal erhielt sein Verhältnis zu Sophie erst jetzt die endgültige und abschließende Form. Am Grabe hatte er die Gegenwart der Geliebten körperlich gefühlt, hatte plötzlich und sogar stärker als zu ihren Lebzeiten gespürt, wie wichtig, einmalig und entscheidend sie für ihn war. Er erhob Sophie zum Symbol! Der bloße Name wurde für ihn zum Zeichen der heimlichen Weisheit. Wie Beatrice für Dante, so war auch die verstorbene Braut für Novalis die unsichtbare Begleiterin durchs Leben. Einzig eine Tote kann zum zeitlosen Urbild von weittragender Einwirkung werden. Novalis selbst gesteht: «Ich habe zu Söphchen Religion – nicht Liebe», und ein anderes Mal sagte er: «Kunst, alles in Sophien zu verwandeln, oder umgekehrt[24].» Der Name der seinen Blicken entrückten Braut floß mit dem Sinnbild der Jungfrau Sophia zusammen, wodurch Novalis in die Nähe der sophianischen Mystik geführt wurde. Der Dichter erreichte hierin nicht die Höhe von Böhme, Gichtel und Arnold, aber er war ganz dicht auf ihren Spuren. Sophie war in seinen Augen die geheimnisvolle «Person», die zwischen dem Einzelmenschen und dem unendlichen Gott eine Vermittlung herstellte. Die entschlafene Geliebte verlor immer mehr alle Individualzüge, sie erhob sich in eine überirdische Wirklichkeit, deren unergründliche Bedeutung Novalis in die kühne Formel «Christus und Sophie» zusammenfaßte.

Durch das mystische Graberlebnis erfuhr Novalis' Verhältnis zu den Toten eine wesentliche Vertiefung, und dies nicht nur zu der in der Blüte der Jugend dahingegangenen Sophie, sondern zu den Toten überhaupt. Sie waren ihm nicht mehr Vergessene, über deren entschwundenes Dasein man schnell zur Tagesordnung übergeht. Die «aufblitzenden Enthusiasmusmomente» am Grabe belehrten den jungen Dichter eines anderen. Bildlich gesprochen war Novalis ein neuzeitlicher Orpheus, der in die Unterwelt hinabgestiegen ist, freilich, nicht um das Schicksal der Toten zu beklagen, sondern um auf die sonnenbeschienene Erde als ein Mensch zurückzukehren, der wußte, daß man nur vom Jenseits her das Diesseits verstehen kann. Nach Walther Rehms eindrucksvoller Darstellung ist für Novalis die ganze Dichtung «Totenopfer und Totenbeschwörung, magische Vergegenwärtigung und, in der Nachfolge des Orpheus und absolutem Sichversenken in das zu Beschwörende: Heraufzauberung der Schatten»[25]. Novalis war einem feierlichen Totenkult hingegeben, dem etwas beinahe Unfaßbares innewohnte und vor dem man doch fasziniert stehenbleibt. Für den Dichter war fortan «ein gestorbener Mensch ein in absoluten Geheimniszustand erhobener Mensch»[26].

Das unvergängliche Denkmal dieses unergründlichen Verhältnisses zu den Toten hat Novalis im «Lied der Toten» gesetzt, von dem Reinhold Schneider sagte, daß «der Klang dieses Gedichtes schwerlich seinesgleichen in unserer Sprache» hat[27]. Wer hat je ähnliches über das stille Fest der Toten, zu denen täglich neue Gäste kommen, gedichtet?

Keiner wird sich je beschweren,
Keiner wünschen fortzugehen,
Wer an unsern vollen Tischen
Einmal fröhlich saß.
Klagen sind nicht mehr zu hören,
Keine Wunden mehr zu sehen,
Keine Tränen abzuwischen;
Ewig läuft das Stundenglas.[28]

Wie die Frage einer alten Ballade mutet diese Dichtung an, und es ist schwer, darauf eine Antwort zu finden. Eine unheimliche Todeslust, ja, ein Todesrausch schwingt in den wundervollen Versen dieses Gedichtes mit. Sie sind erfüllt von einer unwiderstehlichen Sehnsucht nach der Tiefe des Abgrundes. Novalis gehört zu den auserwählten Menschen, die «unter den Toten gelebt und selbst mit ihnen gesprochen» haben. Wenigen Christen war dies beschieden, und aus diesem unheimlichen Tun lassen sich auch einzig diese geisterhaften Worte verstehen. Wegen des mystischen Sprechens mit den Toten ist das «Lied der Toten» nicht vorchristlich empfunden, lautet doch sein krönender Abschluß:

Helft uns nur den Erdgeist binden,
Lernt den Sinn des Todes fassen
Und das Wort des Lebens finden;
Einmal kehrt euch um.
Deine Macht muß bald verschwinden,
Dein erborgtes Licht verblassen,
Werden dich in kurzem binden,
Erdgeist, deine Zeit ist um.[29]

Soll und kann man diese Worte interpretieren? Nein, weil alle Erklärungen nur den Schmelz der farbigen Schmetterlingsflügel abstreifen. Entweder spürt jemand die unterirdische Gewalt des Todes, welche in diesen Versen lebt, und dann läßt er sich von ihnen einmal umkehren, oder er spürt die prachtvolle Magie dieser Verse eben nicht, und dann kann ihm auch schwerlich dazu verholfen werden.

Erstaunlich ist das unheimliche, überrationale Wissen um den Tod, das hier ein Jüngling besaß und das man in dieser Intensität selbst bei Greisen selten findet. Während der Tod für die Menschen stets das große, nicht zu lösende Rätsel ist, das sich ihnen in den Weg stellt, verrät Novalis eine überraschende, unbegreifliche Vertrautheit mit dem Tod. Allezeit ist sonst der Tod die undurchdringliche Wand, vor der der Mensch nur verstummen kann, bei Novalis aber wird sie transparent. Er sah mit seinem magischen Blick hindurch, sprach mit den Toten und drang tief in das Todesgeheimnis ein: «Leben ist der Anfang des Todes. Das Leben ist um des Todes willen. Der Tod ist Endigung und Anfang zugleich, Scheidung und nähere Selbstverbindung zugleich[30].» Nach Novalis wird man des höchsten Wesens nur durch den Tod wert, er ist die große Verwandlung, durch die der Mensch von einer Wirklichkeit erlöst wird und in eine andere übergeht.

Novalis' mystische Todesweisheit bildet den Gegenpol zu der modernen Lebensphilosophie. Für den englischen Dichter Lawrence, der Eros als die neue Religion verkündete, bedeutete das Leben das eine unermeßliche Wunder.

Was auch die Ungeborenen und die Toten wissen mögen, sie können nicht die Schönheit, das Wunder des fleischgewordenen Lebens begreifen, meinte der Romancier. Ob der längst in das Reich der Toten eingegangene Lawrence noch immer dieser Meinung zugetan ist? Aller Wahrscheinlichkeit nach hat Novalis tiefer gesehen, als er den umgekehrten Weg einschlug und das Leben vom Tode her zu verstehen suchte. Vielleicht hat Novalis in seiner tiefsinnigen Todesmystik das Hinübergleiten zu unbekannten Schatten gelegentlich ein wenig romantisiert. Der Tod ist für den Menschen ein unheimliches Phänomen, weil niemand weiß, in welcher Gestalt er an ihn herantritt. Es gibt nicht nur das sanfte Einschlummern, sondern auch das schreckliche Würgen im grauenhaften Todeskampf, das man kaum mitansehen kann. Der Tod wird für den Menschen immer jene Erscheinung von absoluter Rätselhaftigkeit bleiben, die er mit dem Denken allein so wenig wie die übrigen metaphysischen Probleme restlos bezwingen kann. Der Christ jedoch darf nie aufhören, sich mit dem Todesrätsel zu beschäftigen, und bei dieser Arbeit ist ihm Novalis ein gewichtiger Helfer, der ihn lehrt, den Tod in das vom Schöpfer geschenkte Leben einzubauen.

Der Tod und die Toten haben für Novalis nichts Furchterregendes. Er kennt keine Angst vor ihnen. Das ist ihm eine ganz fremde Vorstellung. An ihre Stelle ist eine seltsame Todessehnsucht, um nicht zu sagen Todesliebe, getreten, die er kaum zu bändigen vermochte, so daß er dem Bruder Tod einen franziskushaften Willkommgruß entgegenrief. Es zog ihn mit aller Gewalt in der Erde Schoß. Der Todeswunsch war bei Novalis brennend, er hörte es gleichsam aus der Gruft rufen und hatte das unwiderstehliche Verlangen, die Fahrt ins Totenreich selbst anzutreten. Es gibt gewiß viele Menschen, die im Leben von einer plötzlichen Todessehnsucht befallen werden. Was aber bei ihnen ein schnell vorüberhuschender Gedanke war, ist bei Novalis seit dem Graberlebnis eine permanente Lebenseinstellung, aus der heraus er die Worte dichtete:

Hinunter in der Erde Schoß
Weg aus des Lichtes Reichen,
Der Schmerzen Wut und wilder Stoß
Ist froher Abfahrt Zeichen.
Wir kommen in dem engen Kahn
Geschwind am Himmelsufer an.

Hinunter zu der süßen Braut
Zu Jesus, dem Geliebten –
Getrost, die Abenddämmerung graut
Den Liebenden, Betrübten.
Ein Traum bricht unsre Banden los
Und senkt uns in des Vaters Schoß.[31]

In diesem Gedicht manifestiert sich ein religiös begründetes Todesverlangen, in welchem Joh. Seb. Bachs Bitte «Schlage doch, gewünschte Stunde» wundervoll nachklingt. Novalis hat den Tod als den Kuß Gottes verstanden, er hat ihn auch freudig und hingebungsvoll empfangen und hat das mystische Sterben an sich erfahren. Nach diesem Erleben wußte und glaubte Novalis unerschütterlich an eine Fortexistenz nach dem Tode. Der Dichter kannte kein skeptisches Achselzucken gegenüber der Frage des Weiterlebens im Jenseits. Ihm bedeutete der Tod kein erlöschendes Versinken ins Nichts. Er hätte diese Vorstellung, die in unserem Jahrhundert stets breitere Volksschichten ergreift und zugleich verdirbt, gar nicht verstanden. Novalis war von der Unsterblichkeit tief überzeugt, das Jenseits war realer als das Diesseits, und erst dort enthüllt sich das wahre Sein aller Dinge. Ist es deshalb zu verwundern, daß er den Tod herbeisehnte und in ihm die Durchgangspforte zu Jesus, dem Geliebten sah? Das Ewigkeitsbewußtsein ist für den Menschen von fundamentaler Wichtigkeit, es trägt wesentlich zur Substanz seiner Persönlichkeit bei, denn das Unsterblichkeitsproblem ist neben der mit ihm eng verbundenen Gottesbeziehung die wichtigste Frage, die den geistigen Menschen beschäftigen kann. Durch das Graberlebnis war sie für Novalis gelöst und im christlichen Sinne beantwortet.

Novalis' unendlich süße Todesmystik bestand die schwerste Probe bei seinem eigenen Tod. Er starb während seiner zweiten Verlobungszeit mit der wehmütigen Julie von Charpentier, von der er die Überzeugung hatte, daß sie ihm die himmlische Sophia zugeführt habe. «Mit mir nimmt's hoffentlich bald ein fröhliches Ende. Zu Johannis denke ich im Paradiese zu sein», schrieb er seinem Freund, und mit dieser sieghaften Zuversicht ist der junge Dichter in die Ewigkeit eingegangen[32].

Durch die mystische Totenbeschwörung wurde Novalis zum Sänger der Nacht. Er verband mit ihr nicht Dinge, die den Tag fürchten müssen, düstere Vorstellungen, die im Dunkeln tappen und das Morgenlicht scheuen. Novalis hatte eine innige Beziehung zur Nacht, er liebte sie und sang ihr seine unvergleichlichen «Hymnen an die Nacht».

Die wahre Bedeutung eines Werkes tritt erst hervor, setzt man es in den Vergleich zu seiner Zeit. Die zeitgeschichtliche Situation von Novalis' Jahrhundert ist durch das Tagesbewußtsein geprägt. Es ist bereits mit dem Sieg des Patriarchats über das Matriarchat begründet. Das geschichtliche Christentum hat diese Linie mit der Parole «die Nacht ist vorgerückt, der Tag aber nahe herbeigekommen» in einem gewissen Sinne fortgesetzt. Eine Verstärkung erfuhr das Tagesbewußtsein durch die Renaissance, und schließlich erreichte es den Höhepunkt im Zeitalter der Aufklärung, wo die Sonne des Verstandes auch das hinterste Schlupfloch zu erhellen begann. Es durfte nichts

Dunkles mehr geben. In der Neuzeit hat das Tagesbewußtsein restlos triumphiert, der Sachlichkeitsstil mit seinen Stahlrohrmöbeln und seinem Neonlicht ist der letzte Ausläufer davon. Alle Schranken sind gefallen, und jedes Geheimnis ist aus dem abendländischen Lebensgefühl entwichen.

Es wäre unrecht, die Größe des Tagesbewußtseins nicht bereitwillig anzuerkennen. Wer dies bestreiten wollte, würde die europäische Gesinnung verraten. Aber die Anerkennung des Tagesbewußtseins darf nicht dazu verleiten, den dadurch erlittenen Verlust zu übersehen. Die meisten Errungenschaften sind stets zugleich mit einer Einbuße verbunden. Auch beim Sieg des Tagesbewußtseins ging das Nächtliche, das Mütterliche und das Wurzelhafte verloren, und damit fehlte fortan ein nährendes, erwärmendes Element im abendländischen Raum. Auch das Religiöse wurde dürr und dürrer, die Atmosphäre dünner und kälter, was sich rächen mußte. Wie der Mensch nicht andauernd am Tageslicht leben kann, so gilt dies auch für die Menschheit in ihrer Gesamtheit. Auch sie bedarf von Zeit zu Zeit des nächtlichen Dunkels, worin sie sich gleichsam von der Tageshelle und der Tagesarbeit erholen kann.

Zur Zeit Novalis' begann langsam ein neues Verständnis der Nacht aufzudämmern, was mit der Neigung zum Irrationalen zusammenhing. Doch herrschte im Hinblick auf das nächtliche Bewußtsein eine tiefgehende Verschiedenheit. Eichendorffs anmutige Poesie von den silbernen Mondscheinnächten hat mit der von Novalis besungenen Nacht wenig gemeinsam. Bei Novalis handelt es sich weder um ein schönes Abenteuer noch um eine traumverlorene Stimmung. Es ist nicht die Nacht der subjektiven Auflösung des Gemütes gemeint; vielmehr bedeutete das Nächtliche für ihn, ähnlich wie für Görres, wieder Schweigen, Stille, Sammlung. Die Nacht hat religiöse Bedeutung erlangt, und Novalis hat das neue, vertiefte Verständnis in den «Hymnen an die Nacht» ausgesprochen. Diese Arbeit ist nur eine kleine, aber ungemein inhaltsschwere Schrift, die einzigartige Verse und auch erläuternde Prosa umfaßt. Sie bereitet um der religiösen Sinngebung willen den Literarhistorikern eine sichtliche Verlegenheit. Nach Rudolf Haym sind die schwermutsvollen Klagen dieser Dichtung «mit nichts zu vergleichen, was unsere klassische Poesie hervorgebracht hat».[33] Eine ähnlich abwehrende Handbewegung führte Dilthey aus: «Sie haben etwas, das mehr Grauen erwecken könnte als die schrecklichste Geschichte. Wie ein langsam hingezogener, rätselhafter Klageton, der mitten in der Nacht vernommen wird, so scheint aus dem gepreßten Herzen des Einsamen dieser Ausdruck der Todessehnsucht zu brechen. Ganz fremdartig an uns herantretend, wie sein dunkler Entschluß vorher an seine Umgebungen; von einer grenzenlosen Traurigkeit[34].» Beide Urteile entsprechen dem Denken des letzten Jahrhunderts, das in seiner Aufgeklärtheit keinen Zugang mehr zum Nachterlebnis besaß. Es bedurfte zweier Weltkriege, damit sich in dieser Einstellung ein Wandel anzukündigen vermochte, der aber der Allgemeinheit, die noch immer in die andere Richtung strebt, kaum bewußt geworden ist. Die «Hymnen an die Nacht» sind einzig aus dem religiösen Landschaftsgefühl heraus zu verstehen; nur wer in ihm verwurzelt ist, spürt deutlich, wie sich die beanstandete Klage in heiterem Frieden und innerer Beruhigung verströmt. Novalis ist aus einem Tagmenschen zu einem Nachtmenschen geworden, das Wort im kosmischen und nicht im psychologischen Sinn verstanden. Nichts Erschreckendes haftet den Hymnen an, denn deutlich wird ausgesprochen, daß erst die Nacht dem Dichter den Blick für das innere Reich geöffnet hat. Sie gehören, paradox ausgedrückt, zu den farbigsten Herbstblättern am Baume der Mystik.

Auch die «Hymnen an die Nacht» hängen indirekt mit Sophie zusammen. Die Linie, die vom mystischen Graberlebnis zum vertieften Nachtverständnis führt, hat er selbst angedeutet: «Einst, da ich bittre Tränen vergoß, da in Schmerz aufgelöst meine Hoffnung zerrann und ich einsam stand am dürren Hügel, der in engem, dunkeln Raum die Gestalt meines Lebens barg – einsam, wie noch kein Einsamer war, von unsäglicher Angst getrieben – kraftlos, nur ein Gedanken des Elendes noch, – wie ich da nach Hülfe umherschaute, vorwärts nicht konnte und rückwärts nicht und am fliehenden, verlöschten Leben mit unendlicher Sehnsucht hing: – – da kam aus blauen Fernen – von den Höhen meiner alten Seligkeit ein Dämmerungsschauer – und mit einem Male riß das Band der Geburt – des Lichtes Fessel. Hin floh die irdische Herrlichkeit und meine Trauer mit ihr – zusammen floß die Wehmut in eine neue, unergründliche Welt – du, Nachtbegeisterung, Schlummer des Himmels, kamst über mich – die Gegend hob sich sacht empor; über der Gegend schwebte mein entbundner, neugeborner Geist. Zur Staubwolke wurde der Hügel – durch die Wolke sah ich die verklärten Züge der Geliebten. In ihren Augen ruhte die Ewigkeit – ich faßte ihre Hände, und die Tränen wurden ein funkelndes, unzerreißliches Band. Jahrtausende zogen abwärts in die Ferne, wie Ungewitter. An ihrem Halse weint ich dem neuen Leben entzückende Tränen. – Es war der erste, einzige Traum – und erst seitdem fühl ich ewigen, unwandelbaren Glauben an den Himmel der Nacht und sein Licht, die Geliebte[35].» Wenn man den Zusammenhang vom Graberlebnis und der Liebe zur «heiligen, unaussprechlichen, geheimnisvollen Nacht» wahrnimmt – die Formulierungen sind zum Verwechseln ähnlich –, dann gewinnt man den richtigen Zugang zu der Dichtung.

Novalis geht von der Liebe zum «allerfreulichen Licht» aus, dessen Schönheit und Wohltat er auch zu schätzen weiß. Dann wendet er sich bewußt abwärts zur dunklen Nacht, und nun frägt er sich, ob auch sie an uns Gefallen habe. «Himmlischer als jene blitzenden Sterne dünken uns die unendlichen Augen, die die Nacht in uns geöffnet[36].» Nie ausdeutbare Worte orakelt Novalis von der Weltkönigin, die ihm die Nacht zum Leben verkündet hat und mit der er sich aufs innigste vermählt, und «ewig währet dann die Brautnacht». Der Dichter weiß, wie «unselige Geschäftigkeit den himmlischen Anflug der Nacht verzehrt». Einer im abendländischen Raum kaum anzutreffenden «Nachtbegeisterung» redet er das Wort, und dann folgt jenes Gedicht, das unendlicher Geheimnisse schweigender Bote ist:

Hinüber wall ich,
Und jede Pein
Wird einst ein Stachel
Der Wollust sein.
Noch wenig Zeiten,
So bin ich los
Und liege trunken
Der Lieb im Schoß.
Unendliches Leben
Wogt mächtig in mir,
Ich schaue von oben
Herunter nach dir.
An jenem Hügel
Verlischt dein Glanz –
Ein Schatten bringet
Den kühlenden Kranz.
O! sauge, Geliebter,
Gewaltig mich an,
Daß ich entschlummern
Und lieben kann.
Ich fühle des Todes
Verjüngende Flut,
Zu Balsam und Äther
Verwandelt mein Blut –
Ich lebe bei Tage
Voll Glauben und Mut
Und sterbe die Nächte
In heiliger Glut.[37]

Doch ist damit die ewige Nacht unenträtselt geblieben. Sie muß es auch – sonst wäre Nacht nicht mehr Nacht. Ihr letztes Geheimnis entzieht sich aller Interpretation. Eines ist jedoch sicher: Novalis hat wieder die Kraft der ewig gebärenden Nacht erkannt, die die Mutter alles Geschaffenen ist. Von ihr geht alles Leben aus, und zu ihr kehrt alles zurück. Ihr Dunkel erschreckt den Menschen nicht mehr, nachdem er die Fruchtbarkeit ihres Schoßes erfahren hat. Novalis war ein in das Nachtgeheimnis eingeweihter Sohn, ein orphisch begeisterter Mensch, der das Gedicht «Zur Hochzeit ruft der Tod» mit der Strophe schloß:

Die Lieb ist frei gegeben
Und keine Trennung mehr.
Es wogt das volle Leben
Wie ein unendlich Meer.
Nur *eine* Nacht der Wonne –
Ein ewiges Gedicht –
Und unser aller Sonne
Ist Gottes Angesicht.[38]

Beim aufmerksamen Lesen dieser Worte kann doch gar kein Zweifel bestehen, daß die Nacht, von der Novalis singt, nicht die trostlose Nacht des Unglaubens ist. Sie hat nichts mit Finsternis und Verzweiflung zu tun, in die der moderne Mensch zu versinken droht. Vielmehr ist die Novalissche Nacht das Ereignis, das ihm den Weg nach innen zeigte, analog dem Grab der Geliebten, das ihm die Gewißheit der Unsterblichkeit schenkte. Die Nacht erschloß ihm den Sinn des Lebens, und «in der Nacht berührte sein Herz das Herz der Erde»[39]. Für den Dichter war Nacht ein anderer Name für Mystik. Wer mit Novalis das Wort «Nacht» ausspricht, der sagt mit ihm zugleich Mystik. Die beiden Worte haben synonyme Bedeutung; sowohl in der Nacht als in der Mystik schließt der Mensch die äußeren Augen, um die inneren Realitäten wahrzunehmen. Die Mystik hat die Nacht zur Voraussetzung. Die «Hymnen an die Nacht» erschlossen Novalis den Weg zu den Müttern, zum Ursprung, zu Gott. Die Nacht war von jeher für die Mystik bedeutungsvoll, man denke nur an die «Dunkle Nacht» von Johannes vom Kreuz. In diesen Zusammenhang gehören auch Novalis' Ausführungen eingeordnet, und nun erschließen sie sich auch sofort dem Verständnis. Sieht man von der Mystik ab, bleiben sie stets ein versiegeltes Buch.

Novalis war nicht der einzige Mensch, der um das mystische Nachtgeheimnis gewußt hat. Auch Michelangelo hat in mehreren Sonetten das Thema aufgenommen und es in seiner künstlerischen Arbeit getreu einer ihm innewohnenden Notwendigkeit machtvoll gestaltet. Aber er wurde kaum verstanden, und sein Hinweis auf die Nacht versank unbeachtet. Novalis hat das tiefreligiöse Thema wieder aufgenommen, ohne daß er etwas gewußt hätte von seinem italienischen Vorgänger. Doch darf man die Offenbarung des Nachtgeistes nicht zerreden. Angesichts der Stille und des Dunkels ist alle Geschwätzigkeit fehl am Platze. Nur der Schweigsamkeit teilt sich die Mystik der Nacht mit. Die geöffnete Einstellung wird nicht das Nachtbewußtsein gegen das Tagesbewußtsein ausspielen. Das wäre eine kurzschlüssige und danebengreifende Reaktionsbewegung. Das christliche Abendland ist dem Tagesbewußtsein verpflichtet – das hat auch Johann Jakob Bachofen mit aller Deutlichkeit ausgesprochen –, und es hat ihm die Treue zu halten. Aber es bedarf dringend des Nachtbewußtseins zur Ergänzung des Tagesbewußtseins, um aufs neue im tieferen Erdreich Wurzeln zu schlagen. Die Nacht ist das notwendige Korrektiv zum Tag, ohne sie verkümmert alles Leben. Die Mystik der Nacht ist nun einmal der Untergrund aller Religiosität. Daraus wächst sie hervor. Das Religiöse ist im mystischen Dunkel beheimatet, ohne diese Atmosphäre geht es zugrunde. Die Nacht ist auch die historische Wiege des Christentums. Das Ereignis in Bethlehems Stall nennt die Christenheit mit Recht die Heilige Nacht, die den Beginn der Erlösung darstellt.

III

Über die seherische Bedeutung Novalis' innerhalb der romantischen Bewegung hat Leopold Ziegler eine ins Wesentliche führende Sicht gegeben: «Erst die Romantik entreißt die schlafende Tiefenseele westlicher Menschheit einem Schlummer, der in den Tod überzugehen droht und bereits die Anzeichen schwerster Ohnmacht aufweist. Unter diesen Gesichtswinkel gerückt und von ihm aus gewürdigt, stellt das Zungenreden des jungen Novalis im Stile des magischen Idealismus nicht sowohl ein poetisches oder historisches, als vielmehr geradezu ein äonisches Ereignis dar von Auswirkungen, die auch heute noch nicht abzuschätzen sind[40].» Dem äonischen Ereignis – hierin hält nur Hölderlin mit Novalis den Vergleich aus – kann einzig eine religiöse Deutung gerecht werden. Dem Zungenredner Novalis war es um eine «Aussöhnung der christlichen Religion mit der heidnischen» zu tun[41], eine Bemühung, die die Stärke und nicht die Schwäche seines religiösen Bewußtseins zeigt. Der Versöhnungsversuch hat Novalis' Christlichkeit geprägt, die aus dem üblichen Rahmen herausfällt. Gleichsam von einem Engel begleitet, ist der lichte Jüngling den gewagtesten Abgründen entlanggeschritten und hat über das adventlich aufgefaßte Heidentum den Weg zu Christus gefunden.

Der Hinweis auf Novalis' protestantische Herkunft verbleibt im Vorraum des Verstehens. Sicher ist seinem Denken die evangelische Erziehung anzuspüren, auch da, wo es die eigene Konfession überschreitet. Die Wärme seiner Frömmigkeit stammt aus dem Herrnhutertum, dem seine Eltern zugetan waren. Zinzendorf schien ihm der Vertreter eines neuen Christentums zu sein, der den Protestantismus mit der mittelalterlichen Mystik vereinte. Mit zunehmender Reife entfremdete sich Novalis der Herrnhuter Gemeinde, und sein Werk wuchs über den Pietismus weit hinaus[42]. «Die Herrnhuter haben den Kindergeist einführen wollen. Aber ist es auch der echte? Oder nicht vielmehr Kindermüttergeist, alter Weibergeist? Wenn Christus sagt ‚Werdet wie die Kinder', so meint er indeterminierte Kinder – nicht verzogene, verweichlichte, süßliche, moderne

Kinder[43].» Novalis dachte nie daran, den Protestantismus zu verlassen, aber er hatte mannigfache Fragen an ihn zu richten. Er überschritt gelegentlich dessen Grenzen mit seinen unliebsamen Bemerkungen: «Statt des Protestantismus kam das Luthertum hervor[44].» Es finden sich bei Novalis viele Worte, über die der orthodox eingestellte Mensch mißbilligend den Kopf schüttelt. Wenn Novalis sagt: «Die christliche Religion ist die eigentliche Religion der Wollust», oder «Man berührt den Himmel, wenn man einen Menschenleib betastet», so sind alle diese Äußerungen nicht gerade der «Confessio Augustana» entsprungen[45].

Da Novalis zuweilen das lutherische Schema sprengt, wollte man ihn öfters schon für den Katholizismus in Beschlag nehmen. Viele seiner Aussagen entsprechen einer katholischen Denkweise. Es wurde deswegen schon die Ansicht ausgesprochen, bei längerer Lebenszeit wäre Novalis in den Schoß der katholischen Kirche zurückgekehrt. Das ist aber eine reine Hypothese, die durch keine ernsthaften Anhaltspunkte gestützt werden kann. Nach Tiecks Versicherung kam für seinen Freund ein Übertritt gar nie in Frage. Neben den katholisch klingenden Gedanken finden sich bei Novalis zahlreiche Auffassungen, die einen getreuen Katholiken in Verlegenheit bringen.

Das Zungenreden des jungen Novalis kann überhaupt nicht mit einem konfessionalistischen Gehör verstanden werden. Die ungewöhnlichen Urlaute des Kindes und seines Johannes haben es weder mit dem Luthertum noch mit dem Katholizismus zu tun, sondern Novalis wollte auch hierin eine Versöhnung der Glaubensspaltung durch eine höhere Synthese; der «Christus im Herzen» war sein Ziel. Novalis' Christlichkeit ist durch eine eindeutige Tendenz zur Mystik bestimmt. Ohne diese Wendung dürfte man nicht von einem äonischen Ereignis reden, dessen Auswirkungen noch in der Gegenwart kaum sichtbar sind. Wie könnte es auch bei einem Menschen anders sein, der die umwandelnde Kraft der Liebe an sich erfahren hat, der sich, wie kaum jemand, mit den Toten unterhielt und zuletzt zum Sänger der Nacht geworden war. Novalis' Blick ging nach innen, und seine Religiosität war ein mystischer Spiritualismus: «Der Jüngste Tag wird kein einzelner Tag, sondern nichts als diejenige Periode sein, die man auch das Tausendjährige Reich nennt. Jeder Mensch kann seinen Jüngsten Tag durch Sittlichkeit herbeirufen. Unter uns wächst das Tausendjährige Reich beständig»[46]. Darnach hat Novalis den Chiliasmus ganz symbolisch verstanden, aber die Menschheit wäre für ihn nicht Menschheit, wenn sie kein Tausendjähriges Reich kennen würde.

Novalis' zarte Liebe zur Mystik erfuhr eine Verstärkung durch die Begegnung mit Böhmes Schriften. Tieck veranlaßte ihn, sich näher mit dem Schuster zu befassen, so daß Novalis tatsächlich «spät mit Böhme bekannt geworden, aber noch nicht zu spät»[47]. Der schlesische Theosoph übte eine mächtige Anziehung auf ihn aus und half ihm, das Geheimnis der Welt noch tiefer zu erschließen. Novalis schrieb in einem Brief: «Jakob Böhme lese ich jetzt im Zusammenhange und fang ihn an zu verstehen, wie er verstanden werden muß. Man sieht durchaus in ihm den gewaltigen Frühling mit seinen quellenden, treibenden, bildenden und mischenden Kräften, die von innen heraus die Welt gebären. Ein echtes Chaos voll dunkler Begier und wunderbaren Lebens – einen wahren auseinandergehenden Mikrokosmos[48].» Auch in Novalis' Leben fand ein tiefes Böhme-Erlebnis statt, nicht anders als es Silesius, Gichtel, Kuhlmann und Oetinger widerfahren ist, und in dem bekannten Gedicht «An Tieck» hat es seinen schönsten Niederschlag gefunden. Diese mystische Einstellung veranlaßte Novalis, das Christentum neu zu sehen und nicht einfach in den überlieferten Geleisen weiterzuwandeln.

Unvergänglich quillt Novalis' mystische Schau aus dem Füllhorn seiner Poesie. Sie entsprach seinem Naturell, war er doch vor allem Dichter, wenn auch einer, der von Gott selbst mit dem heiligen Öl gesalbt worden war.

Unter den poetischen Arbeiten stehen an erster Stelle die «Geistlichen Lieder», die er unter dem Titel veröffentlichen wollte: «Probe eines neuen geistlichen Gesangbuchs». Novalis hat das Ungenügende der üblichen religiösen Lieder deutlich empfunden, und seine kritischen Äußerungen hierüber sind nur zu berechtigt: «In den meisten Lavaterschen Liedern ist noch zu viel Irdisches und zu viel Moral und Asketik. Zu wenig Wesentliches; zu wenig Mystik. Die Lieder müssen weit lebendiger, inniger, allgemeiner und mystischer sein[49].» Dem Mangel abhelfend, hob Novalis zu einem neuen Sang an, mit Glut und Inbrunst rief er den Höchsten herbei, Innigkeit und Wärme verleihen seinen Versen den bezaubernden Klang. Etliche seiner «Geistlichen Lieder» sind in den evangelischen Gesangbüchern zu finden, es sind wahre Perlen, unschätzbare Kleinodien, deren Glanz das Fenster der Seele zu öffnen vermag. Gleich das erste Lied ist erfüllt von einer heiligen Wehmut:

Was wär ich ohne dich gewesen?
Was würd ich ohne dich nicht sein?
Zu Furcht und Ängsten auserlesen,
Ständ ich in weiter Welt allein.[50]

Dank seiner Christus-Verbundenheit kennt Novalis keine Verlassenheit, und man spürt denn auch die Anwesenheit des Göttlichen in den beschwingten Versen. Novalis' Lieder haben durch die fühlbare Gegenwart des Herrn eine wirkliche Innerlichkeit, wie sie dem mystischen Leben entspricht. Nichts ist von außen übernommen, alles ist von innen her empfunden, ist mit einer himmlischen Innigkeit erlebt und greift direkt ans Herz. Innerlichkeit und Innigkeit sprechen aus jeder Zeile, und jedes Lied ist ein Lobgesang; die süße Melodie ist Ausdruck einer tiefen Empfindung seines Gemütes. Die Verse fühlen sich wie

Samt an, sie sind Balsam für die Seele, und man vergißt sie nie wieder, wenn nur einmal ihre Mystik in das Herz eines Menschen eingedrungen ist. Sie werden so lange weiter leben, als das Christliche das menschliche Gemüt zu bewegen imstande ist. Ohne den Namen zu wissen, erkennt man Novalis' Poesie sofort aus allen geistlichen Dichtungen heraus. Das ihn am stärksten bewegende Motiv hat er in einer Strophe einer unvollendeten Hymne ausgesprochen:

Von ihm will ich reden
Und liebend verkünden
Solang ich
Unter Menschen noch bin.
Denn ohne ihn
Was wäre unser Geschlecht
Und was sprächen die Menschen
Wenn sie nicht sprächen von ihm,
Ihrem Stifter,
Ihrem Geiste.[51]

Die aufgeworfene Frage trifft den zentralen Punkt: Ja, wovon sprächen die Menschen, sprächen sie nicht mehr von Christus? Von Technik und Geld, von Sexus und Mode, von Kommunismus und Macht, bis sie bei lebendigem Leibe verwesen. Einzig Christi Verkündigung bewahrt die Menschen vor dem Versinken in der verwirrenden Trostlosigkeit der modernen Zeit. «Christus ist der Schlüssel der Welt», sagte Novalis, und demzufolge ist auch seine geistliche Poesie vorwiegend christozentrisch gerichtet, gewiß nicht im doktrinären Sinn, denn Christus ist für ihn eine lebendige Person, ein unsichtbarer Begleiter des Menschen, entsprechend dem Ostererlebnis der beiden Jünger von Emmaus. Novalis war ein mystischer Christ. Auf diesen Namen kann nur der Mensch Anspruch erheben, der in einem persönlichen, überrationalen Verhältnis zu Christus steht. Er ist Christus so nahegekommen wie kaum ein Sänger der herbstlichen Zeit.

Unter den «Geistlichen Liedern» finden sich auch zwei Marienlieder. Sie gehören zu den am wenigsten verstandenen und zugleich zu den schönsten Liedern, die Novalis gedichtet hat. Welch unendlich religiöse Poesie quillt aus seinen Worten hervor:

Ich sehe dich in tausend Bildern
Maria, lieblich ausgedrückt,
Doch keins von allen kann dich schildern
Wie meine Seele dich erblickt.

Ich weiß nur, daß der Welt Getümmel
Seitdem mir wie ein Traum verweht
Und ein unnennbar süßer Himmel
Mir ewig im Gemüte steht.[52]

In formaler Beziehung kann man sich dem Zauber des Gedichtes nur schwer entziehen, aber auch hinsichtlich des Inhalts besteht das Bedenken, Christus werde zugunsten Marias auf die Seite gedrängt, nicht im geringsten zu Recht. Novalis versucht mit seinen Marienliedern zu einer evangelischen Mariologie zu gelangen, wie sie nur auf dem Gebiet der Mystik möglich ist. Dem evangelischen Christen ist das Bild der Maria, das einst in der mittelalterlichen Christenheit einen so breiten Raum eingenommen hat, beinahe aus den Augen entschwunden. Dies ist nur teilweise durch die Reformation bedingt, gehörte doch Luther trotz gelegentlich scharfer Kritik in die Reihe der christlichen Marienverehrer[53]. Natürlich wird die heute unterentwickelte evangelische Marienbeziehung immer eine andere sein als die gegenwärtig überentwickelte katholische Marienverehrung. Das neue Marienverhältnis der evangelischen Mystik wird gewiß auch vom holdseligen Gruß des Engels Gabriel zu singen wissen, aber auch nicht vor der hartklingenden Frage Christi zurückweichen: «Weib, was habe ich mit dir zu schaffen?» Novalis tastet sich zu einem neuen Marienverständnis auf evangelischer Grundlage vor. Das Sophienerlebnis hat ihn hierin auf eine Spur gebracht: er suchte das Geborgensein der Seele wieder in der Urmutter. Bei Novalis wachte eine zarte, mystische Marienverehrung auf, nach ihm sollte jede Seele zu einem reinen Mariagefäß der Gnade werden, damit in ihrem Schoß der neue Mensch geboren würde, wofür ihm die palästinensische Maria das ewig gültige Symbol war.

Zu Novalis' Poesie gehören auch die beiden nicht zu Ende geführten Romane «Die Lehrlinge zu Sais» und «Heinrich von Ofterdingen». Sie zählen zu den unvollendeten Werken der Weltliteratur. Die einzelnen Symbole und Träume sind schwer zu deuten, weil sie zu wenig scharf in Erscheinung treten. Nur das Gesamte ist dem divinatorischen Spürsinn zugänglich: die blaue Blume der Sehnsucht wird dem höchsten Triumph entgegengeführt. Seit Comenius' Bekenntnis zur Sehnsucht hat nie wieder ein Christ derart sehnsüchtig der Sehnsucht Ausdruck gegeben. Gerade weil Novalis sein Letztes in die Sehnsucht hineinlegte, ist sie bei ihm mehr als nur ein unbestimmtes Gefühlsverlangen, ihr widerfährt Erfüllung. Beide Romane hat ein mystischer Mensch geschrieben, der eine innere Welt äußerlich darstellen wollte, in den «Lehrlingen» war es die Natur und im «Ofterdingen» die Dichtung.

Novalis' Mystik war nicht nur ein Ausfluß seines dichterischen Schwunges, sie beherrscht nicht weniger sein Denken und gelangt in den «Fragmenten» zu einem rätselhaften Raunen. Sie haben von jeher die Aufmerksamkeit auf sich gezogen, zumal er sie selbst als «Texte zum Denken», als «Spielmarken von transitorischem Wert» und als «Bruchstücke des fortlaufenden Selbstgespräches» bezeichnete. Die Fragmente bedürfen einer prüfenden Lesung, da sich unter ihnen sowohl unverständliche Äußerungen als auch Früchte seiner Lektüre finden. Sie sind wie ein lebender Leib, man hört das mystische Herz schlagen, und die heimliche Weisheit streut die Fülle ihrer Gedanken geradezu verschwenderisch um sich aus.

Die «literarischen Sämereien» dürfen nicht in ein System gepreßt werden; der «systematischen Systemlosigkeit» Novalis' wird eine in sich geschlossene Darstellung nicht gerecht. Aber die Fragmente bieten Anlaß zur Erklärung von Novalis' Verhältnis zur Philosophie. Theodor Härings umfangreiches Werk «Novalis als Philosoph» betrachtet dem Titel entsprechend den Dichter ausschließlich unter dem Gesichtspunkt des Denkers, was nach dem Autor gleichbedeutend mit dem Thema «der unbekannte Novalis» ist[54]. Die gegenteilige Meinung spricht Novalis auf philosophischem Gebiet nur eine geringe produktive Kraft zu. Die Wahrheit dürfte auf einem dritten Standort liegen: Novalis' magische Lebensauffassung führte ihn zu einer metaphilosophischen Welterfassung, die gerade für die Philosophie von zentraler Wichtigkeit ist! Denn der Philosophie spotten, heißt nach Pascal wahrhaft philosophieren. Novalis hat sich eingehend mit Kant und Fichte beschäftigt, da er eine philosophische Ader besaß und es ihm ein Bedürfnis war, sich auch in der Philosophie zu orientieren. Man kann nicht von der Philosophie der Romantik reden, ohne seiner zu gedenken. Es lebte in ihm ein ausgeprägtes Bedürfnis, die vorhandenen Gegensätze in eine höhere Einheit zu verschmelzen. Im Begriff ‚Synthese' liegt die Eigenart von Novalis' Denken beschlossen. Er vertrat eine andere Auffassung von der Philosophie als jene, der man in den Schulbüchern der Philosophiegeschichte gewöhnlich begegnet. Schon seine Bestimmung, «Philosophie ist eigentlich Heimweh»[55], weist auf die andersgeartete, unzünftlerische Fährte. Der Dichter ist unter Böhmeschem Einfluß zum magischen Symbolismus fortgeschritten, der in der Mystik beheimatet ist.

Dementsprechend besteht Novalis' schöpferische Leistung auf philosophischem Gebiet in seiner Geschichtsauffassung. Im «Heinrich von Ofterdingen» hat er sie am deutlichsten skizziert: «Von der Geschichte sollten nur alte, gottesfürchtige Leute schreiben, deren Geschichte selbst zu Ende ist und die nichts mehr zu hoffen haben als die Verpflanzung in den Garten. Nicht finster und trübe wird ihre Beschreibung sein, vielmehr wird ein Strahl aus der Kuppel alles in der richtigsten und schönsten Erleuchtung zeigen und heiliger Geist wird über diesen seltsam bewegten Gewässern schweben[56].» Der wahre Geschichtsschreiber muß notwendigerweise zugleich ein Dichter sein, der sich nicht begnügt, bloß das Gewesene mit trockenen Worten wiederzugeben, sowenig wie der Verfasser des Johannesevangeliums einfach die Synoptiker wiederholte. Die Historiographie ist mehr eine künstlerische denn eine gelehrte Tätigkeit. Die rein wissenschaftliche Geschichtsschreibung erfaßt die Vorgänge nicht in ihrer wahren Tiefe: «Es ist mehr Wahrheit in ihren Märchen als in gelehrten Chroniken. Sind auch ihre Personen und deren Schicksal erfunden, so ist doch der Sinn, in dem sie erfunden sind, wahrhaft und natürlich. Es ist für unseren Genuß und unsere Belehrung gewissermaßen einerlei, ob die Personen, in deren Schicksal wir den unsrigen nachspüren, wirklich einmal lebten oder nicht. Wir verlangen nach der Anschauung der großen, einfachen Seele der Zeiterscheinungen, und finden wir diesen Wunsch gewährt, so kümmern wir uns nicht um die zufällige Existenz ihrer äußeren Figuren[57].» Die romantische Bewegung hat denn auch auf dem Gebiet der Vergangenheitserhellung die reifsten Früchte gezeitigt, mit ihrem Einfühlungsvermögen vermochte sie verschüttete Bezirke der Geschichte zurückzuerobern.

Die Genialität von Novalis' philosophischem Spürsinn zeigt sich auch in seiner Beziehung zur Natur. Er hat viel Zeit seines kurzen Lebens der Erforschung der Natur gewidmet. Beruflich war er mit dem Bergbau verbunden, eine Tätigkeit, die ein Symbol seines Daseins ist. Er hat unterirdisch gebohrt und hat dabei das geistliche Gold gefunden. Eine große Anzahl «Fragmente» zeugen vom unermüdlichen Nachdenken über die Natur, und auch im Roman «Die Lehrlinge zu Sais» sind mannigfache, zum Aufhorchen nötigende Aussagen über die Natur enthalten. Novalis war den «Eingebungen des stillen Naturgeistes» geöffnet, er gab sich voll Begeisterung den überall verbreiteten Naturgeheimnissen hin. Dem heutigen Naturwissenschaftler wird die Naturphilosophie des Novalis wie ein historisches Kuriosum erscheinen, kühn, abenteuerlich, imponierend, aber durch den Siegeszug der modernen Forschung genau so widerlegt wie Goethes Farbenlehre. Die einseitig neuzeitliche Auffassung übersieht jedoch die ungeheuren Gefahren, die in ihrer oft rücksichtslosen Entschleierung der Natur liegen. Sie verkennt auch, daß den früheren Generationen die Schöpfung, wenn auch andersartig, so doch nicht weniger lebendig und sinnvoll aufgeschlossen war. «Die innere Musik der Natur» hatte Novalis erlauscht und ebenso die wunderlichen Figuren verstanden, «die zu jener großen Chiffreschrift zu gehören scheinen, die man überall, auf Flügeln, Eierschalen, in Wolken, in Schnee, in Kristallen usw.» feststellen kann[58]. Aus Novalis' Feder stammt das sibyllinische Wort vom Menschen, welcher «der Messias der Natur» ist. Dieses Schlüsselwort von Novalis rückt das ganze Verhältnis von Mensch und Natur in eine neue Perspektive. Die Natur hat sich dem Dichter auf eine unbekannte Weise erschlossen, er ist in ihr Inneres eingedrungen, erlebte sie als versteinerten Geist, als wundersames Gemüt und als aufblühende Vernunft, was als Vorstufe zu Böhmes Zentralschau zu gelten hat. Die Christenheit hat sich zu stark dem sympathetischen Naturverhältnis entfremdet, im Unterschied zu Paulus, der noch das Seufzen der stummen Kreatur hörte, und zu Franziskus, der sich mit ihr sogar verschwisterte. Wegen der bestürzenden Naturentfremdung der Christen nahm im Abendland die gottlose Naturbetrachtung überhand. Man betrachtete die Natur nicht mehr vom Schöpfer aus, sondern versuchte, aus der Natur eine Ersatzreligion zu machen, die nicht zum Ziele führen kann. Novalis ist einer der letzten Zeugen, der das wahre Verhältnis von Gott und Natur gesehen hat; nach ihm wurden die Weichen endgültig anders gestellt, ob wirklich zum Heil der Menschheit, bleibt fraglich.

Die Geschichtsauffassung wie auch das Naturverhältnis sind von einem Symbolismus bestimmt, den Novalis mit zahlreichen mystischen Ausführungen umkreist. Verschiedene Fragmente befassen sich mit der Bibel. Novalis las sie mit offenem, unvoreingenommenem Blick und verstand sie im Sinne des mystischen Spiritualismus: «Der heilige Geist ist mehr als die Bibel. Er soll unser Lehrer des Christentums sein – nicht toter, irdischer, zweideutiger Buchstabe[59].» Vor allem schränkte Novalis das göttliche Wort nicht auf die Bibel allein ein. «Wenn der Geist heiligt, so ist jedes echte Buch Bibel»; ja, im gesteigerten Bewußtsein sollte «jedes Menschen Geschichte eine Bibel sein[60].» Gegenüber der Starrheit einer abgeschlossenen Kanonsbildung frägt Novalis direkt: «Wer hat die Bibel für geschlossen erklärt? Sollte die Bibel nicht noch im Wachsen begriffen sein?[61]» Dem mystischen Dichter kam es darauf an, eine Bibel zu schreiben, die er als höchstes Ziel aller Schriftstellerei erklärte. Die Äußerung scheint im ersten Moment ein übermütiger Gedanke zu sein, liebten es doch die Romantiker, in genialen Stimmungen derartige Ideen auszusprechen. Novalis selbst war sich klar darüber, daß der Wunsch, eine Bibel zu verfassen, einen Hang zur Tollheit verrate; er ist an sich begreiflich, und doch kann ihm nicht ernsthaft nachgelebt werden. Novalis war der Anschauung zugetan, daß «in den Evangelien die Grundzüge künftiger und höherer Evangelien» liegen und daß das Neue Testament uns noch ein Buch mit sieben Siegeln sei[62]. Was wollte Novalis mit all diesen Randbemerkungen sagen? Nichts anderes als daß die Geschehnisse der Bibel nicht mit der grauen Vorzeit abgeschlossen sind. Sie wiederholen sich beständig, und darin besteht ihre zeitlose Aktualität. Novalis huldigte dem symbolischen Bibelverständnis, da für ihn «die Geschichte Christi ebenso gewiß ein Gedicht wie eine Geschichte ist»[63]. Die historisch-dogmatische Auffassung des Christentums mit ihrem ein-für-allemal-Standpunkt war damit überschritten, und Novalis hatte sich für das Lebendige entschieden.

Der Engelsharfe der Mystik hat Novalis gar mannigfache Töne entlockt. Unmöglich können alle Klänge in diesem Zusammenhang wiedergegeben werden. Aber wenigstens die Hymne über das Abendmahl erfordert eine nähere Erwähnung, weil in ihr das Geheimnis des mystischen Lebensgefühles gewahrt bleibt und doch zugleich einen dermaßen bedrängenden Ausdruck gefunden hat, daß sie zum unvergänglichen Gleichnis erhoben wurde:

Wenige wissen
das Geheimnis der Liebe

Fühlen Unersättlichkeit
Und ewigen Durst.
Des Abendmahls
Göttliche Bedeutung
Ist den irdischen Sinnen Rätsel;
Aber wer jemals
Von heißen, geliebten Lippen
Atem des Lebens sog,
Wem heilige Glut
In zitternde Wellen das Herz schmolz,
Wem das Auge aufging,
Daß er des Himmels
Unergründliche Tiefe maß,
Wird essen von seinem Leibe
Und trinken von seinem Blute
Ewiglich.
Wer hat des irdischen Leibes
Hohen Sinn erraten?
Wer kann sagen,
Daß er das Blut versteht?
Einst ist alles Leib,
Ein Leib;
In himmlischem Blute
Schwimmt das selige Paar. –
O! daß das Weltmeer
Schon errötete
Und in duftiges Fleisch
Aufquölle der Fels!
Nie endet das süße Mahl,
Nie sättigt die Liebe sich.
Nicht innig, nicht eigen genug
Kann sie haben den Geliebten.
Von immer zärteren Lippen
Verwandelt, wird das Genossene
Inniglicher und näher.
Heißere Wollust
Durchbebt die Seele.
Durstiger und hungriger
Wird das Herz:
Und so währet der Liebe Genuß

Von Ewigkeit zu Ewigkeit.
Hätten die Nüchternen
Einmal gekostet,
Alles verließen sie
Und setzten sich zu uns
An den Tisch der Sehnsucht,
Der nie leer wird.
Sie erkennten der Liebe
Unendliche Fülle
Und priesen die Nahrung
Von Leib und Blut.[64]

Novalis' Ausführungen sind nicht zu kommentieren, zumal alle erläuternden Worte sich immer nur an den Intellekt wenden, und den Maßstab der Logik beim Denken auszuschalten, war der Dichter ohnehin bestrebt. Sein Akkord aus des Weltalls Symphonie spricht in keiner Weise den Verstand an, der vor dieser geheimnisschweren Hymne nur zurückweichen kann. Wer diese Abendmahlshymne mehrfach und bei verschiedenen Gelegenheiten liest, dem wird sich eines Tages ihr Zungenreden plötzlich erschließen, und er wird verstehen, was freilich nicht mit dem Kopf verstanden werden kann, sondern allein mit dem Herzen: «Lernt es nur einmal fühlen! Diesen himmlischen, diesen natürlichsten aller Sinne kennt er noch wenig: durch das Gefühl würde die alte, ersehnte Zeit zurückkommen; das Element des Gefühls ist ein inneres Licht, das sich in schönen, kräftigen Farben bricht. Dann gingen die Gestirne in ihm auf, er lernte die ganze Welt fühlen, klarer und mannigfaltiger, als ihm das Auge jetzt Grenzen und Flächen zeigt. Er würde Meister eines unendlichen Spiels und vergäße alle törichten Bestrebungen in einem ewigen, sich selbst nährenden und immer wachsenden Genusse. Das Denken ist nur ein Traum des Fühlens, ein erstorbenes Fühlen, ein blaßgraues, schwaches Leben[65].» Das Gefühl ist ein metaphysischer Wert, und das Herz ist das religiöse Organ. Nur auf diesem Weg kann man den Hymnus überhaupt erahnen und in sich aufnehmen, während alle intellektuellen Erklärungen hierin gar nichts zu erläutern imstande sind, sondern das Zarte und Unaussprechliche nur zertreten. Das Gefühl des Herzens schlüpft gleichsam in das Innere der Hymnen ein, ihm ist der in diesen scheinbar schwerverständlichen Worten enthaltene Durchblick ohne weiteres zugänglich, und es freut sich gar innig, das darin verborgene Mysterium förmlich betasten zu können. Es ist unmöglich, dem ewigen Rätsel noch näher zu kommen, als es Novalis in dieser Hymne gelungen ist, in welcher die Mystik eine unnachahmliche Wortverkörperung fand. Sie ist des himmlischen Lebens voll und wunderbar verwandt der Heiligen Schrift.

Novalis' Abendmahlsauffassung ist nicht identisch mit der kirchlichen Interpretation. Weder mit der katholischen Messe, noch mit der lutherischen Ubiquitätslehre und erst recht nicht mit Zwinglis Gedächtnismahl kann sie in Übereinstimmung gebracht werden, und doch ist in ihr von allen auch etwas enthalten. Das innere Gefühlsverstehen hat von Novalis' Frage auszugehen: «Ist die Umarmung nicht etwas dem Abendmahl Ähnliches?[66]» Sicherlich, jedoch nur für den, der des irdischen Leibes hohen Sinn erraten hat und der weiß, daß einst alles ein Leib sein wird. Wie jede tiefere Auffassung der Kommunion dem mystischen Bereich angehört, so auch Novalis' Abendmahlsverständnis. Für des Dichters Sinn ist im Abendmahl Heiliges gegenwärtig, und Himmlisches ereignet sich spürbar in ihm. Novalis' Hymne kann dem neuzeitlichen Menschen zu einer Wegleitung werden, die zu unbekannten Tiefen führt, denn auch der moderne Leser ist aufgefordert, von heiliger Glut übermannt sich an den Tisch der Sehnsucht zu setzen und sich in mystischer Liebe wieder an dem nie endenden Mahle zu beteiligen. Dann werden auch die Nüchternen eine «Regeneration des Paradieses» erleben und mit Novalis freudetrunken bekennen: «Das Paradies ist gleichsam über die ganze Erde verstreut und daher so unkenntlich geworden. Seine zerstreuten Züge sollen vereinigt werden[67].»

Dem Unaussprechlichen der Mystik vermochte Novalis wieder auf eine berückende Art Worte zu verleihen. Es weckte in ihm sogar das Bedürfnis, neue Predigten zu verfassen. Seltsamer Wunsch eines Dichters, da doch die Predigten das Unkünstlerischste sind, was es gibt. Novalis dachte jedoch nicht an die üblichen Predigten, die man allsonntäglich in den Kirchen zu hören bekommt und die oft mehr Heiliges verdecken als entzünden. Er hatte höhere Gedanken von der Verkündigung, die sich mit der periodischen Überforderung der Geistlichen nicht vertrug: «Jede Predigt soll Religion erwecken, Religionswahrheiten vortragen. Sie ist das Höchste, was ein Mensch liefern kann. Jede Predigt ist eine Inspirationswirkung – eine Predigt kann nur, muß genialisch sein[68].» Das sind erstaunliche Sätze, denen einzig Meister Eckharts Predigten Rechnung tragen. Novalis wollte nicht dogmatische Predigten im überlieferten Sinn verfertigen, er wollte Worte mitteilen, die unmittelbar zur Erregung des heiligen Intuitionssinnes und zur Belebung der Herzenstätigkeit dienen. In diesem Ringen ist der Dichter zu der entscheidenden und heute völlig vergessenen Einsicht vorgestoßen: «Predigten sollten eigentlich Legenden heißen, denn der eigentliche Stoff der Predigten ist der Legendenstoff[69].» Kurz, es sollten neue Predigten sein, wie man sie seit langem nicht mehr gehört hatte, Predigten, die wie der Lerche Jubelgesang zum Himmel steigen. Schade, jammerschade, daß er sie nicht ausgeführt hat. Eine einzige nur hat er niedergeschrieben, und die klingt bis zum heutigen Tag nach: «Die Christenheit oder Europa».

Die kleine Schrift hat bei ihrem Erscheinen viel Staub aufgewirbelt, wie es sich gebührt beim Aussprechen einer neuen Botschaft, die zugleich das alte Wahre ist. Die Leser waren über die konservativen Ansichten des Novalis entsetzt, man konnte sich in protestantischen Kreisen eines peinlichen Gefühles nicht erwehren. Sogar Goethe, der doch gewiß ein weitherziger Beurteiler war, lehnte diese Schrift ab und war gegen ihre Veröffentlichung. Diese Zurückweisung beruhte auf einer Verkennung, die am inneren Anliegen von Novalis' Schrift vorbeigeht. «Die Christenheit oder Europa» ist eine Predigt im wirklich legendären Sinn, sie ist keine geschichtliche Darlegung. Der Historiker dürfte zu den darin behandelten Fragen noch allerlei zu sagen haben. Wer jedoch den historischen Maßstab an die Schrift heranträgt, der muß zu einem falschen Verständnis gelangen. Novalis entwickelt eine Geschichtsphilosophie, die mit der Geschichtsschreibung eng verbunden und doch von ihr zu unterscheiden ist. Für den predigenden Geschichtsphilosophen sind Rom und Jerusalem Metaphern und nicht geographische Orte.

Die neue Predigt beginnt mit einem Lobpreis auf das Mittelalter. Die Liebe zur gotischen Zeit durchzieht Novalis' Ausführungen von der ersten bis zur letzten Zeile. Der Dichter gehört zu den Entdeckern des Mittelalters, und diese Tat sollte ihm unvergessen bleiben. Hat er doch in der ausgehenden Aufklärung gelebt, und dieses Zeitalter war bis zur Ungerechtigkeit blind gegen das Mittelalter. Damals ist der Ausdruck «dunkles Mittelalter» aufgekommen, man sprach von Barbarei, was aber mit der Wirklichkeit nicht übereinstimmte. Naheliegenderweise hat Novalis in seiner Entdeckerfreude das Mittelalter idealisiert und nur die glänzenden Seiten wahrgenommen. Das war eine zeitbedingte Reaktion auf die langandauernde Schmähung dieser Epoche. Das Mittelalter besitzt neben allem Schauerlichen unstreitig auch Größe und Tiefe. Wenn man heute das Mittelalter wieder in seinem ihm eigenen Lichte sehen kann, Helle und Dunkelheit in ihm wahrzunehmen vermag, so verdankt man die Sicht vom heiligen Geist des Mittelalters vor allem der romantischen Bewegung, welche die erste Bresche in die Mauer der Vorurteile geschlagen hat.

Aus der neuen Schätzung des Mittelalters ergab sich eine heftige Verurteilung der Reformation. Über sie hat der milde Novalis einige harte Worte gesprochen, indem er dem Protestantismus vorwarf, er habe das Untrennbare getrennt, das Christliche irreligiöserweise in Staatsgrenzen eingeschlossen und das Evangelium willkürlich behandelt. «Daher zeigt uns auch die Geschichte des Protestantismus keine herrlichen großen Erscheinungen des Überirdischen mehr, nur sein Anfang glänzt durch ein vorübergehendes Feuer des Himmels, bald nachher ist schon die Vertrocknung des heiligen Sinnes bemerklich[70].» Mit der Reformation war es nach Novalis um die Christenheit getan, sie löste sich in zunehmendem Maße auf. Dem Protestantismus gegenüber erfährt der Jesuitenorden eine Anerkennung als diejenige Bestrebung, welche die verlorengegangene Einheit wiederherstellen wollte, die Novalis vor allem am Herzen lag.

Die Ansicht von der zersetzenden Wirkung des Protestantismus im Gegensatz zu dem Lobgesang auf die universale Katholizität des Mittelalters forderte die heftige Ablehnung des Schriftchens heraus. Der Entrüstung gegenüber sei daran erinnert, daß nur ein evangelischer Christ die Freiheit aufbringen konnte, dermaßen unabhängig von der eigenen Konfession zu urteilen. Einem Katholiken wäre es nicht gestattet gewesen, eine solche Umkehrung des Urteils gegenüber seiner Kirche auszusprechen. Sicher hat der Dichter die verborgene Geschichte des mystischen Lebens in der evangelischen Christenheit zu wenig gekannt, und deswegen hat er sich in eine ungerechte Beurteilung verirrt. Auch hat Novalis, wie alle eifernden Prediger, übers Ziel hinausgeschossen. Die gelegentliche Übertreibung gehört nun einmal zum Bußpredigerton. Trotzdem ist Novalis' Problemstellung nicht vollständig von der Hand zu weisen. Seine Ausführungen als Frage und nicht als Antwort verstanden, sind durchaus ernst zu nehmen. Die Reformation hat leider ihr Ziel nur teilweise erreicht. Statt eine Erneuerung der Kirche an Haupt und Gliedern herbeizuführen, erfolgte eine Spaltung der Christenheit, und deshalb ist die Frage berechtigt, ob das Geschehen des 16. Jahrhunderts durchaus als ein erfreuliches zu bezeichnen ist. Es lohnt sich, das Problem des Protestantismus auch einmal von dieser Seite her wenigstens durchzudenken, auch wenn man zu einem andern Resultat gelangt. In Novalis' Beurteilung steckt das gleiche Wahrheitselement, das auch Kirejewskij vom Standpunkt der Ostkirche gegen den Protestantismus geltend gemacht hat, obschon es das protestantische Selbstbewußtsein verletzt und am tiefsten Anliegen Luthers vorbeigeht.

Keineswegs redet Novalis einer einfachen Rückkehr zur alten Kirche das Wort. Die Unmöglichkeit dieses Weges war ihm klar, schreibt er doch selbst, «das alte Papsttum liegt im Grabe» [71]; diesen Satz hat bezeichnenderweise der Konvertit Schlegel bei der ersten Veröffentlichung des Schriftchens unterschlagen. Es geht Novalis nicht um eine empirische Kirche. Dies spürt jeder, der nur ein wenig von seinem Geiste ergriffen worden ist. Novalis ruft zu einer neuen Christenheit auf, er hält «eine zweite Reformation» für notwendig und betrachtet «wahrhafte Anarchie als das Zeugungselement der Religion» [72]. Mit Seherblick sah er «so lange Blut über Europa strömen, bis die Nationen ihres fürchterlichen Wahnsinnes gewahr werden, der sie im Kreise herum treibt» [73], eine Prophezeiung, die in der ersten Hälfte des 20. Jahrhunderts unheimlich wahr geworden ist. Der johanneische Mann schließt jedoch nicht mit einer düsteren Weissagung, sondern schwingt sich zuletzt zu dem sieghaften Glauben auf: «Nur Geduld, sie wird, sie muß kommen, die heilige Zeit des ewigen Friedens, wo das neue Jerusalem die Hauptstadt der Welt sein wird [74].»

Ablehnung oder Zustimmung dürfen nicht daran hindern, die entscheidende Frage in Novalis' Schrift wahrzunehmen: Die Christenheit oder Europa! Um dieses eine Problem geht es tatsächlich, heute mehr denn je, und ihm gegenüber hat die Beurteilung von Mittelalter und Reformation ganz zurückzutreten. Die Frage greift an das Mark des Lebens. Novalis hat sie mit prophetischem Spürsinn erstmals in aller Dringlichkeit gestellt. Das Abendland ist nur durch das Christentum zum Abendland geworden. Das Christentum hat es konstituiert. Es bildet – neben Hellas – seine Grundlage, welche das ganze Gebäude trägt. Entläßt nun das Abendland das Christentum, wofür in der Gegenwart bedrohliche Anzeichen vorliegen, dann stürzt es in sich zusammen, Europa vegetiert nur noch, ist bloß noch ein geographischer Begriff. Das Abendland hat nur als christliches Abendland substanzielle Bedeutung, und als bloßes Europa aufgefaßt, sinkt es zu einer vorderasiatischen Halbinsel herab, die der Welt kein eigenes Wort mehr zu sagen hat. Aus diesem Grunde muß die Schicksalsfrage «Christenheit oder Europa» gestellt werden, nachdrücklich und immer wieder, weil sie über Sein oder Nichtsein entscheidet. Bezeichnenderweise hat sie ein Mystiker und kein gewiegter Politiker mit flammenden Worten dem Leser vor die Augen geführt. Von ihrer Beantwortung hängt die abendländische Zukunft ab.

Die Schrift «Die Christenheit oder Europa» gehört zu den neuen Legendenpredigten, deren Herausgabe Novalis plante. Es war nur eine von ihnen. Aber welch ungewöhnliche Kraft lebt in ihr! Eine Predigt voll von Fanfarentönen, die man jedenfalls nicht mehr vergißt. Sie hat zugleich etwas von der Monotonie der johanneischen Abschiedsreden an sich, und bei allen Einwänden wird man mit ihr nie fertig. Warum wohl nicht? Weil sie, tiefer gesehen, nicht von einem Romantiker, sondern von einem Kinde und seinem Johannes verfaßt wurde. Novalis war eine deutsche Aljoscha-Gestalt, die man in ihrer Subtilität kaum adäquat darstellen kann. Nur ein Mensch, der eine Mystik der Spätstunde vertrat, konnte die geistige Situation in dieser Bedrängnis erleben. Auf der Schwelle zwischen dem Diesseits und dem Jenseits stehend, spielte sich das unfaßliche Ereignis seines Lebens ab, und mit seiner lichtvollen Magie hat er noch einmal das Tor zu der Wunderwelt aufgetan!

EPILOG

In meiner Studierstube steht kein moderner Diplomatenschreibtisch, auf dessen weiter Fläche es sich bequem schreiben läßt, sondern ein altmodischer, nicht unschöner Schreibtisch, der von den Vorfahren stammt. Als ich ihn in Besitz nehmen durfte und bei dieser Gelegenheit die zahlreichen Schubladen untersuchte, fand sich unter vielen Briefschaften und Papieren ein gelbes Couvert, mit braunem Siegellack verschlossen. Beim Öffnen fielen einige Blätter heraus, mit deutscher Schrift waren sie beschrieben, und die verblichene Tinte hatte noch einen blassen Schimmer, gerade kräftig genug, um die Worte zu entziffern. Die Ausführungen trugen weder Unterschrift noch Datum, so daß über den Verfasser nur Vermutungen angestellt werden konnten – wahrscheinlich hatte er an seine Enkel gedacht. Die Überschrift erweckte meine Neugierde, und ich begann die verschnörkelten Schriftzüge sogleich zu lesen, die offenbar in einer stillen Stunde dem Papier und nur ihm allein anvertraut worden waren. Der Inhalt stimmte mich nachdenklich, sooft ich ihn seither las, und jahrelang bewahrte ich die Blätter pietätvoll am gleichen Orte auf. Diese Aufzeichnungen scheinen mir nicht ungeeignet zu sein, eine Skizze des mystischen Lebens in der evangelischen Christenheit würdig abzuschließen, da auch sie sichtlich in einem Zusammenhang mit der heimlichen Weisheit stehen. Die Vermächtnisblätter bedürfen keiner weiteren Erläuterung, das Dokument spricht deutlich genug für sich selbst, und ohne eine Silbe hinzuzufügen, sei es hier angeführt:

Eine vertrauliche Mitteilung

«Mehrfach ist mir der Gedanke gekommen, und es scheint mir, ich bin auf dem schmalen Wege mit der Überlegung, daß erst die Verstorbenen und nicht schon die in der Buntheit des Daseins verstrickten Menschen das Leben richtig zu deuten verstehen. Während ich dies schreibe, zähle ich zwar noch nicht zu den Verewigten; im Moment aber, da ihr, meine Nachkommen, die persönlichen Zeilen leset, liege ich schon auf dem Gottesacker und gehöre dem jenseitigen Land an, dem Land, in dem alle Dinge in ein anderes Licht gerückt sind. Der seltsame Umstand, wie mich bedünkt, verbietet allzu viele Worte, ganz besonders solche, die nur der irdischen Eitelkeit frönen.

Ich möchte hier nicht meinen einfachen Lebenslauf erzählen – oh, ich achte ihn nicht gering, denn ich weiß wohl, daß meine lange Lebensreise ein Geschenk des Allerhöchsten ist, für das ich bei allem Schweren, das sie enthielt, nur aufrichtig danken kann. Davon abgesehen, kann im Angesicht der Ewigkeit die Lebensgeschichte von wenig anderem handeln als von sündhafter Verzögerung, um nicht zu sagen von schlimmer, läßlicher Versäumnis. Außer den vielen Unzulänglichkeiten gäbe es wenig zu berichten, vor allem nichts Rühmliches, wohl aber manches zu Bereuende; ja, und wenn man erst mit Ernst das menschliche Leben bedenkt, so findet sich gar kein anderes Wort dafür, als jenes, das der Heiland gesprochen hat: ‚Wir sind unnütze Knechte, wir haben getan, was wir zu tun schuldig waren.‘

Der Schreibende will eine Begebenheit aus der Biographie seiner Seele erwähnen, die um mehreres wesentlicher ist als die frohen und traurigen Wechselfälle des Lebens, die jetzt ohnehin im Lethestrom zu versinken im Begriffe sind. Das Innere wiegt immer mehr als das Äußere, bei dem das Menschenkind wohl irgend etwas erkennt, sich in der Folge ein Bild davon macht und am Schluß sich des Gefühles nicht erwehren kann, nur das Allergröbste erfaßt zu haben oder gar einer ihm übel mitspielenden Täuschung zum Opfer gefallen zu sein. Über das wichtigste Ereignis meiner inneren Lebensgeschichte habe ich zu meinen Lebzeiten zu keinem Menschen auch nur ein Sterbenswörtchen gesagt; wenn ich aber nicht mehr der Zeitlichkeit verhaftet sein werde, dann darf die vertrauliche Mitteilung gelesen werden, ohne daß damit eine Untreue begangen würde.

Aus meiner frühesten Kindheit besitze ich eine Erinnerung, die sehr deutlich vor mir steht, wohl deshalb, weil meine geliebte Mutter sie mir später manchmal in scherzendem Tone vorgehalten hat. Die kleine Episode spielte sich in meinem vorschulpflichtigen Alter ab und hat es mit einer Charaktereigentümlichkeit von mir zu tun, die darin besteht, daß ich mich schon damals am liebsten zu Hause aufgehalten habe. Meine Mutter, durch viele Arbeit stark in Anspruch genommen, versuchte mich des öftern zu überreden, mich in die kleine, dem Hause gegenüberliegende Gartenanlage zu begeben, um dort an einem Sandhaufen zu spielen. Nach langem Überredungsaufwand hatte sie mich so weit gebracht, daß ich endlich mit meinem blauen Kesselchen und dem dazu gehörenden Schäufelchen abzog. Aber es vergingen kaum fünf Minuten, so läutete die Türglocke, und ich stand zur Enttäuschung und Verwunderung meiner Mutter schon wieder da. Auf die erstaunte Frage der Mutter, warum ich denn schon wieder heimkomme, habe ich die Antwort gegeben: ‚Die andern Kinder lassen mich doch nicht allein.‘

Es war ein bloßes Kindersätzlein, im Alter von vier Jahren gesprochen, aber wie es hie und da im Leben geschieht, ist auch in diesen paar Worten mein späteres Schicksal vorweggenommen: allein zu sein! Schon als kleines Kind wollte ich nicht mit den Nachbarskindern spielen, und später fand ich den nahen Kontakt zu einem Kameraden nicht mehr. Ich habe während meiner Schulzeit keinen Freund gehabt, mit dem ich eine innigere Zwiesprache hätte pflegen können, etwa in der Art: Mich dünket, dies sei so, was meinst du dazu? Das Glück der Freundschaft blieb mir versagt, jener Freundschaft, die im Alten Bund mit den Worten geschildert wird: das Herz Jonathans verband sich mit dem Herzen

Davids. Nie habe ich die Süße dieser Worte erlebt. Während meiner Semester im nördlichen Deutschland habe ich kaum mit einem Studenten nur ein Wort gewechselt; am Abend hörte ich sie manchmal von ferne ihre fröhlichen Lieder singen, ich aber saß allein in meinem Zimmer und las. Zurückgekehrt in die Heimat, habe ich nur ganz am Rande der Universität geirrlichtert und bin auch da keinem Kommilitonen nähergetreten. Über Probleme, die mich in meinem Beruf beschäftigten, konnte ich mit keinem Manne reden, es begegnete mir auch keiner, von dem ich das Gefühl empfangen hätte, er werde von den gleichen Gedanken bewegt.

Ich schreibe dies nicht in einem klagenden Sinn. Ist es nur mir so ergangen? Ist dieses Alleinsein nicht das Los gar vieler Menschen geworden, namentlich seitdem der erste Pfiff der Eisenbahn die Menschen eher weiter auseinanderrückte? Sie sind sich durch das Dampfroß doch nicht nähergekommen. Der kindliche Wunsch, allein zu sein, wurde zur Bestimmung meines Lebens, wenn es mir auch nicht immer leicht fiel, mich ihr zu unterziehen. Es war mir in keiner menschlichen Gesellschaft wohl zu Mute, ich fühlte mich deplaziert, als gehörte ich nicht dazu. Dieses Gefühl des Fremdseins unter den Menschen erfuhr eine Milderung durch meine Ehe, indem meine Gattin mir viel verstehende Liebe entgegenbrachte und mich davor bewahrte, gänzlich zu einem grillenhaften Eigenbrötler zu werden, wozu ich Anlage und Neigung besaß. Trotzdem litt ich in manchen Stunden darunter, daß mir die Freundschaft mit gleichgesinnten Männern verwehrt war. Mehr als einmal ist der Wunsch nach einem geistigen Seelenaustausch brennend in mir aufgestiegen. Die Sehnsucht konnte und durfte keine Erfüllung finden, schon wegen meiner ungeselligen Lebensweise und dann noch mehr meiner Arbeit wegen, die keine Zerstreuung ertrug.

Da geschah es einmal – nur zögernd und errötend schreibe ich es nieder –, da inmitten des quälenden Bewußtseins um die versagte Gemeinschaft eine Stimme leise und deutlich in mir sprach: Was begehrst du Freundschaft mit Menschen, die gewöhnlich doch mit Enttäuschung endigt, während du doch jederzeit die Freundschaft des Allerhöchsten haben kannst! Ich erinnere mich des Tages, als wäre es gestern gewesen, weiß die Örtlichkeit, wo die innere Stimme es mir zuflüsterte, weiß, daß es um die Mittagszeit zwischen ein und zwei Uhr geschehen ist. Nie mehr habe ich diese Eingebung von oben vergessen, das Innerste und Höchste zugleich hat sich in mir aufgetan. Die direkte Antwort Gottes auf meine Frage der Einsamkeit fiel auf den Grund der Seele und löste in mir ein ähnliches Seligkeitsgefühl aus, wie ich es verspürte, als ich einst mitten in der Nacht erwachte, weil ich im Traume die Worte aus einer Kantate Johann Sebastian Bachs laut gehört hatte: ‚Und habe mich mit dir in Ewigkeit vertraut.‘

So begann in meinem Leben das, was ich beschämt, bestürzt und beglückt zusamt als seine größte Gabe empfand: die Gottesfreundschaft! Das im Hinblick auf Abraham geschriebene Wort im Jakobusbrief ,und ist ein Freund Gottes geheißen' schwebte mir fortan als hohes Vorbild vor den Augen, und wie eine entzückende Melodie klang es mir in den Ohren. Was vom Vater des Glaubens Großes berichtet wurde, dem wollte ich im kleinen nachstreben. Gott schenkt den Menschen seine Freundschaft, und der Mensch hat sie demütiglich entgegenzunehmen als das, was sie ganz sicher ist: der Seelen Seligkeit, die ihn für alle vermißte Menschenfreundschaft tausendfach entschädigt. Kaum mehr hat sich seither nur eine Stunde das Gefühl des Alleinseins eingestellt, dieweil es immer von jener Entschlossenheit überflutet wurde, welche der alte Liederdichter in die Worte kleidete: ,Ich will dich lieben, o mein Leben, als meinen allerbesten Freund.' Nie habe ich mir eingebildet, ich sei der einzige Mensch, der dieser tröstlichen Gottesfreundschaft gewürdigt wurde. Im Gegenteil, ich bin tief überzeugt davon, daß vor mir ungezählte Menschen das gleiche erlebt haben: die Erfahrung von der immerwährenden Anwesenheit Gottes, welche der innerste Kern der Gottesfreundschaft ist. Bedauert habe ich zuweilen einzig, daß die Gelehrten, die doch so viele Bücher geschrieben haben, noch nie die Gottesfreundschaft zu erforschen versuchten. Wahrscheinlich hätten sie aber mit ihrem allzu klugen Verstand das unergründliche Geheimnis doch verfehlt. Die Gottesfreundschaft lehrte mich, das innere Leben immer besser zu verstehen, was Wunder, daß meine Gedanken und Gefühle stets ausschließlicher um dieses eine Thema kreisten. In aller Bescheidenheit darf ich feierlich beteuern, daß das verborgene Innenleben für mich zu der stärksten Wirklichkeit wurde, der gegenüber alles andere verblich. Von ihm hier näher und ausführlicher zu reden, wäre ein Verstoß gegen die Anweisung des Herrn Jesu, in das stille Kämmerlein zu gehen und die Türe zuzuschließen, ganz abgesehen davon, daß es meine geringe Ausdrucksfähigkeit bei weitem übersteigen würde. Es braucht davon nichts weiter bekannt zu werden als nur das Eine, daß es real, bedrängend und erfüllend vorhanden war und daß die Gewißheit leuchtend in mir lebte: ,Ich werde mit euch wohnen in eurem Hause.'

Nachdem ich dies mitgeteilt habe, bleibt mir weiter nichts mehr zu sagen übrig. Es war mir nur darum zu tun, ein Zeugnis abzulegen über die unendliche Freude, welche die Freundschaft mit dem Ewigen in sich schließt. Aller Ratlosigkeit bereitet sie ein Ende. Und wenn einst mein armer Lazarus in Abrahams Schoß ist, wird die Gottesfreundschaft noch eine viel intensivere Steigerung erfahren. Es wird nach mir wieder Menschen geben, die sie bewußt pflegen, und es wird die wahrhaft freundschaftliche Beziehung zum höchsten Gut der Güter gar nie aufhören, dieweil gestern, heute und morgen das glückselige Wort Christi aus dem Johannes-Evangelium den Jünger mitten ins Herz treffen wird: ,Ihr seid meine Freunde.'»

QUELLENNACHWEIS

Geständnis

[1] S. Stolpe: Das Mädchen von Orléans, 1954, S. 156; [2] N. Berdjajew: Die Philosophie des freien Geistes, 1930, S. 287; [3] M. Buber: Die chassidische Botschaft, 1952, S. 217; [4] M. Susman: Eine Blütezeit jüdischer Mystik, in Lit. Blättern, 1948, S. 3; [5] Psalm 50, 8; [6] K. Pfleger: Dialog mit Peter Wust, 1953, S. 230.

Martin Luther

[1] Luthers Werke (E. A.) 19, 405; [2] L. Ziegler: Das Lehrgespräch vom allgemeinen Menschen, 1956, S. 15; [3] Hermann Hering: Die Mystik Luthers, 1879, S. 292; [4] Erich Vogelsang: Luther und die Mystik, in Luther-Jahrbuch 1937, S. 52; [5] E. A. 11, 120; [6] ibid. 57, 9; [7] A. Béguin: Georges Bernanos, 1958, S. 147; [8] Luther: Römerbriefvorlesung, ed. Ellwein, 1927, S. 251; [9] R. Bainton: Hier stehe ich, 1952, S. 29; [10] K. Meissinger: Der katholische Luther, 1952, S. 125 u. 294; [11] Das Büchlein vom vollkommenen Leben, ed. Büttner, 1920, S. 1; [12] E. A. 63, 238; [13] ibid., 63, 239; [14] Luther: Römerbriefvorlesung, S. 310; [15] Meissinger, a. a. O., S. 126; [16] Alphons Victor Müller: Luther und Tauler, 1918, S. 25; [17] Böhmer: Luther im Lichte der neueren Forschung 1918, S. 68; [18] Vgl. H. Bornkamm: Eckhart und Luther, 1936; [19] E. A. 19, 365; [20] 1. Kor. 6, 7; [21] Luther: Römerbriefvorlesung, S. 120; [22] G. Ritter: Luther der Deutsche, 1935, S. 35; [23] Rudolf Otto: Luthers Rechtfertigungslehre und die Mystik, in Sünde und Urschuld, 1932, S. 178; [24] W. Löwenich: Luthers Theologia cruxis, 1954, S. 245; [25] Luther: Römerbriefvorlesung, S. 90; [26] Luther: Das Magnificat, 1929, S. 5; [27] E. A. 23, 250; [28] ibid., 7, 276; [29] ibid., 23, 251; [30] ibid., 46, 296; [31] ibid., 17, 36; [32] Johannes Calvin: Lebenswerk in seinen Briefen, ed. Schwarz, 1909, Bd. II, S. 258; [33] Meissinger: a. a. O., S. 155.

Thomas Müntzer

[1] 1. Sam. 10, 11; [2] Thomas Müntzer: Sein Leben und seine Schriften, ed. Brandt, 1933, S. 113 u. 149; [3] Thomas Müntzers Briefwechsel, ed. Böhmer und Kirn, 1931, S. 14; [4] Annemarie Lohmann: Zur geistigen Entwicklung Thomas Müntzers, S. 34; [5] Briefwechsel, a. a. O., S. 131; [6] H. Böhmer: Gesammelte Aufsätze, 1927, S. 199; [7] Schriften, a. a. O., S. 133; [8] ibid., S. 130; [9] ibid., S. 189; [10] ibid., S. 157; [11] ibid., S. 114; [12] ibid., S. 119; [13] E. Strobel: Thomas Müntzer, 1795, S. 40; [14] G. Arnold: Kirchen- und Ketzerhistorie, 1729, Bd. I, S. 466; [15] Strobel, a. a. O., S. 7; [16] J. K. Seidemann: Thomas Müntzer, 1842, S. 59; [17] Schriften: a. a. O., S. 154; [18] ibid., S. 128; [19] ibid., S. 127; [20] ibid., S. 116; [21] ibid., S. 141; [22] ibid., S. 114; [23] Seidemann, a. a. O., S. 23; [24] Schriften, a. a. O., S. 139; [25] ibid., S. 145; [26] ibid., S. 131; [27] ibid., S. 129; [28] ibid., S. 178; [29] ibid., S. 156; [30] Joachim Zimmermann: Thomas Müntzer, 1925, S. 54; [31] Schriften, a. a. O., S. 177; [32] ibid., S. 61; [33] ibid., S. 154; [34] ibid., S. 168; [35] Briefwechsel, a. a. O., S. 145; [36] Luthers Werke, (E. A.), 61, 64; [37] Schriften, a. a. O., S. 158; [38] Günther Franz: Der Deutsche Bauernkrieg, 1933, S. 419; [39] Schriften, a. a. O., S. 159 u. 160; [40] W. Zimmermann: Großer deutscher Bauernkrieg, 1913, S. 681; [41] Thiel: Martin Luther, 1952, S. 442; [42] Ernst Bloch: Thomas Müntzer, 1921, S. 109; [43] Schriften: a. a. O., S. 37.

Kaspar Schwenckfeld

[1] Will-Erich Peuckert: Schlesien, 1950, S. 115; [2] H. W. Erbkamm: Geschichte der protestantischen Sekten im Zeitalter der Reformation, 1848, S. 363; [3] G. Arnold: Kirchen- und Ketzerhistorie, 1729, Bd. I, S. 708; [4] Karl Ecke: Schwenckfeld, Luther und der Gedanke einer apostolischen Reformation, 1911, S. 33; [5] ibid., S. 58; [6] ibid., S. 94; [7] ibid., S. 102; [8] Rufus Jones: Geistige Reformatoren des 16. und 17. Jahrhunderts, 1925, S. 84; [9] E. Hirsch: Zum Verständnis Schwenckfelds, in Festgabe für K. Müller, 1922, S. 163; [10] G. Arnold, a.a.O., Bd. I, S. 706; [11] Luthers Werke, (E. A.), 53, 383; [12] ibid., 58, 31; [13] ibid., 32, 397 und 65, 219; [14] Ecke, a.a.O., S. 49; [15] ibid., S. 49; [16] Erbkamm, a.a.O., S. 418; [17] Ecke, a.a.O., S. 46; [18] ibid., S. 41; [19] R. Grützmacher: Wort und Geist, 1902, S. 165; [20] Jones, a.a.O., S. 92; [21] Arnold: a.a.O., Bd. I, S. 709; [22] Jones: a.a.O., S. 91; [23] Erich Seeberg: Der Gegensatz zwischen Zwingli, Schwenckfeld und Luther, in Reinhold Seeberg Festschrift, 1929, Bd. I, S. 57; [24] Jones: a.a.O., S. 103; [25] Ecke, a.a.O., S. 180; [26] Jones, a.a.O., S. 96; [27] Erbkamm: a.a.O., S. 457; [28] Ecke, a.a.O., S. 109; [29] ibid., S. 179; [30] ibid., S. 179; 31 Jones, a.a.O., S. 85; [32] Arnold, a.a.O., Bd. I, S. 717; [33] Erbkamm, a.a.O., S. 420; [34] Ecke, a.a.O., S. 335; [35] Müller: Die symbolischen Bücher der evang.-lutherischen Kirche 1882, S. 560; [36] Protestantische Realenzyklopädie, Bd. 18, S. 76; [37] Hirsch, a.a.O., S. 169; [38] Jones, a.a.O., S. 80; [39] A. Hermelink: Geschichte der evangelischen Kirche in Württemberg, 1949, S. 22.

Sebastian Franck

[1] Franck: Paradoxa, (ed. Ziegler) 1909, S. XXXIV; [2] ibid., S. 2; [3] A. Hegler: Geist und Schrift bei Franck, 1892, S. 36; [4] Will-Erich Peuckert: Seb. Franck, 1943, S. 62; [5] Hegler, a.a.O., S. 36; [6] Peuckert, a.a.O., S. 64; [7] Paradoxa, a.a.O., S. 213; [8] R. Stadelmann: Vom Geist des ausgehenden Mittelalters, 1929, S. 118; [9] H. O. Burger: Gedankenwelt der großen Schwaben, 1951, S. 105; [10] Peuckert, a.a.O., S. 41; [11] Franck: Kriegsbüchlein des Friedens, (ed. Klink) 1929, S. 23; [12] ibid., S. 49; [13] Paradoxa, a.a.O., S. VII; [14] Peuckert, a.a.O., S. 63; [15] A. Hegler: Beiträge zur Geschichte der Mystik in der Reformationszeit, 1906, S. 113; [16] Mt. 10, 23; [17] Paradoxa, a.a.O., S. XIV; [18] ibid., S. 210; [19] Hegler: Geist und Schrift bei Franck, S. 16, 58, 119; [20] Paradoxa, a.a.O., S. 8; [21] ibid., S. 274; [22] ibid., S. 91; [23] ibid., S. 93; [24] ibid., S. 126; [25] Jesus Sirach, 33, 15; [26] Paradoxa, S. 33; [27] ibid., S. 39; [28] ibid., S. 41; [29] ibid., S. 197; [30] ibid., S. 261; [31] ibid., S. 13; [32] ibid., S. 76; [33] ibid., S. 121; [34] ibid., S. 325; [35] Hegler, a.a.O., S. 42; [36] Paradoxa, S. 145; [37] ibid., S. 149/50; [38] ibid., S. 233; [39] Pascal: Pensées, ed. Wasmuth, 1937, Nr. 553; [40] Paradoxa, S. 149; [41] ibid., S. 271/72; [42] ibid., S. 227; [43] ibid., S. 155; [44] ibid., S. 109; [45] ibid., S. 161; [46] ibid., S. 139; [47] Albert Schweitzer: Kultur und Ethik, 1923, S. 232; [48] Paradoxa, S. 46; [49] ibid., S. 77; [50] ibid., S. 282; [51] ibid., S. 177; [52] ibid., S. 188; [53] Luthers Werke, (E. A.), 63, 385/86; [54] E. Troeltsch: Die Soziallehren der christlichen Kirchen, 1919, S. 888; [55] K. Holl, Gesammelte Aufsätze: Luther, 1923, S. 436; [56] W. Dilthey: Gesammelte Werke, Bd. II, S. 85 und 89; [57] Hermann Körner: Studien zur geistesgeschichtlichen Stellung Sebastian Francks, 1935, S. 64; [58] Franck: Kriegsbüchlein, a.a.O., S. 56; [59] Paradoxa, S. 41; [60] ibid., S. 222.

Valentin Weigel

[1] 2. Kor., 4, 16; [2] Weigel: Von dem Leben Christi, 1618, Kap. XLI; [3] Weigel: Dialogus de Christianissimo, 1618, Kap. 3; [4] ibid., Kap. 2; [5] Abgedruckt bei J. Opel: Valentin

Weigel, 1864, S. 342/55; [6] Mt. 6,6; [7] Weigel: Ein schön Gebetbüchlein, 1618, Kap. 17; H. Maier: Der mystische Spiritualismus Weigels, 1926, S. 78; [9] Gebetbüchlein, a.a. O., Kap. 36; [10] Dialogus, a.a.O., Kap. 2; [11] Weigel: Leben Christi, Kap., XLII; [12] Weigel: Der güldene Griff, 1617, Kap. 17; [13] Weigel: Gnothi seauton, 1618, 3. Teil, S. 7; [14] Will-Erich Peuckert: Die Rosenkreutzer, 1928, S. 21; [15] Weigel: Von der seligmachenden Erkenntnis Gottes, Kap. 26; [16] Gülderner Griff, Kap. 20; [17] ibid., Kap. 17; [18] ibid., Kap. 24; [19] ibid., Kap. 24; [20] ibid., Kap. 8; [21] Leben Christi, Kap. XXXV; [22] Erkenntnis, a.a.O., Kap. 12; [23] Dialogus, Kap. 1; [24] Gebetbüchlein, Kap. XII; [25] Güldener Griff, Kap. 5; [26] Gebetbüchlein, Kap. 16; [27] Dialogus, Kap. 2; [28] Erkenntnis, Kap. 14; [29] 2. Kor., 13, 5; [30] R. Jones: Geistige Reformatoren des 16. und 17. Jahrhunderts, 1925, S. 176; [31] 2. Kön. 2, 3; [32] Mt. 7, 6; [33] Dialogus, Kap. 3; [34] Opel, a.a.O., S. 182; [35] Dialogus, Schlußwort; [36] W. Zeller: Die Schriften Weigels, 1940, S. 11 ff.; [37] Dialogus, Kap. 5; [38] Erkenntnis, Kap. 2; [39] Gebetbüchlein, Kap. 6; [40] Leben Christi, Kap. 29; [41] Erkenntnis, Kap. 27; [42] Leben Christi, Kap. 29; [43] Dialogus, Kap. 7; [44] Leben Christi, Kap. 9; [45] Opel, a.a.O., S. 178; [46] Dialogus, Kap. 3; [47] Leben Christi, Kap. 10; [48] ibid., Kap. 14; [49] Opel, a.a.O., S. 181; [50] Leben Christi, Kap. 10; [51] Opel, a.a.O., S. 191; [52] Gebetbüchlein, Vorrede; [53] ibid., Kap. 7; [54] Leben Christi, Kap. 36; [55] Dialogus, Kap. 1; [56] ibid., Kap. 9; [57] Peuckert: Pansophia, 1936, S. 336; [58] Dialogus, Schluß; [59] Weigel: Studium universale, 1698, Kap. 2; [60] Opel, a.a.O., S. 203 ff.; [61] A. Israel: Weigels Leben und Schriften, 1888, S. 28 ff.; [62] H. Maier: a.a.O., S. 20, 72, 107; [63] Opel: a.a.O., S. 29.

Johann Arndt

[1] Joh. Arndt, (ed. Koepp) 1912, S. 42; [2] ibid., S. 25; [3] ibid., S. 29; [4] ibid., S. 42; [5] Julien Green: Tagebücher, 1928–1945, (ed. Winter) 1952, S. 285; [6] F. J. Winter: Johann Arndt, 1911, S. 77; [7] Psalm 11, 3; [8] Joh. Arndt: Sechs Bücher vom wahren Christentum, Buch III, Kap. 1; [9] ibid., IV, 3; [10] ibid., I, 6; [11] ibid., II, 5; [12] ibid., II, 45; [13] ibid., III, 5; [14] ibid., II, 9; [15] ibid., I. 38; [16] I, 39; [17] ibid., I, 39; [18] ibid., III, 15; [19] ibid., II, 17; [20] ibid., II, 51; 21 ibid., II, 52; [22] ibid., III, 10; [23] ibid., III, 2; [24] ibid., III, 4; [25] ibid., III, 8; [26] ibid., III, 2; [27] ibid., IV, II, 28; [28] ibid., V, II, 7; [29] ibid., V, II, 10; [30] ibid., IV, I, 3; [31] ibid. IV, I, 3; [32] ibid., IV, I, 42; [33] II, 58; [33a] Oetinger: Leben und Briefe, 1859, S. 197; [34] Arndt: Wahres Christentum, II, 36; [35] ibid., II, 20; [36] Arndt: Paradiesgärtchen, o. J., S. 10; [37] Arndt: Wahres Christentum, II, 39; [38] Paradiesgärtlein, S. 8; [39] Arndt: Wahres Christentum, II, 34; [40] L. Ziegler: Menschwerdung, 1948, Bd. I, S. 56; [41] Winter, a.a.O., S. 38; [42] A. Ritschl: Geschichte des Pietismus, 1884, Bd. II, S. 52; [43] W. Koepp: Johann Arndt, 1912, S. 258; [44] M. Goebel: Geschichte des christlichen Lebens, 1852, Bd. II, S. 487; [45] Ph. J. Spener: Predigten über Arndts Wahres Christentum (ed. Heinrich) 1837, S. 9; [46] J. A. Bengel: Sechzig erbauliche Reden über die Offenbarung Johannes, 1771, S. 750; J. A. Bengel: Erklärte Offenbarung Johannes, 1834, S. 477 ff.; [47] Arndt: Wahres Christentum, IV, II, 10; [48] ibid., I, 7; [49] Winter, a.a.O., S. 71; [50] Arndt: Wahres Christentum, S. XXXI; [51] Goebel, a.a.O., S. 492.

Jakob Böhme

[1] Jakob Böhme: Gedenkgabe der Stadt Görlitz, (ed. Jecht) 1924, S. 68; [2] A. von Franckenberg: Lebensbeschreibung von Jakob Böhme, Abschn. 27; [3] Böhme: Aurora, Vorrede, 92 und Kap. 9, 3–6; [4] Böhme: Mysterium magnum, 68, 42; [5] Böhme: Sendschreiben, 12, 6; [6] Böhme: Apologie, II, 114; [7] Böhme: 177 Fragen göttlicher Offen-

barung, 6, 2; [8] Böhme: Sendschreiben, 55,4; [9] ibid., 42,31; [10] Gedenkgabe, a.a.O., S.129; [11] Franckenberg, a.a.O., Abschn.4; [12] ibid., Abschn.9; [13] A. von Harleß: Jakob Böhme und die Alchemisten, 1882, S.26; [14] Böhme: Sendschreiben, 12, 7–8; [15] Aurora: 10, 11/13; [16] Hans-Jürgen Baden: Das religiöse Problem der Gegenwart bei Jakob Böhme, 1939, S.32; [17] Gregor d.G.: Dialoge, II, 35; [18] Sendschreiben, 2,10; [19] ibid., 10, 44/45; [20] ibid., 7,1 u. 4; [21] ibid., 10,29; [22] ibid., 10,38; [23] V. Weiß: Die Gnosis Jakob Böhmes, 1955, S.35; [24] Sendschreiben, 18, 5, 9, 11 u. 13; [25] H. Martensen: Jakob Böhme, 1882, S.144; [26] Sendschreiben, 55,8; [27] Aurora, 9,8; [28] Böhme: Weg zu Christo, IV, 2,9; [29] Aurora, 11,49; [30] De incarnatione verbi I 5,23; [31] Sendschreiben, 20,3; [32] ibid., 20,11; [33] Böhme: De signatura rerum, VIII, 46; [34] Böhme: Drei Principien, VIII, 12; [35] Böhme: Theosophische Fragen, III, 2; [36] L. Ziegler: Menschwerdung, 1948, Bd.II, S.313; [37] G. Scholem: Die jüdische Mystik in ihren Hauptströmungen, 1957, S.259; [38] Böhme: Weg zu Christo, I, 34; [39] Sendschreiben, 38,13; [40] E. Benz: Der vollkommene Mensch nach Jakob Böhme, 1937, S.111; [41] Böhme: Apologia contra Gregorius Richter, 49; [42] Will-Erich Peuckert: Das Leben Jakob Böhmes, 1924, S.43; [43] Sendschreiben, 12,13; [44] Gedenkausgabe, a.a.O., S.70; [45] Sendschreiben, 12,39; [46] Apologia contra Richter, 67; [47] ibid., 5; [48] ibid., 75; [49] Weg zu Christo, IV, 2,52; [50] Sendschreiben, 32,1; [51] Apologia contra Richter, 56; [52] H. Bornkamm: Luther und Böhme, 1925, S.102; [53] Sendschreiben, 46, 48; [54] ibid., 4,41; [55] ibid., 58,9; [56] ibid., 63,9; [57] ibid., 55,13 und 14; [58] Böhme: Vom dreifachen Leben des Menschen, 18,1; [59] Apologia contra Richter, 46; [60] Böhme: Libellus apologeticus, 17; [61] Apologia II, contra Tilken, 298; [62] G.Ch. Lichtenberg: Gesammelte Werke, 1949, Bd.I, S.426; [63] R. Jones: Geistige Reformatoren, 1925, S.265ff. und vgl. W. Struck: Der Einfluß Jakob Böhmes auf die englische Literatur, 1936; [64] N. Berdjajew: Selbsterkenntnis, 1953, S.200; [65] Jones: a.a.O., S.194; [66] J.A. Reitz: Historie der Wiedergebohrenen, 1717, II. Teil, S.74 und vgl. Peuckert, a.a.O., S.149; [67] Sendschreiben, 17,10; [68] Buber: Die chassidische Botschaft, 1952, S.89; [69] Sendschreiben, 29,13.

Angelus Silesius

[1] Silesius: Cherubinischer Wandersmann, I, 82; [2] ibid., V, 116; [3] ibid., I, 108; [4] Franckenberg: Nosce te ipsum, 1625, S.35; [5] Peuckert: Die Rosenkreutzer, 1928, S.298; [6] Silesius: Sämtl. poetische Werke, (ed. Held) 1924, Bd.II, S.29; [7] Das Buch deutscher Briefe, (ed. Heynen) 1957, S.52; [8] C. Seltmann: Silesius und seine Mystik, 1896, S.59; [9] Silesius' Werke, a.a.O., Bd.II, S.29; [10] Wandersmann, I, 61; [11] ibid., II, 149; [12] G. Ellinger: Angelus Silesius, 1927, S.183; [13] Wandersmann, II, 95; [14] Silesius' Werke, a.a.O., Bd.I, S.56; [15] ibid., Bd.II, S.49; [16] ibid., Bd.I, S.313; [17] E. Spörri: Der cherubinische Wandersmann als Kunstwerk, 1947, S.16; [18] Daniel von Czepko: Geistliche Schriften, (ed. Milch) 1930, S.148; [19] Wandersmann: V, 308; [20] Ch. Bloch: Priester der Liebe, 1930, S.48; [21] Wandersmann, I, 15; [22] ibid., I, 8; [23] ibid., III, 30; [24] ibid., V, 170; [25] ibid., II, 8; [26] ibid., III, 191; [27] ibid., II, 119; [28] ibid., IV, 184; [29] G. Keller: Der grüne Heinrich, Bd.IV, Kap.12; [30] Wandersmann, IV, 160; [31] Silesius' Werke, a.a.O., Bd.I, S.306/7; [32] Wandersmann, II,43; [33] W. Lindemann: Angelus Silesius, 1876, S.107; [34] K. Richtstätter: Angelus Silesius, Mystiker und Konvertit, in Stimmen der Zeit, 1926, S.361; [35] A. Kahlert: Angelus Silesius, 1853, S.13; [36] Annette von Droste-Hülshoff: Sämtliche Werke, 1939, S.88; [37] Angelus Silesius: Dich auftun wie die Rose, (ed. U.v. Balthasar) 1954, S.95; [38] Wandersmann, VI, S.263.

Johann Georg Gichtel

[1] Joh. Arnold Kanne: Aus dem Leben merkwürdiger Christen, 1816, Bd. II, S. 8; [2] Gichtel: Theosophia practica, 1722, Bd. V, 3350; [3] ibid., II, 486; [4] ibid., VI, 1821; [5] ibid., VI, 3063; [6] Der Lebenslauf des auserwählten Rüstzeugs Joh. Georg Gichtels, o. J. S. 13; [7] Theosophia practica, V, 3303; [8] ibid., II, 696; [9] ibid., III, 1974; [10] ibid., V, 3155 und 3241; [11] ibid., III, 2081; [12] Lebenslauf, S. 85; [13] Theosophia practica, VI, 1477; [14] Lebenslauf, S. 94; [15] ibid., S. 143; [16] Theosophia practica, III, 2159; [17] ibid., II, 1030/31; [18] ibid., II, 1204; [19] ibid., I, 395; [20] ibid., IV, 2859; [21] Gichtel: Die drei Prinzipien und Welten im Menschen, 1736, S. 14; [22] Theosophia III, 1941; [23] Lebenslauf, S. 92; [24] Theosophia, V, 3332; [25] ibid., V, 3298; [26] ibid., II, 919; [27] ibid., III, 2055; [28] Lebenslauf, S. 135; [29] Theosophia, III, 2246; [30] Drei Prinzipien, S. 48; [31] Theosophia, IV, 2955, [32] ibid., V, 3375; [33] Lebenslauf, S. 111; [34] Dostojewskij: Die Brüder Karamasow, 1920, S. 653; [35] Theosophia, II, 671; [36] ibid., II, 671; [37] Lebenslauf, S. 318; [38] ibid., S. 115; [39] Theosophia, III, 2091; [40] Ad. von Harleß: Böhme und die Alchemisten, 1882, S. 119, und E. Seeberg: Gottfr. Arnold, 1923, S. 366; [41] Theosophia, II, 669; [42] Kanne: a. a. O., Bd. II, S. 1; [43] C. G. Jung: Antwort auf Hiob, 1952, S. 160; [44] Theosophia, II, 1261; [45] ibid., II, 1203; [46] ibid., III, 1949; [47] L. Ziegler: Spätlese eigener Hand, 1953, S. 438.

Georg Fox

[1] Jos. Chambon: Der Puritanismus, 1944, S. 232; [2] R. Knox: Christliches Schwärmertum, 1957, S. 138; [3] Fox: Tagebuch, (ed. Stählin) 1908, S. 2; [4] ibid., S. 3; [5] ibid., S. 13; [6] ibid., S. 40; [7] ibid., S. 211; [8] ibid., S. 6; [9] ibid., S. 26; [10] ibid., S. 14; [11] ibid., S. 15; [12] ibid., S. 22; [13] ibid., S. 20; [14] ibid., S. 21; [15] H. Weingarten: Die Revolutionskirchen Englands, 1868, S. 257; [16] Fox: Tagebuch, S. 107; [17] E. Grupp: Das Wesen des Quäkertums, 1923, S. 22 ff. [18] Fox: Tagebuch, S. 124; [19] P. Held: Der Quäker Georg Fox, o. J. S. 58; [20] Grupp, a. a. O., S. 36; [21] Chambon, a. a. O., S. 242; [22] ibid., S. 242; [23] Vgl. Abriß der Geschichte, der Lehre und der Kirchenzucht der Freunde, 1798, und Ruth Fry: Die Weise der Quäker, 1935; [24] R. Otto: Sünde und Urschuld, 1932, S. 185; [25] Fox: Tagebuch, S. 236; Held, a. a. O., S. 120; [27] Fox: Tagebuch, S. 36; [28] ibid., S. 144; [29] ibid., S. 66; [30] Knox, a. a. O., S. 138; [31] Chambon, a. a. O., S. 247; [32] Joh. Kühn: Toleranz und Offenbarung, 1923, S. 238.

Peter Poiret

[1] Kierkegaard: Furcht und Zittern (ed. Hirsch) S. 3; [2] P. Hazard: Die Krise des europäischen Geistes, 1939, S. 151; [3] J. W. Fleischer: Poiret als Philosoph (Diss.), S. 30; [4] M. Wieser: Peter Poiret, 1932, S. 170; [5] ibid., S. 202; [6] ibid., S. 174; [7] ibid., S. 127; [8] ibid., S. 141; [9] ibid., S. 163; [10] ibid., S. 183; [11] ibid., S. 156; [12] ibid., S. 225 und ff.; [13] ibid., S. 220; [14] ibid., S. 186 und 187; [15] ibid., S. 130; [16] Ant. Bourignon: Geistliche Schriften, 1717, S. 140; [17] Mme Guyon: Zwölf geistliche Gespräche, (ed. Hoffmann) 1911, S. 82; [18] H. von Reedern: Die Geschichte einer Seele, 1926, S. 106; [19] Poiret: in Vorbericht zu Armella Nicolas, 1736, S. 32; [20] Wieser, a. a. O., S. 221; [21] R. Knox: Christliches Schwärmertum, 1957, S. 219; [22] H. Heppe: Geschichte der quietistischen Mystik in der katholischen Kirche, 1875, S. 77 ff.; [23] Wieser, a. a. O., S. 295/96; [24] ibid., S. 156; [25] ibid., S. 202; [26] ibid., S. 209; [27] ibid., S. 257; [28] ibid., S. 94; [29] Armella Nicolas, a. a. O., S. 35; [30] ibid., S. 39 ff.; [31] ibid., S. 7; [32] Wieser: a. a. O., S. 244; [33] ibid., S. 249; [34] ibid., S. 165.

Gottfried Arnold

[1] G. Arnold Auswahl, (ed. E. Seeberg) 1934, S. 6; [2] Ph. J. Spener: Natur und Gnade, 1733, S. 404ff.; [3] Arnold: Wahre Abbildung der ersten Christen, 1711, S. 2; [4] ibid., 2. Teil, S. 109; [5] Arnold: Der richtigste Weg durch Christus zu Gott, 1700, S. 36; [6] Franz Dibelius: Gottfried Arnold, 1873, S. 84; [7] W. v. Schröder: Gottfried Arnold, 1917, S. 33; [8] Hans Bruns: Gottfried Arnold, 1957. S. 41; [9] G. Arnold: Leben der Altväter, 1718, S. 32; [10] G. Arnold: Das Leben der Gläubigen, 1732, Vorerinnerung o. S.; [11] G. Arnold: Das Geheimnis der göttlichen Sophia, 1700, Vorrede; [12] ibid., Kap. 8, [13] ibid., Kap. 8; [14] ibid., Kap. 9; [15] Dibelius, a. a. O., S. 299; [16] Auswahl, a. a. O., S. 268; [17] Gichtel: Theosophia practica, 1722, Bd. VI, 1458; [18] M. Göbel: Geschichte des christlichen Lebens, 1852, Bd. II, S. 734; [19] Auswahl, a. a. O., S. 157; [20] ibid., S. 161; [21] ibid., S. 144 und 152; [22] G. Arnold: Historie und Beschreibung der mystischen Theologie, 1738, S. 195; [23] ibid., S. 266; [24] M. Wieser: Der sentimentale Mensch, 1924, S. 117; [25] C. Scharling: Michael de Molinos, 1855, S. 235; [26] Göbel: a. a. O., S. 711; [27] G. Arnold: Lebenslauf, 1719, S. 17; [28] Göbel, a. a. O., S. 734; [29] Crusio: Gedächtnisrede über Gottfried Arnold, 1719, S. 8ff. [30] Auswahl, a. a. O., S. 8; [31] Arnolds sämtl. geistliche Lieder, (ed. Ehmann) 1856, S. 268.

Gerhard Tersteegen

[1] Tersteegens gesammelte Schriften, 1844, Bd. 8, 17/18; [2] ibid., 1, 545; [3] ibid., 7, 293; [4] ibid., 8, 186; [5] Tersteegen Auswahl, (ed. T. Klein) 1925, S. 24; [6] Tersteegens Briefe, (ed. Bigler) 1889, S. XL; [7] M. Göbel: Geschichte des christlichen Lebens, 1860, Bd. 3, S. 339; [8] Tersteegens nachgelassene Aufsätze und Abhandlungen, 1842, S. 1 ff.; [9] Schriften, 8, 217; [10] ibid., 7, 322; [11] ibid., 1, 427; [12] ibid., 1, 387; [13] ibid., 8, 115; [14] Max Brod: Franz Kafka, 1937, S. 203; [15] Schriften, 7, 42; [16] ibid., 1, 6; [17] Tersteegen: Weg der Wahrheit, 1926, S. 367; [18] Tersteegen: Auswahl, S. 25; [19] Schriften, 7, 150; [20] Tersteegen: Auswahl, S. 25; [21] Schriften, 8, 41; [22] ibid., 7, 219; [23] ibid., 7, 150; [24] ibid., 7, 125; [25] ibid., 7, 246; [26] ibid., 8, 31; [27] Göbel: a. a. O., S. 416; [28] Schriften, 7, 59; [29] Briefe Auswahl, S. 141; [30] Weg der Wahrheit, S. 252; [31] Briefe Auswahl, S. 31; [32] Schriften, 8, 98; [33] ibid., 7, 153; [34] ibid., 7, 271; [35] Briefe, Auswahl, 12; [36] Tersteegen: Kleine Perlenschnur, 1827, Vorrede; [37] Göbel, a. a. O., S. 415/16; [38] ibid., S. 414; [39] Schriften, 1, 5; [40] ibid., 1, 42; [41] ibid., 1, 361; [42] W. Blankennagel: Tersteegen als religiöser Erzieher, 1934, (Diss.), S. 96; [43] Schriften, 7, 209; [44] ibid., 8, 245; [45] ibid., 8, 13; [46] ibid., 8, 149; [47] ibid., 8, 192; [48] ibid., 7, 170; [49] ibid., 7, 292; [50] Briefe Auswahl, S. XXXV; [61] Weg der Wahrheit, S. 111; [52] Schriften, 7, 217; [53] ibid., 8, 157; [54] ibid., 8, 158; [55] Weg der Wahrheit: S. 422; [56] ibid., S. 400; [57] ibid., S. 425; [58] Schriften, 7, 263; [59] Tersteegen: Auserlesene Lebensbeschreibung heiliger Seelen, 1784, Bd. I, S. IX; [60] ibid., Bd. II, S. IV; [61] Schriften, 8, 219; [62] Lebensbeschreibungen, a. a. O., Bd. III, S. 4 und 5; [63] ibid., Bd. I, S. VII; [64] Tersteegen: Erklärung seines Sinnes, o. J., S. 5; [65] Schriften, I, 384; [66] Göbel, a. a. O., S. 433/34; [67] K. Reinhardt: Mystik und Pietismus, 1925, S. 183.

Friedrich Christoph Oetinger

[1] Oetinger: Leben und Briefe, (ed. Ehmann) 1859, S. 343; [2] Oetinger: Selbstbiographie, (ed. Hamberger) 1845, S. 3; [3] ibid., S. 5; [4] ibid., S. 5; [5] Briefe, a. a. O., S. 376; [6] Selbstbiographie, S. 15; [7] ibid., S. 26; [8] Oetingers sämtl. Schriften, 2. Abt. 1858, Bd. I, S. 392; [9] Briefe, a. a. O., S. 642 und 644; [10] Schriften, a. a. O., Bd. I, S. 395; [11] ibid. S. 395/96;

[12] ibid., S. 370; [13] ibid., Bd. V, S. 287; [14] ibid., S. 292; [15] ibid., S. 294; [16] Selbstbiographie, S. 59; [17] ibid., S. 112; [18] Schriften, VI, 122; [19] ibid., I, 32 und 37; [20] Briefe, a. a. O., S. 116; [21] Selbstbiographie, S. 74; [22] Briefe, S. 676; [23] W. Claus: Württembergische Väter, 1887, Bd. I, S. 217; [24] Briefe, S. 561, [25] ibid., S. 265; [26] A. Ritschl: Geschichte des Pietismus, 1886, Bd. III, S. 138; [27] Claus, a. a. O., S. 210; [28] Briefe, S. 574 und 586; [29] Hauck: Das Geheimnis des Lebens, 1947, S. 70; [30] E. Bock, Vorboten des Geistes, 1929, S. 44; [31] H. Hermelink: Geschichte der evang. Kirche in Württemberg, 1949, S. 238 und 240; [32] Briefe, S. 237; [33] Schriften, a. a. O., II, 163; [34] Oetinger: Die heilige Philosophie, (ed. Herpel) 1923, S. 82; [35] Briefe, S. 662; [36] Schriften, a. a. O., Bd. I, S. 75; [37] Briefe, S. 146; [38] Oetinger: Etwas Ganzes vom Evangelium, (ed. Ehmann) 1850, S. XIV; [39] Briefe, S. 252; [40] ibid., S. 569 und 577; [41] ibid., S. 588; [42] ibid., S. 594; [43] Oetinger: Etwas Ganzes, a. a. O., S. 117; [44] Briefe, S. 596; [45] Hauck, a. a. O., S. 116; [46] E. Zinn: Die Theologie des Friedrich Oetinger, 1932, S. 58; [47] Schriften, Bd. I, S. 391; [48] Oetinger: Biblisches Wörterbuch, (ed. Hamberger) 1849, S. 315; [49] Briefe, S. 284; [50] E. Benz: Swedenburg in Deutschland, 1947, S. 3 ff.; [51] A. Köberle: Das Vermächtnis der Schwabenväter in Für Arbeit und Besinnung, 1953, S. 27; [52] Briefe, S. 427; [53] ibid., S. 427; [54] ibid., S. 380; [55] ibid., S. 428; [56] E. Benz: Schelling, 1955, S. 29; [57] Briefe, S. 343; [58] ibid., S. 385; [59] ibid., S. 317; [60] ibid., S. 641; [61] Hauck, a. a. O., S. 216; [62] C. A. Auberle: Die Theosophie Oetingers, 1859, S. V.

Michael Hahn

[1] Hahns Schriften, 2. Aufl., 1957, Bd. I, S. 92; [2] ibid., S. 30; [3] ibid., S. 93; [4] Die Hahnsche Gemeinschaft, 1951, Bd. I, S. 14; [5] G. Lang: Michael Hahn, 1922, S. 42/43; [6] Schriften, Bd. I, S. 32; [7] C. Palmer: Die Gemeinschaften und Sekten Württembergs, 1877, S. 79; [8] Schriften, Bd. I, S. 175; [9] Lang, a. a. O., S. 9; [10] Schriften, Bd. I, S. 157; [11] ibid., S. 150; [12] Gemeinschaft, S. 32; [13] Schriften, Bd. I, S. 143; [14] ibid., Bd. I, S. 168; [15] Lang, a. a. O., S. 19; [16] Gemeinschaft, S. 43; [17] Lang, a. a. O., S. 17 und 22; [18] Hermelink: Geschichte der evang. Kirche in Württemberg, 1949, S. 349; [19] W. F. Stroh: Die Lehre Hahns, 1859, S. 3 und 4; [20] Palmer: a. a. O., S. 88; [21] Gemeinschaft, S. 88; [22] Palmer, a. a. O., S. 88; [23] Gemeinschaft, S. 98; [24] Lang, a. a. O., S. 191; [25] Gemeinschaft, S. 103; [26] E. Benz: Der Mensch und die Sympathie aller Dinge am Ende aller Zeiten, in Eranos-Jahrbuch, Bd. 24, 1956, S. 177; [27] Gemeinschaft, S. 121; [28] Lang, a. a. O., S. 247; [29] Die Schriftauffassung Hahns, 1930, S. 12; [30] Lang: a. a. O., S. 84; [31] Stroh: a. a. O., S. 16 und 17; [32] Böhme: Unterricht in den letzten Dingen an Paul Kaym, I, 28; [33] Lang, a. a. O., S. 272; [34] ibid., S. 288; [35] Gemeinschaft, S. 37; [36] Schriften, Bd. I, S. 102; [37] Gemeinschaft, S. 33; [38] Lang, a. a. O., S. 285; [39] Gemeinschaft, S. 37; [40] Schriften, Bd. I, 99; [41] Paul Otto: Michael Hahn, in Stuttgarter ev. Sonntagsblatt, Febr. 1958.

Novalis

[1] Novalis' Gesammelte Werke, (ed. C. Seelig) 1945, Bd. V, S. 305; [2] ibid., V, 309/10; [3] ibid., V, 348; 4 ibid., V, 306; [5] ibid., III, 42; [6] K. Barth: Die protestantische Theologie im 19. Jahrhundert, 1952, S. 301; [7] Werke, V, 305; [8] ibid., I, 402; [9] ibid., III, 116; [10] ibid., II, 13; [11] ibid., I, 312; [12] ibid., III, 223; [13] ibid., III, 38; [14] ibid., III, 63; [15] ibid., III, 101; [16] F. Kafka: Der Prozeß, 1935, S. 225; [17] Novalis' Auswahl, (ed. U. v. Balthasar) S. 16; [18] Werke, I, 343; [19] ibid., II, 15; [20] Kluckhohn: Die Auffassung der Liebe in der

Literatur des 18. Jahrhunderts und in der deutschen Romantik, 1922, S. 464; [21] Werke, V, 100; [22] ibid., 5, 110; [23] ibid., V, 134; [24] ibid., II, 338 und IV, 9; [25] W. Rehm: Orpheus, der Dichter und die Toten, 1950, S. 105; [26] Werke, III, 268; [27] R. Schneider: Dämonie und Verklärung, 1947, S. 105; [28] Werke, I, 344; [29] ibid., I, 344; [30] ibid., II, 12; [31] ibid., I, 23; [32] Friedrich Schlegel und Novalis' Briefwechsel, 1957, S. 160; [33] R. Haym: Die romantische Schule, 1920, S. 392; [34] W. Dilthey: Das Erlebnis und die Dichtung, 1921, S. 181; [35] Werke, I, 11–12; [36] ibid., I, 10; [37] ibid., I, 14–15; [38] ibid., I, 22; [39] E. Hederer: Novalis, 1949, S. 244; [40] L. Ziegler: Menschwerdung, Bd. II, S. 103; [41] Werke, I, 336; [42] Hiebel: Novalis, 1951, S. 19 und 20; [43] Werke, IV, 214; [44] ibid., IV, 292; [45] ibid., IV, 261 und 222; [46] ibid., III, 175; [47] W. Feilchenfeld: Der Einfluß Böhmes auf Novalis, 1922, S. 98; [48] Werke, V, 290; [49] ibid., IV, 260; [50] ibid., I, 29; [51] Hiebel, a.a.O., S. 187; [52] Werke, 1, 52; [53] R. Schimmelpfennig: Die Geschichte der Marienverehrung im deutschen Protestantismus, 1952, S. 18; [54] Theodor Haering: Novalis als Philosoph, 1954, S. 5; [55] Werke, IV, 43; [56] ibid., I, 217; [57] ibid., I, 219; [58] ibid., I, 357; [59] ibid., IV, 292; [60] ibid., II, 35 und III, 308; [61] ibid., IV, 263; [62] ibid., IV, 291 und 224; [63] ibid., IV, 222; [64] ibid., I, 38–40; [65] ibid., I, 382; [66] ibid., III, 103; [67] ibid., IV, 59; [68] ibid., IV, 44; [69] ibid., IV, 221; [70] ibid., V, 18; [71] ibid., V, 30; [72] ibid., V, 24; [73] V, 32; [74] ibid., V, 34.

Walter Nigg im Diogenes Verlag

Große Heilige

Von Franz von Assisi bis Therese von Lisieux
Mit ausführlichem Quellennachweis
detebe 21459

Der reformierte Theologe, Schriftsteller und em. Professor für Kirchengeschichte Walter Nigg schildert in diesem vielgerühmten Werk das Leben und Wirken von elf Heiligen, zeigt, wie auch sie mit dunklen Mächten in sich zu kämpfen hatten und keineswegs immer Sieger blieben.

»Die nüchtern-klare Diktion Niggs rückt die mystischen Gestalten der Heiligen in die geistige Reichweite des modernen Menschen.« *Die Zeit, Hamburg*

Das Buch der Ketzer

Von Simon Magus bis Leo Tolstoi
Mit ausführlichem Quellennachweis
detebe 21460

Walter Nigg beschreibt in diesem Buch fromme, innerlich freie Gottes- und Wahrheitssucher, die sich von der Kirche getrennt haben oder von ihr ausgestoßen und als Ketzer verschrien worden sind. Er zeigt diese Häretiker als echt religiöse Menschen, die mit ihrer unabhängigen, nur Gott verpflichteten Haltung der Gegenwart Wesentliches zu sagen haben.

»Man spürt es kaum, daß Niggs Buch in Wirklichkeit von einer tiefen und umfassenden Gelehrsamkeit ist, denn es ist zugleich geschrieben mit der Glut eines wahrhaft Ergriffenen und doch mit nüchterner Klarheit, mit künstlerischem Sinn und intuitiver Begabung, so daß jede Zeile den Atem anschlaulichster Lebendigkeit in sich trägt.« *Stuttgarter Zeitung*

Vom Geheimnis der Mönche

Von Bernhard von Clairvaux bis Teresa von Avila
detebe 21844

Walter Nigg geht dem Geheimnis der großen Ordensgründer nach, erzählt aus dem Leben von Augustin, Benedikt, Franziskus von Assisi, Bernhard von Clairvaux, Teresa von Avila, Ignatius von Loyola und vielen anderen mehr. Dieses Werk macht uns bekannt mit den großen Ordensgründern, die dem ewig-gleichen Getümmel einer lärmenden Welt Andacht und Inbrunst gläubiger Herzen gegenüberstellen, der Zerstreuungssucht der Vielen das Gesammelte der Wenigen.

»Einzig darum geht es Nigg: auf die Welt der Heiligen hinzudeuten, auf den Reichtum aufmerksam zu machen, der hier verborgen liegt. Der Heilige ist zu allen Zeiten eine überkonfessionelle Erscheinung gewesen. Es bedeutet eine Verarmung, wenn man ihm im Protestantentum kein Heimatrecht schenken will.«
Neue Zürcher Zeitung

Heilige und Dichter

detebe 22400

Walter Nigg veranschaulicht in diesem Werk zunächst das Wesen der Heiligen an den konkreten Gestalten von Augustinus, Konrad von Konstanz, Heinrich und Kunigunde, Hildegard von Bingen, Albertus Magnus und Thomas von Aquin. Der zweite Teil ist den Dichtern gewidmet. Mit Ausnahme von Nikolai Lesskow gehören sie alle Niggs Generation an. Es sind Menschen, die dem Autor auf seinem Lebensweg persönlich begegnet sind, Menschen, die Dichtung noch als etwas Göttliches inmitten eines schweren Lebens erfuhren.

»Walter Nigg ist gestorben. Doch mit seinen Büchern wird dieser weitherzige Erkunder der Mannigfaltigkeit

christlicher Existenzmöglichkeiten wohl noch für eine unabsehbar lange Zeit gegenwärtig bleiben. Er wird fortwirken, weil er auch Leser anzusprechen vermag, die sich von den offiziellen Christentümern und einer zur ›zeitgeistlichen‹ Magd gewordenen Theologie enttäuscht abgewandt haben.«
Gerd-Klaus Kaltenbrunner

Das mystische Dreigestirn
Meister Eckhart, Johannes Tauler,
Heinrich Seuse
detebe 21933

Meister Eckhart, Johannes Tauler, Heinrich Seuse: diese drei nennt man das »mystische Dreigestirn«, das bei aller individuellen Eigenart doch wiederum eine Einheit bildet. Walter Nigg stellt ihr Leben und Werk dar. Er zeigt anhand dreier Beispiele von europäischer Bedeutung jene zeitlose Religiosität, welche ihre Kraft daraus schöpft, daß sie nicht etwas Erdachtes, sondern zutiefst Erlebtes ist.

Thomas Müntzer
Schriften und Briefe

Herausgegeben und mit einem
Vorwort von Gerhard Wehr
detebe 21809

Thomas Müntzer, der Mann des ›linken Flügels‹ der Reformation, ist eine der selbständigsten, originellsten, aber auch umstrittensten Gestalten der Christenheit. Selten ist ein Name so sehr entstellt, verleumdet und mißbraucht worden, von der Reformationszeit bis heute. Vor allem die Betonung der Notwendigkeit religiöser Eigenerfahrung und sein sozialrevolutionärer Ansatz, der ihn zum Anwalt der sozial Schwachen, der Unterdrückten und Deklassierten werden ließ, hat ihn für die Gegenwart so aktuell gemacht.

»Müntzer blieb niemals historische Vergangenheit, war stets Gegenwart, weil alle Aufgaben, die die Geschichte seither in Angriff genommen hat, von ihm bereits gedacht worden waren, weil seine Gedanken, so phantastisch und unbestimmt sie in seiner Zeit auch sein mußten, sich in der Richtung immerwährenden gesellschaftlichen Fortschritts bewegten.«
Manfred Bensing

Angelus Silesius
Der cherubinische Wandersmann

Geistreiche Sinn- und Schlußreime
Herausgegeben und mit einem Nachwort
von Erich Brock. detebe 20644

»Wir lieben heute kaum einen andern alten Dichter so sehr wie den pantheistischen Mystiker Angelus Silesius.« *Fritz Mauthner*

»In seinem *Cherubinischen Wandersmann* entfaltet die deutsche Mystik noch einmal ihre ganze Tiefe und Schöpferkraft.« *Egon Friedell*

»Der *Cherubinische Wandersmann* des Angelus Silesius gehört zu den sublimsten Blüten deutscher Frömmigkeit und Dichtung.« *Hermann Hesse*

»Der bewunderungswürdige und unabsehbar tiefe Angelus Silesius ...« *Arthur Schopenhauer*

»Ich weiß nicht, was ich bin; ich bin nicht, was ich weiß;
Ein Ding und nit ein Ding, ein Stüpfchen und ein Kreis.« *Angelus Silesius*

Novalis
Geleit auf allen Wegen

Aus dem Gesamtwerk ausgewählt und mit einem
Vorwort von Wolfgang Kraus
detebe 21885

»Eine Epoche überreifer spätromantischer Empfindsamkeit hat, zum Teil aus der Unkenntnis vieler erst bedeutend später veröffentlichter Briefe und Tagebücher, nur den Trauernden gesehen, nicht aber den Mann, der mithalf, ein Zeitalter einzuleiten, und der die Worte schrieb: ›Wir sind auf einer Mission: zur Bildung der Erde sind wir berufen.‹
Das Gesamtwerk von Novalis besteht, sieht man von den Gedichten ab, aus Fragmenten. Novalis hat seine Gedanken nie in ein geschlossenes System gebracht, er hat auch, wie er selbst schreibt, nie genügend Zeit gehabt, sich mit eingehenden Beweisführungen abzugeben. Er sprach seine Anschauungen in aphoristischer Form aus, und diese wenigen Sätze, oft sogar nur in wenige Worte konzentrierte Darstellung von Beobachtungen und Ideen, kamen dem Vorhaben einer Auswahl sehr entgegen.« *Wolfgang Kraus*

»Hinterlassen hat er das wunderlichste und geheimnisvollste Werk, das die deutsche Geistesgeschichte kennt. Ebenso wie sein kurzes, äußerlich tatenloses Leben den Eindruck seltsamster Fülle macht und jede Sinnlichkeit wie jede Geistigkeit erschöpft zu haben scheint, so zeigen die Runen dieses Werkes unter spielender, entzückend blumiger Oberfläche alle Abgründe des Geistes, der Vergöttlichung durch den Geist und der Verzweiflung am Geiste.«
Hermann Hesse

Mystisch-theosophische Texte der Neuzeit

Herausgegeben und mit einer
Einleitung von Gerhard Wehr
detebe 21808

In der hier vorliegenden Sammlung wird deutlich, daß Mystik als Inbegriff lebendiger Gotteserfahrung an keine bestimmte Geschichtsepoche gebunden ist; die wichtigsten Texte der Mystik der Neuzeit sind hier gesammelt, beginnend mit Texten aus der Reformation bis zu Franz von Baader und Novalis.

»In solchem meinem gar ernstlichen Suchen und Begehren, darinnen ich heftige Anstöße erlitten, mich aber ehe des Lebens verwegen als davon ausgehen und ablassen wollte, – ist mir die Pforte eröffnet worden, daß ich in einer Viertelstunden mehr gesehen und gewußt habe, als wenn ich wäre viel Jahr auf hohen Schulen gewesen [...] Also habe ich nun geschrieben, nicht von Menschen Lehre oder Wissenschaft aus Bücher-Lernen, sondern aus meinem eigenen Buche, das in mir eröffnet ward: Das Buch der edlen Bildnis – zu verstehen das Ebenbild Gottes – ward mir vergönnet zu lesen. Und darin habe ich mein Studieren gefunden [...] Ich bedarf kein ander Buch dazu.«
Jakob Böhme

Honoré de Balzac
Mystische Geschichten

Aus dem Französischen von Franz Hessel, Else von Hollander und Emmi Hirschberg. Mit einem Nachwort von Wilhelm Dilthey. detebe 20899

Balzacs *Buch der Mystik* vereinigt die berühmten Geschichten *Seraphita, Jesus Christus in Flandern* und *Louis Lambert.*

»Hast Du das Buch von Balzac schon gelesen, das sich *Louis Lambert* nennt? Ich habe es gerade vor fünf Minuten beendet; es schmettert mich zu Boden. Es ist die Geschichte eines Mannes, der wahnsinnig wird, weil er über unfaßbare Dinge nachdenkt... Was für ein verteufeltes Buch! Es tut mir weh; wie ich es spüre!«
Gustave Flaubert an Louise Colet

»Niemandem wird die Schule mehr zur Qual als den Begabten, deren Anlagen sie mit ihren trockenen Methoden nicht aufzulockern und fruchtbar zu machen weiß. Und wenn Montaigne diesem Gefängnis seiner Jugend heil entkommen ist, so war es nur, weil er wie so viele andere – Balzac hat es im *Louis Lambert* am schönsten geschildert – den heimlichen Tröster und Helfer findet: das dichterische Buch neben dem Schulbuch. Wie Louis Lambert kann er, einmal diesem Zauber der freien Lektüre verfallen, nicht mehr enden.«
Stefan Zweig

Gerhard Wehr

Martin Buber

Leben, Werk, Wirkung

Leinen

Gerhard Wehr beschreibt nicht nur den großen Religionsphilosophen und genialen Bibelübersetzer, sondern auch den Anthropologen, der das dialogische Prinzip formulierte, den Vermittler der chassidischen Botschaft, dessen hebräischer Humanismus Ost und West zu vermitteln suchte und als konkrete Utopie auch für eine jüdisch-arabische Völkerverständigung gemeint war. Wie kaum ein anderer hat sich Buber zeitlebens bemüht, entgegen allem blindwütigen Judenhaß Wesen und Art des jüdischen Denkens begreifbar zu machen. Wehrs Biographie, die Buber anschaulich aus den Problemen und Verstrickungen seiner Zeit heraus begreift, ist daher zugleich eine Geschichte des Zionismus und der Entstehung des Staates Israel – ein Stück jüdischer Geistesgeschichte.

»Ich als Physiker habe Martin Buber Dank abzustatten.« *Carl Friedrich von Weizsäcker*

»Es ist auch für einen Christen überaus lehrreich, Bubers Bestrebung zur Erneuerung des Judentums zu verfolgen. Sie weist viele Parallelen zu ähnlichen Versuchen innerhalb der Christenheit auf. Bedauerlich ist nur, daß die Christen davon kaum Kenntnis nahmen.«
Walter Nigg

»Gerhard Wehr hat sich der schwierigen Aufgabe gestellt, eine Biographie zu verfassen, in der der Gläubige, Intellektuelle und Mensch Martin Buber eine Einheit bilden.«
Klaus Dermutz / Frankfurter Rundschau

Thomas Merton

Im Einklang mit sich und der Welt

Contemplation in a World of Action

Aus dem Amerikanischen und mit
einer Einführung von Georg Tepe
Leinen

»Sieben Bücher veränderten Amerikas Haltung zur Religion nach 1945. Thomas Merton schrieb eines davon: ›Der Berg der sieben Stufen‹. Diese Geschichte von Thomas Mertons Bekehrung liest sich wie die erste aller spirituellen Autobiographien, wie die ›Confessiones‹ des Augustinus.

In einer Zeit, in der eine große Zahl von jungen Menschen nach neuen Lebensformen sucht, ist diese Sammlung von Aufsätzen besonders wichtig, vor allem für diejenigen, die sich von den herkömmlichen Religionen abgestoßen fühlen.«

New York Times Book Review